비판과 포용
한국실학의 정신

琴 章 泰

Publishing Corporation

비판과 포용 한국실학의 정신

머리말

어떤 사상체계도 알게 모르게 다른 사상을 받아들이거나 다른 사상으로부터 영향을 받고 있으며, 또 자신의 정당성을 옹호하기 위해 다른 사상을 거부하거나 비판하기 마련이다. 특히 종교전통은 자신이 궁극적 진리에 근거하고 있다는 신념체계이기 때문에 배타적 의식이 심한 경향을 뚜렷하게 드러내고 있다. 조선시대의 통치이념을 뒷받침하였던 유교사상인 '도학―주자학'은 바로 이 점에서 정통주의적 입장을 강화하여 다른 사상과 종교전통에 대해 엄격한 비판과 거부태도를 표출해왔다. '도학―주자학'이 이른바 '이단'이라 규정하여 배척하였던 대상으로는 양주(楊朱)·묵적(墨翟) 등 제자백가의 유파를 비롯하여, 노자(老子)·장자(莊子)와 불교, 및 서학(西學, 天主學) 등 유교 바깥의 사상이나 종교전통은 물론이요, 유교전통 안에서도 주자학의 정통에 어긋나는 양명학(陽明學)에 대해 '이단'으로 비판하기도 하였다.

이에 비해 조선후기의 실학사상은 주자학이 인간의 도덕적 근원으로 심·성(心·性)의 인식과 도덕적 인격의 실현에 관심을 집중하고 있을 때, 사회제도의 합리적 개혁과 생산기술의 향상을 추구하는 등 현실문제로 관심의 눈을 돌렸으며, 나아가 주자학의 형이상학과 신념에서 벗어나 새로운 세계관을 탐색하기 위해 여러 방면에서 변혁을 시도하였다. 이들 실학자들은 그동안 주자학자들이 정통주의에 사로잡혀 배타적 폐쇄성에 빠져있었던 문제점을 극복하기 위해, 주자학에서 이단으로 비판하였던 다양한 사상과 지식체계에 개방적 자세를 보여주고 있는 점이 중요한 특징이라 할 수 있다.

실학자들 가운데는 그동안 배척의 대상이 되었던 노장(老莊)사상과 불교에 대해서도 우호적 태도를 보이기 시작하였다. 특히 성호학파(星湖學派)를 중심으로 양명학에 대해 호의적 이해를 보이거나 서양과학지식과 서양종교에 대해서도 깊은 관심을 기울이기도 하였으며, 북학파(北學派)에서는 주자학의 의리론적 신념에 따라 청(清)나라를 오랑캐로 규정하여 거부하던 입장을 탈피하고 청나라의 선진문물을 적극적으로 받아들이려는 입장을 밝히기도 하였다. 이러한 개방적 사유가 실학의 중요한 특징이기는 하지만, 실학자들도 그 시대의 현실적 모순을 극복하고 사상적 불합리성을 개혁하기 위해 비판적 사유도 실학의 정체성을 확립하기 위한 중요한 조건이었다.

이 책의 중심과제는 조선후기 실학파 학자들이 실학적 사유를 정립해가는 과정에서 어떤 방향으로 개방적 포용성을 발휘하고 있으며, 어떤 방향으로 비판적 성찰을 하고 있는지를 확인함으로써, 조선후기 사상사에서 실학의 학문정신이 지닌 특성을 포착해보고자 하는 것이다. 홍대용(洪大容)은 「의산문답」(毉山問答)에서 새로운 세계관을 제기하면서 주자학적 세계관을 어떻게 비판하고 서양과학의 세계관을 어떻게 수용하는지 확인하고, 박지원(朴趾源)은 『열하일기』(熱河日記)를 통한 다양한 종교들에 대한 인식태도에서 포용과 비판의식을 어떻게 제시하는지 점검하며, 정약용(丁若鏞)이 서학을 수용하는 양상과 주자학 및 청조(清朝) 고증학(考證學)에 대한 비판과 포용의 논리를 어떻게 전개하는지 확인하고자 하였다.

또한 조선후기 유학자들 사이에 불교인식에서 주자학자인 한원진(韓元震)의 비판논리와 실학자인 정약용의 비판논리가 어떻게 바뀌어 가는지 확인하고, 같은 실학자이면서도 정약용과 김정희(金正喜)의 경우 불교를 인식하는 입장의 차이와 변화과정을 밝혀보고자 하였다. 이 책의 첫머리에 다룬 조헌(趙憲)은 주자학자이면서 현실문제에 깊은 통찰과 개혁론을 제시하여 실학정신의 일면을 지닌 인물로 평가되는 경우이다. 이들이 보여준 다양한 사유방식과 세계를 향해 개방된 시야와 폐쇄된 사유체계에 대한 비판정신은 새로운 시대를 열어가는 선구적 사상가로서 역할을 담당하였던 것이다. 비판과 포용을 조선후기 실학의 핵심정신으로 주목하고자 한 것은 오늘의 우리 시대에서도 의미깊은 사상사의 동력으로 다시 돌아보고 싶었기 때문이다.

'한국실학의 정신'을 '비판과 포용'이라는 양날의 칼빛에서 비춰보고자 한 것은 '도학―주자학'의 지배적 이념의 한계를 뚫고 나가는 사상사의 역동적인 정신으로 붙잡아보고 싶은 욕심이었다. 그러나 워낙 둔필이라 비슷하게라도 그려내지 못하고 말아서 스스로 부끄러움을 감출 수 없다. 많은 비판과 지적을 받아 앞으로 다듬어가고 싶을 뿐이다.

이 책을 간행하도록 허락해주신 제이앤씨 윤석원 사장님께 감사하고, 교정을 도와준 서울대 대학원 종교학과의 박병훈군에게 고마운 마음을 밝혀둔다.

2008년 5월 2일
관악산 紫霞洞天에서

雲海散人 琴 章 泰 삼가 적음

비판과 포용 한국실학의 정신
목 차

비판과 포용
한국실학의 정신

1장 :

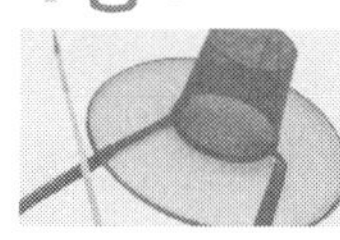

조헌趙憲의 조선현실인식과 항왜의리론抗倭義理論

비판과 포용 한국실학의 정신

1. 조헌趙憲과 항왜의리론抗倭義理論

조헌(重峯 趙憲, 1544-1592)은 이지함(土亭 李之菡, 1517-1578)·성혼 (牛溪 成渾, 1535-1598)·이이(栗谷 李珥, 1536-1584)를 자신이 이 세상에서 스승으로 섬긴 사람이라 하였다. 그는 27세때 파주목(坡州牧) 교수(敎授)로 부임했을 때 9세 연장인 성혼을 찾아가 스승으로 모셨고, 이듬해는 서경덕(花潭 徐敬德)의 문인인 이지함을 찾아갔으며, 이어서 8세 연

장인 이이를 찾아갔는데, 이 중에서 이이의 영향을 가장 많이 받았다고
할 수 있다. 또한 서기(孤靑 徐起, 1523-1591) · 송익필(龜峯 宋翼弼, 1534-
1599)을 종유(從遊)하여 따랐다. 이처럼 조헌은 27세때 이미 벼슬길에
나간 이후에 스승을 만났던 것이니, 자신의 나이를 잊고 학문이 뛰어난
인물을 찾아나서 배우려는 열정을 지녔던 인물이다.

그가 41세때(1584) 스승 이이는 세상을 떠났는데, 이때 그도 옥천(沃
川)으로 잠시 낙향하였던 일이 있었다. 그는 옥천의 밤티(栗峙) 마을에
자리잡고서 스승(栗谷)의 뒤를 따른다는 뜻까지 담아 '후율정사'(後栗精
舍)를 세워 강학하기도 하였다. 사실상 이이의 학문적 세계는 도학-주
자학의 다양한 과제와 영역 가운데서도 '성리설'에 정밀한 이론을 전개
하였으며, '경세론'의 구체적 사회개혁 방책을 제시하는데 가장 두드러
지고 큰 업적을 이루었던 것이라 할 수 있다. 그러나 이이의 학통을
계승한 대표적 인물로 인정되고 있는 김장생(沙溪 金長生, 1548-1631)의
경우는 '예학'(禮學)에 주력하였다면, 오히려 조헌의 경우는 스승(李珥)
으로 부터 '경세론'을 집중적으로 계승하여, 이이의 학풍에서 한 날개를
확실하게 이어갔던 것이 사실이다.

여기서 나아가 조헌은 임진왜란을 겪어야 했던 처지로 시대현실에
적극 대처하면서 '의리론'을 강경하게 천명하였다. 따라서 조헌의 사상
적 중심과제는 '경세론'과 '의리론'의 두 영역으로 집약시켜 볼 수 있다.
그것은 도학-주자학의 영역에서 보면 내면적 심화의 과제인 성리설
및 수양론의 방향과 대조적으로 외면적 실현의 과제인 경세론 및 의리
론의 방향을 추구하는 것이라 할 수 있다. 특히 조헌의 시대적 과제로서

경세론과 의리론의 방향은 조선후기 도학자들이 경세론을 소홀히 하고 단지 의리론의 이념적 추구에만 매몰되었던 사실과 대비시켜보면, 건강하고 균형잡힌 도학적 '의리론'의 면모를 보여주는 것이라 하겠다.

조헌이 살았던 16세기말의 시대현실은 안으로 누적된 폐단이 사회체제의 붕괴위기를 불러왔으며, 밖으로 일본의 침략으로 국가존망의 위기가 현실화 되었던 상황이다. 앞서 이이는 "안으로는 기강이 무너져 명령은 시행되지 않고 풀어져 흩어지는 모습이 눈 앞에 환하며, 밖으로는 민생이 거꾸로 매달린 듯 고통스럽고 군사와 식량은 고갈되었으니, 흙이 무너지듯 멸망하는 형세가 아침이 아니면 저녁일 것이다"[1]라고 하여, 조선사회가 이미 심각한 붕괴의 위기에 빠져 있음을 진단하였던 일이 있다. 따라서 이이는 경장론(更張論)을 제시하여 폐단의 해소를 위해 제도적 개혁을 추구하였던 것이다. 이에 비해 조헌은 31세때 질정관(質正官)으로 사신을 따라갔을 때 명나라에서 얻은 견문을 근거로 돌아와서 『동환봉사』(東還封事: 質正官回還後先上八條疏와 擬上十六條疏)를 제시하여, 명나라의 합리적 제도로 우리의 비효율적 제도를 개혁하는 방안을 제시하였던 것은 18세기 후반 북학파 실학자인 박제가(楚亭 朴齊家)에 의해 '북학'(北學)의 한 선구자로 받아들여지고 있음을 볼 수 있다.[2] 이처럼 이이와 더불어 조헌의 사회개혁방책은 조선후기 실학

---

[1] 『栗谷全書』, 권6, 9-10, '辞大司諫疏'(1578), "內而紀綱陵夷, 号令不行, 渙散之形, 昭在目前, 外而民生倒懸, 兵食匱竭, 土崩之勢, 匪朝伊夕."

[2] 朴齊家, 『貞蕤閣集』, 권1, 16, '北學議自序', "余嘗慕崔孤雲・趙重峯之爲人, 慨然有異世執鞭之願, 孤雲爲唐進士, 東還本國, 思有以革新羅之俗而進乎中國, …重峯以質正官入燕, 其東還封事, 勤勤懇懇, 因彼而悟己, 見善而思齊, 無非用夏變夷之苦心, 鴨水以東千有餘年之間, 有以區區一隅, 欲一變而

자들에 깊은 영향을 미쳤던 것이 사실이다.

또한 외적의 위협에 대해서는 앞서 1544년 이황(退溪 李滉, 1501-1570)도 일본의 사신을 거절하지 말도록 요청하는 상소를 올리면서, "가령 남북의 두 오랑캐가 동시에 군사를 일으키면, 동쪽을 버티더라도 서쪽이 치솟을 것이고, 배(腹)쪽을 지키더라도 등(背)쪽이 무너질 것이니, 국가가 장차 무엇을 믿고 이런 사태를 처리할 수 있을지 모르겠다"[*3]라고 하였다. 그는 남북으로 일본과 여진족의 무력침략 위협이 절박하게 닥쳐오고 있음을 지적하면서, 일본의 사신을 거절하여 충돌을 일으키지 말고 화친을 하도록 주장하였던 일이 있었다. 이에 비해 43년 뒤인 1587년 조헌은 「청절왜사소」(請絶倭使疏)에서 일본의 무력침략 위협에 맞서서 일본의 사신을 거절하도록 요구하였던 것은 좋은 대조를 보여준다. 그만큼 조헌이 처한 당시의 현실은 일본의 무력위협이 더욱 급박하여 화친으로 해결될 수 없으며 정면의 대결을 피할 수 없는 처지라는 상황판단에 따른 것이다. 그것은 단순히 일본의 침략위협에 대해 이황의 포용논리와 조헌의 거부논리로 대비되는 것이 아니라, 상황이 달라짐에 따라 대응하는 의리도 달라질 수밖에 없음을 보여주는 것이라 하겠다.

조헌이 일본의 무력위협에 저항하는 '항왜의리'(抗倭義理)를 내세운 것은 조선후기 도학자들이 청나라를 거부하는 '배청의리'(排淸義理)를

至中國者, 惟此兩人而已."
*3 『退溪全書』, 권6, 11, '甲辰乞勿絶倭使疏', "設使南北二虜, 一時俱發, 則樘東而西掀, 衛腹而背潰, 未識國家將何所恃而能辦此乎."

내세운 것 사이에 거부 내지 저항의 논리라는 공통점이 있지만, 동시에 중요한 차이점이 있음을 주목할 필요가 있다. '배청의리론'이 현실적 조건을 넘어서서 이념적 정당성을 주장하는 것이라고 한다면, 조헌의 '항왜의리론'은 조선사회의 현실적 문제점을 철저히 인식하여 사회개혁의 방책을 제시하는 것으로서, '경세론'의 토대 위에서 국력과 군사력의 강화를 추구하는 '자강론'을 밝히고 이에 병행하여 침략세력에 맞서서 항거하는 '의리론'을 제기하는 것이라 하겠다. 그만큼 조헌의 '항왜의리론은 '경세론' – '자강론' – '의리론'이 결합된 '의리론'이라는 사실이 주목된다.

또한 그의 '항왜의리론'은 경전과 역사적 사실의 전거에서 의리의 기준과 귀감을 확인하는 것을 통해 명분적 기반을 확립하고 있는 것이다. 또한 실천적 방법으로서 국제질서 속의 외교적 대책과 국내 현실 속에서 군사적 전략을 구체적으로 제시하고 있는 것이며, 나아가 직접 의병을 일으켜 왜병에 맞서 항전하다가 장렬하게 순절하는 실행을 통해 구현하고 있는 것이라 하겠다.

2. 임란壬亂직전 조선사회의 현실인식

1) 사회적 폐단과 국가의 붕괴 위기

조헌은 당시의 정치 사회적 현실의 폐단에 대해 절실하게 지적하고 그 대응책을 제시하는 장문의 상소를 잇달아 올렸다. 이러한 그의 현실인식은 이이(李珥)가 여러 차례 올린 '시폐소'(時弊疏)에서 당시의 폐단을 지적하고, '시무소'(時務疏)를 통해 당면한 현실문제의 대응책을 제시하였던 '경세론'을 계승한 것이라 할 수 있다. 그러나 그의 상소문이 너무 격렬하였고 당시 동인·서인으로 분당(分黨)의 대립이 격심한 가운데 동인 집권세력에 대한 공격이 과격하여 상소를 올린 일로 파직을 당하고 유배를 가기도 하였다. 따라서 그의 현실문제에 관한 대응책이 일부 정책에 수용되기도 하였다고 하지만 그의 주장이 중시되어 받아들여지지는 않았던 것이 사실이다.

한 때 이발(李潑)이 그를 크게 등용하려고 추천하자, 스승 이이는 그의 인물을 평하여, "그가 비록 경세제민(經世濟民)의 큰 뜻은 가지고 있지만, 그의 재주는 미치지 못하며 고집이 너무 세고 시세(時勢)를 헤아리지 않으며, 갑자기 삼대(三代: 夏·殷·周)의 정치를 임금에게 기대하다가 뜻대로 되지 않으면 반드시 임금의 옷깃을 잡아당기며 간언하거나 대궐의 난간이 부러지도록 매달리며 간언할 근심이 있다"[*4]고 하여, 그의 학문이 성숙된 다음에 등용하도록 만류하였다 한다. 이처럼 이이는 조헌이 큰 뜻을 가진 점을 인정하면서도 현실의 여건을 돌보지 않고 급진적 이상정치의 실현을 과격하게 주장하다가 무리한 행동을 할 위험이 있음을 경계하였던 것이다.

---

*4 『重峯集』, 附錄 권4, 52-53, '遺事', "栗谷曰, 汝式[趙憲]의 字]雖有經濟大志, 而才不逮, 太固執, 不量時勢, 遽以三代之治, 期望君父, 不如意則必有牽裾折檻之患矣."

실제로 조헌은 1587년 벼슬에서 물러나 옥천에 있을 때 「청절왜사소」(請絶倭使疏)를 관찰사에게 보내 임금에게 올려주기를 요청했는데, 관찰사가 거부하자, 다시 상소를 써서 직접 대궐문 앞에 나가 두 상소문(「請絶倭使疏」 1疏·2疏)을 올렸다. 그는 이때 상소문에서 재상 이산해(李山海)가 나라를 그르쳤다고 심하게 공격하였는데, 선조 임금이 격노하여 상소문을 불태웠던 일이 있었다. 또한 1589년 조정의 실정과 집권 동인(東人) 세력을 격렬하게 비판하는 「논시폐소」(論時弊疏)를 올리면서 도끼를 등에 지고 대궐 앞에 엎드렸던 일이 있다. 그는 이 상소 때문에 함경도 길주(吉州 嶺東驛)에 유배되었으며, 해배된 다음 1591년 일본 사신의 목을 베라고 요청하는 「청참왜사소」(請斬倭使疏)를 올릴 때에도 다시 도끼를 등에 업고 대궐 앞에 나갔다. 이른바 '지부상소'(持斧上疏)를 두 번씩이나 올렸던 것이다. '지부상소'는 그에 앞서 고려말에 우탁(禹倬)이 올렸던 일이 있으며, 국가가 절박한 위기에 처하였다는 판단아래 목숨을 걸고 상소하여 확고한 신념을 밝힘으로써 충절(忠節)의 정신을 드러내는 것이지만, 상식에서 벗어나는 과격한 행동으로 보일 수 있는 것도 사실이다.

조헌은 1574년 질정관(質正官)으로 사신행차를 따라 명나라에 다녀와 명나라 문물과 제도를 관찰하고 조선에서 받아들일 만한 의례와 관료제도 및 군사제도 등에 관한 것을 8조목으로 제시한 「8조소」(「質正官回還後先上八條疏」)를 올렸으나, 임금은 중국과 우리나라의 풍속이 다르니 억지로 행할 수 없다고 거부하는 비답(批答)을 내렸다. 이에 따라 그는 군사제도를 비롯하여 조선사회에서 개혁을 위해 요구되는 근본적

과제들을 제시한 「의상16조소」(「擬上十六條疏」)를 지었으나 올리지 못하고 말았다.[*5]

이 「의상16조소」 가운데서 두 가지만 들어 보면, 하나는 '능침'(陵寢)의 제도에 관한 문제이다. 그는 명 태조때 황릉의 경계를 정하면서 신하들이 부근의 민가와 분묘를 옮길 것을 요청하자, 명 태도가 "이 분묘들은 모두 우리 집안의 옛날 이웃 마을이니, 밖으로 옮길 필요가 없다"고 하여, 백성들의 생활기반을 침해하지 않았던 사실을 들었으며, 또한 명나라에서는 풍수지리설에 동요되지 않고 여러 대의 황릉을 같은 산 아래에 모셨던 사실을 지적하였다. 이에 비해 우리의 실정을 돌아보면서 문제점을 지적하였다.

> "우리나라의 습속은 풍수설을 지나치게 믿어 공경(公卿)에서 백성까지 일찍이 많이 미혹되고 물들었다. …길흉을 점치고 묏자리를 결정하는 일은 한결같이 풍수(相地官)의 말을 따르고 공경이나 재상은 감히 한마디도 끼어들지 못한다. 건원릉(建元陵)이나 헌릉(獻陵) 곁에 좋은 묏자리가 많은데도 널리 양주·고양·광주·여주의 땅을 택하게 되니, 죽은 자에게는 머리가 옮겨지거나 다리를 잃게 되는 우환이 있게 하고, 살아있는 자에게는 집이 부수어지거나 밭을 빼앗기는 통곡이 있게 하여, 원망이 하늘에 이르고 국가에 미친다."[*6]

---

*5 『重峯集』, 권3의 「質正官回還後先上八條疏」와 권4의 「擬上十六條疏」는 『東還封事』로 간행된 일이 있다. 「質正官回還後先上八條疏」에서는 聖廟配享之制/ 內外庶官之制/ 貴賤衣冠之制/ 食品宴飮之制/ 士夫揖讓之禮/ 師生相接之禮/ 鄕閭習俗之美/ 軍師紀律之嚴의 8조목이 제시되어 있고, 「擬上十六條疏」에서는 格天之誠/ 追本之孝/ 陵寢之所/ 祭祀之節/ 經筵之規/ 視朝之儀/ 聽言之道/ 取人之方/ 飮食之節/ 餼廩之稱/ 生息之繁/ 卒伍之選/ 操鍊之勤/ 城臺之固/ 黜陟之明/ 命令之嚴의 16조목이 제시되어 있다.

이처럼 우리나라 풍속에서는 지위가 높은 자로부터 백성에 이르기까지 풍수설의 미신에 깊이 빠져 정부의 대신들조차 이치에 따라 판단하지 못하는 형편에 놓여 있으며, 이에 따라 왕실에서도 풍수설에 따라 사방에다 왕릉을 모시게 되면서 백성에게 심한 피해를 입혀 원망을 극심하게 초래하게 된 폐단을 밝힌 것이다. 따라서 그는 중국의 제도를 따라 왕릉을 한 곳에 모여 있게 하면 백성에 끼치는 피해를 없애고 사방의 왕릉을 수호하기 위해 백성을 동원하는 폐단을 줄일 수 있음을 강조하였다.

다음은 인재를 채택하는 '취인'(取人)의 방법에 관한 문제이다. 그는 중국의 경우 인재를 발탁하는 길(作人之路)이 매우 넓어 재능이 있는 사람이라면 장사(葬師: 地官)의 자식이거나 비첩(婢妾)의 자식이거나 그 인물의 집안을 따지지 않고 쓰는 사실을 강조하였다. 따라서 신분에 얽매어 인재를 발탁하는 폭이 매우 좁은 우리의 문제점을 지적하였다.

"우리 왕조에 이르러서는 국사를 도모하는 대신들이 단지 사사롭게 그 자손을 위한 계책만 찾고 만세에 인재를 잃는 근심에 미치지 못하였으며, 아울러 재가(再嫁) 자손까지 벼슬길을 막아 쓰지 못한다고 법령에 실려 있다. …(벼슬길에서) 재가(再嫁)를 오로지 막으면 범중엄(范仲淹) 같은 인재가 세상에 등용되지 못할 것이고, 서얼(庶孽)을 오로지 폐지하면 이중호(李仲虎) 같은 무리도 그 시대에 굶주려서 서울과 지방의 영재들이 배워

---

*6 『重峯集』, 권4, 5, '擬上十六條疏', "東方之俗, 酷信風水, 公卿士民, 曾多惑染, …卜兆點穴, 一惟相地官之言, 公卿輔相, 不敢措辭於其間, 故健元獻陵之旁, 固多佳穴, 而博擇于楊·高·廣·驪之地, 使死者有遷頭失足之患, 生者有破家奪田之慟, 而怨格穹蒼, 以及于國家."

서 성취됨이 없을 것이고 인륜의 강상이 끝내는 무너져 환난이 국가에
미칠 것이다."[7]

이처럼 신분과 출신에 따른 여러가지 구속에 심하게 얽매어 있는
조선사회는 인재를 배양하고 발탁하여 쓰는 폭이 너무 좁아져 있음을
지적하며, 따라서 인재를 기르고 백성을 교육하지 못하게 되면 결국
도덕도 붕괴하게 되고 나라도 위축될 수밖에 없다는 현실을 각성시키고
자 하였다. 그는 이러한 문제점을 해결하는 대책으로 재가녀(再嫁女)의
자손이나 서얼 출신도 능력만 있다면 관리로 발탁할 뿐만 아니라, 노비
(私奴僕賤)의 신분이라 하더라도 가르칠 역량이 있으면 면천(免賤)을 시
켜주어 양반의 자제를 가르치는 스승이 될 수 있도록 하여야 한다는
것을 강조하였다. 그는 신분제 폐지를 주장하였던 것은 아니지만, 인재
의 발탁을 위해서는 신분적 제약을 두지 말아야 국가가 융성할 수 있는
길이 열리는 것임을 역설하였던 것이다.

1582년 조헌은 보은현감(報恩縣監)으로 수령이 되었을 때 지어놓고
올리지 않은 상소(「擬上疏」)에서는 수령의 기본임무인 '수령칠사'(守令
七事: 農桑盛·戶口增·學校興·軍政修·賦役均·詞訟簡·奸猾息)가
지방행정의 현장에서 이미 모두 무너진 현실을 논의하고 있다. 곧 당시
의 실정은 과다한 세금부과와, 같은 집안에 세금을 떠맡겨 거두고(一族

---

[7] 『重峯集』, 권4, 15-16, '擬上十六條疏', "至于我朝, 謀國大臣, 秪爲私其子孫之
計, 而不及于萬世失人之憂, 并與再嫁子孫而禁錮之, 載錄於令典, …切恐專
防再嫁, 則范仲淹之才, 不用於世, 專廢庶孽, 則李仲虎之流, 又餓于時, 京外
英才, 罔攸成就, 而綱倫終斁, 患及於國家."

疊徵), 관리들에게 인정(人情)을 쓴다는 명목으로 과중하게 거두거나, 서리(胥吏)들이 급료를 받지 못하여 백성을 침탈하는 등 제도의 폐단과 온갖 간교한 술법이 만연하여 민생을 도탄에 빠뜨리고 있음을 지적하였다.

> "'인정'(人情)을 쓴다는 폐단이 시작되니 부역은 번거롭고 과중함을 견딜 수 없게 되었고, 곡식으로 대신 납부하게 하는(代糧) 재난이 심히 고통스러워 군정(軍政)이 날로 무너졌으며, 부역을 지탱하기 어려워지니 농사와 양잠을 돌아볼 겨를이 없게 되었고, 군졸이 도망하니 현재의 호구(戶口)도 보존하기 어려워졌으며, 교관(教官)을 가려쓰지 않으니 학교가 쇠락하게 되었고, 공도(公道)가 밝지 못하니 송사가 어지러워졌으며, 개인으로 처리함(私辦)이 행해지지 않으니 간사함이 더욱 심하게 일어났다. …떠돌고 흩어진 백성이 많아지니 성안이나 변경이 황폐해지는데 이르렀다. 백성의 생활이 고통스러움이 지금보다 심한 때가 없으니, 비록 밝은 도리를 지닌 자를 수령으로 삼아도 진실로 손쓸 수가 없으며, 비록 안진경(安眞卿)이나 장순원(張巡遠)으로 고을을 맡게 하여도 결코 인심을 수습하고 변방을 유지하고 나라의 근본을 지킬 계책이 없을 것이다."[8]

그는 당시 조선사회에서 통치제도의 모순이 드러나면서 폐단이 뿌리 깊게 파고들어 사회기반이 전반적으로 붕괴의 위기를 맞고 있는 현실을 절실하게 지적하였던 것이다. 이에 따라 그의 대응책은 무엇보다 먼저 임금이 현실을 각성하고 어진 인재(哲人)를 널리 구하여 바른 계책을

---

*8 『重峯集』, 권5. 3-4, '擬上疏', "人情之弊濫觴, 而賦役不勝其繁重, 代糧之患滋苦, 而軍政日以發隳, 賦役難支, 而農桑之不暇顧, 軍卒流亡, 而見戶之猶難保, 敎官不擇, 而學校索然, 公道不明, 而詞訟紛如, 私辦不行, 而姦猾滋起, …以至流散者衆, 而居圉卒荒, 生民疾苦, 未有甚於此時, 雖使明道爲宰, 固無措手處, 雖使眞卿·巡遠而作邑, 決無收拾人心, 維邊衛本之計矣."

받아들이고 시행함으로써, 백성을 고통에서 구제하고 국가의 기강을
바로잡아야 할 것을 제안하는 데서 드러나고 있다.

따라서 조헌이 상소를 통하여 역설하였던 것은 바로 조선사회의 당면
한 현실이 얼마나 절박한 위기에 놓여있는지를 임금으로 하여금 절실하
게 각성하도록 하는데 초점이 맞추어져 있다고 하겠다. 그는 1587년
공주목(公州牧)의 교수겸제독(敎授兼提督)으로 나갔을 자신의 의견을 진
술하면서 사직을 청하는 상소(「陳所懷仍辭職疏」)를 올리면서 당시의 위
기상황을 절실하게 제시하였다.

> "알지 못하겠습니다만, 임금께서는 과연 조선의 사직이 안전하다고 여
> 깁니까? 위태롭다고 여깁니까? 팔도의 민생이 기뻐한다고 여깁니까? 근심
> 한다고 여깁니까? 왕명의 출입을 받들어 보필하는 선비로 누가 진실로
> 임금을 사랑합니까? 변방의 사무를 기획하고 나라의 일을 담당하는 신하로
> 누가 진실로 우리나라를 염려합니까? 신(臣)이 생각하기에 나라를 근심하
> 기를 자기 집안처럼 하지 않고, 임금을 사랑하기를 자기 몸처럼 하지 않아
> 서, 흩어진 형상은 임금의 측근에서 결판이 났고, 살갗이 불에 타들어가고
> 문드러지는 재앙은 나무나 물고기에까지 미쳤습니다. '안·위'(安危)라는
> 두 글자는 말해 볼 겨를도 없이 존망의 기틀이 이미 결판났으며, '휴·척'
> (休戚: 편안함과 근심)이라는 두 글자는 논해 볼 겨를도 없게 되어, 흩어지
> 고 어지러워진 형세는 이미 이루어졌다고 여겨집니다."[9]

---

[9] 『重峯集』, 권6, 2-3, '陳所懷仍辭職疏', "抑不知聖主以爲朝鮮之社稷, 安耶危
耶, 八道之民生, 休耶戚耶, 出入承弼之士, 孰是誠愛吾君者乎, 籌邊幹方之
臣, 孰有誠憂東國者乎, 臣竊以爲憂國者不如其家, 愛君者不如其身, 判渙之
形, 決於帷幄, 而焦爛之禍, 及於林魚, 安危二字, 將不暇言, 而存亡之機已決,
休戚二字, 已不暇論, 而散亂之勢已成."

그가 임금에게 확인하기 위해 되묻는 것은 '사직의 안위(安危)'와 '민생의 휴척(休戚)'과 '국사를 담당한 인재의 적부(適否)'라는 세 가지 과제로 집약시켜 볼 수 있다. 또한 그가 진단하고 있는 조선사회의 현실은 임금의 측근 인물에서부터 이미 모든 것이 그릇되어, 조선사회는 '안위'의 문제를 넘어서 '존망'의 위기에 당면하였고, 민생은 '휴척'의 문제를 넘어서 백성이 흩어져버리고 혼란에 빠지는 '산란'(散亂)의 국면에 들어섰으며, 결국 조선사회는 정치적 파탄으로 이미 내부에서 스스로 붕괴해가는 장면을 분명하게 드러내 보여주고 있는 것이다.

조헌은 1589년 도끼를 등에 지고 올렸던 상소(持斧上疏)였던 「논시폐소」(論時弊疏)에서 당시 발생하고 있는 재앙의 화근(禍根)으로서 북쪽의 변방을 지키기 위해 백성을 이주시키는 '사민'(徙民)정책에서 일어나는 온갖 폐단과 백성의 격심한 고통을 지적하면서, 이에 따른 위기상황을 제시하였다.

"혹시라도 한 사람이 백성의 원망을 이용하여 난리를 일으키는 자가 있으면, 지금 분주하게 횡행하는 도적들을 불러 모으고 호응하게 하여 멀고 가까운 곳이 어지러워지지 않음이 없을 것이며, 남쪽의 왜적과 북쪽의 오랑캐가 또 기회를 엿본다면 흙이 무너지고 기와가 산산조각나듯 하게 될 형세가 한 순간에 달려 있다. 모르겠지만 일을 맡은 관리가 무슨 백성을 부려서 적을 막을 것이며 무슨 곡식을 옮겨다 군사를 먹일 것인가? 이제 백성을 기르고 나라를 지키는 것은 비유하자면 그릇에 물건을 담아놓는 것과 같으니, 그릇을 위태로운 자리에 두면 그릇이 깨어지면서 물건도 흩어지게 된다. 백성을 죽을 자리에 몰아가면 백성이 망하면서 나라도 따라 망할 것이다."[10]

"오늘에 민생의 곤궁이 극심하고 나라의 운명이 위급한 형상을 논하면, 바로 억만 백성이 물이 새는 배 안에 있는데 흘러가는 중도에 폭풍을 만나 밧줄과 노를 잃었으며, 사방을 돌아보아도 망망하고 아득하여 배를 댈 언덕이 없는 것과 같다. 키잡이를 도울 적합한 조수를 불러왔다면, '배가 샐 때 막을 헌옷을 준비하라'는 경계(『易』, 旣濟卦, '繻有衣袽, 終日戒')를 지켜 거센 파도를 헤쳐 나오기를 바랄 수 있지만, 불러다 놓은 뱃사공들이 우리 임금의 벗이 아니라, 험난함을 가리켜 평탄하다 하고, 위태로움을 일러서 안전하다고 하며, 돛대는 기울고 노는 부러져도 편안하여 걱정하지 않아서 윗사람을 속이고 아랫사람을 미혹시키니, 잇달아 빠져 죽는 데 쉽게 이를 것이다."[*11]

이미 조선사회에 백성의 고통이 극심하여 원망의 소리가 높아졌으니, 안에서 백성의 원망을 이용하여 반란을 일으키는 자가 나타날 수 있고, 밖에서는 이를 틈타서 일본과 여진이 남북에서 침략할 위험이 있음을 지적하고, 이러한 상황에서는 그대로 무너져 회복할 길이 없을 것이며, 백성을 고통과 죽음으로 몰아넣고서는 나라도 따라 망할 수밖에 없음을 절실하게 경고한 것이다. 조헌이 당시의 상황을 물이 새는 배에 온 나라 백성을 태우고 바다 가운데 나가 큰 파도를 만났을 때 노를 잃은 상황에 비유하였는데, 이렇게 침몰의 위기에 직면한 상황에서 헤쳐 나

---

*10 『重峯集』 권7, 2, '論時弊疏', "倘有一夫乘民怨倡亂, 則現行旁午之賊, 嘯聚響應, 無遠近不亂, 南倭北狄, 又若乘釁, 則土崩瓦解, 勢在頃刻, 未知有司驅何民以禦賊, 轉何粟以餉軍乎, …今夫養民以[而]守國, 譬如置器以儲物, 置器于危地則器破而物散, 驅民于死地則民亡而國隨."

*11 『重峯集』 권7, 11, '論時弊疏', "就論今日, 民生困極, 而國步斯頻之狀, 正如百萬億蒼生方在漏船之中, 中流遇風, 失其維楫, 四顧茫然, 渺無津涯者, 喚得副手梢工, 則猶望其衣袽有戒, 出乎洪濤, 而招招舟子, 類非我君之友, 則指險爲夷, 謂危爲安, 檣傾楫摧, 恬不動念, 罔上迷下, 坐致胥溺而已."

올 수 있는 유일한 방법은 뛰어난 뱃사공을 만나서 키를 잘 잡아 바른 방향을 찾아가야 하는 것임은 분명하다. 그러나 그는 당시 임금의 주위에 집권한 세력은 모두 잘못된 인물이라 위기의 상황을 더 악화시킬 **뿐이라** 진단하였는데, 문제는 그가 배척하는 인물은 모두 동인이고 그가 추천하는 사람은 모두 서인이라는 당파적 편향성을 벗어나지 못하였으니, 바로 이 점은 그의 치밀하고 진지한 현실의식이 지닌 치명적 한계라 할 수 있을 것이다.

2) 군사제도의 붕괴현실

조헌은 조선사회가 당면한 실무적 과제를 제시하면서 특히 군정(軍政) 내지 군사제도의 현실에 깊은 관심을 보여주고 있다. 그것은 당시의 주변 국제정세를 보면 남쪽에는 일본, 북쪽에는 여진의 침략 위협이 갈수록 높아지는 상황이었으므로, 이에 대처할 수 있는 군사적 대응책을 찾아야 한다는 필요성을 각성하였기 때문이라 할 수 있다.

그는 「8조소」에서도 계주(薊州: 현 北京)지방에서 군사 3천이 행군하는 것을 보았을 때 백성을 침해하는 일이 없어 군기가 엄격함을 지적하면서, 이에 비해 우리나라에서는 "평안도 내지(內地)의 군사는 한결같이 통할됨이 없어서 지나가고 머무르는 곳에서 마음대로 백성의 밭에서 벼를 취하여 말을 먹였는데, …한번 군대의 해독을 입으면 바로 텅빈 땅이 되니, 밭을 둘러싸고 원통하여 울부짖는 형상을 차마 볼 수가 없었다"[*12]고 하여, 우리나라의 실정을 돌아보면서 군령이 해이되고 백성을 침해하여 적을 막기도 전에 벌써 백성의 원망을 일으키는 폐해의 심각함을 강조하였다.

이에 따라 그는 군기를 엄격히 하고 병졸을 확보하며, 장수를 가르치고 병졸을 조련하며, 병장기를 비축하고 성곽을 수축하는 방책을 제시하고 있다.[13] 그는 「16조소」에서 노비의 증가로 군졸의 수를 확보할 수 없는 문제점을 지적하였다.

> "중국의 제도는 비록 경상(卿相)에 이르더라도 감히 사인(私人) 수 10인을 두지 못하는데, 우리나라에서는 천얼(賤孼)에 속하는 자도 혹 사노(私奴) 백명을 둔 자가 있으며, 훈구귀족의 집안에는 비록 사노 천명을 둔 자가 있지만 국가의 형세가 외롭고 미약함을 앉아서 보기만 하고 국가를 위하여 충성을 바칠 계책은 생각하지 않는다. …이제 만약 위로부터 먼저 노비를 한정하는 제도를 만들고서, …10년 동안 인구를 증식시키고 재물을 쌓으며 10년 동안 가르치고 훈련하면 백만의 정예 병사도 20년 뒤에는 갖출 수 있을 것이다."[14]

이처럼 그는 당시 조선사회의 지배계층이 국가를 지키려는 계책은 없이 자신의 사사로운 이익을 위해 엄청난 수의 노비를 거느리고 있으

---

[12] 『重峯集』, 권3, 29-30, '質正官回還後先上八條疏', "平安內地之軍, 一無統轄, 而所經所止之地, 恣取民田之禾, 以飼其馬, …一被師毒, 便爲赤地, 繞田冤號之狀, 有不可忍見者."

[13] 이석린, 『壬辰義兵將 趙憲硏究』, 신구문화사, 1993, 76-87쪽. 이 책에서는 趙憲의 국방강화론을 軍丁확보론, 訓練·軍備강화론, 軍律확립론의 세 가지 주제로 분석하고 있다.

[14] 『重峯集』, 권4, 31, '擬上十六條疏', "中朝之制, 雖至卿相, 不敢有私人數十, 而我國賤孼之屬, 或有私奴百數者, 勳貴之家, 雖有千數, 坐觀國勢之孤弱, 而不思爲國家獻忠之計, 今若自上先爲限奴之制, …十年生聚而十年敎訓, 則百萬精兵, 可辦於二十年之後矣."

며, 또한 군정이 문란하여 군역의 부담이 가중해지자 양민들이 노비가 되어 군역을 회피하는 길을 찾고 있는 현실의 문제점을 지적하고 있다. 또한 그는 우리나라의 군사들이 전혀 훈련이 되고 있지 않은 실상을 지적하였다.

> "국가에서 군사를 검열하는 법도는 일년에 자주 거행하지 않으며, 이번 가을에 비록 다행히도 한번 행했는데, 행렬이 분명하지 않고 깃발과 북이 정비되지 않아, 보는 사람이 그 아이들의 놀이같은 모습을 탄식하였다. 평상시에도 이와 같은데 적과 맞서게 되면 어떻게 조처하겠는가? 상번한 군사는 비록 하루 건너 활쏘기를 연습하는 규칙이 있지만, 훈련관이 된 자는 관례로 빈 종이(關紙) 한 권을 거둘 뿐이요, 활 당기는 법도를 가르치는 자가 전혀 없다. 서울의 병영에서도 이와 같은데 변방을 어떻게 나무라겠는가? 이 때문에 장수는 진법(陳法)에 어둡고 사졸은 부대의 대오(部伍) 짓는 법을 모르니, 설령 완만하거나 위급함을 당하면 장차 어떻게 변란에 대응하겠는가?"[15]

이처럼 우리나라의 군사들이 전혀 훈련을 받지 않아 오합지졸이 되고 말았던 당시의 실정을 보면서, 전란에 대비하기 위한 가장 기본적인 체제조차 갖추고 있지 못함을 밝히고 있다. 그 뿐만 아니라, 화살을 만들 대나무를 실어다 놓고도 삿갓이나 만들어 뇌물로 바치고 있거나 목장에서 군마를 기르지만 실제는 말을 번식시키지 않고 거짓 문서만

---

[15] 『重峯集』, 권4, 33, '擬上十六條疏', "國家閱武之法, 歲不屢擧, 今秋雖幸一爲, 而行伍不明, 旗鼓不整, 見者嘆其若兒戲之狀, 平時如此, 臨敵安措, 上番軍士, 雖有中日習射之規, 而爲訓鍊官員者, 例收關紙一卷而已, 絶無敎以控弦之法者, 京衛若此, 外藩何責, 是以, 將不諳陣法, 士不識部伍, 設遇緩急, 將何應變."

만들어 놓고 있는 실정을 보여주고 있다. 나아가 성곽과 연대(烟臺)의 제도를 제대로 갖추지 못한 실정을 지적하고 있다.

> "우리나라의 양계(兩界: 평안도·함경도) 지방은 비록 장성(長城)이 있기는 하지만 말이 뛰어 넘을 수 있으며, 비록 연대(烟臺)가 있기는 하지만 사람이 거처할 수가 없다. 광풍이 불고 눈발이 심할 때는 얇은 옷의 수졸(戍卒)들은 얼어죽을 걱정이 많아 적이 오기를 기다리지도 않고 반드시 도망가버릴 것이요, 누가 즐겨 죽기로 지키겠는가? …국가가 믿는 바는 사방 변경의 허술한 수비에 그치며, 내지(內地)는 모두 막을 곳이 없으니, 한 곳이 무너지면 팔뚝을 걷어부치고 곧바로 달려나가 방어할 곳이 없다. 생각이 여기에 이르니 진실로 한심하기만 하다."[16]

변경의 허술한 성벽과 지키고 있을 수도 없는 연대(烟臺)를 믿고 있는 국가의 공허한 방어시설이나, 변경이 한 번 무너지면 내륙에는 아무런 방어시설도 없어 한꺼번에 모두 무너질 수밖에 없는 사정을 생각하면서 한심하여 탄식하지 않을 수 없음을 보여준다. 군사제도에서는 전반적으로 병졸의 확보도 없고 훈련도 무너지고 군령도 서지 않으며, 병장기나 성곽의 방어시설도 공허하여 사실상 무방비 상태에 놓인 실정을 생생하게 확인시켜주고 있는 것이다.

---

[16] 『重峯集』, 권4, 37, '擬上十六條疏', "我國兩界之地, 雖有長城, 而馬可超升, 雖有煙臺, 而人不能居, 臺下不惟無城, 而臺上一無草屋一間, 風饕雪虐之際, 則薄衣戍卒, 多有凍死之虞, 不待賊來而反走也必矣, 孰肯以死守之哉, …國家之所恃者, 止於四邊粗有守備, 而內地則俱無限隔之處, 一處瓦解, 則掉臂直前, 而罔有能禦之地, 思之至此, 誠可寒心."

3. 항왜의리와 외교적 대응

1) 의리의 원칙과 거부의 의리론

조헌의 '항왜(抗倭)의리론'은 일본의 침략위협과 침략과정에서 제시된 것이다. 당시 일본에서는 1585년 도요토미 히데요시(豊臣秀吉)가 이른바 '전국(戰國)시대'를 통일하고 관백(關伯)이 된 다음, 대마도(對馬島) 도주(島主: 宗義調)를 시켜 조선에서 사신을 보내어 통신사(通信使)의 파견을 요구하도록 지시하자, 대마도 도주는 1587년 귤강광(橘康廣)을 일본사신의 이름으로 조선에 파견하였다. 이때 조헌은 일본사신을 거절하도록 강경하게 주장하는 「청절왜사소」(請絶倭使疏)를 두 차례에 걸쳐 3건을 올렸다.

그는 「청절왜사일소」(請絶倭使一疏)의 첫머리에서 국가간에 수호(修好)의 교류를 하는데 요구되는 기본원리로서 '믿음'(信)과 '의리'(義)를 제시하였다. 먼저 그는 '믿음'과 '의리'의 경전적 근거를 확인하고 있다. 곧 『대학』에서 문왕(文王)의 덕을 칭송하면서, "국인(國人)과 더불어 사귐에는 믿음(信)에 그친다"(與國人交, 止於信)고 말한 구절과, 『논어』(學而)에서 유자(有子)가 "믿음은 의로움에 가깝게 하면 말을 실천할 수 있다"(信近於義, 言可復也)고 말한 구절을 인용하여, '믿음'(信)이 통치원리로서 지닌 중요성을 강조하고, 나아가 '믿음'이 '의리'와 결합되어야 온전하게 될 수 있는 것임을 강조하였다. 또한 『주역』 '송'(天水―訟)괘의 상전(象傳)에서 "일을 함에는 처음을 도모한다"(作事謀始)라 하였는데,

정이천은 『역전』(易傳)에서 이 구절을 설명하면서, "처음을 도모한다는 것은 이웃과 교제를 신중하게 하고 문서를 분명하게 하는 종류의 일과 같은 것이다"(謀始, 如慎交隣明契券之類是也)라고 해석한 것을 인용하였다. 곧 이웃나라와 교류하는 일이나 문서를 주고 받는 일들이 바로 그 처음을 신중하게 해야하는 경우라면, 이러한 일을 신중하게 처리하는 방법이 바로 '믿음'과 '의리'의 원리를 확보하는 것임을 말한다.

또한 조헌은 '믿음'과 '의리'가 국가간의 교류에서 어떻게 기능하고 드러났는지를 역사적 사료로서 검증하고 있다.

> "지나간 각 시대에서 이웃나라와 교류함은 '믿음'을 '의리'로써 하지 않거나, 일을 처음에 도모하지 않으면 스스로 후환을 끼쳐 멸망하는 재앙을 얻게 된다는 것은 역사 기록에 실려 있어서 뚜렷하게 볼 수 있다. 남송(南宋)이 금(金)과 원(元)에 대해 '자강'(自强)에 힘쓰지 않고 먼저 '통호'(通好)하기를 급하게 하였다가, 토색질의 재난을 당하였고, 끝내는 궁성을 모두 빼앗기고 모든 백성을 포로로 만든 다음에야 끝났다."[17]

그는 남송이 거란족의 금나라나 몽고족의 원나라와 대치하면서 믿음과 의리의 원칙을 확보하지 못하고서 안으로 자신을 강화(自强)하지도 못한 상태로 '통호'의 교류를 서두르다가 멸망하게 되었던 전형적 경우로 들고 있다. 여기서 그는 국가 사이의 교류에서 '믿음'과 '의리'라는 규범적 원칙을 확보하기 위해서는 현실적 조건으로 '자강'을 제시하고

---

[17] 『重峯集』, 권6, 34, '請絶倭使疏', "歷代交隣, 信不以義, 事不謀始, 自貽後患, 以取覆亡之禍者, 載在靑史, 班班可見, 而兩宋之於金·元, 不務自彊, 急先通好, 徵索之患, 終至於括盡都宮, 擧族俘虜, 然後乃已."

있다. 자신이 힘을 갖추고 있지 못하면서 강한 이웃나라와 상대하게 되면 '믿음'과 '의리'를 보장받을 수 없음을 말한다. 그렇다면 '믿음'과 '의리'의 원리는 '자강'이라는 실질적 기반 위에서 확보되고 실현될 수 있는 것임을 보여준다.

당시 조선은 일본에서 정권이 바뀌고서 새롭게 '통호'를 요구해오는 데 따른 문제가 제기되었다. 그것은 바로 그 처음을 신중하게 해야 하고, '믿음'과 '의리'의 원칙이 확인되어야 하는 상황이다. 이 때 조헌이 일본의 사신을 거절하도록 요구하였던 이유도, 일본이 '통호'를 요구하는 것이 '믿음'과 '의리'에 합당하지 않다고 판단했기 때문이며, '믿음'과 '의리'라는 원칙을 소홀히 하고서 위협에 굴복하거나 형세에 따르는 미봉책으로 '통호'하기를 급급히 하였다가 결국 멸망에 이르고 말았던 경우가 바로 남송이었던 역사적 사실을 귀감으로 삼아야 한다는 것이다. 그만큼 조헌은 '믿음'과 '의리'의 정당성 확보를 강조함으로써 명분과 원칙을 중시하는 '의리론'(義理論)의 입장을 밝히고 있는 것이며, 형세가 강한지 약한지, 불리한지 유리한지를 따져보는 현실의 조건에 대한 판단을 우선하고 있는 '실리론'(實利論)의 입장과는 분명한 차이를 드러내고 있는 것이다.

여기서 조헌은 일본이 사신을 보내온 '명분과 의리'(名義)가 무엇인지를 따져보면서 역사 속의 사례들을 확인하였다.

"계평자(季平子)가 소공(昭公)을 몰아내고 나서 제(齊)나라에서 아름다운 행실을 이룬 것과 같으며, 진(晉)나라 사마소(司馬昭)가 위(魏)나라 임

금을 시역하고 나서 오(吳)와 촉(蜀)에 위세를 드러낸 것과 같은 것에 불과
하다. 반드시 그 나라의 변고를 갖추어 묻고서 죄를 성토하여 거절한 다음
에라야, 환공(齊 桓公)·문공(晉 文公)이 의리를 주장한 거동처럼, 앉아서
도 그들의 마음을 공격하여 우리나라를 스스로 강하게 할 것이다.”[18]

그는 일본의 새 집권자인 도요토미 히데요시(豊臣秀吉)가 춘추시대
노(魯)나라의 계평자나 위진(魏晉)시대 진(晉)나라의 사마소처럼 임금을
축출하거나 시역한 인물이므로 일본 사신은 ‘명분과 의리’에 어긋나는
결정적 문제점이 있음을 들어서, 일본사신을 거절할 의리의 근거를 밝
히고 있다. 따라서 그는 일본이 불의함을 밝히지 못하면 일본에 맞서서
저항할 수 있는 힘을 확보할 수 없음을 확인하면서, 역사 속에서 불의에
저항하였던 인물의 모범을 찾고 있다.

> “아아, 신하가 임금을 쫓아내는 것은 인륜의 큰 변고이며, 천지가 용납
> 하지 않는 바이다. 나라 일을 도모하는 자는 지극히 먼 곳이라 비록 창을
> 들고가서 죽일 수는 없더라도 차마 사신을 보내어 문안하고 위로하여 그
> 기세를 도울 수 있겠는가? 세상에 노중련(魯仲連)이나 호전(胡銓)이 있었
> 다면 반드시 의리로 저항하여 극심하게 말하였을 것이다.”[19]

이처럼 그는 제(齊)나라의 노중련이, 진(秦) 소왕(昭王)을 높여서 제왕
(帝王)으로 삼겠다는 위(魏)나라 사신 신원연(新垣衍)의 의논을 막았던

---

*18 같은 곳, “今此日本之使, 有何名義乎, 臣之臆料, 則不過如季平子之逐昭公而
　　行成於齊, 晉 司馬昭之弒魏主而示威於吳蜀者也, 必須備問國故, 聲罪絕之,
　　然後桓·文杖義之擧, 將有以坐攻其心, 而自彊我國也.”
*19 『重峯集』, 권6, 35, ‘請絕倭使疏’, “嗚呼, 臣逐其君, 人倫之大變, 而天地之所
　　不容也, 謀國者限以絕域, 縱不能提戈往誅, 而其忍遣使謝慰, 以助其聲勢乎,
　　世有魯連, 胡銓, 則其必抗義極言.”

일이나 송(宋)나라 휘종(徽宗)때 호전이 금(金)나라에 답방하러 가는 사신 왕륜(王倫)을 되돌려 오도록 요청하였던 역사적 사실을 들어서, 이들이 의리를 밝혔던 사실을 귀감으로 삼아 일본의 사신을 거절하는 의리를 내세우도록 강조하였던 것이다.

그러나 이웃나라의 위협에 맞서서 의리를 내세워 저항해야 한다는 의리론적 입장과 이웃나라가 강한 군사력을 가지고 있어서 타협하여야 한다는 현실적 입장의 두 가지 상반된 견해가 제기되고 있는 상황에서, 그는 의리를 내세우는 것이 정당할 뿐만 아니라 현실적으로도 적합한 판단임을 강조한다.

> "만약 저들이 강하고 우리는 약하다는 것으로 말하여 혹시 물자를 끊었다가 난리가 일어날 것을 두려워한다면, 항우의 강함은 천하에 대적할 자가 없지만 한왕(漢王)이 한 번 제왕을 시역한 악을 드러내니, 필부는 기운이 서늘해지고 제후는 돕는 자가 적어졌다. 새 괴수(풍신수길)가 비록 강하더라도 반드시 항우에는 못미칠 것이요, 10개 섬(十島: 일본)이 비록 좁다 하더라도 한 두 사람 충성스럽고 의로운 선비가 없지 않을 것이다. 만약 나라에서 '대의'(大義)로 성토하여 화친을 요구하는 사신을 물리쳤다는 소식이 들리면 저절로 서로 감응하는 이치가 있어서, 멀리 그 무리를 격동시켜 옛 군주를 위해 복수하려는 자가 저절로 있을 것이다."[20]

사실상 무력에서는 비록 우리가 약하고 일본이 강하더라도 우리가

---

[20] 『重峯集』, 권6, 35-36, '請絶倭使疏', "若以彼强我弱而爲之辭, 或懼絶物而生亂, 則項羽之强, 天下無敵, 而漢王一數弑帝之惡, 則匹夫寒氣, 諸侯寡助, 新酋雖强, 未必及於項羽, 十島雖褊, 不無一二忠義之士矣, 若聞國家聲大義, 以黜請成之使, 則自有相感之理, 遠激于憬彼之徒, 爲舊主報仇者, 自有其人矣."

의리를 분명하게 내세운다면, 일본의 기세가 꺾일 수 있을 뿐만 아니라,
일본 안에서 분열이 일어나 옛 군주를 위해 현재의 집권자에게 저항하
는 세력이 일어나서 호응할 수 있을 것임을 밝히고 있다. 따라서 항우처
럼 강대한 세력을 지녔을 지라도 의리에서 비판을 받으면 결국 패배할
수 없을 것이라는 역사적 사실을 들어서 의리가 강한 힘을 뒷받침해주
는 사실을 역설하였다. 같은 맥락에서 조헌은 의리를 지니면 강한 군사
도 이겨낼 수 있다는 사실을 역사 속의 사례에서나 자연의 이치에서나
경전의 가르침에서 확인할 수 있음을 밝히고 있다.

> "예로부터 국가가 이기거나 지는 형세는 어찌 다만 군사가 강한지 약한
> 지에 달려 있겠는가. 춘추의 여러 제후 가운데 오직 초(楚)나라만큼 강한
> 나라가 없었지만 제(齊)나라 환공(桓公)은 관중(管仲)을 써서 의리를 붙잡
> 고 주장하게 하니 소릉(召陵) 땅에서 싸우지 않고도 맹약을 맺게 되었으며,
> 항우는 싸움을 잘 하여 천하에 대적할 자가 없었지만 한(漢) 고조(高祖)가
> 동공(董公: 鄕의 교화를 맡은 三老로서 이름은 未詳)의 말을 들어 군사의
> 출동에 명분이 있으니, 해하(垓下)에서 군사가 흩어지고 말아 비가(悲歌)
> 를 부르며 스스로 목을 찔러 죽고 말았다. 그 몸이 시역(弑逆)한 죄를
> 지고 있으니 천지가 용납하지 않았으므로 비록 그 기세를 타거나 죽음의
> 즈음에서 혹 광풍과 우레를 부릴 수 있었다 하더라도 인도(人道)에 순응하
> 지 않으니 하늘도 돕지 않았다. 이는 도덕과 의리의 기운은 일만명의 군사
> 보다 굳건함을 알 수 있으며, '어진 이에게는 대적할 자가 없다'는 것은
> 맹자가 밝게 제시하였다."[21]

---

[21] 『重峯集』, 권7, 25-26, '請絶倭使三疏', "自古國家勝負之勢, 豈徒以兵之强弱
乎, 春秋列侯, 楚惟無强, 而齊桓用管仲, 仗義執言, 則召陵之師不戰而致盟,
項羽善戰, 天下無敵, 而漢祖聽董公兵出有名, 則垓下人散, 悲歌而自刎, 盖其
身負弑逆之罪, 天地之所不容, 故雖其假氣遊魂之際, 或能指使風霆, 而人道

이처럼 나라와 나라 사이에서는 비록 군사가 약하더라도 의리가 정당하면 더 큰 힘을 발휘할 수 있음을 역설하였던 것이다. 따라서 그는 현실적으로 당시 조선은 군사가 약하고 일본은 군사가 강하다는 사실을 인정하였으며, 그 전제 위에서 강한 일본에 대해 굴욕을 당하지 않고 맞서기 위해서는 의리를 내세워 일본 집권자의 의롭지 못함을 드러내야 함을 강조하였다.

또한 그는 일본을 예법과 의리가 없는 오랑캐로 규정하고 오랑캐를 다루는 방법을 제시하였다.

> "우리가 지닌 화하(華夏)문명의 도리를 밝혀 저들이 지닌 오랑캐의 성질을 바로잡으며, 우리의 임금을 친애하고 윗사람을 위해 죽을 수 있는 백성을 이끌고 저들의 복종하지 않고 임금도 알아보지 못하는 무리를 매질하기는 비유하자면 물동이의 물을 쏟아붓거나 손바닥을 뒤집듯이 쉽다. 오랑캐를 정벌하고 막아내는 일은 본래 상책(上策)이 없으니, 오직 나에게 있는 것을 정밀한 의리(無間)가 되게 하여야 들어갈 수 있을 뿐이다."[22]

곧 조헌은 정대한 의리가 있으면 강한 무력도 굴복시킬 수 있다는 일반적 원칙을 주장하는 데 그치는 것이 아니라, 한걸음 나아가 의리로 일본에 대응하기 위한 실천의 과제로서 먼저 우리 자신이 의리를 밝혀 정밀한 의리를 확립해야 하고, 또한 백성을 도리로 이끌어 결속시킬 수 있어야 하는 것임을 지적하고 있다. 따라서 그는 먼저 우리 자신이

所不順, 天亦不佑, 斯知道義之氣, 壯於萬甲, 而仁者無敵, 孟訓昭垂矣."
[22] 『重峯集』, 권6, 40, '請絶倭使疏', "明吾華夏之道, 格彼蠻髦之性, 率吾親君死上之民, 撻彼不率無君之類, 譬猶建瓴反掌之易, 膺夷禦戎, 本無上策, 惟使在吾者無間而可入耳."

의리를 분명하게 각성하지 못한다면 상대방에게 의리의 정대함을 내세워 죄를 물을 수 없음을 전제로 확인하고서, 이에 따라 우리가 의리를 확보하는 것이 바로 오랑캐를 다스리는 쉬운 방법임을 강조하고 있는 것이다.

2) 외교적 대응책

조헌의 일본에 대한 기본인식은 일본을 오랑캐요, 신의(信義)가 없는 나라로 규정하는 사실에서 드러난다. 이에 따라 그는 「청절왜사소」(請絶倭使疏)에서 일본을 다루는 외교적 방책을 세 가지 유형으로 제시하고 있다. 곧 "일본은 평소에 배반하며 신의가 없는 나라로 일컬어져 왔다. 중국이 애초에 (교류를) 단절하였던 것은 가장 '상책'이 되고, 중종(中宗)이 중도에 단절하였으나 끝내 성심으로 귀속하게 한 것은 '중책'이며, 고려왕조가 자강(自强)에 힘쓰지 않고 거듭 사신을 교류하였으며 혹 억지로 끌려들어 강압에 따라 맹약을 하였던 것은 가장 '하책'이다"[23]라고 하였다. 이처럼 그는 일본에 대해 뿌리깊은 불신감에 근거하여, 일본과 사신을 교류하는 일 자체를 근원적으로 거부하는 입장에 근거하여 일본사신을 거절하도록 요구하였던 것이다.

그는 일본과 우리나라 사이의 외교관계는 전통적으로 교류가 없었던 것으로 파악하고 있다. 곧 "원씨(源氏)가 나라를 보유한지 6백년을 지내

---

[23] 『重峯集』, 권6, 41, '(請絶倭使)二疏', "日本素稱反覆而無信義之國也, 皇朝之初絶, 最爲上策, 中廟之中絶而終致欸附, 乃是中策也, 高麗之不務自强, 而屢通信使, 或致拘没要盟, 最是下策也."

왔지만, 그 선조로부터 우리와 일찍이 통호(通好)한 일이 있었던가? 이처럼 가지도 않고 오지도 않는 것은 왕자(王者)가 오랑캐를 다스리지 않는 법도이니, 다스리지 않는 것으로 다스리는 것이 옳다. 대대로 사신을 파견해 왔다면 예의가 없다고 책망할 수만은 없을 것이다”[*24]라고 하였다. 이처럼 조헌은 일본이 오랑캐라는 인식을 전제로 오랑캐와는 ‘다스리지 않는 것으로 다스린다’(治之以不治)의 원칙에 따라 ‘통호’하지 않고 무관심 속에 버려두는 것을 일본과 관계의 기본입장으로 삼아야 함을 제시하였다. 여기서 그는 실제로 우리나라와 일본 사이에는 그동안 외교적 통호의 관계가 없었던 것이라 밝히고 있다. 그러나 조헌이 보여주고 있는 일본에 대한 지식이나 조선과 일본관계에 대한 지식에는 상당히 부정확한 부분이 엿보인다.

우선 조헌은 “원씨(源氏: 미나모토)가 나라를 보유한지 6백년이 되었다”고 언급하였는데, 그것은 일본의 역사적 사실과 너무 다른 것이 사실이다. 원씨가 권력을 잡아 1185년경 가마꾸라막부(鎌倉幕府)를 열었지만 1219년 원씨의 혈통은 단절되고 북조씨(北條氏: 호오조오)가 집권하였으며, 1333년 150년만에 가마꾸라막부도 멸망하고 말았다. 그후 잠시 천황의 친정(親政)이 있었으나 곧 남북조(南北朝, 1336-1392)시대로 접어들고, 북조의 족리씨(足利氏: 아시까가)로 통합되어 무로마찌막부(室町幕府)의 시대(1336-1573)가 열렸다. 그러나 응인의 난(應仁 亂, 1467-1477)

---

*24 『重峯集』, 권6, 34-35, ‘請絶倭使疏’, “夫以源氏有國, 年經<35>六百, 自厥先祖, 抑嘗通好於我, 若是莫往莫來者, 則以王者不治夷狄之法, 治之以不治, 可也, 世修通聘, 則不可專責以無禮義者也.”

이후 막부의 통제력이 무너지게 되고, 이때부터 다이묘(大名)들이 제각기 독립하여 전국(戰國)시대가 1백년 가량 계속되었다. 이 전국시대를 통일한 인물이 바로 직전신장(織田信長: 오다 노부나가)을 이은 도요토미 히데요시 였다.[*25] 그렇다면 가마꾸라막부의 장군(將軍)인 원씨는 50년도 계속되지 못하였으며, 도요토미 히데요시가 원씨의 신하로 있었던 일도 없으며, 원씨를 시해하고 권력을 잡은 것도 아니다. 따라서 도요토미 히데요시가 자신의 임금을 시해하고 권력을 잡은 불의한 역신(逆臣)으로 비판하는 것은 전혀 엉뚱한 비난이 되고 말았다. 이처럼 조헌이 일본역사에 대해 불충분하고 부정확한 지식을 가졌던 사실을 주목할 필요가 있다.

또한 조헌이 "그 선조로부터 우리와 일찍이 통호(通好)한 일이 있었던가?"라고 한 언급도 일본과 한국의 교류사에 대한 사실과 상당한 차이가 있다. 고려말 공민왕 15년(1366)과 우왕 때(1375 · 1377 · 1378 · 1379) 거듭 일본에 사신을 보내었고, 조선시대에 들어와서도 태조원년(1392) 족리(足利: 아시카가)장군에게 승 각추(覺鎚)를 보낸 것을 비롯하여 태조 때만도 여러 차례 사신의 왕래와 교류가 있었으며, 또한 명나라는 1403년 일본의 막부장군을 '일본국왕'으로 책봉하였다.[*26] 그러나 조헌이 보여준 일본역사와 조선과 일본의 교류관계에 대한 지식이 이처럼 부정확한 것은 조헌 개인의 무지라기보다는 당시 조선의 지식인들이

---

*25 민두기, 『일본의 역사』, 지식산업사, 1976, 61-113쪽 참조.
*26 손승철, 『조선시대 한일관계사연구』, 지성의샘, 1994, 52-68쪽 참조. 이 책에서는 태조연간(1392-1398) 조선과 일본 사이에 왕래한 使者로 28건을 제시하고 있다.

중국만 바라보고 일본에 대해서는 무관심에 빠져, 일본에 관한 이해가 심히 부족하고 불완전하였던 사정을 반영해주고 있는 것이라 하겠다.

조헌이 도요토미 히데요시에 대해 임금을 시해하였다고 주장하는 것은 잘못된 지식이라 하더라도, 그는 도요토미 히데요시가 조선에 사신을 보내어 통신사의 파견을 요구하는 것은 우호적인 교류를 추구하고자 의도하는 것이 아니라는 사실을 예리하게 간파하여 분명히 지적하였다.

> "만약 (일본이) 혁명을 해냈다는 위세에 순응하여 사신을 교류하며 서로 축하한다면, 국가가 또한 뜻을 굽혀 저들을 따르는 것이니, (저들은) 하늘과 사람의 도움을 가탁하여 이쪽 저쪽에 교만하여져서 안으로는 임금을 몰아내고 시해한 자취를 감추고, 밖으로는 토색질할 단초를 찾아서 군사를 일으키고 도적질할 트집거리로 삼으려는 것이다. 이것이 과연 우리를 사랑하고 공경하여 사신을 교환하는 것이겠는가?"[27]

그는 일본이 우리나라와 사신교류를 하려는 의도를 두 가지로 파악하였다. 곧 하나는 외국으로부터 승인을 받아 국내에서 통치권의 정당성과 안정된 기반을 확보하려는 것이요, 다른 하나는 외국으로 뻗어나가 침략할 수 있는 계기를 찾으려는 것이라 보았다. 그는 특히 후자의 침략의도를 지적함으로써 일본과의 교류는 일본의 침략을 불러들이는 발판이 되는 것으로 인식함으로써, 사신을 거절할 뿐만 아니라 일본과의 외교적 교류도 해서는 안될 것으로 역설하였다.

---

[27] 『重峯集』, 권6, 35, '請絶倭使疏', "若因革命之威, 交使相賀, 則國家亦必屈意從之, 而矯誣天人之助, 以驕於彼此, 內掩放弑之迹, 外索徵求之漸, 以爲興兵作賊之釁者也, 是果愛我敬我而交使者乎."

또한 그는 일본사신을 애초에 거절하지 못하였다면 서울에서 일본사신을 접대하는 동평관(東平館)에 예관(禮官)을 보내어 일본사신에게 일본에서 전왕(前王)이 폐위된 변고에 대해 물어서, 전왕의 실정(失政)으로 백성이 모두 분개하여 정권이 바뀌었는지 여부를 확인해야 한다는 것이다. 여기서 일본의 전왕에 대해 백성이 모두 분개함이 없었는데도 왕위를 찬탈한 것이라면 한(漢)나라 진평(陳平)이 초(楚)나라 사신을 박대하여 끊어버렸던 것 같이 일본사신을 박대함으로써, 임금을 해치고 나라를 저버린 사람은 이웃나라의 관(館)이나 역(驛)에 용납될 수 없음을 보여주어야 한다는 것이다. 이와 달리 만약 일본의 전왕이 폐위될 만한 이유가 인정될 수 있다면 몇가지 조건을 내걸어 이 조건이 충족될 때 사신을 받아들일 수 있음을 제시하였다. 그 조건이란 먼저 일본의 외교문서에서 ‘동황’(東皇)이라고 일컫고 있는 호칭이 중국을 공경하는 우리로서는 거짓 호칭이요, 이 거짓 호칭(일본의 東皇)으로 참된 호칭(중국의 皇帝)을 어지럽힐 수 없음을 들어서 외교문서에서 거짓된 호칭을 삭제할 것을 요구해야 한다는 것이다. 다음으로 그해 봄 전라도 손죽도를 노략질한 왜구들과 그들을 위해 길잡이 노릇을 한 조선인 사화동(沙火同)을 포박하여 보내와야 한다는 것이다. 이런 조건을 따른다면 그 다음에 관문을 열어 일본과 왕래할 수 있을 것이라 제시하였다.[*28]

무엇보다 조헌이 내세운 조건으로서 ‘동황’의 호칭을 삭제한다는 것

[*28] 『重峯集』, 권6, 36-37, ‘請絶倭使疏’, “前王之廢, 果不出於國人之所同憤, 則惡草具, 顯絶楚使, …使知戕君負國之人, 無所容於隣邦館驛, …假使新王績著, 而舊主可廢, 天無二日, 不宜稱東皇, 我敬上國, 不可容僞冒, …則幸因玆會, 俾於書契中刊去僞號, 又於島嶼間, 縛送春賊與沙火同, 然後乃許開關往來.”

은 중국만이 '황제'를 칭할 수 있다는 중국중심의 중화주의 의리 곧 '존화'(尊華)의리에 따라 일본이 사용하는 '동황'을 거짓 호칭이라 규정함으로써, 중국을 중심으로 하는 천하의 국제질서 속에 조선과 일본의 위치를 정립하려는 것이다. 동시에 그는 일본도 8천 석의 쌀을 우리나라에 의존하고 있는 현실에서 우리의 요구를 따르기 어렵지 않을 것이라 보았다. 이에 따라 일본으로 하여금 참람한 호칭을 외교문서(書契)에서 삭제하게 한 사실을 중국 조정에 보고하면 중국의 황제도 기뻐할 것이요, 우리나라 임금의 '사대'(事大)에 정성스러움을 인정받게 되면, 종계(宗系)의 개정문제를 비롯한 중국과 우리나라 사이에 얽힌 외교문제를 해결하는 데도 도움을 받을 것임을 지적하고 있다.[29] 곧 일본과 사신교류의 '통호'문제는 중국을 천하의 중심으로 확인하는 '사대'의 의리를 외교의 기준으로 삼고 있는 우리나라의 외교정책에 연결되는 것임을 보여주며, 동시에 조선과 일본 사이의 외교는 바로 우리의 중국에 대한 외교적 문제와 연결되고 있다는 인식을 명확하게 보여주는 것이다.

조헌은 일본사신이 무력위협을 하고 있는 사실에 대해 '교린'(交隣)의 도리에 어긋남을 지적하여 비판하고 있다.

"이웃나라와 교류하는 도리로 말한다면…어찌 일찍이 군사로 위협하면서 오래도록 교류하는 자가 있을 것이며, 어찌 일찍이 군사를 믿고 남에게 교만하게 하면서 그 나라를 오래도록 지킬 수 있는 자가 있겠는가? 가령 풍신수길이 진실로 선한 자취가 있어서 그 백성이 추대하였다 하더라도

---

*29 『重峯集』, 권6, 37, '請絶倭使疏', "若今具故顯絶, 而上告天王, 則皇上亦必悅豫之深, 以爲聖主事大之誠, 常謹於不覩不聞之地, 宗系之改, 必促史館印頒, 不勞更煩陳請矣."

구분된 토지가 각각 정해진 한계가 있으니, 마땅히 자신을 돌이켜서 안으로 닦아 백성을 안정시키는 데 힘써야 할 것이다. …다만 비린내나는 악취만 풍기고 자신에게 향기로워 흠모할 만한 풍조가 없으면서 전쟁한다는 소리만 드러내어 우리에게 사신을 보내라고 요구하니 그 나라에 인물이 있다고 할 수 있겠는가?"[*30]

여기서 그는 군사로 위협하면서 '교린'의 도리를 지켜갈 수 없다는 교린(交隣)의 기본원칙을 제시하면서, 이와 더불어 각각 자기 나라를 안정시키는 내수(內修)에 힘써야 한다는 내수 우선의 원칙을 확인함으로써, 군사적 위협을 하는 일본의 사신을 받아들일 수 없음을 강조하였다.

또한 조헌은 일본사신에게 일본이 조선을 침략하는 것이 일본에 아무런 소득이 없음을 설득시키는 논리를 펼쳐서 일본사신을 타이르는 말을 제시하였다.

"유방(劉邦)은 천도에 순응하고 항우(項羽)는 천도에 역행하니, 강하고 약함의 형세는 다르지만 너희가 반드시 이긴다고 보장할 수 있겠는가? 이미 반드시 이긴다는 보장이 없으면서 한번 침공하였다가 영구히 부산의 통로가 닫히면 12섬의 도주(島主)는 영구히 곡식을 배로 실어나르는 무궁한 이익을 잃을 것이니 너희 새 임금이 동의하겠는가? 전쟁에 이긴다면 이익은 병졸들에게 돌아가고 화친을 맺는다면 이익은 임금에게 돌아간다는 것은 송(宋)과 요(遼)가 화친을 맺었던 말이요, 역사에 밝게 실려 있으니 너희 새 임금과 여러 도주가 마땅히 환하게 볼 것이다."[*31]

---

*30 『重峯集』, 권7, 26, '請絶倭使三疏', "自夫交隣之道而言, …曷嘗有恸之以兵, 而能久其交者乎, 曷嘗有恃兵驕人, 而能久其國者乎, 設使秀吉誠有善跡, 而爲國人所推戴, 區分之土, 各有定限, 所當反躬內修, 務靜國人, …徒有腥膻臭穢之惡, 自無馨香可慕之風, 而張皇戰聲, 求我信使, 斯可謂厥國有人乎."

곧 일본이 조선보다 세력이 강하더라도 반드시 이긴다는 보장이 없는 무익한 전쟁을 벌이는 것이 어리석음을 일깨워주고, 화친함으로써 그동안 일본이 누려왔던 무역의 이익을 확보하는 것이 일본에도 유익함을 설득하자는 것이다. 이처럼 그는 안으로 조선 조정에 대해서는 일본의 침략의도에 맞서서 사신을 거절하는 의리를 강조하고, 밖으로 일본 사신에 대해서는 침략이 무익함을 이해로 설득하는 양면의 대책을 제시하고 있으나, 결과적으로 조선정부는 일본사신을 받아들였고, 일본에 통신사 사절을 파견하지 않을 수 없었다.

조선정부가 파견하였던 통신사를 통해 보내온 일본의 답서에는 일본이 명나라를 정벌할 터이니 조선은 길을 빌려 주어 협력하라는 요구를 해왔다. 조헌은 이렇게 위급한 상황에 대처하기 위해서는 중국을 비롯하여 유구(琉球) 등 이웃나라들과의 외교적 유대를 확립하는 것이 가장 긴요한 대책임을 역설하여, 1591년 3월에 일본사신의 목을 베도록 요구하는 「청참왜사소」(請斬倭使疏)를 잇달아 두 차례나 올렸다.

"이제 들으니 일본에 파견한 사신이 돌아오자마자 왜적의 배는 바닷가에 들어와서 우리나라를 함몰시키고 중국을 침공한다고 하는데 스스로 변명할 길이 없다. …오직 빨리 왜적 사신의 목을 베어 중국조정에 보고하고, 왜적의 사지(四肢)를 유구 등 여러 나라에 나누어 보내어서 천하가 같이 분노하게 함으로써 이 왜적의 일을 대비하고자 한다면 오히려 전날의

---

*31 『重峯集』, 권7, 29-30, '請絶倭使三疏', "劉項逆順, 强弱異形, 爾可保其必勝乎, 旣未保其必勝, 而一帆西泊, 永閉釜山之路, 則十二島主永失船粟無窮之利矣, 其肯德爾新王乎, 戰勝則利歸士卒, 和親則利歸君上, 此是宋遼結親之言, 而昭在靑史, 爾之新王曁諸島主, 宜無不灼見矣."

과오를 갚을 수 있고 뒷날의 재앙을 면할 수 있어서 만에 하나라도 이미 쇠망한 데서 다시 일어나는 이치가 있을 것이다."[32]

여기서 그는 조선이 일본에 협조한다는 중국의 오해를 풀어주기 위해서는 일본에 대적하는 적극적 의지를 중국에 보여주는 것이 무엇보다 시급한 일임을 지적하였다. 또한 그는 중국과 더불어 유구 등 남양(南洋)의 여러 나라와 협력하는 외교적 공동체를 이루어 일본에 대적하는 것이 유일한 해결책임을 강조하였던 것이다. 따라서 그는 조선이 일본에 길을 열어주어 중국을 침공하게 한다는 중국의 오해를 풀지 못한다면, 당나라때 이적(李勣)이나 소정방(蘇定邦)의 대군을 보내어 고구려와 백제를 정벌하게 하였던 것보다 더 큰 재앙을 당할 수 있다는 위험이 있음을 경계하면서, 중국의 오해를 푸는 일은 하루도 늦출 수 없는 다급한 일임을 역설하였다.

또한 그는 바다 밖으로 멀리 사신으로 나갈 사람이 없다면 자신이 일본사신의 목을 가지고 가서 중국에 바치고, 그 사지를 가지고 남양의 여러 나라로 가서 도요토미 히데요시가 조선으로 출병하는 날에 군사를 이끌고 함께 일본을 공격하도록 유세하겠다고 제안하기도 하였다. 이에 따라 그는 중국 조정에 보고할 주문(奏文)과 유구 국왕에게 보낼 서한과 일본 및 대마도의 백성들에게 도요토미 히데요시의 집권이 무도함에 저항하도록 설득하기 위한 격문(格文)을 기초하고, 또한 현소(玄蘇)·평

---

[32] 『重峯集』, 권8, 1-2, '請斬倭使疏', "今聞東槎纔返, 賊船棲海, 陷我射天, 則自明無路, …惟有亟斬虜使, 飛奏天朝, 分致賊肢于琉球諸國, 期使天下同怒, 以備此賊一事, 猶可以補復前過, 而庶免後時之凶, 萬一有興復於旣衰之理."

의지(平義智) 등 일본사신을 체포하는 문제와 이들을 참수(斬首)하는 죄목을 제시하고 있다.[*33] 당시 명(明)나라 조정에서는 조선의 항배에 대해 논란이 많았고 의심도 적지 않았다고 하며, 조선에서 명나라에 사신을 파견하였을 때 조선이 유구 등과 동맹하여 일본을 응징하도록 요구하였다고 하니, 조헌의 판단이 명나라의 정책과 일치하는 면을 보여주는 것이 사실이다.[*34] 그는 일본의 침략에 조선이 맞서 싸우면서 국제적 협력을 받는 동시에 일본 내에서 도요토미 히데요시에 원한을 가진 세력을 격동시켜 일본 안에서 내분이 일어나기를 촉발시키려고 도모하였으니, 이것은 외교적 관심과 군사적 전술이 결합된 모습을 보여주는 것이라 하겠다.

4. 항왜의리와 군사적 대응

1) 군사적 대응책

일본의 침략의지가 분명하게 드러나자 조헌은 침략에 대처하는 방책을 다각도에서 구체적으로 제시하였다. 곧 방어의 지리적 조건과 장수를 배치하는 문제, 적을 막아내는 전술과 지역의 방어대책, 상벌을 신중

[*33] 조헌은 1591년 3월 15일에 올린 '請斬倭使疏'에 「擬進奏變皇朝表」·「擬致書于琉球國王」·「擬賜諭日本諸島豪傑遺民父老等書」·「擬賜諭對馬島豪傑遺民父老等書」·「勸捕賊使事宜」·「擬賜日本賊使玄蘇·平義智等處斬罪目公事」, 및 「備倭之策」을 붙여서 제시하였다.

[*34] 이석린, 위의 책, 96쪽.

히 하는 문제 등에 이르기까지 세밀한 대응책을 제안하고 있다.

먼저 조헌은 우리의 방어현실에서 지리적 조건의 유리한 점을 강조하여 자신감을 불어넣어 주면서, 다른 한편 방어대책에서 장수를 적절히 쓰지 못하는 문제점을 제시하여, "우리나라는 층층의 관문이 성곽을 이루고 둘러싼 바다가 못이 되어서, 지켜내고 막아낼 수 있다는 점에서는 예로부터 유명하다. …오직 담장과 울타리가 되는 장수를 임용함에서 뇌물의 사사로움에 구속됨이 많아 적절하지 못한 사람이 임명되고 있으며, 조정의 대신들은 나라를 경륜하는 계책에 어두워, 도모함이 미리 정해지지 않고 있다"[*35]고 하였다. 여기서 그는 우리나라의 지리적 조건이 방어에 유리하기 때문에 고구려를 침략했던 을지문덕이 수(隋)나라의 대군을 패배시켰고, 당(唐) 태종도 고구려에 패배하여 위엄이 꺾였던 역사적 사실을 들었으며, 일본사신이 잇달아 서울로 올라오면서 통로를 조령(鳥嶺)의 길과 금산(金山: 김천)·황간(黃澗)·이화현(伊火峴)의 길로 두 갈래로 나누어 오고 있는 사실에 대해 그들이 우리나라 도로의 원근과 지세(地勢)나 방어시설의 상태를 탐지하여 침략군을 인도하려는 계책임을 경계하였다. 또한 그는 당면한 현실의 문제가 바로 나라를 지켜야할 장수나 대신들이 지모가 없어 미리 대비하지 못하는 사실에 있음을 강조하였다. 여기서 그는 우리 역사에서 장수의 모범이 될 만한 인물로서 고려 고종때(1231) 몽고군이 침략하여 대포와 운제(雲梯)로 귀

[*35] 『重峯集』, 권6, 36, '請絕倭使疏', "況我國家, 層關作城, 圍海爲池, 能守能禦, 自古有聞, …惟其藩垣屏翰, 多拘債帥之私, 授以匪人, 而廟堂肉食, 暗於經國之猷, 謀不前定."

주(龜州)성을 공격해 왔을 때 끝까지 방어해내어 몽고군도 감탄하게 하였던 김경손(金慶孫)과 박서(朴犀)의 경우를 들기도 하였다.[36]

일찍이 그는 일본의 침략에 대비한 방어시설로서 남쪽 해안에 연대(煙臺)와 성곽의 구축이 필요함을 1574년에 지었던 「의상16조소」(擬上十六條疏)에서도 지적하여, "북쪽 변경의 성곽과 연대도 참으로 절실하지만 남도의 해변도 더욱 수축하지 않을 수 없다. …적의 배가 정박할 수 있는 곳에는 어부들의 부락이 많이 늘어서 있는데, …이런 곳의 좌우에 대(臺)를 쌓고 대 주위에 성벽을 설치하며 병장기를 많이 두었다가 위급한 일이 있으면 백성을 거두어 엄중하게 지켜야 한다"[37]고 제시하였던 일이 있다. 왜구(倭寇)의 침략이 빈번하였던 실정에서 방어시설과 병장기가 사전에 제대로 갖추어져 있어야 한다는 점에 깊은 관심을 보였던 것이다.

조헌은 일본이 침략을 해왔을 때, 방어하는 조선과 침략한 일본의 성격을 규정하여 제시하고 있다.

> "명분이 없는 군사는 스스로 출동할 수 없지만, 가령 침략해 왔다고 하면 잘못은 왜적에 있으니, 나같은 쇠약한 자도 몽둥이를 들고 적의 등을 칠 것이다. 하물며 신묘한 계책을 가진 장수들 가운데 어찌 한 사람의 뛰어난 인물이 없겠는가? 저들은 조급하고 우리는 고요하니 수고로움과 편안함이 현격히 다르고, 저들은 도적이며 우리는 지키는 자이니 옳고

---

[36] 『重峯集』, 권7, 18, '論時弊疏', "南維極疲, 城堞徒壯, 而挽弓却敵之士, 實無親上死長之可恃者, 則孰有金慶孫·朴犀飛砲溶鐵, 以燒其雲梯者乎."

[37] 『重峯集』, 권4, 38, '擬上十六條疏', "北邊城臺, 固爲切矣, 南道海邊, 尤恐不可不築也, …賊舟可以下碇之處, 則漁人籬落, 多有櫛比者, …若於此地, 左右築臺, 圍臺設城, 多置軍器, 有急則收民嚴守."

그름이 서로 현저하게 다르다. 그러니 돌을 던지고 화살을 날리며 목숨을 바칠 수 있을 것이다. 또한 성을 둘러서 지키기를 열흘만 하면 서울에 원병이 이르지 않는 곳이 없는데, 바다를 건너 가져온 양식이 하루 이틀을 스스로 보장할 수 없을 것이라 속전(速戰)이 불리하면 그 세력은 저절로 쇠약해질 것이다. 그들이 굶주리기를 기다려 기습하는 군사를 출동시켜 맞이해 싸우면 조각배도 돌아가지 못하게 하는 이치가 있을 것이다."[38]

이처럼 그는 일본의 침략이 명분도 정당성도 없고, 군량의 조달도 어려우며, 이에 따라 신속한 승리를 얻지 못한다면 방어하는 조선보다 매우 불리한 처지에 놓여있다는 점을 강조하였다. 그것은 일본이 무력 위협을 하자, 이미 맞서서 싸우려는 의지를 상실하고 기개가 꺾여서 어떻게라도 일본을 달래어 일시적인 안전을 도모하여 미봉책을 찾고 있는 당시 조정의 태도에 대해 결연한 항전의식을 촉구하고 있는 것이다.

나아가 조헌은 일본의 침략이 임박해 왔음을 강조하면서 왜적의 침입로인 영남과 호남의 방어를 위한 대책으로 「비왜지책」(備倭之策)을 제시하였다. 여기서 그는 무엇보다 먼저 영남과 남해안을 방어할 명망 높은 장수(名將)를 시급히 파견할 것을 주장하였는데, 당시 조정에서는 지방에 조방장(助防將)들을 보내고 명망높은 장수를 반드시 전투가 벌어질 요충지에 보내지 않고 있는 사실에 깊이 우려하는 입장을 밝히고 있다.

---

*38 『重峯集』, 권7, 28, '請絕倭使三疏', "無名之師, 不可自動, 假使來寇, 其曲在賊, 衰懶如臣者, 亦可制梃而撻背矣, 況於神策諸將之中, 豈無一箇高瓊乎, 彼躁我靜, 勞逸迥殊, 彼寇我守, 曲直相懸, 投石飛弩, 可制死命矣, 又或嬰城十日, 則京援無所不至, 而過海之糧, 不能自保一兩日, 不利速戰, 則其勢自衰矣, 待其飢乏, 出奇邀之, 則片舸不還, 或有其理矣."

"예로부터 강성한 외적이 침입함에는 반드시 그 (공격할) 땅을 고르고 선봉을 뽑아서 선두를 삼는다. 그러므로 반드시 우리의 선발된 장수로 하여금 담당하게 하여야 한다. 혹 해볼만 하여 선봉을 꺾음으로써 뒤따르는 군사가 저절로 무너지게 할 수도 있고, 혹 어려움을 알고서 성벽을 견고하게 하고 들판을 비워서 그들이 굶주리고 피곤하기를 기다리면서 군사를 나누어 호응할 수도 있다. 조정의 의논이 만약 풍신수길의 예봉을 편장(偏將)이나 비장(裨將)으로 넉넉히 감당할 수 있다고 하여, 단지 영암(靈巖)이나 손죽도(損竹島)에서 왜구와의 전투와 같다고 본다면 계책을 얻은 것이 아닐 것이다."[*39]

그는 적의 선봉을 꺾고 막아내는 것이 전술의 중요한 조건임을 역설함으로써, 조선정부가 왜적의 침입로인 동남의 해안을 방어하기 위해 명망높은 장수를 파견하지 않는 사실을 비판하고 있다. 또한 그는 전술에서도 상황에 따라 적의 선봉을 공격하는 정면돌파와 들판을 비우고 적을 굶주리게 하는 지구전(持久戰)을 선택해야할 것으로 제시하였다. 당시 조선정부에서는 서울의 안전을 확보하기 위해 명망높은 장수를 바깥에 내보낼 수 없다는 견해를 주장하였는데, 이에 대해 그는 변방의 관문이 무너지는 위험이 심각함을 역설하였다. 또한 왜적이 침입할 곳이 여러 곳이라 명망높은 장수를 중앙에 두었다가 지역의 형편에 따라 파견해야한다는 견해를 주장하기도 했는데, 이에 대해 그는 일본사신이 서울로 왕래하는 통로가 바로 결전을 치루어야할 관문임을 강조하였다.

[*39] 『重峯集』, 권8, 27, '請斬倭使疏, 備倭之策(附)', "自古劇虜之來, 必擇其土選鋒, 以爲前驅, 故必使我之選將而當之, 或能見可而摧挫先鋒, 以致後師之自潰, 或能知難而堅壁淸野, 待其飢疲而掎角也, 廟議若謂秀吉鋒銳, 足令偏裨以當之, 只如靈巖·損竹之戰, 則恐非得計也."

이와 더불어 그는 왜적을 방어하기 위해 왜적이 뱃길을 잘 아는 우리 백성을 향도(嚮導)로 삼을 것이라는 점을 지적하였다.

"바닷가의 여러 진(鎭)으로 배가 정박할 수 있는 곳은 실지로 외국인이 알 수 없는 것이니, 반드시 향도할 사람을 얻은 다음에라야 온전한 배로 돌아갈 수 있다. 다른 곳에 정박한 배는 섬과 바닷가에 많이 걸리고 부서지거나 전복되는 것이 많으니, 이 점은 왜적이 큰 근심거리다. …이제 왜적의 계책이 동쪽으로 돌격하고 서쪽을 쳐들어오고자 하는 것이지만 감히 경솔하게 서쪽 해안에 정박할 수 없을 것이니, 반드시 먼저 영남의 익숙하게 건너던 곳을 공격하여 곧바로 올라오는 길을 삼은 다음에 군사를 나누어 위협하여 호남을 장악할 계책을 삼을 것이다."[*40]

여기서 그는 왜적이 흑산도(黑山島)·추자도(楸子島) 등의 섬에서 복어를 잡는 어부를 향도로 삼아 큰 보물로 여기는 사실을 지적하여, 궁중에 복어를 진상하지 못하게 할 뿐만 아니라 복어의 매매나 요리까지 금하여 어부가 왜적의 향도로 사로잡히는 일을 막아야 할 것으로 제시하였다. 이에 따라 왜적은 향도가 없는 한 서해안으로 진출할 수 없고 영남에 상륙하여 곧바로 서울을 향해 올라올 것이므로 그만큼 명망 높은 장수가 영남에 나가서 지키는 것이 중요함을 역설한 것이다. 실제로 일본의 침략통로가 영남에서 서울로 직접 올라오는 길을 선택하

[*40] 『重峯集』, 권8, 27-28, '請斬倭使疏, 備倭之策(附)', "蓋以沿海列鎭泊舟之處, 實非外國人所知也, 必得嚮導人者, 全船以歸, 其他泛泊之船, 多掛于島嶼洲渚之上, 碎覆甚多, 此是虜人之大患也, …今使虜計雖欲衝東而擊西, 未敢率爾西泊, 必須先攻嶺南慣涉之地, 以爲直上之路, 然後分軍恐嚇, 以爲把截湖南之計矣."

였으니, 그의 상황판단과 예측이 정확하게 맞았던 사실을 확인할 수 있다.

그는 실제의 전술에서 우리의 군사가 훈련이 잘 되어 있지 않은 데 비하여 왜적은 무술이 뛰어나다는 사실을 인정하고, 이에 따라 구체적 전술로서 들판에서 백병전을 벌이는 것은 불리함을 지적하여, 김경손과 박서가 몽고군에 맞서 구성(龜城)을 지키는 전법을 본받아 몰래 습격하는 유격전술이나 협곡에 궁수(弓手)를 배치하는 매복전술을 강조하였으며, 경솔한 전투보다 적이 굶주리고 피로하기를 기다리는 지구전(持久戰)을 권장하고, 화공(火攻)을 하거나 적을 유인하여 공격하는 등의 모든 전술은 장수의 명령만을 따르게 하고 조정이 멀리서 통제하지 말도록 요구하였다.[41] 실제로 조정이 전선에 나가 있는 장수의 상황판단을 믿지 못하고 멀리서 조종하려다 실패한 사실은 이순신이 조정의 명령을 따르지 않다가 투옥당하고 원균이 조정의 명령에 따르다가 수군이 무너지는 위기를 맞았던 점에서도 알 수 있다.

다음으로 조헌은 지역방어의 문제를 제시하면서, 조정에서 왜적이 반드시 호남 해안의 여러 섬을 침범할 것으로 판단하여 영남을 버려두고 논의하지 않는 것은 계책을 심하게 잃은 것이라 경계하였다. 그는 낙동강의 하류를 장악하지 못하면 상주 남쪽으로는 험난한 지역이 없다

---

*41 『重峯集』, 권8, 28, '請斬倭使疏, 備倭之策(附)', "以我不敎之衆, 較彼長技於原野, 則素非勝筭矣, …苟有金慶孫・朴犀明曉守龜城之法, 苟有金慶孫・朴犀明曉守龜城之法, 撫我疲氓, 飽我壯士, 礪斧夜緪, 暗斫虜將, 仗梃循城, 晝嚴虜瞻, 潛出遊兵, 伏弩隘塞, …不使浪戰而待其飢疲, 見可俟便, 火攻誘擊, 擊奇多端, 一惟將令是聽, 而不受朝廷遙制."

는 사실을 지적하여, 이 지역의 방어계획을 사전에 하지 않으면 위태로 움에 빠지게 됨을 역설하고, 각 고을에 명망있는 사람을 선발하여 방어 의 책임을 맡기고, 장정들과 승려들을 수습하여 지형의 사정에 따라 흙을 쌓아 보루를 삼고 돌을 쌓아 방어벽을 삼으며, 좁은 길목에 궁수를 매복시키기도 하고 험난한 길에 함정을 파놓으며, 벼랑길 좁은 통로에 는 그 위에 돌과 노끈을 모았다가 적이 지나갈 때 돌을 굴리고 노끈으로 막아서 적을 물리치는 대책을 제시하고 있다.[42]

또한 조헌은 죽령(竹嶺: 풍기·단양 경계) 남쪽에서 황악산(黃岳山: 영 동·김천 경계) 북쪽 사이에 대로(大路) 다섯 곳과 중로(中路) 다섯 곳이 있고, 소로(小路)도 다섯 곳 이상이 됨을 들면서, 특히 대로의 방어를 중시하여, 대로에는 왕실 호위군 가운데 고향이 가까운 무사를 나누어 보내 백성을 이끌고 지키게 하며, 그 지방에서 지식과 사려가 있는 인물들로 하여금 진(鎭)을 지키는 규율을 가르치게 할 것을 제안하면서, 그 지방의 명망있는 인물들까지 구체적으로 천거하였다. 그 밖의 중로 와 소로에는 그 도의 각읍에서 뽑아 충당하게 하고 승려들을 약간 명을 배치하게 하는 방안을 제시하고 있다. 이와 더불어 그는 왜적의 선박이 호남으로 몰려드는 경우에는 진산(珍山)·고산(高山)·금산(錦山)·무 풍(茂豊) 사이가 험준하여 지킬 만한 곳이요, 연산(連山)·개태(開泰)의

---

[42] 『重峯集』, 권8, 29-30, '請斬倭使疏, 備倭之策(附)', "聞朝議, 此賊必犯湖海諸 島, 乃捨置嶺南不論, …洛東下流, 未及控扼, 則商顔以南, 更無絕險之地, … 必於無事之日, 豫爲措畫, 必選各邑有聞望之人, 責以把截之任, 收拾餘丁及 各寺餘僧, 擇其形便之地, 或筆土爲壘, 或聚石爲砦, 或伏弩隘路, 或穿窞險 巡, 如其懸崖曲磴, 人不可幷行處, 則其上別聚灰石與葛索, 豫懸大車, 見賊緣 崖, 則放灰斷索, 落石鼓譟."

골짜기는 몇 개 군이 합하여 방어해야 하며, 은진(恩津)·채운(採雲)의 들은 매우 넓어 신묘한 계책이 있는 노련한 장수가 중병(重兵)을 주둔시켜 막아야 하는 곳임을 들었다.[*43] 이처럼 그는 명망높은 장수는 영남의 해안 요충지를 방어하도록 전진 배치하고 영남에서 호서지방으로 넘어오는 중요한 통로를 지키는 이차 방어선의 체제를 제시하며, 호남지역을 지키는 지역방어선에도 주의를 기울하고 있는 것이다. 그가 무장과 더불어 식견있는 선비가 함께 지키도록 제안하고 있는 이유는 무장이 무지하여 경솔하게 성을 버리고 달아나서 패배를 불러왔던 옛 일을 귀감으로 경계하여 무관과 더불어 문관이 폭넓은 지식으로 조언하는 지휘체계를 제안하고 있음을 보여준다. 또한 방어인력으로서 승려들을 동원하는 승병활용의 방안에도 주의를 기울였던 사실을 보여준다. 특히 그는 정부에서 제시한 방어책도 세밀하게 짜여져 있지 못한 것으로 파악하고, 그 자신이 방어대책을 매우 구체적으로 제시하는 데 세심한 주의를 기울였던 것이다.

나아가 조헌은 군사를 동원하여 전투를 수행하는 과정에서 유의해야 할 조건으로 상벌(賞罰)을 신중히 하는 문제에 대해서도 깊은 관심을 보여주고 있다. 곧 왜적이 돌아다니며 약탈을 할 때 약탈을 막아내면 그 절반을 백성에게 주고, 적의 목을 20개 이상 벤 사람은 천인이라면

[*43] 『重峯集』, 권8, 30, '請斬倭使疏, 備倭之策(附)', "謹計竹嶺以南, 至于黃岳之北, 大路五所, 中路五所, 小路亦不下五六, 大路則須分禁旅中近鄉武士, 率民以守之, 各使其地有識慮人, 分講鎭守之規, …[其他各路, 亦使本道各邑如右例擇充, 計給寺僧若干名, 餘丁若干名], …如使賊船盛集于湖南, 則珍山·高山·錦山茂豊之間, 自有絶險可守矣, 連山開泰之谷, 須合數郡人以防之, 恩津採雲之野, 夷廣無涯, 必有神策老將, 屯重兵于此."

양민이 되게 하고, 서얼도 벼슬길에 나갈 수 있게 해주며, 선봉이나 적의 장수(鼓下人)를 죽이면 공적을 가중시켜줄 것을 제안하였다. 이렇게 적을 죽인 공적에 상을 밝히고, 또한 백성들에게 갖추기 어려운 활이나 칼을 요구하기 보다는 집집마다 긴 낫(長鎌)을 마련하게 하여 남녀 누구나 무사의 모습으로 적을 살상하게 하면 백성들이 스스로 전투를 하여 다투어 적의 목을 바칠 것이라 하였다.[44] 곧 공에 따라 상을 바르게 하면서 백성들도 농기구로 무장하게 하여 군사조직 뿐만 아니라 모든 백성들을 자발적으로 군사가 될 수 있게 이끌어가는 방법을 제시하고 있는 것이다.

또한 전쟁의 과정에서 백성들을 난폭하게 다루거나 수탈하는 일이 없도록 경계하고, 장수나 졸개를 혹독한 형벌로 다루어 스스로 우리 군사의 기개를 꺾는 일이 없도록 할 것을 강조하였다.

> "오직 형벌의 혹독함으로 위엄이 되는 줄 알고, 인의(仁義)로서 감동시킬 줄을 모르니, 남도의 백성이 이렇게 무거운 곤경에 빠지고 고을이 하나도 온전한 것이 없다. 오기(吳起)가 사졸들과 괴로움과 즐거움을 함께 하였음을 아는 것이 진정으로 장수의 법도를 얻은 것이다. … 세 번 명령하고 다섯 번 훈계한 다음에도 군률을 모르는 자는 군법으로 다스리면, 위엄과 사랑을 아울러 이루는 것이니, 비록 성벽이 6척까지 물에 빠지더라도 백성에 배반하는 뜻이 없을 것이다."[45]

---

[44] 『重峯集』, 권8, 32, '請斬倭使疏, 備倭之策(附)', "惟於散寇旁掠之際, 能止所驅者, 以其半與民, …能斬賊首二十級以上者, 贖賤爲良, 通庶孽仕路, 能殖先鋒及鼓下人者, 雖小加功, 不必責以難備之弓劍, 而常令逐戶造長鎌, 男女俱爲武容, 同殺飢疲之賊, 則人自爲戰, 爭獻首級矣."
[45] 『重峯集』, 권8, 35, '請斬倭使疏, 備倭之策(附)', "惟知刑虐爲威, 而不知感動

그는 상을 약속하고도 제대로 지키지 않아 조정이 백성의 신뢰를 잃게 되면서 초래되는 폐단의 심각함을 지적하였으며, 나아가 공적을 분명하게 밝혀 상을 주는 것만큼이나 과오에 대한 징벌을 신중하게 하는 일이 중요함을 강조하고 있는 것이다. 장수로 나가 군사를 사랑할 줄 모르고 형벌만 혹독하게 내리면 군사나 백성이 윗사람을 위해 목숨을 바쳐 따르려 하지 않고 배반할 마음을 갖게 되는 것임을 경계하고 있다. 이처럼 그는 구체적 상황에 따른 전술적 판단에 치밀한 관심을 보이면서도, 동시에 당시 백성이 겪는 현실의 곤경을 인식하며, 병졸과 백성들이 '인의'에 감동되어 '윗사람을 사랑하고 어른을 위해 목숨을 바치는 마음'(親上死長之心)을 확보한 바탕 위에서 왜적을 막아내야 함을 강조하였다. 그것은 바로 적에 맞서 용감하고 지혜롭게 싸우는 전술과 더불어, 장수와 병졸이나 백성 사이에 인격적 감동을 주는 의리가 분리될 수 없음을 제시하고 있는 것이다.

2) 의병운동의 전개

임진왜란이 일어나기 바로 전해인 1591년에 조선정부는 아직도 일본의 침략위협에 대해 확고한 판단이 서지 않았다. 그러나 조헌은 이때 일본의 침략이 박두했다는 인식을 확고하게 가졌던 것 같다. 그는 1591

以仁義, 南民坐此重困, 州縣無一或完, 斯知吳起之與士卒同甘苦者, 眞得將法, …三令五申, 而不知行伍者, 乃用軍法, 則威愛兼濟, 雖至城不浸三板, 而民無叛意矣."

년 3월 일본사신의 목을 베라고 요구하는「청참왜사소」를 두 차례 올리고, 그해 4월에는 평안도 연안(延安)부사 신각(申恪)과 평안감사 권징(權徵)에게 편지를 보내어 해자를 깊이 파고 성을 튼튼하게 수리하며, 백성들에게 '윗사람을 사랑하고 어른을 위해 목숨을 바치는 의리'(親上死長之義)를 깨우쳐 왜적의 침입에 대비하도록 당부하였던 일이 있다. 또 그해 9월에는 금산(錦山)군수 김현성(金玄成)에게 편지를 보내어 나라의 위기에서 항의하는 상소를 올려 선비들을 죽음의 자리에서 끌어내고 나라의 위태로운 기반을 안정시키도록 힘쓸 것을 요구하기도 하였다. 그리고 임진왜란이 일어나기 한달 전인 1592년 3월에는 형조판서 이증(李增)에게 편지로, 작은 허물 때문에 의주(義州)목사에서 삭직된 김여물(金汝岉)이 장수의 재목이요 충의(忠義)의 성품을 가진 인물이라 옹호하여 적을 막는 데 쓰일 수 있도록 도와줄 것을 부탁하기도 하였다.[46]

드디어 1592년 4월 일본의 침략으로 임진왜란이 일어나자, 동래(東萊)성이 함락되고 경상감사 김수(金睟)가 달아나면서 영남의 방어선이 급격히 무너지자, 조정에서는 의병을 소모(召募)하는 교서를 내렸다. 조헌은 옥천(沃川)에서 5월에 호서와 영남에 격문을 띄워 의병을 모집하였다.[47] 이때 호응하여 모여든 의병이 많았으나 순찰사(巡察使)와 각 고을의 수령들이 관군에 불리하다고 판단하여 막았으며, 그는 공주로

---

*46 『重峯集』, 권9, 14, '與延安申府使(恪)', 권9, 15, '與錦山金郡守(玄成)', 및 권9, 19-21, '與刑曹李判書(增)'.
*47 이석린(위의 책, 115쪽)은 조헌이 의병을 일으킨 1592년 5월3일(年譜)은 조정에서 의병을 召募하는 敎書가 도착하기 전이었다고 보았는데, 安邦俊의 『隱峰全書』(권37, 18)에서는 5월21일 湖西・嶺南에 격문을 보내 의병을 모집했다고 한다.

순찰사 윤선각(尹先覺: 뒤에 國馨으로 改名)을 찾아가 대의(大義)로 역설하여 허락을 받았다. 그러나 조헌으로부터 질책을 받아 원망을 품은 안세헌(安世獻)이 순찰사에게 의병이 관군보다 먼저 공을 세우면 순찰사가 문책을 받을 것이라 모함하자, 순찰사가 각 고을에 의병에 참여한 사람들의 부모를 감옥에 가두게 하고, 백여 명의 군졸을 조헌에게 지원한 청양(靑陽)현감 임순(任純)도 감옥에 가두니, 모였던 의병이 흩어지고 말았다. 이에 조헌은 충청우도(忠淸右道)에 가서 관군에 속하지 않는 사람 1,600명을 모집하였다 한다.[48] 이처럼 당시의 실정으로는 패퇴를 거듭하여 방어에 급급하던 관군과 강한 기상으로 일어나는 의병 사이에 원활한 협력과 조화를 이루지 못하고 서로 공을 다투거나 견제하는 관계에 있었던 사실을 엿볼 수 있다.

의병이 조직되자 조헌은 그해 6월 호서수군절도사(湖西水軍節度) 변양걸(邊良傑)에게 편지를 보내 임금이 피란한 행재소(行在所)로 가서 임금을 호위할 뜻을 밝히면서 의병에게 배를 빌려주고 병기와 군량의 도움을 주도록 청하기도 하였다.[49] 또한 호서순찰사 윤선각에게 보낸 편지에서 회덕·옥천에 방어진을 치도록 요청하였는데도 모든 사람들

---

[48] 『隱峰全書』, 권37, 18, '抗義新編, 與巡察使書[附記]', "安宗道之子世獻, … 乃說巡察曰, 公擁一道兵馬, 而曾無尺寸功, 趙憲則奮起於放逐之中, 先公着鞭, 趙若得志, 則必治公逗遛之罪, 竊爲公危之, 巡察然其言, 乃文移列邑, 囚繫應募人父母妻子, 又以靑陽縣監任純, 以卒百餘人助先生義旅, 囚公州獄, 將加軍律, 以此旣集者還散, 先生貽書巡察大責之, 因往湖右, 招募不籍於官軍者千六百人."

[49] 『重峯集』, 권9, 25, '與湖西水軍邊節度(良傑)', "近有湖西忠義之士, 多欲鳴弓抵掌, 礪劍制梃, 進衛于行在之所, 此意甚盛, 不可孤負也, …今須扶奬, 借船與糧竝軍器, 俾遂衆願."

의 뜻을 외면하면서 금강(錦江) 바깥에 물러나서 주둔하고 있기만 하여, 왜적이 회덕·옥천을 엿보게 함으로써 호서지역 전체를 왜적이 점거하게 하는 사실에 대해 강력하게 항의하기도 하였다.[*50] 곧 물러나 지키는 데 치중하는 소극적 태도의 관군과 전진하여 대적하려는 적극적 태도의 의병 사이에 전략상의 견해에서도 충돌하고 있음을 보여준다.

조헌이 의병을 이끌고 벌였던 두 번의 중요한 전투는 청주성의 왜적을 공략하였던 전투와 금산에서 왜적에 맞서 싸웠던 전투이다. 그는 8월 1일 승장(僧將) 영규(靈圭)의 군사와 합세하여 왜적이 점령하고 있는 청주성을 공략하여 격렬한 전투를 벌인 끝에 왜적이 성을 포기하고 물러나 승리를 거두었다. 그러나 이 전투에서 방어사(防禦使) 이옥(李沃)은 공을 세우지 못함을 부끄럽게 여겨 순찰사의 방책이 결정되었다는 이유로 왜적이 다시 점거할 때를 대비해 곡식을 불태우고 물러나버렸다.[*51]

그는 의병을 이끌고 행재소로 갈 계획으로 온양에 머물렀을 때, 의병을 일으킨 이후에 올리는 상소(「起兵後疏」)와 청주의 왜적을 물리친 사실을 보고하는 장계(「淸州破賊後狀啓別紙」)를 함께 올렸다. 이 장계에서 그는 "천하의 형세는 결합하면 강해지고 분리되면 약해진다. 그러므로 용병을 잘하는 자는 소규모 적을 만났을 때는 일부의 군사로 공격하지

---

*50 『重峯集』, 권9, 26-27, '與湖西巡察使尹先覺(國馨)', "頃請防禦之進屯懷沃者, 非憲一家私計, …令獨何心, 信聽白面之言, 以致賊鋒之遍窺懷沃, 將使全湖之地, 悉爲賊據, 是何閤下之爲謀不臧, 常養此賊, 而爲國家慮疏耶."

*51 『隱峰全書』, 권37, 19, '抗義新編, 與巡察使書[附記]', "八月一日, 直擣淸州, 進薄西門外, 與僧將靈圭合勢, 終日力戰, …是夜, 賊遁去, …沃恥其無功, 乃曰, 已與巡察定議, 不可留此爲賊再據之資, 悉焚其穀.",

만, 대규모 적을 만났을 때는 연합하여 공격함으로써 이길 수 있으니, 이것은 필연의 이치이다"[52]라고 하여, 왜적에 맞서서 연합하여 공격하는 것이 중요함을 강조하였다. 여기서 그는 당시 전라도 의병장이었던 고경명(高敬命)은 전라도관찰사 이광(李洸)이 신하답지 못하게 머뭇거리기만 하는 형상에 분개하여 격문(檄文) 속에서 그 죄상을 밝혔는데, 고경명이 금산(錦山)의 왜적을 칠 때에 이광이 도울려고 하지 않았고, 방어사(防禦使) 곽영(郭嶸)도 좌시하고 구출하지 않아서, 마침내 고경명이 싸우다 죽고 말았다. 여기서 그는 고경명의 죽음은 군대를 거느린 관리가 죽인 것이라고 하여 이광과 곽영을 목 베어야 한다고 주장하였다.[53] 그것은 당시 조선군사의 내부에서 관군과 의병 사이에 협력이 제대로 되지 않을 뿐만 아니라 서로에 대한 비난과 불신으로 깊은 내부갈등을 겪고 있었음을 보여주는 것이다.

조헌 자신의 경우에서도 호서순찰사 윤선각과 방어서 이옥과는 여러 차례 서신을 주고받아 어느 정도 서로 이해를 얻었지만, 그 밑에 비장(裨將)들은 의병장이 순찰사를 지휘한다고 비난하기도 하고 왜적과 격돌할 때에 동시 공격을 재촉하였지만 비장들이 관망하기만 할 뿐 진격하지 않았던 사실을 지적하면서, "임금께서 호서와 호남을 보전하여 조정의 창고로 삼고자 하신다면, 저에게 독전(督戰)의 명칭을 빌려주시어 방어

---

*52 『重峯集』, 권8, 46, '淸州破賊後狀啓別紙', "天下之勢, 合則爲強, 分則爲弱, 故善用兵者, 見小賊則以偏師擊之, 見大敵則合攻而克之, 此必然之理也."
*53 같은 곳, "全羅義兵將高敬命, 深憤李洸逗遛不臣之狀, 檄書之中, 昭數厥罪, …洸也以此嗛之, 其擊錦山之賊, 不肯添兵助戰, 防禦使郭嶸, 坐見敬命力戰二日, 不使其兵出救, 以致敬命無援而敗死, …典兵之官, 實殺敬命, …臣以爲國有軍律, 則洸嶸之罪, 皆可斬也."

사의 태만한 비장 하나를 목베기를 청합니다"[54]라고 할 만큼 관군과 협력이 안되는 실정과, 또 호서지역 관군의 장수는 교만하고 병졸들은 나태함에 빠져 있음을 절실하게 지적하였다. 그만큼 당시 관군과 의병 사이에 일관된 명령체계가 수립되지 않고 의병이 독자적인 작전을 수행 하면서 관군의 협력을 요구하였던 면도 있었을 것으로 보인다.

조헌은 이때 올렸던 상소에서도 전란을 당하여 실패하게 된 원인을 성찰하면서 "계미(1583) 이후 국가가 신용을 잃음이 많아서 민심이 믿지 를 않고 사졸들은 투지가 없으며, 왜적들이 종횡하는 것을 보고도 한 사람도 감히 맞서려 하지 않으니 중요한 관문이 무너지고 온 나라가 썩어 문드러지고 말았다. 이제 옛 기업을 회복하고자 한다면 전날의 실패를 징계하지 않고서 뒷날의 환난을 경계할 수 있겠는가?"[55]라고 역설하였다. 그가 말하는 1583년의 사실은 여진족의 니탕개(泥湯介)가 침략해왔을 때, 정언신(鄭彦信)이 함경도순찰사로서 이순신(李舜臣)·신 립(申砬)·김시민(金時敏)·이억기(李億祺) 등 뛰어난 장수들과 함께 적 을 물리쳤던 사건과 관련된 것이다.

조헌에 의하면 여진족의 침입을 당했을 때 조정에서는 적의 목을 베거나 곡식을 바치면 천인도 양민으로 풀어주고 서얼도 벼슬길을 열어 준다는 약속을 하여 백성들이 협력하였으나, 전란이 평정된 뒤에 정언

---

[54] 『重峯集』, 권8, 46, '淸州破賊後狀啓別紙', "聖主如欲保全湖西南, 以爲王家 府庫, 則臣請假臣以督戰之名, 斬一防禦使之裨將懈緩者."
[55] 『重峯集』, 권8, 41, '起兵後疏', "癸未以後失信之多, 故民心不孚, 士無鬪志, 見賊縱橫, 一無敢格者, 以致重關失險, 擧國糜爛, 今欲恢復舊業, 則可不懲前 之失, 以懲後患乎."

신이 약속을 어기고 자기 수하의 장수와 문신들에게만 공을 돌려 특별히 진급하게 하였다는 것이다. 여기서 조헌은 정언신의 죄를 열거할 뿐만 아니라, 이때에 출세한 인물로 당시 경상감사 김수(金睟), 전라감사 이광(李洸), 김해부사 서예원(徐禮元)이 그 일당으로 왜적의 침입을 당하자 달아나거나 머뭇거리기만 하여 초기에 패전을 초래한 죄를 열거하였다. 또한 그는 당시 집권세력인 동인의 핵심인물로 유성룡(柳成龍: 영의정)이 화친을 주장하여 왜적을 불러들인 것은 남송(南宋)의 진회(秦檜)보다 간사함이 심하고, 이산해(李山海: 영의정에서 파직됨)가 어진 이를 해치고 나라를 그릇친 것은 이임보(李林甫)보다 심하며, 김공량(金公諒: 內需司 別座에서 파직됨)이 시중에서 원망을 쌓은 것은 양국충(楊國忠)보다 심하다 하여, 이들의 죄목을 격렬하게 성토하면서 민심을 위로하고 사기를 진작시키기 위해서는, "이 세 사람(柳成龍·李山海·金公諒)의 머리를 잘라 의순문(義順門: 義州城門) 바깥에 걸고 이어서 김수·이광·서예원의 머리를 베어 한강 남쪽에 걸어두기를 청한다"[56]고 하였다. 이처럼 그는 의병을 일으킨 다음에 올린 상소에서는 왜적을 치기 위한 방책을 제안하기보다는 당시 집권세력인 동인의 핵심인물을 격렬하게 공격하는 데 관심을 기울였던 사실이 두드러지게 눈에 띈다.

조헌은 이렇게 적의 앞에서 당시의 중신들을 격심하게 배척하는 명분으로 제갈량(諸葛亮)이 「출사표」(出師表)에서 "어진 신하를 친애하고 소

---

[56] 『重峯集』, 권8, 43-44, '起兵後疏', "成龍之主和招寇, 甚於檜姦, 山海之戕賢誤國, 甚於林甫, 金公諒之積怨市里, 甚於國忠, …臣請斷此三人之頭, 懸之義順門外, 繼斫睟·洸·禮元之首, 懸之漢江南邊."

인을 멀리한 것은 전한(前漢)이 융성하게 일어난 까닭이요, 소인을 친애하고 어진 신하를 멀리한 것은 후한(後漢)이 기울어지고 무너진 까닭이다"라고 언급한 구절을 인용하면서 "만세에 다스려지고 어지러워지는 근원은 이 말을 벗어나지 않습니다. 이 말을 크게 써서 행재소에 언제나 걸어두고 아울러 동궁에게 보여서 영구히 정치의 기틀을 삼게 하기를 청합니다"[*57]고 언급하는 데서 드러난다. 곧 임금이 군자를 가까이하고 소인을 멀리하는 것이 정치의 핵심원리라는 인식에 따라 '군자와 소인을 갈라놓는 의리'(辨君子小人之義)를 내세우는 것이다. 조선시대 도학파의 사림들이 기반하는 정치적 의리의 기본원칙이 '군자·소인의 분별'(君子小人之辨)이었고, 이 '군자·소인의 분별의리'에 따른 대립적 충돌이 바로 당쟁이었던 만큼, 조헌의 의리론은 당쟁의식을 벗어나지 못하고 있었던 것이 사실이다. 그만큼 도학의 의리론자로서 그는 바깥으로 왜적을 앞에 맞이하고서도 안으로 반대 당파를 결코 포용할 수 없었던 것이요, 따라서 그는 안과 바깥의 양쪽으로 적과 싸우고 있는 모습을 보여준다.

그가 의병을 일으켰던 것은 임금을 호위하는 근왕(勤王)의 목적이 일차적이었고, 행재소로 가기 위해 온양으로 올라왔는데, 이때 금산에 왜적의 세력이 커지자 순찰사 윤선각이 조헌에게 청주성전투에서 협력하지 못한 자신의 과실을 인정하고서, 금산의 왜적을 먼저 토벌하고나

---

*57 『重峯集』, 권8, 45-46, '起兵後疏', "諸葛亮言于後主曰, 親賢臣遠小人, 此前漢所以興隆也, 親小人遠賢臣, 此後漢所以傾頹也, 萬古治亂之源, 不外乎此, 臣請大書此言, 常揭行在之所, 而兼示東宮, 永爲堂構之基."

서 근왕을 하러 가도록 권하였다. 이에 응하여 조헌은 공주로 내려왔으
나 다시 순찰사의 방해를 받아 의병이 다수 흩어지고, 남은 700명의
의병을 이끌고 금산으로 향하였다. 그해 8월16일 금산에서 퇴각하던
별장(別將) 이산겸(李山謙)을 만났는데, 금산의 왜적이 정예병이고 수만
명이 되어 오합지졸로 감당할 수 없으니 가볍게 대적하지 말 것을 충고
하였다. 이에 조헌은 "임금이 어디에 계시는데 감히 유리한지 불리한지
를 말할 수 있겠는가? 임금이 욕되면 신하는 죽어야 하니, 나는 한번
죽음이 있음을 알 뿐이다"[*58]라고 결연한 의지를 밝히고, 영규(靈圭)의
승병(僧兵)과 연합하고, 호남순찰사 권율(權慄)과 8월18일에 협공하기로
약속하였다. 그러나 권율은 공격날짜를 연기하겠다는 편지를 보냈지만
조헌은 연락을 받지 못하고 금산으로 진격하여, 적병과 격돌하였다.
이때 그는 군사들에게 명령하면서, "오늘은 단지 한 번 죽음이 있을
뿐이다. 죽고 삶이나 나아가고 물러남에 '의'(義)라는 글자에 부끄럼이
없어야 한다"고 훈시하였고, 왜적이 장막 아래까지 쳐들어 왔을 때 따르
는 장수들이 그를 탈출시키려 하자, 그는 단호하게 거절하면서 "이곳은
내가 순절할 자리이다. 장부는 죽을 뿐이요, 위난에 임하여 구차히 모면
할 수 없다"고 하며, 끝까지 분투하다가 7백 의사와 함께 전사하였다.[*59]

이처럼 그는 의병의 정신적 중심축이 바로 '의'(義)에 있음을 거듭

[*58] 『重峯集』, 부록권1, 44, '年譜', "先生泣誓日, 君父安在, 敢言利鈍, 主辱臣死,
吾知有一死而已."

[*59] 같은 곳, "先生下令軍中日, 今日只有一死, 死生進退, 無媿義字, …賊悉銳攻
之, 遂闌入帳下, 有偏裨數人欲脫先生, 力挽請跳, 先生笑解馬鞍日, 此吾殉節
地, 丈夫死耳, 不可臨難而苟免也, 遂援桴鼓之. 士爭趨死."

확인하고 있다. 그는 의병을 일으켜 군사를 위로하며 맹서하는 말에서
도 "오직 하나의 '의'자를 시작부터 끝까지 생각하라"[60]라고 제시하였
으며, 왜적의 침략에 항거하는 신념의 근거가 의리정신에 있음을 확인
하고 있는 것이다. 곧 왜적이 불의한 집단이요, 우리는 의로운 세력이므
로 도덕적 정당성과 명분에서 우위에 있음을 확보하는 것이요, 개인적
이해관계를 헤아리는 이욕(利欲)이 아니라 국가를 수호하는 대의(大義)
를 위해 생사를 넘어서 순절할 수 있는 의리를 따라 용감하게 항전하기
를 요구하는 것이다. 이러한 의리의 신념은 바로 훈련이나 병기나 군사
력의 모든 면에서 불리한 의병이 강력한 왜적에 대항하는 강인한 정신
적 무기임을 인식하고 있는 것이라 하겠다.

5. 조헌 항왜의리론의 의의

임진왜란이 일어나기 전 조선사회의 현실에 대해 조헌이 보여준 인식
의 기준은 '국가'가 안전한지 위태로운지(國家安危)의 문제와 '민생'이
편안한지 근심스러운지(民生休戚)의 문제에 있다. 그는 당시 조선사회가
제도적 모순과 폐단이 누적되어 안으로 민생이 극심한 고통에 빠져들었
고, 백성이 흩어져 떠돌아 다니는 형편으로 '민생'의 기반이 전반적으로
무너졌으며, 이에 따라 '국가'의 기반도 붕괴의 위기에 놓여 있음을
절실하게 지적하였다. 이와 더불어 그는 안으로 국가기반의 붕괴가 밖

---

[60] 『重峯集』, 권13, 27, '犒軍誓辭', "惟一義字終始念之."

으로 남북에서 엿보고 있는 외적의 침략을 불러들이게 될 것이요, 그 결과는 나라가 멸망할 수밖에 없는 급박한 위기상황에 놓여 있음을 경고하였던 것이다. 그는 이렇게 당시 조선사회의 위기적 현실을 정확하게 진단하고 적극적으로 경고하며, 나름대로 대책을 제시하였던 것이다. 바로 이 점에서 조헌은 스승 이이의 '경세론'에서 제시된 현실인식을 분명하게 계승하고 있음을 보여준다.

또한 조헌은 정치의 대상으로서 위기에 놓인 '국가'와 도탄에 빠진 '민생'의 현실을 확인하면서, 조세나 부역의 과중하고 군정(軍政)이 무너져 민생의 고통이 극심한 실정과 노비의 과도한 소유와 신분적 차별의 폐단 등 국가제도의 모순을 비롯하여, 지방행정의 기본과제인 '수령칠사'(守令七事)가 모두 무너진 실상에 이르기까지 폐단과 모순을 구체적으로 제시하고 있다. 따라서 그는 조선사회를 마치 온 나라 백성을 태우고 바다에 나간 배가 물이 새는데 바다 가운데서 폭풍을 만나서 노를 잃어버리고 파도에 떠내려가는 상황에 비유하여, '국가'와 '민생'이 총체적 위기에 놓여있음을 절실하게 제시하고 있다. 이처럼 절체절명의 위기에 놓인 '국가'와 '민생'을 위기에서 구출하기 위한 방법을 그는 정치의 주체인 '인재'에서 찾는다. 마치 폭풍 속에 표류하는 배라도 뛰어난 뱃사공이 있다면 위기에 대처하여 극복할 수 있는 방법을 찾아낼 것이라 보았다.

국사를 담당한 '인재'가 적합한지 아닌지(人才適否)를 판단하여, 바른 '인재'를 발탁하는 것이 위기를 극복하기 위해 가장 시급하고 절실한 과제라는 것이 조헌의 기본입장이다. 따라서 그는 당시의 조선사회에서

‘국가’와 ‘민생’이 위기에 빠진 것은 올바른 ‘인재’를 쓰지 못하여 초래된 결과로 보는 것이다. 문제는 그가 보는 올바른 ‘인재’, 곧 군자는 성혼·정철 등 서인이요, 잘못된 ‘인재’ 곧 소인은 이산해·유성룡 등 동인이라는 당파적 시각을 벗어나지 못하는 문제점을 드러내고 있다는 것이다. 이 시대 정치의 주체가 동인이나 서인이나 사림(士林)이었던 만큼, 여기서 나오는 ‘국가’와 ‘민생’을 위한 모든 계책과 명분은 ‘군자·소인의 의리’에 기반한 당파적 사고를 벗어나기 어려웠던 사실을 조헌의 경우에서 가장 분명하게 확인할 수 있을 것이다.

조헌의 일본에 대항하는 ‘항왜론’(抗倭論)은 조선사회의 폐단을 인식하고 개혁방안을 제시하는 ‘경세론’에 바탕을 두고 있는 것이요, 폐단의 개혁을 통해 자강(自强)의 실현방법을 확인하며, 일본의 집권세력과 침략의도가 불의함을 임금과 신하 사이의 ‘충의’(忠義)나 중화(華)와 오랑캐(夷) 사이의 ‘대의’(大義)에 비추어 비판하는 의리를 내세우고 있는 것이다. 이런 의미에서 그의 ‘항왜론’은 ‘경세론’ — ‘자강론’ — ‘의리론’이 결합된 ‘항왜의리론’이라 할 수 있다. 특히 그는 일본과 사신교류가 중국의 오해를 일으킬 수 있는 위험을 강조하면서 일본사신의 목을 베어 중국에 보고하고, 유구 등 남양의 여러 나라와 연합하여 일본의 침략을 견제하는 외교적 정책에 깊은 관심과 구체적 방안을 제시하였다. 그는 이러한 국제연대를 통해 일본을 압박하는 외교적 정책에서 중국중심의 국제질서를 확인하는 의리론을 정립하고 있음을 보여준다. 바로 이런 의미에서 그의 ‘항왜의리론’은 이데올로기적 선언이 아니라 현실의 당면문제를 해결하는 원리로서 현실적 ‘의리론’이라 할 수 있을 것이다.

일본의 침략위협에 대해 조헌은 군사적 대비로서 국내의 지형에 따른 방어요충지를 지목하고 영남이 침입의 주요 통로임을 지적하여 방어를 위한 장수의 배치를 역설하였으며, 기습전·지구전 등의 구체적 전술을 제시하였다. 이러한 그의 인식은 실제로 임진왜란이 발발하였을 때 왜군은 영남으로부터 곧바로 서울을 향해 올라오는 진격로를 선택하여 현실로 드러났으니, 그의 통찰력이 탁월하였음을 보여준다. 나아가 그는 의병을 조직하여 왜군에 점령된 청주성을 공격하여 왜군을 물리쳤고, 또 금산에서 강성한 왜군을 맞아 7백 명 의병과 함께 장렬하게 전사하여, 일본의 침략에 맞서 행동으로 항거하였다. 그의 의병활동에서도 관군과 의병 사이에 신뢰가 결여되고 협력이 원활하게 이루어지지 않은 문제점을 드러내었던 것도 사실이다. 그러나 그는 의병활동을 통해 의병의 이념과 동력이 '의리'(義)정신에 있음을 확고하게 정립하였으며, 왜군에 대한 항전을 통해 군사적 전술의 문제와 의리정신의 구현이 긴밀하게 결합되고 있는 것임을 가장 선명하게 확인시켜주고 있다.

2장 :
『의산문답』과 홍대용의 세계관의 전환

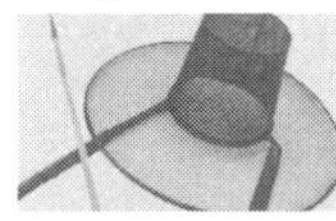

비판과 포용 한국실학의 정신

1. 홍대용과 실학적 사유의 과제

홍대용(湛軒 洪大容, 1731-1783)이 살았던 18세기 후반의 영·정조(英.正祖) 시대 조선사회는 도학(道學)이념의 정통의식이 강경하게 고수되고 있었으며, 숭명배청(崇明排淸)을 표방하는 의리론도 유교지식인의 신념으로 확립되어 청조(淸朝)에 대한 적대 의식이 지속되고 있었다. 그러나 다른 한편에서는 유교지식인들 사이에 도학 정통의 배타적 폐쇄성과 사회현실의 문제에 무기력하고 관념적 사유에 빠져 있는 데 대한 비판적 성찰이 활발하게 일어나기 시작하였다. 따라서 18세기는 '도학―주자학'이 정통이념으로서 주도적 지위를 지녔지만, 정제두(鄭齊斗)를 통해 '심학(心學)―양명학'이 분출되었고, 이익(李瀷)에서 홍대용을 거쳐 정약용(丁若鏞)에 이르기까지 '실학'의 다양한 문제제기가 제기되었으며, 서양의 새로운 문물과 종교로서 '서학'(西學)이 수입이 활발하게 이루어지고 확산되어갔다. 그만큼 18세기는 조선사회에 사상적으로 다원화하면서, 개방적 수용론과 보수적 배척론이 갈등하면서 심각한 충돌의 가능성을 내포하고 있었다. 따라서 이 시대는 변혁의 방법을 탐색하는 소수의 지식인들과 체제의 수호를 추구하는 다수의 도학파 지식인들 사이에 긴장이 심해지고 있었다. 홍대용은 갈등이 일어나던 18세기 중반의 시기를 살았다면, 한 세대 후배인 정약용은 격렬한 충돌이 일어나던 18세기 말의 시기를 살았던 경우라 할 수 있다.

홍대용의 성장과정에서 보면 도학전통의 핵심에 뿌리를 두고 있다. 그는 10여 세 때부터 김원행(渼湖 金元行)의 문하에서 배웠는데, 김원행은 김창협(農巖 金昌協)의 손자로서 당시 노론의 중심적 도학자였다. 곧 홍대용은 송시열 → 김창협 → 김원행 → 홍대용으로 이어지는 기호학파 도학의 학맥에 접하여 있으나, 그 자신은 학맥에 집착하는 보수적 도학자에서 탈피하여 일찍부터 서양과학을 비롯한 새로운 지식에 개방적이었고, 도학전통의 타성에 젖고 형식주의에 빠진 학풍에 대한 비판적 성찰을 하였으며, 청조문물의 수용을 통해 실용적 학문을 추구하는 북학파(北學派)의 실학사상을 주도하였다.

그의 실학정신은 우선 조선사회에서 주자를 학문적 정통으로 삼고 있는 학풍에 대한 인식에서 엿볼 수 있다. "우리나라는 주자를 존숭하여 학문의 길이 순정(醇正)하지만 중국의 너그럽고 통달함만 못하다. …대개 기질이 치우치므로 지식이 국한되고, 지식이 국한되므로 지킴이 굳어지며, 지킴이 굳어지므로 반드시 지킬 필요가 없는 것도 극진하게 비호하고 억지로 해명한다. …속된 유학자들은 명목을 따라가다가 마음과 말이 서로 어긋나니, 주자 문하에 비위를 맞추는 신하로 따라붙지 않는 자가 드물다"[1]라고 하여, 오직 주자만을 바라보는 조선시대 도학의 순정성을 인정하지만, 다양한 지식과 과제에 대한 포용성과 적응성이 결핍된 문제점을 지적하였으며, 그 원인으로 기질이나 환경이 치우쳐서 폐쇄성에 빠지게 된 것임을 확인한다. 따라서 그는 이렇게 폐쇄된 시각으로 주자학을 지키는 것은 이미 주자학의 순정함이 아니라 주자학에 대한 맹목적 추종이요, 주자의 정신에도 어긋나게 되는 것임을 비판하고 있는 것이다.

홍대용의 학문관은 어느 하나를 근본으로 삼아 획일화하는 것이 아니라, 다양한 학문방법과 영역이 상호 보완적 역할을 통해 종합을 이루고 균형을 확보하는 것을 추구하는 데 있다. 곧 그는 학문을 의리지학(義理之學)·경제지학(經濟之學)·사장지학(詞章之學)의 세 영역으로 분류하면서, "'의리'를 버리면 '경제'가 공리(功利)에 흐르고 '사장'(詞章)이

---

[1] 『湛軒書』, 內集 권1, 25, '奇書杭士嚴鐵橋誠又問庸義', "我東尊尙朱子, 路門醇正, 不若中國之寬轉達觀, …盖氣之偏, 故識之局, 識之局, 故守之固, 守之固, 故并與其不必守者而曲護而强解也, …俗儒殉名, 心口相違, 其不歸於朱門容悅之臣者鮮矣."

경박하게 꾸미는 말에 빠지니 어찌 학문이라 할 수 있겠는가. '경제'가 없으면 '의리'를 펼 데가 없으며, '사장'이 없으면 '의리'를 나타낼 수가 없다. 요컨대 이 세 가지는 하나라도 버리면 학문이라 할 수 없다. 그러나 의리는 그 근본이 아니겠는가"[2]라 하여 '의리'를 근본으로 인정하지만, '경제'와 '사장'의 상호 의존관계를 중시하고, 근본의 표방이 아니라 다양성의 포괄과 조화에서 비로소 올바른 학문이 이루어질 수 있음을 강조하였다. 바로 여기에 도학의 정통주의적 학문관과 실학의 개방주의 내지 포용주의적 학문관의 차이가 분명하게 드러난다.

홍대용이 도학전통의 분위기에서 성장한 가운데 실학자로서의 자신의 사유를 전환시키는 계기와 과정을 분명하게 포착하기는 어렵지만, 20대의 청년시절부터 서양과학에 관심을 가졌던 것이 하나의 계기가 아니었을까 짐작해볼 수 있다.[3] 또한 그의 생애에서 청조문물과 직접 접할 수 있었던 것은 그의 사상적 방향을 정립하는 데 가장 중요한 계기가 되었을 것이다. 그는 35,6세때(1765-1766) 동지사(冬至使) 서장관(書狀官)인 계부(季父) 홍억(洪檍)을 따라 4개월 남짓한 기간동안 북경(北京: 燕京)을 다녀왔다.[4] 북학파 실학의 선구자로서 홍대용의 학문적 세

---

*2 『湛軒書』, 外集 권7, 2, '燕記・吳彭問答', "舍義理, 則經濟淪於功利, 而詞章淫於浮藻, 何足以言學, 且無經濟, 則義理無所措, 無詞章, 則義理無所見, 要之三者舍一, 不足以言學, 而義理非其本乎."

*3 홍대용은 20대 후반에서 30대 초반에 고향 집에 사설 천문대인 籠水閣을 지었고, 그 과정에서 29세때 관측기구를 제작하기 위해 당시 70여세인 기술자 羅景績을 방문하였다 한다.(임종태, 「무한우주의 우화—홍대용의 과학과 문명론」, 『역사비평』, 2005년 여름, 269쪽 참조)

*4 홍대용은 북경을 왕복한 여행에서 중국 문물의 견문을 「연기」(燕記: 湛軒燕記) 4권으로 저술하였고, 중국에서 항주(杭州) 출신의 거인(擧人)인 엄성(嚴誠)・반정균(潘庭均)・육비(陸飛) 등 중국 선비들과 교류하면서 토론한 내용을 「건정동필담」

계는 「의산문답」(毉山問答) 한 편의 저술 속에 가장 함축적으로 제시되었다고 할 수 있는데, 「의산문답」의 무대로 설정한 '의산'(毉山)은 요동과 요서의 경계에 있는 '의무려산'(毉巫閭山)이다. 그곳은 조선사신이 북경으로 가는 도중에 있는 곳으로, 옛 조선과 중국의 경계가 되는 지점이며 중화와 오랑캐(夷狄)의 경계요 통로가 되는 곳이다. 조선의 유교지식인으로서 옛 학문의 전통에 얽매어 있는 지식인과 새로운 세계와 소통하는 지식인이 만나고 부딪치는 장소로서 적합한 무대라 할 수 있다.

「의산문답」은 바로 한계에 부딪친 도학전통의 지식인 허자(虛子)와 합리적이고 포용적인 새로운 세계관을 지닌 실학적 지식인 실옹(實翁)이 만나서 도학으로부터 실학으로 사유의 전환이 일어나는 과정을 보여주는 것이다. 「의산문답」을 통해 제시되는 근본과제는 도학에서 실학으로 향하는 세계관의 전환이라 할 수 있다. 여기서는 「의산문답」에서 제기되고 있는 세계관의 전환을 위한 기본 과제를 네 가지로 집약시켜 해명해 보고자 한다. 그 첫째는 사유방법의 전환을 추구하는 것이요, 둘째는 인간중심적 세계관을 넘어서서 인간과 사물의 균등함을 내세우는 사유의 전환을 보여주는 것이다. 셋째는 서양의 천문학적 지식을 도입하여 자연과학적 우주론을 제기함으로써 도학의 음양·오행설(陰陽·五行說)에 기반한 우주론을 극복하여 새로운 세계관의 기반을 제시하는 것이요, 넷째는 유교전통의 예속(禮俗)과 중국중심적 화이론(華夷論)의 의리

(乾淨衕筆談) 2권과, 귀국 후에도 이들과 서신 왕래한 「항전척독」(杭傳尺牘) 1권 등으로 남기고 있다.

를 전면적으로 재검토하는 세계관의 전환을 드러낸 것이다.

2. 실實의 사유와 학문자세의 성찰

「의산문답」은 도학자를 '허자'(虛子)로 이름붙여 '실옹'(實翁)과 양립시켜 대화를 하게 함으로써, 도학과 실학의 학문과 사유방법이 다름을 극명하게 대비시키고자 하였다. 여기서 홍대용은 허자가 30년 동안 은거하여 독서함으로써 이룬 학문의 내용을 "천지의 조화를 궁구하고 성명(性命)의 오묘함을 연구하며, 오행(五行)의 근원을 극진하게 밝히고 삼교(三敎: 儒·佛·道)의 심오한 뜻을 통달하며, 사람의 도리(人道)를 바르게 다스리고 사물의 이치(物理)를 이해하여 관통하며, 심오한 뜻을 탐색하여 헤아리고 원천과 지류를 환하게 알았다"[*5]고 열거하였다. 그것은 도학의 학문내용이 우주와 인간심성의 근원을 인식하는 형이상학적 성격임을 보여준다. 그러나 이 허자는 자신이 이룩한 학문으로 세상에 나가서 이야기를 하니 듣는 사람들이 모두 비웃기만 하였다는 것이다. 그래서 중국의 서울(北京·燕都)까지 가서 60일을 머물면서 중국지식인들과 대담해보았지만 알아주는 사람을 만날 수 없었다고 한다. 마침내 허자는 "주공(周公)의 덕이 쇠망하였는가? 철인(哲人)이 죽었는가? 우리 도(吾道)가 글렀는가?"(周公之衰耶, 哲人之萎耶, 吾道之非耶)라고

---

*5 『湛軒書』, 內集 권4, 15, '毉山問答', "窮天地之化, 究性命之微, 極五行之根, 達三敎之蘊, 經緯人道, 會通物理, 鉤深測奧, 洞悉源委."

탄식하였으며, 의무려산(醫巫閭山)에 올라가서 눈물을 흘리며 세상에서 숨어버릴 생각을 하였다고 한다.

여기서 홍대용은 도학의 심오한 형이상학적 학문이 이미 도학을 통치원리로 삼고 있는 조선사회에서나 중국에서도 현실에서는 웃음거리가 되고마는 공허한 학문이라는 도학의 시대적 한계를 절실하게 확인하고 있는 것이라 하겠다. 이러한 도학의 한계에 대한 인식은 이 시대 실학자들의 의식 속에 깊이 파고들기 시작하였던 것으로 보인다. 이익(李瀷)은 제자 권철신(權哲身)에게 보낸 편지에서, "나는 사람을 대하여 일찍이 유술(儒術)로서 말하지를 않았다. 무익하기 때문이다"[6]라고 언급한 사실도 도학의 유교전통으로는 현실사회의 문제해결에 무기력하다는 좌절감을 표출한 것이다.

홍대용은 허자가 의무려산에서 갔다가 '실거지문'(實居之門)이라 써붙인 돌문(石門) 안으로 들어가서 그 속에 '실옹지거'(實翁之居)라 써붙인 새둥지 같은 집 안에 있는 한 거인(巨人)인 실옹을 만나게 되었다. 여기서 허자는 "내가 '허'(虛)를 호(號)를 삼은 것은 천하의 '실'(實)을 다스리고자 하는 것이요, 저쪽이 '실'을 호로 삼은 것은 천하의 '허'를 깨뜨리고자 하는 것이다. '허'는 '허'하게 하고 '실'은 '실'하게 하는 것이 오묘한 도의 진실이다"[7]라고 하여, '허'와 '실'의 대립구도를 확인하고 있다. 곧 '허'와 '실'은 서로 지향하는 것이지만, 그 접근의 방법이

---

[6] 『星湖全集』, 권30, 30, '答權既明(哲身)', "吾對人未嘗以儒術爲辭, 無益故也."
[7] 『湛軒書』, 內集 권4, 16, '醫山問答', "我號以虛, 將以稽天下之實, 彼號以實, 將以破天下之虛, 虛虛實實, 玅道之眞, 吾將聞其說."

다른 것임을 부각시켜주고 있는 것이다.

이때 허자는 실옹 앞에 공경하는 예법을 다하여 다가갔지만 실옹이 아무런 반응이 없어 무시하는 것으로 느껴지자 사람을 대함에 거만한 태도가 군자의 예법에 어긋나는 것이라 항의하자, 실옹은 "그대가 동해의 허자인가"하고 물었는데, 허자는 자기를 한 번 보고서 바로 '동해의 허자' 곧 조선의 도학자임을 알아보는 방법이 무엇인지를 다시 물었다. 이에 실옹은 의복을 보고 그대의 말소리를 들으니 동해 사람임을 알았으며, 그 예법이 '겸양을 꾸며서 공손함을 가장하여 오로지 허식으로 사람을 대함'(飾讓以僞恭, 專以虛與人)을 보고서 허자임을 알았다고 밝혔다. 곧 실지에 힘쓰는 것이 아니라 공손한 예절의 허식에 빠져 있는 것을 도학자의 태도로 지적한 것이다.

허자는 실옹을 '현자'(賢者)로 보고서 극진하게 공경하는 예를 갖추었던 것인데, 어찌하여 실옹은 '겸양을 꾸며서 공손함을 가장하였다'고 비방하는지 항의하였다. 이에 대해 실옹은 자기를 '현자'로 보는 근거를 물었는데, 허자는 실옹이 흙과 나무(土木)의 감정이 없는 형상이요, 생황과 종의 조화로운 음성이며, 세상에 숨어서 우뚝 섰고 큰 숲 속에서도 길을 잃지 않는 것으로 '현자'임을 알았다고 하였다. 이에 대해 실옹은 돌문과 집 앞에 써붙인 것을 보면 자기 이름이 '실옹'인 줄을 알 터인데 모른다 하고, 자기가 '현자'임을 알지도 못하면서 도리어 안다고 하는 거짓됨(虛)을 질책하였다.

"그대는 나의 모습을 보고서 흙과 나무에 비겼고, 나의 음성을 듣고서 생황과 종에 비겼으며, 내가 산 속에 사는 것으로 세상에 숨어서 홀로 섰고 큰 숲 속에서도 길을 잃지 않는 것에 비겼으니, 이것은 그대가 사물에 감촉되어 생각이 싹트고 대상에 따라서 말로 분변하는 것이니, 아첨이 아니면 망녕된 것이다. 피부와 살의 연약함은 흙이나 나무와 거리가 멀고, 목구멍과 폐의 기운은 금속이나 대나무와 거리가 멀며, 또한 세상에 숨어서 우뚝 선 자는 공자이고, 큰 숲 속에서도 길을 잃지 않는 자는 순(舜)임금인데, 그대는 과연 나를 공자로 여기는가? 또는 나를 순임금으로 여기는가? 나의 학문이 공자와 다름 어찌 알며, 나의 성지(聖)가 순임금과 다름을 어찌 알겠는가? 그대는 나에게서 얻은 바가 없는데도 갑자기 견주어 말하니, 이것은 아첨이 아니면 망녕된 것이다."[*8]

곧 실옹은 먼저 허자가 사람의 모습이나 소리를 사물에 견주어 말하는 것에 대해 '사물에 감촉되어 생각이 싹트고, 대상에 따라서 말로 분변하는 것'(觸物而意萌, 隨境而口辨)이라 지적하였다. 이러한 화법을 실옹은 사물에서 촉발되는 인상을 끌어들여 덧붙여놓는 것으로서, 사람을 그 자체의 실상대로 인식하는 것이 아니라 보았기 때문에 아첨이 아니면 망녕된 것이라 비판하였던 것이다. 공자와 순임금의 일화를 끌어다 덧붙이는 설명도 마찬가지로 실상을 직접적이고 사실대로 서술하지 않는 점에서 아첨이나 망녕된 말이 된다고 하였다.

여기서 실옹은 어떤 대상에 대해서나 그 실상을 그대로 드러내지

---

*8 『湛軒書』, 內集 권4, 16-17, '毉山問答', "爾見吾之形, 擬之土木, 聽吾之音, 擬之笙鏞, 以吾之居山, 擬之以遯世獨立, 不迷於大麓, 是爾觸物而意萌, 隨境而口辨, 非諛則妄也, 夫膚肉之脆, 去壤樹遠矣, 喉肺之氣, 去金竹遠矣, 且遯世獨立, 孔子也, 不迷於大麓, 虞舜也, 爾果以我爲孔子乎, 且以我爲虞舜乎, 我之學, 惡知不如孔子, 我之聖, 惡知不如虞舜, 惟爾無所得於我而擬議已遽, 是非諛則妄也."

않고 왜곡시킴으로써 사람의 판단을 미혹시키는 조건으로 세 가지를 들었다. 그 세 가지 미혹(三惑)과 이에 따른 폐단을 지적하여, "식색(食色: 음식과 여색)의 미혹은 가정을 망치고, 이권(利權: 이익과 권력)의 미혹은 나라를 위태롭게 하며, 도술(道術: 도덕과 학술)의 미혹은 천하를 어지럽힌다"[*9]고 언급하였는데, 실옹은 허자가 실상을 넘어서 과장되게 꾸미는 말과 생각은 무엇보다 '도술의 미혹'이 있음을 지적하였다.

또한 실옹이 허자에게 '현자'란 어떤 인물인지를 물었는데, 허자는 유교에서 말하는 '현자'에 대해, "주공과 공자의 사업을 높이고(崇周孔之業), 정자와 주자의 말씀을 익혀서(習程朱之言), 정학을 돕고 사설을 물리치며(扶正學斥邪說), 인애함으로 세상을 구제하고 명철함으로 자신을 보전한다(仁以救世, 哲以保身)"라고 설명하였는데, 실옹은 허자의 이 말이 바로 '도술의 미혹됨'이라 지적하면서, '도술의 미혹됨'이 드러나는 양상을 제시하고 있다.

> "도술이 없어진 지 오래되었다. 공자가 죽자 제자(諸子)들이 어지럽혔고, 주자(朱子) 문하의 말기에 여러 유학자들이 어지럽혔다. 그 사업을 높이면서 그 진실은 망각하고, 그 말씀을 익히면서 그 의도는 상실하였다. 정학을 돕는다는 것은 사실 '자랑하는 마음'(矜心)에서 말미암고, 사설을 물리친다는 것도 사실 '이기려는 마음'(勝心)에서 말미암으며, 어짊(仁)으로 세상을 구제한다는 것은 사실 '권력을 지키려는 마음'(權心)에서 말미암고, 밝음(哲)으로 자신을 보전한다는 것은 사실 '이익을 얻으려는 마음'(利心)에서 말미암는다. 이 네 가지 마음이 서로 이어지니 참된 뜻은 날로

---

*9 『湛軒書』, 內集 권4, 16, '毉山問答', "生民之惑有三, 食色之惑, 喪其家, 利權之惑, 危其國, 道術之惑, 亂天下."

없어졌고 온 천하가 나날이 허망함으로 치닫는다.

　지금 그대는 겸양을 꾸며서 공손함을 가장하여 스스로 '현자'라 여기며, 모습을 보고 음성을 듣고는 남을 견주어 '현자'라 한다. 마음이 허망하면 예절도 허망해지고, 예절이 허망하면 일마다 허망하게 되지 않는 것이 없다. 자신에게 허망하게 하면 남에게도 허망하게 하며, 남에게 허망하게 하면 천하가 허망하게 되지 않는 것이 없다. '도술의 미혹'은 반드시 천하를 어지럽힐 것이다."[10]

곧 '도술'을 어지럽힌 적은 외부의 이단에 있다고 지적하는 것이 아니라, 공자와 주자의 후학들이 스스로 어지럽힌 것으로 적이 내부에 있음을 강조하였다. 공자와 주자의 후학들이 '도술'을 어지럽히는 양상은 그들이 공자와 주자의 밖으로 드러난 사업을 높이기는 하지만 그 내면의 진실한 뜻은 망각하는 데 있고, 공자와 주자의 글 속에 남아 있는 말씀을 익히기는 하지만 그 내면의 진정한 의도는 잃어버리고 말았다는 데 있음을 지적한다. 바로 밖으로 드러나는 형식이나 문자에 얽매어 근원과 내면의 진실한 뜻을 버리면서 허망함(虛)에 빠지게 된다는 것이다. 홍대용은 실옹의 입을 통해 '도술의 미혹'이 일어나는 원인으로 '네 가지 마음'(四心: 矜心 · 勝心 · 權心 · 利心)을 제시하고, 이 네 가지 마음에서 허자가 '현자'로 내세우는 양상들이 발생하는 것임을 보며, 또한 '도술의 미혹'이 전개되는 과정을 개인의 범위에서 보면

---

*10 『湛軒書』, 內集 권4, 17, '毉山問答', "道術之亡久矣, 孔子之喪, 諸子亂之, 朱門之末, 諸儒汩之, 崇其業而忘其眞, 習其言而失其意, 正學之扶, 實由矜心, 邪說之斥, 實由勝心, 救世之仁, 實由權心, 保身之哲, 實由利心, 四心相仍, 眞意日亡, 天下滔滔, 日趍於虛, 今爾飾讓僞恭, 自以爲賢, 見形聽音, 擬人以賢, 心虛則禮虛, 禮虛則事無不虛, 虛於己則虛於人, 虛於人則天下無不虛, 道術之惑, 必亂天下."

안으로 마음이 허망하면 밖으로 행동절차인 예절이 허망해지고 나아가 이루고자 힘쓰는 모든 사업이 허망해지는 방향으로 전개되는 '세 가지 허망함'(三虛: 心虛 → 禮虛 → 事虛)이 드러나며, 천하의 범위에서 보면 자신을 허망하게 하여 남을 허망하게 하고 나아가 천하를 허망하게 하는 방향으로 전개되는 '세 가지 허망함'(三虛: 己虛 → 人虛 → 天下虛) 이 드러나는 것으로 분석하여 제시하고 있다. 한마디로 도학자의 형식 주의적이고 관념적인 인식은 이미 현실의 실상(實)에서 벗어나 공허한 관념에 젖은 허망함(虛)에 빠져 '도술의 미혹'으로 천하를 어지럽히고 있음을 비판한 것이다.

허자는 실옹으로부터 '도술의 미혹'으로 천하를 어지럽힌다는 구체 적이고 격렬한 비판을 듣고서야 자신의 학문이 "옛사람의 찌꺼기에 마 음을 맡기고, 종이에 적힌 상투적 말을 외워서 강설하여, 통속의 학문에 매몰되었으며 작은 것을 보고 도(道)라고 여겼다"[11]고 말하여, 자신의 학문이 허망함에 젖은 것임을 인정하고, 실옹의 비판적 가르침을 받고 서야 깨닫게 되었음을 고백을 하였다. 이때 실옹은 허자의 배운 바가 유교의 강령을 갖춘 것임을 확인하면서도, 허자가 스스로 밝힌 것처럼 작은 것에 국한되어 큰 도(大道)를 듣지 못한 인식의 한계를 각성하게 함으로써, 그 시야를 새롭게 열어주는 인식의 전환을 추구하는 방향으 로 이끌어가려는 의도를 보여준다.

---

*11 같은 곳, "棲心古人之糟粕, 誦說紙上之套語, 浮沉俗學, 見小爲道."

3. '이천시물'以天視物과 '인물균'人物均의 세계관

허자는 실옹의 질책을 받고나서 비로소 자신의 학문이 '도술의 미혹'에 젖은 허망한 것임을 깨닫게 되었다. 이에 허자는 실옹에게 먼저 '큰 도의 핵심'(大道之要)을 물었지만, 실옹은 '큰 도'를 말함에 먼저 '근원'(本源)을 제시하겠다고 하였다. 곧 '큰 도'를 핵심으로서 '도'의 본체를 추상적 개념으로 분석하는 것이 아니라, 경험적으로 지각할 수 있는 분별과 차이의 인식을 통해 '큰 도의 근원'을 확인하는 논의로 출발하는 방법을 제시하는 것이다. 여기서 실옹은 "인간이 사물과 다른 까닭은 마음(心)에 있고, 마음이 사물과 다른 까닭은 몸(身)에 있다"[12]고 하여, 인간과 사물을 구분하는 인식의 기준으로 마음(心)과 몸(身)을 제시하였으며, 이에 근거하여 실옹은 허자에게 사람의 몸이 사물과 다른 점을 명확히 설명하도록 요구하였다. 그것은 세계의 인식은 무엇보다 먼저 존재영역의 분별에서 시작해야 하는 것이요, 존재영역의 가장 뚜렷한 구분은 인간과 사물의 분별에 있음을 보여주는 것이다. 따라서 인간과 사물의 차이를 '마음'(心: 識·魂)의 차이에서 확인하고, '마음'의 차이를 '몸'의 차이에서 확인하여, 차이를 확인함으로써 존재영역을 명석하게 판명하게 분별하여 인식하는 데서 출발하겠다는 것이다.

그러나 허자의 의식 속에는 차이를 통한 분별의 인식방법이 아니라 유사성의 일치를 통한 종합의 인식방법이 이미 체질화되어 있기 때문에,

---

[12] 『湛軒書』, 內集 권4, 18, '毉山問答', "人之所以異於物者, 心也, 心之所以異於物者, 身也."

차이를 밝히라는 요구와는 전혀 엉뚱한 대답을 하고 말았다. 곧 "그 형질로 말하면 머리가 둥근 것은 하늘이요, 발이 모난 것은 땅이며, 피부와 머리털은 산과 숲이요, 정기와 혈액은 강과 바다요, 양쪽 눈은 해와 달이요, 숨 쉬는 것은 바람과 구름이다. 그러므로 사람의 몸은 '작은 천지'라 한다. 그 출생으로 말하면 아비의 정기와 어미의 혈액이 감응하여 잉태하고 달이 차면 태어난다. 나이가 들수록 지혜가 자라며, 감관(感官: 七竅)이 환하게 밝아지고 성품(五性)이 갖추어진다"[13]고 하여 사람의 몸이 사물과 다른 점으로 제시하였다. 허자가 사람의 몸이 사물과 다른 점이라 지적한 것에 대해 실옹은 그 대답 속에 다른 점이 거의 없다는 사실을 지적하여 사람과 초목이나 금수 등의 사물이 공유하는 점을 말한 것에 불과함을 지적하였다. 그만큼 연관성을 찾아 회통시키는 통합적 사유와 차이점을 찾아 대비시키는 분별적 사유의 사유방법이 다른 점을 드러내준다.

또 하나의 문제로서 실옹은 허자에게 생물의 종류로 사람과 금수와 초목의 세 가지가 있음을 제시하고, 그 차이로서 "초목은 거꾸로 사는 것이므로 '지'(知)는 있어도 '각'(覺)은 없으며, 금수는 횡으로 사는 것이므로 '각'은 있어도 '혜'(慧)가 없다"[14]고 제시하였다. 이러한 존재유형의 분류방법은 순자에서 제시되었고, 마테오 리치가 새롭게 제시하면서 당시 실학자들 사이에 활발한 논의가 되었던 것이 사실이다. 이를 도표

---

[13] 같은 곳, "語其質則頭圓者天也, 足方者地也, 膚髮者山林也, 精血者河海也, 雙眼者日月也, 呼吸者風雲也, 故曰人身小天地也, 語其生則父精母血, 感而結胎, 月滿而降生, 齒增而智長, 七竅通明, 五性具足."
[14] 같은 곳, "草木倒生, 故有知而無覺, 禽獸橫生, 故有覺而無慧."

화하면 다음과 같다.[15]

	水火	草木	禽獸	人
荀子	<氣>	<生>	<知>	氣＋生＋知＋<義>
利瑪竇	－	<生>[生魂]	生＋<覺>[覺魂]	生＋覺＋<靈>[靈魂]
洪大容	－	<知>	<覺>	<慧>
丁若鏞	－	<生>[草木之性]	生＋<覺>[禽獸之性]	生＋覺＋<靈>[吾人之性]

이 도표에서 보면 순자는 존재의 영역을 무생물인 '수·화'(水火)까지 포함시켜 네 단계로 제시하였지만, 다른 인물들은 식물·동물·인간(草木·禽獸·人)을 생명체의 3영역으로 나누었다. 각 유형을 구분하는 본질적 특성의 일반적 명칭을 마테오 리치는 '혼'(魂)이라 하고 정약용은 '성'(性)이라 제시하였으나, 순자와 홍대용의 경우에는 일반명칭을 별도로 부여하지 않았다. 초목의 경우 모두가 '생'(生)이라 하였는데 홍대용만 '지'(知)라 하였고, 금수의 경우 순자는 '지'(知)라 하였는데 다른 인물들은 모두 '각'(覺)이라 하며, 인간의 경우 순자는 '의'(義)라 하고, 마테오 리치와 정약용은 '영'(靈)이라 하고, 홍대용은 '혜'(慧)라 하였다. 이렇게 각 존재영역의 본질적 특성을 가리키는 용어에 다소간 차이를 보이고 있지만, 중요한 것은 같은 구조를 보여주고 있는 사실이다. 순자와 마테오 리치와 정약용의 경우 모두가 생물의 존재영역에서 상층의 특성은 하층의 특성을 내포하여 층구조를 이루고 있음을 보여주고 있는데, 홍대용만이 '지'－'각'－'혜'로 각각 특성을 구명하고 있다.

---

*15 荀子의 견해는 『荀子』, '王制'편에 제시되어 있고, 마테오 리치의 견해는 『天主實義』 제2편이고, 丁若鏞의 견해는 『中庸講義補』(『與猶堂全書』, 제2집 권4, 47)에 수록되어 있다.

그러나 내용을 보면 각 영역에 따른 특징적 차이를 뚜렷이 하려는 데 의도가 있는 것이지, 하층이 상층에 내포되지 않음을 말하려는 것은 아니라고 할 수 있다. 바로 이 점에서 마테오 리치가 『천주실의』(天主實義)에서 생물의 종류를 세 영역으로 나누어 제시한 설명법이 홍대용과 정약용에게 영향을 주었던 사실을 엿볼 수 있다.

여기서 실옹은 생물의 세 가지 종류 사이에 차이를 분명하게 확인하면서 귀천의 차등이 있는지를 허자에게 물었다. 허자는 도학자의 입장에서 혜(慧)와 각(覺)이 없고, 예(禮)와 의(義)가 없는 초목이나 금수와 달리 이 모든 덕을 지닌 인간이 가장 귀하고, 그 다음으로 금수가 초목보다 귀하다는 귀천의 등급을 제시하였다. 이에 대해 실옹은 인간으로서 인간을 귀하게 여기는 것은 바로 인간 위주의 견해임을 지적하면서, 인간과 사물 사이에 본질적 차이가 있지만 등급의 차등은 없는 것이라 보는 '인물균'(人物均)의 논리를 제시하였다.

"오륜(五倫)과 오사(五事:「洪範」의 둘째 疇; 貌·言·視·聽·思)는 사람의 예의이고, 떼를 지어 다니면서 서로 불어주고 먹여주는 것은 금수의 예의이며, 총총하게 나서 가지가 무성한 것은 초목의 예의이다. 사람으로서 사물을 보면 사람이 귀하고 사물이 천하지만, 사물로서 사람을 보면 사물이 귀하고 사람이 천하다. 하늘로부터 보면 사람이나 사물이 균등하다. 무릇 (금수는) 지혜(慧)가 없기 때문에 속임이 없고(無詐), (초목은) 감각(覺)이 없기 때문에 작위가 없다(無爲). 그렇다면 사물이 사람보다 훨씬 귀하다. 또한 봉황은 천 길을 날아 오르고 용은 날아서 하늘에 있으며, 시초(蓍)와 울창주(鬯)는 신과 소통하고, 소나무와 잣나무는 재목으로 쓰이니, 사람의 무리와 견주면 어느 쪽이 귀하고 어느 쪽이 천하겠는가? 무릇

‘큰 도’를 해치는 것은 ‘자랑하는 마음’보다 더 심한 것이 없다. 사람이 사람을 귀하게 여기고 사물을 천하게 여기는 가닭은 ‘자랑하는 마음’의 근본이다.”[16]

홍대용은 실옹의 입을 통해 생물의 존재는 그 영역에 따라 각각의 가치를 갖는 점에서 각각의 본질에 차이가 있다고 하더라도 지위의 등급은 없다는 차등의식의 거부를 밝히고 있다. 여기서 그는 사물을 관찰하는 세 가지 시각을 제시하고 있다. 그 하나는 ‘사람으로서 사물을 보는’(以人視物) 인간중심의 시각이요, 다른 하나는 ‘사물로서 사람을 보는’(以物視人) 사물중심의 시각으로, 이 두 가지 시각에서는 각각 서로를 높이는 주관적 가치판단에 사로잡히게 된다는 것이다. 이와 달리 세 번째는 ‘하늘로부터 보는’(自天而視之) 객관적 시각으로, 어느 쪽에도 치우치지 않는 객관적 시각에서 보면 사람과 사물 사이에도 아무런 귀천의 차등이 없이 균등하다는 ‘인물균’(人物均)의 시야를 열어준다. 또한 그는 금수나 초목은 인간이 가진 덕이 없지만 인간이 드러내는 사악함도 없음을 지적하며, 인간과 사물을 균등하게 보는 객관적 시야를 강조하면서, 인간중심으로 인간을 귀하게 여기고 사물을 천하게 여기는 시각은 ‘자랑하는 마음’에서 나오는 것이요, 이러한 인간중심으로 세상을 보는 ‘자랑하는 마음’은 바로 ‘도술의 미혹’으로서 ‘큰 도’를

---

*16 『湛軒書』, 內集 권4, 18, ‘毉山問答’, “五倫·五事, 人之禮義也, 羣行·呴哺, 禽獸之禮義也, 叢苞·條暢, 草木之禮義也, 以人視物, 人貴而物賤, 以物視人, 物貴而人賤, 自天而視之, 人與物均也, 夫無慧故無詐, 無覺故無爲, 然則物貴於人, 亦遠矣, 且鳳翔千仞, 龍飛在天, 著蔡通神, 松栢需材, 比之人類, 何貴何賤, 夫大道之害, 莫甚於矜心, 人之所以貴人而賤物, 矜心之本也.”

해치는 것임을 밝혀, 도학의 인간중심적 사유를 탈피하고 객관적 자연
의 평등한 시야를 새롭게 열어가고자 하였던 것이다.

허자는 여전히 인간이 귀하고 사물이 천하다는 인간중심의 입장을
지켜 사물에는 인(仁)과 지(智)의 덕이 없고, 복식(服飾)·의장(儀章)의
제도나 예악(禮樂)·병형(兵刑)의 활용은 인간만이 가능하다고 항변하
였지만, 실옹은 이에 대해 물고기를 놀라게 하지 않는 것은 용이 백성에
끼치는 혜택이요, 참새를 놀라지 않게 하는 것은 봉황의 세상 다스리는
것이라 하는 등 사물에도 인간의 덕에 상응하는 덕이 있음을 지적하면
서, "옛사람이 백성에 혜택을 끼치고 세상을 다스림에는 사물에 도움받
지 않음이 없었다. 임금·신하의 의례는 벌(蜂)에게서 취하고, 군사의
진법은 개미(蟻)에게서 취하고, 예절의 제도는 족제비에게서 취하고, 그
물의 설치는 거미에게서 취하였다. 그래서 '성인은 만물을 스승으로
삼는다'고 말하였다. 이제 그대는 어찌하여 '하늘로서 사물을 보려'하지
않고 오히려 '사람으로서 사물을 보려'하는가"[17]라고 책망하였다. 여기
서 그는 『관윤자』(關尹子)의 「삼극」(三極)편에서 언급하고 있는 성인이
사물에서 법도를 취하는 사례들을 열거함으로써, 사물이 인간보다 비천
한 것이 아니라 성인도 스승으로 삼을 수 있는 대상임을 지적하면서,
'인간으로서 사물을 보는'(以人視物) 인간중심적 세계관을 탈피하고 '하
늘로서 사물을 보는'(以天視物)의 객관적 자연관을 새로운 세계관의 기
준으로 삼도록 요구하는 세계관의 전환을 주장하였던 것이다.

---

[17] 『湛軒書』, 內集 권4, 19, '毉山問答', "古人之澤民御世, 未嘗不資法於物, 君
臣之儀, 盖取諸蜂, 兵陣之法, 盖取諸蟻, 禮節之制, 盖取諸拱鼠, 網罟之設,
盖取諸蜘蛛, 故曰聖人師萬物, 今爾曷不以天視物, 而猶以人視物也."

4. 우주론의 재인식과 자연철학의 전환

1) 지구설地球說과 지전설地轉說의 제기

홍대용이 「의산문답」에서 중심 주제로 삼아 가장 많은 부분을 할애하고 있는 것은 '천지의 실정'(天地之情)을 논의하는 자연과학적 세계관의 문제이다. 여기서 그는 당시 새롭게 전래한 서양의 과학지식을 적극적으로 수용하여 유교전통이 기반하고 있는 우주론 내지 자연철학의 체계를 전면적으로 비판하여 새로운 합리적 세계관을 제시하고자 시도하고 있다. 물론 그의 자연과학적 세계관에는 유교전통적 이해와 서양의 과학지식을 결합시키고 있는 요소를 지니고 있는 것도 사실이다.[*18]

홍대용이 실옹의 입을 빌어, '천지의 실정'으로 제시하는 우주론에서, "'태허'(太虛)는 허공으로 아득한데, 가득 채우고 있는 것은 '기'(氣)이

[*18] 박성래는 홍대용의 과학사상에는 '張載의 자연관이 서양근대과학과 접목하고' 있는 등 몇 가지 모순점이 있음을 지적하면서, "전통적 동양의 자연관을 일부 지켜가면서 급격히 밀려드는 서양과학의 내용을 모두 흡수하여 자기 나름의 체계를 세워보려 했던 것"이라 평가하였으며(박성래, 「홍대용의 과학사상」, 『한국학보』23, 1981, 179-180쪽), 허남진은 홍대용의 자연철학에 대해 "張橫渠나 邵雍의 영향을 상당히 받고 있는 것이 사실이지만, 그 상수학 자체가 중국을 통하여 들어온 서양천문학의 영향을 받은 것임"을 지적하여, 상수학과 서양과학의 결합적 성격을 주목하였고(허남진, 『조선후기 氣철학 연구』, 1994, 서울대 박사논문, 69쪽), 문중양은 "홍대용의 우주론 논의가 기본적으로 張載의 氣論的 우주론에 기초하고 있음"을 지적하여(문중양, 「조선후기 실학자들의 과학담론, 그 연속과 단절의 역사-기론적 우주론 논의를 중심으로」, 『정신문화연구』93, 2003년 겨울호, 39쪽), 대체로 張載의 氣論이 받아들여지고 있음을 인정하였다. 이에 비해 임종태는 "홍대용의 우주론이 지닌 가장 중요한 특징은 그 근저에 깔려 있는 『莊子』의 상대주의적 상상력이었다"고 하여, 홍대용의 우주론에 미치고 있는 영향력으로 莊子의 '상대주의적 사유방법'을 주목하고 있다.(임종태, 「무한우주의 우화-홍대용의 고학과 문명론」, 『역사비평』, 2005년 여름호, 275쪽)

다. 안도 없고 바깥도 없으며 시작도 없고 끝도 없다. '기'가 쌓여 가득히 넘실거리고 엉기고 모여서 형질을 이루며 허공에 두루 펼쳐져 돌거나 멈추어 있으니 이른바 땅(地)과 달과 해와 별이 이것이다. 무릇 땅이란 물과 흙의 형질이며, 그 형체는 온전히 둥글며, 쉬지 않고 돌며 허공에 떠 있는데, 만물은 그 표면에 붙어 있다"[19]고 하였다. 여기서 그는 무엇보다 우주(太虛)는 '기'(氣)로 충만되어 있는 무한한 것이라는 '우주무한설'(宇宙無限說)을 제시하고 있으며, 이 '기'가 응결하여 '질'(質)로서 형체화 된 것이 땅·달·해·별의 천체들이고, 땅은 물(水)과 흙(土)의 형질이며, 둥글고 쉼없이 돈다는 '지구설'(地球說)과 '지전설'(地轉說)을 제시하고 있다. '우주무한설'과 '기-질'의 존재구조를 제시한 것은 장횡거가 제시하고 주자학에서 수용한 유교전통의 우주론이라 할 수 있지만, 땅의 형체가 둥글다는 '지구설'은 하늘이 둥글고 땅이 모났다는 유교전통의 천원지방설(天圓地方說)에 정면으로 상반되는 입장을 밝힌 것이다.

그는 땅이 해를 가린 월식(月蝕)이 바로 땅이 둥근 증거임을 제시하면서, 증자(曾子)가 '하늘은 둥글고 땅은 모났다'(天圓而地方)고 말하였지만, 옛사람이 전하는 기록의 말을 믿는 것이 직접 눈으로 보는 실지만 못함을 강조하였다. 만약 땅이 모난 것이라면 네 모서리가 낭떠러지로 강이나 바다의 물이나 사람과 사물이 위의 한 평면에만 모여 있고, 옆면이나 아랫 면에 있으면 떨어질 수밖에 없다는 것이다. 여기서 실옹

---

*19 『湛軒書』, 內集 권4, 19, '毉山問答', "太虛寥廓, 充塞者氣也, 無內無外, 無始無終, 積氣汪洋, 凝聚成質, 周布虛空, 旋轉停住, 所謂地月日星是也, 夫地者, 水土之質也, 其體正圓, 旋轉不休, 渟浮空界, 萬物得以依附於其面也."

은 가벼운 사람이나 사물도 떨어지고 마는데 무거운 땅덩어리가 떨어지지 않는 이유를 반문하였고, 허자가 '기'를 타고 있어서 땅이 떨어지지 않을 수 있다고 대답하였다. 이에 대해 실옹은 "군자는 도(道)를 논하다가 이치에서 꺾이면 승복하고, 소인은 도를 논하다가 말이 궁색해지면 꾸며댄다. …이제 그대는 옛날 들은 것에 집착하고 이기려는 마음에 젖어서 입에서 나오는 대로 말하여 남을 막으려 하니, 도를 알고자 한다면 잘못된 것이 아니겠는가?"[20]라고 하여, 이치에 맞으면 승복하려 들지 않고 옛 사람의 말에 집착하여 이기려는 마음으로 억지를 부리는 거짓된 태도가 바로 '도'를 알고자 하는 자세에 어긋나는 것임을 신랄하게 비판하였다.

따라서 그는 실옹의 입을 빌어 옛 사람의 잘못된 견해로서 소강절(邵雍, 字 堯夫, 호 康節)의 견해와 학문자세를 비판하여, "소강절은 통달한 선비지만, 이치를 구하다가 얻지 못하자, '하늘은 땅에 의지하고 땅은 하늘에 의지한다'고 하였다. '땅이 하늘에 의지한다'고 말하는 것은 가능하겠지만, '하늘이 땅에 의지한다'고 말하는 것은 광대한 태허가 한낱 흙덩이에 의지할 수 있겠는가? 또한 땅이 떨어지지 않는 것은 스스로 그러한 형세가 있는 것이요 하늘에 관계가 없는데, 소강절의 지식은 이에 미치지 못하여 억지로 큰 소리를 쳐서 한 세상을 속였으니, 이는 소강절이 자신을 속인 것이다"[21]라고 하였다. 이처럼 홍대용은 송대

---

[20] 『湛軒書』, 內集 권4, 20, '毉山問答', "君子論道, 理屈則服, 小人論道, 辭屈則遁, …今爾膠於舊聞, 狃於勝心, 牽口而禦人, 求以聞道, 不亦左乎."
[21] 같은 곳, "邵堯夫達士也, 求其理而不得, 乃曰天依於地, 地附於天, 曰地附於天則可, 曰天依於地則渾渾太虛, 其依於一土塊乎, 且地之不墜, 自有其勢,

이학(理學)의 거장인 소강절을 정면으로 비판함으로써, '도'의 진실성은 이치를 따르는 합리성을 기준으로 삼아야 할 것이지, 학문전통의 권위에 의존하려 해서는 안 되는 것임을 강조하였던 것이다. 여기서 그는 "옛날 들은 것에 집착한 자와 더불어 '도'를 이야기할 수 없고, 이기려는 마음에 버릇된 자와 더불어 말로 다툴 수 없다. '도'를 들으려거든 그대의 옛날 들은 것을 씻어내고 그대의 이기려는 마음을 버려야 하며, 마음을 비우고 입을 삼가야 한다"[*22]고 역설하여, 옛 지식에 얽매이지 말고 새로운 지식에 마음을 열어야 하며, 이기려는 마음을 버리고 이치에 순응하려는 자세를 갖도록 요구하고 있다. 그것은 도학전통의 세계관을 깨뜨리고 합리성에 근거하는 새로운 세계관으로 전환을 추구하는 것이다.

홍대용은 땅이 아래로 떨어지지 않는 것은 해와 달과 별이 상·하가 없어서 아래로 떨어지지 않는 것과 같은 이치임을 지적하면서, 땅이 아래로 떨어지지 않는 까닭을 지구가 쉼없이 돈다는 '지전설', 곧 지구자전설(地球自轉說)로 설명한다.

> "무릇 땅 덩어리는 하루에 한 바퀴 도는데, 땅의 둘레는 9만 리이고 하루는 12시간이니, 9만 리의 광활함으로 12시간 안에 도니, 번개보다 빠르고 포탄보다 빠르다. 땅이 이미 빨리 도니, 허기(虛氣)가 격렬하게 부딪치며 공중에 갇혔다가 땅으로 몰려드는데, 이에 '상하의 형세'가 있게 되며, 이것이 땅 표면의 형세요, 땅에서 멀어지면 이런 형세가 없다. …만

不係於天, 堯夫知不及此, 則强爲大言, 以欺一世, 是堯夫之自欺也."
*22 같은 곳, "膠舊聞者, 不可與語道, 狃勝心者, 不可與爭口, 爾欲聞道, 濯爾舊聞, 祛爾勝心, 虛爾中慤爾口."

물이 아래로 떨어지는 것은 땅에 근본하는 것이다. 지금 사람들이 땅 표면의 상·하를 보고서 망녕되게 '태허'의 정해진 형세라 생각하고 땅 둘레에 모여드는 '기'를 살피지 않으니, 또한 좁은 소견이 아니겠는가?"[23]

지구가 엄청나게 빠른 속도로 자전하면서 대기(虛氣)가 부딪쳐서 땅으로 몰려들면서 '상하의 형세'가 생겨 둥근 지구 표면의 어디에서도 머리를 하늘로 향하고 발을 땅에 디디고 서 있을 수 있으며 지구의 아래 쪽에 있어도 아래로 떨어지지 않을 수 있다는 것이다. 이 '상하의 형세'는 지구의 인력에 해당하는 것이고, 그 인력을 지구의 자전에 따라 대기가 지구 표면으로 몰려오면서 생기는 것이라 설명하는 것이다. 이러한 설명이 오늘의 과학적 지식에서는 인정될 수 없다고 하더라도 땅이 둥글고 둥근 표면의 어디에나 만물이 아래로 떨어지지 않고 땅에 붙어 있을 수 있음을 설명하는 방법으로 제시되고 있는 것이다.

또한 그는 서양사람들도 '천체가 운행하고 땅은 고요하다'(天運而地靜)는 이른바 천동설(天動說)을 주장하고, 공자도 '천체의 운행은 강건하다'(天行健<易·乾卦>)고 말한 사실에 대해, "군자는 시속(時俗)에 따라 가르침을 베풀고, 지혜로운 자는 편의를 따라 말씀을 제시한다. 땅은 고요하고 천체가 운행한다는 것은 사람들의 통상적 견해로 백성의 순응에 해로움이 없고, 책력(册曆)의 반포에 어그러짐이 없다"고 하여, 현실

---

[23] 『湛軒書』, 內集 권4, 20-21, '毉山問答', "夫地塊旋轉, 一日一周, 地周九萬里, 一日十二時, 以九萬之濶, 趍十二之限, 其行之疾, 亟於震電, 急於炮丸, 地旣疾轉, 虛氣激薄, 閡於空而湊於地, 於是有上下之勢, 此地面之勢也, 遠於地則無是勢也, …萬物之下墜, 本於地也, 今人見地面之上下, 妄意太虛之定勢而不察周地之拱湊, 不亦陋乎."

적 편의를 위해 제시한 설명임을 인정하면서도, "천체가 운행하고 지구가 회전하는 것은 그 형세가 하나이니, 나누어서 설명할 필요가 없다. …(지구는 고요하고) 천체가 운행한다는 설이 이치에 맞지 않음은 여러 말로 변론할 것이 못된다"고 하여, 지전설을 부정하고 천동설만 주장하는 것은 실제의 이치에 어긋나는 것임을 확인하고 있다.[24]

홍대용은 「의산문답」에서 유교전통이 지키고 있는 인간중심적 세계관을 깨뜨리고 인간과 사물이 균등하다는 '인물균'의 세계관을 제시하고 있는 것과 더불어, 천체에서 지구를 중심으로 칠정(七政: 日·月과 水·火·木·金·土의 5星)이 둘러싸고 있다는 지구중심적 세계관을 깨뜨리고 지구도 무수한 별 가운데 하나의 별일 뿐이요 모든 별의 중심(正中)이 될 수 없다는 '지계역성설'(地界亦星說)을 제시하고 있다.

> "하늘에 가득한 별들은 하나의 영역(界)이 아닌 것이 없다. 별의 영역에서 보면 지구의 영역도 별이다. 한량없는 영역(별)들이 허공의 영역 안에 흩어져 있는데, 오직 이 지구라는 영역이 공교롭게도 정중앙에 있다는 것은 이치가 성립되지 않는다. 따라서 영역(별)이 아닌 것이 없고 회전하지 않는 것이 없다. 여러 별의 영역에서 보는 것은 지구에서 보는 것과 동일하니, 각각 스스로 중심이라 말한다. …만약 '칠정'이 지구를 둘러싼다는 것은 지구에서 관측하면 진실로 그러하니 지구를 '칠정'의 중심이라 할 수 있겠지만, 여러 별의 정중앙이라 말한다면 우물 속에 앉아서 하늘을 보는 것이다."[25]

---

*24 『湛軒書』, 內集 권4, 22, '毉山問答', "君子從俗而設敎, 智者從宜而立言, 地靜天運, 人之常見也, 無害於民義, 無乖於授時, …天運地轉, 其勢一也, 無用分說…天運之無理, 不足多辨."
*25 같은 곳, "滿天星宿, 無非界也, 自星界觀之, 地界亦星也, 無量之界, 散處空界,

인간을 중심으로 사물을 바라보는 '이인시물'(以人視物)의 관점처럼 지구를 중심으로 뭇별들을 바라보는 '지관'(地觀: 以地觀星)의 시각이 있음을 지적하고, 관점을 전환하여 사물의 입장에서 사람을 보는 '이물시인'(以物視人)의 시각을 도입하듯이 뭇별에서 지구를 포함하여 다른 별들을 바라보는 '중계지관'(衆界之觀)을 끌어들이고 있다. 그렇다면 제각각 자기를 중심으로 보는 관점이 동등한 권리를 갖는다고 인정하면서도, 자기중심의 주관적 관점이 지닌 상대주의적 세계관을 넘어서서 전체를 평등하게 바라보는 제3의 객관적 관점, 곧 하늘로부터 보는 '자천이시지'(自天而視之)의 새로운 보편적 세계관을 정립하는 것이 홍대용의 지향점이라 할 수 있다.

여기서 홍대용이 천체의 질서를 제시하여, "'오위'(五緯: 水·火·木·金·土의 5星)가 해를 둘러싸니 해를 중심으로 삼고, 해와 달은 지구를 둘러싸니 지구를 중심으로 삼는다. …이때문에 지구는 해와 달의 중심이 되지만 '오위'의 중심이 될 수 없고, 해는 '오위'의 중심이 되지만 여러 별들의 정중앙이 될 수 없다. 해도 정중앙이 될 수 없는데 하물며 지구가 될 수 있겠는가?"[26] 라고 하여, 해와 달이 지구를 중심으로 돌며, '오위'의 다섯 별은 해를 중심으로 도는 것으로 본다. 이러한 견해는 당시 소개되었던 서양의 천문학자 티코 브라헤의 견해를 수용한

惟此地界, 巧居正中, 無有是理, 是以無非界也, 無非轉也, 衆界之觀, 同於地觀, 各自謂中, …若七政包地, 地測固然, 以地謂七政之中則可, 謂之衆星之正中則坐井之見也."

[26] 『湛軒書』, 內集 권4, 22-23, '毉山問答', "盖五緯包日而以日爲心, 日月包地而以地爲心, …是以地爲兩曜之中, 而不得爲五緯之中, 日爲五緯之中, 而不得爲衆星之正中, 日且不得爲正中, 況於地乎."

것으로 보이는데, 홍대용의 특징적 입장은 우주를 무한한 것으로 보고 일정한 중심을 인정하지 않는 점이 지적된다.[27] 그는 지구가 자전(自轉)함을 인정하면서도 다른 별의 둘레를 도는 공전(公轉)운동이 없다고 보았는데, 그 이유도 단지 무겁고 둔하기 때문이라 하여 지구가 중심이기 때문에 다른 별의 둘레를 돌지 않는 것이라 보는 입장을 근원적으로 차단하고 있다. 공전과 자전을 하던지 자전만 하던지 모든 별은 그 성질의 무겁고 가벼움에 따라 돌고 있는 것이요, 무한한 우주인 허공 속에는 특정한 중심이 있는 것도 아니며, 전체의 균형을 잡아주는 어떤 질서나 체계를 설정하고 있는 것도 아니다. 그만큼 열린 우주론을 보여주는 것이라 할 수 있을 것이다.

또한 그는 허자가 제기하는 '오위'는 오행(五行)의 정수라 하거나, 항성(恒星)은 온갖 사물의 형상으로 아래로 지구의 영역에 상응하여 재앙이나 상서로움의 징험이 있다는 등 천체와 연관된 통속의 온갖 불합리한 술법들을 거짓된 것으로 비판하였다. 여기서 술법에 미혹된 대중적 신앙의 성격에 대해, "'뭇사람의 입은 쇠도 녹이고, 쌓인 비방은 뼈도 녹인다'는 것이니, 입은 쇠를 녹일 수 없고 비방은 뼈를 녹일 수 없지만 오히려 녹여낸다는 것은 사람이 여럿이면 하늘도 이겨내는 것이다. 기교와 술법이 비록 허망하지만 사람의 마음에 느낌이 있어서

---

*27 박성래, 위의 책, 175쪽. 박성래는 五星이 태양 둘레를 돌고, 태양과 달이 지구 둘레를 돈다는 홍대용의 견해는 티코 브라헤와 똑같다고 지적하면서, 양자의 근본적 차이점으로 티코 브라헤는 지구를 有限宇宙의 중심이요 不動하는 것으로 보았는데, 홍대용은 우주를 무한한 것으로 만들어 우주의 중심이 논리적으로 불가능하게 만들었고, 지구의 自轉운동을 제시한 점을 들었다.

극진하게 의지하고 믿으니, 혹 징조와 호응을 일으키기도 한다. 이것은 허공에 공허한 그림자를 잡는 것이다. 공허한 그림자에 현혹되어 실지의 사정을 살피지 않으니 미혹됨이 심하다"[28]고 하였다. 대중의 미혹된 신앙은 하늘도 이겨낼 만큼 진실성과 상관없이 위력을 발휘하는 사실을 인정하지만, 진실성에서 보면 공중에 뜬 허망한 그림자를 붙잡는 것처럼 현혹된 것일 뿐이라 부정하였다. 그만큼 오랜 세월 유지되고 광범하게 퍼진 대중적 신앙에 대해서도 실지에 어긋나는 허망함을 비판하여 합리적 정신을 관철하고 있는 것이다.

2) 음양설陰陽說과 오행설五行說의 비판

홍대용은 천체에 대한 논의에서 유교전통의 자연철학에서 핵심적 사유방법인 음양설과 오행설을 비판함으로써, 자연철학의 근본적 전환을 시도하고 있음을 보여준다. 그는 일식이나 월식이 음과 양이 서로 항거하는 데서 생긴 것이요, 음·양이 조화를 이루면 일식이나 월식이 일어나지 않는다는 유교전통의 설명에 대해, "음·양(陰陽)에 얽매이고 도리(理義)에 막혀서 천도(天道)를 살피지 않은 것은 선유(先儒)들의 허물이다. …경(經)과 위(緯)의 도수가 같고 '삼계'(三界: 日·月·地)가 일직선에 놓이면, 서로 가려져서 식(蝕: 日蝕·月蝕)이 생기는 것은 운행의 떳떳함이다. …이것은 '삼계'의 떳떳한 도수며, 지구 영역의 정치와

---

*28 『湛軒書』, 內集 권4, 26, '毉山問答', "衆口鑠金, 積毀銷骨, 口不可鑠金, 毀不可銷骨, 猶致銷鑠者, 人衆而勝天也, 技術雖妄, 人心有感, 依信之極, 或致徵應, 此撮空之虛影也, 眩於虛影, 不察情實, 惑之甚矣."

관계가 없다"[*29]고 하여, 일식·월식의 현상이 인간의 정치와 아무런 상관이 없는 천도의 운행법칙에 따른 것일 뿐임을 분명히 한다. 다만 그는 인간이 '자연의 변화현상에 처했을 때 자신을 닦고 성찰하는 것은 인간으로서 당연한 도리'(處變修省, 人事之當然)일 뿐이라 하였다. 그것은 '천인감응설'(天人感應說)의 경우처럼 자연현상과 사회현상을 상응시켜 통합적 연관성을 강조하는 유교전통의 세계관에서 벗어나는 전환의 계기를 분명하게 제시하고 있는 것이라 하겠다.

그는 음·양의 사유형식을 버리는 것이 아니라, 유교전통의 음·양 개념을 전면적으로 재검토하고 있다. 곧 "'양'의 종류가 무수하지만 모두 불에 근본하고, '음'의 종류가 무수하지만 모두 땅에 근본한다. 옛사람이 여기에 깨달은 바가 있어 '음양'의 학설이 있게 되었다. …그 근본을 탐구하면 실지는 햇빛(日火)이 얕은지 깊은지에 속하는 것이요, 하늘과 땅 사이에 별도로 '음'과 '양'의 두 기(氣)가 있어서 때에 따라 나타나기도 하고 숨기도 하며 조화(造化)를 주장한다고 하여, 후세 사람의 학설과 같은 것을 말하는 것은 아니다."[*30]

홍대용은 '오행'에 대해 사물의 기질을 구성하는 기본 요소로 보는 입장을 밝히는 방법으로 중국사상의 전통 속에 '오행' 이외에도 다양한 형식이 있음을 들고 있다. 곧 『서경』 '대우모'(大禹謨)편에서 '육부'(六

---

*29 『湛軒書』, 內集 권4, 27, '毉山問答', "拘於陰陽, 泥於理義, 不察天道, 先儒之過也, …經緯同度, 三界參直, 互掩爲蝕, 其行之常也, …此三界之常度, 不係於地界之治亂."

*30 『湛軒書』, 內集 권4, 30, '毉山問答', "陽之類有萬而皆本於火, 陰之類有萬而皆本於地, 古之人有見於此而有陰陽之說, …究其本則實屬於日火之淺深, 非謂天地之間別有陰陽二氣, 隨時生伏, 主張造化, 如後人之說也."

府)로 수·화·금·목·토·곡(水火金木土穀)이 제시되고, 『주역』(周易)에 '팔상'(八象)으로 천·지·화·수·뇌·풍·산·택(天地火水雷風山澤)이 제시되고, 『서경』 '홍범'(洪範)편에서 '오행'으로 수·화·금·목·토가 제시되고, 불교에서는 '사대'(四大)로 지·수·화·풍(地水火風)이 제시되었음을 지적한다. 그는 이러한 기질의 기본구성요소에 대해, "옛사람들은 때에 따라 이론을 제시하여 만물을 총괄하는 명칭을 지은 것이니, 한 가지도 보탤 수 없고 한 가지도 뺄 수 없는 것으로, 천지·만물에 마침 이런 수(數)가 있다고 말하는 것이 아니다. 그러므로 '오행'의 수는 원래에 정해진 이론이 아닌데, 술가(術家)에서 근본으로 삼아 하도(河圖)·낙서(洛書)로 견강부회하고, 주역의 상수(象數)로 천착하여, '생·극'(生克: 相生·相克)이니 '비·복'(飛伏: 卦의 드러나고 숨음)으로 지루하게 얽어가고 온갖 술수를 장황하게 늘어놓았지만, 끝내 그런 이치는 없다"[*31]고 하였다. 곧 그는 옛 사람들이 상황에 따라 사물의 총괄 명칭(總名)을 몇 가지로 들었던 것일 뿐이지, 일정하게 규정된 수가 있는 것이 아님을 강조하며, 술가들에 의해 견강부회하면서 그릇된 사유체계를 형성하게 된 것으로 비판하고 있다. 그것은 '오행'이 만물을 구성하는 기본요소로 확정될 수 없다는 것으로 '오행설'의 자연철학적 사유체계를 부정하는 것이다.

여기서 그는 사물의 기본요소를 설명하는 자신의 독자적 체계를 밝히고 있다. 곧 해(日)의 '화'(火)와 땅(地)의 '수'(水)·'토'(土)라는 세 가지

[*31] 같은 곳, "古人隨時立言, 以作萬物之總名, 非謂不可加一, 不可減一, 天地萬物, 適有此數也, 故五行之數, 原非定論, 術家祖之, 河洛以傅會之, 易象以穿鑿之, 生克飛伏, 支離繚繞, 張皇衆技, 卒無其理."

요소를 제시하고, 그 근원으로 하늘의 '기'(氣)를 제시하는 이층구조를
보여주는 것으로, "'화'(火)는 해요, '수'(水)와 '토'(土)는 땅이다. '목'
(木)·'금'(金)이란 해와 땅이 생성한 것이니 마땅히 세 가지(火·水·土)
와 병립시켜 '행'(行)으로 삼을 수 없다. 또한 하늘(天)이란 맑고 비어
있는 '기'(氣)가 끝없이 가득 차 있는 것이니, 자그마한 지구 영역이
들여쉬고 내쉬는 것으로 지극히 맑고 지극히 비어 있는 가운데에 견주
어 논의할 수 있겠는가? 이에 하늘은 '기'일 뿐이요, 해는 '화'일 뿐이요,
땅은 '수'와 '토'일 뿐이며, 만물은 '기'의 찌꺼기요, '화'의 녹여낸 것이
며 땅의 혹덩이임을 알겠다. 세 가지에 하나라도 빠지면 조화(造化)를
이룰 수 없다는 것을 어찌 다시 의심하겠는가?"[32]라고 하였다. 따라서
홍대용의 기본요소에 대한 체계는 해와 땅의 대응구조 속에 '화'와
'수'·'토'의 세 요소가 제시되어 이 세 요소의 작용으로 '목'·'금'을
비롯하여 온갖 만물이 생성·조화될 수 있다는 것이다. 그러나 이 세
요소보다 한 차원 높은 상위에 모든 존재의 근원으로서 하늘을 가득
채우고 있는 '기'가 있다는 것이다. 따라서 '기'와 '화'·'수'·'토'의
이층구조를 합하여 보면 네 가지 요소(氣·火·水·土)가 된다. 이것은
당시 서학서인 『천주실의』에서 '사원'(四元)으로 '기·화·수·토'(氣
火水土)를 제시하였던 것과 일치하게 된다. 그러나 '사원설'(四元說)이
네 가지 요소가 병렬되어 상호작용하는 것과는 달리, 홍대용은 '기'를

---

*32 같은 곳, "夫火者日也, 水土者地也, 若木金者, 日地之所生成, 不當與三者並
　　立爲行也, 且天者, 淸虛之氣彌滿無際, 其可以蕞爾地界之噓吸, 擬議於至淸
　　至虛之中乎, 是知天者氣而已, 日者火而已, 地者水土而已, 萬物者, 氣之粗
　　糟, 火之陶鎔, 地之疣贅, 三者闕其一, 不成造化, 復何疑乎."

다른 세 요소의 상층에 두어 유교전통의 '기'개념 내지 '기ー질'(氣-質)의 구조에 상응하는 것임을 보여준다.[*33] 따라서 그는 "땅은 만물의 어미요, 해는 만물의 아비요, 하늘은 만물의 할아비이다"(地者萬物之母, 日者萬物之父, 天者萬物之祖)라는 말을 인용하여, 기본요소의 위계질서와 상관관계를 보여준다. 이처럼 그는 유교전통의 '음양설'에 대해서도 '기'의 기본구성을 이루는 실체로 보는 관점을 탈피하였으며, '오행설'에 대해서도 사실상 전면 부정하고, 유교전통의 '기ー질'구조 속에 서학의 '사원설'을 받아들임으로써, 자연철학의 합리적 전환을 추구하였던 것임을 확인할 수 있다.

$$<氣>(天/祖) \left[\begin{matrix} <火> & (日/父) \\ <水> \cdot <土> & (地/母) \end{matrix} \right] 萬物(<木> \cdot <金> \text{ 포함})$$

5. '역외춘추'域外春秋와 화이론華夷論의 극복

홍대용은 자연과학적 합리성을 추구하면서 유교지식인들이 쉽게 빠져드는 태식(胎息)으로 단(丹)을 이루어 장생(長生)을 추구하는 신선술(神仙術)이라던지, 묘(墓)자리의 길흉을 따지는 풍수설(風水說)이 허망한 술법임을 지적하여 비판하였다. 나아가 그는 서양 천문학과 지리학의 수용을 통한 우주론의 새로운 이해를 토대로 유교전통이 지켜온 중국중심의 천하관(天下觀)과 이에 따른 화이론(華夷論)을 전면적으로 비판하여

[*33] 박성래, 위의 책, 166쪽.

세계관의 전환을 추구하고 있다. 그는 "중국 사람은 중국을 바른 영역
(正界)으로 삼고 서양을 뒤집힌 영역(倒界)으로 삼으며, 서양 사람은 서
양을 바른 영역으로 삼고 중국을 뒤집힌 영역으로 삼지만, 그 실지는
하늘을 머리에 두고 땅을 밟는 것은 영역에 따라 모두 그러하니, 가로
누웠다(橫)거나 뒤집혔다(倒)는 것이 없이 모두 바른 영역이다"[34]라고
하였다. 곧 그는 지구 위의 어떤 나라이거나 모두 바른 영역(正界)이요,
바른 영역과 뒤집힌 영역으로 나누는 것은 객관적 사실이 아니라 자기
중심의 주관적 판단일 뿐임을 강조함으로써, 관습에 젖어 객관적 사실
을 인식하지 못하고 자기 중심적 가치관에 사로잡혀 있는 시각을 탈피
하도록 요구하고 있다.

홍대용은 당시 만주족의 청(淸)나라가 중국을 지배하면서 조선사회의
도학자들은 청나라를 오랑캐로 배척하고 한족의 명(明)나라가 이미 멸망
하였지만 중화로 높이는 '배청숭명'(排淸崇明)의 '화이론'(華夷論)을 의
리의 대전제로 표방하고 있던 상황에서, 오랑캐와 중화를 분별하는 의
리를 근본적으로 재검토하였다.

　　"하늘이 낳아주고 땅이 길러주니, 무릇 혈기가 있는 자는 다 같이 사람
　　이요, 무리 가운데 뛰어나 한 지역을 다스리는 자는 다 같이 임금이요,
　　문을 겹겹이 만들고 해자를 깊이 파서 강토를 삼가 지키는 것은 다 같이
　　국가요, 장보(章甫) · 위모(委貌)의 중국 의관이나 문신(文身) · 조제(雕

---

*34 『湛軒書』, 內集 권4, 21, '毉山問答', "中國之人, 以中國爲正界, 以西洋爲倒
　　界, 西洋之人, 以西洋爲正界, 以中國爲倒界, 其實戴天履地, 隨界皆然, 無橫
　　無倒, 均是正界."

題)의 오랑캐 풍속이나 다 같이 습속이다. 하늘에서 본다면 어찌 안과 바같의 구분이 있겠는가? 따라서 각각 자기 사람들과 친하고, 각각 자기 임금을 높이며, 각각 자기 나라를 지키고, 작각 자기 풍속을 편안히 여기는 것은 중국이나 오랑캐가 한 가지다."[*35]

곧 중화나 오랑캐나 사람은 모두 같은 사람으로 균등하며, 제각기 자기 백성, 자기 나라, 자기 풍속을 좋아하는 점에서 같다는 평등의 관점을 제시하여 중화와 오랑캐의 분별을 의리로 삼는 '화이론'을 근본적으로 부정하고 있는 것이다. 이러한 관점은 바로 중국 중심의 '중화주의'를 타파하며, 각각의 자기 중심적 입장을 균등하게 인정함으로써 가치관의 다원화를 인정하며, 이러한 다원화의 논리는 하늘에서 세계를 바라보는 '자천시지'(自天視之)의 관점을 제기함으로써 뒷받침하고 있다. 그것은 사물과 자아의 분별이나 안과 바같의 분별이 있는 것은 사실이지만, 이를 분별의 시각으로 볼 것이 아니라, 오장육부(五臟六腑)와 사지백절(四肢百節)이 한 몸인 것처럼 통합시켜 일체로 보는 시각을 제시하는 것이다.

그는 중국과 오랑캐의 관계도 일방적인 것이 아니라 상호적인 것으로 보아야 할 것을 강조하였다. "무릇 자기의 소유가 아닌데 갖는 것을 '도'(盜)라 하고, 자기의 죄가 아닌데 죽이는 것을 '적'(賊)이라 한다. 사방의 오랑캐가 강역을 침략하면 중국은 '구'(寇)라 하고, 중국이 함부

---

*35 『湛軒書』, 內集 권4, 36, '毉山問答', "天之所生, 地之所養, 凡有血氣, 均是人也, 出類拔華, 制治一方, 均是君王也, 重門深濠, 謹守封疆, 均是邦國也, 章甫委貌, 文身雕題, 均是習俗也, 自天視之, 豈有內外之分哉, 是以各親其人, 各尊其君, 各守其國, 各安其俗, 華夷一也."

로 무력을 쓰면 사방의 오랑캐가 '적'(賊)이라 한다. 서로 '구'(寇)라 하고 서로 '적'(賊)이라 하는 것은 그 의리가 한 가지다"[**36]라고 하여, 일방적으로 중국은 선하고 오랑캐는 악하다는 평가태도가 아니라, 서로에 대해 동등한 권리를 갖는다는 것임을 밝히고 있다. 그것은 중화를 높이고 오랑캐를 물리쳐야 한다는 '존화양이'(尊華攘夷)의 의리를 유교적 의리의 근본과제로 삼고 있는 도학자들의 가치관에 대한 전면적 개혁을 요구하는 것이다. 여기서 그는 공자가 제시한 '화이론'의 의리를 재해석하여 '역외춘추론'(域外春秋論)을 제시하였다.

"공자는 주(周)나라 사람이다. 왕실이 날로 경시되고 제후들은 쇠약해지자 오(吳)나라와 초(楚)나라가 중국을 어지럽히는 도적 노릇을 거리끼지 않았다. '춘추'(春秋)란 주나라의 기록이라 안과 바깥을 엄격히 한 것은 역시 마땅하지 않겠는가? 비록 그러하나 공자로 하여금 바다로 떠나가 동쪽 오랑캐 땅에서 살게 하였다면, 중화의 예법을 써서 오랑캐를 변화시켜 주나라의 법도를 영역 바깥에서 일으켰을 것이니, 안과 바깥의 구분과 높이고 물리치는 의리가 저절로 마땅히 '영역 바깥의 춘추'(域外春秋)로 있었을 것이다. 이것이 공자가 성인된 까닭이다."[*37]

유교전통에서 '화이론'의 의리는 공자가 지은 『춘추』에서 제시된 것으로 받아들여지고 있다. 곧 『춘추』에서 왕도를 높이고 패도를 천시

[*36] 같은 곳, "夫非其有而取之謂之盜, 非其罪而殺之謂之賊, 四夷侵疆, 中國謂之寇, 中國瀆武, 四夷謂之賊, 相寇相賊, 其義一也."

[*37] 『湛軒書』, 內集 권4, 37, '毉山問答', "孔子周人也, 王室日卑, 諸侯衰弱, 吳楚滑夏, 寇賊無厭, 春秋者周書也, 內外之嚴, 不亦宜乎, 雖然, 使孔子浮于海, 居九夷, 用夏變夷, 興周道於域外, 則內外之分, 尊攘之義, 自當有域外春秋, 此孔子之所以爲聖人也."

하는 '존왕천패'(尊王賤覇)의 의리를 '존화양이'의 의리와 동일한 의리로 인식하여 '춘추대의'(春秋大義)로 삼고 있다. 여기서 그는 공자가 성인됨은 중국만을 높이는 데 있는 것이 아니라, 오랑캐 땅에 가서 살았다면 오랑캐를 문명으로 끌어올려 그 땅의 '춘추', 곧 '역외춘추'(域外春秋)를 제시하는 데서 확인할 수 있다는 것이다. 곧 공자는 중국을 위한 공자가 아니라, 그 '도'를 중국 땅이거나 오랑캐 땅이거나 어디에서라도 펼쳤을 것이요, 중국 중심의 의리를 제시하였다면 성인이 될 수 없다고 보았다. 그것은 중화와 오랑캐를 지역이나 민족을 중심으로 보아, 만주족은 오랑캐이기 때문에 중국을 지배해도 오랑캐로서 지배하는 것이라 보는 조선 도학자의 폐쇄된 화이론을 깨뜨리고, 중국인도 '도'를 상실하면 오랑캐가 되고 오랑캐도 '도'를 얻으면 중화가 될 수 있다는 열린 '화이론'이 공자의 정신이라는 것이다.

6. 홍대용의 세계관 전환이 지닌 의미

홍대용은 18세기 후반에 활동하던 북학파(北學派) 실학사상의 선구자요, 그의 친우 박지원(燕巖 朴趾源)과 후학 박제가(楚亭 朴齊家)이 북학파를 계승하는 대표적 인물이었다. 당시 조선사회를 주도하던 도학자들이 만주족의 청나라를 오랑캐로 배척하는 의리를 내세웠지만, 북학파 실학자들은 청나라로부터 새로운 선진문물을 수용하여 우리사회의 낙후한 현실을 변혁시키고자 하여, 북쪽으로 청나라에서 배워야 한다는

'북학'(北學)을 표방하였던 것이다. 북학파를 대표하는 세 사람의 학풍은 각각의 특징이 있어서 홍대용은 서양과학의 수용을 통해 도학전통의 세계관과 의리론을 극복하는 데 주력하였다면, 박지원은 문학적 풍자를 통해 도학자들의 허위성을 고발하고 '이용후생'(利用厚生)의 방법을 제시하였고, 박제가는 통상론(通商論)을 중심으로 '이용후생'의 구체적 과제를 제시하고 있다.

홍대용의 실학정신은 당시 도학자들의 학문태도가 지닌 허위성을 심술(心術)에서부터 드러내어 '도술의 미혹'을 일으키는 원인으로 '자랑하는 마음'(矜心), '이기려는 마음'(勝心), '권력을 지키려는 마음'(權心), '이익을 얻으려는 마음'(利心)의 네 가지 마음을 지적함으로써, 내면의 심술에서부터 근원적으로 타파하고자 하였다. 그가 「의산문답」에서 도학자 '허자'(虛子)와 실학자 '실옹'을 등장시켜 '허-실'(虛-實)의 대립구조로 설정하고, '실옹'이 '허자'의 허위의식을 깨뜨려가는 과정으로 전개하고 있는 것은 바로 도학-성리학으로부터 실학으로의 사상적 전환의 방향을 정립하고자 하는 것임을 알 수 있다.

홍대용은 '허자'와 '실옹'의 입을 빌어, 도학적 세계관의 불합리성과 폐쇄성을 드러내고 실학적 사유의 합리성을 이론적으로 설파해가고 있다. 특히 그는 서양의 자연과학사상을 수용하여 '지구설'과 '자전설'을 중심으로 우주의 구조에 대한 사유방식을 근본적으로 전환시키고자 하였다. 그것은 무엇보다 먼저 인간 중심적 사유를 '인간사물균등'의 사유로 전환하는 것이요, 지구 중심적 사유를 '열린 우주'의 사유로 전환하는 것이며, 중국 중심적 사유를 '중화이적균등'의 사유로 전환하는 것이라 할 수 있다. 그 사유의 논리를 한마디로 '이인시물'(以人視物)의 사유에서 '이물시인'(以物視人)의 상대성을 도입하고, 나아가 '이천시지'(以天視之: 自天視之)의 객관적 합리성의 균등론으로 제시하고 있다.

홍대용의 '인물균론'(人物均論)은 인간과 사물의 차이를 명확히 규정하면서 상하로 차등화하는 인간중심적 관점을 깨뜨리려는 것이다. 이점에서 그가 속한 낙론(洛論)계열의 '인물성동론'(人物性同論)과 일정한 연관성을 엿볼 수 있다. '인물성동론'이 본질로서 성품의 동이(同異)문제에서 '동일성'을 주장하는 것이라면, '인물균론'은 가치의 등급에서 '균등성'을 주장한다는 점에서 접근법 자체가 다른 것이지만, 본질의 동일성이 중시되면 등급의 균등성도 확보될 수 있다는 점에서 소통 가능성을 가지고 있는 것으로 보인다. 또한 바로 이 점에서 홍대용의 '인물균론'은 당시 서학이 여전히 인간중심적이고 지구중심적인 사유를 바탕으로 하고 있다는 사실을 고려한다면, 그는 근본적으로 서구지향의 '서학'이 아니라 청조지향의 '북학'이라 할 수 있을 것이다.

홍대용의 천문학·지리학적 지식은 서양과학의 영향을 많이 받았던 것은 사실이다. 그러나 그가 서학의 '천동설'이 아니라 서학에서 거부대상으로 삼았던 '지동설'을 받아들이고, '오행설'을 비판하면서도 '기-질'(氣-質)구조의 '기'와 세 구성요소(火·水·土)로 제시하여 서양의 '사원설'을 그대로 따르지 않고 있는 점은 그가 도학전통에서 받아들인 자연철학과 서양과학의 사유를 혼합한 것으로 볼 수 있는 여지가 분명히 있다. 그러나 이 점은 그가 서양과학을 소개하는 것이 아니라, 도학전통의 지식인에게 전통적 우주론을 깨뜨리고 새로운 합리적 세계관으로 나올 수 있는 길을 열어가는 논리를 제시하였다는 사실을 고려한다면, 그의 논리는 그만큼 도학자 청중을 향한 어법이라는 점을 유의해야 할 것이다.

「의산문답」에서 홍대용이 '실옹'의 입을 통해 전개한 이론에 대해, "홍대용은 자신의 우주론 학설과 문명론적 메시지를 서로 우화적 방식으로 연결시켰다"[38]고 언급하면서, 홍대용의 우화를 확정된 학설이나 체계적 이론으로 받아들이는 연구자들의 문제점을 지적하는 견해가 있다. '허자'와 '실옹'의 문답형식으로 서술한 홍대용의 화법이 과학적 지식을 엄밀하게 논증하지 못하고 자신의 이론도 분석적으로 제시하지 못한 점이 있는 것은 사실이다. 그러나 설명이 정밀하지 못하다고 『장자』류의 우화적 화법으로 단정하기도 어려운 점이 있는 것으로 보인다. 그가 도학적 세계관의 기반인 인간중심적 사유를 깨뜨리고, 지구중심적 우주론을 깨뜨리며, 나아가 중국중심적 의리론을 깨뜨리는 일관된 주제를 전개하고 있는 것은 실학의 합리적 세계관으로 전환시키기 위한 사유로서 체계적이고 진지성을 갖춘 것이라 할 수 있으며, 불명확한 이론의 우화적 서술은 오히려 기본 논법이라기 보다는 부차적인 수사적 화법이라고 볼 수 있을 것이다. 「의산문답」은 홍대용이 도학적 사유의 틀을 깨뜨리기 위해 선명한 문제의식과 설득력 있는 논리로 자신의 실학정신을 가장 치열하게 밝혀내고 있다는 점에서, 비록 분량으로는 비교적 간략한 저술이지만 그의 대표작으로서 부족함이 없다고 생각된다.

---

[38] 임종태, 위의 책, 282쪽.

3장 :
『열하일기』熱河日記와 박지원朴趾源의 종교적 관심

비판과 포용 한국실학의 정신

1. 『열하일기』와 박지원의 중국종교에 대한 관심

박지원(燕巖 朴趾源, 1737-1805)은 18세기 후반 북학파 실학자의 중심 인물이었을 뿐만 아니라, 문장가로서도 이 시대를 대표하는 인물이었다.[*1] 특히 박지원이 44세때(1780) 사신의 행렬을 따라 중국에 들어갔을

---

*1 박희병은 『나의 아버지 박지원』(박종채 지음, 박희병 옮김, 돌베개, 2005)의 역자 서문 첫머리에서, "영국에 셰익스피어가, 독일에 괴테가, 중국에 소동파가 있다면

때의 견문을 기록한 『열하일기』는 그의 저술 가운데서도 대표작이요, 많은 인물들이 남긴 여러 연행록(燕行錄) 가운데서도 가장 뛰어난 저술로 높이 평가되고 있다.

『열하일기』는 압록강을 넘어 성경(盛京: 瀋陽)을 들렀다가 산해관(山海關)을 거쳐 북경에 들어가고 다시 장성(長城)의 고북구(古北口)를 넘어 열하(熱河)까지 갔다가 북경으로 돌아와 귀국하는 1780년 여름 두달 동안의 여행기록이다. 그는 여행일정에 따르는 견문과 더불어 중국의 여러 인사들과 적극적으로 교류하면서 다양한 주제로 깊이 있게 토론하고 문답하였던 내용을 기록하였다. 따라서 이 책은 단지 지나가는 도중에 보고 들은 것을 기록하는 견문기의 수준을 훨씬 벗어나 북학파 실학자의 안목으로 청나라 문물과 제도와 형세를 꿰뚫어 관찰하고 있다는 점에서 주목된다. 바로 이 점에서 박지원은 당시 조선의 사대부들이 중화를 높이고 오랑캐를 물리친다는 '존화양이'(尊華攘夷)의 의리에 따라 청나라에 대한 거부의식을 표방하여 '숭명배청'(崇明排淸)의 의리를 신념으로 강경하게 내세우고 있는 사실을 직시하면서도, 이용(利用)과 후생(厚生)에 도움이 되는 청나라의 문물과 제도에 대해 세밀한 관심을 기울여 관찰하고 도입의 필요성을 적극적으로 주장하였던 것이다.

여기서 그는 당시 북경을 다녀온 사람들이 중국에서 첫째로 꼽아야 장관(壯觀)이 무엇인지 제각기 하나씩 들고 있을 때, 지조 높은 선비(上

우리나라에는 박지원이 있다고 감히 말할 수 있을 터이다. 그는 중세기 우리나라 최고의 대문호다" 라고 하여, 박지원을 우리나라 고전문학을 대표하는 문장가로 극진하게 높이 평가하고 있다.

士)는 황제가 머리를 깎은 오랑캐의 문물에서 아무런 볼 것이 없다고 말하고, 웬만한 선비(中士)도 10만의 군사를 얻을 수 있다면 중원(中原)을 소탕하여 오랑캐인 청나라를 몰아낸 다음에 비로소 볼 만한 장관을 이야기할 수 있다고 말할 것이라 하였다. 이것이 이른바 『춘추』의 의리정신을 지킨다는 것이다. 그러나 그 자신은 청나라의 문물의 장관은 "기와 조각에나 똥부스러기에도 있다"[2]고 외쳤다. 중국인들이 기와조각이나 똥부스러기를 이용하는 제도가 바로 가장 쓸모없는 것까지 소중하게 활용하는 이용·후생의 모범이 되고 있음을 지적하였다. 그만큼 '숭명배청'의 북벌(北伐) 의리론적 관점과 '이용후생'의 북학(北學) 실용론적 관점이 한 시대의 중국문물을 얼마나 다르게 관찰할 수 있는지 선명하게 각성하고 있는 것이다.

그는 『열하일기』에서 중국의 역사·지리·인물·제도와 정치적 형세나 이용의 효율성에 이르기까지 예리한 통찰력으로 파악하였다. 이를테면 그는 황재의 피서산장이 있는 열하를 찾아가면서도 열하가 명목은 피서를 위한 것이지만 실상은 몽고의 목구멍을 막는 요새를 천자가 스스로 나가 지키려는 것임을 간파하고 있다.[3] 또한 그는 우리나라 인물들이 중국에 가서 보여주는 태도의 다섯 가지 허망함(五妄) 곧 ①문벌을 뽐내는 것, ②상투 하나로 천하에 뽐내려는 것, ③사신(使臣)들이 공손한 것을 부끄러워하고 거만한 것을 고상하게 여기는 것, ④운치(韻

---

*2 『燕巖集』, 권12, 3, '熱河日記·馹汛隨筆', "余下士也, 曰壯觀在瓦礫, 曰壯觀在糞壤."
*3 『燕巖集』, 권12, 56, '熱河日記·漠北行程錄(序)', "其實地據險要, 扼蒙古之咽喉, 爲塞北奧區, 名雖避暑, 而實天子身自防胡."

致) 없는 시문(詩文)을 쓰면서 '중국에는 문장이 없다'고 헐뜯는 것, ⑤ 중국의 선비들이 그 임금의 은택을 자랑함을 보고는 옛날과 같은 비분강개하는 선비가 없다고 탄식하는 것을 지적하고, 중국 선비들이 처신함에 세 가지 어려움(三難) 곧 ①거인(擧人)이 되려면 경·사를(經·史) 변증(辨證)하고 백가(百家)·구류(九流)를 섭렵해야하는 어려움, ②너그럽고 속되지 않으며 예법에 따라 몸을 낮추고 남을 받아들여 대국의 체면을 잃지 않아야하는 어려움, ③법을 두려워하므로 벼슬에 조심하고, 사민(四民)이 각기 업(業)을 나누어서 자치에 힘쓰지 않는 자가 없게 하는 어려움을 들고 있는 것도 당시의 실정에 대해 정곡을 찌르는 통찰력을 보여주는 것이라 하겠다.[4]

나아가 그는 『열하일기』를 통해 청나라 문물을 다양한 주제로 관찰하며 기록하고 있지만, 그 가운데서 당시 중국의 종교적 상황을 엿볼 수 있게 하는 사원(寺院)과 묘당(廟堂)들에 관해 많은 기록을 남기고 있는 사실이 눈에 띈다. 그의 유교·불교·황교(黃敎: 라마교)·도교·민간신앙·서학 등 여러 종파의 사원과 묘당들에 관한 기록은 건물의 제도나 화려한 양식에 대한 관찰도 세밀하지만, 당시의 중국정부가 여러 종교교단에 어떤 대응 태도를 보이고 대중들이 어떤 신앙태도를 보이는지, 그리고 중국정부의 대응태도가 지닌 정치적 의미나 문화적 의미가 무엇인지에까지 폭넓게 관심이 미치고 있음을 확인할 수 있다. 이점에서도 그는 비록 확고한 유교지식인이지만 당시 도학자들이 지녔

---

*4 『燕巖集』, 권14, 1, '熱河日記·審勢編', "燕巖氏曰, 遊中國者有五妄, …中州之士有三難."

던 정통주의에 따른 배타적 거부태도가 아니라, 비교적 객관적 관찰태도를 잘 지키고 있는 사실이 확인된다. 따라서 『열하일기』에서 박지원이 보여준 종교교단이나 사원·묘당에 대한 관심과 관찰을 통해 당시 청나라의 종교적 상황과 중국정부가 추구하던 종교정책의 실상을 확인해 볼 수 있을 것이다.

2. 유교와 도교 및 민간신앙의 이해

1) 유교에 대한 이해

청나라도 통치원리는 주자학을 기준으로 삼고 있는 만큼 '유교'는 체제교학이라 할 수 있다. 그러나 박지원이 중국여행을 통해 찾아가서 관찰하였던 유교의 현장은 그다지 많지 않다. 먼저 학교로서 열하(熱河: 承德)의 태학(太學)을 비롯하여 북경의 순천부학(順天府學)과 태학을 찾아갔고, 국가의 전례가 행해지는 제단으로서 북경의 천단(天壇)을 비롯하여 관제묘(關帝廟)와 화신묘(火神廟)를 찾아가 자세히 기록하였으며, 또한 선현의 사당으로서 난하(灤河) 기슭에 있는 백이·숙제의 사당 이제묘(夷齊廟)와 북경에 있는 남송의 충신 문천상(文天祥) 사당인 문승상사(文丞相祠)를 소개하는 정도라 할 수 있다. 그 밖에 유교와 관련하여 유교의 음악론(樂論)에 대한 논의와 중국의 상례풍속에 대한 견문 및 강상의 규범을 높이는 사당으로 강녀묘(姜女廟)를 들 수 있다.

(1) 태학太學과 성묘聖廟

먼저 그는 열하에서 사신 일행들과 함께 태학(承德太學) 안에 숙소를 얻어 들었다. 그는 이곳 태학의 성묘(聖廟: 大成殿)를 배알하였을 때, 선현의 신위(神位)를 배향한 제도로서 주자의 신위가 양무(兩廡)에 모셔져 있는 것이 아니라, 공자 문하의 10철(孔門十哲)과 함께 전상(殿上)에 모셔져 있는 사실이 특이함을 유의하였다. 그는 중국 인사들과 필담하는 가운데 중국에서는 강희(康熙) 때부터 주자의 신위가 전상에 올려 모셔졌음을 확인하고, 또 '10철'에 대해서도 당나라 때 정해졌지만 그후 유약(有若)과 공서적(公西赤)을 전상으로 올려 모시고 염구(冉求)와 재여(宰予)를 무(廡)로 내려서 모셔야 한다는 것이 정효(明 鄭曉)와 왕사정(淸 王士禎)을 비롯한 선비들의 공론이라는 윤가전(尹嘉銓: 大理寺卿 致仕)의 견해를 소개하고 있다.[*5]

다음으로 그는 북경의 태학(北京太學)에서도 열하의 태학과 동일하게 왼쪽(동쪽)이 묘(廟: 大成殿)요 오른쪽(서쪽)이 태학으로 배치되어 있으며, 태학의 편액이 '국자감'(國子監)으로 되어 있음을 보여준다. 여기서 그는 태학의 제도가 원(元)을 거쳐 명(明)나라 때 제도가 완성되는 과정을 고증하였다. 여기서 그는 묘(廟)의 제도가 명나라의 옛 제도를 본뜬 듯하

[*5] 『燕巖集』, 권14, 27-28, '熱河日記·鵠汀筆談', "宜進祀二子(有若·公西赤)于殿上, 改求子(冉求·宰我)于廡中, 先輩鄭端簡·王貽上論皆如此, 王爲國子祭酒, 時具疏欲改正, 爲人所沮, 疏未果上, 此可謂萬世之公論." 여기서 말하는 孔門十哲은 '顔回(顔淵)·閔損(子騫)·冉耕(伯牛)·仲弓(冉雍)·宰我(宰子)·子貢(端木賜)·冉有(冉求)·季路(仲由·子路)·子游(言偃)·子夏(卜商)'요, 현재 우리나라 大成殿에 모셔지는 孔門十哲은 '閔損·冉耕·冉雍·宰子·端木賜·冉求·仲由·言偃·卜商·顓孫師(子張)'으로 顔回가 四聖에 올라 十哲에서 빠졌고, 그 대신 子張(顓孫師)이 올라 있어서 차이를 보인다.

다고 판단하며, 뜰의 넓이나 집들의 둘레는 북경 동문 밖의 도교사원인 동악묘(東岳廟)보다 작아 비교할 수 없음을 지적하였다. 성전(聖殿: 大成殿)과 양무(兩廡: 東廡·西廡)에 모셔진 위패는 모두 독(櫝)을 덮어 감실(龕室) 속에 넣고 누른 휘장을 드리웠으며, 거문고·비파·종·북 등의 악기를 성전 속에 진열해 놓고 있음을 확인하였다.[*6]

특히 그는 태학당(太學堂) 학사(學舍)의 규모에 주의를 기울여, 조교(助敎: 太學의 敎官)가 제시해 준 것에 따라 전부 580여 칸이 되는 것으로 계산하였다. 여기서 그는 송(宋)의 왕공신(王拱辰)의 언급에 따라 한(漢)나라 때 태학은 1,800칸에 생도가 3만 명이었고, 당(唐)나라 때 태학은 6,200칸이었음을 지적하고, 또 다른 기록에 따라 명(明)나라 태조 4년(1371)에는 생도가 2,782명이었고, 태조 26년(1393)에는 8,124명이었으며, 성조(成祖) 19년(1421)에는 9,884명이었던 사실을 들어서, 청(淸)나라 태학에서 선비를 양성하는 규모가 한·당 시대는 물론이요, 명나라 때보다도 현저하게 쇠퇴하고 있는 현실을 주목하였다. 곧 그가 직접 태학의 학사(學舍)를 돌아보았을 때 10 가운데 8,9는 텅 비어 있었고, 며칠 전 석전(釋奠)에 참례한 제생(諸生)의 명단이 4백여 명에 지나지 않으며, 그나마 모두가 만주인과 몽고인뿐이요, 한인은 하나도 없음을 보고 그 원인이 무엇인지 의문을 제기하고 있다. 여기서 그는 "한인(漢人)은 비록 공경(公卿)의 벼슬을 하더라도 성 안에서는 집을 얻을 수

---

*6 『燕巖集』, 권15, 20, ‘熱河日記·謁聖退述·太學’, "今周瞻廟貌, 想因明舊, …庭除之遼濶, 廡廡之周匝, 亦非東岳廟之比矣, 位板皆覆櫝, 龕垂黃帳, …琴瑟鍾鼓, 皆陳設于殿中, 兩廡從享凡百位, 設一如聖殿."

없으니, 서울에 유학하는 선비도 감히 거처를 못함이었던가. 그렇지 않다면 중화족이 스스로 오랑캐 종자와 한 책상에서 공부함을 부끄러워함인가. 그러나 오히려 본받을 일이 없지 않다. 이곳 학사가 텅 비어 있다면 당연히 먼지에 파묻히고 잡초가 자랄 터인데, 어디나 엄숙하고 깨끗하게 정돈되지 않은 곳이 없고 서가와 탁자들이 가지런하며, 창호는 밝고 깨끗하여 비록 종이로 바른 지는 오래되었어도 찢어지거나 떨어진 곳이 없었다. 이것은 비록 한 가지 일이지만 중국 법도의 대체를 넉넉히 볼 수 있다[*7]고 하였다. 이처럼 그는 청나라 체제 안에서 한족(漢族)이 차별받고 있는 실정과 더불어 태학의 학풍이 매우 침체되고 있는 사실을 확인하면서, 중국의 엄격한 관리체계를 주목하고 있는 것이다. 그밖에도 그는 태학에 세워진 여러 비석들과 비치된 석고(石鼓) 10개에 대해서도 깊은 관심을 보여주고 있다.[*8] 그만큼 중국에서 태학의 교육정책이나 교육제도에 깊은 관심을 보여주고 있으며, 중국 역사의 가장

[*7] 『燕巖集』, 권15, 21, '熱河日記・謁聖退述・學舍', "漢人雖仕宦至公卿, 不得家城內, 則首善之地, 遊學之士, 亦不敢居歟, 抑亦中華之族, 恥與胡虜種落, 齒學而然歟, 雖然, 亦有足法而可喜者, 今此齋舍虛闃, 想應塵埋草鞠, 而莫不汎治肅淸, 架卓齊整, 牕戶明淨, 紙塗雖舊, 而無一綻缺, 此雖一事, 足見中國法度之槪焉."

[*8] 박지원은 北京 太學에 세워져 있는 碑로서 元代 潘迪의 「石鼓音訓碑」를 비롯하여 「加封聖號詔碑」(1307)・「加封先聖父母妻竝四配制詞碑」(1331), 明代의 「申明學制碑」(1370)・「勅諭太學圖碑」(1382)・「定學規碑」(1383)・「欽定廟學圖碑」(1397)・「御製聖論碑」(1528)・「御製重修太學碑」(1444)와 淸代 康熙帝가 지은 「先賢贊」・「顏曾思孟贊」(1689)・「御製獻馘碑」(1704)를 들고 있다.(『燕巖集』, 권15, 21-22, '熱河日記・謁聖退述・歷代碑學') 또한 그는 北京 太學에 있는 石鼓 10개가 周 宣王이 岐山 남쪽에서 사냥을 하고나서 돌을 깎아 북을 만들어 그 사적을 기록한 것으로, 당시의 史官 籀(유)의 필적임을 확인하고, 그동안 여러 차례 옮겨졌다가 元나라 때 이후 북경의 태학에 두게 되었던 과정을 자세하게 기록하고 있다.(『燕巖集』, 권15, 22-23, '熱河日記・謁聖退述・石鼓')

오랜 유물이 태학에 간직되고 있다는 사실을 통해 태학이 얼마나 중시되고 있는지를 엿볼 수 있게 한다.

박지원은 북경에서 태학과 더불어 순천부학(順天府學)을 찾아가 그 제도를 자세히 서술하고 있다. 곧 순천부학의 영성문(欞星門) 안에 있는 반월형(半月形)의 못이 반수(泮水)라 하였다. 그는 '태학'과 '부학'의 지위나 역할의 차이에 대해서는 설명하지 않고 있으나, 옛 제도에서는 반수를 갖춘 반궁(泮宮)이 제후의 태학이요, 원형(圓形)으로 둘러 있는 못이 있는 벽옹(辟雍)은 천자의 태학이므로, '태학'과 '부학'은 국가를 대표하는 교육기관과 지역 단위의 교육기관이라는 지위에 차이가 있는 것이지 교육과정의 수준에서 차이를 둔 것은 아니라 볼 수 있다. 순천부학의 제도로서 세 대문은 가운데가 '대성'(大成)이요, 왼쪽이 '금성'(金聲), 오른쪽이 '옥진'(玉振)이며, 성전(聖殿)의 편액은 강희제(康熙帝)의 글씨로 바깥에 '선사묘'(先師廟)라 붙어 있고, 안으로 '만세사표'(萬世師表)라 붙어 있음을 확인하고 있다. 성전의 편액은 태학의 '대성전'(大成殿)과 부학의 '선사묘'가 대조되며, 학궁의 편액도 태학의 '이륜당'(彝倫堂)과 부학이 '명륜당'(明倫堂)이 대조되고 있음을 보여준다. 또한 순천부학의 성전에 모신 공자의 위패는 '지성선사공자지위'(至聖先師孔子之位)요, 배향된 분은 4성(四聖: 復聖 顔子, 述聖 子思, 宗聖 曾子, 亞聖 孟子)이 동서로 배향되고 있음을 보여준다.[9] 순천부학의 명륜당 주변의 사당

---

*9 박지원은 太學의 聖殿에 配享으로 '十哲'을 언급하였고, 府學의 聖殿에 配享으로 '四聖'을 언급하였는데, 실제로 太學에서는 '四聖'이 배향되지 않고 府學에는 十哲이 배향되지 않는다는 것을 말하려는 것인지 확인할 수 없다.

으로 북쪽에 계성사(啓聖祠)와 동남쪽에 문승상사(文丞相祠)가 있으며, 또 중문 바같에 명환사(名宦祠)와 향현사(鄕賢祠)가 있음을 제시하여, 부학 주변에 제향이 드려지는 여러 사당들을 주목하였다.

(2) 국가의례의 단壇과 묘廟

또한 그는 북경에서 유교적 의례로 제향이 드려지는 제단으로서, 유교적 의례체계 안에서 천자만이 드릴 수 있는 국가의례인 제천(祭天)의례의 제단인 '천단'(天壇)의 제도에 대해서도 주의깊은 관심을 기울였다. 그는 담장 주위가 10리나 되는 '천단'의 큰 규모와 '천단' 안에 자리잡은 3층의 원형 제단인 '원구'(圓丘)의 규모나 제도를 세밀하게 관찰하여 기록하고 있다. 특히 제향되는 신으로 동쪽 제1단은 해(日)를 제사하고, 서쪽 제1단은 달(月)을 제사하며, 동쪽 제2단은 28수(二十八宿)를 제사하고, 서쪽 제2단은 바람·구름·비·뇌정을 제사한다고 밝혔다.[10] 이와 더불어 '원구'에서 제사드려지는 신들의 위패를 모셔두는 황궁우(皇穹宇)와 평일에 제례를 위한 음악과 무용을 연습시키는 곳인 신악관(神樂觀), 황제의 재궁(齋宮)인 태화전(太和殿) 등의 건물들과 희생으로 쓸 짐승을 기르는 곳, 제사에 쓸 얼음을 겨울에 캐서 쓰는 못 등의 제도를 서술하였다. 또한 그는 북경성의 남문인 정양문(正陽門)의 적루(敵樓) 아래의 정남향 문은 황제가 친히 천단에 제사를 지내러 나갈 때 여는 것임을 확인하고 있다.

---

[10] 『燕巖集』, 권15, 10, '熱河日記·黃圖紀略·天壇', "東一壇祀日, 西壇祀月, 東第二壇祀二十八宿, 西第二壇祀風雲雷雨."

그 밖에 국가의 의례체제(祀典)에서 제사가 드려지는 사당으로 '관제묘'(關帝廟)와 '화신묘'(火神廟)를 들고 있다. 북경의 정양문 오른쪽에 있는 '관제묘'는 '백마관제묘'(白馬關帝廟)로서 매년 5월 13일에 제사를 드리는데, 열흘 전에 태상시(太常寺)에서 당상관(堂上官)을 보내 의례를 행한다. 이날은 백성들도 향불을 피우는 사람이 더욱 많았다. 나라에 큰 재난이 있으면 제사를 드려 고하였다. 명나라 만력(萬曆: 神宗) 때 '삼계복마대제신위진원천존'(三界伏魔大帝神威鎭遠天尊)으로 특별히 봉했다"고 하였다.[11] 여기서 그는 중국에서 관제신앙이 얼마나 대중들 속에 광범하게 퍼져 있고 열성적으로 제사가 드려지고 있는지를 지적하고 있다. 북경의 '백마관제묘'는 국가의례의 체제 속에 포함되어 제사드려지고, 명나라 때에는 관우에게 '삼계복마대제신위진원천존'의 봉호를 바쳐 황실에서 극진히 높이며, 관제신앙이 국가의례이면서 민간신앙의 대상으로 공유되고 있음을 보여준다. 그는 당시 우리나라의 남관왕묘(南關王廟) 벽에 걸린 글씨도 북경 '백마관제묘'의 글씨를 본뜬 것이며, '백마관제묘'의 사당에 세워진 비석은 명나라의 초횡(焦竑)이 비문을 짓고 동기창(董其昌)이 글씨를 썼던 것으로 세상에서 '이절'(二絕)로 일컬어지는 것임을 확인하고 있다.

북경의 북안문(北安門) 근처에 있는 '화덕진군묘'(火德眞君廟) 곧 '화신묘'(火神廟)는 원나라 순제(順帝) 때 세워졌으며, 명나라 말기 희종(熹

---

[11] 『燕巖集』, 권15, 32, '熱河日記·盎葉記·關帝廟', "其在皇城, 稱白馬關帝廟, 載於祀典, 則正陽門右關帝廟是也, 每年五月十三日致祭, 前十日, 太常寺題遣本寺堂上官行禮, 是日民間香火尤盛, 凡國有大災則祭告之, 皇明萬曆時, 特封三界伏魔大帝神威遠鎭天尊."

宗) 때 매년 6월22일 태상시(太常寺)의 관원이 화덕신(火德神)을 제사하는 국가의례의 사당이다. 앞 전각은 융은전(隆恩殿)이고, 뒤에는 만세전(萬歲殿)·경령전(景靈殿)·보성전(輔聖殿)·필령전(弼靈殿)·소녕전(昭寧殿)의 여섯 전간이 있으며, 그 뒤로 화려한 수정(水亭)이 호수를 굽어보고 있음을 들었다.[12] 북경에는 유교적 국가의례를 행하는 사당과 제단으로 태묘(太廟)·사직(社稷) 등 여러 곳이 있는데도 불구하고, 성묘(聖廟: 孔廟)를 비롯하여 '천단'과 '관제묘' 및 '화신묘'에 대해서만 기록하고 있는 것은 당시 사신 일행으로서 들어가 볼 수 있도록 개방된 곳이 제약되어 있거나 박지원 자신이 다양한 국가의례의 제단을 체계적으로 답사하지 못하였기 때문이라 짐작된다.

(3) 선현先賢의 사당

박지원은 선현의 사당으로서 특히 백이(伯夷)·숙제(叔齊)를 모신 '이제묘'(夷齊廟)와 송나라의 승상 문천상(文天祥)의 사당인 '문승상사'(文丞相祠)에 깊은 관심을 보였다. 먼저 '이제묘'는 난하(灤河) 기슭의 작은 언덕인 수양산(首陽山) 북쪽에 있는 작은 성인 고죽성(孤竹城)에 있다. 성문에는 '현인구리'(賢人舊里)라 써 붙였고, 사당문 앞 비석에는 '천지강상'(天地綱常)이라 새겼으며, 문 위의 현판은 '상고일민'(上古逸民)이라 걸려 있고, 사당 안의 비석 아홉 개가 모두 명·청시대의 어제(御製)

---

*12 『燕巖集』, 권15, 32-33, '熱河日記·盎葉記·火神廟', "火德眞君廟, …天啓元年, 著令以每年六月二十二日, 太常官祀火德之神, 前殿曰隆恩, 後殿曰萬歲, 曰景靈, 曰輔聖, 曰弼靈, 曰昭寧, 凡六殿, …殿後水亭臨湖."

비문들로 얼마나 높여지고 있는지를 보여준다. 가운데에 큰 전각은 '고현인전'(古賢人殿)으로 전각 속에 모셔진 백이·숙제의 소상은 곤룡포·면류관을 갖추고 홀을 들고 섰으며, 전각의 문에는 '백세지사'(百世之師)라 현판이 걸렸고, 전각 안에는 강희제의 글씨로 '만세표준'(萬世標準)이라 쓴 현판과, 옹정제의 글씨로 '윤상사범'(倫常師範)이라 쓴 현판이 있어서 특히 청나라 황제가 백이·숙제의 충절을 높이는 데 큰 관심을 기울였음을 보여준다. 여기서 박지원은 중국에 수양산이라 일컬어지는 곳이 다섯 곳이나 되고 우리나라 해주에도 수양산이 있음을 들면서, "기자(箕子)가 동으로 조선에 온 것은 오로지 주(周)나라 영토 안에 살기 싫어함이요, 백이도 차마 주나라 곡식을 먹을 수 없었던 것이니, 혹시 그가 기자를 따라와서 기자는 평양에 도읍하고 백이·숙제는 해주에 살지나 않았을까"하여, 우리나라로 끌어들여보는 추측을 하고 있다.[13]

백이·숙제는 맹자가 맑은 지조의 성인(聖之淸者)으로 높여졌으며, 무왕(武王)의 혁명에 반대하여 충절을 지켰던 것은 유교적 핵심규범인 강상(綱常)의 모범으로 받들어졌다. 여기서 그는 중국에도 수양산이 여러 곳이 있어서 정설이 없음을 지적하고 우리나라 해주의 수양산에서 백이·숙제를 제사하는 사당이 있는 사실을 들어서 기자와 함께 백이·숙제도 우리나라의 유교정신의 시원으로 끌어들이고 싶은 마음을 밝히

---

[13] 『燕巖集』, 권12, 34-35, '熱河日記·關內程史·夷齊廟記', "城門之題曰賢人舊里, …廟門有碑曰天地綱常, …門上有扁曰上古逸民, …中有大殿曰古賢人殿, 殿中衮冕正圭而立者, 伯夷叔齊也, 殿門題曰百世之師, 殿內大書萬世標準者, 康熙帝筆也, 又曰, 倫常師範者, 雍正帝筆也, …中國之稱首陽山, 有五處, …我國海州, 亦有首陽山, …余謂箕子東出朝鮮者, 不欲居周五服之內, 而伯夷義不食周粟, 則或隨箕子而來, 箕子都平壤, 夷齊居海州歟."

고 있는 것이다.

북경의 '문승상사'(文丞相祠)는 문천상이 원나라 때 대도(大都: 북경)
에 붙잡혀와 순절함으로써 유교적 도덕규범인 충절의 모범이 되는 인물
로 받들어지는 사당이다. 명나라 때 사당이 지어지게 된 연혁과 제사를
드리는 의례를 상세하게 기록하고, 문천상의 전기(傳記)로 유악신(劉岳
申)의 「신공전」(信公傳: 文天祥의 封號 信國公)과 조필(趙弼)의 「신공전」
을 인용하여 문천상의 순절에 얽힌 일화들을 자세하게 소개하고 있
다.[*14]

박지원은 역사 속에서 한 나라가 흥하고 한 나라가 망하는 것이 하늘
의 뜻임을 누구나 알 수 있는데, 문천상의 경우처럼 충신이나 의사가
절개를 지켜 죽음으로 저항하였던 것에 대해, "한 선비가 절개를 지켜
저항하는 것은 백만의 군사보다도 강하고, 만세의 강상(綱常)으로 한
때 나라를 차지하는 것보다도 중대하니, 이 역시 하늘의 도리가 깃들어
있는 것이다"[*15]라고 하여, 왕조가 교체할 때 새 왕조를 창업하는 것도
하늘의 뜻(天意)이요, 멸망하는 왕조를 위해 강상의 충절을 지키는 것도
더욱 소중한 하늘의 도리(天道)라 하여, 양쪽이 천명(天命)으로서 모두
정당성을 지닌 것임을 지적하면서, 이러한 모순된 상황을 어떻게 판단
해야 할 것인가의 문제를 제기하고 있는 것이다. 특히 한족의 송나라와
몽고족의 원나라가 교체되는 상황에서는 화이론(華夷論)에 따라 원나라

---

*14 『燕巖集』(권15, '熱河日記・謁聖退述')에는 「文丞相祠」와 「文丞相祠堂記」
    의 두 편이 수록되어 있다.
*15 『燕巖集』, 권15, 24, '熱河日記・謁聖退述・文丞相祠堂記', "是一士之抗節,
    强於百萬之衆, 而萬世之綱常, 重於一代之得國, 則是亦天道之攸寄也."

는 오랑캐로 반인륜(反人倫)의 집단이라 부정하고 송나라는 중화의 정통으로 옹호하는 것을 의리로 확인하는 것이 도학자들의 일반적 신념이다. 그것은 바로 한족의 명나라가 만주족의 청나라로 교체된 사실에 대해서도 동일하게 적용될 수 있는 의리의 중대한 문제이다.

여기서 그는 유교적 가치기준에 대한 북학파 실학자로서 독자적 의리의 인식을 드러내고 있다. 곧 그는 한족인지 외민족인지를 구별하는 화이론적 정통론에 의한 판단이 아니라, 왕권을 확보한 자와 절의를 지키는 자 사이에서 서로 의리에 어긋나지 않는 대응방법을 제시하였다. 먼저 그는 한 나라를 일으키는 임금이 천명을 받은 것인지, 자기 힘으로 천하를 얻은 것인지를 분별하고, 동시에 천명을 받은 뒤에도 천명을 받들어 자기 한 몸을 바쳐 천하의 백성을 구해낼 책임을 지는 것인지, 천하를 끌어다 자기 한 몸을 이롭게 하는 것인지 분별하는 데서 출발한다.

이에 따라 그는 주(周)의 무왕(武王)이 은(殷)의 주왕(紂王)을 정벌한 것은 도리로 무도함을 정벌한 것이므로, 하늘에 대해 의심이 없었고, 사람에 대해 꺼려함이 없었으며 적국에 대해 원수로 삼음이 없었고, 천하에 대해 나를 내세움이 없이 도리를 따라 나아갔을 뿐이었다 한다.[16] 그래서 무왕은 은나라의 기자(箕子)를 찾아간 것도 기자가 지닌 도(道)를 찾아간 것이므로, 기자를 억지로 신하를 삼으려 하지 않았던 것이요, 억지로 신하를 삼으려 했다면 기자도 절의를 지켜 저항하였을

---

[16] 같은 곳, "武王之伐紂也, 非武王伐之也, 以有道伐無道也, 堂堂乎其有天下而武王不與焉, 是故在天無疑, 在人無忌, 在敵國無讐, 在天下無我, 隨道之所在而就焉."

것이라고 보았다.

이에 비해 후세에 천하를 차지한 자들은 모두가 천명을 받았다고 하지만, 천명을 알지 못하였기 때문에 하늘을 믿지 않았고, 따라서 사람을 꺼리지 않을 수 없어서, 힘으로 굴복시킬 수 없으면 모두를 적으로 삼아서 반항하는 후환을 없애려고 죽였다는 것이다. 그렇다면 천명을 받은 임금으로서 전왕조를 위해 절의를 지키는 선비를 대하는 방법이란, 백성으로 대하되 신하로 삼지 말고, 존경하되 직위는 주지 말며, 영지를 주거나 불러들이지도 않는 반열에 둘 뿐이라 제시하였다. 곧 원의 세조(世祖: 忽必烈)로서는 친히 문천상을 찾아가 손수 형틀을 벗기고 동향하여 절하면서 오랑캐를 중화로 변화시키는 도리를 묻고 스승으로 삼는 것이 옛 성왕(聖王)의 법도라 제시하였다.[*17] 이처럼 그는 천하를 차지한 군왕이 천명을 따라 백성을 구하고 도(道)를 지닌 전왕조의 신하라도 꺼림이 없이 도를 물어야 할 것이며, 절의를 지키는 선비를 신하로 삼지 않고 백성으로 살게 할 것이요 죽이지 않는 것이 도리임을 강조하여, 원의 세조가 문천상을 죽인 것을 천명과 도리에 어긋난 것이라 확인함으로써, 원나라가 오랑캐인지 아닌지로 의리의 기준을 삼는 화이론에 근거한 의리론에서 벗어난 입장을 밝히고 있다. 그것은 청나라에 대해서도 화이론에 따른 숭명배청(崇明排淸)의 의리론에서 탈피하는 인식을 보여주고 있는 것이라 하겠다.

---

*17 같은 곳, "當時受命之君, 當如何處斯人也, 曰, 民焉而不臣, 尊之而無位, 置之不封不朝之列已矣, 爲元世祖計, 親造館而手破其械, 東向而拜之, 問用夏變夷之道, 牽天下而師之, 則是亦先王之道也."

(4) 악樂에 관한 토론과 상례喪禮풍속 및 열녀烈女의 사당

박지원은 유교의 기본적 교화체계로서 '예·악'(禮樂)에서 음악에 대해서도 깊은 관심을 보여 열하의 태학 명륜당의 수업재(修業齋)에서 악기(樂器)를 살펴보고 나와서 중국학자 윤가전(亨山 尹嘉銓)과 왕민호(鵠汀 王民皥)와 악률(樂律)에 관해 매우 정밀한 문답을 하였다. 여기서 악률이 요·순(堯舜)이래 중국에서 변천되는 과정과 우리나라가 중국에서 악률을 받아들이는 과정을 논의하였다. 여기서 윤가전은 명 태조(太祖) 초년에 처음 신악관(神樂觀)을 천단(天壇) 서쪽에 두고 음악과 무용을 가르쳤으며, 명 태조가 친히 산천에 지내는 제사에 쓰는 악장(樂章)을 만들고, 또 상서(尙書) 도개(陶凱)와 협률랑(協律郞) 냉겸(冷謙)에게 아악을 제정하며, 학사(學士) 송렴(宋濂)에게 악장을 짓게 하였던 사실을 지적하였다. 그와 함께 명 태조가 "귀신에 아첨하여 복을 비는 자는 미혹했다 할 것이다. 짐이 신악관을 설치한 것은 음악을 갖추어 천지신명과 종묘의 신령께 제사지낼 따름이다. 구차스럽게 앞 시대 제왕들이 허탄함을 꾸며서 오래 사는 법도를 맞아들이려 함을 본받으려는 것이 아니다"라고 말한 것을 신악관 안에 돌에 새겨 세웠던 사실을 확인하였다. 그리고 명 태조가 국가 제사에서 도가류(道家流)를 끌어들인 것은 옛 뜻을 받들지 못하는 것이라 하여, 청나라 강희제(康熙帝)가 천지에 제사지내는 음악과 의례에 누런 모자를 덮어쓴 도사들에게 맡겨 관리하지 못하게 하고 모두 태상(太常)에 돌리게 하였음을 소개하고 있다.[18] 이처

---

[18] 『燕巖集』, 권13, 53, '熱河日記·忘羊錄', "詔曰, '…佞神而禱福者惑也, 朕設 神樂觀, 備樂以祀享天地神祇宗廟之靈而已, 非苟倣前代帝王矯飾荒誕, 以

럼 중국에서 한때는 국가의 제사의례에 도사(道士)들이 참여하였던 사실 및 명 태조의 문제점에 대한 지적과 청나라 강희제에 의해 유교의 제례 음악에서 도사들이 배제되고 바로잡아졌던 사실을 확인하고 있다. 또한 그는 길가에서 만났던 상여(喪轝)가 모두 널(棺) 위에 흰 수탉을 올려 놓고 있는 광경을 보았는데, 닭을 올려 놓는 것은 혼령을 인도하는 것이라 함을 확인하고 있다.[19] 그것은 우리의 상례와 다른 중국의 상례 풍속의 일면을 관찰하여 보여주는 것이다.

박지원이 북경가는 도중 산해관(山海關)으로 들어가기 직전 찾아갔던 '강녀묘'(姜女廟)는 진(秦)나라때 장성을 쌓는데 동원된 남편을 찾았던 맹강(孟姜)이란 여인이 망부석(望夫石)이 되었다는 전설을 지닌 곳이요, 사당의 주련(柱聯)은 남송의 충신 문천상(文天祥)이 썼고, 망부석에는 황제가 지은 시가 새겨져 있다.[20] 이처럼 유교의 핵심적 도덕규범인 삼강(三綱: 忠·孝·烈)의 하나로서 열녀(烈女)를 높였을 보여준다.

2) 도교道敎 및 민간신앙의 이해

(1) 도관道觀의 여러 형태

『열하일기』에서 기록하고 있는 도관(道觀)은 의무려산(醫巫閭山: 遼

邀長年之道', …然以道流提點, 終非古意, 則我聖祖仁皇帝, 以禮祀天地之備樂, 協和萬方之盛典, 非可使黃冠羽士, 所宜管領, 乃悉歸之太常."

[19] 『燕巖集』, 권12, 37, '熱河日記·關內程史·射虎石記', "路逢喪車, 柩上置白雄鷄, …皆置鷄以導魂云."

[20] 『燕巖集』, 권12, 26, '熱河日記·馹汛隨筆·姜女廟記', "廟有文文山手題柱聯, 望夫石刻皇帝舊題詩."

寧省 北鎭縣 소재) 아래 있는 북진묘(北鎭廟)와 북경에 있는 백운관(白雲觀)·대광명전(大光明殿)·태양궁(太陽宮)·두로궁(斗姥宮)·동악묘(東嶽廟)의 여섯 곳이다. 먼저 박지원이 북경으로 가는 도중에 찾아갔던 북진묘에 대해 그 사당의 규모가 웅장하고 광경이 괴걸하여, 바다와 산악을 진압할 만하다고 하였다. 이곳은 북방현명제군(北方玄冥帝君)과 그 종향(從享)되는 신들을 제사하는데, 신들은 모두 곤룡포(袞龍袍)를 입고 면류관(冕旒冠)을 썼으며, 옥(玉)을 차고 홀(笏)을 잡고 있는데, 위엄 있고 엄숙하여 사람의 간사한 마음을 바로잡아준다고 감탄하였다.[21]

의무려산의 역사적 배경으로서 순(舜)임금 때 12곳의 명산에 봉선(封禪)할 때 유주(幽州)의 진산(鎭山)이 되었고, 하(夏)·상(商)·주(周)·진(秦)에 의해 계승되었으며, 의무려산의 신(神)을 당 현종(玄宗)때 '광녕공'(廣寧公)으로 봉하였고, 원 성종(成宗) 때 '정덕광녕왕'(貞德廣寧王)으로 봉했으며, 명 태조(太祖)초에 '북진의무려산지신'(北鎭醫巫閭山之神)으로 일컬어 제사가 드려졌으며, 청나라는 동북에서 일어났으므로 더욱 융숭하게 받들었고, 옹정제(雍正帝)때 이 사당이 크게 중수되었음을 밝히고 있다. 의무려산은 바로 홍대용(洪大容)의 「의산문답」(毉山問答)에서 말하는 '의산'(毉山)이기도 하다. 또한 사당의 구조와 조각의 정미로움을 자세히 서술하면서, 사당문의 왼편에는 절이 있는데, 이 절의 뜻에 세워진 비석 셋 가운데 둘은 강희제(康熙帝)가 짓고 글씨 쓴 것이고,

---

[21] 『燕巖集』, 권12, 4, '熱河日記·馹迅隨筆·北鎭廟記', "廟貌雄深魁傑, 不若是, 無以鎭海嶽, 祠北方玄冥帝君, 並其從神, 皆袞冕佩玉奉圭而立, 嚴威儼恪, 格人非心."

하나는 옹정제가 짓고 글씨 쓴 것임을 밝히고 있다. 또한 사당의 정전(正殿)의 화려한 규모와 더불어 그 뒤의 전각 속에 면류관을 쓰고 옥홀(玉笏)을 들고 있는 소상(塑像)은 '문창성군'(文昌星君)이요, 봉관(鳳冠: 중국 고대 귀족 여자의 관)을 쓰고 구슬띠를 띤 것은 '옥비낭랑'(玉妃娘娘)이며, 현판에도 옹정제와 건륭제(乾隆帝)의 글씨가 있음을 확인하였다. 박지원은 북진묘를 지키는 도사(道士)들을 만나기도 하였다.

여기서 그는 북진묘가 순임금이 의무려산을 진산(鎭山)으로 봉선한 이후 황제가 직접 제향을 드리기도 하였던 국가의례의 장소인 사실을 지적하면서, 그 제단에 세워진 사당이 '북방현명제군'을 비롯하여 '문창성군'·'옥비낭랑'(玉妃娘娘) 등 도교적 신의 모습으로 제향되는 도관으로 정착되어 있는 사실에서 유교의 국가의례와 도교의 의례가 혼합되어 있는 중국종교의 현실을 보여주고 있다. 또한 도관의 곁에 절이 세워져 청나라 황제들의 보호를 받고 있는 사실에서 중국 황실의 종교의식이 유교·도교·불교가 병행하는 혼합된 형식임을 엿볼 수 있게 한다.

북경의 도관으로서 부흥문(復興門) 밖에 있는 백운관(白雲觀)의 규모가 화려함과 도사가 백여 명이나 되는 대표적 도관임을 주목하고, 홍예다리를 건너 옥황전(玉皇殿)에는 중심의 '옥황'(玉皇: 玉皇上帝)을 둘러싸고 33천(三十三天)의 제군(帝君)들이 모두 홀(忽)을 잡고 면류관을 쓰고 있으며, 머리가 셋이고 팔이 여섯으로 손마다 병장기를 지닌 '천봉신장'(天蓬神將)이 있음을 보여준다. 또한 앞 전각에는 남극노인성군(南極老人星君: 인간의 壽考를 맡은 神)이 흰 사슴을 타고 있으며, 왼쪽 전각에는 두모(斗母: 仙女名)를 안치하였고, 오른쪽 전각에는 원 세조(元世祖)의 국사(國師)인 구장춘(丘長春: 元의 道士 丘處機)을 안치하였으며, 옥황전의 현판('紫霞眞氣')과 두모전(斗母殿)의 현판('大智寶光')은 강희제의 어필이요, 도사들이 거처하는 천여 칸의 건물이 정갈함을 확인하고 있다.[*22] 이처럼 그는 북경의 중심적 도관에서 본전과 별전에 모셔져 있는 신상들을 제시하며, 도사들의 수도자로서 정갈한 생활 분위기를 보여주며, 이와 더불어 황실이 도관에 보인 깊은 관심을 확인하고 있는 것이다.

북경 서안문(西安門) 안에 있는 대광명전(大光明殿)에는 세 겹 처마에 12면으로 둥근 전각이 있는데, 지붕은 붉은 유리기와와 황금빛 호로정(胡盧頂)을 하였고, 현판이 '대광명전'(大光明殿)이요, 그 속에는 금빛 용을 새긴 네 기둥이 있고, 중심에 상제(上帝)의 소상을 안치하고 곤룡포와 면류관에 홀(笏)을 잡은 33좌의 소상이 둘러싸고 있다. 사방의 벽은 푸른 유리 벽돌로 되었고, 9계단과 3층의 난간으로 되었는데, '대현도'(大玄都)라고도 일컫는다고 한다. 명나라 세종(世宗)이 도진인(陶眞人)을 맞이하여 대광명전에서 내단(內丹: 도교에서 丹田의 精氣를 修鍊하는 법)을 강의했다는 곳이 바로 여기이며, 1661년 청나라 세조(世祖)가 죽으면서 여섯 살의 강희(康熙)를 임금으로 보좌하라는 고명(顧命)을 받고 만주 대신 색니(索尼)·오배(鰲拜)·소극살합(蘇克薩哈)·알필륭(遏必隆) 등 네 신하가 이곳에 와서 분향하고 팔뚝을 찔러 피를 내면서 상제께 맹세

---

*22 『燕巖集』, 권15, 28, '熱河日記·盎葉記·白雲觀', "渡三空橋, 入玉皇殿, 玉皇具帝者服, 遶殿三十三天帝君, 拱圭垂旒, 皆如玉皇, 天蓬神將三頭六臂, 各擁兵器, 前殿安南極老人星君, 騎白鹿, 左一殿, 安斗母, 右一殿, 安丘長春, 元世祖國師也, 玉皇殿扁紫虛眞氣, 斗母殿扁大智寶光, 俱康熙御筆, 道士所居廊廡千餘間, 皆明淨肅整, 一塵不動."

했다는 사실도 전하고 있다. '대광명전' 뒤의 '태극전'(太極殿)에는 삼청(三淸: 玉皇元始天尊·上淸靈寶天尊·太淸道德天尊)의 소상을 모셨고, 또 그 뒤로 '천원각'(天元閣)에는 도사 몇십 명이 수양하고 주관하는 태감(太監)이 있었다고 하였다.[*23] '천단'이 유교적 국가전례로서 하늘(昊天上帝)에 제사 드리는 곳이라면, '대광명전'은 도교의 의례로서 하늘(玉皇上帝)에 제사 드리는 곳으로 상응되는 위치에 놓여 있음을 보여주는 곳이다. '천단'에서 하늘에 제사 드리는 일은 국가전례로서 엄격히 규정된 예법에 따라야 하는 것이지만, 이와 달리 '대광명전'에서는 보다 용이하게 하늘에 분향하고 제사를 드리거나 하늘 앞에 맹서하는 의식을 행할 수 있었음을 엿볼 수 있다.

이와 더불어 북경의 천단 동쪽으로 몇리 떨어진 곳에 있는 도관으로 '태양궁'(太陽宮)의 경우에는 "안팎의 여러 전각과 좌우의 회랑이나 건물에는 남녀의 기도하는 사람들이 몇 천 몇 만을 헤아리며, 층계 사이에는 촛농이 봉우리를 이루고, 향을 피운 재가 눈같이 쌓였다. 앞 전각에는 중심에 '자미성군'(紫微星君: 紫微星의 神)이 모셔졌고, 동쪽에 '태양성군'(太陽星君: 日의 神), 서쪽에 '태음성군'(太陰星君: 月의 神)이 모셔졌으며, 뒷 전각에는 '구천성군성모'(九天星君聖母: 九天의 神)이 모셔졌고,

---

*23 『燕巖集』, 권15, 14-15, '熱河日記·黃圖紀略·大光明殿', "有三檐十二面圓殿, 覆紫琉璃瓦, 黃金胡盧頂, 題曰大光明殿, 殿中四柱, 金龍一升一降, …中安上帝像, 環衛三十三像, 皆袞冕擁圭, 四面牕墻壁, 皆靑琉璃甀, 九陛三重闌干, 此號大玄都, 明世宗皇帝, 迎陶眞人, 講內丹于大光明殿, 卽此也, 淸順治辛丑, 滿州大臣索尼, 鰲拜, 蘇克薩哈, 遏必隆, 受世祖顧命, 輔幼主, 康熙立纔六歲, 四臣者共詣此殿, 焚香, 刺臂血, 設誓上帝, 後殿曰太極殿, 供三淸神塑, 又後殿曰天元閣, 養道士數十人, 有典守太監."

왼쪽의 한 전각에는 관제(關帝)가 모셔졌고, 오른쪽의 한 전각에는 석가(釋迦)가 모셔졌다. 술과 밥과 꽃과 과일을 팔고, 새들을 놀리거나 재주를 부리고 마술로 팔아 사람들이 복잡하게 밀려들어 도관 안이 하나의 큰 도회지였다"[24]고 하였다. 여기서 보면 '백운관'은 도사들이 수도하는 도관의 분위기라면, '태양궁'은 대중들이 기도하는 도관으로서 대조적 성격이 잘 드러난다. 당시 청나라에서 대중들의 도교신앙이 얼마나 극성하였으며, 대중들이 기도하는 도교적 신앙대상의 신들이 어떤 신들인지를 밝히고 있다.

또한 천단의 서쪽에 있는 도관으로 두로궁(斗姥宮)의 경우에는 세 개의 패루(牌樓)가 솥발처럼 서 있는데, 벽의 금빛 단청이 현란하여 눈을 바로 뜨고 볼 수 없을 정도로 화려하였다고 찬탄하며, 그 안으로 다섯 전각이 있는데 첫째 전각은 북극전(北極殿)으로 '북두성군'(北斗星君: 北斗星의 神)이 모셔졌음을 지적하였다.[25] 이처럼 도관의 화려함과 도관마다 명칭에 따라 모셔지는 신들이 매우 다양함을 엿볼 수 있다.

북경 동문(朝陽門) 바깥에 있는 '동악묘'(東嶽廟)는 산악의 신을 모신다는 점에서 의무려산 아래 있는 '북진묘'와 유사한 성격의 도관이다. 그는 동악묘의 규모가 성경(盛京: 瀋陽)의 궁궐보다도 더 웅장함을 감탄하고, 패루의 휘황찬란함에 감탄하고 있다. '동악묘'의 주신(主神)은 '인

---

[24] 『燕巖集』, 권15, 29, '熱河日記·盎葉記·太陽宮', "內外諸殿, 左右廊廡, 男女祈禱者, 日千萬計, 階城之間, 燭淚成峯, 香燼如雪, 前殿當中紫微星君, 東太陽星君, 西太陰星君, 後殿九天星君聖母, 左一殿關帝, 右一殿釋迦, 販賣酒食花果, 戲弄禽鳥, 逞伎售術, 輻輳雜沓, 寺觀中一大都會也."

[25] 『燕巖集』, 권15, 30, '熱河日記·盎葉記·斗姥宮', "三樓鼎峙, 金碧璀璨, 目難定視也, 第一殿榜曰北極殿, 安北斗星君."

성제'(仁聖帝) 곧 '동악대제'(東嶽大帝)이고 좌우에는 동악대제의 셋째 아들인 '병령공'(炳靈公)과 사람의 목숨을 맡은 신인 사명군(司命君) 및 동악대제의 네 승상(丞相)이 소상(塑像)으로 모셔져 있고, 이 '동악묘'는 원나라 인종(仁宗) 때 처음 세워졌고, 명나라 영종(英宗) 때 확장되었으며, 그 후에 더 넓혔다가 청 강희제 때 불이 나서 강희제가 내탕금(內帑金)을 내리고 유친왕(裕親王: 황제의 아들)이 감독하게 하여 다시 짓고, 옹정제·건륭제도 내탕금을 내려 수리하였다 한다.[26] 여기서 보면 '태양궁'의 경우처럼 대중이 기도하는 도관과 황실이 후원하는 도관이 구별되고 있음을 확인할 수 있다. 또한 그는 북경으로 오는 길에 창려(昌黎)땅에서도 '동악묘'를 들렀던 일이 있는데, 그곳의 '동악묘'에는 전각 위에 '동악대제'라 금빛 글씨로 편액이 붙었고, 전각 속에는 금빛의 신상(金神) 둘이 앉아 있으며, '낭랑묘'(娘娘廟)라 일컬어지는 뒷 전각에는 여신(女神)의 소상 셋이 면류관을 쓰고 앉아 있는 것을 보았다.[27] 이처럼 '동악묘'의 이름으로 된 도관은 여러 곳에 있으며, 도관에는 여신도 모셔지고 있으며, 남신이나 여신이 모두 면류관을 쓴 제왕의 모습을 보이고 있는 사실을 확인할 수 있다.

---

[26] 『燕巖集』, 권12, 55-56, '熱河日記·關內程史·東嶽廟記', "廟中仁聖帝, 炳靈公, 司命君, 四丞相像, …今淸康熙庚辰三月, 廟災, 殿廡皆燼, …康熙特發內帑, …以裕親王監視之, 閱數歲始成, 帝臨幸, 雍正及今皇帝, 又發帑修葺."
[27] 『燕巖集』, 권12, 30, '熱河日記·關內程史', "殿上金字題曰東嶽大帝, 殿中坐二位金神, 皆端拱整笏, 後殿制如前殿, 坐三位女像, 稱娘娘廟, 而皆頭戴冕旒."

(2) 민간신앙으로서 '관제묘'關帝廟와 '약왕묘'藥王廟

박지원은 당시 중국의 다양한 민속종교에 대해서도 관심을 보여주고 있는 그 가장 두드러진 현상은 '관제묘'(關帝廟)의 관제(關帝: 關羽)신앙이요, 그 밖에 화신묘(火神廟)와 약왕묘(藥王廟) 등이 있다. 먼저 '관제묘'에 대해, "천하에 두루 퍼져 비록 궁벽한 변경이나 몇 집 안 되는 시골이라도 반드시 화려한 사당이 있고, 정성스럽게 제사를 드리며, 소 먹이는 아이나 들밥 나르는 부녀자들도 뒤질새라 다투어 달려간다. 책문(柵門)에 들어가서 황성에 이르기까지 2천여 리 사이에 새로 짓거나 묵었거나 크고 작은 사당이 서로 마주 바라다보고 있다. 그 가운데 요양(遼陽)과 중후소(中後所)의 것이 가장 신기하고 괴이하다 하였다.[*28] 여기서 그는 중국에서 관제신앙이 얼마나 대중들 속에 광범하게 퍼져 있고 열성적으로 제사가 드려지고 있는지를 보여주고 있으며, 우리나라에서는 거의 백안시되고 있는 관제신앙이 중국에서는 황실에서부터 민간에 이르기까지 얼마나 중시되고 있는 것인지를 대비시켜 엿볼 수 있게 한다.

그는 북경으로 가는 도중의 가장 화려한 관제묘로 요양과 중후소의 두 곳을 들고 있는데, 요양의 관제묘에 대해 제도를 자세하게 기록하고 있다. 구요동성(舊遼東城) 문 밖에 있는 관제묘는 패루와 동쪽에 적금루(摘錦樓)라는 큰 누각이 있고, 그 왼편에 종루(鍾樓: 龍吟樓)와 오른편에 고루(鼓樓: 虎嘯樓)까지 갖추고 있는 것이며, 묘당(廟堂)은 웅장 화려하여

---

*28 『燕巖集』, 권15, 32, '熱河日記·盎葉記·關帝廟', "關帝廟遍天下, 雖窮邊荒徼, 數家村塢, 必崇侈棟宇, 賽會虔潔, 牧竪餼婦, 咸奔走恐後, 自入柵至皇城二千餘里之間, 廟堂之新舊, 若大若小, 所在相望, 而其在遼陽及中後所, 最著靈異."

복전(複殿)과 중각(重閣)으로 이루어져 있고, 금빛과 푸른빛이 찬란함을 보여준다. 또한 정전(正殿)에는 관공(關公: 關羽)의 소상이 안치되었고, 동무(東廡)에는 장비(張飛), 서무(西廡)에는 조운(趙雲)이 모셔졌다고 한다. 또한 사당 안에는 노는 사람 수천 명이 모여 극장처럼 떠들썩하고, 창이나 곤봉을 연습하거나, 주먹과 발로 무술 시합을 하기도 하는 등 여러 가지 놀이를 하며, 혹은 사람들이 빙 둘러 앉은 가운데서 『수호전』(水滸傳) 등의 소설을 외우는 모습을 볼 수 있었다 한다.[*29] 요동 관제묘에서 사당의 제도는 촉(蜀)의 명장(名將)들을 모셔놓고 있지만, 엄숙한 사당이 아니라 대중들의 일상생활과 결합되어 대중신앙 속에 자리잡고 있음을 밝혀주고 있는 것이다. 그는 "공경하는 재신(財神)은 흔히 관공(關公: 關帝)의 소상이며, 탁자에 향불을 피우고 아침저녁으로 절하는 품이 가묘(家廟)보다 더하다"[*30]라고 하여, 중국의 민간에서 관제(關帝)를 재신으로 모시고 있는 사실을 지적하여, 국가에서 관왕묘에 제사드리는 것과 민간의 관제신앙이 서로 다른 성격을 지닌 사실을 확인하다. 또한 민간에서는 가묘에서 조상숭배를 하는 유교적 의례보다 관제를 재물의 신으로 받드는 열의가 더 높은 사실을 지적하고 있다.

또한 그는 중후소에 있는 관제묘가 요양의 관제묘보다 더 장엄하고

---

*29 『燕巖集』, 권11, 33, '熱河日記·渡江錄·關帝廟記', "入牌樓, 而東有大樓, 其下爲文而扁之曰㯽錦, 左有鍾樓曰龍吟, 右有鼓樓曰虎嘯, 廟堂壯麗, 複殿重閣, 金碧璀璨, 正殿安關公像, 東廡張飛, 西廡趙雲, …廟中無賴遊子數千人, 鬧熱如塲屋, 或習槍捧, 或試拳脚, 或像盲騎瞎馬爲戲, 有坐讀水滸傳者, 衆人環坐聽之."

*30 『燕巖集』, 권12, 10, '熱河日記·馹迅隨筆·市肆', "其所敬財神, 多關公像, 供卓香火, 晨夕叩拜, 有過家廟."

화려함을 지적하고, 매우 영험하다는 말을 듣고 사신일행이 모두 폐백을 올리고 머리를 조아리며 제비를 뽑아 길흉을 점쳐 보았던 사실을 기록하고 있다.[*31] 조선의 사신일행은 유학자들이었지만 관제묘에 들어가 예물을 바치고 절하며 점을 치고 있다는 사실은 단순히 심심하여 장난으로 행한 것이 아니라, 도학의 의리를 엄격하게 내세우는 입장이 아니라면 조선의 유교지식인으로서도 관제신앙에 포용적 입장을 지닐 수 있는 일면을 엿볼 수 있게 한다.

나아가 그는 열하에서 북경으로 돌아오는 길에 길가에서 한 사당에 들렀는데, 이곳에는 강희제의 어필로 '좌성우불'(左聖右佛)이라는 편액이 걸려 있었다. 그것은 왼쪽에 관제를 모시고 오른쪽에 부처를 모신다는 뜻으로 황제가 신앙대상의 두 중심으로 관우(關羽)와 부처를 높이고 있음을 보여주는 것이다. 또한 이 사당의 좌우 기둥에는 주련(柱聯)에서는 관우의 도덕과 학문을 높이 찬양하였는데, "관공(關公)을 숭봉한 것은 명나라 초기에 시작되었고, 그 이름을 휘(諱)하여 소설에서도 모두 '관모'(關某)라 일컬었으며, 명·청시대에는 공문서에서도 '관성'(關聖)이나 '관부자'(關夫子)라 일컬었으니, 그릇되고 비루함을 좇아서 천하의 사대부들이 진실로 학문이 있다고 높였다"[*32]고 하였다. 여기서 그는 중국의 지식인들이 관우를 단지 의기가 높은 명장으로만 높이는 것이

[*31] 『燕巖集』, 권12, 23, '熱河日記·馹迅隨筆', "有關帝廟, 壯麗勝於遼東, 甚有靈驗, 一行皆奠幣叩頭, 抽籤視吉凶."

[*32] 『燕巖集』, 권13, 9-10, '熱河日記·還燕道中錄', "入一廟堂, 康熙皇帝御書金扁曰左聖右佛, 左聖者, 關雲長也, 左右柱聯, 盛述其道德學問, 蓋崇奉關公, 始于明初, 至諱其名, 稗官奇書, 皆稱關某, 明淸之際, 公移簿牒, 至稱關聖關夫子, 因謬襲陋, 天下之士大夫, 眞以學問歸之."

아니라, 학문도 높았던 인물로까지 받드는 사실에 대해 그릇된 습속임을 엄중하게 비판하는 모습을 보여주고 있는 것이다.

북경에는 '약왕묘'(藥王廟)와 '북약왕묘' 두 곳이 있는데, 규모와 제도는 같다고 한다. '약왕묘'의 전각에는 태호복희씨(太昊伏羲氏)를 중심으로 왼쪽에 신농씨(神農氏), 오른쪽에 헌원씨(軒轅氏)를 모셨으며, 역대의 이름난 의원들을 배향했으니, 배향된 인물은 손진인(孫眞人: 唐 孫思邈)·기백(岐伯: 黃帝 때의 名醫)·편작(扁鵲: 鄭의 名醫)·갈홍(葛洪: 晉의 道士)·화타(華陀: 後漢의 名醫)·왕숙화(王叔和: 晉의 명의)·위진인(韋眞人: 미상)·태창령(太倉令: 미상)·장중경(張仲景: 後漢의 名醫 張機)·황보사안(皇甫士安: 宋의 名醫 皇甫坦) 등 다 기록할 수 없었다 한다. 대체로 문묘(文廟)의 종향(從享)제도를 본뜬 것이요, 매월 초하루 보름에 남녀가 구름처럼 모여들어 질병 기도를 하는데, 촛농이며 향불 태운 재가 눈처럼 쌓였다 한다.[33] 북경에는 '약왕묘'와 더불어 동일한 제도로 '북약왕묘'(北藥王廟)가 또 하나 있었음을 제시하고 있다. 민간신앙으로서 '관제묘'가 재물을 기원하는 곳이라면 '약왕묘'가 병의 치유를 기원하는 곳으로서, 대중의 일상적 욕구에 가장 잘 적응하는 곳으로서 그만큼 활발한 대중신앙의 중심적 사당으로 자리잡고 있음을 확인할 수 있는 것이다.

---

[33] 『燕巖集』, 권15, 30, '熱河日記·盎葉記·藥王廟', "殿中設太昊伏羲氏, 左神農右軒轅, 配以歷代名醫如孫眞人·岐伯·扁鵲·葛洪·華陀·王叔和·韋眞人·太倉令·張仲景·皇甫士安, 多不能盡記, 槩傚文廟從享之制, 每月朔望, 士女雲集, 祈禱疾病, 燭燼香灺, 堆積如雪."

3. 불교와 황교의 이해

1) 전통 불교佛敎에 대한 이해

(1) 중국의 불교포용정책 이해

『열하일기』에서 박지원은 열하와 북경 및 왕복하는 도중의 많은 사찰을 찾아가 규모와 연원과 현황 등을 자세하게 기록하고 있지만, 그의 중국불교에 대한 인식이 보여주는 가장 특징적 과제는 중국의 사찰에서 전통불교의 양상과 티벳불교인 라마교 내지 황교(黃敎)의 양상을 구별하여 제시해주고 있는 점이다. 그는 기본적으로 불교비판의 입장에 서 있는 도학자의 태도와는 달리, 중국의 불교정책과 불교사찰의 실상을 기록하는 데 주의를 기울이는 객관적 관찰자의 입장을 매우 충실하게 지켰다. 이와 더불어 그는 유교의 정통성에 따르는 타종교에 대한 비판적 시각을 벗어나서, 오히려 유교·노장·불교 사이에도 그 근원에서 서로 소통하는 점을 찾아내어 포용하는 시각을 열어주었다 사실을 확인할 수 있다.

박지원은 불교서적이 중국에서 유포되는 과정에 대해 처음에 중국에 들어온 불교서적은 '42장'에 불과하였다고 지적한다. 그것은 후한(後漢) 때 중국에 최초로 전래된 불경이 불교의 요지를 42장으로 간결하게 제시한 『42장경』(四十二章經: 摩騰·竺法蘭 共譯)임을 가리키는 것이다. 그러나 그후의 불경이라 부르는 것의 절반 이상이 위(魏)·진(晉)시대 문인들의 손으로 지어낸 것이요, 이렇게 불경을 지어내는 일은 요진(姚

秦: 16國의 한 나라. 386년 姚萇이 세운 秦[後秦]) 때 성행하였고, 소량(蕭梁: 南朝의 한 나라. 502년 蕭衍이 세운 梁) 때 극성을 이루었으며, 당나라 때 크게 갖추어져 유교의 전적과 거의 대등하게 되었다는 것이다. 여기서 그는 중국에서는 불교와 같은 가르침이 상고 이래로 이미 있었으며, 황제(黃帝)와 그 시대의 선인(仙人) 광성자(廣成子)나, 『莊子』에 나오는 남곽자기(南郭子綦)와 막고야산인(藐姑射山人)이나, 요(堯)임금이 천하를 물려주려 했으나 받지 않았던 은사인 허유(許由)·소부(巢父)나, 탕(湯)임금이 천하를 물러주려 했을 때 거부하였다는 변수(卞隨)·무광(務光)이나, 공자의 시대에 은사였던 장저(長沮)·걸익(桀溺) 등의 가르침이 부처의 가르침과 같은 종류인데, 당시 이들에 대해 '부처'(佛)라는 호칭이 쓰이지 않았고, 또 이들의 저술이 없었기 때문에 후세 사람들이 불교가 오랑캐에서 나온 줄만 알고 중국에서 먼저 이러한 '도'가 있었음을 인식하지 못하였을 뿐이라 하였다.[34]

그것은 인도에서 발생하여 중국에 전래된 불교와 중국고대의 신령한 인물들이나 은사(隱士)들의 가르침이 같은 종류의 '도'임을 지적한 것으로서, 이에 따라 중국 상고대의 사상연원 속에 불교를 흡수시키는 입장을 보여주는 것이다. 곧 불교를 배척하는 입장에서 불교에 붙여져 왔던 중국전통과 다른 오랑캐의 문화로서의 이질성을 해소시키는 입장을 보

---

[34] 『燕巖集』, 권14, 79-80, '熱河日記·口外異聞·佛書', "佛氏書初入中國者, 不過四十二章, 其後號佛經者, 太半作于魏晉間文人之手, 盛于姚秦, 熾于蕭梁, 大備于唐, 幾與儒家典籍等, 盖自上世, 已有似此學問, 黃帝·廣成子·南郭子綦·藐姑射山人·許由·巢父·卞隨·務光·長沮·桀溺, 未曾號其人爲佛, 而亦未嘗著有其書, 故後世但知佛氏之出自夷狄, 而殊不識中土先有此道也."

여주는 것이요, 나아가 불교를 중국 상고대의 사상과 소통시킴으로써
불교에 대한 포용적 입장을 밝혀주는 것이라 할 수 있다. 나아가 박지원
은 불교의 가르침과 공자나 노자의 가르침이 소통할 수 있는 근거로서,
공자가 "나의 도는 하나로 꿰뚫었다"(吾道一以貫之.<『논어』, 里仁>)고
언급한 것과, 노자가 "성인은 하나를 품어안는다"(聖人抱一.<『노자』22
장>)고 언급한 것은 곧 불씨(佛氏)가 "만가지 법(法)은 하나로 돌아간다"
(萬法歸一)고 언급한 것이라 일치시키고, 또한 "모든 법은 하나로 돌아
간다"는 말은 유교에서 "이치는 하나이지만 만 가지로 달라진다"(理一
萬殊)는 말과 더불어 간략함을 지키는 뜻으로 서로 비슷한 것임을 지적
하였다.[*35] 그것은 공자·노자·석가의 근본적 가르침에 일치점이 있음
을 확인하는 것이다. 여기서 나아가 그는 불교와 노자·장자가 결국
유교와 통할 수 있는 길을 제시하였다.

"세상에 간직하고 있는 불교 서적이란 모두가 『남화경』(南華經:『莊
子』)의 주석이요, 『남화경』은 곧 『도덕경』(道德經:『老子』)의 해석이다.
저들은 모두 타고난 자질이 탁월하고 국량이 걸출하니, 어찌 인의(仁義)와
예악(禮樂)이 함께 천하를 다스리는 불변의 법도가 됨을 몰랐겠는가? 불행
히도 그들은 쇠망하는 시대를 만나게 되어 본질은 소멸하고 꾸밈만 성행하
는 것을 걱정스럽게 바라보며 마음을 아파하다가 감정이 격앙되어서 도리
어 원시시대의 정치를 사모하였던 것이다. '성인을 끊어버리고 지혜를 버
린다'(『노자』19장)거나 '말박을 쪼개고 저울대를 꺾는다'(『장자』, 胠篋)는

---

*35 『燕巖集』, 권14, 80, '熱河日記·口外異聞·佛書', "孔子曰, 吾道一以貫之,
老子曰, 聖人抱一, 乃佛氏則曰萬法歸一, 所謂萬法歸一, 與吾儒理一萬殊,
其守約之旨, 未始不相似也."

따위는 모두 세태에 분개하고 습속을 미워하는 말이다.”[*36]

『장자』가 『노자』의 주석이라는 주장은 비교적 널리 인정되고 있는 견해이지만,[*37] 박지원은 이와 더불어 불교 서적이 『장자』의 주석이라고 보는 견해를 밝힘으로써, 불교와 노자·장자를 한 줄에 꿰어 긴밀하게 결합시키는 입장을 제시하였다. 동시에 그는 노자·장자·석가의 인물됨이 탁월하여 유교에서 제시한 ‘인의’와 ‘예악’의 법도를 잘 알고 있었다고 확인한다. 그런데도 노자·장자·석가의 가르침이 유교의 가르침과 상충되는 사실에 대해, 그는 이들이 유교의 가르침에서 본질은 소멸되고 형식만 남은 혼란한 시대를 살면서 세속에 분개하여 형식화된 가르침을 역설적으로 비판하는 말을 하였던 것이라 하여, 노장과 석가가 보여주는 역설적 표현을 넘어서 그 근본 의식은 유교와 소통하는 것이라 해명함으로써, 노장사상과 불교에 대한 포용적 입장을 명확히 제시하고 있는 것이다. 이에 따라 그는 노장과 불교를 배척하는 입장에 대한 반대의 견해를 분명하게 밝히고 있다.

“3천년 동안 배척하는 자가 한 사람만이 아니었지만, 그 서적은 끝내 오히려 남아 있으며, 그 서적이 비록 남아 있더라도 끝내 천하가 다스려지는지 혼란해지는지에 상관이 없었다. 한유(韓愈)는 맹자가 양주(楊朱)와

[*36] 같은 곳, “世間所有佛書, 都是南華經箋註, 南華經乃道德經之傳疏, 彼皆天資超絕, 情量卓異, 豈不知仁義禮樂俱爲治天下之大經哉, 不幸生値衰季, 蒿目傷心於質滅文勝, 則慨然反有慕于結繩之治, 其如絕聖棄智·剖斗折衡之類, 皆憤世嫉俗之言也.”

[*37] 明末 高僧 憨山 德淸도 『장자』를 『노자』의 주석서로 보는 입장을 밝히고 있다.(금장태, 『불교의 주역·노장해석』, 서울대출판부, 2007, 216-217쪽 참조)

묵적(墨翟)을 배척한 것을 어렴풋이 보고서 이에 노장과 불교를 배척하는 것으로써 자신의 계책으로 삼았다. 맹자의 주지(主旨)는 양주·묵적을 배척하여 아성(亞聖)이 된 것이 아닌데, 한유는 곧바로 그 서적을 불태움으로써 맹자를 계승하려고 하였지만, 과연 그 서적을 불태우는 데 주지가 있는 것인지 모르겠다."[38]

곧 노장과 불교의 서적이 여러 유학자들의 비판을 받아왔지만 소멸되지 않고 전해져 왔던 사실을 지적하여, 소멸되지 않는 실상을 통해 그 존속의 필연성을 확인하고, 또한 노장과 불교 서적이 천하를 혼란에 빠뜨리는 원인이 되지 않는 것임을 지적하여 배척해야할 이유를 해소시키고 있다. 이와 더불어 그는 맹자가 양주·묵적을 비판한 사실도 맹자의 핵심정신이 아니라 보았고, 따라서 불교를 비판하였던 유학자의 선구적 인물인 당나라 때 한유(韓愈)의 불교비판태도에 대해서도 맹자의 핵심정신을 계승한 것이 아니라 하여, 불교를 배척하면서 불교 서적을 불태우라고 요구하는 비판태도에 대해 부정적 견해를 밝히고 있다.

또한 그는 열하의 태학에서 만난 거인(舉人: 鄕試에 합격하고 會試를 준비하는 선비) 왕민호(王民皥)가 청나라 건국이념으로서 '일왕'(一王)의 제도에 대해, "밖으로 '삼왕'(三王: 堯·舜·禹)의 정치를 베풀고 안으로 '이교'(二敎: 佛敎·道敎)를 닦는 것이니, 석가와 노자의 학술로 유교와 섞어서 문채를 내는 것이다"라고 언급한 말을 소개하였다.[39] 그것은

---

[38] 『燕巖集』, 권14, 80, '熱河日記·口外異聞·佛書', "三千年來, 排之者亦不一人, 而其書竟亦尙存, 其書雖存, 竟亦無關於天下之治亂, 韓昌黎依俙見孟子之距楊墨, 乃以闢老佛爲家計, 孟子本領非直距楊墨, 爲亞聖, 乃韓昌黎直欲火其書, 以繼鄒聖, 未知果有火其書本領否也."

청나라의 종교정책이 '삼왕'의 유교적 정치원리와 더불어 불교 및 도교(老莊)의 수양법을 결합시키는 삼교융화론(三敎融和論)의 입장을 채택하고 있는 것임을 의미한다. 여기서 그는 이러한 청나라의 종교정책을 선명하게 드러내는 사례로서 영조(英祖)때 사신으로 왔던 민응수(閔應洙: 1684-1750)의 『계축연행록』(癸丑燕行錄)에 수록되어 있는 옹정제의 조서(詔書)를 인용하였는데, 곧 어떤 인물이 옹정제(雍正帝)에게 중들을 모두 환속시키면 백만의 군대를 얻을 수 있다고 은밀하게 주청(奏請)한 것에 대한 옹정제의 유시(諭示)이다.

> "부처와 노자의 가르침은 심성(心性)의 근원이요, 선악의 감응이요, 이기(理氣)의 근본이다. 예로부터 천하를 다스리는 자는 윤상(倫常)에 근본하고, 사업에 효과를 거두는 것이니, 부처와 노자의 가르침은 예악(禮樂)과 형정(刑政)의 구역에 참여하지 않았다 하여, 밝은 교화에 방해될까 염려한다면, 밝고 어진 임금으로 이를 멀리하는 일은 있었지만, 나는 성품에 어그러진다 하여 꺾어버렸다는 것은 듣지 못하였다. 근래에 불교를 혹독하게 비방하여 중들을 환속시키라고 청하는 은밀한 상주(上奏)가 있었으나, 내가 염려하는 것은 한 지아비 한 지어미라도 제자리를 얻지 못하는 것이니, 이제 그 의사를 물어보지도 않고 환속시킨다면, 제자리를 얻지 못하는 자가 수백만 명이 될 뿐만이 아니다. 중들은 곧 홀아비나 과부나 고아나 자식없는 자로서 마땅히 불쌍히 여겨야 할 것이다."[40]

---

*39 『燕巖集』, 권15, 44, '熱河日記·銅蘭涉筆', "王民皡, 贊淸建國一王之制曰, 外三王而內二敎, 蓋以釋老二氏之術, 雜儒道而文之也."
*40 같은 곳, "佛老之敎, 心性本源, 善惡感應, 理氣根窟, 自昔理天下者, 本之倫常, 效之事功, 則二氏之敎, 無與乎禮樂刑政之區, 恐其有妨於明敎, 則哲王賢辟, 疎而遠之則有之, 朕未聞其悖其性而挫折之也, 近有密奏進來, 毒詆釋氏, 請令所在僧尼還俗, 朕恐一夫一婦不獲其所, 今不問情願還俗, 則不獲其所者, 不啻數百萬人, 僧尼卽鰥寡孤獨, 所當矜憐."

이처럼 불교와 도교의 가르침이 유교의 예악·형정의 교화원리와 다르다 하더라도 심성(心性)의 근원과, 선악의 감응과, 이기(理氣)의 근본을 추구하는 것으로서 정당성을 지닌 것임을 인정하고, 유교의 교화체제와 다르다면 멀리할 수는 있지만 없애려 들어서는 안 되는 것임을 강조하며, 승려도 백성으로서 제자리가 있는 것이라 하여, 승려를 환속시키면 제자리를 잃게 하는 문제가 발생할 수 있음을 지적하고, 오히려 승려는 곤궁한 처지의 백성(窮民: 鰥·寡·孤·獨)으로 보호되어야할 대상이라 하여 적극적인 변호의 입장을 제시하고 있다. 나아가 옹정제는 유교의 이학(理學: 道學)에서 불교를 비판하는 태도에 문제가 있음을 강력하게 제시하였던 것이다.

> "'이학'(理學)하는 사람은 우선 석가와 노자를 매도하는 것으로 스스로 '이학자'라 여기는데, 이러한 습관은 어느 전적에서 시작되었는지 모르겠다. 무릇 '이학'이란 몸소 행하고 실지로 행하는 것을 귀하게 여기는 것이요, 만일 헛되이 석가와 노자를 비방하는 것을 '이학'으로 삼는다면 비천한 것이다. 국가가 '이학'을 높이는 뜻은 본래 이런 것이 아니다. 만일 요망한 말로 대중을 미혹시키고 간사한 짓으로 법을 범하는 짓이 모두 중들에서 나온다면, 이런 짓은 과연 그 본래 가르침을 몸소 행하고 실지로 행함이 없는 것이니, 그 기강을 범하고 법을 무시하는 것이 어찌 그 본래 가르침에 죄를 짓는 것이 아니겠는가. 요즈음에 보더라도 중죄를 저질러 극형에 처해지는 자가 어찌 모두 승려나 도사(道士)들이겠는가. 법의 집행이 공평하지 못하면 천하를 다스릴 수 없으며, 주장이 공평하지 못하면 사람의 마음을 감복시킬 수 없는 것이다."[*41]

---

*41 『燕巖集』, 권15, 44-45, '熱河日記·銅蘭涉筆', "理學之人, 先罵二氏, 自以爲理學者, 此習不知刱自何典, 夫理學, 貴於躬行實踐, 若虛詆二氏, 卽爲理學則

옹정제는 '이학'의 본질적 가치는 몸소 실천하는 데 있는 것이요, 불교나 도교를 비판하는 것으로 임무를 삼는 것은 잘못이요 도리어 '이학'을 비천하게 하는 것이라 경계하였으며, 승려나 도사가 대중을 미혹시키고 국법을 범하는 것은 불교나 도교의 본래 가르침에 어긋나는 것이라 하여, 불교와 도교의 본래 가르침이 정당함을 적극적으로 인정하고 있다. 따라서 옹정제의 종교정책은 유교 내지 '이학'과 불교나 도교는 그 본래의 가르침은 모두 정당한 것이며, 다만 그 역할이 다른 것으로 하나의 국가체제 속에 모두 수용되어야 한다는 융화론의 종교정책을 분명히 밝히고 있는 것이다.

또한 박지원은 우리나라의 복식제도에 승려의 복식이 많이 수용된 사실을 지적하여, "우리나라의 의관은 신라의 옛 제도를 많이 답습하였는데, 신라는 처음에는 중국 제도를 모방했지만, 풍속이 불교를 숭상하였으므로, 민간에서는 중국의 승복을 많이 본받아 지금까지 천여 년이 되었으나 변할 줄을 모르면서, 도리어 중국의 승려가 우리나라의 의관을 좋아하여 본떴다고 말하니, 어찌 그러하겠는가"[*42]라고 하여, 실제로 우리나라의 복식 속에 승려의 복식에서 많은 영향을 받은 사실을 지적하고 있다. 그만큼 불교문화가 오랜 역사적 전통으로서 우리나라의 문

卑淺矣, 國家尊尙理學之意, 本不如此, 若云夭言惑衆, 作姦犯科, 皆出於僧徒, 此等果於本敎, 亦無躬行實踐, 其干紀冒法, 豈誠本敎之罪哉, 卽如近日獲重罪處極刑者, 又何嘗皆僧尼道士耶, 執法不平, 不足以治天下, 持論不公, 不足以服人心."

*42 『燕巖集』, 권15, 35, '熱河日記·銅蘭涉筆', "東方衣冠多襲新羅之舊, 新羅始倣華制, 然俗尙佛敎, 故閭閻多效中國僧服, 至今千餘年而不知變, 反謂中國僧徒, 悅我東衣冠而效之, 豈其然乎."

화 속에 광범하게 스며들어 있음을 주의깊게 인식하는 것이다. 이와 더불어 그는 중국에서 관등(觀燈)놀이는 대보름날 밤(정월 14일부터 16일까지)에 하는데, 우리나라에서 관등놀이는 반드시 부처의 탄생일인 사월 초파일에 하는 차이점을 지적하면서, 우리나라의 관등놀이는 고려 때의 풍속인 것으로 보았다.[*43] 중국과 우리의 관등놀이 풍속이 다른 점에서도 우리에게는 고려 때의 불교적 영향이 깊이 남아 있는 한 단면을 보여주고 있는 것이다.

(2) 중국 사찰의 실상 파악

박지원은 북경을 가는 도중이나 특히 북경에서 많은 사찰을 탐방하였으며, 사찰의 이름을 표제로 달아 기록한 경우도 요동의 광우사(廣祐寺)와 북경 동북쪽 밀운(密雲)의 천불사(千佛寺) 및 북경성 안팎의 해인사(海印寺)·경수사(慶壽寺)·만불루(萬佛樓)·극락세계(極樂世界: 寺名未詳)·홍인사(弘仁寺)·보국사(報國寺)·천녕사(天寧寺)·법장사(法藏寺)·안국사(安國寺)·천경사(天慶寺)·융복사(隆福寺)·석조사(夕照寺)·명인사(明因寺)·숭복사(崇福寺)·진각사(眞覺寺) 등은 사찰의 이름을 제목으로 붙여 기록하고 있다. 당시 우리나라 사신을 담당하는 중국관리인 통관(通官)이 우리나라에서 부처를 공경하는지, 그리고 국내에 사철이 몇 곳이나 되는지를 묻자, 우리의 수역(首譯)은 질문의 의도가 있는 것이라 판단하여 바로 대답하지 못하고 사신(使臣)에게 물었을

---

*43 『燕巖集』, 권14, 85, '熱河日記・口外異聞・四月八日放燈', "中原放燈, 在上元夜, 自十四至十六, 我國放燈, 必于四月八日, 謂佛生辰, 此似仍麗俗."

때, 삼사(三使: 正使·副使·書狀官)가 의논하여 공식적 대답으로 제시한 것은 "우리나라 풍속은 본래 부처를 숭배하지 않아서, 사찰은 시골에 있지만 도성(都城)에는 없다" 하고 대답하게 지시하였다.[*44] 이러한 사실에서 보면 중국에는 북경 성 안팎에 많은 사찰이 있는데 비하여 우리나라에는 서울에 절이 없는 것과 매우 선명한 대조를 이루는 것으로 우리나라가 얼마나 철저하게 유교국가로서 정착되어 있었던지를 잘 드러내주고 있다.

그가 사찰의 창립과 중수의 연혁이나 제도와 규모의 화려함과 불상의 정교함을 세밀하게 기록하였는데, 그 가운데 몇 가지 특징적 사실들을 짚어 볼 수 있다. 먼저 사찰에서 승려들의 수도하는 분위기나 신도들의 신앙의례가 쇠퇴하고 있는 실상을 엿볼 수 있게 하는 정황이다. 요동성 밖 백탑(白塔) 남쪽의 '광우사'는 당 태종(唐太宗)이 중수하고, 청 태종의 비(妃: 太皇太后)가 다시 세웠다고 하지만 당시 이미 절이 황폐하여 승려가 없었다 한다.(「廣祐寺記」) 또한 북경의 '천경사'는 전각과 불상이 지극히 화려함을 보면서도 이렇게 큰 절에 단지 한 명의 늙은 중이 두세 명의 젊은 중을 데리고 있을 뿐이고, 행랑채 사이에는 온갖 종류의 공인(工人)들이 거주하며 물건을 만드는 데 분주한 광경을 지적하였다.(「天慶寺」) 또한 북경의 '융복사'에서는 장날에 장터가 벌어져 절의 뜰이 장마당이 되고 있음을 보여준다.(「隆福寺」) '석조사'의 경우에는 티끌 한 점 없이 정갈한 분위기이지만 중은 한 명도 없고 거처하는 사람들

---

*44 『燕巖集』, 권12, '熱河日記·太學留館錄', "三使相議, 令答以國俗本不崇佛, 寺刹則外邑有之, 而都城則無有."

은 모두 과거시험에 낙방한 지방의 수재들이 남의 글을 지어주며 생활하는 광경을 기술하고 있다.(「夕照寺」)

다음으로 중국사찰에서 우리나라와 연관된 자취에 대한 관심을 보여준다. 밀운(密雲)의 '천불사'는 부처가 앉은 자리를 천개의 연꽃이 둘러싸고 있는 부처가 천 개나 되며, 이 절의 천존불(天尊佛) 24개와 18나한(羅漢)은 모두 우리나라에서 바친 것이라 하였다.[45] 그는 북경의 '경수사'에는 원나라의 문인 정문해(程文海)가 지은 대장경비(大藏經碑)가 있는데, 그 비문에서 "고려는 예로부터 시·서(詩書)와 예·의(禮義)의 나라로 불렸으며, 원(元)이 천하를 차지하자, 세조(世祖: 忽必烈)는 은혜로 결합하고 예법으로 대접하여 가장 특별하게 우대하였다. 부자(고려 元宗과 忠宣王 父子)가 왕위를 계승하고 모두 (원 황실의) 부마(駙馬)가 되었다. 지금 왕은 충선왕(忠宣王)으로 또한 총명하며 충효함으로 황제와 황태후가 친히 행림(幸臨)하심을 입었으며, 대덕(大德: 元 成宗 연호) 을사년(1305)에 대장경 한 질을 경수사(慶壽寺)에 시주하였다"[46]는 기록을 소개하였다. 이 비문은 정문해의 문집인 『설루집』(雪樓集)에도 실려 있는 것이다. 이처럼 그는 '천불사'나 '경수사'의 경우에서 중국의 사찰 속에 우리나라와 연관된 자취에 대해 깊은 관심을 보여주고 있다. '법장사'에 있는 7층의 탑은 나선형 계단으로 꼭대기까지 올라갈 수

---

*45 『燕巖集』, 권14, 90, '熱河日記·口外異聞·千佛寺', "佛座繞千蓮, 蓮繞千佛, 尊天諸佛二十四軀及十八羅漢, 皆我國所進云."
*46 『燕巖集』, 권14, 88, '熱河日記·口外異聞·慶壽寺大藏經碑略', "高麗古稱詩書禮義之國, 皇元之有天下也, 世祖皇帝結之恩, 待之禮, 亦最優異, 父子繼王, 並列貳館, 今王 忠宣王, 又以聰明忠孝, 爲皇帝皇太后所親幸, 大德乙巳, 乃施經一藏, 入大慶壽寺."

있는데, 이 탑의 제일층에는 앞서 사신행렬에 따라왔던 우리나라 인물로 김창업(金昌業)의 제명(題名)이 있고, 그 밑에 박지원의 친우인 홍대용(洪大容)의 제명이 있음을 확인하기도 하였다.(「法藏寺」)

2) 황교黃敎에 대한 관심

(1) 반선班禪과 만남

박지원이 『열하일기』에서 가장 깊은 관심을 갖고 세밀하게 기록하고 여러 사람과 문답하였던 종파는 황교(黃敎), 곧 라마교이다. 그 까닭은 황교가 조선의 유교지식인에게 거의 알려지지 않은 새로운 종파였기 때문이기도 하지만, 무엇보다 열하에서 조선사신이 황제의 명령으로 서번(西番: 옛 吐藩. 오늘의 西藏일대)의 성승(聖僧) 곧 반선라마(班禪喇嘛: Panchen lama)를 예방하게 되었기 때문이다. 그는 열하에 오기 전에 성경(盛京)에서도 성자사(聖慈寺)와 만수사(萬壽寺)에 라마승려가 있는 것을 보았고,(「盛京伽藍記」) 북경에서도 대륭선호국사(大隆善護國寺: 護國寺·千佛寺·崇國寺)는 명나라 무종(武宗)때 황제의 명에 따라 서번의 법왕(法王)인 영점반단(領占班丹)과 저초장복(著肖藏卜) 등 라마교의 성승(聖僧)이 이곳에 와서 머물렀던 사실을 지적하였으며,[*47] 옹정제의 원

[*47] 박지원은 明 武宗(1506-1521재위)때 북경에 와 있던 領占班丹과 著肖藏卜의 '班丹'과 '藏卜'이란 당시 熱河에 와 있는 班禪과 같다고 하였다.(『燕巖集』, 권15, 32, '熱河日記·盎葉記·大隆善護國寺') 武宗은 궁중 안에 티베트불교 사원을 세운 후, 승복을 걸치고 左道密敎의 실천을 하였으며, 武宗 자신이 大慶法王 린첸 펭덴이라 칭하고, 카르마黑帽派의 츄타크 강쪼의 化身이라 주장했다고 한다. (야마구치 즈이호·야자키 쇼켄, 『티베트불교사』, 이호근·안영길 역, 민족사, 1990,

당(願堂)인 옹화궁(雍和宮)에는 라마승려 3천 명이 머무르고 있음을 확인하기도 하였다.(「雍和宮」)

그는 조선사신이 당시 열하에 머물고 있던 반선라마를 예방하는 과정과 그에 따라 발생하는 문제들에 대해 매우 정밀하게 기술하고 있다. 처음에 반선라마를 예방하라는 황제의 명령을 받았을 때, 사신은 "(중국이 아닌) 다른나라 사람과는 감히 서로 교류할 수 없는 것이 우리나라의 법도다"라고 하여, 이른바 '신하로서는 사사로운 외교가 없다는 의리'(人臣無外交之義)를 명분으로 내걸어 회피하려하였다. 이때 그는 황제의 명령을 거부하다가 운남(雲南)이나 귀주(貴州)나, 교주(交州: 安南의 河內)나 광주(廣州: 廣東)로 유배를 가게 된다면 좋은 구경을 할 수 있는 절호의 기회를 얻을 수 있을 것이라 생각하고 기뻐하였다 한다.[48] 사신이 이교(異敎)의 교종(敎宗)을 찾아가는 것은 명분에 어긋난다고 황제의 명령에도 맞서 저항하여서, 자칫하면 중국에서 멀리 유배를 당할 위험이 있지만, 그는 이런 유배를 당할 수 있다면 중국의 먼 변방까지 구경할 수 있는 기회를 누리게 될 수 있다고 기뻐하였으니, 그가 얼마나 중국의 구석구석까지 살펴보고 싶어하는 관심이 컸던지를 잘 보여준다.

그러나 예부(禮部)의 독촉이 성화같아서 결국 찾아가게 되었다. 또한 조선사신은 이날 아침 예부에서 반선라마를 알현할 때 머리를 조아리도

75쪽)고 하였으니, 그 당시 실제로 班禪이 오지 않았다 하더라도 명나라 황실에서 라마불교가 융성하였음을 엿볼 수 있다.

[48] 『燕巖集』, 권12, 78, '熱河日記・太學留舘錄', "曰, 此好機會也, …使臣滇黔雲貴不可已也, 吾義不可獨還蜀, …交廣距燕京萬餘里, 吾遊事, 豈不爛漫矣乎也哉, 余暗喜不自勝."

록 지시하자, "머리를 조아리는 예절은 천자의 뜰에서 행하는 것이니, 이제 어찌 천자를 공경하는 예법을 번승(番僧)에게 베풀 수 있겠는가"라고 항의하였으며, 예부에서는 "황제도 역시 스승의 예법으로 대우하는데, 사신이 황제의 조칙을 받드는 것이니 마땅히 같은 예법을 써야 한다"고 강요하였고, 사신이 가기를 내켜하지 않아 굳게 서서 다투자, 예부 상서(尚書)는 노해서 모자를 벗어 땅에 팽개치고 몸을 방바닥에 내던지고서는 드러누워 쳐다보면서, "빨리 가, 빨리 가"하고 소리를 지르며 사신을 손으로 가리켰다고 한다.[*49] 조선사신으로서는 이교의 교종을 찾아간다는 것도 받아들이기 어려운데, 그 앞에 가서 머리를 조아리는 의례를 행하라는 것은 지조를 잃고 굴욕을 당하는 일로 받아들여 중국의 예부상서와 맞서서 저항했던 광경을 엿볼 수 있다.

박지원은 사신의 일행을 따라가서 반선라마를 찰십륜포(札什倫布)로 찾아가 만났다. '찰십륜포'는 서번 말로 '대승(大僧)이 거처하는 곳'을 뜻한다고 한다.[*50] 사원 안에는 수천 명의 라마승이 있었으며, 반선라마를 묘사하여 "전각 속 북쪽 벽 아래 … 남쪽을 향해 가부좌를 하고 앉았는데, 쓰고 있는 황색 관(冠)은 갈기가 달리고 가죽신 모양의 높이가 두 자 남짓한 것이며, 금으로 짠 선의(禪衣)는 소매가 없이 왼쪽 어깨에

---

*49 『燕巖集』, 권13, 37-38, '熱河日記・札什倫布', "使臣朝旣爭之禮部曰, 拜叩之禮, 行之天子之庭, 今奈何以敬天子之禮, 施之番僧乎, 爭言不已, 禮部曰, 皇上遇之以師禮, 使臣奉皇詔, 禮宜如之, 使臣不肯去, 堅立爭甚力, 尚書德保怒脫帽擲地, 投身仰臥炕上, 高聲曰, 亟去亟去, 手麾使臣出.

*50 『燕巖集』, 권13, 36, '熱河日記・札什倫布', "見班禪額爾德尼於札什倫布, 札什倫布者, 西番語猶言大僧居也." 札什倫布는 熱河의 外八廟의 하나로 라마사원인 '須彌福壽廟'를 가리키지만, 西藏에서 판첸라마가 머무르는 사원의 이름인 'Tashilimpo'를 音譯한 것이다.

걸쳐서 온몸을 감쌌다. 팔은 장대하기가 다리만 하고 금빛이고, 얼굴은 짙은 누런 색이요, 둘레가 예닐곱 뼘이나 되며, 수염이 난 흔적은 없고, 쓸개를 매단 것 같은 코에 눈썹은 두어 치나 되며, 눈의 흰자위가 겹이라 음침하고 어두웠다”[*51]고 하였다. 반선라마의 왼쪽 두 개의 낮은 걸상에는 몽고왕 둘이 앉아 있었으며, 반선라마를 배알하는 사람은 '합달'(哈達)이라는 비단 천을 예물로 바쳤다. 조선사신은 반선라마 앞에 나가서 군기대신(軍機大臣)에게 '합달'을 받아서 반선라마에게 전해주고는 끝내 머리를 조아리는 예법을 행하지 않고 돌아와 몽고왕의 아랫자리에 앉았다. 조선사신이 이교의 교종에게 머리를 숙일 수 없다는 유교적 신념을 지켰던 사실을 보여준다.

반선라마가 사신들의 예방에 답례품으로 준 물건 가운데 나무로 새기고 금을 입힌 작은 금불상(金佛像) 셋이 있었는데, 이 불상의 처리가 문제가 되었다. 정사(正使)는 우선 숙소인 태학(太學)에 불상을 가지고 들어갈 수 없다는 문제점부터 제기하였다. 이 불상은 '동불'(銅佛)이라 일컬었는데, 높이가 한 자 남짓한 호신불(護身佛)로 여행의 무사함을 기원하는 뜻을 담은 것이다. 박지원은 사신들이 수천 냥의 가치가 있는 이 '동불'의 처리를 못하여 근심하는 사정에 대해, "우리나라에서는 한 번 부처와 연관되면 평생토록 허물이 되는데, 하물며 이것을 준 자가 번승(番僧)임에랴. 사신은 북경으로 돌아오고나서, 그 폐백들을 모

---

*51 『燕巖集』, 권13, 37, '熱河日記・札什倫布', "殿中北壁下, …班禪跏趺南向坐, 冠黃色有鬚, 狀似靴, 高二尺餘, 披織金禪衣, 無袖袪掛左肩, 圍裹全軀, 袒右腋下露, 垂右臂, 長大如腿股而金色, 面色深黃, 圓幾六七圍, 無髭鬚痕, 懸膽鼻, 眼眉數寸, 睛白瞳子重暈, 陰沉窅冥."

두 역관(譯官)에게 주었으나 여러 역관들도 똥오줌처럼 보고 더럽게 여겼다. 90냥에 팔아 일행의 마부들에게 나누어 주려고 했으나 마부들도 이 돈으로는 술 한 잔도 사먹을 수 없다고 했다. 결백하다면 결백하다 하겠지만 다른 나라 풍속에서 본다면 촌스럽고 어리석게 보임을 면치 못할 것이다"[52]라고 하여, 사신에서 역관이나 마부에 이르기까지 이교의 교종에게서 받은 '동불'을 더럽게 여기는 모습이 유교정통 의식에 젖어있다는 점에서 보면 순수한 면이 있지만 유연하게 대응하여 수용하지 못하는 폐쇄적 태도가 중국인들에게는 얼마나 촌스럽게 비춰질지를 성찰하는 객관적 의식을 보여주고 있다.

그는 사신들이 창졸간에 이 '동불'을 받아놓고는 일행의 상하 모두가 꿀단지에 손 빠뜨린 듯 어쩔 줄을 몰라하는 모습을 흥미롭게 지켜보았다. 그는 정사(正使)가 이 '동불'을 처리하기 위해 작은 궤짝을 만들게 시켰다는 말을 듣고, "(이 '동불'을) 도중의 사찰에다 버린다면 중국이 노여워할까 두렵고, 이것을 가지고 국내에 들어오면 당연히 사람들의 마음을 놀라게 할 것이니, 저쪽과 이쪽의 경계에서 강물에 띄워 보내 바다로 내보내기에는 압록강만한 곳이 없다"고 하여,, 중국과 국내에 문제를 일으키지 않으려면 경계선의 압록강에서 물에 띄워 보내는 것이 적절함을 제시하였다. 이때 그는 부사(副使)와 담소하면서, "이제 이 불상이 불행히도 몸체가 나무라서 마음 편하게 사양하여 물리쳤지만,

---

*52 『燕巖集』, 권13, 42-43, '熱河日記・行在雜錄', "吾東一事涉佛, 必爲終身之累, 況此所授者, 乃番僧乎, 使臣旣還北京, 以其幣物盡給譯官, 諸譯亦視同糞穢, 若將浼焉, 售銀九十兩, 散之一行馬頭輩, 而不以此銀, 沽飮一盃酒, 潔則潔矣, 以他俗視之, 則未免鄕闇."

만약 몸체가 순금이었다면 이단을 물리치자는 의논도 응당 헤아리고 생각할 점이 있을 것이다"라고 하며, 함께 포복절도하였다고 한다.[53] '불상' 하나를 보는 중국의 입장과 조선의 입장이 얼마나 상반된지를 보여주고, 따라서 어느 쪽에도 속하지 않는 경계선인 압록강의 강물에다 버려야 할 수밖에 없는 실정을 확인하면서도, 그 불상이 순금으로 된 불상으로 가치가 높다면 이단배척론의 논리에 따라 버리기는 쉽지 않을 것임을 지적하여, 명분의 한계점을 짚어보고 있다.

(2) 반선과 황교에 관한 인식

박지원은 반선라마와 라마교에 관한 정보를 여러 중국지식인들과 문답하면서 주의깊고 다양하게 수집하고 있다. 그는 성승(聖僧)이라 일컬어지는 반선라마는 서번의 승왕(僧王) 곧 대보법왕(大寶法王)인 반선액이덕니(班禪額爾德尼: 판첸에르테니 로쌍팔단예쉐)로, 호는 반선불(班禪佛) 또는 장리불(藏理佛)이며, 중국인들이 모두 존중하고 믿어 '활불'(活佛)이라 일컫는다고 한다. 반선라마는 자신이 42대를 전생(轉生)한 몸이요, 전세의 몸은 중국에서 여러 번 태어났고, 현재 나이가 43세라 한다.[54]

---

[53] 『燕巖集』, 권14, 62, '熱河日記·避暑錄', "盍棄置沿道寺刹, 則恐爲中國所怒, 以此入國, 當駭物情, 彼此交界, 順流而放海, 莫如鴨綠江, …余又曰, 今此佛像, 不幸木軀, 故辭而闢之, 廓如也, 若果金身, 闢異之論, 合有商量, 相與絶倒."

[54] 『燕巖集』, 권12, 79, '熱河日記·太學留館錄', "所謂聖僧者, 西番僧王, 號班禪佛, 又號藏理佛, 中國人擧皆尊信, 皆稱活佛, 自言四十二世轉身, 前身多生中國, 年方四十三."

또한 그는 한림서길사(翰林庶吉士) 왕성(王晟)이 반선라마의 이전 역사를 설명해준 내용을 소개하면서, 반선라마는 서번의 오사장(烏斯藏: 西藏의 서쪽 中藏지역)의 '대보법왕'(大寶法王)으로 이름은 반선액이덕니(班禪額爾德尼)요, '반선액이덕니'라는 이름은 서번 말로 '빛나고 밝으며 신통한 지혜를 지닌 법승'(光明神智法僧)이라는 뜻이며, 자신의 전신(前身)은 파사팔(巴思八: 八思芭·巴斯巴·Phagspa, 1235-1280)이라 하였다 한다.[*55] 파사팔은 원나라 세조(世祖)의 초청을 받아 몽고의 문자를 만들었고, '대보법왕'이란 호를 받았던 인물이며, 이때부터 '법왕'의 칭호가 시작되었다 한다. 명나라 태조(太祖) 때 오사장(烏斯藏)의 왕 난파가장복(蘭巴珈藏卜)이라는 승려는 '제사'(帝師)라고 자칭했고, 이때부터 서번의 여러 나라에 '제사'나 '대보법왕'이 자기 나라를 가진 자의 칭호가 되었고, 황제는 '제사'라는 호칭을 '국사'(國師)로 고치고, 옥으로 된 도장을 하사하였는데, 그 뒤로 서번의 여러 나라에 '법왕'이니 '제사'라 일컬어졌던 것이라 한다. 그후 명나라 성조(成祖)때 서번의 승려 탑립마(嗒立麻)를 '만행구족십방최승등여래대보법왕'(萬行俱足十方最勝等如來大寶法王)에 봉하였으며, 당시 서장 각지에 대승(大乘)·대자(大慈) 등 '법왕'의 호칭을 받은 자도 있고, 또 천교(闡教)·천화(闡化) 등 다섯 '교왕'(教王)이 있어서 중국에 빈번하게 조공을 바쳤으며, 중국도 넉넉한 대접으로 그들을 어리석게 만들었고, 널리 왕호를 봉하여 제각

---

*55 『燕巖集』, 권13, 32, '熱河日記·班禪始末', "班禪額尒德尼, 西番烏斯藏大寶法王, …班禪額尒德尼, 番語猶云光明神智法僧, 自言其前身巴思八." 당시 熱河에 와 있던 '班禪額尒德尼'(판첸에르테니)는 제3세(제6세로 헤아리기도 함) '로상 펭덴 예셰'이다.(야마구치 즈이호·야자키 쇼켄, 『티베트불교사』, 186쪽 참조.)

기 조정에 조공하게 함으로써 그 세력을 몰래 분할시켰던 것이라 한다. 또한 명나라 신종(神宗) 때 쇄란견조(鎖蘭堅錯)라는 신승(神僧)이 중국에 통하여 '활불'이라 일컬어졌다 한다.[*56] 이처럼 원대에서 비롯하여 명대를 거쳐 청대에 이르기까지 서장의 라마교가 중국에 전래되는 과정에 여러 '법왕'을 책봉했던 것은 황실에서 라마교를 신봉한 측면이 있지만, 변방민족을 분할하여 통제하려는 정책의 일환이었음을 지적하며, 이 '법왕'에 대해 '활불'이라 일컬었던 것은 명나라 중기부터 시작된 것이라 확인하고 있다.

또한 박지원이 열하에서 만났던 몽고인 경순미(敬旬彌)의 설명에 따르면, 라마는 대체로 명의 중엽 때부터 시작된 것으로, 종객파(宗喀巴)라는 승려가 먼 곳으로부터 서장으로 들어온 자로서 여러 법왕들이 그를 스승으로 삼아 제자의 대열에 즐겨 들어갔으며, 종객파를 전승한 두 제자로 첫째가 달라이라마(達賴喇嘛)요, 둘째는 반선액이덕니(班禪額爾德尼)라 하고, 달라이라마는 이제 7대를 환생하였으며, 반선라마는 4대를 환생하였다 한다. 청 태종때부터 반선라마는 중국에 조공을 하였고, 강희제 때 중국에 입조(入朝)하게 하려 하였으나 건륭제의 만수절(萬壽節)에 입근(入覲)하였다는 것이다. 대체로 그 교(敎)는 승려라 이름 붙였

---

*56 『燕巖集』, 권13, 32-33, '熱河日記·班禪始末', "益巴思八者, …元世祖…遣使迎之, …賜號大寶法王, …洪武初, 廣論西番諸國, 於是烏斯藏, 先遣使朝貢, 其王蘭巴珈藏卜者僧也, 猶自稱帝師, 是時諸番帝師及大寶法王, 已爲有國之號, …悉改帝師爲國師, 而賜玉印, …成祖時, …遂封嗒立麻萬行俱足十方最勝等如來大寶法王, …當時諸藏之得大乘大慈等法王號, 又有闡敎闡化等五敎王, …中國亦甞苦其煩費, 然實愚之以優禮, 廣錫封號, 使各自通貢入朝, 以陰分其勢, …萬曆時, 又有神僧鎖蘭堅錯, 亦通中國, 稱活佛."

지만 관상(觀想)・운기(運氣)・지주(持呪)하는 법이 도교(道敎)와 같은 종류라 하였다.[57]

박지원은 원나라 황제가 호승(胡僧)의 방술(方術)・좌도(左道)・이단(異端)의 유파에 몸을 낮추는 것을 부끄럽게 여기지 않고 '제사'(帝師)라 높이며, '황천지하일인지상선문대성지덕진지'(皇天之下一人之上宣文大聖至德眞智)라는 호를 주었던 것은 천자보다 높이는 것이요, 공자의 덕에 견주는 것은 법도나 이치에 맞지 않는 잘못된 것임을 비판하면서, "원나라 세조(世祖)는 사막에서 일어났으니 괴이할 것이 없지만, 명나라 초에 먼저 이승(異僧)을 예방하고 여러 자제들의 스승으로 삼으며, 널리 서번의 중을 초청하여 존중하였던 것은 스스로 중국을 낮추고 지존(至尊)을 깎아내리는 것이요 선성(先聖)을 욕되게 하고 참다운 스승을 억누르는 것인 줄을 몰랐으니, 나라를 세우는 시초에 자제들을 가르침이 어찌 이렇게 누추한 것인가. 무릇 그 술법이란 오래 살 수 있는 방법은 곧 환생한다는 설로서 임금의 마음에 분수 바깥을 바라는 것일 뿐이다"[58]라고 지적하였다. 이처럼 그는 명나라 때에서 황실이 라마교의

---

[57] 『燕巖集』, 권13, 35, '熱河日記・班禪始末'. "今之喇嘛, 大約始於明之中葉, 有異僧曰, 宗喀巴, 來亦遠方, 入西藏, …諸法王皆以爲師, 而自甘退就弟子之列, 宗喀巴傳有二弟子, 長曰達賴喇嘛, 次曰班禪額爾德尼, 達賴喇嘛, 目今投胎七世, 班禪喇嘛, 投胎四世, 本朝天聰時, 班禪越過大漠, 遣使來貢, …康熙時, 仁祖欲其入朝, 而未嘗來, 去年萬壽節, 乃請入覲, …大約其敎僧名而道家實也, 其觀想運氣持咒, 與道家相類." 쫑카파(宗喀巴: Tsonkhapa, 1355-1417)는 겔룩파(dgelugspa)派의 開祖로 黃帽(Shagser)派라 하며, 여기서 '黃敎'라는 명칭이 나온 것이요, 그 반대파인 니구마바派는 紅帽(Shadmar)派라 한다.(『불교대사전』, 명문당, '宗喀巴'項)

[58] 『燕巖集』, 권13, 36, '熱河日記・班禪始末', "獨胡僧方術・左道・異端之流, 不恥以身下之者, 何也, …然元之號帝師曰, 皇天之下一人之上宣文大聖至德眞智, 一人者, 天子也, 爲萬邦共主, 天下豈有復尊於天子者哉, 宣文大聖至

승려를 받들었던 것은 환생설(還生說)에 미혹되어 장생불사(長生不死)를 구하는 것임을 지적하여, 명나라 황실이 유교의 정도를 지키지 못한 사실을 엄격하게 비판하는 입장을 밝히고 있다.

나아가 그는 청나라 황제가 열하에 머무는 사실은 명목은 피서지만 그 실상은 천자가 몸소 변방을 방비하는 것으로 몽고의 강성함을 알 수 있으며, 황제가 서번의 승왕을 스승으로 삼아 황금으로 전각을 지어 머물게 하고 있는 것은 명목으로 스승이라 대접하지만 그 실상은 전각 속에 가두어 두고 하루라도 세상이 무사할 것을 기원하고 있는 것이요, 그만큼 서번이 몽고보다도 더 강한 것을 알 수 있다고 하여, 청나라 황제로서는 방어정책으로 승왕을 모시는 사실을 지적하였다.[59] 여기서 그는 명나라 황제가 서번 승왕을 높이는 것을 비판하는 것과 달리, 청나라 황제가 서번의 승왕을 높이는 것은 변방세력의 견제와 방어를 위한 부득이한 점이 있음을 적극적으로 이해하는 것으로 두 가지 상반 된 시각을 제시하고 있다.

박지원은 열하에서 만났던 여러 중국지식인들과 반선라마와 라마교 곧 황교(黃敎)에 관해 문답한 내용을 상세하게 기록하고 있는데, 먼저

德眞智, 孔子也, 自生民以來, 豈有復賢於夫子者哉, 世祖起自沙漠, 無足怪者, 皇明之初, 首訪異僧, 分師諸子, 廣招西番尊禮之, 自不覺其卑中國而貶至尊, 醜先聖而抑眞師, 其立國之始, 所以訓敎子弟者, 又何其陋也, 大抵其術有能長生久視之方, 則乃是投胎奪舍之說, 而僥倖世主之心耳."

*59 『燕巖集』, 권13, 17-18, '熱河日記・黃敎問答', "皇帝年年駐蹕熱河, 熱河乃長城外荒僻之地也, 天子何苦而居此塞裔荒僻之地乎, 名爲避暑, 而其實天子身自備邊, 然則蒙古之强可知也, 皇帝迎西番僧王爲師, 建黃金殿以居其王, 天子何苦而爲此非常僭侈之禮乎, 名爲待師, 而其實囚之金殿之中, 以祈一日之無事, 然則西番之尤强於蒙古, 可知也, 此二者, 皇帝之心已苦矣."

산동도사(山東都司)인 학성(郝成)은 '활불'(活佛)의 신통한 법술(法術)을
소개하여, 사람의 장부를 들여다보는 보배 거울을 하나 걸어 놓았는데
사람의 마음이 간사한지 탐욕스러운지 재앙의 마음인지 충효의 마음인
지 부처를 공경하는 마음인지에 따라 다섯 가지 색으로 나타난다고
말했지만, 박지원은 다섯 색깔로 비추는 거울이란 진시황의 조담경(照膽
鏡)을 본떠서 이야기를 신통하게 만든 것과 같은, 지어낸 이야기일 뿐이
라 반박하였다.*60 학성은 '활불'의 신통력에 대해 여러 가지 전하는
이야기를 소개하면서 맨발로 물을 밟아도 물결이 발목을 넘지 않았다거
나, 수레에서 내려 길가의 큰 범의 머리를 쓰다듬어주고 그 범을 따라가
큰 뱀 두 마리가 범의 새끼를 삼키려 하는 것을 보고 활불이 주문을
외우니 뱀이 죽고 뱀의 머리에서 야광주(夜光珠)가 하나씩 나왔다는 등
의 신통한 능력에 관한 이야기가 무수히 많음을 보여주었다.

거인(擧人) 추사시(鄒舍是)는 정반대로 반선라마에 대한 적개심이 강
하여 사람을 잡아먹는 자라 하여 '담인'(噉人)이라 일컫었으며, 양련진
가(楊璉眞加)가 다시 태어난 것이라 하였다. 양련(楊璉)은 서번의 중으로
원나라 때 중국에 들어와 송나라의 능침(陵寢)을 파헤쳐 보물을 산더미
처럼 모았던 인물이라, 반선라마를 양련과 같은 인물로 비방하였던 것
이다.*61 당시 대부분의 중국지식인들은 반선라마를 '활불'로 받드는

---

*60 『燕巖集』, 권13, 18, '熱河日記 · 黃敎問答', "志亭曰, …有神通法術, 洞見人
　　臟腑, 掛一寶鏡, 人懷姦淫, 必靑色照, 人懷貪賊, 必黑色照, 人懷危禍, 必白色
　　照, 維忠孝一心敬佛人至, 必紅霞帶黃, 如慶雲疊華, 絪縕鏡面, 此五色鏡可
　　畏, 余曰, 此倣始皇照膽鏡, 以神其說."
*61 『燕巖集』, 권13, 22, '熱河日記 · 黃敎問答', "鄒生熟視余良久曰, 先生此來不
　　畏噉人乎, …楊璉眞珈, 復生於世, …(志亭曰)楊是番僧, 元時入中國, 都發宋

경우라면, 추사시처럼 드물게 '담인'으로 증오심을 드러내는 인물도 있었음을 보여준다. 학성은 반선라마의 신통력과 기이한 이야기들을 많이 소개하고 있지만, 만주인으로 귀주안찰사(貴州按察使)인 기풍액(奇豊額)은 활불의 법술에 신통한 것이 전혀 없다고 대답하는 상반된 견해를 보여주기도 한다.

4. 천주교耶蘇敎에 대한 견해와 삼교三敎에 관한 토론

1) 천주교耶蘇敎에 대한 견해

박지원은 북경에서 당시 새로운 문물인 서학(西學) 곧 천주교와 서양 문물에 대해 주의깊게 관찰하고 있다. 그는 압록강을 건너면서 수역(首譯) 홍명복(洪命福)에게 '도'(道)를 설명하면서, "무릇 천하에 사람의 윤리(民彝)와 사물의 법칙(物則)이란 물의 경계인 언덕과 같으니, '도'란 다른 데서 찾을 것이 아니라 곧 그 경계에 있는 것이다. …서양 사람은 일찍이 기하(幾何)의 한 획(劃)을 변증하면서 하나의 선이라 일러주면 그 미세함을 다하기에 부족하다고 여겨, '빛이 있고 없는 경계'라고 말하였으니, 곧 이에 불교에서 '합쳐지지도 않고 떨어지지도 않는다'고 말하였다. 그러므로 그 경계를 잘 대처하는 것은 '도'를 아는 자만이 할 수 있다"[62]라고 하였다. 이처럼 그는 중국에 들어가기 전부터 이미

朝陵寢, 毒於兵禍, 積聚寶玉如邱山."

서양의 기하학에 관해 어느 정도의 지식을 가졌던 사실을 엿볼 수 있다. 또한 그는 북경으로 가는 도중에도 서양인들이 온 지구를 여행하여 관찰함이 넓음을 지적하고 있다.

> "'공자가 태산에 올라가서 천하가 작은 줄 알았다'고 말하면, 마음으로는 그렇지 않을 것이라 여기면서도 입으로는 그렇다고 대답할 것이지만, '부처가 시방세계(十方世界)를 보았다'고 말하면 환망(幻妄)하다고 배척할 것이요, '서양 사람이 큰 배를 타고 지구(地球)의 바깥을 둘러 다녔다'고 말하면 괴이하고 허망하다고 꾸짖을 것이다. …서양인들은 공자와 석가의 관찰이 오히려 그 땅을 떠나지 못하였지만, 그들은 지구를 조사하고 천체를 관측하며 별을 더듬어 항해하였다 하여, 스스로 그 관찰이 공자나 부처보다 낫다고 하였다. 그러나 다른 나라에서 말을 배우고 머리가 희도록 글을 익혀서 없어지지 않을 것을 도모함은 무슨 까닭인가? …그래서 힘써 저술하여 사람들이 반드시 믿게 하고자 하였던 것이다. 우리 유교가 이단을 물리치는 이론을 보고는 남은 것을 주워모아 불교 배척을 힘써 본받았으며, 불교의 천당·지옥의 설을 기뻐하여 찌꺼기를 받아들였다."[63]

일반지식인들이 허황한 말이라 꾸짖으며 전혀 인정하지 않는 사실로서 서양인이 주장하는 지구설(地球說)을 받아들임과 동시에 서양인이

---

*62 『燕巖集』, 권11, 4, '熱河日記・渡江錄', "凡天下民彝物則, 如水之際岸, 道不他求, 卽在其際, …泰西人辨幾何一畫, 以一線論之, 不足以盡其微, 則日有光無光之際, 乃佛氏臨之日, 不卽不離, 故善處其際, 惟知道者能之."

*63 『燕巖集』, 권12, 1, '熱河日記・馹汛隨筆', "言聖人登泰山而小天下, 則心不然而口應之, 言佛視十方世界, 則斥爲幻妄, 言泰西人乘巨舶, 遠出地球之外, 叱爲恠誕, …"彼又謂聖人與佛氏之觀, 猶未離地, 則按球步天, 捫星而行, 自以其觀勝於二氏, 然異方學語, 白頭習文, 以圖不朽者, 何也, …故强爲著書, 欲人之必信, 見吾儒闢異之論, 則綴拾緖餘, 强效斥佛, 悅佛氏堂獄之說, 則哺啜糟粕."

지구를 둘러 항해하였다는 서양에 관한 지식을 가지고 있음을 보여준다. 그러나 조선사회에서도 당시 사신행렬에 따라 중국을 왕래하였던 인사들은 중국의 가장 뛰어난 경치로서 네 곳의 천주당(四天主堂)을 들기도 하였으며, 서양의 문물과 천주교에 관해 당시 조선사회의 진보적 지식인들 사이에 깊은 관심을 불러일으켰던 것도 사실이다. 특히 그는 서양의 종교가 불교를 비판하는 것은 유교가 불교를 이단으로 비판하는 것을 본받은 것이면서, 동시에 불교의 천당·지옥설을 수용하고 있음을 지적하였는데, 그것은 당시 조선지식인들 사이에 가장 널리 소개되었던 마테오 리치의 『천주실의』(天主實義)에서 불교를 비판하는 한편 불교의 주장과 유사한 천당·지옥설을 제시하였던 내용을 상당히 자세히 알고 있었음을 확인할 수 있게 한다.

또한 그는 열하에서 왕민호(王民皡)와 담화하는 도중에도 "우리나라는 극동에 있고 구라파는 곧 태서(泰西)이니, 극동과 서양의 사람이 서로 한 번 만나기를 원했다. 이제 갑자기 열하에 들어오느라 천주당(天主堂)을 구경하지 못했는데, 여기서 칙명을 받들고 동쪽으로 돌아가게 된다면 다시 황도(皇都: 북경)에 들어갈 수 없을 것이다. …먼 곳에서 온 서양 사람은 서로 찾아볼 길이 없으니, 이것이 나로서 한스러운 것이다. 이제 서양 사람도 어가(御駕)를 따라와서 이곳에 있다고 들었는데, 원컨대 가르침을 받아 혹시 그들과 서로 알거든 소개해 주기를 바란다"[*64]고

[*64] 『燕巖集』, 권14, 8-9, '熱河日記·鵠汀筆談', "敝邦可在極東, 歐羅乃是泰西, 以極東泰西之人, 願一相逢, 今遽入熱河, 未及觀天主堂, 自此奉勅東還, 則不可復入皇都, …於泰西遠人, 無路相尋, 是爲鄙人所恨, 今聞西人從駕亦在是中云, 願蒙指教, 或有相識, 幸爲紹介."

서양인을 만나고 싶은 마음을 간곡하게 밝히고 만날 방법을 가르쳐주기를 부탁하기도 하였다. 실제는 왕민호도 서양인을 만날 방법을 제시해주지 못하고, 박지원 자신은 열하에서 서양인을 만나지 못하였지만 이미 중국에 들어올 때부터 천주당을 찾아가고 서양인을 만나려는 의지가 절실하였음을 확인할 수 있다.

이때 왕민호는 중국에서 천문관측의 기구가 오래 전부터 있어왔던 사실을 열거하고 나서, 서양의 기술(西術)이 중국에 들어오자 옛 중국의 관측기구는 모두 쓸모가 없게 되었다고 하여, 서양의 천문학이 중국보다 뛰어난 것임을 인정하였다. 그러나 그는 서양의 학술로서의 천주교에 대해서는 매우 비판적 입장에서 설명하고 있다.

> "다만 그(서양의) 학술은 천박하고 고루하여 가소롭다. '야소'(耶蘇)란 중국 말에 현인을 '군자'라 하고 서번(西番)의 풍속에 승려를 '라마'라 하는 것과 같다. 야소가 한 마음으로 하늘을 공경하고, 팔방에 '교'를 세웠는데, 나이 서른에 극형을 당하여 그 나라 사람들이 슬퍼하고 사모하여 '야소의 교회'(耶蘇之會)를 설립하였다. 그 신(神)을 공경하여 '천주'(天主)라 하였다. 그 교회에 가입한 자는 반드시 눈물을 흘리며 비통해하고 천주를 잊지 않는다. 어릴 때부터 네 조목 믿음의 서약을 세우는데, 여색을 탐하는 마음을 끊을 것, 벼슬의 욕심을 끊을 것, 팔방에 '교'를 펼칠 것, 다시 고국으로 돌아오거나 명예를 연모하기를 원치 않을 것이다. 비록 불교를 배척하지만 윤회(輪回)을 독실하게 믿는다. 명나라 신종(神宗) 때 서양의 사방제(沙方濟: Francis Xavier)가 월동(粤東: 廣東)에 이르렀다가 죽었고, 이마두(利瑪竇) 등 여러 사람들이 뒤이어 들어왔다. 그들의 '교'라는 것은 (천주를) 부지런히 섬기는 것(昭事)을 종지로 삼고, 자신의 수양(修身)을 요령으로 삼고, 충효와 자애를 공부로 삼으며, 허물을 고쳐 선으로

나아가는 데 힘쓰기를 입문으로 삼고, 죽고 삶의 큰 일에 예비하여 근심이 없게 함을 극치로 삼는다. 서방의 여러 나라가 '교'를 받든지 천여 년이 지났는데, 태평하고 잘 다스려졌다 한다. 그 말이 많이 과장되고 허망하여 중국 사람으로 믿는 이가 없다."[65]

왕민호의 천주교에 대한 이해는 정확한 것은 아니지만, 당시 중국지식인이 천주교를 이해하는 한 단면을 잘 보여주는 것이라 할 수 있다. 기본입장은 불교를 배척하지만 불교의 교리를 받아들이고 있으며, 그 말이 과장되고 허망하다는 비판적 입장을 드러내고 있는 것이다. 박지원은 "(천주교에서) '윤회'를 독실히 믿어 천당·지옥설을 삼으면서도, 불교를 비방하고 배척하여 원수처럼 공격하는 것은 무슨 까닭인가? … 불교의 학설은 형기(形器)를 환망한 것으로 삼으니, …이제 백성에 사물과 법칙이 없는 것이요. 이제 야소교(耶蘇敎: 천주교)는 이치를 기수(氣數)로 삼으니, …이제 안주함은 소리와 냄새가 있는 것으로 삼는다. 이 두 '교'(불교와 야소교)의 어느 쪽이 우월한가?"[66]라고 질문하였다. 곧 천주교가 불교를 배척하는 사실에 따라, 두 종교를 비교하면서, 불교가

---

[65] 『燕巖集』, 권14, 9, '熱河日記·鵠汀筆談', "但其學術淺陋可笑, 耶蘇者, 如中國之語賢爲君子, 番俗之稱僧爲喇嘛, 耶蘇一心敬天, 立敎八方, 年三十遭極刑, 而國人哀慕, 設爲耶蘇之會, 敬其神爲天主, 入其會者, 必涕泣悲痛, 不忘天主, 自幼立四條信誓, 斷色念, 絕宦慾, 有敷敎八方, 願無更還故土戀名, 雖闢佛, 篤信輪回, 明萬曆中, 西土沙方濟者, 至粵東而死, 繼有利瑪竇諸人, 其所爲敎, 以昭事爲宗, 修身爲要, 忠孝慈愛爲工, 務遷善改過爲入門, 生死大事, 有備無患, 爲究竟, 西方諸國奉敎已來千餘年, 大安長治, 其言多夸誕, 中國人無信之者."

[66] 『燕巖集』, 권14, 10, '熱河日記·鵠汀筆談', "篤信輪回, 爲天堂地獄之說, 而詆排佛氏, 攻擊如仇讐, 何耶, 詩云, 天生烝民, 有物有則, 佛氏之學, 以形器爲幻妄, 則是烝民無物無則也, 今耶蘇之敎, 以理爲氣數, 詩云, 上天之載, 無聲無臭, 今乃安排布置, 爲有聲臭, 這二敎孰優也."

형기(形器)의 세계를 공허하다고 부정하는 것은 『시경』(大雅·蒸民)에서 말하는 "하늘이 백성을 낳으심에 사물이 있고 법칙이 있다"(天生蒸民, 有物有則)는 유교의 가르침에 어긋나는 것이요, 천주교에서 이치를 기수(氣數)로 제시하는 것은 『시경』(大雅·文王)에서 말하는 "하늘의 일은 소리도 없고 냄새도 없다"(上天之載, 無聲無臭)는 유교의 가르침에 어긋나는 것임을 지적하고 있다. 이처럼 그는 불교가 현상세계를 공허한 것으로 거부하고 천주교는 초월적 존재를 형상이 있는 인간의 모습으로 그려내는 문제점이 있는 것으로 인식하였던 것임을 알 수 있다. 이에 대해 왕민호의 대답은 천주교보다 불교가 우세하다는 입장을 밝히는 것이다.

> "서학이 어찌 불교를 비방할 수 있겠는가. 불교는 매우 고명하고 미묘하나, 단지 많은 비유의 설명이 끝내 귀결됨이 없으며, 겨우 깨달을 때에는 끝내 하나의 '환'(幻)이란 글자이다. 저 야소교는 어렴풋이 불교의 찌꺼기를 얻은 것인데, 중국에 들어온 뒤에 중국의 서적을 배우면서 비로소 중국 사람들이 불교를 배척하는 것을 보고서, 도리어 중국이 불교를 배척하는 것을 본받았고, 중국 서적 가운데 '상제'(上帝)나 '주재'(主宰) 등의 말을 찾아내고 스스로 우리 유교에 따라 붙였으나, 그 본령은 원래 명물(名物)과 도수(度數)를 벗어나지 않으니, 이미 우리 유교에서 제이의(第二義: 二流)에 떨어지고 말았다. 저들도 '이치'(理)에 본 바가 없는 것은 아니지만 '이치'가 '기수'(氣)를 넘지 못함이 오래되었다."[67]

---

[67] 같은 곳, "西學安得詆釋氏, 釋氏儘爲高妙, 但許多譬說, 終無歸宿, 纔得悟時, 竟是一幻字, 彼耶蘇敎, 本依俙得釋氏糟粕, 旣入中國, 學中國文書, 始見中國斥佛, 乃反效中國斥佛, 於中國文書中, 討出上帝主宰等語, 以自附吾儒, 然其本領元不出名物度數, 已落在吾儒第二義, 彼亦不無所見於理者, 理不勝氣者, 久矣."

　　왕민호의 천주교 인식은 천주교를 불교의 아류라 보고 있는 것이요, 천주교가 유교를 추종하고 있지만 사물의 이치나 따지고 계량하는 '명물·도수'의 학문 내지 '기수'(氣數)의 학문으로, 진정한 '이학'(理學)이 될 수 없는 것이라 규정한 것이다. 그것은 당시 중국지식인이 서양과학과 천주교신앙을 혼합시켜 보면서, 천주교신앙은 불교의 찌꺼기를 받아들이고 유교의 용어를 이용한 수준이요, 천주교신앙으로서 '이치'의 학문이 서양과학으로서 '기수'의 학문을 넘지 못하는 수준으로 평가하고 있음을 보여준다.

　　박지원은 열하에서 북경으로 돌아오자 곧바로 선무문(宣武門) 안의 천주당을 찾았는데, 이곳이 서천주당(西天主堂)이었다고 한다. 그는 이 천주당은 높이는 일곱 길이나 되고 수백 칸이며, 쇠를 부어 만들거나 흙을 구워낸 것 같다고 감탄하였다. 그러나 여기서 그는 천주교의 교리에 대해, "천주라는 말은 천황씨(天皇氏)나 반고씨(盤古氏)라는 호칭과 같다. …스스로 근원을 궁구하고 근본에 소급하는 학문이라 하지만, 그러나 뜻을 세움이 지나치게 높고 학설은 치우치게 교묘하여, 도리어 하늘을 속이고 사람을 속이는 죄목에 되돌아가며, 스스로 의리에 어그러지고 인륜을 해치는 구덩이에 빠져드는 것을 알지 못하고 있다"[68]고 하여, '천주'라는 호칭을 '상제'와 일치시키는 천주교 선교사들의 견해와는 달리 천황씨나 반고씨와 같은 태초의 신화적 인물로 인식하고

---

[68] 『燕巖集』, 권15, 10, '熱河日記·黃圖紀略·風琴', "天主者, 猶言天皇氏盤古氏之稱也, 但其人善治曆, …自謂窮原溯本之學, 然立志過高, 爲說偏巧, 不知返歸於矯天誣人之科, 而自陷于悖義傷倫之臼也."

있다. 그것은 천주교의 '천주'개념이 형체가 없는 궁극존재가 아니라 인격적 존재로 제시하는 천주교의 '천주'개념을 중국의 역사기록 속에서 찾아내는 것이다. 그는 천주교의 기본 학술은 왕민호가 제시한 것처럼 긍정적으로 소개하면서도, 천주교 교리의 근원적 문제점이 하늘을 속이고 사람을 속이는(矯天誣人) 것이요, 의리에 어긋나고 인륜을 해치는(悖義傷倫) 그릇된 것이라는 비판적 견해를 명확하게 밝히고 있다.

그가 천주당과 서학의 문물에 관심을 가졌던 것은 그의 친우인 홍대용의 영향을 깊이 받았던 것으로 보인다. 그는 천주당에 관한 기술을 하면서 홍대용이 언급했던 김창업(老稼齋 金昌業)와 이기지(一菴 李器之)의 선행 기록을 높이 평가한 사실을 들었다. 홍대용은 김창업의 경우 천주당의 건물이나 그림에만 상세하였고, 이기지의 경우 천주당의 그림과 천문 관측기계에 자세하였음을 인정하였으며, 홍대용 자신은 천주당에 있는 악기인 '풍금'(風琴)에 특별한 관심을 가지고 관찰하였으며, 김창업이 천주당에서 서양의 '풍금'을 보고 기술한 기록을 박지원과 함께 읽고 나서 그 기술이 얼마나 허술한 것인지를 설명해주었다. 박지원 자신도 홍대용의 이야기를 듣고 북경의 천주당에서 '풍금'의 제도를 확인하려고 관심을 기울였으나, 건륭제 때(1769)에 천주당이 헐려서 '풍금'이 남아 있지 않았다 한다.[*69] 박지원은 서양의 악기로 '철현금'(鐵絃琴)이 우리나라에서 '서양금'(西洋琴)이라 부르고, 중국인들은 '번금(番

[*69] 『燕巖集』, 권15, 9-10, '熱河日記・黃圖紀略・風琴', "余友洪德保嘗論西洋人之巧曰, 我東先輩若金稼齋, 李一菴, 皆見識卓越, 後人之所不可及, …稼齋詳于堂屋畵圖, 而一菴尤詳于畵圖儀器, 然不及風琴, …堂燬于乾隆己丑, 所謂風琴無存者."

琴)’ 또는 ‘천금’(天琴)이라 부르는 이 악기를 홍대용의 집에서 연습되는 것을 목격했던 경험을 소개하며, 서양에서 전래된 ‘자명종’(自鳴鍾)의 제도를 관찰하고 구하려고 다녔던 일도 있었다.(「銅蘭涉筆」)

또한 그는 천주당의 벽이나 천장에 그려져 있는 서양 그림의 정교하고 섬세하며 생동하는 모습에 감탄하기도 하고,(「黃圖紀略・洋畵」) 천주당에 있는 그림으로 구름과 바다 사이로 날아다니는 붉은 옷을 입은 여인상이 『동서양고』(東西洋考: 明 張燮 著)에서 오대(五代)시절 복건땅의 도순검(都巡檢) 임원(林願)의 여섯째 딸이 신선이 되었다는 기록과 같은 것으로 보기도 하였다.(「口外異聞・順濟廟」)

박지원은 마테오 리치에 대해 부정확한 기술이 있지만 많은 언급을 하여 깊은 관심을 보여주고 있으며, 특히 그는 북경에서 부성문(阜成門) 바깥 서쪽으로 몇 리 떨어진 곳에 있는 마테오 리치를 비롯한 서양선교사들 70여명의 무덤을 찾아갔던 우리나라의 최초 인물로 짐작된다. 여기서 그는 마테오 리치의 비문을 소개하기도 하였다.(「盎葉記・利瑪竇塚」) 일부러 마테오 리치의 무덤까지 찾아갈 만큼 그의 서양 선교사에 대한 관심이 얼마나 깊었는지를 엿볼 수 있다.

박지원의 서양문물에 대한 이해는 홍대용의 영향을 받아 서양의 천문학에 비교적 깊은 이해를 지녔던 것으로 보인다. 그는 열하에서 중국 지식인들과 천문학을 중심으로 과학기술에 관해 활발한 토론을 벌였다. 숙소인 열하의 태학에서 밤에 기풍액과 달을 바라보면서, 대지가 둥글다는 지구설(地球說)을 전제로 조선학자 김석문(金錫文)의 삼환부공설(三丸浮空說)에 따라 태양과 달과 지구가 세 개의 공처럼 허공에 떠 있다 하고, 이를 통해 월식도 설명하였으며, 그는 실제와 차이가 있지만 홍대용을 지구가 돈다는 지전설(地轉說: 地球自轉說)의 창시자로 소개하였다.(「太學留舘錄」) 왕민호·학성 등은 그의 해박한 천문학지식에 감탄하여 그를 기하학에 정통하다고 칭송할 정도였다고 한다.(「鵠汀筆談」) 그 밖에 서양 의약에도 관심을 보여, 열하에서 만난 윤가전(尹嘉銓)에게 의서(醫書)를 추천받으면서 서남 해양 중에 있는 하란원(荷蘭院: 和蘭의 敎會)에서 나왔다는 일본 각판본인 『소아경험방』(小兒經驗方)과 서양의 『수로방』(收露方)을 소개받고, 북경에 와서 구하려고 하였으나 구하지는 못했다고 서술하고 있다.(「金蓼小抄」) 이처럼 그는 서양종교로서 천주교에 대한 견해를 밝힐 뿐만 아니라, 음악·미술·천문학·의학 등 서양문물에 대해 폭넓고 적극적인 관심을 보여주는 사실을 확인할 수 있다.

2) 삼교三敎에 관한 토론과 포용의 논리

박지원은 그가 만난 중국의 여러 지식인들과 '황교'에 대한 문답을 하면서, 유·불·도 삼교를 비롯한 다양한 종교들에 관해 문답과 토론을 벌였다. 먼저 추사시가 조선의 사대부들은 삼교 가운데 어느 교를 숭상하는지 묻자, 박지원은 조선에서 종교적 현실은 불교의 경우 거의 소멸상태요 도교의 경우 원래 없었던 것이라 하고, '이단의 교'는 소멸되고 오직 유교만이 있음을 강조하였다.

"조선이 나라를 세운 지 4백 년에 사족(士族)은 비록 어리석은 자라도 공자의 글을 읽고 익히기만 할 뿐이다. 국내의 명산(名山)에는 비록 전 왕조때 세운 이름난 사찰들이 있지만, 이미 모두 황폐화했고, 절에 사는 중들이란 모두 천한 무뢰배로 종이나 뜨고 신이나 삼아서 생업을 삼고 있으니, 명목은 비록 중이지만 눈으로 불경을 볼 줄도 몰라서 배척하기를 기다릴 것도 없이 그 교는 스스로 끊어졌다. 나라 안에 원래 도교가 없으므로 도관(道觀) 역시 없다. 그러므로 이른바 이단의 교란 금지하고 끊으려 하지 않아도 스스로 나라 안에 설 수가 없다."*70

추사시는 이단에 대한 배척의식이 강한 인물로 조선을 천하 가운데 낙국(樂國)이라 칭송하면서, 중국에서 이단의 폐해로 도사가 어린아이를 잡아먹는 일이 있을 만큼 그 해독이 심각함을 극단적으로 제시하고, 도교나 불교의 타락상을 역설하고 있다.

"이단의 폐해는 성인들이 이미 우려하여 사람이 서로 잡아먹는다고 하였으나, 당시 이 말을 들은 자들은 반드시 지나친 말이라 여기게 하였을 것이다. 요즈음 산중에 이따금 사람을 잡아먹는 도사(道士)가 있어서 어린아이 기르기가 더욱 어렵다. 순양(純陽)의 동자(童子)가 제일 좋다하여 이를 쪄서 먹는다. 심지어 밤에는 궤짝 속에 감추어 두어도 오히려 잃어버릴까 걱정한다. 지방의 관청에서는 적발하여 체포하고 도관을 불살라 허물면, 도리어 승적(僧籍)의 명목을 훔쳐서 절간에 몸을 숨긴다. 심지어 방중술(房中術: 도교의 節欲·養生·保氣의 술법)의 비법이나 악성종기의 기이한 처방은 모두 가난한 도사가 만든 것이다. 그래서 사람들이 많이 즐겨

---

*70 『燕巖集』, 권13, 20, '熱河日記·黃敎問答', "至敝邦立國四百年, 士族雖愚者, 但知誦習孔子, 方內名山, 雖有前代所刱精藍名刹, 而皆已荒穨, 所居緇流, 皆下賤無賴, 維業紙屨, 名雖爲僧, 目不識經, 不待辭闢而其敎自絶, 國中元無道敎, 故亦無道觀, 所謂異端之敎, 不期禁絶, 而自不得立於國中."

따르고 몰래 그 술법을 배우고 있으니, 해괴함을 이름붙이기도 어렵다. 중국의 선(禪)이나 석(釋)은 그 본래의 취지에 이미 어그러졌다.”[*71]

또한 추사시는 조선에서도 유교 가운데 ‘도학’(道學)과 ‘이학’(理學)의 호칭이 있는지 묻자, 박지원은 “공자 문하의 가르침은 다만 네 과목(四科: 德行·言語·政事·文學)이 하나로 꿰뚫은 도이고, 다만 이 ‘이치’이니, 이것을 배우고 이것을 묻는 것이 ‘학문’이다. 어찌 유교에 별도로 다른 과목이 있어서 이 두 가지(理學·道學) 호칭이 있겠는가”[*72]라고 하여, ‘이학’과 ‘도학’의 명칭은 공자 문하의 가르침이 아니라 제시하였다. 실제로 조선사회는 ‘이학’ 내지 ‘도학’이 유교의 정통으로 확고하게 자리잡았지만, 박지원은 유교의 진실한 모습이 ‘이학’ 내지 ‘도학’에 있지 않다고 보는 자신의 견해를 밝힌 것으로 보인다. 이에 대해 추사시는 공감하면서, 공자의 문하에서는 ‘인’(仁)과 ‘효’(孝)를 스승에게 질문하였는데 후세의 ‘이학’ 내지 ‘도학’은 고루하고 무능력하며 허위에 빠져 공자의 정신에 어긋나고 있음을 격렬하게 비판하였다.

“제자가 처음 와서 책을 열자 곧 이·기(理氣)를 강론하고, 선생은 옷깃을 여미고 자리에 올라 앉자 바로 성·명(性命)을 말한다. 요즈음 학자들

[*71] 같은 곳, “異端之害, 聖人已憂, 其人將相食, 使當時聽之者, 必以爲過矣, 今山中往往有吃人道士, 養小兒尤艱, 純陽童子最好蒸啖, 至有夜藏櫃中, 猶患失之, 所在省府, 另行逐捕, 焚毁道觀, 則乃反竄名僧籍, 庇身佛寮, 而至於房中秘術, 惡瘡奇方, 皆貧道士所製, 故人多樂從之游, 潛學其術, 幻怪難名, 中國禪釋, 已乖本旨.”

[*72] 『燕巖集』, 권13, 20-21, ‘熱河日記·黃敎問答’, “聖門設敎, 只是四科一貫之道, 只是此理, 學此問此, 是爲學問, 豈得儒門另設他科, 有此兩號.”

은 학문이 하늘과 사람을 꿰뚫고 있지만 한 고을을 다스릴 수 없고, 이치는 솔개가 날고 물고기가 뛰는 것을 살피면서 한 가지 일도 주관하지 못하면서, 이런 학문을 '이학선생'(理學先生)이라 한다. 시골 사숙(私塾)에서 타고난 기질이 고루하고 행동이 괴이한 자도 경전을 약간 배우고 훈고(訓詁)에 조금 통하면 홀로 앉아 강론하지 않는 자가 없는데, 썩어빠진 것을 맛보며 양식으로 삼고, 누더기를 편안히 여겨 의복으로 삼으며, 자막(子莫)이 중간을 붙잡고 있는 것(『孟子』盡心上)을 도리어 법도를 지킨다 하고, 호광(胡廣: 後漢人)이 처세하는 것을 스스로 중용이라 하면서, 이런 학문을 '도학군자'(道學君子)라 한다."[73]

추사시는 관리가 아니라 거인의 신분으로 비교적 자유로운 처지에 있는 중국지식인으로서, '도학'과 '이학'에 대해 얼마나 강한 비판적 입장을 가졌는지 잘 보여준다. 사실상 실학자로서 박지원의 입장과 매우 접근하고 있는 것이라 할 수 있다. 이른바 '도학자' 내지 '군자'의 위선적 허위성을 질타하였던 박지원의 소설 「호질」(虎叱)이나 「예덕선생전」(穢德先生傳)와 같은 맥락으로 마치 추사시의 입을 통해 박지원 자신의 견해를 펼친 것으로 보이기도 한다. 추사시의 당시 유학자에 대한 비판은 이어진다.

"요즈음 유학자들은 죽을 때까지 제 고장을 떠나지 않으면서 봉지(封地)를 불러들이고, '6경'을 더욱 쌓아가서 보루를 견고하게 하며, 때로 여러

---

*73 『燕巖集』, 권13, 21, '熱河日記 · 黃敎問答', "弟子初來開卷, 便講理氣, 先生整襟陞座, 輒道性命, 今之學者, 學貫天人, 而不能治一郡, 理察鳶魚, 而莫能辦一事, 此個學問謂之理學先生, 鄕塾之間, 禀質固滯, 動止迂怪, 略習經傳, 粗通訓詁, 未嘗不專席開講, 味陳腐爲菽粟, 穩補綴爲裘褐, 子莫執中, 反爲守經, 胡廣處世, 自謂中庸, 此個學問謂之道學君子."

견해의 말을 바꾸어서 그 기치를 새로 올리며, 절반은 주자요 절반은 육상산(陸象山)으로 모두 도망가 숨을 주인으로 삼고, 머리를 감추거나 머리를 내밀거나 두루 정박할 곳을 삼는다. 책의 좀벌레를 길러서 여우나 쥐(소인배)가 되는 데는 고증(考證)이 (여우가 숨는)성벽이나 (쥐가 숨는) 사직단이 되고, 천리마를 억눌러 노둔한 말이 되는데는 훈고(訓詁)가 목에 씌우는 칼이나 묶어놓는 말뚝이 되며, 혹 군사를 끌고 깊이 쳐들어갔다가 도리어 공격을 당하여, 그 형세가 말에서 내려 포박당하지 않을 수 없으면 두 무릎을 꿇는 것이 요즈음 유학자들이다. …나는 평생에 유학을 배우기를 원하지 않는다. 눈을 부릅뜨고 입을 열어 이단의 학문을 제창할 수 있는 자가 있다면, 나는 천 리를 멀다하지 않고 양식을 짊어지고 찾아가서 스승으로 삼고자 한다.”[74]

박지원은 추사시의 용모가 의젓하지만 그 말은 방탕하여 자신을 모욕하고 희롱하는 것으로 느껴져, 추사시가 '이단을 배우고 싶다'고 말한 것이 진정으로 하는 말인지 조롱하는 말인지를 완곡하게 따졌고, 추사시도 자신이 마침 마음에 격분이 되어 자기도 모르게 말을 횡설수설하였다고 사죄하는 것으로 추사시와의 대화를 마무리 지었다. 그러나 이 대화 속에서 조선사회의 정통으로 자리잡고 있는 '도학' 내지 '이학'에 대해 실학자 박지원 자신이 하고 싶은 말도 다 표출되었다고 할 수 있다.

박지원은 어느 날 어느 주루(酒樓)에 올라갔다가 우연히 몽고인으로

---

[74] 같은 곳, “今之儒者, 亡不出境, 兜攬采地, 益築六經, 以堅其壁壘, 時換群言, 以新其旌旗, 半朱半陸, 俱爲逋主, 頭沒頭出, 遍是水泊, 養蠹魚爲狐鼠, 則攷證爲其城社, 抑騏驥爲駑駘, 則訓詁爲其鉗梏, 或有懸軍深入, 反遭攻劫, 其勢不得不下馬受縛, 雙膝以跪, 今之儒者, …敝平生, 不願學儒也, 有能張目開口, 倡爲異端之學者, 敝將不遠千里贏粮往師.”

강관(講官)의 직책을 맡고 있는 파로회회도(破老回回圖)를 만나 담화하였는데, 박지원이 "세상에는 세 가지 교(三敎)가 있는데, 귀국에서는 무슨 '교'를 가장 숭상하는가"하고 묻자, 파로회회도는, "어찌 중국같이 큰 나라로서 세 가지 교만 있겠는가. 그 도를 행하는 자는 모두 '교'라고 일컬을 수 있다"고 대답하였으며, 박지원이 조선에는 유교만 있다고 대답하자, 파로회회도는 "사람 사는 것으로 무엇이 '유'(儒)가 아니겠는가. '유'라 일컬으면 이미 구류(九流: 儒家·道家·陰陽家·法家·名家·墨家·縱橫家·雜家·農家)의 대열에 물러나게 되니, '우리 도'(吾道)의 광대하여 끝이 없는 것으로 도리어 스스로 세 가지 '교'의 하나로 협소하게 만들어놓고 '유'라는 한 글자로 마감하게 하니, 이것은 이단을 조장하는 까닭이다"[75]라고 하여, '유교'라는 호칭은 다른 여러 '교'들 가운데 하나로 좁혀서 유교와 이단의 대립구조를 일으키는 것이라 보고, '오도'(吾道)라 일컬어 모든 '교'를 포섭하는 '교'로서 인식해야 한다는 견해를 제시하였다.

이에 따라 파로회회도는 곁에 있는 회회인(回回人)의 신앙인 청진교(淸眞敎)에 대해서도 "이것(淸眞敎) 역시 이단 가운데의 한 '교'이지만, 천지 사이에는 단지 '우리 도'가 있을 뿐이니, '우리 도'의 한 단서(一端)를 얻은 것은 스스로 한 '교'가 된다. 우리가 '도'를 배우는 것은 곧바로 '우리 도'라고 말할 뿐이요, '유교'라고 이름붙이는 것은 옳지 않다"[76]

---

[75] 『燕巖集』, 권13, 25, '熱河日記·黃敎問答', "孚齋曰, 豈以中國之大, 而獨有三敎, 行其道者, 皆得稱敎, …人生何莫非儒也, 稱儒則已退居九流之列, 以吾道之廣大無外, 反自狹小於三敎之中, 以一儒字磨勘, 滋所以長異端也."
[76] 같은 곳, "是(淸眞敎)亦異端中一敎也, 天地間, 只有吾道而已, 得吾道之一端

고 하였다. 이에 대해 박지원은 '우리 도' 곧 '오도'라는 명칭에도 포괄적 의미를 담는데 한계가 있음을 지적한다.

> "'자기'(己)를 일컬어 '우리'(吾)라고 말하는 것은 '저들'(彼)에 상대시키는 말이다. '우리'로 '저들'에 상대시키는 것은 '사물'(物)과 '나'(我)로 대조되는 것이요, '우리'는 이미 스스로 작게 할 뿐만 아니라, 이미 '사물'과 '나' 사이에 그 사사로움이 심하다. '도'는 천지 사이에 지극히 공변된 이치이니, 어찌 '우리'라는 하나의 '자기' 속의 물건으로 삼아서 남이 엿볼 수 없게 할 수 있겠는가? 나는 '오도'라는 두 글자도 툭 터져 크게 공변된 칭호가 아니라고 본다. '유'(儒)에 대하여서는 이미 가르침을 받았지만, '교'(敎)에 이르러서는 어찌 '도를 닦는 것을 교라고 한다'(『중용』)고 하지 않았는가. '문교'(文敎)라 하고, '성교'(聲敎)라 하고, '명교'(名敎)라 하는 것은 모두 성인의 교화이다. 이쪽을 '교'라 하고 저쪽도 '교'라고 하여 이단과 혼돈되는 것을 부끄러워한다면, '교'라는 글자가 폐지될 것이다. 지금 '오도'라 말하는데, 저들도 역시 그 '교'를 '오도'라 부르면, 분하게도 '우리 도'까지 깎여나가지 않겠는가?"[*77]

박지원의 논리는 '유교'라는 말이 이단의 다른 '교'들과 상대된다고 말한다면, '오도'라는 말도 모든 '교'를 포용하는 용어로서 적합하지 못한 자기중심의 편파성을 가진 것이 아니냐는 반론이다. 그렇다면 '유

者, 自爲一敎, 吾人之學道者, 直曰吾道而已矣, 不可名儒敎." 淸眞敎(回敎)에 관련하여 박지원은 북경의 淸眞敎 교당인 回子館을 찾아갔던 단편적 기록이 있다. (『燕巖集』, 권15, 18, '熱河日記 · 黃圖紀略 · 回子館')

[*77] 같은 곳, "稱己曰吾對彼之辭也, 以吾對彼, 物我相形, 非獨吾已自小, 已不勝其私於物我之間矣, 道是天地間至公之理, 亦惡得把作吾一己中物, 不容他來窺, 愚則以爲吾道二字, 亦非廓然大公之號也, 儒則已聞命矣, 至於敎, 豈不曰修道之謂敎乎, 曰文敎, 曰聲敎, 曰名敎, 皆聖人之敎化也, 此曰敎, 彼亦曰敎, 則耻混異端, 將廢敎字, 今曰吾道, 彼亦將號其敎曰吾道, 則悖悖然並將吾道而削之耶."

교'나 '오도'냐는 호칭의 문제가 아니라, 그 성격을 이단에 대립하는 것이 아닌 전체를 포용하는 것으로 인식해야 한다는 점에서는 그와 파로회회도의 견해가 일치하고 있음을 보여준다. 따라서 파로회회도는 자신이 말하고자 하는 의도를 재확인하여, "세상 선비들은 이단이 곧 우리 도 가운데의 한 가지 일임을 알지 못하고 어지럽게 배격하니, 저들도 비로소 높이 머리를 쳐들고 우리 도와 대치하고 있다. 양주·묵적이나 노자·장자의 말은 모두 우리 도에 있는 것이요, 불교의 인과설(因果說)에 이르러서도 우리 도가 심히 배척하는 것이지만, 그 실지는 우리 도에서 먼저 말한 것이다"[*78]라고 하였다.

여기서 박지원은 파로회회도에게 구체적으로 불교에서 말하는 '인과'(因果)와 '윤회'(輪回)의 개념이 다른 것인지를 질문하자, 파로회회도는 '인과'를 불교와 유교가 공유하는 개념으로 파악하였으며, 다만 불교에서 '인과'를 '윤회'로 전환시킨 것이 잘못된 것이라 보는 입장을 밝히고 있다.

> "'인과'란 다만 이 일에 따라서 이 공적이 있게 되는 것이다. 밭을 가는 데 비유하면 씨를 뿌리는 것이 원인이 되어 곡식이 생장하는 것이 결과가 되며, 김매는 것이 원인이 되고 수확하는 것이 결과가 되는 것이다. …'도를 순응하면 길하고 거역함을 따라가면 흉하다'(『서경』, 大禹謨)고 말하는 것과 같으니, 이것은 우리 도의 인과이다. …길·흉을 말하는 것으로 부족하다 하여 '그림자와 메아리 같다'고 말한다. 순응하거나 따라가는 사이에

---

*78 같은 곳, "世儒不知異端, 卽吾道中一事, 紛紛然排擊之, 彼始昂然擧頭, 與吾道對峙矣, 楊墨老莊之言, 皆吾道所有, 至於佛氏因果之說, 吾道之所深斥, 而其實吾道先言之矣."

그 호응함의 징험은 이처럼 빠른 것이니, '선을 쌓은 집에는 반드시 남겨지는 경사가 있고, 악을 쌓는 집안에는 반드시 남겨지는 재앙이 있다'(『주역』, 坤卦)고 말한 것과 같다. 이것은 우리 도의 인과이다. 재앙과 경사를 말하는 것으로 부족하다 하여, '반드시 남겨짐이 있다'고 말한다. 이렇게 반드시 있음을 보는 자는 누구인가?

불교를 하는 자는 처음에 인과를 말한 것은 지극히 고명하였으나, 우리 도에서 보응함에 자취가 있는 것을 관찰하고서, 이에 윤회의 교설로 삼아 채웠지만 실지로 우리 도에서 병통으로 삼는 것이다. '착한 일을 하면 백 가지 상서로움을 내려주고, 악한 일을 하면 백 가지 재앙을 내려준다'(『서경』, 伊訓)고 말하는 것과 같으니, 이것이 우리 도의 인과설이다. 다만 그 내려 주는 자가 누구인가? …

대체로 불교에는 윤회설이 없었지만, 중국인들이 불경을 번역할 때 말이 다르고 글도 달라 형용하기 어려워 보응·윤회의 설로 번역하고, 아울러 인과로 연루시켰던 것이다. 후세에 선가(禪家)의 설에서도 또한 인과를 말하는 것을 부끄러워하여 불교의 찌꺼기로 여겼으니, 이것은 살피지 않을 수 없다."[79]

파로회회도는 유교에서 불교의 '인과설'을 심하게 배척하지만 사실상 유교에 '인과'의 개념이 먼저 있었던 것이라 보는 입장이다. 파로회회도는 유교의 '인과' 개념을 길·흉(吉·凶)이라는 일반론으로 말하는

---

[79] 『燕巖集』, 권13, 25-26, '熱河日記·黃敎問答', "因果只是緣此事有此功, 譬如耕田, 種者爲因, 生者爲果, 耘者爲因, 穫者爲果, …如曰惠廸吉, 從逆凶, 乃吾道之因果也, 其廸逆因也, 吉凶果也, 言吉凶之不足, 曰猶影響, 惠從之間, 其孚應之驗, 若斯其捷也, 如曰積善之家, 必有餘慶, 積不善之家, 必有餘殃, 此吾道之因果也, 言殃慶之不足, 曰必有餘, 見此必有者, 誰也, 爲佛者初言因果, 則極高明矣, 觀於吾道報應有跡, 乃爲輪回之說以實之, 實吾道病之也, 如曰作之善, 降之百祥, 作不善, 降之百殃, 此吾道之因果也, 第其降之者誰也, …大約佛家並無輪回說, 中原人飜經時, 言殊文異, 難以形容, 則繹爲報應輪回之說, 並與因果而累之, 後世禪說者, 且恥言因果, 以爲佛氏之糟粕, 此不可不察也."

단계와 경사와 재앙(慶·殃)이라는 직접적 호응으로 말하는 단계와 반드시 자손에게까지 전해진다(必有餘)는 지속적 확산으로 말하는 단계로 인과설을 심화시켜가고 있음을 지적하였다. 불교는 바로 이 유교의 인과설을 받아들이면서 한 걸음 나아가 윤회설로 변형하면서 잘못되었다는 것이다. 그래서 후세의 선가에서는 '인과'조차도 불교의 핵심적 가르침이 아니라고 보고 있다는 것이다. 또 하나의 문제는 그 원인에 상응하는 결과의 실지를 누가 보았는지 누가 내려주는 것인지에 대한 대답을 하기가 어렵다는 입장을 밝힌 것으로 보인다. 이러한 파로회회도의 견해를 의문이나 반박이 없이 소개하고 있다는 것은 박지원 자신이 받아들이고 있음을 의미하는 것이라 하겠다. 이러한 '인과'와 '윤회'에 대한 해석은 불교의 입장과 상당히 다른 것이라 하더라도, 당시 유교지신인의 불교 교설에 대한 이해의 일면을 선명하게 드러내 주고 있는 것이다.

나아가 파로회회도는 천주교에 대해서도 "서양 사람들은 우리 도에서 '한 마음으로 하늘에 대답한다'(一心對越)는 말을 보고는 '내려온다'(臨)하고, '살핀다'(監)하고, '본다'(視)하고, '듣는다'(聽)고 한다. 분명히 주재(主宰)가 있어서 재앙과 상서를 내린다(降)는 '강'(降)이라는 글자를 얻어서 스스로 속인다"[80]고 하여, 천주교에서 천주의 존재를 인격신으로 제시하여, 인간에 강림하거나 감시한다는 표현들은 모두 유교의 말을 끌어들여 왜곡시킨 것으로 보고 있다. 이러한 인식은 유교 지식인이 유교를 중심으로 천주교를 보고 있는 입장을 보여주는 것으로 박지원도

---

[80] 『燕巖集』, 권13, 26, '熱河日記·黃敎問答', "彼見吾道之一心對越, 曰臨曰監曰視曰聽, 明有主宰, 則得一降殃祥之降字以自罔也."

같은 입장임을 알 수 있게 한다.

또한 박지원은 불교에서 말하는 '윤회'와 불교의 일파인 라마교에서 말하는 남의 몸에 태어난다는 '투태'(投胎)가 같은 것인지 물었는데, 파로회회도는 서로 다른 것임을 강조하였다.

> "이른바 윤회는 곧 여기에 맹수가 있는데 홀연히 불성(佛性)을 품게 되면 다른 날 좋은 보응이 있어서 반드시 선한 사람이 되는 것이요, 오늘의 중생(衆生)에 짐승의 행실이 있으면 다른 생(生)에 나쁜 보응을 받아 마땅히 짐승이 된다는 것이다. 이것은 비유하는 말에 불과한 것으로, 조잡하고 어리석고 천박한 설일 뿐이다. …법왕이 '집을 뺏는다'(奪舍)는 것은 몸을 바꾸는 것으로 때묻고 헤어진 옷을 다른 옷으로 바꾸어 입는 것과 같다. …'그 주문을 가지고 기운을 부리는 술법은 도교와 비슷하지만 그 실지는 선가(禪家)에서 일컫는 '마선'(魔禪: 귀신을 부리어 禪을 닦는 것)이다."[*81]

곧 파로회회도는 '윤회'란 인과응보에 따라 짐승이 사람으로 태어나거나 사람이 짐승으로 태어나는 것이라면, '투태'란 자기의 몸을 바꾸는 것으로, 도교의 술법과 비슷하거나 선가에서 '마선'(魔禪)에 해당한다고 보는 더욱 엄격한 거부 입장을 나타낸다.

박지원은 '윤회'와 '투태'의 차이를 이해하는데 깊은 관심을 보여 윤가전에게도 질문을 하였다. 윤가전은 파로회회도와 다른 견해로서 '윤회'나 '투태'의 차이를 인정하지 않고 부분적으로 수용하는 입장을

[*81] 같은 곳, "所謂輪回者, 卽此有猛獸忽懷佛性, 異日嘉應, 必爲善人, 今日衆生, 乃有禽行, 他生惡報, 當爲業畜, 不過譬說麤鹵淺近耳, …至若法王奪舍, 乃轉身換骨, 如今衣裘垢弊, 更換他服, …其持咒運氣之術, 似涉道家, 而其實禪家所稱魔禪爾."

밝히고 있다. 곧 윤가전은 쇠퇴할 수밖에 없는 육신과 불변하는 정신을 구별하여, "밝은 믿음과 인식은 금강(金剛)의 보체(寶體)로서 진실로 어리거나 늙음이 없으니, 땔나무가 다 타고 나면 다른 나무로 불이 옮겨 붙는다. …법왕이 다른 몸에 태어난다는 것도 다만 스스로 이와 같은 것이다. 윤회설이란 불가의 율서(律書)이다. …이러한 이치가 전혀 없다고 하는 사람도 미혹된 것이요, 이런 이치가 다 있다고 하는 사람도 미혹된 것이다. 다만 이런 이치는 이따금 있기도 하는데, 이따금 있는 일로 만 가지 이치에 관통하려고 하여 천하를 바꾸려 하는 것은 더욱 미혹된 것이다"[82]라고 하였다. 다른 몸에 태어난다는 '투태'를 불이 다른 나무에 옮겨 붙는 것에 비유하고, '윤회'는 같은 의미를 윤리적으로 해석한 것이라 본 것이다. 윤가전은 불교의 '윤회'나 라마교의 '투태'를 이따금 있을 수 있는 이치가 있다고 인정하면서도, 일반화시킬 수 없는 것으로 한정함으로써, 유교지식인으로서는 상당히 포용적 입장을 보여주는 경우라 할 수 있다.

박지원은 종교문제에 대한 토론의 결론적 입장을 밝혀, "진(秦)·한(漢) 이래로 천하를 다스리는 자는 모두 이단이었다. 진나라는 형명(刑名: 法家)으로도 오히려 천하를 겸병할 수 있었고, 한나라는 황노(黃老)로 풍요하고 인구가 많게 하였다. 성인은 비록 이단이 인·의(仁義)를 막아버릴까 근심하였지만, 오늘 법왕이 남의 몸에 태어난다는 술법으로 천

---

[82] 『燕巖集』, 권13, 26-27, '熱河日記·黃敎問答', "維此光明信識, 金剛寶體, 固無童耄, 薪盡火傳, …法王投胎, 只自如此, 輪回之說, 乃佛家律書也, …謂之全無此理者惑也, 謂之俱有此理者惑也, 第是理也, 往往而有, 以往往之事, 思所以貫萬理易天下, 則尤惑也."

하를 다스리게 하더라도, 도로 우리 도에 의존하여 인의와 예악의 사이
에서 시행하여 인륜과 사물의 법칙 안에 서서 행할 수 있지만, 전체로
보면 요·순의 도에 들어갈 수는 없다"[83]고 하여, 역사적으로 유교의
정도가 아닌 이단이 천하를 다스리는 데 일정한 성과를 이루었다는
사실을 돌아본다. 이로써 라마교로 천하를 다스리더라도 유교의 범위를
크게 벗어나지 않을 수 있음을 인정하면서, 다만 이단으로는 유교의
이상적 정치를 실현할 수 없는 한계가 있다는 점을 지적하는 포용적
입장을 밝히고 있다. 이에 대해 윤가전도 "이단이 우리의 도에 비하면
비록 사특한지 정대한지, 순수한지 잡박한지의 차별은 있지만 그 마음
씀이 이로움을 일으키고 어진 도리를 행하며 잔악함을 물리치고 살육을
제거한다면 다름이 없을 것이다"[84]라고 하여, 유교와 이단 사이에 대립
적 인식이 아니라 정도의 차이를 강조하고, 그 마음씀이 선함에 있다면
본질적으로 같다는 포용적 입장을 확인하고 있다.

5. 『열하일기』에 나타난 중국종교 이해의 성격

박지원의 『열하일기』는 청나라 전성기였던 건륭제 시기인 1780년

---

[83] 『燕巖集』, 권13, 27, '熱河日記·黃敎問答', "秦漢以來, 爲天下者, 皆異端也,
秦之刑名, 猶能兼幷, 漢之黃老, 足以富庶, 聖人雖憂異端充塞仁義, 然使今法
王投胎之術, 爲之天下國家, 則還將依附吾道, 周旋于仁義禮樂之間, 行立乎
民彝物則之內, 要之不可與入於堯舜之道也."
[84] 같은 곳, "異端之於吾道, 雖有邪正粹駁之別, 其設心以爲興利行仁, 除殘去殺,
未始不同也."

당시 중국의 문물을 폭넓게 관찰하고 기록한 북학파 실학자의 대표적 여행기의 하나로, 그 가운데 중국의 종교적 상황에 관한 세밀한 기술이 주목된다. 그의 종교문제에 관한 기술의 특징은 무엇보다 도학이념의 정통의식이 견고하게 정립되어 이교(異教)에 대한 배척과 무관심이 지배적이었던 조선사회의 지적 분위기를 탈피하고, 다양한 종교에 대해 적극적으로 관찰하고 토론하였던 사실에 있다고 하겠다.

그의 중국종교 현황에 관한 기술은 유교·도교·불교·라마교(티베트불교·黃教)·천주교에 관해 많은 사묘(寺廟)와 교당(教堂)을 방문하여 자세히 기록하였고, 민간신앙과 청진교(淸眞教: 回教)에까지 미치고 있다. 유교와 관련해서는 열하와 북경의 태학(太學)을 비롯한 학교제도와 국가의례의 제단 및 묘우(廟宇)들을 관찰하였고, 도교의 도관(道觀)들과 민간신앙으로서 관제묘(關帝廟)의 활발한 대중신앙의 현장을 확인하였다. 불교의 많은 사찰을 방문하였는데 웅장하고 화려한 사찰의 외형만이 아니라 당시 퇴락하는 불교신앙의 현장도 주의 깊게 기록하고, 시장바닥이 되고 있는 세속화된 일면도 확인하고 있다.

그가 가장 깊은 관심을 기울였던 종파는 당시 청나라 황실이 극진하게 우대하고 있던 라마교와 새로운 서양문물의 중심이 되고 있는 천주교라 하겠다. 특히 라마교는 열하에서 사신을 따라 성승(聖僧) 반선라마를 직접 만나는 기회를 얻게 되면서 이에 얽힌 조선사신의 대응문제와 라마의 환생설(還生說) 등에 관해 예리한 통찰과 더불어 많은 중국 지식인들과 폭넓은 문답과 토론을 벌이고 있음을 보여준다. 천문학의 문제 등 서양과학에 관련하여서는 중국 지식인들과 토론에서 주도하는 역할을 하고 있으며, 천주당을 찾아가서도 서양선교사는 만나지 못하였지만 마테오 리치 등 서양 선교사들의 무덤까지 찾아갔었고, 천주교 교리에 관해서도 활발한 토론을 벌였던 것이다.

그의 중국종교 현장에 대한 관찰은 단순히 지나가는 길에 관광하였던 견문의 수준을 훨씬 넘어서 거의 섭렵하다시피 적극적으로 찾아 나섰던 것이고, 사찰이나 묘우에 찾아가서도 그 건물의 제도를 일일이 기술하며 뜰에 세워져 있는 비석과 건물에 걸려 있는 현판을 일일이 살피고 비문까지 베껴서 그 유래와 황실이나 명사들의 연고를 확인하며, 사료까지 찾아서 고증하는 조사와 연구의 수준이었다고 할 수 있다. 이러한 그의 치밀한 기술은 18세기 후반의 당시 중국종교의 현황을 가장 생생하게 개관할 수 있게 해준다.

박지원은 중국종교의 현장을 직접 찾아가 관찰함과 더불어 그가 만날 수 있었던 여러 중국 지식인들과 필담을 통해 문답과 토론을 치밀하게 전개하였다는 사실이 중요한 의미를 지닌다. 이들 가운데는 한인(漢人)으로 대리시경(大理寺卿)을 지낸 윤가전(尹嘉銓), 산동도사(山東都司)인 학성(郝成), 한림서길사(翰林庶吉士)인 왕성(王晟) 등 관리와, 왕민호(王民皞)·추사시(鄒舍是) 등 거인(擧人)도 있으며, 만주인으로 귀주안찰사(貴州按察使) 기풍액(奇豐額)과, 몽고인으로 강관(講官)인 파로회회도(破老回回圖)와 경순미(敬旬彌)도 있다. 그만큼 다양한 인물들과 만나 친교를 맺고 밤늦도록 필담을 하며, 양 한 마리를 통째로 쪄놓고도 다 식도록 잊을 만큼 필담에 열중하기도 하였다. 이렇게 그가 만난 인물이 다양한 만큼 입장과 견해가 서로 다른 경우도 그대로 드러내주어, 당시 중국

지식인이 유교가 아닌 다른 종교를 보는 시각의 다양성을 생생하게 전해주었던 것이다.

무엇보다 박지원의 중국종교에 관한 기술은 그 자신 도학적 이념이 강한 조선에서 온 유학자로서 중국지식인들과 토론하면서 다른 종교에 대한 비판의식과 포용성의 수준을 밝혀주고 있는 것이다. 그 자신 북학파 실학자로서 이들과의 토론을 통해 비판의식을 밝히면서도 근원적으로 포용적 입장을 드러내고 있다는 사실이다. 그는 중국이 하나의 종교로 획일화될 수 없는 종교적 다양성의 사회라는 것을 확인하고, 포용의 논리가 불교나 라마교에 대해 이해에서 어떻게 제시되고 있는지 선명하게 드러내고 있다. 바로 이 점에서 『열하일기』는 그 속에 내포하고 있는 중요한 주제의 하나로서 종교적 포용성의 논리를 정립하고 있는 것이다. 그는 실학파의 유교 지식인으로서 이단의 한계를 지적하면서도, 배척의 논리가 아니라 포용의 논리로서 유교적 체제의 현실 속에 수용할 수 있다는 입장을 밝히고 있다. 이처럼 그가 지닌 종교적 포용의 논리는 바로 그의 북학사상이 지닌 핵심정신으로서 도학적 정통주의에서 탈피하는 사유기반을 제공하고 있는 것이라 하겠다.

4장 :

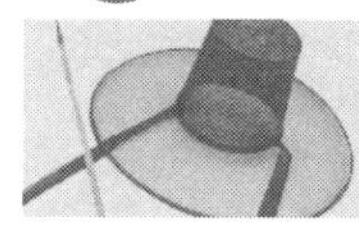

정약용의 비판정신과 포용론

비판과 포용 한국실학의 정신

1. 비판과 포용의 과제

조선시대 사상사의 흐름을 크게 도학과 실학으로 대비시켜 본다면, 그 두 갈래의 사상적 특징은 도학이 정통성을 수호하기 위해 배타적 거부태도를 강화하고 있다면 실학은 현실의 활용을 위해 개방적 수용태도를 밝히고 있는 것으로 파악해볼 수 있다. 그것은 마치 한 건물에서 대문이란 담장과 다르게 닫아서 지키는 기능과 열어서 드나드는 기능을 동시에 지니고 있는 사실에 비유해볼 만하다. 밤에는 대문을 닫아서 도둑을 막아야 하고 낮에서 대문을 열어서 손님을 맞이해야 하는 것처럼 닫아야할 때와 열어야할 때가 있으니, 어느 한 쪽을 고집할 수 있는 것이 아니다. 그만큼 도학과 실학은 각각의 시대적 역할이 있고 또 그에 따른 한계를 갖는 것도 사실이다.

정약용(茶山 丁若鏞, 1762-1836)은 조선후기 실학을 집대성하면서 실학의 개방적 포용정신을 가장 폭넓게 드러내주고 있는 인물이다. 그는 18세기말에서 19세기 초의 조선사회가 접할 수 있는 지식에 대해 전방위로 시야를 열어놓고 있었다. 옛 경전과 문헌에서 한대(漢代) 이후 송·명(宋明)을 거쳐 청대(淸代)까지에 이르는 유교사상의 다양한 학문적 전통과 유파를 평가하고 수용하는 '고—금'(古今)의 소통을 추구하면서, 당시 중국에 전파되어 조선에까지 흘러들어온 서양의 종교와 과학지식으로서의 서학(西學)을 폭넓게 수용하여 '동—서'(東西)가 교류하는 국면에 뛰어들어 깊이 관여하고 있음을 보여준다. 이와 더불어 그는 경전에 근거하여 유교의 '정도'(正道)를 밝히면서 양주(楊朱)·묵적(墨翟)과 노장(老莊)·불교를 비롯하여 유교 안의 육상산·왕양명에 이르기까지 이른바 '이단'(異端)에 대해서도 비판적 인식과 수용적 이해로 '정—이'(正異)의 소통을 위한 길을 열어주고 있다. 나아가 그의 열린 관심은 안으로 소홀히 하였던 우리 자신의 역사와 언어·지리·생활·풍속 등에 깊은 관심에서 면밀한 이해를 보여주며 밖으로 우리가 외면하고 있던 일본에 대해서도 새로운 눈길로 주의 깊게 관찰하여 '내—외'(內外)가 단절되지 않은 소통과 이해의 길을 넓혀갔다. 말하자면 고금·동서·내외가 제각기 높은 벽을 쌓고 단절되어 서로 망각하고 있는 장면에서 벽들 사이에 문을 찾아내어 열어젖혀 서로 소통하고 이해하게 하는 개방된 시야의 새로운 세계관을 드러내주는 것이라 하겠다.

정약용이 추구하는 세계는 단순히 열려있기만 하는 것은 아니다. 대문이 열어야할 때가 있지만 열어놓기만 할 수는 없는 것과 같이, 그는 개방과 소통을 추구하면서도 이에 따른 혼란과 무질서에 빠지지 않고 하나의 질서와 원칙을 확립하는 데 일관된 관심을 유지하고 있었다. 무엇보다 먼저 그는 '경전'을 도리의 원천으로 중시하였다. 여기서 그는 판단의 기준으로 '도리'(道)와 '이치'(理)를 확인함으로써 객관적 공정성과 합리적 정당성을 강조하였다. 곧 "학문이란 천하의 공변된 물건이다. 참으로 그 말이 '도리'에 위배된다면 비록 대인·군자에게서 나왔다 하더라도 감히 높이고 믿을 수 없는데, 하물며 그보다 못한 경우이겠는가. 참으로 그 말이 '이치'에 맞는다면 하찮은 사람에게서 나온 말이라 하더라도 의당 표창해야할 것인데, 하물며 그보다 더 훌륭한 경우이겠는가"[*1]라고 하여, 학문이란 인물과 신분에 따라 차별화되는 것이 아니라 '도리'와 '이치'를 기준으로 판단되는 것이요, 천하에 보편적으로 공유되는 것임을 역설하고 있는 것도, 열린 세계를 지향하면서 질서의 기준을 수립하고 있음을 보여주는 것이라 하겠다.

따라서 개방된 세계관을 제시하면서 새로운 가치질서를 정립하고자

---

*1 『與猶堂全書』第1集(이하 '『與全』[1]'으로 줄임), 권14, 31, '心經疾書跋', "學問者, 天下之公物也, 苟其言之倍道, 雖出於大人君子者, 尙不敢尊信, 況下於是者哉, 苟其言之中理, 雖出於鄒夫庸人者, 尙當表章之, 況進於是者哉."

하는 정약용의 관심에서는 도학전통에서 거부되었던 다양한 사유에 대해 폭넓게 이해하는 포용의 입장을 확립하면서, 동시에 모든 방향에 대해 자신의 일관된 기준에 따라 진실성을 점검하는 비판적 검토를 병행하고 있는 사실을 확인할 수 있다. 그의 사유체계에서 비판과 포용의 상반된 작용은 사실상 그 자신의 일관된 세계관을 수립하기 위한 양날의 칼이라 하겠다. 그만큼 그의 사유체계에서 비판과 포용이 어떻게 상응하여 일관하는 방법으로 작용하고 있는지 주의를 기울일 필요가 있을 것이다.

정약용의 사유체계에서 비판과 포용의 형식이 적용되는 기본영역을 개괄해보면, 우선 사유일반의 형식으로 정통과 이단을 분별하는 관점에 대한 인식이 주목된다. 이와 더불어 그의 사상적 전개과정에 따른 주제로서 먼저 '동서'교류에 따른 종교적 세계의 인식문제와, 다음으로 조선사회의 학문적 유산인 성리설의 쟁점에 대한 인식문제 및 경전해석의 과정에서 한학(漢學)과 송학(宋學)의 쟁점에 대한 인식문제가 기본과제로 주목된다. 이러한 과제를 통해 정약용의 실학정신이 얼마나 다양한 사상의 유파와 견해에 대해 엄격한 비판의 논리를 제시하고, 동시에 다양성을 폭넓게 수용하는 포용의 논리를 제시하고 있는지 확인할 수 있을 것이다.

2. 이단의 비판과 포용적 이해

1) 비판의식과 이단異端의 인식

정약용은 조선후기의 체제교학인 도학이념의 정통의식에 따라 이단 비판이 엄격한 시대를 살았던 인물로서, 자신의 사상체계를 정립하면서 진리의 기준을 확인하고 이에 따른 비판의 대상으로서 '이단'의 성격에 대한 명확한 인식을 제시하고 있다. 먼저 그는 공자가 순(舜)의 큰 지혜로 "두 단서(兩端)를 잡고 '중도'(中)를 백성에게 쓴다"(執其兩端, 用其中於民.<중용>)고 언급한 구절에서 두 단서인 '양단'을 지나침과 못 미침(過・不及)이라는 옛 주석의 해석을 받아들이고, '중'(中)을 지극한 선이 있는 곳이라 하여 진리의 기준으로 밝히고 있다. 여기서 그는 "'중'과 '양단'은 모두 이미 순임금의 자기 마음속에 먼저 있어서 권형과 척도로 삼은 것이요, 이에 이 세 가지(中・過・不及)를 붙잡고 사람의 말을 살펴서 '양단'에 저촉되는 것은 버리고 '중'에 합치하는 것은 쓴다. …악한 것은 '과'와 '불급'의 논의이고, 선한 것은 '중'의 논의이다"[*2]라고 하여, 지극한 선인 '중'에 맞는지 아닌지는 자신의 마음속에 있는 판단기준임을 지적하고, '중'과 '양단'을 선과 악으로 나누고, 따를 것인지 버릴 것인지 결정해야할 대립적 가치로 제시하였다. 그만큼 선하고 정당한

---

*2 『與全』[2], 권3, 11, '中庸自箴', "舊注以過與不及爲兩端, 本是正解, …中與兩端, 皆已先在舜自己心內, 以之爲權衡尺度, 於是執此三者, 以察人言, 其犯於兩端者去之, 其合於中者用之, …中者至善之所在也, …惡者過不及之論也, 善者得中之論也."

기준인 '중'에 벗어나는 것을 '양단'으로 규정하여 거부하는 입장을 명확하게 밝히고 있는 것이다.

'중'에 대한 '양단'의 개념은 바로 '정도'(正道 · 正學)에 대한 '이단' (異端)의 개념으로 연결될 수 있다. 공자가 "'이단'을 오로지 행하는 것은 해로울 뿐이다"(攻乎異端, 斯害也已.<論語 · 爲政>)라고 언급한 구절에서 '이단'의 개념에 대해, 그는 "'이단'이란 선왕의 단서를 계승하지 않는 것을 말한다. 여러 유파의 온갖 기예(技藝)로서 성명(性命)의 학문과 경전의 가르침에 있지 않은 것은 모두 '이단'이다. 비록 백성의 일상생활에 도움됨이 있더라도 만약 이 일만을 오로지 행하면 이것은 역시 군자의 학문에 해로움이 있다"[*3]라고 하여, '정도'의 기준을 '성명의 학문'과 '경전의 가르침'으로 지적하고, 이에 벗어나는 온갖 기예는 농업이나 군사와 같이 백성의 생활이나 국가의 운용에 이로운 것이라 하더라도 모두 '이단'에 속하는 것으로 규정한다.

여기서 그는 노자 · 장자 · 양주 · 묵적이나 불교는 공자의 시대에 공자의 가르침에 대립하는 것으로 제기되지 않았던 사실을 들어서, 공자가 말한 '이단'은 삼교(三敎: 儒 · 佛 · 道)가 정립한 이후의 후세에서 말하는 '이단'과 다른 것임을 지적하고, "양주(楊朱) · 묵적(墨翟)이 부모를 부모로 여기지 않고 임금을 임금으로 여기지 않는 것이나, 노장(老莊) · 불교가 하늘을 업신여기고 성인을 모독하는 것은 죄악이 지극히 크고

---

*3 『與全』[2], 권7, 31, '論語古今註', "異端, 謂不纘先王之緒者也, 百家衆技, 凡不在性命之學, 經傳之敎者, 皆異端, 雖或有補於民生日用者, 若專治此事, 斯亦有害於君子之學也."

귀신과 사람이 분노하는 바이니 어찌 오로지 행하기를 기다린 다음에 해로움이 있다고 하겠는가”[*4]라고 하여, 후세에서 ‘이단’으로 규정되고 있는 양주·묵적과 노장·불교에 대해 극심한 배척의 입장을 밝히고 있다. 그러나 동시에 공자가 언급한 ‘이단’이 이러한 후세에서 말하는 ‘이단’과 다른 것임을 강조하고 있는 것은 공자의 말씀을 권위로 삼아 ‘이단’을 배척의 대상으로 규정하는 태도에 한계를 짓는 것이라 볼 수도 있을 것이다.

『중용』에서 “‘도’는 함께 행하여 어긋나지 않는다”(道並行, 而不相悖)는 구절에 대해, 모기령(毛奇齡)은 “‘도’가 함께 행한다는 것은 천하가 하나의 ‘도’가 아니다”(道並行者, 天下非一道)라고 하여, 여러 ‘도’가 서로 충돌하지 않고 병행할 수 있음을 말하는 것으로 해석하였다. 정약용은 모기령의 해석을 거부하면서, “다만 이 하나의 ‘도’는 모든 성인이 함께 말미암으니, 마치 다만 이 하나의 길을 모든 백성이 함께 말미암는 것과 같다. 이것이 서로 어긋나지 않음을 말한다. 만약 노장과 불교의 ‘도’로 하여금 우리 ‘도’와 더불어 함께 행하게 한다면, 어찌 서로 어긋나지 않는 이치가 있겠는가”[*5]라고 하였다. 곧 여러 ‘도’가 함께 행하는 것이 아니라 모든 사람이 이 하나의 ‘도’를 함께 행한다는 것이요, 따라서 노장이나 불교의 ‘도’는 유교의 ‘도’와 어긋나지 않고 함께 행할 수 없는 것임을 밝히고 있다. 이처럼 그는 진리의 기준으로서 ‘도’는

---

*4 같은 곳, “楊墨之無父無君, 老佛之慢天侮聖, 罪大惡極, 神人所憤, 豈待專治而後有害.”

*5 『與全』[2], 권4, 59, ‘中庸講義補’, “只此一道, 千聖共由, 如只此一路, 四民共由, 斯之謂不相悖也, 若使老佛之道, 與吾道而並行, 則豈有不相悖之理.”

하나일 뿐임을 역설하고, 서로 다른 '도'는 서로 충돌하지 않을 수 없음을 강조하였다. 그만큼 도학전통이 지닌 정통의식의 배타적 태도와 같은 입장을 취하고 있음을 보여준다.

정약용은 '정도'의 유일성을 강조함으로써 사실상 '정도'에 어긋나는 사상과 학술에 대한 비판입장을 분명하게 밝히고 있다. 여기서 그의 비판의식이 적용되는 사례를 먼저 「오학론」(五學論)에서 살펴보면, 그의 '정도'와 '이단'에 대한 인식의 성격을 엿볼 수 있을 것이다. 그는 '문장지학'(文章之學)이 유교의 큰 해독이 됨을 지적하면서, 천지의 바른 이치에 통하고 만물의 온갖 사정을 두루 하는 옛 사람의 진정한 문장의 모범으로서 『역』·『시』·『서』·『예』(禮)·『주례』·『춘추좌전』·『논어』·『맹자』의 경전을 들었으며, 여기에다 『노자』를 '각박하면서 그윽히 깊다'(刻覈深窈)고 평가하면서 포함시키고 있다. 그 아래로 사마천(司馬遷)·양웅(揚雄)·유향(劉向)·사마상여(司馬相如)는 순수함이 적다고 평가하고, 그 아래로 한유(韓愈)·유종원(柳宗元)·구양수(歐陽脩)·소식(蘇軾)의 글에 대해서는 "안으로 자신을 닦고 부모를 섬길 수 없고 밖으로 임금을 보좌하고 백성을 다스릴 수 없으며, 평생토록 읊조리며 사모하여도 실의에 빠지고 불만에 차서, 끝내 천하와 국가를 위할 수가 없다. 이것은 우리 '도'의 해충이 됨이 양주(楊朱)·묵적(墨翟)·노장·불교보다 심할 것이니, 왜 그런가? 양주·묵적·노장·불교는 비록 붙들고 있는 것에 어긋남이 있지만, 요컨대 모두 자기를 극복하고 욕심을 끊어서 선을 하고 악을 버리려는 것이지만, 저 한유·유종원·구양수·소식은 그 자부하는 바가 문장일 뿐이다"[*6]라고 하여,

전통적으로 문장의 종장으로 일컬어 지닌 한유·유종원·구양수·소식에 대해 '이단'으로 지목되는 양주·묵적·노장·불교보다 유교에 더 큰 해독이 있음을 주장하였다. 이처럼 그는 전통적인 '이단'에 대한 인식을 근본적으로 성찰하면서 '이단'으로 일컬어지는 양주·묵적·노장·불교의 근원에서 잘못된 것임을 인정하면서도 그 과제에서는 유교의 '도'와 일치됨을 지적하였으며, '문장'이 성명(性命)의 근본이나 나라의 실무를 망각하면 '이단'이라 일컬어지는 경우보다 유교의 '정도'에 더욱 해독이 되는 것임을 역설하고 있다.

또한 그는 천상(天象)을 살피고 비기(秘記)와 참서(讖書)를 보거나, 복서(卜筮)와 관상(觀相)으로 예언을 하는 '술수의 학'(術數之學)에 대해 "학문이 아니라 속이는 것이다. …저들은 마귀를 섬기고 괴이함을 좋아하며, 은근히 스스로 앞일을 아는 성인에 의거하면서 부끄러움을 알지 못하니, 어찌 손잡고 요·순의 문으로 함께 돌아갈 수 있겠는가"[7]라고 하여, 앞일을 점치는 온갖 '술수'란 마귀를 섬기는 것으로 요·순의 '도'와 더불어 행할 수 없는 속임수임을 엄정하게 배척하였다. 이러한 사실은 성리학을 표방하는 유교지식인들 사이에도 어느 정도 파고들어 있는 당시의 '술수'를 분별함으로써 유교의 '도'를 지킬 수 있다는 사술(邪術)에 대한 배척입장을 천명하고 있는 것이다.

---

*6 『與全』[1], 卷11, 21-22, '五學論三', "韓柳歐蘇, …內之不可以修身而事親, 外之不可以致君而牧民, 終身誦慕而落魄牢騷, 卒之不可以爲天下國家, 此其爲吾道之蟊螟也, 將有甚乎揚楊墨老佛何也, 楊墨老佛, 雖其所秉有差, 要之皆欲以克己斷慾, 爲善去惡, 彼韓柳歐蘇, 其所自命者, 文章已矣."

*7 『與全』[1], 권11, 23-24, '五學論五', "術數之學, 非學也惑也, …彼事魔好怪, 隱然自據乎前知之聖, 而莫之知恥也, 又惡能携手同歸於堯舜之門哉."

나아가 정약용은 노장과 불교 등 당시의 유교전통에서 '이단'으로 규정되고 있는 사상에 대해 비판입장을 밝히고 있다. 공자가 "배우고 때에 익힌다"(學而時習之.<論語·學而>)는 구절에 대해 양주·묵적·불교·노장을 배우고 익히지 않아야하는지 묻는 책문(策問)에 대답하면서, "배우고 익히는데 '도'의 근원을 나누지 않은 것은 공자 이전에는 천하가 한 집안이요 사문(斯文)이 한 계통이었으며, 노자의 학문도 역시 우리 '도' 가운데서 자애와 검소와 물러남을 위주로 한 것일 뿐이요, 오늘의 이른바 도가(道家)에서 연단(鍊丹)과 초청(醮靑)의 요사스럽고 허망한 술법과는 같지 않다. 그래서 일찍이 별도의 문호를 세우지 않았다. 그래서 단지 배우고 익힌다고만 일컬은 것이나 역시 이단으로 어지럽혀질 수는 없다"[*8]고 하였다. 여기서 그는 '이단'을 '정도'의 학습을 어지럽힐 수 없음을 전제로 하면서도, 노자에 대해서는 유교의 '도'에서 갈라져 나온 것이라는 긍정적 인식을 보여주며 후세에 성립한 도교를 사술로 규정하여 노자와 도교를 명확히 구별하는 견해를 제시하고 있다. 이처럼 그는 유교전통에서 '이단'으로 배척받는 경우라 하더라도 무조건 비판하는 것이 아니라 유교의 '도'와 일치점에 대해서는 긍정적으로 평가하는 입장을 지니면서, '이단'에 대한 비판적 입장을 지키고 있는 것이라 하겠다.

정약용은 "두 사람이 '인'(仁)이 되니, 사람과 사람이 서로 접촉하여

---

*8 『與全』[2], 권16, 40, '論語古今注', "學習之不分道原者, 臣以爲夫子之前, 天下一家, 斯文一統, 老子之學, 亦於吾道之中, 以慈儉退隱爲主而已, 非如今之所謂道家鍊丹醮靑, 妖邪罔誕之術, 故實未賞別立門戶, 然則只稱學習, 亦可以不亂於異端矣."

바야흐로 ‘인’이라는 명칭이 있을 수 있으며, 사물에게는 ‘인’이 합당하지 않다. 불교가 살생을 금지하는 것은 사물에게 ‘인’하는 것이요, 묵적이 겸애(兼愛)하는 것은 남에게 어버이처럼 친하는 것이다”[*9]라고 하여, 유교와 불교와 묵자의 입장이 다른 차이점을 분명하게 짚어준다. 여기서 그는 맹자가 “어버이를 ‘친’(親)하여, 백성을 ‘인’(仁)하고, 백성에게 ‘인’하여 사물을 ‘애’(愛)한다”(親親而仁民,仁民而愛物.<孟子·盡心上>)라고 하여, 사물(物)·남(人)·어버이(親)라는 대상에 따라 ‘애’(愛)·‘인’(仁)·‘친’(親)의 계층적 등급을 제시한 것을 전제로 받아들여, 불교가 사물에 ‘인’하는 것은 사람과 사물의 분별이 없는 것임을 드러내고, 묵적이 남에게 어버이같이 친하는 것은 남과 어버이의 분별이 없는 것임을 드러내고 있다. 그만큼 불교와 묵자의 경우에 대해 유교가 지닌 대상에 따른 분별의식을 결여한 유교와의 차이점을 확인함으로써, 거부의 입장을 밝히고 있는 것이다.

또한 왕양명의 ‘치양지설’(致良知說)에 대해서도, 노력하는 ‘치’(致)와 하늘에서 타고나는 ‘양’(良)의 두 개념은 양립할 수 없는 것으로 함께 붙여놓은 것이 모순임을 지적하면서, “왕양명이 ‘치양지’의 세 글자를 ‘도’에 들어가는 문이요 근본주장으로 삼았다. …이것은 양명이 현자가 되는 까닭이면서, 양명의 학문이 이단이 되는 까닭이다. 무릇 한 구절의 말을 세워 근본주장으로 삼는 것은 그 학문이 모두 이단이다. ‘위기’(爲己)는 군자의 학문이요 성인이 일찍이 말씀하였지만, 양주(楊朱)는 ‘위

---

*9 『與全』[2], 권6, 47, ‘孟子要義’, “二人爲仁, 人與人相接, 方可有仁之名, 於物不當仁也, 佛氏之禁殺, 是仁於物也, 墨氏之兼愛, 是親於人也.”

기' 두 글자를 세워 근본주장으로 삼으니, 그 폐단은 터럭 하나 뽑는 것을 하지 않아서 이단이 되었고, '존덕성'(尊德性)은 군자의 학문이요 성인이 일찍이 말씀하였지만, 육상산(陸象山)이 '존덕성' 세 글자를 세워 근본주장을 삼으니, 정신을 희롱하는 것을 돈오(頓悟)라 하여 이단이 되었다"[10]고 언급하였다. 그는 무엇보다 '이단'이 되는 조건으로 '한 구절의 말을 세워 근본주장으로 삼는 것'이라 제시하여, '이단'은 진리의 기준인 '중'(中: 中庸·中道)에서 벗어나 한쪽으로 치우친 어떤 특정 구절을 근본주장(宗旨)으로 삼는 태도라 규정한다. 따라서 그는 이러한 '이단'개념에 근거하여, 양주의 근본주장인 '위기'(爲己: 爲我)나 육상산의 '존덕성'은 성인의 말씀에 있지만 '위인'(爲人)이나 '도문학'(道問學)의 반대쪽은 망각하고 한 쪽으로만 치우치면서 균형있는 '도'를 상실하게 되는 것이요, 이것이 바로 '이단'이 되는 길임을 강조한다. 같은 맥락에서 왕양명은 '치양지'를 근본주장으로 삼음으로써, 특정한 개념에 치우침으로써 '이단'이 되고 마는 것임을 밝히고 있다. 그것은 양주·묵적만이 아니라 육상산·왕양명도 특정개념에 집착하면서 전체의 균형과 '중'의 조화를 상실하여, 성인의 '도'에서 벗어나는 '이단'으로 규정하고 비판하는 입장을 밝히고 있는 것이다.

---

*10『與全』[1], 권12, 18, '致良知辨', "王陽明以致良知三字, 爲法門宗旨, …此陽明之所以爲賢者, 而陽明之學之所以爲異端也, 凡立一句語爲宗旨者, 其學皆異端也, 爲己君子之學也, 聖人嘗言之矣, 楊氏立爲己二字爲宗旨, 則其敝爲拔一毛不爲而成異端矣, 尊德性君子之學也, 聖人嘗言之矣, 陸氏立尊德性三字字爲宗旨, 則其敝爲弄精神頓悟而成異端矣."

2) 이단異端의 판단기준과 포용논리

정약용은 경전의 가르침에 근거하는 유교의 '정도'에 어긋나는 '이단' 내지 '사설'(邪說)에 대해 비판의 입장을 분명하게 밝히고 있지만, 동시에 맹목적인 전통의 묵수가 아니라, 객관적인 성찰과 적극적인 이해의 포용적 입장을 보여주고 있다는 점에서 그의 사상적 특성이 드러난다. 이러한 양면의 태도는 서로 충돌하는 것이 아니라, 유교의 '정도'에 대한 본래의 진정한 의미를 재인식함으로써 확고한 기준을 정립한 위에서 비판해야 할 '이단'의 문제점과 포용해야 할 '이단' 속의 가치를 취사선택하는 일관된 입장을 지키고 있는 것이라 할 수 있다.

따라서 비판할 '이단'이 이미 규정되어 있는 전통을 받아들이는 것이 아니라, 어떠한 정당한 사상이나 전통에 대해서도 언제나 문제점이 발생할 수 있음을 인식하는 끊임없는 성찰과 진실성의 재확인을 추구하는 것이라 하겠다. 그는 「폐책」(弊策)에서 "사물이 오래되어 무너지고 부서지는 것을 '폐단'(弊)이라 하니, '폐단'은 천지와 자연의 형세이며, 사물이 오래되어도 폐단이 없는 것은 없다"고 밝히면서, "동한(東漢)은 절의(節義)를 숭상하였으나 그 폐단은 붕당(朋黨)이 되었고, 진(晉)은 청허(淸虛)를 숭상하였으나 그 폐단은 방자하고 뒤집히게 되었다. …과거(科擧)의 제도는 공거한 천거에 힘쓰는 것이었으나 그 폐단은 사욕을 따르는 것이 되었고, 사창(社倉)의 법도는 백성을 이롭게 하는 데 오로지 하는 것이었으나 그 폐단은 잔혹하게 거두어가는 것이 되었다"[11]고 지적하

---

*11 『與全』[1], 권9, 4, '弊策', "物久而敗壞者, 謂之弊, 弊者天地自然之勢, 物未

여, 어떤 정당한 사상이나 좋은 제도에도 그 시행과정에 반드시 폐단이 생긴다는 현실적 필연성을 '자연적 형세'(自然之勢)요 '사물의 이치'(物之理)임을 주목하였다. 그것은 유교의 '정도'라도 그 현실의 실현과정에서는 폐단이 생길 수 있음을 인정하는 열린 사유방법을 제시하고 있는 것이다.

같은 맥락에서 유교의 가치를 실현하는 주체로서 선비인 '유'(儒)를 『주례』에서 "'도'로써 백성을 얻는 것을 '유'라 한다"고 하여, 그 명칭의 중대함을 제시하였지만, 현실에서는 '유'가 일으키는 온갖 폐단에 따라 '못난 선비'(豎儒)·'썩은 선비'(腐儒)·'비루한 선비'(鄙儒)·'융통성 없는 선비'(拘儒) 등으로 일컬어져 비웃음을 사기도 하고, '도적 같은 선비'(盜儒)·'비천한 선비'(賤儒)·'속된 선비'(俚儒)·'공허한 선비'(空儒) 등으로 일컬어져 배척을 당하기도 하는 사실을 지적하였다.[12] 이처럼 유교의 중심개념에 대해서도 파생되는 문제점을 진지하게 성찰할 수 있는 열린 사유가 바로 '이단'에 대해서도 맹목적 비판이 아니라 성찰을 통한 개방적 포용자세를 가능하게 해주는 것이라 하겠다.

정약용은 옛 사람들은 한대(漢代)의 경학자인 대성(戴聖)이나 마융(馬融) 등에 무례한 언동이 많았지만 그 경전을 전해주고 주석한 학설은 폐지될 수 없는 공이 있음을 인정하였던 사실을 주목하고, 후세 학자들

有久而不弊者也, …東漢尙節義, 其弊也爲朋黨, 晉室尙淸虛, 其弊也爲放倒, …科擧之制, 務在公擧, 而其弊也爲循私, 社倉之法, 專於利民, 而其弊也爲虐斂."
[12] 『與全』[1], 권9, 19-20, '問儒', "周禮天官, 以道得民, 謂之儒, 儒之名, 不其大歟, …豎儒腐儒鄙儒拘儒, 譏嘲多端, 盜儒賤儒俚儒空儒, 排斥不一."

의 풍조는 이와 달라진 점을 지적하면서, "진실로 그 근본이 바르지 않으면 비록 그 일컫고 서술함이 모두 요·순·주공·공자의 말이라 하더라도 오히려 버려지고, 진실로 그 명망이 이미 정해지면 비록 그 끌어들임이 신불해(申不害)·한비자(韓非子)·노자·불교로 뒤섞였다 하더라도 감히 의론하지 못한다. 홀로 퇴계만은 그렇지 않아 오직 말을 살피고 그 사람됨으로 판단하지 않으며 오직 '도'를 헤아리고 사사롭게 하지 않았다. 이에 정황돈(程篁墩)의 『심경』(心經)에 대한 학설을 표출시켜 드러내며 높이고 신뢰하여, 학자들에게 만세의 법도가 됨을 보여주었으니 그 마음가짐이 지극히 공정하지 않겠는가"[13]라고 하였다. 곧 당시 학자들의 풍조가 어떤 학설이든 근본이 '정도'에 어긋나 한번 '이단'으로 규정되면 그 말이 아무리 성인의 가르침과 일치하더라도 받아들일 줄 모르고, '정통'으로 한번 인정되면 '이단'의 잡설로 뒤섞어 말해도 비판할 줄을 모른다는 판단기준이 고착된 문제점을 비판한 것이다. 여기서 그는 특히 퇴계가, 정황돈이 육상산의 학설을 따르는 인물이지만 『심경부주』(心經附註)에서 제시한 견해가 옳다고 인정하여 높였던 점을 학자를 위한 만세의 법도(萬世法程)라 강조하였다. 이처럼 '정통'과 '이단'에 고착된 관점이 아니라, 그 말이 '도'에 맞는지 아닌지를 판단기준으로 정립하는 열린 자세를 중시함으로써, '이단'으로 규정된 유파의 견해에도 열린 마음으로 바라보는 포용의 길을 열어주고 있는

---

*13 『與全』[1], 권14, 31, '心經疾書跋', "苟其本領不正, 雖其所稱述, 皆堯舜周孔之言, 猶在可棄, 苟其名論旣定, 雖其所援引, 雜之以申韓老佛, 所不敢議也, 獨文純夫子李公不然, 唯言之察而不以其人, 惟道之揆而不以吾私, 乃取程篁墩心經之說而表章之尊信之, 示學者爲萬世法程, 其處心顧不大公至正矣乎."

것이다.

그는 자신이 천주교를 신봉하였던 문제로 인해 '이단'으로 지목받아 유배생활을 하는 형편에 놓여있었던 만큼, 특히 사람들이 쉽게 '이단'이라 규정하여 배척하는 일에 대해 신중하게 해야 할 것으로 경계하고 있다. 조익현(曺翊鉉)에게 보낸 편지에서, "'이단'이란 천하에 악명이니, 말하기는 비록 쉽지만 당하기는 어찌 괴롭지 않겠는가"[14]라고 하면서, 주자가 육상산을 선학(禪學)으로 배척할 때에도 함께 강론하고 더불어 시를 주고받으며 함께 지내며 여러 차례 편지를 주고 받아본 뒤에서 판단하였던 사실을 들어서 신중하게 판단하였던 사실을 지적하고 있다. 그만큼 이미 '이단'으로 규정된 학설에 연관되었더라도 그 논설과 의도와 바탕을 충분히 살피지 않고 경솔하게 '이단'의 죄목을 씌우는 것이 학문하는 사람의 올바른 자세가 아님을 강조한 것이다.

나아가 그는 불교나 육상산이나 양주·묵적 등 도학전통에서 '이단'으로 규정된 사상에 대해서도 유교의 정통적 사상과 연관 속에 자리잡을 수 있는 터를 닦아주는 입장을 보여주었다. 곧 둘째형 정약전(丁若銓)에게 보낸 편지에서, "불교에는 '교법'(敎法)과 '선법'(禪法)이 있는데, 그래서 경사(經師)는 만년에 모두 좌선(坐禪)을 한다. 내가 원하는 것은 이것(禪法)이나 이 일은 경전공부보다 배는 어려워 생각과 능력이 미칠 수 있는지 모르겠다. 주자는 '경사'요, 육상산은 '선사'인데, '경사'는 우(禹)·직(稷)·묵적에 가깝고, '선사'는 안회(顔回)·양주에 가깝

---

*14 『與全』[1], 권19, 10, '與曺進士翊鉉', "異端者, 天下之惡名也, 言之雖容易, 受之寧不苦乎."

다”[15]고 하여, 유교에서 경학과 수양론의 과제를 불교의 '교법'과 '선법'에 비유하였다. 이처럼 그는 주자와 육상산이 학문방법의 두 가지 기본형식에서 각각 한 쪽에 서 있는 것으로 보고, 한 시대에 세상을 위해 나가서 열심히 노력하였던 우·직·묵적과 은둔하여 자신을 닦는 데 힘썼던 안회·양주도 바로 불교에서 '교법'에 힘쓰던 '경사'와 '선법'에 힘쓰던 '선사'에 가까운 것이라 하여, 유교의 학문방법과 이른바 이단의 학문방법이 지닌 공통성을 제시하고 있다.

그는 『서경』 '대우모'(大禹謨)편에서 순(舜)임금의 말로 수록된 "인심은 위태하고 도심은 은미하니, 정밀하게 하고 한결같이 하여 그 '중'(中)을 잡을 수 있어야 한다"(人心惟危, 道心惟微, 惟精惟一, 允執厥中)는 구절은 매색(梅賾)이 『순자』 '해폐'(解蔽)편에서 『도경』(道經)의 말로 인용하고 있는 "인심은 위태하고 도심은 은미하니, 위태하고 은미한 기미는 오직 밝은 군자가 된 다음에 알 수 있다"(人心之危, 道心之微, 危微之幾, 唯明君子而後能知之)는 구절을 이용하여 위작(僞作)한 것이라 파악하였다. 여기서 그는 『도경』을 도가(道家)의 말이지만 받아들여야 할 것을 강조하면서, "도가의 말한 바가 많이 복희·신농·황제가 남긴 글에 관계되니, 인심·도심 역시 반드시 오제(五帝) 이래로 서로 전해온 '도'의 요결(道訣)이요, 뒷 사람이 말할 수 있는 바가 아니다. 이제 이 두 구절은 만세의 심학(心學)에 근본이 되니 어찌 순자에서 나왔다고 조금

---

*15 『與全』[1], 권20, 28, '答仲氏', "僧家有敎法禪法, 故經師晚年, 皆作坐禪, 我所願者此, 而此事之難, 倍於經工, 未知心力能及也, 朱子經師也, 陸象山禪師也, 經師近於禹稷墨翟, 禪師近於顏回楊朱."

이라도 높이고 신뢰하는 정성을 소홀히 하겠는가”[16]라고 하여, 『도경』이 도가의 말이지만 삼황·오제의 유교의 시원과 연결되는 것이라 하여 받아들이며, ‘인심·도심’의 언급이 도학의 정통으로 인정되지 않는 순자의 글에서 나왔다고 소홀히 할 수 없음을 역설하였다.

바로 이점에서 그는 『도경』에서 말하는 ‘도’ 역시 유교의 ‘도’임을 지적하고, 『노자』 속의 문구가 분명하더라도 선유(先儒)들이 취하기도 하는데, 삼황(三皇)의 옛 전적(九丘·八索·三墳·五典)이 남긴 실마리인 ‘인심위·도심미’(人心危, 道心微)의 여섯 글자는 결코 버릴 수 없음을 강조하면서, “설령 여섯 글자가 본래 불경에서 나왔다고 하더라도 마땅히 천구(天球)와 홍벽(弘璧)처럼 떠받들어 자기를 극복하고 예법을 회복하는 근본을 삼아야 마땅하다. 하물며 유교에서 나오고 『도경』에 근본하는 것이겠는가”[17]라고 하여, 말이 노자에서 나왔는지 불교에서 나왔는지가 기준이 아니라, 그 말이 진실하고 ‘도’에 합당한지가 기준임을 명확히 밝혔다. 그만큼 유교전통에서 ‘이단’으로 무조건 배척되어오던 노자나 불교에 대해서도 열린 눈으로 다시 바라볼 수 있는 시야를 열어주는 포용의 자세를 확인할 수 있다.

이런 맥락에서 주자는 불교의 ‘관심설’(觀心說)을 “마음으로 마음을 부린다는 것은 마치 입으로 입을 물고 눈으로 눈을 본다는 것과 같아서

---

[16] 『與全』[2], 권2, 29, ‘心經密驗’, “況道家所言, 多係羲農黃帝之遺文, 人心道心, 亦必是五帝以來相傳之道訣, 非後人之所能道也, 今此二句, 爲萬世心學之宗, 豈可以出於荀氏, 而少忽其尊信之誠哉.”

[17] 『與全』[1], 권20, 32, ‘答金德叟’, “設令六字本出於佛經, 亦當戴之捧之, 如天球弘璧, 以爲克己復禮之本, 況出於儒家, 本於道經者乎.”

잘못된 것이다"[18]라고 그 말의 성립자체를 무의미한 것으로 거부하였
지만, 이와 달리 정약용은 불교의 '관심설'의 근본에 오류가 있다고
보면서도 '관심'의 작용은 필요하고 의미 있는 것으로 인정하는 입장을
보여준다. 곧 "'관심'의 이론은 진실로 잘못된 것이다. 그러나 마음의
본체는 형상이 없으니, 입과 눈의 형상이 있는 것과는 다르다. 스스로
자신의 마음을 보는(觀) 데에는 역시 그 도리가 있다. 그래서 연평(延平
李侗)은 사람들에게 아직 발동하기 전의 기상을 오로지 보도록 가르쳤으
며, 마음의 오묘한 작용은 선유(先儒)들이 거듭 말하였다. 만약 돌이켜서
볼 수 없다면 어찌 이와 같은 오묘한 작용을 알겠는가? 다면 벽을 마주
하여 마음을 보는 것은 괴이한 일이다"[19]라고 하였다. 이처럼 그는 주자
가 불교의 '관심설'을 전면으로 부정하는 것과는 달리, 마음의 자기
성찰로서 '관심'의 정당성을 적극적으로 인정하면서 단지 '면벽관심'(面
壁觀心)하는 선(禪)의 방법이 잘못된 것임을 비판하고 있다. 그것은 불교
의 교설에서도 적극적 이해의 열린 마음을 확보하면서 '정도'에 의한
비판의식을 견지하고 있음을 보여주는 것이다.

맹자가 '부모를 부모로 여기지 않고 임금을 임금이라 여기지 않는다'
(無父無君)고 비판하여 '이단'의 전형적 경우로 지목되었던 양주와 묵적
에 대해, 정약용은 "터럭 하나를 뽑는다거나 머리끝부터 발꿈치까지

---

[18] 『朱熹集』, 권67, 22, '觀心說', "釋氏之學, 以心求心, 以心使心, 如口齕口,
如目視目." 정약용이 인용한 주자의 언급은 "佛者觀心之說, 謬以心使心, 如以口
齕口, 以目視目.<心經密驗>"이다.

[19] 『與全』[2], 권2, 40, '心經密驗', "觀心之說固謬, 然心體無形, 與口目之有形
者不同, 自觀自心, 亦有其道, 故延平敎人, 專觀未發前氣象, 心之妙用, 先儒
亟言之, 若不能反觀, 安知妙用如是, 但面壁觀心是怪事."

닿게 한다는 것은 가정하여 형용한 말인데, 학문이 얕은 자들이 이 글을 잘못 읽고서 양주를 인색한 사람으로 여기고 묵적을 무절제한 사람으로 여기니 크게 잘못된 것이다. 군자의 학문은 두 가지를 벗어나지 않으니, 하나는 자기를 닦는 것(修己)이요 둘은 남을 다스리는 것(治人)이다. …이 두 사람은 각각 그 하나를 붙잡고 변통할 줄 모른 것이 그 잘못이다. …양주의 '도'는 우(禹)와 직(稷)의 시대에 안회(顏回)의 지킴이요, 묵적의 '도'는 안회의 세상에 우와 직의 행함이니 그 죄는 이와 같을 뿐이다. …요·순의 세상에는 우·직이 그 '중'(中)이요, 노(魯)나라·위(衛)나라의 세상에는 안회가 그 '중'이다"[20]라고 하였다. 곧 양주의 '위아'(爲我)는 나를 선하게 하려는 '수기'(修己)에 해당하고 '의'(義)에 상응하며, 묵적의 '겸애'(兼愛)는 남을 사랑하는 '치인'(治人)에 해당하고 '인'(仁)에 상응하는 것으로 이 두 가지는 서로 활용해야 하고 한 쪽을 폐지할 수 없는 것으로서, 양주와 묵적의 주장은 모두 유교에서 군자의 학문으로 필수적인 두 요소임을 강조하여 적극적으로 받아들이고 있다. 다만 시대와 상황에 맞게 '수기'하거나 '치인'하는 것이 '시중'(時中)의 올바른 '도'가 될 수 있는데, 양주와 묵적은 그때에 어긋나서 양주는 '치인'해야 할 때 '수기'를 고집하고 묵적은 '수기'해야 할 때에 '치인'을 고집하여 '시중'의 '도'에 어긋나는 오류에

---

*20 『與全』[2], 권6, 43-44, '孟子要義', "拔毛磨頂, 皆是假設形容之辭, 淺學誤讀此文, 以楊朱爲吝人, 以墨翟爲狂客, 大謬也, 君子之學, 不出二者, 一曰修己, 二曰治人, …二者各執其一, 不知變通, 是其謬也, …楊朱之道, 禹稷之時, 而顏回之守也, 墨子之道, 顏回之世, 而禹稷之行也, 其罪如斯而已, …堯舜之世, 禹稷其中也, 魯衛之世, 顏回其中也."

빠졌다고 보았다.

이처럼 양주와 묵적의 '도'가 유교의 '인'이나 '의'에 해당하는 정당한 가치임을 인정하여 받아들이면서 '인'(仁: 治人)·'의'(義: 修己)를 상황에 맞추어 조화롭게 활용하지 못하고 한 쪽만 고집함으로써, '이단'에 빠지게 되었다는 것이다. 그것은 양주·묵적의 '도'를 유교의 '도' 속에 포용하면서도 '시중'에 어긋나는 오류를 비판하고 있는 것이며, 이러한 비판은 유교의 '도'라 하더라도 언제든지 현실의 상황에 맞지 않으면 오류에 빠져 '이단'의 처지에 떨어질 수 있음을 의미한다. 그만큼 그는 기존의 '이단'이거나 유교의 '정통'을 대립적으로 설정하여 '이단'을 배척하는 입장이 아니라, 유교의 정통을 포함한 어떤 사상이라도 현실 상황에 맞게 실현하느냐 하지 못하느냐에 따라 '정도'와 '이단'으로 판단할 수 있다는 새로운 차원의 포용적 입장을 정립하고 있는 것이다.

3. 서학의 수용과 경전의 재해석

1) 서학수용과 천天개념의 재인식

정약용의 사상에서 서학의 문제는 매우 미묘하고 복합적인 문제를 내포하고 있다. 먼저 정약용이 20대 청년시절에 서양과학서를 탐독하고 천주교 교리서에 깊이 젖어들어 한 때 천주교에 입교하여 신앙집회에 참여하기도 하였으나, 그 스스로 천주교신앙에서 벗어났음을 공개적으로 선언하였으며, 그의 행적도 천주교신앙집회와 연결의 자취가 거의 없다는 사실을 주목할 필요가 있다. 곧 정약용에서 서학 곧 서양과학과 천주교교리의 문제는 젊은 시절의 일시적 관심에 그치는 것인지, 아니면 평생토록 그의 학문영역 전반에 영향을 받고 있는지 상반된 견해가 제기되고 있는 형편이다.[*21]

실제로 정약용의 저술에서는 서학의 문헌이나 언급을 직접 인용하는 경우가 전혀 없는 만큼, 어디까지 서학의 영향을 받은 것인지 아니면 고전에 근거한 독자적 해석인지를 판단하기 쉽지 않은 것은 사실이다. 더구나 그가 천주교 교리서의 이론을 수용하였다고 하더라도 유교경전의 해석에 적용되는 이론을 선택적으로 끌어들였기 때문에 서학의 교리서가 제시하는 체계적 이론을 정약용에서 그대로 찾아낸다는 것은 처음부터 불가능하다. 그렇다면 서학의 교리서로 보면 불완전한 부분적 수용일 수 있고, 유교의 경학전통에서 보면 특이한 논리이기는 하지만 유교경전의 해석에 적합성을 지닌 것으로 보일 수 있다. 당시 정약용이 접하였던 천주교 교리서는 예수회의 적용주의 선교정책에 따라 유교문화에 적응하여 서술된 교리서였다. 마테오 리치(利瑪竇)의 『천주실의』(天主實義)에서 가장 잘 드러나고 있는 것처럼 천주교 교리를 성리설과 뚜렷이 차별화시키면서 유교경전과 일치시키는 이른바 보유론(補儒論)의 교리서였던 만큼, 유교경전을 주자학의 해석에서 벗어나 새롭게 볼

[*21] 정약용의 著述에 근거를 둔 연구자들은 정약용이 천주교에서 일찍부터 이탈한 사실을 강조하는 경향이 강하고, 天主敎敎會史쪽 자료에 근거를 두는 연구자들은 정약용이 생애의 마지막까지 천주교와 깊이 연관되었다고 보는 입장을 취하여 양극적 대립양상을 보이고 있다.

수 있는 분명한 길을 제공하였던 사실을 주목할 필요가 있다.

전반적으로 개괄해보면 정약용의 경전해석에는 천주교 교리서로부터 받은 영향이 그의 경전해석에 새로운 빛 중 일부를 제공했던 것으로 보인다. 그렇지만 그의 경전해석은 어디까지나 유교경전의 해석이지 천주교 교리의 해명을 위한 작업은 결코 아니다. 따라서 그는 천주교 교리서에서 새로운 세계관의 충격을 받음으로써 유교경전에서 풍부하고 새로운 의미를 발견해낸 것이요, 서학의 논리를 이용하여 유교경전 해석의 새로운 세계관을 구축할 수 있었던 것이라 하겠다. 그것은 서학의 빛을 활용하여 그동안 유교경전의 이해에서 어두웠던 부분을 밝힌 것으로, 유교경전의 해석 속에 서학의 세계관을 포용하는 것이라 할 수 있다.

정약용이 천주교의 교리서를 수용하면서 유교경전을 재해석한 중심주제는 첫째, '상제－천'(上帝·天)개념의 재해석이요, 둘째, 인간의 '성'(性)과 '덕'(德)개념의 재해석이요, 셋째, 인간과 사물의 관계에서 일체론으로 보는 견해를 거부하고 차별성을 강조하여 재해석하는 것이라 할 수 있다. 그가 교리서의 영향을 받은 흔적을 가장 뚜렷하게 볼 수 있는 것은 『중용』에 대한 두 가지 주석서로서 『중용강의보』(中庸講義補)와 『중용자잠』(中庸自箴)에서 확인할 수 있다.[*22]

[*22] 정약용이 23세때 여름 太學生으로서 正祖가 제시한 70조목의 '中庸策問'에 대해 李檗과 토론하였던 대답을 작성하였던 것이 『中庸講義』이며, 이에 앞서 그해 봄 정약용은 李檗의 영향으로 천주교신앙에 빠져들기 시작하였던 상황이었다. 30년후 53세때 유배지 康津에서 『中庸自箴』을 저술하여 이어서 『中庸講義』를 보완하여 『中庸講義補』를 저술하였는데, 이때에도 李檗을 간곡히 흠모하는 뜻을 보이고 있는 것이 사실이다.

『중용』 첫머리에서 "하늘이 명한 것을 '성'이라 한다"(天命之謂性)는 구절에 대해 주자는 "하늘이 음양·오행으로 만물을 변화 생성하는데, '기'로서 형상을 이루고 '이'도 부여한다"[23]고 하여, 하늘이 음양·오행의 구성체계로 만물을 생성한다는 생성원리를 제시하고, 인간과 만물은 '이'와 '기', 곧 본질과 형상으로 구성된다는 존재구조를 제시하였다. 음양·오행은 중국인의 우주생성론을 이루고 있는 오랜 전통의 사유형식인데, 정약용은 이에 대해 음양과 오행이 우주생성의 원리가 될 수 없음을 분명히 밝힘으로써, 주자학이 정립한 자연철학의 우주론을 그 뿌리에서부터 부정하고 있다. 곧 "음·양의 명칭은 햇빛이 비추고 가리는 데서 일어나는 것으로 해가 가려지면 '음'이요, 해가 비치면 '양'으로 본래 체질이 없는 것이요, 다만 밝고 어둠이 있으니 원래 만물의 부모가 될 수 없다"[24]고 하여 '음·양'이 만물의 생성근원이 될 수 없음을 밝히고, 또한 "오행은 만물 가운데 다섯 가지 물건에 지나지 않으니, 같은 사물인데, 다섯 가지로 만 가지를 낳는다는 것은 역시 곤란하지 않겠는가?"[25]라고 하여, '오행'을 만물의 생성원리로 제시하는 입장을 부정하였다.

그렇다면 정약용은 만물의 생성원리로서 한 대(漢代) 이후 확립되고 송대(宋代)에서도 확고히 계승되었던 음양오행설을 부정하고서 어떤 생

---

[23] 朱熹, 『中庸章句』, 제1장, "天以陰陽五行化生萬物, 氣以成形, 理亦賦焉."
[24] 『與全』[2], 권4, 1-2, '中庸講義補', "陰陽之名, 起於日光之照掩, 日所隱日陰, 日所映日陽, 本無體質, 只有明闇, 原不可以爲萬物之父母."
[25] 『與全』[2], 권4, 3, '中庸講義補', "五行不過萬物中五物, 則同是物也, 而以五生萬, 不亦難乎."

성원리를 제시하고 있는 것인가? 우선 그는 "만물이 '상천'(上天)의 조화하는 가운데 있는 것은 마치 물고기가 물 속에 있어서 헤엄치고 숨쉬는데 물을 떠날 수 없는 것과 같다. 그러므로 '만물을 몸으로 삼아 남김이 없다'고 하였는데, '만물을 몸으로 삼는다'는 것은 만물이 몸이 되어 채워져 있다는 것이다"[26]라고 언급하여, 만물이 '상천'의 조화를 벗어날 수 없음을 강조하여, 물고기가 물 속에 있듯이 만물이 '상천'의 조화 속에 있는 것으로 해석하고 있다. 그것은 모든 개체가 '상천'의 조화세계 속에 내포되어 있음을 밝힘으로써 만물을 조화하는 주체가 '상천'임을 확인해주고 있지만, 그 개체가 어떻게 생성되어 나온 것인지는 선명하게 말해주고 있지 않다. 이런 의미에서 그는 '조화'란 생성변화를 의미하는 것이요 제작을 의미한 것이라 보기 어렵다. 곧 '조화'란 기독교적 의미에서 '창조'를 가리키는 것이라기보다 '섭리'를 가리키는 것으로 이해할 수 있을 것이다. 이처럼 그는 하늘이 음양·오행의 형질로서 만물을 생성하는 원리로 인식하여 하늘을 이치[天卽理]로 규정하는 성리학적 '천'개념을 거부하고, '천'이 아니라, 만물의 생성을 한 몸으로 포괄[體物]하는 주체로서 '상천'의 위치를 확립하고 있다. 이처럼 정약용은 유교경전의 '천'개념을 이해하는데 서학의 창조설을 끌어들이는데 관심을 두는 것이 아니라, 유교경전의 해석에 무리가 없는 '천'의 주재자(主宰者)로서의 지위를 확립함으로써 '천'의 인격신적 성격을 확인하는 출발점으로 삼고 있는 것이다.

---

*26 『與全』[2], 권3, 16, '中庸自箴', "萬物在上天造化之中, 如魚在水中, 游泳呼吸, 不能離水, 故曰體物而不可遺, 體物者, 物體之充也."

정약용은 "오늘날 사람이 성인을 이루고자 해도 할 수 없는 데는 세 가지 단초가 있다. 첫째는 하늘을 이치로 인식하는 것이요, 둘째는 '인'(仁)을 만물을 낳는 이치로 인식하는 것이요, 셋째는 '용'(庸)을 평상(平常)으로 인식하는 것이다. 만약 '신독'(愼獨)하여 하늘을 섬기고 '서'(恕)에 힘쓰는 것으로 '인'(仁)을 구하고, 항구하여 쉬지 않을 수 있으면, 이것이 성인이다"[*27]라고 하여, 성리학의 '천'(天)·'인'(仁)·'용'(庸) 개념의 인식이 잘못되어 성인이 되고자 해도 될 수 없는 것임을 강조하였다. 무엇보다 '하늘'을 '이치'로 인식하는 성리학의 형이상학적 관점을 거부하고 '신독'(愼獨)으로 하늘을 섬겨야 한다는 신앙적 입장을 확립하는 것이 바로 서학의 인격신관을 수용하여 유교경전을 새로운 빛으로 재해석하는 시야를 열어주는 대목이라 할 수 있다.

정약용은 경전 속에서 언급되고 있는 '상제' 내지 '천'의 존재에 대한 재해석을 경전의 진실한 의미를 올바르게 인식하는 대전제로 강조한다. 그는 먼저 '천'의 명칭과 기본개념의 인식에서 성리학의 입장과 차이를 분명하게 짚어주고 있다. 주자는 『맹자』(盡心上)에서 말한 '천'개념을 해석하면서 장횡거(張橫渠)가 "'태허'(太虛)로 말미암아 '천'(天)이라는 이름이 있고, '기화'(氣化)로 말미암아 '도'(道)라는 이름이 있다"라고 한 말을 인용하였고, 이를 설명하여, "'기화'는 저 음·양의 조화(造化)이니 수·화·금·목·토가 모두 이것이다. '태허'는 곧 「태극도」(太

---

*27 『與全』[2], 권2, 40, '心經密驗', "今人欲成聖而不能者, 厥有三端, 一認天爲理, 二認仁爲生物之理, 三認庸爲平常, 若愼獨以事天, 强恕以求仁, 又能恒久而不息, 斯聖人矣."

極圖)의 맨 위에 있는 하나의 동그라미다"라고 하였다.[28] 정약용은 이 구절을 인용하고서, '천'을 '태허' 내지 '태극'이라는 궁극적 근원의 개념으로 해석하는 장횡거·주자의 해석과 전혀 다른 입장에서 자신의 견해를 밝혔다. 곧 "'천'의 주재는 '상제'가 된다. 그것을 '천'이라 이르는 것은 '국군'(國君: 임금)을 '국'(國)으로 일컫는 것과 같으니, 감히 바로 가리키며 말하지 않는다는 뜻이다. 저 파랗고 형체가 있는 '천'은 우리 인간에게 지붕처럼 덮고 있는 것에 불과하며, 그 등급도 흙·땅·물·불과 똑같은 등급이 되는 데 불과하다, 어찌 우리 인간의 '성'(性)이나 '도'(道)의 근본이겠는가? 「태극도」의 위에 있는 하나의 동그라미는 '6경'에 보이지 않는 것인데, 이것이 영명함이 있는 것인가? 아니면 아무 지각도 없는 것인가? 텅 비어서 생각할 수도, 논의할 수도 없는 것인가? 무릇 천하에 영명함이 없는 것이 주재가 될 수는 없다"[29]라고 밝혔다. 여기서 그는 '천'이란 하나의 사물에 불과한 것으로 주재자인 '상제'를 가리키는 명칭에 불과한 것이라 확인하였다. 마치 '임금'이라 직접 부르는 대신에 '대궐'이라 부르는 말과 같다는 것이다. 이렇게 주재자인 '상제'와, '상제'를 일컫는 호칭에 불과한 '천'을 구별함으로써, 궁극적

---

[28] 『孟子集註大全』(盡心上), "張子曰, 由太虛有天之名, 由氣化有道之名." 同小註, "朱子曰, 氣化者, 那陰陽造化, 水火金木土皆是, 太虛, 便是太極圖上面一圓圈."

[29] 『與全』[2], 권6, 38, '孟子要義', "天之主宰爲上帝, 其謂之天者, 猶國君之稱國, 不敢斥言之意也, 彼蒼蒼有形之天, 在吾人不過爲屋宇帡幪, 其品級不過與土地水火, 平爲一等, 豈吾人性道之本乎, 大極圖上一圓圈, 不見六經, 是有靈之物乎, 抑無知之物乎, 將空空蕩蕩, 不可思議乎, 凡天下無靈之物, 不能爲主宰." 『天主實義』(第2篇)에서는 유교인이 '天地의 主宰'를 '天地'로 일컫는 것은 '南昌太守'를 '南昌府'라 일컫는 것과 같은 語法일 뿐이라 언급하고 있는 것도 같은 맥락이다.

존재인 '상제'가 주재자로서 인격신적 성격을 지닌 것임을 분명하게 밝혔다. 이와 더불어 그는 '태허'나 '태극'에 대해서도 영명한 지각능력이 있는지 없는지를 따져 물음으로써, 영명함이 없다면 주재자가 될 수 없음을 역설하여, '영명함'(靈)이라는 지각능력이 주재자의 본질적 조건임을 확인함으로써 '상제'의 인격성을 강조하고 있다.

마테오 리치는 『천주실의』에서 '이'(理)와 '상제'의 차이를 영명함(靈)과 지각(覺)의 유무를 기준으로 해명하여, "'이'(理)는 영명한 지각이 있는가? 의리를 밝게 아는 것인가? 만약 영명한 지각과 의리를 밝게 안다면 귀신의 부류에 속한다. 어찌 '태극'이라 하고 '이'라 하겠는가? 만약 그렇지 않다면 상제와 귀신과 인간의 영명한 지각은 누구로부터 얻은 것인가? 저 '이'라는 것이 자기에게 없는 것을 사물에 베풀어 있게 할 수는 없다. '이'가 영명함도 없고 지각도 없다면 영명함을 만들어내고 지각을 만들어낼 수는 없다"[30]고 하여, '이'(理)가 영명함과 지각능력이 없다면 상제·귀신·인간과 같은 영명함과 지각능력이 있는 존재를 생성하는 근원이 될 수 없음을 지적하였다. 이처럼 '상제'를 영명함과 지각능력이 있는 존재로 확인하고 있는 사실이 바로 정약용이 '상제'를 '영명함'이 있는 주재로서 인격신적 존재로 인식하는 것과 일치할 수 있는 대목이다.

정약용은 경전에서 언급된 '상제'의 여러 가지 명칭으로 황천(皇

---

*30 『天主實義』, '第2篇 解釋世人錯認天主', "理者靈覺否, 明義者否, 如靈覺明義, 則屬鬼神之類, 曷謂之太極, 謂之理也, 如否則上帝鬼神夫人之靈覺, 由誰得之乎, 彼理者以己之所無, 不得施之于物, 以爲之有也, 理無靈無覺, 則不能生靈生覺."

天)·호천(昊天)·민천(旻天)·상천(上天)·창천(蒼天) 등을 들고서, 한유(漢儒)들이 직능이나 사시(四時)에 따라 구별하는 잡다한 해석을 비판하면서, 『주례』(大宗伯)에서 "호천상제에 인(禋)제사를 드린다"(以禋祀祀昊天上帝)는 말에 근거하여, "'호천'(昊天)은 상제의 정호(正號)이다"*31[31]라고 하였다. 그것은 '호천'이 '상제'의 정호(正號)요, '황천'·'민천'·'상천'·'창천' 등은 '상제'의 별호(別號)로서 모두 하나의 '상제'를 부르는 여러 호칭임을 제시하여 '상제'는 유일한 존재로서 주재자임을 확인하는 것이요, '상제'를 유일신(唯一神)으로 인식하고 있음을 보여주는 것이다.

'상제'의 존재양상에 대해 "감추어 있고(隱) 희미하다(微)는 것은 '상천'의 행함이다. …내려와 감시하는 자를 믿지 않으면 반드시 그 홀로 있음을 삼감이 없을 것이다"*32라고 하여, '상제'는 보아도 보이지 않고 들어도 들리지 않으면서 감추어 있지만 가장 잘 드러나고, 희미하지만 가장 뚜렷한 존재요, 동시에 내려와서 인간의 모든 일을 감시하는(降監) 존재이므로 인간은 홀로 있는 자리에서도 삼가지 않을 수 없음을 강조하고 있다. 따라서 군자는 내려와 감시하는 '상제'의 존재를 알기 때문에 감정이 아직 발동하지 않을 때에도 "공경하여 삼가며 '상제'를 힘써 섬겨서 언제나 '신명'이 가장 깊이 감추어진 곳까지 위에서 비추어보고 살피는 것을 경계하고 두려워한다"*33고 하며, 이와 반대로 대중들은

---

*31 『與全』[2], 권22, 7, '尙書古訓', "周禮大宗伯禋祀上帝曰昊天上帝, 昊天乃上帝之正號也."

*32 『與全』[2], 권3, 5-6, '中庸自箴', "隱微者, 上天之載也, …不信降監者, 必無以愼其獨矣."

보이지 않고 들리지 않는다고 하여 경계하고 두려워할 줄을 모르는 것이라 지적하였다. 이처럼 정약용은 '상제'를 인간의 감각으로는 모습이 보이지 않고 소리가 들리지 않아도 내려와서 인간을 감시하는 인격 신적 존재임을 확인하고 있다.

정약용은 '상제'가 모습도 보이지 않고 말씀하는 소리도 들리지 않는 존재이지만, 인간은 '상제'의 목소리를 들을 수 있는 방법이 있음을 제시한다. 곧 "하늘이 반복하여 타일러서 명령할 수 없는 것은 할 수 없는 것이 아니다. 하늘의 목소리는 '도심'(道心)에 맡겨져 있으니, '도심'이 경계하여 알려주는 것은 '황천'이 명령하고 경계하는 것이다. … 도록(圖籙)에서 천명을 구하는 것은 이단의 허망한 술법이고, 본심에서 천명을 구하는 것은 성인이 힘써 섬기는 학문이다"[34]라고 하여, 하늘의 목소리를 인간의 '도심' 내지 '본심'에서 들을 수 있음을 역설하였다. 또한 그는 '들리지 않는다'고 말하는 것은 '상제'가 말을 못하여 소리가 없다는 것이 아니라, '상제'가 말하는 소리가 귀로 듣는 것이 아니라 '도심'의 마음으로 듣는 것임을 강조하고 있다.

> "'보이지 않는다'(不睹)는 것은 무엇인가? 하늘의 형체이다. '들리지 않는다'(不聞)는 것은 무엇인가? 하늘의 소리이다. …'도심'과 '천명'은 두 갈래로 나누어볼 수 없다. 하늘이 나에게 경계하여 알려주는 것은 우레

---

*33 『與全』[2], 권3, 6, '中庸自箴', "小心翼翼, 昭事上帝, 常若神明照臨屋漏, 戒愼恐懼."
*34 『與全』[2], 권3, 3, '中庸自箴', "天不能諄諄然命之, 非不能也, 天之喉舌, 寄在道心, 道心之所儆告, 皇天之所命戒也, …求天命於圖籙者, 異端荒誕之術也, 求天命於本心者, 聖人昭事之學也."

로 하지 않고 바람으로 하지 않으며, 남몰래 자기 마음에다 간곡하게 알려주고 경계한다. …천명은 단지 태어나는 처음에 부여하여 '성'(性)으로 주어지는 것이 아니다. 원래 형상이 없는 실체(體)요 오묘한 작용의 신명(神)이니, 같은 부류가 서로 들어가 더불어 서로 감응하는 것이다. …하늘의 영명함은 사람의 마음에 직접 통달하여 숨겨져 있다고 살피지 못하는 것이 없으며, 희미하다고 밝히지 못하는 것이 없다. 이 방 안을 위에서 비추어 살피며, 나날이 감시하여 계신다."[*35]

여기서 그는 천명이 천둥치거나 거센 바람이 부는 자연현상으로 드러나는 것이 아니라, '상제'와 '도심'이 형상이 없는 실체요 오묘한 작용의 신명이라는 같은 부류이기 때문에 서로 감응하여 '도심'이 '상제'의 목소리 곧 '천명'을 들을 수 있다는 것이다. 바로 이 점에서 그는 유교의 '상제'가 이치(理)로서 드러나는 것이 아니라 의지를 지닌 인격신으로 드러나고, 인간에게 귀에다 말하는 것이 아니라 '도심'에 말로 타일러주는 계시의 능력이 있음을 분명하게 밝혀주고 있다. 이러한 '상제'개념의 인식은 천주교 교리서를 그대로 받아들인 것이라고 할 수는 없지만, 교리서의 영향을 받고 유교경전을 새롭게 해석한 것이라 확인할 수 있을 것이다.

[*35] 『與全』[2], 권3, 4, '中庸自箴', "所不睹者何也, 天之體也, 所不聞者何也, 天之聲也, …道心與天命, 不可分作兩段看, 天之儆告我者, 不以雷不以風, 密密從自己心上丁寧告戒, …天命不但於賦生之初, 畀以此性, 原來無形之體妙用之神, 以類相入, 與之相感也, 天之靈明直通人心, 無隱不察, 無微不燭, 照臨此室, 日監在茲." *"照臨此室, 日監在茲"은 『시경』(小雅·小明)의 "明明上天, 照臨下土"와, 『시경』(周頌·敬之)의 "日監在茲"를 인용한 것이다.

2) 서학수용과 '귀신'개념의 재인식

정약용이 유교경전을 새롭게 해석함에 있어서 천주교 교리서의 영향을 가장 뚜렷하게 확인할 수 있는 대목으로 '상제'개념과 더불어 '귀신' 개념의 인식을 주목할 필요가 있다. 먼저 정약용은『주례』(大宗伯)에서 제사가 드려지는 '귀신'의 종류가 '천신'(天神: 昊天上帝・日月星辰・司中・司命・風師・雨師 등), '지기'(地示: 社稷・五紀・五嶽・山林・川澤 등), '인귀'(人鬼: 先王・先公・先妣의 廟 등)의 세 가지로 제시되고 있는 사실을 들면서, '지기'에 대해 "하늘이 '천신'으로 각각 수・화・금・목・토・곡・산림・천택을 맡게 하고, 임금도 신하로 하여금 이 일을 나누어 관장하게 하니, 후세에 와서 신하로 공로가 있는 자를 '천신'에 배향하여 사직에 제사하고 오사(五祀)에 제사하고 산천에 제사하니, 명칭은 비록 '지기'이지만 그 실지는 모두 '천신'과 '인귀'이다"[36]라고 하였다. 곧『주례』에서 말한 '천신'・'지기'・'인귀'라는 귀신의 세 가지 분류는 귀신이 존재하는 자리에 따른 명칭으로 파악하여, '지기'를 땅에 연관된 사물을 관장하는 '천신'과 땅의 일을 담당해 공로를 세운 옛 신하의 '인귀'로 나눔으로써, 실제 귀신의 존재는 '천신'・'인귀'의 두 가지만 인정하고 있다.

마테오 리치도 "'음양'의 2기(二氣)는 사물의 실체이니 없는 곳이 없으며, 천지 사이에는 '음양'이 아닌 사물이 없고 귀신이 아닌 사물도

---

[36]『與全』[2], 권4, 20, '中庸講義補', "天以天神, 各司水火金木土穀山川林澤, 人主亦使人臣分掌是事, 及其後世, 乃以人臣之有功者, 配於天神, 以祭社稷, 以祭五祀, 以祭山川, 則名雖地示, 其實皆天神人鬼也."

없다"는 중국선비의 견해를 제시하고, 이를 반박하여 "'기'(氣)를 귀신·영혼으로 삼는 것은 사물 종류의 명칭을 어지럽히는 것이다. …귀신에 제사 드리는 사람은 있지만, '기'에 제사 드리는 사람이 있다고 듣지는 못하였다"[*37]라고 하여, 귀신과 '기'는 서로 다른 종류의 존재임을 밝히고, 또한 귀신이 사물에 들어 있는 것은 마치 배에 사람이 오랫동안 타고 있는 것과 같은 경우로서 사물과 귀신을 일체로 혼동시킬 수는 없는 것임을 분명히 하였다. 이처럼 영명한 지각이 있는 '천신'이나 '인귀'와 달리 지각능력이 없는 사물은 귀신이 깃드는 자리가 될 수는 있어도 귀신이 될 수는 없는 것임을 제시한 점에서 정약용의 견해와 깊이 연결되어 있는 것이라 하겠다.

주자는 『중용』의 "'교'(郊)와 '사'(社)의 의례는 상제를 섬기는 것이다"(郊社之禮, 所以事上帝也)라는 구절을 주석하면서, "'후토'(后土)를 말하지 않은 것은 생략된 글이다"(不言后土者, 省文也.<『중용장구』, 19장>)라고 하였는데, 정약용은 "일·월·성·신과 풍·우·사명의 신이나 사직·오사·오악·산림·천택의 신은 모두 하늘의 명신(明神)이다. 특히 그 관장하는 바가 하늘을 맡았는지 땅을 맡았는지의 구별이 있어서 혹 '천신'이라 하고 혹 '지기'라 한다. …위와 아래의 신(神)과 기(示)는 모두 상제의 명령을 받아서 만물을 보존하고 도우며, 임금 된 자는 제사를 드려 보답하니 하늘을 섬기는 것이 아님이 없다. …'후토'를 말하지 않은 것은 생략된 글이 아니다"[*38]라고 하여, '천신'과 '지기'

---

*37 『天主實義』, '第4篇, 辯釋鬼神及人魂異論, 而解天下萬物不可謂之一體', "以氣爲鬼神靈魂者, 紊物類之寔名者也, …有祭鬼神者矣, 未聞有祭氣者."

가 모두 '상제'의 명령을 받는 '명신', 곧 '귀신'임을 지적하여, '교'제사
나 '사직'제사 등이 모두 궁극적으로 '상제'를 섬기는 것임을 강조하여,
주자의 '상제'를 제사하는 '교'와 '후토'를 제사하는 '사'를 양립시켜보
는 견해를 거부하고 있다.

성리학의 기본적 '귀신'개념으로서, 정자(程子)는 "귀신은 천지의 작
용이요 조화의 자취다"라 하고, 장횡거는 "귀신이란 2기(二氣: 陰陽)의
타고난 능력이다"[39]라고 정의하였다. 정약용은 이러한 성리학의 '귀신'
개념을 비판하면서 "'천지'란 귀신의 작용이요, '조화'란 귀신이 남긴
자취인데, 이제 곧바로 자취와 작용을 '신'이라 부르는 것이 옳겠는가?
…옛 사람은 진실한 마음으로 하늘을 섬기고 진실한 마음으로 신을
섬겼다. …지금 사람들은 하늘을 이치라 하고 귀신을 작용이요 조화의
자취요 2기(음양)의 타고난 능력으로 삼아서, 마음이 아는 것이 아득하고
어두우며 하나같이 지각이 없는 것 같이 보니, 어두운 방에서는 마음을
속이고 방자하여 거리낌이 없어서, 평생토록 '도'를 배우지만 더불어
요·순(堯舜)의 경지로 들어갈 수 없는 것은 모두 '귀신'의 해설에 밝지
못한 바가 있기 때문이다"[40]라고 하였다. 곧 성리학자들이 천지의 작용

---

*38 『與全』[2], 권4, 32-33, '中庸講義補', "日月星辰, 風雨司命之神, 社稷五祀五
　　嶽山林之神, 都是天之明神, 特其所掌, 有司天司地之別, 故或云天神, 或云地
　　示也, …上下神示, 皆受帝命, 保佑萬物, 而王者祭而報之, 無非所以事天, …
　　不言后土, 非省文也." 『中庸』引孔子, 曰: "郊社之禮, 以事上帝也". 『天主實
　　義』(第2篇)에서도 "朱註日, 不言后土者, 省文也, 竊意仲尼明一之, 以不可爲
　　二, 何獨省文乎."라고 하여, 같은 견해를 보여주고 있다.
*39 『中庸章句』 제16장, "程子曰鬼神, 天地之功用而造化之跡, 張子曰鬼神者, 二
　　氣之良能."
*40 『與全』[2], 권4, 20-21, '中庸講義補', "天地者, 鬼神之功用, 造化者, 鬼神之留
　　跡, 今直以跡與功用, 謂之乎神可乎, …古人實心事天, 實心事神, …今人以天

이나 조화의 자취나 2기의 타고난 능력이라는 현상을 '귀신'이라 보는 견해와 정반대로 천지나 조화가 귀신의 작용이요 남긴 자취라는 주체로서의 '귀신'개념을 제시하고 있다. 여기서 그는 성리학의 입장은 '귀신'개념을 자연현상 속에서 이해할 뿐, 내려와 감시하는 인격신적 존재로 인식하지 못하기 때문에 진실한 마음으로 하늘과 귀신을 섬길 수 없어서 '도'를 배워도 성인의 경지에 들어갈 수 없는 결정적 한계가 있음을 강조하고 있다. 그만큼 '귀신'은 만물을 생성하고 조화하며 인간의 행위를 감시하는 지각능력과 의지를 지닌 인격신적 존재로 확인하고 있는 것이다.

정약용은 '귀신'이란 '상제'를 보좌하는 '천신'과 인간의 사후존재인 '인귀'의 두 가지를 가리키는데, '천신' 속에는 '상제'도 포함시켜 말할 수 있으며, 따라서 '상제'도 '귀신'으로 일컬을 수 있다고 본다. 그는 특히 『중용』 제16장(鬼神章)에서 말하는 '귀신'은 바로 '상제'를 가리키는 것으로 확인하여, "상제의 실체는 형상도 없고 기질도 없으며 귀신과 더불어 덕이 같으므로 '귀신'이라 말한다. 그 감응하여 이르고 위에서 비추어 살피는 것으로 말하기 때문에 '귀신'이라고 한다"[*41]고 밝혔다. 또한 그는 "귀신은 이(理)나 기(氣)로 말할 수 없는 것이다. 천지의 귀신은 환하게 펼쳐져 있고 빽빽하게 벌여있는데, 그 지극히 높고 지극히

為理, 以鬼神爲功用爲造化之跡爲二氣之良能, 心之知之, 杳杳冥冥, 一似無知覺者然, 暗室欺心, 肆無忌憚, 終身學道, 而不可與入堯舜之域, 皆於鬼神之說, 有所不明故也."

[*41] 『與全』[2], 권3, 15, '中庸自箴', "上帝之體, 無形無質, 與鬼神同德, 故曰鬼神也, 以其感格臨照而言之, 故謂之鬼神."

큰 것은 '상제'일 뿐이다"[*42]라고 하여, 이기론으로 '귀신'개념을 설명하는 성리학의 견해를 부정하고, 귀신이 이 세상에 명백하게 드러나 있고 가득 차 있음을 강조하고, 모든 귀신 가운데 가장 존귀하고 위대한 존재가 바로 '상제'라는 것이다. 곧 인간을 둘러싼 세계는 귀신이 주체가 되어 조화와 작용의 모든 현상을 관장하고 있으며, 모든 귀신의 위에서 명령하고 주재하는 존재로서 '상제'를 유일신으로 확인하고 있는 것이라 하겠다.

마테오 리치도 '귀신'의 존재를 설명하면서, "사물에 시작도 있고 끝도 있는 것은 금수와 초목이요, 시작은 있지만 끝이 없는 것은 천지의 귀신과 인간의 영혼이며, 천주는 시작도 없고 끝도 없다"[*43]고 하여, 사물과 귀신·영혼과 천주의 세 종류로 분류함으로써, 귀신과 천주(상제)를 구분하면서도 사물과 달리 끝이 없다는 불멸성에서 귀신·영혼과 천주의 공통점을 제시하고 있다. 또한 리치는 "귀신이란 사물로 분류되지 않지만 형상이 없는 별도의 사물 종류요, 그 본래 직분은 오직 천주의 명령으로 조화의 일을 맡았으며, 세상을 장악하는 전권(專權)은 없다"[*44]고 하여, 귀신은 상제의 명령에 따라 일정한 직분을 갖는 것이요, 전체를 주재하는 지위는 상제만이 갖는 것이라 제시하였다. 따라서 정약용이 유교경전의 '귀신'개념이 '상제'를 포함하여 말하는 경우가 있다고 보는

---

*42 『與全』[2], 권4, 23, '中庸講義補', "鬼神不可以理氣言也, 臣謂天地鬼神, 昭布森列, 而其至尊至大者, 上帝是已."
*43 『天主實義』(第1篇), "物之有始有終者, 鳥獸草木是也. 有始無終者, 天地鬼神及人之靈魂是也, 天主則無始無終."
*44 『天主實義』(第4篇), "夫鬼神, 非物之分, 乃無形別物之類, 其本職, 惟以天主之命司造化之事, 無柄世之專權."

견해는 리치와 분명한 차이가 있다. 그러나 귀신이 상제의 신하로 명령을 받는다는 위계질서의 확인에서는 그 영향을 받고 있음을 쉽게 확인할 수 있다.

이처럼 정약용은 '귀신'과 '상제'의 개념을 성리학의 이기설에 의한 이해에서 벗어나 신앙적 대상으로 인식함으로써, "'중용'의 덕은 신독(愼獨)이 아니면 이룰 수 없고, 신독의 공부는 귀신이 아니면 두려워할 바가 없으니, 귀신의 덕은 곧 우리 '도'가 근본하는 바이다"[45]라고 하여, 귀신과 상제의 존재 앞에서 두려워하는 마음을 가짐으로써, 유교의 '도'를 실현할 수 있음을 강조하고, 나아가 "군자의 학문은 어버이를 섬기는 것으로 시작하여 하늘을 섬기는 것으로 마친다"[46]라고 하여, 도덕과 신앙이 유교의 학문적 근본이요 중심축임을 밝히고 있다.

4. 성리설의 재인식과 한·송漢宋의 종합

1) 성리설의 비판적 인식과 '이발·기발설'理發氣發說의 종합

(1) 성리설의 비판적 인식

정약용은 성리학의 기본명제인 '성즉리'(性卽理) 내지 '천즉리'(天卽

---

[45] 『與全』[2], 권4, 23, '中庸講義補', "中庸之德, 非愼獨不能成, 愼獨之功, 非鬼神無所畏, 則鬼神之德, 卽吾道之所本也."

[46] 『與全』[2], 권4, 22, '中庸講義補', "鬼神固非理也, 亦豈是氣乎, …君子之學, 始於事親, 終於事天."

理)를 비판하면서, 사실상 성리학의 전통과 결별하는 입장을 분명하게 선언하고 있다. 곧 "만약 이치를 '성'(性)이라 하고, 이치를 궁구하는 것을 '성'을 아는 것이라 하고, 이치가 나오는 바를 아는 것을 하늘을 아는 것이라 하여, 드디어 이치가 나오는 바를 아는 것이 마음을 다하는 것이라 한다면, 우리 인간의 일생사업은 오직 이치를 궁구하는 한 가지 일이 있을 뿐이니, 이치를 궁구하여 무엇에 쓰겠는가? …옛 성인의 학문은 결단코 이와 같지 않다"[*47]고 하여, 이치를 궁구하는 일(窮理)에만 종사하면 일상현실과 실용적 사무를 온전하게 이룰 수 없는 문제가 있음을 지적하고, 성인의 가르침에 어긋나는 것이라 비판하였다. 또한 그는 "후세의 학문은 천지만물의 형상이 없는 것이나 형상이 있는 것이나 영명한 것이나 우둔한 것이나 모두 함께 하나의 이치에 귀속시킨다. …이것은 조주(趙州)의 '만법귀일설'(萬法歸一說)과 털끝만큼도 차이가 없다. 대개 송나라의 여러 선생들은 젊어서 선학(禪學)에 빠졌었는데, (유학으로) 돌아온 뒤에도 오히려 성리설을 따르지 않음이 없었다"[*48]라고 하여, 송대의 성리학자들이 불교에 물들고서 이를 제대로 탈피하지 못하여 성리설을 계승하고 있는 것이라 지적하였다.

이와 더불어 그는 인간의 '성'을 본연지성(本然之性)과 기질지성(氣質之性)의 두 가지로 제시하는 성리학의 견해를 부정하면서, 맹자가 말하

[*47] 『與全』[2], 권6, 36, '孟子要義', "若以理爲性, 以窮理爲知性, 以知理之所從出爲知天, 遂以知理之所從出爲盡心, 則吾人一生事業, 推有窮理一事而已, 窮理將何用矣, …先聖之學, 斷不如此."

[*48] 『與全』[2], 권6, 38, '孟子要義', "後世之學, 都把天地萬物無形者有形者靈明者頑蠢者, 並歸之於一理, …此與趙州萬法歸一之說, 毫髮不差, 盖有宋諸先生, 初年多溺於禪學, 及其回來之後, 猶於性理之說, 不無因循."

는 '성'개념은 마음이 선을 좋아하는 '기호'(嗜好)라 제시하고, '본연'(本然)이라는 말은 유교경전이나 제자백가에는 전혀 나오지 않고 불교의 『능엄경』(楞嚴經)에서 "여래장성은 청정하고 본연하다"(如來藏性, 淸淨本然)라고 한 말에서 나온 것임을 지적하면서, "유가에서는 우리 인간이 하늘에서 명령을 받은 것이라 하는데, 불교에서는 '본연지성'이 명령받은 바가 없고 처음 생겨나는 바도 없으며 천지의 사이에 스스로 존재한다고 한다. …하늘을 거스르고 천명을 모멸하며 이치에 어긋나고 선을 손상시키는 것이 '본연설'(本然說)보다 심한 것이 없다"[*49]고 엄중하게 비판하였다. 곧 시작이 없이 스스로 존재한다는 불교의 '본연'개념은 하늘이 명령하여 부여한 것이 '성'이라는 개념과 병립할 수 없는 상반된 것으로 보며, '본연'은 '천명'을 부정하는 것으로 유교의 가르침과 정면으로 상반되는 것임을 강조하고 있다. 또한 그는 맹자와 송유(宋儒)의 '성'개념의 차이점을 밝혀, "맹자는 '성'을 논함에 선하지 않음을 빠져든 것에 돌리지만, 송유는 '성'을 논함에 선하지 않음을 기질에 돌린다. 빠져든 것은 자기로 말미암으니 구출하는 방법이 있지만, 기질은 하늘에 말미암는 것으로서 벗어날 길이 없다면, 사람이 누가 자포자기하여 스스로 하류의 비천함에로 돌아가는 것을 달게 여기지 않겠는가?"[*50]라고 하였다. 곧 맹자의 견해에서는 악을 저지르는 것이 자신이 빠져든

[*49] 『與全』[2], 권2, 28, '心經密驗', "儒家謂吾人稟命於天, 佛氏謂本然之性, 無所稟命, 無所始生, 自在天地之間, …逆天慢命, 悖理傷善, 未有甚於本然之說."

[*50] 『與全』[2], 권6, 25, '孟子要義', "孟子論性, 以不善歸之於陷溺, 宋儒論性, 以不善歸之於氣質, 陷溺由己, 其救有術, 氣質由天, 其脫無路, 人孰不自暴自棄, 甘自歸於下流之賤乎."

것으로 보기 때문에 자기 의지에 따라 악에서 빠져나올 수 있지만, 타고난 기질에 따라 악을 저지르는 것이라면 자포자기에 빠지게 되는 것으로, 성리학의 '기질지성'개념에서는 인간의 도덕적 실천의지를 확보할 수 없게 되는 것이라 비판한 것이다.

정약용은 주자가 『대학』과 『중용』의 해석에서는 '이치가 같고 기질이 다르다'(理同而氣異)라 하고, 『맹자』(告子上)의 해석에서는 '기질이 같고 이치가 다르다'(氣同而理異)고 상반된 주장을 하였던 사실을 주목하고, 주자의 서로 다른 해석이 각각 의거하는 바가 있음을 인정하면서, '이치가 같고 기질이 다르다'는 논리에 따라 인간과 사물의 '성'이 같다는 '인물성동론'(人物性同論)을 제시한 사실에 대해 불교에서 말하는 '물과 달의 비유'(水月之喻)와 큰 뜻이 유사함을 지적하였다.[51] 그는 "'성'에는 세 가지가 있으니, 초목의 '성'은 생장이 있지만 지각이 없고, 금수(禽獸)의 '성'은 이미 생장이 있고 또 지각이 있으며, 우리 인간의 '성'은 이미 생장이 있고 지각이 있으며 또 영명하고 선함이 있으니, 상·중·하의 3등급은 엄연히 같지 않다"[52]고 하여, 인성과 물성이 확연히 다르다는 입장을 역설하였다.

---

[51] 『與全』[2], 권4, 46, '中庸講義補', "朱子前後之說, 皆有所據, 但所謂理同者, 不惟曰其受命同也, 並其所稟靈妙之理, 人物皆同, 特以其氣異之, …則與佛家, 大意未遠."

[52] 『與全』[2], 권4, 47, '中庸講義補', "性有三品, 草木之性, 有生而無覺, 禽獸之性, 既生而又覺, 吾人之性, 既生既覺, 又靈又善, 上中下三級, 截然不同." 정약용이 제시한 性三品說은 마테오 리치가 『天主實義』(제3편)에서 제시한 魂三品說(生魂·覺魂·靈魂)과 『荀子』(王制)에서 제시된 物四品說(水火-有氣·無生; 草木-有生·無知; 禽獸-有知·無義; 人-有氣·有生·有知·有義)와 상통하는 것이다.

또한 그는 '인물성동론'이 불교의 견해와 연관되는 것임을 지적하여, "불교에서 사람과 사물은 같은 '성'이므로 사람이 죽어서 소가 되고, 개가 죽어서 사람이 되어 윤회하여 순환하며 무궁하게 낳고 낳아간다. …대개 송대의 현인들은 '성'을 논하는데 많이 이 병통을 범하였으니, 비록 그 본래 뜻은 선을 좋아하고 '도'를 구하고자하는 고심에서 나왔겠지만 공자의 옛 논의와 혹 서로 모순되어, 감히 다 따를 수가 없다"[*53]고 하였다. 송대 성리학자의 '인물성동론'은 비록 그 의도가 좋아도 공자의 말씀과는 충돌하는 것으로 받아들일 수 없음을 명확히 밝히고 있다. 이처럼 그는 '성즉리설'에 따른 '성'개념의 기본체계를 본격적으로 비판함으로써, 사실상 성리학의 형이상학적 기반을 전면적으로 허물어뜨리는 입장을 밝히고 있다.

(2) '이발·기발설'理發氣發說의 종합

정약용은 성리설의 근본명제를 비판함으로써, 성리설을 벗어나 경전을 재해석하여 자신의 철학을 체계화하였지만, 맹목적 비판이 아니라 자신의 철학적 기반 위에서 성리설이 내포하는 의미와 지향하는 목적에 대해 깊은 이해를 보여주고 있다. 한걸음 나아가 그는 당시 2백년이상 논쟁이 계속되어왔던 조선시대 성리학의 가장 큰 쟁점으로서, '사단·칠정'(四端七情)의 해석에 따른 퇴계의 '이발설'(理發說: 理氣互發說)과 율곡의 '기발설'(氣發說: 氣發理乘一途說)의 대립된 견해를 종합하는 탁

---

*53 『與全』[2], 권4, 2, '中庸講義補', "佛氏謂人物同性, 故人死爲牛, 犬死爲人, 輪回環轉, 生生不窮, …蓋宋賢論性, 多犯此病, 雖其本意亦出於樂善求道之苦心, 而其與洙泗之舊論, 或相牴牾者, 不敢盡從."

월한 관점을 제시하였다.

'이발·기발'(理發氣發)의 문제로 제기한 '사칠설'(四七說: 四端七情 說)에 대한 그의 인식은 전개과정으로 보면 세 단계로 나누어볼 수 있다. 먼저 23세 때(1784) 정조임금이 태학생에게 제시한 『중용』 70조의 책문 에 대답을 작성할 때 밝힌 입장이고, 다음에 34세 때(1795) 충청도 금정 역(金井驛)의 찰방(察訪)으로 좌천되어 나가 있는 동안 이익(星湖 李瀷)의 종손인 이삼환(木齋 李森煥)을 모시고 온양 석암사(石巖寺)에서 동학들 이 모여 '서암강학회'(西巖講學會)를 열었을 때 제시한 입장이며, 세 번째로 40세 때(1801) 경상도 장기(長鬐)로 유배되어가서 「이발기발변」 (理發氣發辨) 2편으로 저술하여 제시한 견해이다. 그러나 인식내용으로 보면 두 단계로 나누어지는데, 23세 때의 견해와 34세 때의 견해는 중대한 변화를 드러내고 있지만, 40세 때의 견해는 34세 때의 견해를 다듬고 보완한 것으로 사실상 같은 입장을 보여주고 있다.

첫 단계로 정조의 『중용』 질문조목에 답안을 작성하면서 정약용은 이벽(李檗)과 토론을 하였는데, 이 조목에서 정약용은 율곡의 견해를 지지하고, 이벽은 퇴계의 견해를 지지하였다. 이 두 견해를 대조시켜 보면 다음과 같다.

> <정약용>: "'기'는 스스로 있는 것이요, '이'는 의지하여 붙어있는 것이니, 의지하여 붙어있는 것은 반드시 스스로 있는 것에 의지한다. 그러므로 '기'가 발동함이 있자마자 곧 '이'가 있는 것이다. 그렇다면 '기 가 발동하고 이가 탄다'고 말하는 것은 옳지만 '이가 발동하고 기가 따른 다'고 말하는 것은 옳지 않다. 왜냐하면 '이'는 스스로 수립할 수 있는

것이 아니므로 먼저 발동하는 도리가 없다. 아직 발동하기 전에 '이'는 있지만 막 발동할 때는 '기'가 반드시 앞선다"[54]

<이벽>: "만약 '이'라는 글자와 '기'라는 글자의 원래 의미에 나아가 공정하게 논하면 이 설명이 진실로 가깝지만, 만약 성리학자가 말하는 사례에 나아가 분석하여 논하면 '이'는 다만 '도심'이며, '기'는 다만 '인심'이다. 마음이 성령(性靈)에서 발동하는 것이 '이'의 발동이 되고, 마음이 신체(形軀)에서 발동하는 것은 '기'의 발동이 된다. 이에 말미암아 말하면 퇴계의 설명은 매우 정밀하니 율곡의 설명이 따를 수가 없다."[55]

여기서 정약용은 자신의 입장이 '복잡한 이론의 쟁점에 빠지지 않고 한 단계 넘어서서 공정하게 관찰하는 것'(不泪沒於紛紜之說, 超坐而公觀之)이라 밝히면서 출발하고 있다. 그것은 퇴계와 율곡의 '이'·'기'개념에 대한 인식이 서로 충돌하면서 복잡한 논쟁을 일으키고 있으므로, 한 발 물러서서 제3의 객관적 정의를 제시함으로써 논변의 공정성을 확보하겠다는 것이다. 그가 '넘어서서 공정하게 관찰하기' 위한 '이'·'기'개념의 정의에 의하면, '기'는 '스스로 있는 것'(自有之物)이요, '이'는 '의지하여 붙어있는 것'(依附之品)이다. 이러한 '이'·'기'개념의 정의는 이미 주자가 '이'에 대해 '의부하는 바가 없다'(無所依附)고 언급한 것과는 달리, 마테오 리치가 사물의 가장 기본적 분류로서 '자립자'(自立

---

[54] 『與全』[2], 권4, 65, '中庸講義補', "盖氣是自有之物, 理是依附之品, 而依附者必依於自有者, 故繞有氣發, 便有是理, 然則謂之氣發而理乘之可, 謂之理發而氣隨之不可, 何者, 理非自植者, 故無先發之道也, 未發之前, 雖先有理, 方其發也, 氣必先之."

[55] 같은 곳, "若就理字氣字之原義而公論之, 則此說固近之, 若就性理家所言之例而剖論之, 則理只是道心, 氣只是人心, 心之自性靈而發者爲理發, 心之自形軀而發者爲氣發, 由是言之, 退溪之說甚精微, 粟谷之說不可從."

者)와 '의뢰자'(依賴者)로 구분하면서, '이'를 '의뢰자'로 보고 있는 입장과 통하는 것이라 하겠다.[*56]

이에 비해 이벽은 정약용의 '이'·'기'개념정의가 글자의 원래 의미라 인정하지만, 성리학자들이 실제 사용하는 의미는 이와 달리 '도심'과 '인심'에 해당하는 것이라 하여, 문자적 의미와 실제적 의미의 차이를 주목하였다. 이에 따라 정약용은 율곡의 입장을 지지하고 퇴계의 입장을 거부하였으며, 이벽은 퇴계의 견해가 율곡보다 탁월한 것으로 보았다. 서학에 대한 이해에서는 이벽이 정약용을 가르치는 입장이라 할 수 있는데, 정약용이 서학을 끌어들여 성리학의 사칠(四七)의 이기론적 쟁점을 평가하고 있지만, 오히려 이벽은 성리설의 고유한 문맥적 의미를 읽어서 평가하는 입장의 차이를 보여준다. 정약용이 이벽의 견해를 별도로 수록해놓고 있는 것은 단지 의견의 차이를 보여주는 것이 아니라 자신이 성리설을 인식하는 문제의식으로서 그 뒤로도 중요한 영향을 끼쳤기 때문이라 보인다.

둘째 단계는 먼저 34세 때의 '서암강학회'에서 정약용은 율곡을 지지하던 처음의 입장을 버리고 퇴계와 율곡의 이론을 종합하는 입장으로 바꾸고 있다는 사실이다. 이때 그는 퇴계와 율곡이 '이'와 '기'라는 같은 글자를 사용하고 있지만 각각 개념의 내포가 다른 것임을 지적한다.

---

*56 『天主實義』 제2편, "物之宗品有二, 有自立者, 有依賴者, …盖理亦依賴之類, 自不能立, 曷立他物哉." 정약용은 '氣'를 '自有之物'이라 하였는데, 주자는 "理無事, 則無所依附."(『朱子語類』6:15)라 하고, "大凡道理皆是我自有之物, 非從外得."(『朱子語類』17:40)라 하여, '理'가 依附함이 없고 '自有之物'임을 언급하고 있는 사실과 상반된 입장을 보여준다.

먼저 퇴계의 ‘이기호발설’(理氣互發說)에 대해, “퇴계가 논한 ‘이·기’는 오로지 우리 인간의 성·정(性情)에 나아가 설명한 것으로, ‘이’는 ‘도심’이요 ‘천리’(天理)와 ‘성령’(性靈)에 해당하고, ‘기’(氣)는 ‘인심’으로 바로 인욕(人慾)과 혈기(血氣)에 해당한다”[*57]고 하여, 퇴계는 마음이 ‘천리’나 ‘성령’(性靈)쪽에서 나오는 것을 ‘본연지성’이 감응하여 발동(感發)한 것이라 보고, ‘인욕’이나 ‘혈기’쪽에서 나오는 것을 ‘기질지성’이 접촉되어 발동한(觸發) 것이라고 보았기 때문에, ‘사단’을 ‘이발’(理發)이라 하고 ‘칠정’을 ‘기발’(氣發)이라 하였다는 것이다. 다음으로 율곡의 ‘기발이승일도설’(氣發理乘一途說)에 대해, “율곡이 논한 ‘이·기’는 천지 만물을 총괄해서 설명한 것으로, ‘이’는 무형(無形)한 것이니 사물이 말미암는 바이고, ‘기’는 유형(有形)한 것이니 사물의 체질(體質)이다”[*58]라고 하여, 율곡은 어떤 사물이나 형질이 없이는 비록 ‘이’가 있어도 발동할 수 없다는 입장에서 ‘사단·칠정’이나 천하 만물이 모두 ‘기발’이라 보았다는 것이다.

이에 따라 그는 “퇴계와 율곡이 비록 ‘사단·칠정’을 같이 논하고, ‘이·기’를 같이 말하였지만, 그 ‘이’·‘기’ 두 글자의 주석이 판이하게 다른 것이다. ⋯‘이·기’라는 글자의 뜻이 이미 다르니, 저쪽도 한 가지 학설이고 이쪽도 한 가지 학술이다. 아마 시비(是非)와 득실(得失)을 따

[*57] 『與全』[1], 권21, 25, ‘西巖講學記’, “嘗取兩家文字, 反復參驗, 則其云理字氣字, 字形雖同, 字義判異, 蓋退溪所論理氣, 專就吾人性情上立說, 理者道心也, 天理分上也, 性靈邊的也, 氣者人心也, 人慾分上也, 血氣邊的也.”

[*58] 같은 곳, “栗谷所論理氣, 總括天地萬物而立說, 理者無形的也, 物之所由然也, 氣者有形的也, 物之體質也.”

져 한 가지로 돌아가게 할 수가 없을 것이다"[59]라고 하여, 같은 용어에 대한 해석이라도 서로 다른 관점에 서 있는 만큼 어느 쪽을 옳다고 판단할 것이 아님을 강조하였다. 그것은 그 자신의 관심이 '이·기'개념의 일반적 정의를 새롭게 제시하여 퇴계와 율곡의 입장을 평가하려는 첫 단계의 입장을 더 이상 지키는 것이 아니라, 오히려 이벽의 처음 관점을 받아들이면서 퇴계와 율곡의 입장이 각각 어떤 개념적 인식에 기반하고 무엇을 지향하는지 그 차이를 밝힘으로써, '사칠론'의 오랜 쟁점을 해결할 수 있는 종합적 시야를 열어주고 있는 것이다.

이어서 그는 40세 때 저술한 「이발기발변」 2편에서도 34세 때의 입장을 유지하여, 퇴계의 견해는 '오로지 인심(人心)에 나아가서 숨김없이 밝게 드러낸 것'(專就人心上八字打開)이요, 율곡의 견해는 '태극 이래의 이·기(理氣)를 전체로 붙잡고 공정하게 논한 것'(栗谷總執太極以來理氣而公論之)이라 대비시키고서, 두 견해를 평가하여 "퇴계의 말은 치밀하고 상세하며, 율곡의 말은 넓고 간결하다. 그러나 그 주장한 뜻과 가리켜 말한 것이 각각 다르니, 두 분 가운데 어찌 일찍이 어느 한 쪽에 그릇됨이 있겠는가?"[60]라고 하여, 퇴계와 율곡의 '이·기'개념이 지닌 차이를 '심성'에 집중하여 말한 '전지'(專指)와 우주론적 보편성에서 말한 '총지'(總指)로 집약하면서, 동일한 입장에서 시비를 따지는

---

*59 같은 곳, "退溪栗谷, 雖同論四七, 共談理氣, 卽其理氣二字注脚判異, …理氣字義旣異, 則彼自一部說, 此自一部說, 恐無是非得失之可以歸一者."
*60 『與全』[1], 卷12, 17, '理發氣發辨(1)', "退溪專就人心上八字打開, …栗谷總執太極以來理氣而公論之, …退溪之言較密較細, 栗谷之言較闊較簡, 然其所主意而指謂之者各異, 卽二子何嘗有一非耶."

논쟁에서 벗어날 수 있는 종합적 입장을 확인하고 있다.

나아가 그는 '사칠'·'이기'의 문제가 지향하는 것이 인격의 수양에 있음을 강조하여, "군자는 고요할 때 존양(存養)하고 활동할 때 성찰하니, 무릇 한 생각이 발동하면 곧 두려워하여 맹렬하게 성찰하면서, '이 생각이 천리의 공정함에서 발동한 것인가? 인욕의 사사로움에서 발동한 것인가? 도심인가? 인심인가?'라 하고, 세밀하고 절실하게 추구하여, 과연 천리의 공정함이면 배양하고 확충하며, 혹 인욕의 사사로움에서 나온 것이면 막고 꺾어서 극복한다. 군자가 입술이 마르고 혀가 닳도록 독실하게 이발·기발을 변론하는 것은 바로 이를 위함이다"[*61]라고 하였다. 곧 마음이 발동하는 근원을 성찰하는 수양의 공부를 위해 '사칠론'의 이론이 의미가 있음을 역설하는 것은 바로 퇴계의 '사칠론'이 심성에 오로지 하여 말한 뜻과 일치한다. 그렇다면 정약용은 첫 단계에서 율곡의 견해를 지지하였으나, 둘째 단계에서 퇴계와 율곡의 견해를 종합하는 것으로 방향을 전환하였고, 둘째 단계에 와서 결국 자신의 입장이 '이발·기발'의 문제가 수양론적 의미를 지니는 데 중요성이 있음을 확인함으로써 사실상 퇴계의 입장으로 기울어지고 있음을 보여준다. 이에 따라 그는 "진실로 그 말미암아 발동하는 바를 알기만 할 뿐이라면 변론하는 것은 무엇을 위한 것인가? 퇴계는 일생동안 마음을 다스리고 성품을 배양하는 공부에 힘썼기 때문에, 이발·기발을 나누어 말하고서

---

*61 『與全』[1], 권12, 18, '理發氣發辨(2)', "君子之靜存而動察也, 凡有一念之發, 卽已惕然猛省曰, 是念發於天理之公乎, 發於人欲之私乎, 是道心乎, 是人心乎, 密切究推, 是果天理之公, 則培之養之, 擴而充之, 而或出於人欲之私, 則遏之折之, 克而復之, 君子之焦脣敝舌而慥慥乎, 理發氣發之辯者, 正爲是也."

오직 밝히지 못할까 염려하였던 것이다. 학자는 이 뜻을 살펴 깊이 체득한다면 이는 퇴계의 충실한 학도이다”[62]라고 하여, ‘이발·기발’의 논의가 지향하는 수양에 힘썼던 모범으로 퇴계의 중요성을 강조하고 있는 것이라 하겠다.

2) 한·송漢宋의 비판적 인식과 종합

정약용이 활동하던 18세기 말에서 19세기 초의 조선사회는 송대 도학의 전통이 확고하게 자리잡고 있었지만 청조문물이 활발하게 수입 되면서 청대 고증학의 업적도 상당한 수준으로 전래되었다. 이른바 한 학(漢學) 곧 한대 훈고학과 청대 고증학의 학풍과 송학(宋學) 곧 성리학 의 학풍이 충돌하는 가운데 한학과 송학에 대한 비판적 인식과 종합을 통해 자신의 경학체계를 정립하고 있는 데서 그의 사상적 비판의식과 포용력을 선명하게 확인할 수 있다.

그는 한유(漢儒)의 경학을 비판하면서, “한나라 유학자들이 경전을 해석하면서 위서(緯書) 때문에 많이 어지러워지고 빠져든지 오래이다. 그리하여 남교(南郊)·북교(北郊)에서 하늘과 땅을 병행시켜 제사하니, 우(虞)·하(夏)·은(殷)·주(周)시대에 상제를 힘써 섬기는 법도가 모두 막히고 깜깜해져서 다시 물어볼 수 없게 되었다. 주자가 『효경』을 의심 한 것은 그 식견이 천고에 탁월하며, ‘북교에는 병행하여 제사하는 것이

---

*62 같은 곳, “苟知其所由發而已, 則辨之何爲哉, 退溪一生用力於治心養性之功, 故分言其理發氣發, 而唯恐其不明, 學者察此意而深體之, 則斯退溪之忠徒也.”

합당하지 않다'고 말한 것은 그 의론이 만인을 뛰어넘는 것이다"[63]라고 하여, 한대의 경전주석에는 참위설(讖緯說)이 섞여 들어와 옛 경전의 정신을 은폐해 버리고만 요소들을 지적하며 주자가 이 장애를 깨뜨려주는 비판적 인식을 보여준 사실에 대해 매우 높이 평가하고 있다.

또한 청대 유학자들이 주자를 비롯한 송대 유학자를 비판하는 태도에 대해서도 문자의 훈고에만 빠져 심성이나 천도를 알지 못하는 한대 유학자들의 폐단을 벗어나지 못하는 문제점을 지적하였다. "주자가 우리 도를 중흥시킨 시조가 되는 것은 다른 까닭이 아니라 『중용(장구)』의 서문을 지어 이 이치를 발명할 수 있었기 때문이다. 근세 학자들이 송·원시대 여러 유학자들이 '기'를 품평하고 '이'를 논술하며 안으로 선학을 하면서 밖으로 유학을 꾸미는 폐단을 바로잡고자 하여, 그 경전을 담론하고 해석하는 방법은 한결같이 한(漢)·위(魏)시대의 학설을 준수하면서, 무릇 의리가 송대 유학자들에서 나온 것이라면 불문곡직하고 한결같이 반대하는 것을 임무로 삼으려 한다"[64]고 하였다. 여기서 정약용은 주자를 극진히 높이고 한대 훈고학과 청대 고증학의 한계를 비판적으로 인식하고 있음을 보여준다. 그러나 그는 언제나 비판하는 중에도 취할 점을, 인정하는 중에도 문제점을 파악하는 데 주의를 기울

---

[63] 『與全』[2], 권31, 12, '梅氏書平', "漢儒解經, 多以緯書亂之, 浸漬日久, 遂至南郊北郊竝祀天地, 則虞夏殷周昭事上帝之法, 皆晦塞昏黑而不可復問矣, 朱子疑孝經, 其識見卓越千古, 謂北郊不當竝祭, 其議論超過萬人."

[64] 『與全』[2], 권12, 2, '論語古今注', "朱子之爲吾道中興之祖者, 亦非他故, 其作中庸之序, 能發明此理故也, 近世學者, 欲矯宋元諸儒評氣說理·內禪外儒之弊, 其所以談經解經者, 欲一遵漢晉之說, 凡義理之出於宋儒者, 無問曲直, 欲一反之爲務."

이고 있으며, 바로 이러한 양면을 보는 시야가 한학과 송학을 종합하는 자신의 학문적 입장을 정립시켜주고 있는 것이다.

정약용은 「오학론」(五學論)에서 '훈고학'(訓詁學: 詁訓之學)의 가치를 "경전의 글자 뜻을 밝혀 '도'(道)와 '교'(敎)의 취지를 알게 하는 것"이라 인정하면서, 학문하는 올바른 방법을 제시하여, "한(漢)나라 학자들의 주석을 살펴서 '훈고'를 구하고, 주자의 집전(集傳)을 가지고 의리(義理)를 찾아야 한다. 그리하여 옳고 그름과 잘잘못을 반드시 경전(經傳)을 가지고서 의리를 구하되, 시비와 득실은 반드시 경전에서 결단한다면, 사서(四書)와 육경(六經)은 그 본래의 뜻과 근본 취지가 서로 근거하고 서로 발명함이 있을 것이다"*65라고 밝혔다. 곧 한학의 '훈고'와 송학의 '의리'를 양쪽 모두 받아들이면서, 판단의 기준은 '경전'에 두어야 한다는 것이다. 그것은 '경전'자체를 기준으로 하고서 '훈고'와 '의리'를 방법의 두 축으로 활용하여 경전을 해석하여야 한다는 것으로, '한학'과 '송학'의 종합을 기본입장으로 제시하고 있는 것이다.

여기서 그는 당시의 청대 고증학, 곧 '한학'이 지닌 문제점을 지적하여, "오늘날 이른바 훈고학은 명목으로는 '한학'과 '송학'을 절충한다고 말하지만, 실지는 '한학'을 종주로 삼을 뿐이다. …글자의 뜻이 통하게 하고 구절을 끊어줄 따름이요, '성명'의 이치나 '효제'(孝弟)의 가르침과 '예악'·'형정'(刑政)의 문채는 진실로 어둡기만 하다. '송학'이 반드시

---

*65 『與全』[1], 권11, 20, '五學論(2)', "詁訓之學, 所以發明經傳之字義, 以達乎道 敎之旨者也, …今之學者, 考漢注以求其詁訓, 執朱傳以求其義理, 而其是非 得失, 又必決之於經傳, 則六經四書其原義本旨, 有可以相因相發者."

다 옳은 것은 아니지만 기필코 심신(心身)에서 체득하여 행하려고 하는 것은 옳다. …끝내 손잡고 요·순·주공·공자의 문하로 돌아갈 수 없는 것은 이른바 훈고학이다"[*66]라고 하였다. 당시 청대 중엽의 고증학은 '한송절충'(漢宋折衷)을 표방하지만, 실질적으로는 '한학'에 매몰되어 문장과 구절을 훈고하기만 할 뿐, 옳은지 그른지, 사특한지 정대한지의 의리를 변론하여 실행하려고 하지 않는 점이 '한학'의 치명적인 문제점으로 진단하고, '훈고학'과는 공자의 가르침에 함께 돌아갈 수 없다는 강경한 비판을 하고 있는 것이다.

이와 더불어 '송학', 곧 성리학에 대해서도 "'도'를 알고 자신을 알아서 스스로 힘쓰는 것이 타고난 천성을 실천하는 의리이다"라 하고, 옛 사람의 올바른 성리학을 하는 방법을 제시하여, "성품이 하늘에 근본함을 알고, 이치가 하늘에서 나오는 것을 알며, 인륜(人倫)이 통달한 '도'가 됨을 알며, 효·제·충·신(孝弟忠信)으로 하늘을 섬기는 근본을 삼고, 예·악·형·정(禮樂刑政)으로 사람을 다스리는 도구로 삼으며, 성의(誠意)·정심(正心)으로 하늘과 사람이 만나는 중심축을 삼았다"[*67]고 언급하였다. 곧 '성리학'은 송대에 융성하게 일어난 것이지만 본래의 '천도'와 '심성'을 밝히는 학문은 옛 성현의 학문에서 이미 제기되고

---

*66 『與全』[1], 권11, 20-21, '五學論(2)', "今之所謂詁訓之學, 名之曰折衷漢宋, 而其實宗漢而已, …通其字絶其句而已, 于性命之理, 孝弟之敎, 禮樂刑政之文, 固昧昧也, 宋未必盡是, 而其必欲體行於心與身則是矣, …卒之不可以携手同歸於堯舜周孔之門, 斯所謂詁訓之學也."

*67 『與全』[1], 卷11, 19, '五學論(1)', "性理之學, 所以知道, 認己以自勉, 其所以踐形之義也, …古之爲學者, 知性之本乎天, 知理之出乎天, 知人倫之爲達道, 以孝弟忠信, 爲事天之本, 以禮樂刑政, 爲治人之具, 以誠意正心, 爲天人之樞紐."

실현된 것임을 보여준다.

이에 비해 그는 당시의 성리학을 하는 사람들의 학풍에 대해, "'이 · 기', '성 · 정', '체 · 용', '본연 · 기질', '이발 · 기발', '이발(已發) · 미발(未發)', '단지(單指) · 겸지(兼指)', '이동기이(理同氣異) · 기동이이(氣同理異)', '심선무악(心善無惡) · 심유선악(心有善惡)'을 말하는데, 세 줄기로 다섯 갈래로 갈라지고, 천 가지 만 잎사귀로 갈라져서 털끝까지 분석하면서 서로 성내고 서로 소리 지르며, 묵묵히 연구하다가도 노기를 띠우고 핏대를 세운다. …지금 통속의 학문에 빠져 있으면서 주자를 끌어다 자신을 방어하는 자들은 모두 주자를 속이는 것이다. 주자가 어찌 일찍이 그러하였겠는가? …끝내 손잡고 요 · 순 · 주공 · 공자의 문하로 같이 돌아갈 수 없는 것은 오늘의 성리학이다"[*68]라고 하여, 당시 성리학자들이 끝없는 개념분석에 빠져 서로 비난하는 논쟁을 일삼는 풍조를 비판하며, 은둔을 일삼고 사회의 책임을 다하지 못하는 당시 성리학자들은 주자를 표방하고 있지만 사실상 주자를 속이는 자라고 규정하였다.

그는 훈고학이나 성리학의 양쪽에 본래의 진실한 면모를 확인함으로써, 그 진실성을 상실한 왜곡된 후세의 학풍을 비판하는 기준으로 확인한다. 곧 한대와 청대의 훈고학이 심성의 의리를 외면하고 글자나 구절

---

*68 『與全』[1], 卷11, 19-20, '五學論(1)', "今之爲性理之學者, 曰理曰氣, 曰性曰情, 曰體曰用, 曰本然氣質, 理發氣發, 已發未發, 單指兼指, 理同氣異, 氣同理異, 心善無惡, 心善有惡, 三幹五椏, 千條萬葉, 毫分縷析, 交嗔互嚷, 冥心黙硏, 盛氣赤頸, …沈淪乎今俗之學, 而援朱子以自衛者, 皆誣朱子也, 朱子何嘗然哉…終不可以携手同歸於堯舜周孔之門者, 今之性理之學也."

의 해석에 빠진 폐단과 송대의 성리학이 의리가 추구하는 본래 목적을
망각하고 개념논쟁에 빠져 현실문제를 돌보지 않는 폐단을 철저히 비판
하면서, '성인의 도에로 돌아갈 수 없는', 곧 진정한 유교적 가치에
상반되는 것임을 비판하고 있다. 여기서 그는 주자를 성리학의 한 모범
으로 확인하여 당시의 성리학을 주자와 차별화시켜 비판함으로써, 성리
학의 비판이 주자에 대한 비판이 아님을 밝히고 있는 것도 그가 보여주
는 성리학비판의 한 논법이라 하겠다.

같은 맥락에서 그는 '훈고'를 추구하는 한학과 '의리'를 추구하는
송학의 양쪽의 본래 의도를 각각 인정하면서 한쪽으로 치우치는 데서
오는 폐단을 각각 비판하는 종합적 입장에 서 있는 정약용은 특히 '훈
고'에 빠져 '의리'를 망각하는 청대 유학자들의 '한학'이 끼치는 폐단을
특히 경계하고 있다. 그는 "청대 유학자는 '고거'(考據: 考證)에 뛰어난
데, '고거'의 방법은 훈고에 정밀하지만 의리에 소략하다. 또 '이기'·
'성정'의 설에 손상이 누적되자, 무릇 '이기'·'성정'의 설은 한번 비질
하여 깨끗이 쓸어내었다. …'송학'이 반드시 모두 그릇된 것은 아닌데,
'성명'의 이치를 간직하고 있으면서 논의하지 않으며, '한학'이 반드시
모두 옳은 것은 아닌데, 사리에 맞지 않고 괴벽한 해석을 믿어서 의심하
지 않으며, 그 단점을 옹호하고 허물을 감추는 논의는 속된 유학자들이
송학을 옹위하는 것보다 심하다"[*69]라고 하여, '훈고'에 빠져서 '의리'를

---

*69 『與全』[2], 卷32, 22, '梅氏書平', "淸儒之學, 長於考據, 考據之法, 精於詁訓,
而略於義理, 又積傷於理氣性情之說, 凡理氣性情之說, 欲一篲以淸掃之, …
宋未必盡非, 而性命之理, 存而勿論, 漢未必盡是, 而迂僻之解, 信之不疑, 其
護短匿疵之論, 倍嚴於俗儒之衛宋."

외면하는 것은 본질적 가치를 망각하는 것으로 본다. 따라서 도구적 방법인 '훈고'보다 근원적 중요성은 '의리'에 있다고 인식하는 것이 그 자신의 기본입장임을 드러내고 있다.

'한학'과 '송학'의 갈라짐도 결국 경전을 읽고 해석하는 방법의 차이라 할 수 있다. 따라서, 정약용은 "하늘을 날줄로 땅을 씨줄로 하는 것을 '경'이라 하고, 성인이 짓고 현인이 서술한 것을 '경'이라 하고, 고금에 두루 미치고 우주에 가득한 것을 '경'이라 한다. '경'이란 항구하게 지속하는 지극한 '도'요, 없어지지 않는 큰 가르침이다"[70]라고 하여, 경전의 항구성과 보편성을 강조하여, '한학'과 '송학'의 전체를 포괄하는 기반과 정당성의 근거가 바로 경전임을 강조한다.

그는 이러한 경전의 해석방법이 세 가지가 있음을 제시하고 있다. 곧 앞 시대의 사실을 전해 듣는 '전문'(傳聞)과, 스승의 가르침으로 이어 오는 '사승'(師承)과, 마음으로 이해하는 '의해'(意解)의 세 가지를 말한다. 여기서 그는 "'의해'란 비록 천 년이고 백 년이고 뒤에 태어나도, 천 년이고 백 년이고 앞으로 뛰어넘어 증거할 수 있다. …그러나 '전문' 과 '사승'은 옛 것에 가까운 것으로 근본을 삼지 않을 수 없다"[71]고 하였다. 곧 '전문'과 '사승'이 한학의 기본방법이요, '의해'가 송학의 기본방법으로서, '전문'과 '사승'은 옛 것이 기준이 되기 때문에 한(漢)

---

*70 『與全』[1], 권8, 24, '十三經策', "大抵經天緯地之謂經, 聖作賢述之謂經, 亘古今彌宇宙之謂經, 經也者, 恒久之至道, 不刊之鴻敎也."
*71 『與全』[1], 권8, 16, '十三經策', "釋經之法有三, 一曰傳聞, 二曰師承, 三曰意解, 意解者, 雖生於千百歲之下, 而有能超據乎千百歲之上, …若夫傳聞與師承者, 不得不以近古爲宗."

의 경전에 가장 가깝고 위·진(魏晉)으로 내려오고 수·당(隋唐)으로 시대가 내려올수록 사실의 고증이 어려워지는 것이라 지적한다. 이에 비해 '의해'는 주자가 『대학』의 '경(經)1장'은 공자의 말씀이고, '전(傳)10장'은 증자(曾子)의 뜻이라 밝힌 경우처럼 아무런 문헌적 근거 없이 자신의 통찰을 근거로 단정한 것이라 한다. 여기서 그는 '의해'를 근거가 없는 독단이라 하여 부정하는 것이 아니라, 한학의 '전문'·'사승'만으로는 밝힐 수 없는 경전의 세계로서 송학이 밝혀주는 '의해'의 영역이 경전해석의 필수적 요소로서 요구되고 있음을 인정하였다. 이러한 경전해석의 방법은 바로 정약용의 한학과 송학을 균형 있게 종합하려는 입장을 잘 드러내주고 있는 것이라 하겠다.

또한 그는 글(경서)을 읽는 방법에 대해서도, "독서는 오직 '의리'를 구할 뿐이다. 의리를 얻는 바가 없으면 비록 하루에 천 권을 읽는다 해도 오히려 담벼락을 마주보고 있는 것과 같다. 비록 그렇지만 그 '자의'(字義)의 훈고(訓詁)에 밝지 않으면 의리는 이 때문에 어두워진다"[*72]고 하여, '의리'를 밝히는 것을 목적으로 삼지만 '자의'를 도구로 삼지 않으면 '의리'를 밝힐 수 없는 것임을 강조한다. 그렇다면 한학에서 추구하는 '자의'를 수단으로 해야만 송학에서 추구하는 '의리'를 밝힐 수 있다면, '한학'의 배를 타지 않고서는 '송학'이 가리키는 바다 건너에 도달할 길이 없는 것과 같이 한학과 송학을 수단과 목적의 관계로 파악하고 있는 것이라 할 수 있다. 따라서 양자는 근본과 지말의

---

*72 『與全』[1], 권13, 4, '詩經講義序', "讀書者唯義理是求, 若義理無所得, 雖日破千卷, 猶之爲面墻也, 雖然其字義之詁訓有不明則義理因而晦."

상하관계는 있을 수 있어서 서로 단절시킬 수 없는 상호 의존관계에 있다고 하겠다.

정약용은 공자가 대비시켜 언급한(『논어』, 爲政) '학'(學)과 '사'(思)의 개념을 한학과 송학의 경전해석방법과 상응시켜 설명하고 있다. 곧 "'학'은 전적(典籍·載籍)에서 징험함을 말하고, '사'는 자기 마음(自心)에서 추구함을 말한다. …본말을 궁구하지 않고 옛 전적을 가볍게 믿으면 혹 속임을 당하는 데 떨어지고, 옛 사람(古先)을 살피지 않고 자기 마음을 가볍게 믿으면 안다는 것이 위태로워질 수 있다. 이 두 가지는 한쪽을 폐지할 수 없다"[73]고 하여, '학'과 '사'가 상호보완의 역할을 하고 양쪽이 모두 필수불가결한 요소인 것처럼, 이에 상응하는 고서(古書: 載籍)와 본말(本末), 내지 고선(古先)과 자심(自心)은 상호 조응하는 것으로 결코 어느 한쪽을 외면할 수 없음을 강조한다. 이에 따라 그는 "한유(漢儒)의 경전주석은 옛 것을 상고하는 것(考古)으로 법도를 삼지만 밝게 분변함(明辨)이 부족하다. 그래서 참위(讖緯)와 사설(邪說)도 함께 수용됨을 면하지 못하였으니, 이것은 배우지만 생각하지 않은(學而不思) 폐단이다. 후유(後儒)의 경전 해설은 이치의 궁구(窮理)를 주장으로 삼았지만 근거를 고찰함(考據)이 소홀하였다. 그래서 제도와 명물(名物)이 때로 어긋남이 있으니, 이것은 생각하지만 배우지 않은 허물이다"[74]라

---

*73 『與全』[1], 권7, 30, '論語古今注', "學謂徵之於載籍, 思謂研之於自心, …不究本末, 而輕信古書, 則或墮於誣罔, 不稽古先, 而輕信自心, 則所知者危殆, 二者不可偏廢也."

*74 같은 곳, "漢儒注經, 以考古爲法, 而明辨不足, 故讖緯邪說, 未免俱收, 此學而不思之弊也, 後儒說經, 以窮理爲主, 而考據或疎, 故制度名物, 有時違舛, 此思而不學之咎也."

고 하였다. '한학'과 '송학' 사이에 고고(考古)와 명변(明辨), 내지 고거 (考據)와 궁리(窮理)의 두 중심이 한 쪽으로 기울어지면 각각 폐단이 일어남을 지적함으로써, '한학'과 '송학'이 '두 끝을 붙잡아 중용을 실현 하는'(執其兩端, 用其中於民) 중용의 원리처럼 조화를 추구하는 것이요, 그것은 단순히 양자의 결합이 아니라, 양자의 종합을 통해 '중'(中) 내지 '도'를 실현하는 지양이라 할 수 있을 것이다.

5. 포용과 종합의 논리가 지닌 의의

정약용의 사상은 경전해석에 근본을 두고 이를 사회현실 문제에 구현 하는 체계를 이루고 있으며, 그 스스로 자신의 저술체제에 대해 "육경· 사서(六經四書)로 수기(修己)하고, 일표·이서(一表二書)로 천하 국가를 위하니, 본말을 갖춘 것이다"(『與全』[1], 권16, 18, '自撰墓誌銘集中本')라 고 하였다. 그만큼 그의 사상은 경전을 사유의 근본이요 판단의 기준으 로 삼고 있음을 보여주고 있는 것이다. 곧 그는 '이단'의 비판과 포용, 서학의 수용, 성리설의 비판과 종합, 한학·송학의 비판과 종합, 이 모든 가운데 언제나 '도'의 기준으로 경전을 확인하고 경전의 해석에 근거하여 평가하였다. 따라서 충돌하는 다양한 사상이나 정통에서 벗어 난 이학(異學)에 대해서도 경전정신에 근거하여 비판하고 포용하는 입장 을 확립하고 있다. 이처럼 그는 자신의 독자적 경전해석의 체계를 통해 '도'와 이치를 제시함으로써, 그가 서로 충돌하는 사상을 종합하는 것도 단순히 서로 다른 학설을 포용하여 통합시키는 것이 아니라, 자신의 일관된 경학사상으로 끌어올려 지양하는 것이라 할 것이다.

그는 맹자 이후 유교전통에서 이단의 전형으로 삼았던 양주·묵적에 대해서도 '시중'(時中)이라는 성인의 '도'에 어긋남을 비판하면서도 그 주장이 '수기'(修己)와 '치인'(治人)이라는 유교적 기본가치를 지니고 있음을 인정하고 있는 것은 성인의 '도'를 기준으로 확보함으로써 전통의 고정관념에서 벗어나 비판과 포용을 자유롭게 할 수 있는 입지를 확립하고 있는 것이라 할 수 있다. 또한 서학의 신앙적 '상제'관을 수용하고 있는 것도 천주교 교리를 유교경전 해석 속에 끌어들이는 데 관심의 초점이 있는 것이 아니라, 유교경전의 해석에 교리서의 사유체계를 활용함으로써 유교경전의 본래 의미를 새로운 빛으로 밝혀내는 데 관심을 두었던 것이다. 이를 통해 유교경전 속의 '상제'·'귀신'개념이 지닌 인격신으로서 성격을 드러내고, 인간존재의 심성과 도덕성의 실현방법에 대한 이해에서도 종교적 성격을 선명하게 끌어내고 있음을 보여준다. 따라서 그는 유교경전의 새로운 독자적 해석과 이러한 경전해석을 통해 '도'의 기준을 독자적으로 확보함으로써, 조선시대를 지배하던 강고한 성리학의 심성론이 경전의 진정한 의미에 어긋나는 것으로 근본적 비판을 할 수 있었던 것이며, 퇴계와 율곡 이후 '사칠설'(四七說)의 이기론적 해석에 첨예하게 대립된 쟁점에 대해서도 제3의 시각에서 그 범위와 의미를 한정지우면서 종합하고 지양시킬 수 있었던 것이다. 나아가 한학의 '훈고'와 송학의 '의리'도 경전해석의 체계 속에서 서로 떠날 수 없는 두 축으로 위치지우고 종합함으로써, 경전과 성인의 '도'라는 정점

속에 내포시키고 종합하였다.

진리로서 '도'의 기준이 정립되면 비판과 포용이 전통의 어떤 고정관념이나 현실의 어떤 사회관습으로부터도 자유로울 수 있게 된다. 그는 서양과학의 지식을 받아들이면서 '지원설'(地圓說: 地球說)을 확인하였지만, 「지리책」(地理策)에서는 증자(曾子)가 '땅이 둥글다'(地圓)고 주장한 것도 땅이 사각형이라면 둥근 하늘로 덮을 수 없다는 이해의 수준임을 지적하고, 『주비경』(周髀經)의 '하늘은 둥글고 땅은 네모지다'(天圓地方)는 언급의 지방설(地方說)에 대해서도 땅을 측량하는 방법으로 방형(方形)에 비유한 것이라 지적하여 포용적 해석 태도를 보여주고 있다.(『與全』[1], 권8, '地理策') 나아가 그는 「통색의」(通塞議)에서도 당시 조선사회가 출생신분이나 지역의 차이 등으로 인재를 쓰지 않고 버리는 현실을 비판하면서, 동·서·남·북의 지역적 차이에도 구애받지 말고, 멀고 가까운 친분이나 귀하고 천한 신분적 차이도 가리지 말 것을 역설하였다.(『與全』[1], 권9, '通塞議') 여기서 그는 인재를 써야한다는 '도'를 전제로 정립하여 현실의 폐단을 비판하고 사회 전체를 포용하는 논리를 보여주고 있는 것이라 하겠다.

정약용이 경전해석을 통해 드러내는 성인의 '도'는 '수신'(修身)을 통해 인륜을 밝히고 하늘을 섬기는 '사천'(事天)에 집약해볼 수 있을 것이다. 그렇다면 그가 전통의 관습과 관념을 벗어나 다양한 사상조류에 정면으로 비판하고 광범하게 포용하여 종합할 수 있는 사상적 기반은 바로 경전 속에서 '상제'개념과 '심성'개념의 재해석을 통해 경전정신의 근본적 재정립을 확립하는 데 있다고 할 수 있다. 동시에 그는

'상제'와 마주하는 신앙적 인간이해를 확립함으로써 전통과 현실을 전면적으로 재인식하여 비판과 포용을 할 수 있는 개혁적 사유를 펼칠 수 있었던 것이다.

5장 :

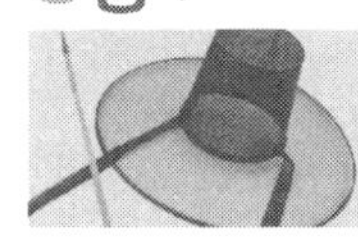 조선 후기 유학자의
불교에 대한 비판과 이해

비판과 포용 한국실학의 정신

1. 조선 후기 유학자들의 불교에 대한 대응 양상

조선왕조는 유교이념을 통치원리로 정립하였던 만큼, 조선왕조 초기부터 불교 교단에 대해 강력한 억압정책을 폈던 것이 사실이다. 또한 조선왕조의 유교이념을 뒷받침하였던 도학—주자학의 유학자들은 기본적으로 불교비판의 입장을 취하였다. 정도전의 불교비판론이 그 대표적 경우라 할 수 있다. 그러나 조선 후기로 넘어오면서 도학이념의 정통성은 견고하게 유지되었지만, 소수의 유교지식인들 사이에서 도학의 한계와 폐단에 대한 성찰이 일어나고 새로운 사유의 탐색이 일어나기 시작하였다. 윤휴(尹鑴)나 허목(許穆)의 경우처럼 주자학을 벗어나 선진(先秦)의 고학(古學)에 대한 관심을 제시하기도 하고, 정제두(鄭齊斗)를 비롯하여 양명학을 적극적으로 수용하기도 하고, 이익(李瀷)에서 정약용(丁若鏞)에 이르는 인물들은 새로 전래된 서학(西學)에 깊은 관심을 기울이기도 하였으며, 홍대용(洪大容)에서 박제가(朴齊家)에 이르는 인물들은 청조(淸朝)문물을 수용하여 북학(北學)을 표방하기도 하였다. 18,19세기는 바로 이러한 사상의 다변화에 따라 도학—주자학의 위기의식이 일어나기 시작하였던 시기라 할 수 있다.

바로 이 시기에 유교지식인들이 조선 초기부터 배척되어왔던 불교에 대한 태도에도 중요한 변화가 일어나기 시작하였다. 따라서 불교에 대한 태도에서도 유학자들 사이에 상당한 차이를 드러내고 있다. 그 중요한 인물로 18세기 초의 한원진(韓元震)과 18세기말—19세기 초의 정약용과 19세기 중반의 김정희(金正喜)의 세 경우를 들 수 있는데, 여기에서 불교에 대한 입장과 태도에 중요한 차이와 특징을 드러내고 있는 사실이 확인된다.

먼저 한원진은 도학정통을 확고히 지키기 위해 주자학에서 벗어나는 이학(異學)을 비판하는 과정에서 「선학통변」(禪學通辨)을 저술하여 불교에 대해 성리학의 입장에서 엄격한 재비판을 하고 있으며, 양명학을 비판하면서 불교와 연결시켜 비판하고 있는 사실은 이 시대 도학자의 도학정통을 수호하기 위한 고민을 잘 반영해주는 경우라 하겠다. 다음으로 정약용은 불교승려들과 친밀하게 교류를 하며 사지(寺志)를 편찬하는 등 불교에 호의적 태도를 보이면서도 불교 교리에 대해 비판적 입장을 견지하고 있지만, 그는 성리학을 비판하면서 그 비판의 논거로서 불교 비판을 제기하고 있다는 점에서 한원진과 중요한 차이를 보여준다. 그 다음으로 김정희는 불교승려들과 매우 폭넓고 깊은 교유관계를 맺고 있을 뿐만 아니라, 불교에 대해 우호적 입장에서 깊은 이해를 보여주며, 당시 불교 안에서 일어나고 있던 선학논쟁에도 일부분 뛰어들어 논변을 벌이고 있었던 사실이 주목된다.

이 세 인물의 경우를 중심으로 18,19세기 조선 후기 유학자들의 불교에 대한 입장을 개관해본다면, 비판의 배타적 입장에서 인물 사이의 교류로 열려져 가고, 나아가 사상적 이해의 수준에까지 전개되어 점차적으로 개방의 과정을 밟아가는 사실을 확인할 수 있다. 이 세 사람의 경우가 조선후기 유학자의 불교에 대한 태도의 일반적 경향이나 성격으로 볼 수는 없지만, 어느 일면에서 유교와 불교의 관계에 중요한 변화가 일어나고 있었던 것은 사실이다. 그것은 주자학이 노장사상과 불교를 이단으로 배척하던 단계에서 양명학을 비롯하여 유교 내부의 비주자학적 학풍과 싸워야 하는 현실에 놓이게 되고, 한 걸음 더 나아가 서양종교와 학술의 침투가 새로운 위협으로 등장하는 상황에서, 주자학 방어의 논리와 주자학 극복의 논리가 부딪치고 있는 현실을 반영하고 있는 것이라 하겠다.

조선 후기의 유교지식인들은 사상적 다변화와 동요가 일어나고 있는 현실에서 크게 두 가지 방향을 제기하고 있다. 하나는 도학의 정통성을 지키려는 도학자로서, 주자학에 상반되는 사상 가운데 가장 오래되고 가장 뿌리깊은 기반을 지니고 있는 사상전통인 불교에 대해 비판의 논리를 한층 더 강화해가려는 방향이고, 다른 하나는 유교사상의 새로운 가능성을 탐색해가는 실학파의 지식인들로서, 불교를 비롯한 다양한 이학(異學)에 대해 포용의 논리로 이해하고 수용하려는 방향이다. 이 두 상반된 방향 사이에 정도의 차이는 있지만 한원진·정약용·김정희 세 인물의 불교에 대한 대응태도는 이 시대 사상사의 흐름을 가장 잘 드러내주는 경우라 할 수 있을 것이다.

2. 한원진韓元震의 성리학적 불교비판론

1) 성리학적 비판의 논리

한원진(南塘 韓元震, 1682-1751)은 18세기 전반기 성리학에서 인물성동이론(人物性同異論: 湖洛論)의 논변이 전개되었을 때, 인물성동론(人物性同論: 湖論)을 주도했던 대표적 이론가로서, 노론(老論)계열의 성리학자다. 그는 주자의 도학적 정통성에 대한 확고한 신념으로 「왕양명집변」(王陽明集辨)을 저술하여 퇴계의 양명학 비판을 한 단계 심화시켜 재비판을 하였으며, 명대의 주자학자인 나흠순(整菴 羅欽順)에 대해서도 「나흠순곤지기변」(羅欽順困知記辨, 1713)을 저술하여 주자의 학설에 어긋나는 차이점을 정밀하게 비판하였다. 여기서 나아가 그는 「선학통변」

(禪學通辨, 1717)을 저술하여, 불교에 대한 엄격한 비판론을 제시하였다. 그의 불교비판은 조선초 정도전(三峯 鄭道傳)이 「불씨잡변」(佛氏雜辨)을 통해 유교의 불교비판론을 체계화한 이후 유학자들은 대부분 불교에 대해 비판적 입장의 언급에 그쳤을 뿐 체계적 저술로 비판하지는 않았던 사실을 고려한다면, 그의 「선학통변」은 비교적 간략한 저술이지만 성리학의 입장에서 체계적 비판을 하고 있다는 점에서 주목된다. 한원진이 이렇게 불교와 양명학 및 주자학파의 새로운 이론에 이르기까지 엄격한 비판론을 제시하고 있었던 것은, 18세기 초에는 이미 조선사회를 주도하는 도학이념의 사상체계가 윤휴(尹鑴)·박세당(朴世堂)·정제두(鄭齊斗) 등의 등장으로 소수의 유교지식인들 사이에서 동요가 일어나기 시작하는 사실을 인식하고, 이에 맞서 주자학의 정통성을 확고하게 재정립하기 위한 의도를 드러내고 있음을 엿볼 수 있게 한다.

한원진의 「선학통변」은 15단락으로 서술 되어 있지만 내용은 크게 두 부분으로 나누어진다. 곧 처음 9단락은 불교의 교설에서 중심주제를 선택하여 성리학적 논리로 비판하는 것이요, 뒤의 5단락은 육왕학(陸王學: 陸象山과 王陽明의 학설)과 불교를 연관시켜 비판하는 것이요, 마지막 1단락은 불교의 '심'개념에 대한 전반적 비판이라 할 수 있다. 앞부분 9단락은 대체로 다섯 가지 주제로 비판론을 전개하고 있는 것으로 구분해 볼 수 있다.

① 한원진은 먼저 불교에 대한 전반적 비판으로 불교가 애초에 일으키는 마음이 '삶을 아끼고 죽음을 두려워함'(惜生怕死)에 있다고 규정하

는 것으로 시작한다.

　　"불교의 애초에 일으키는 마음은 다만 삶을 아끼고 죽음을 두려워하는
데 있었으니, 감개하여 죽고 삶을 초월하려는 뜻을 가지게 되었다. 그 방법
을 생각해보아도 할 수 있는 것이 없자, 이에 그 정신과 지각을 보존하고
배양하여 영구히 간직하고 소멸되지 않게 하고자 하였다. 그 정신과 지각
이 손상되고 소모되어 소멸되는 데 이르기 쉬운 것은 사물이 동요시키고
눈과 귀가 받아들이는 데 있음을 염려하여, 또한 일체 버리고 끊고자 하였
다. 내 몸의 형체와 인륜의 일용을 저들은 어찌 오관(五官: 浮根)과 번뇌(客
塵)가 되지 않는 줄 전혀 알지 못하고서, 이미 내다버리고자 하니 오관과
번뇌로 삼지 않을 수 없었다. 내 몸의 형체나 인륜의 일용은 모두 천지에서
나오니, 또한 천지를 옳게 여기고서 인간과 사물을 그르게 여길 수가 없다.
그래서 또한 천지를 허망한 것으로 삼지 않을 수 없었다. 이것은 그 시작이
한 생각의 사사롭고 사특함에서 말미암아 그 끝에는 천지를 업신여기고
인간과 사물을 끊어버림으로써, 스스로 그 자신을 해쳐 미혹되었으니 슬프
지 않은가."*1

　　그는 불교의 교설이 죽음을 피하고 삶을 누리려는 인간의 기본적
욕망에 근원하여 삶과 죽음을 초탈하는 영원한 생명을 확보하기 위해,
생명을 손상시키는 사물의 동요와 그 통로가 되는 신체의 감각기관을
부정하게 되고, 나아가 인간의 신체와 도덕규범을 부정하게 되고 또한

---

*1 『南塘集』, 권27, 19, ‘禪學通辨’, "釋氏之原初發心, 只在於惜生怕死, 慨然有
超越生死之志, 思其術而無他可爲, 則乃欲保養其精神知覺, 以圖其久存不
滅, 慮其精神知覺之弊傷消耗, 易抵於漸滅者, 乃在於事物撓之, 耳目受之,
則又欲一切屛棄而絶去之矣, 吾身之形體, 人倫之日用, 彼豈全不知其非爲
浮根客塵, 而旣欲屛棄, 則不得不以爲浮根客塵也, 吾身之形體, 人倫之日用,
皆出於天地, 則又不可以是天地而非人物, 故又不得不以天地爲幻妄也, 此其始
由於一念之私邪, 而其終至於蔑天地殄人物, 以自賊其身, 惑矣, 其亦哀哉."

그 기반인 천지까지도 부정하게 되었다고 보았다. 여기서 그가 불교의 교설이 발생하게 되는 근원을 '삶을 아끼고 죽음을 두려워하는'(惜生怕死·貪生惜死) 것으로 규정하는 사실은 불교의 교설이 삶과 죽음의 근원을 밝히는 '도'(道)가 아니라 대중이 가진 기본적 욕망에 부합하기 위해 교묘한 이론을 만들어낸 것으로 진실성이 없는 거짓된 것임을 강조하려는 의도를 드러내고 있다.

② 한원진은 불교의 핵심개념인 '각'(覺)을 유교의 '태극'(太極)·'이'(理)에 대비시킴으로써, '각'을 '기'(氣)에 속하는 것으로 규정하여 이기설(理氣說)의 체계에 따라 비판하고 있다. 그는 불교에서 부처를 가리켜 '각황'(覺皇·覺王)이라 일컫는 것이 유교에서 말하는 '태극'에 해당되는 것이라 지적하면서, "'태극'은 '이'요, '이'는 순수하게 선하므로, '이'를 따르는 자는 선을 택하고 악을 버리지만, '각'은 '기'이니, '기'에는 선과 악이 있으므로, '기'를 따르는 자는 악행을 하여 선을 소멸시킨다"[*2]라고 하였다. 불교의 궁극적 개념인 '각'과 유교의 궁극적 개념인 '태극'을 '기'와 '이'로 대비시키면서, '각'은 마음의 지각작용과 관련된 것으로 기질(氣)에 속하므로, 선과 악이 뒤섞여 있는 기질을 따르다 보면 악을 행하다가 선을 저버리게 된다는 비판이다. 여기서 불교의 '각'을 '기'의 영역으로 규정하고 있는 것은 물론 불교의 논리를 이해하는 입장이 아니라, 성리학의 논리에 따라 불교에 대한 비판론을 정립하

---

*2 같은 곳, "釋氏之稱覺皇, 猶吾儒之稱太極也, 太極理也, 理純善, 故循是理者, 擇善以去其惡, 覺者氣也, 氣善惡, 故循是氣者, 爲惡以滅其善."

기 위한 것이라 할 수 있다.

같은 맥락에서 그는 유교의 '이'(理)와 불교의 '각'(覺)을 대비시키면서, "유교에서는 '이'를 본성(性)으로 삼으니, '이'는 형상도 없고 생멸도 없으므로, 천지와 사람이나 사물이 부여받은 본성은 비록 형체를 따라서 있기도 하고 없어지기도 하지만, 만약 한번 '음'(陰)이 되고, 한번 '양'(陽)이 되는 전체로서의 본성은 일찍이 있다가 없어지기도 하는 일이 없다. 불교에서는 '각'을 본성으로 삼으니, '각'은 '기'이다. '기'는 형상과 자취에 관련되어 곧 생멸이 있으므로 '기'가 모여서 형체를 이루면 '각'이 있게 되고, 형체가 무너지면 '기'가 흩어지고 '각'은 없어진다. 저들이 '각'의 본성은 삼계(三界: 欲界·色界·無色界)를 초월하고 만겁(萬劫)을 건너서 영원히 존재하여 소멸되지 않는다고 말하는데 반드시 성립할 수 없는 허망한 견해이다"[*3]라고 하였다. 곧 성리학의 이기론에서 '이'는 생멸을 넘어서 있는 보편적 원리이지만, '기'는 형질이 있는 것으로 생멸이 없을 수 없다는 논리에 따라, 불교에서 말하는 '각'은 '기'에 속하는 것이라 단정하여, 생멸이 없이 영원히 존재한다는 불교의 주장은 논리적으로 모순이라 성립할 수 없다는 것이다.

③ 불교의 수행방법에 대한 비판으로서, 불교의 '돈오·점수'(頓悟漸修)와 계·정·혜(戒·定·慧)의 삼무루학(三無漏學)에 대해 유교에서 말하는 궁리(窮理)공부나 격치(格致)공부가 결여된 것이라 하여, 이에

---

*3 『南塘集』, 권27, 19-20, '禪學通辨', "吾儒以理爲性, 理無形象, 卽無生滅, 故天地人物所受之性, 雖隨其形而存亡, 若一陰一陽統體之性, 則未嘗有存亡也, 釋氏以覺爲性, 覺者氣也, 氣涉形跡, 便有生滅, 故氣聚成形而覺存, 形潰氣散而覺亡矣, 彼謂覺性超三界度萬劫而常住不滅者, 必不可成之妄見也."

따른 문제점을 지적하여 비판한다. 먼저 그는 "돈오(頓悟)란 문자를 세우지 않고 심성(心性)을 곧바로 가리키는 것으로, 먼저 '도'를 깨우친 다음에 수행한다는 것이요, '점수'(漸脩)란 마음을 포섭하고 생각을 거두어 들이며, 계율을 지키고 선정(禪定)에 들어가는 것으로, 먼저 닦고 익힘으로써 스스로 깨우치기를 기다리는 것이다. 두 가지는 모두 이치를 궁구하고 의리를 정밀하게 하는 일이 없으므로, 그 이른바 깨우침이란 영각(靈覺: 衆生이 본래 갖춘 靈明한 覺悟의 본성)이 어둡고 막히지 않아 선·악의 분별이 없는 것에 지나지 않는다. 이를 따라 행하면 마땅히 욕심에 따라 제멋대로 하여 인륜을 끊어서 없애버릴 따름이다"*4라고 하였다. 곧 불교의 '돈오'는 이치를 궁구하는 '궁리'의 공부가 없고, '점수'는 의리를 정밀하게 밝히는 '정의'(精義)의 공부가 없는 것이라 규정하여, 그 결과는 자신을 규제하지 못하고 인륜을 소멸시키는 반윤리적 상태에 떨어지고 말 것이라 밝혔다. 그는 깨우침을 얻는 데는 유교에서처럼 '궁리'의 공부의 과정이 없다면 잘못된 깨우침에 이르게 될 것이고, 수행을 하는 데는 유교에서처럼 의리를 밝히는 '정의'의 과정이 없다면 인륜을 파괴시키는 데 이르지 않을 수 없다고 보았다. 그것은 유교적 학문방법의 기본과제인 이치를 밝히고 의리를 확인하는 '궁리·정의'를 기준으로 제시하여, 불교의 수행방법을 비판하고 있는 것이다.

---

*4 『南塘集』, 권27, 20, '禪學通辨', "頓悟者, 不立文字, 直指心性, 先悟道而後修行, 漸脩者, 攝心收念, 持戒入定, 先脩習以待自悟, 二者皆無窮理精義之事, 故其所謂悟者, 不過靈覺之不昏塞而無分於善惡者也, 循此而行者, 宜其猖狂自恣, 滅絕倫常而已矣."

그는 불교의 수행방법인 계(戒)·정(定)·혜(慧)에 대해, "'계'로 인하여 '정'이 생기고, '정'으로 인하여 '혜'가 생긴다. 대개 몸과 마음을 거두어 들임으로써 고요한 선정에 들어가고, 고요한 선정의 극치에서는 밝은 지혜가 저절로 생겨난다고 말한다. 이런 이치가 없는 것도 아니요, 또한 마음자리의 공부에 도움이 없는 것도 아니다. 다만 그 공부의 강령이 뒤집혔기 때문에 마침내는 견해가 어두운 곳에 처하고 실행이 치우친 곳에 처한다"[*5]고 하여, 불교의 마음을 수련하는 공부가 의미있는 것임을 인정하면서도 방법이 뒤집혀서 끝내 잘못될 수밖에 없다는 것이다. 여기서 그는 바른 공부방법으로 유교의 경우를 들면서 『대학』에서 말하는 '치지'(致知)의 다음에 '정심'(正心)하는 순서(格物 → 致知 → 誠意 → 正心)와 '지지'(知止)의 다음에 '정·정'(定·靜)하는 순서(知止 → 有定 → 能靜 → 能安 → 能慮 → 能得)요, '지경'(持敬)의 공부로 시작부터 끝까지 관철하는 것을 제시하였다. 그것은 마치 장안(長安)으로 가려면 먼저 장안이 어디 있는지를 안 다음에 수레를 몰아 달려가야 한다는 것이다. 따라서 그는 "저들(불교)은 장안이 어디에 있는지를 먼저 알아보려 않고서 지름길로 달려가려 하는 자이니, 발을 내디디는 처음부터 이미 길에서 어긋나서, 북으로 호(胡)땅으로 달려가지 않으면 남으로 월(越)땅으로 달려갈 것이다. 평생토록 분주하게 돌아가는 길과 구부러진 좁은 길을 가면서도 그 가는 곳이 장안이 아닌 줄을 스스로 깨닫지

---

*5 같은 곳, "因戒生定, 因定生慧, 盖謂收攝身心, 以入靜定, 而靜定之極, 明慧自生也, 此理非不有矣, 亦非無助於心地之工, 而但其工夫大體倒置, 故畢竟見處暗而行處僻也."

못하고 있으니, 슬프다”[*6]라고 하여, 아무리 노력을 해본다 하더라도 처음부터 방향이 잘못되어 결코 올바른 목적지에 도달할 수 없다고 비판하고 있다. 여기서 그는 불교가 마음을 닦는 공부의 방법이 잘못되었다는 지적은 바른 방법을 따르지 않으면 바른 목적지에 도달할 수 없는 것임을 지적하여, 목적지의 올바른 인식은 그 목적지로 향하는 바른 길 내지 바른 방법과 분리될 수 없음을 강조하였다.

나아가 그는 불교의 마음을 다스리는(治心) 수행에서 선·악을 판단하는 윤리적 인식이 결핍되었다는 비판을 제기하고 있다. “불교의 마음 다스림은 선·악·무기(無記)의 세 가지 성질(三性)을 제거하기에 힘쓴다. 선·악이란 사물을 만나서 감응하여 움직이면 선이 있고 악이 있다는 것이요, ‘무기’란 일이 없이 어둡고 무지하여 깨우침이 없는 것이다. 악과 어둠은 기품이 그렇게 시킨 것이니 진실로 제거할 수 있지만, 선이란 천리의 본연함인데 그것을 또한 제거할 수 있다는 것인가?”[*7]라고 하여, 불교가 ‘선’·‘악’·‘무기’의 세 가지 성질을 모두 제거하려고 하지만, 천리인 ‘선’을 제거한다는 것은 잘못된 것임을 강조하였다. 물론 불교에서도 참된 ‘선’을 부정하는 것이 아니라, 상대적 분별 속에 놓여 있는 ‘선’을 부정하는 것이겠지만, 한원진은 유교적 윤리의식에서 ‘선’이란 제거될 수 없는 정당한 것이라는 입장을 확인하고 있는 것이다.

---

*6 같은 곳, “彼不先識長安之所在, 而徑欲造之者, 擧足之初, 已蹉却路頭, 不北走胡, 則南走越矣, 終身僕僕於迂路曲逕之中, 而不自悟其所往之非長安, 哀哉.”

*7 『南塘集』, 권27, 20-21, ‘禪學通辨’, “釋氏之治心, 務要去善惡無記三性, 善惡者, 遇物感動, 有善有惡者也, 無記者, 無事昏昧, 冥然無覺者也, 惡與昏者, 氣稟之使然, 固可去之, 善者天理之本然, 其又可去耶.”

또한 불교에서 "'도'는 가려서 선택함이 없고, '이'는 정식(情識)과 언위(言謂)를 끊는다"(道無揀擇, 理絶情謂)라 하고, "총명하여 어둡지 않은 것이 참된 깨우침(眞覺)이요, 마음을 간직하고서 깨우치는 것은 허망한 깨우침(妄覺)이다"(靈然不昧者眞覺也, 有心覺之者妄覺也)라고 말한 것을 인용하면서, "조금이라도 헤아림에 관계되어 나온 것은 참된 것인지 거짓된 것인지 논하지 않고 모두 거짓된 것이라 하고, 의지나 사려를 거치지 않고 발현한 것은 참된 것인지 거짓된 것인지 논하지 않고 모두 참되다고 한다. 진실로 선을 선택하여 붙잡는다면 마음에 무슨 방해가 있으며, 선을 선택하여 붙잡을 수 없다면 또한 깨우칠 수 있다는 것이 무슨 소중함이 있는가?"[8]라고 하였다. 그는 『중용』에서 말하는 '선을 선택하여 굳게 붙잡아 지키는 것'(擇善而固執之)가 마음을 다스리는 데 방해됨이 없음을 강조함으로써, 불교에서 '도'를 선택함이 없다고 말하는 것은 결국 '선'까지도 거부해 버려 윤리적 의식이 없게 됨을 비판하는 것이다. 또한 불교에서 사려분별이 없는가 있는가에 따라 깨우침이 참된 것인지 거짓된 것인지 분별하는 견해에 대해, 사려분별이 없는 것이 올바른 기준이 될 수 없고, 사려분별이 선한 것으로 기준을 삼아야 함을 밝히고 있다.

이와 더불어 그는 불교에서 '도'를 찾아가는 과정에서는 현실세계와 선·악을 전면으로 버리지만 깨우쳐서 '도'를 얻게 되면 버렸던 현실세

---

[8] 『南塘集』, 권27, 21, '禪學通辨', "以其稍涉計度而出者, 無論眞妄而皆謂之妄, 不經意思而發者, 無論眞妄而皆謂之眞, 苟能擇善而執之, 則何害於有心, 不能擇善而執之, 則亦何貴乎其能覺也."

계와 선・악을 모두 받아들이는 입장에 대해 반윤리적인 것으로 비판하
였다.

> "불교에서는 인간의 몸을 '진'(塵: 六境, 色・聲・香・味・觸・法)과
> 근(根: 六根, 眼・耳・鼻・舌・身・意)에 얽어매인 것으로 여기고, 세상
> 일을 허공 속에 보이는 꽃처럼 (눈병에) 막히고 가려진 것으로 여겨서,
> 반드시 해탈한 다음에 성불(成佛)할 수 있다고 말한다. '진'(塵)을 버리고
> '각'(覺)에 합치하게 되면, '육용'(六用: 六根)이 원만하게 소통하며, '만
> 법'(萬法)이 평등하여 둘이 아니게 된다. 그 시작을 '구도'(求道)라 하는데
> 선・악을 논할 것도 없이 모두 버리며, 그 마침을 '득도'(得道)라 하는데
> 선・악을 논할 것도 없이 모두 행한다. 선・악을 모두 버리면 마음이
> 간직한 바는 공허하고 적적함일 뿐이요, 선・악을 모두 한다면 마음이
> 활용하는 바는 뒤집혀진 것일 뿐이다. 시작에서는 인륜을 끊어 없애고서
> 끝에서는 욕심에 따라 제멋대로 하니, 불교의 근본과 지말은 여기에 그칠
> 뿐이다."[9]

그는 불교가 인간이 대상을 인식하는 통로인 감각기관(根)과 감관으
로 지각된 대상(塵)을 모두 버리는 것은 현실세계를 부정하는 과오요,
또 깨우침을 얻은 다음에 감각기관과 대상세계를 모두 다시 받아들이는
것은 현실세계를 분별하지 않는 과오라 본다. 따라서 그는 불교가 '구도'
의 과정에서 선・악을 모두 버리는 것은 허무에 빠지는 것이요 인륜을
폐기하는 것이라 비판하고, '득도'한 다음에 선・악을 모두 수용하는

---

[9] 같은 곳, "釋氏以人身爲塵根縛結, 世事爲空華隔翳, 謂必解脫而後可以成佛,
及其背塵合覺, 則六用圓通, 萬法如如也, 其始之謂求道, 無論善惡而皆去之,
其終之謂得道, 無論善惡而皆爲之, 善惡皆去, 則心之所存者空寂而已, 善惡
皆爲, 則心之所用者顚倒而已, 始則殄滅倫常, 而終則猖狂妄行, 釋氏之本末,
止於此已矣."

것은 윤리적 가치관이 뒤집힌 것이요 욕망에 따르는 무절제한 행동에 나갈 것이라 비판하고 있는 것이다. 그의 이러한 불교비판은 유교의 학문방법과 수양방법에 서서 불교를 바라보는 일방적 견해인 것은 사실이지만, 다만 이처럼 성리학적 시각에서 바라보는 불교에 대한 거부적 시각은 매우 선명하게 제시해주고 있는 것이다.

④ 한원진은 불교에서 체용의 구조로 설명하는 세계관에 대해, 성리학적 체용론의 관점에서 비판을 하고 있다. 곧 그는 진리의 세계를 불교에서 체용론으로 설명하는 것을 소개하면서, "불교의 교설에서 '지(地)가 아니요, 수(水)가 아니요. 화(火)가 아니요, 풍(風)이 아니다'라고 하는 것은 곧 '성'(性)의 본체이니 사물에 갇혀있지 않은 것이며, '지이고, 수이고, 화이고, 풍이다'라고 하는 것은 '성'의 묘용(妙用)이니 사물을 떠나지 않는 것이다. '즉(卽)을 여의고 비(非)를 여읜다'라고 함은 본체가 곧 작용인 것이며, '즉(卽)이요 즉(卽)이 아니다'라고 함은 작용이 곧 본체라는 것이다. 본체는 시방(十方: 四方·四維·上下의 전체 세계)을 머금으니, 본체가 갖추지 않은 바가 없고, 작용은 법계(法界: 法性·實相)에 편만하여 작용이 두루 미치지 않음이 없다"[10]고 하였다. 곧 『능엄경』(楞嚴經)에서 지·수·화·풍의 현상세계를 부정하는 것은 본체를 말하고, 지·수·화·풍의 현상세계를 긍정하는 것은 작용을 말하는 것이라 해석하고, 또한 "즉(卽)을 여의고 비(非)를 여의며, 즉(卽)이요 즉(卽)

---

[10] 같은 곳, "釋氏之說如非地非水非火非風, 卽性之本體, 不囿於物者也, 卽地卽水卽火卽風, 卽性之妙用, 不離於物者也, 離卽離非, 體卽用也, 是卽非卽, 用卽體也, 體含十方, 體之無所不具也, 用遍法界, 用之無所不周也."

이 아니다"(離即離非, 是即非即)라는 구절을 들어서 본체와 작용이 서로 머금고 있음을 보여주는 것이라 지적한다. 비유하자면 하나의 달이 일체의 물에 드러나고, 일체의 물에 비친 달은 하늘에 뜬 하나의 달에 통섭된다는 일체(一切)와 만수(萬殊)의 관계라는 것이다. 그만큼 불교의 교설에서 체·용구조로 설명하는 것은 성리학에서도 발견할 수 있는 논리임을 보여준다.

여기서 그는 "'아름답도다 푸른 대숲이여'라고 한 것은 '진여'(眞如)가 아님이 없고, '어여쁘다 국화꽃이여'라고 한 것은 '반야'(般若)가 아님이 없다는 등의 설명은 유교에서 말하는 '성'(性)과 매우 유사하다. 다만 (불교에서) 말하는 '성'이나 '체'나 '용'은 영각(靈覺)의 오묘함이요 '천리'의 진실함이 아니다. 이것은 이른바 '이치에 가까울수록 진리를 크게 어지럽힌다'는 것이요, 이른바 '말마다 옳고 구절마다 같지만, 같지 않다'는 것이다. 총명하고 지혜로운 선비들이 많이 저들(불교)에 의탁하는 것은 모두 이러한 교설에 미혹된 것이므로 특별히 변론한다"[11]고 하여, 우선 불교와 유교의 성리학적 개념이 매우 유사한 점이 있음을 인정하고서, 유사함이 진실성을 보장하는 것이 아니라 더욱 근원적 오류의 원인이 되고 있는 것으로 인식하였다. 곧 그는 송대 도학자들이

---

[11] 『南塘集』, 권27, 22, '禪學通辨', "猗猗綠竹, 莫非眞如, 粲粲黃花, 無非般若等說, 與吾儒之言性絶相似, 但其所謂性也·體也·用也, 乃靈覺之妙而非天理之眞也, 此所謂彌近理而大亂眞者也, 所謂言言是句句同然而不同者也, 高明之士多附於彼者, 皆爲此等說所惑, 故特辨之."
　韓元震이 "猗猗綠竹, 莫非眞如, 粲粲黃花, 無非般若"로 인용하는 말은 『朱子語類』(권63, '中庸')에서는 禪家의 말로 "靑靑綠竹, 莫匪眞如, 粲粲黃花, 無非般若"로 인용되고 있다.

노장과 불교를 비판하면서, "이치에 가까울수록 진리를 크게 어지럽힌다"(彌近理而大亂眞)고 하거나, "말마다 옳고 구절마다 같지만, 같지 않다"(言言是, 句句同, 然而不同)이라고 한 말을 끌어들여, 유교의 성리학과 불교 사이에 술어나 개념에서 일치하는 것처럼 보이지만 실지의 내용에서는 전혀 다른 것임을 지적하여, 불교와 유교의 차별화를 강조하고 불교가 그릇된 것임을 강조하였다.[12] 또한 그는 유학자 가운데 불교에 빠져드는 사람이 많이 있음을 인정하고, 이들이 불교에 빠져드는 이유가 바로 불교와 유교의 유사성에 미혹되어 근본적 차이를 모르는 데서 오는 것이라 지적하였다. 그만큼 당시 성리학을 공부한 유학자들 사이에도 불교에 빠져드는 사람이 상당수 있다는 사실을 인식하여, 자신이 새삼스럽게 불교비판을 해야 할 필요성이 제기된 이유를 밝히고 있는 것이다.

2) 육왕학陸王學과 불교의 연결비판

한원진은 불교비판론을 전개하면서 육상산·왕양명의 심학을 불교와 연결시켜 양자를 동시에 비판하는 문제에 세심한 주의를 기울였다. 그만큼 당시 그가 도학—주자학의 정통을 확립하기 위해 방어해야할 가장 강력한 이단으로 불교와 육왕학을 인식하고 있었다는 사실을 말해준다. 그는 육왕학에 대해, "육상산·왕양명의 무리는 스스로 공자와

---

*12 주자는 「中庸章句序」에서 노장과 불교를 비판하면서, "佛老之徒出, 則彌近理而大亂眞矣"라 하고, 程明道는 불교를 비판하면서, "釋氏句句同, 事事合, 然以其本之不正, 是以卒無一事之同"이라 하였다.

맹자를 본받는다고 읊지 않음이 없으며 스스로 불교를 물리치고 배척한다고 하지 않음이 없다. 그러나 그 실지는 유교를 끌어다 불교에 붙여서 불교의 교설에 정채를 더해줄 뿐이다. 이 때문에 듣는자는 미혹되기 쉽고 물리치는 자는 공적을 이루기 어려우니, 유교에 해를 끼침이 여기서 심해졌다"[13]고 하여, 육왕학은 공자·맹자의 유교정신을 계승하고 불교를 배척한다고 표방하지만 실지는 불교와 결합되어 불교를 도와줌으로써, 유교전통에 해독을 끼치는 것이라 규정하고 있다.

그는 육왕학에서 말하는 '본심'(本心)이나 '양지'(良知)란 유교의 용어이지만 그 내용을 보면 불교의 교설을 가리키는 것임을 지적하고, 불교에서 말하는 '진심'(眞心)이나 '묘각'(妙覺)이 유교의 '본심'이나 '양지'와 어떻게 다른 것인지를 밝히면서, '그 가리키는 바에서 털끝같이 미세한 차이가 있으면 그 귀결은 천리만큼이나 멀리 어긋나는 오류가 있게 됨'(其所指有毫釐之差, 而其歸有千里之謬)을 강조하여, 개념의 인식에서 미세한 차이도 허용될 수 없음을 역설하고 있는 것이다.

> "유교에서 이른바 '본심'은 인·의(仁義)의 마음이요, '양지'는 인·의의 실마리이며, 불교에서 이른바 '진심'은 허령한 마음이요, '묘각'은 허령한 견식이다. 유교에서 '심'(心)을 논하면 '이'(理)에서 근본을 미루어가므로 '심'을 들면서 '이'를 아울러 들며, '성'을 논하면 '심'에 혼동시키지 않는데, 불교에서 '심'을 논하면 오로지 '기'(氣)에 있으므로 '심'을 들면서 '이'를 버려두며, '성'을 논하면 '심'과 분별을 없게 한다. '이'에서 근본을

---

*13 『南塘集』, 권27, 22, '禪學通辨', "陸王之徒, 未嘗不自以爲誦法孔孟, 未嘗不自以爲攘斥佛氏, 其實援儒以附佛, 而就加精彩於佛者之說耳, 是以聽者易以惑而闢者難爲功, 吾道之害, 於斯甚矣."

미루어가므로 이른바 '본심'이나 '양지'는 '천리'(天理)를 간직하지 않음이
없으며, 그 발현은 융성한 덕과 아름다운 행실이 된다. 오로지 '기'에 있으
므로 이른바 '진심'이나 '묘각'은 선과 악이 뒤섞인 것이 아님이 없으며,
그 발현은 욕심대로 따르고 거짓된 행실이 될 뿐이다. 육상산·왕양명이
'본심'과 '양지'를 말하는 것은 특별히 유교의 말을 빌려서 불교가 가리킴
을 알게 해주는 것이다. 그러므로 '성'을 논하면서 번번이 '심'에 뒤섞어놓
고 결국의 귀결은 '명심'(明心)과 '견성'(見性)의 취지에서 벗어남이 없
다."[14]

곧 육왕학에서 말하는 '본심'과 '양지'는 '인의'를 간직한 것이요,
'천리'를 간직한 마음으로서 유교의 용어이지만, 실지의 내용은 불교에
서 '기'를 가리키고 선·악이 뒤섞여 있는 '진심'과 '묘각'에 합치되는
것이라 지적하고, 동시에 유교에서 '심'은 '성'과 함께 제시되지만 뒤섞
어 혼동될 수 없는 것인데, 육왕학에서는 뒤섞어 놓아 결국은 불교에서
말하는 '명심'과 '견성'에 합치되고 마는 것이라 비판한다. 그것은 '심'
·'성'개념의 인식에서 유교의 용어를 쓰면서도 불교와 같은 내용을
가리킴으로써 육왕학은 불교와 연결되고 주자학과 상반되는 것임을 확
인하고 있는 것이다. 따라서 맹자가 제시한 '양지'가 '사려하지 않고서
안다'(不慮而知)는 뜻이 있어서 불교에서 말하는 '진심'이나 '묘각'에

---

*14 같은 곳, "吾儒所謂本心, 仁義之心也, 良知仁義之端也, 佛氏所謂眞心, 虛靈
之心也, 妙覺虛靈之識也, 吾儒之論心, 推本於理, 故擧心兼擧理, 而論性則不
混於心, 佛氏之論心, 專在於氣, 故擧心遺其理, 而論性則無分於心, 推本於
理, 故所謂本心所謂良知, 莫非天理之所存, 而其發爲盛德懿行, 專在於氣,
故所謂眞心所謂妙覺, 無非善惡之所混, 而其發爲猖狂妄行耳, 陸王之謂本
心良知者, 特借儒者之言, 以喻佛氏之指爾, 故其論性, 每混於心, 而畢竟歸
宿, 莫脫於明心見性之旨矣."

근사하게 보이지만 그 가리키는 실상은 전혀 다름을 지적하면서, 맹자에서 '양지'란 부모를 사랑하고 어른을 공경하는 사람의 마음이 인륜인 본성에 근거하기 때문에 배우지 않고도 스스로 할 수 있고(良能) 사려하지 않고도 알 수 있는(良知) 것이라 하지만, 이와 달리 불교에서 말하는 '진심'이나 '묘각'은 왕양명의 '양지'개념처럼 사려를 겪지 않고 발동한 앎이면 진실한지 거짓된지 논하지 않고 모두 '양지'라 말하는 것이라 보았다. 바로 이 점에서 육상산·왕양명은 불교의 교설을 유교의 용어로 문채나게 꾸며주고 도와주는 역할을 하였던 것이라 비판하였던 것이다.

그는 맹자의 '양지'개념과 달라지는 왕양명의 '양지'개념을 확인하여, "왕양명은 영각(靈覺)의 본체가 밝아서 어둡지 않아 스스로 깨닫고 알 수 있는 것을 '양지'로 삼는데, '영각'이란 '기'(氣)이기 때문이다, '형이상'과 '형이하'의 지극히 정밀한 변론으로 말한다면, '양지'는 '형이하'요, '천리'는 '형이상'이다. '양지'는 곧 '천리'가 발현된 것이라 말하면 옳지만, '양지'가 곧 '천리'라고 하면 옳지 않다. '양지'가 과연 '천리'라면 맹자가 어찌 다시 '지성'(知性)·'지천'(知天)을 말했겠는가?"*15고 하였다. 곧 왕양명은 '양지'와 '천리'를 일치시키고 있지만, 주자학의 입장에서는 '양지'에 '천리'가 내재되어 있지만, '양지' 그 자체는 여전히 기질에 속하는 것이라는 이기론적 입장을 엄격히 확인하

---

*15 『南塘集』, 권27, 23, '禪學通辨', "陽明以靈覺之體昭昭不昧, 而自能覺知者爲良知, 而靈覺則氣故也, 且以形而上下至精之辨言之, 則良知形而下者也, 天理形而上者也, 謂良知卽天理之所發見則可, 而謂良知卽是天理則不可, 良知果是天理, 則孟子安得復言知性知天乎."

고 있는 것이다. 그는 왕양명처럼 '지'를 '이'(理)라고 하면 맹자가 '양지'와 더불어 언급한 '지성'·'지천'에서 '지'·'성'·'천'이 모두 '이'가 되는 언어적 모순이 일어나는 점을 지적하기도 한다. 또한 그는 육왕학에서 말하는 '천리'란 '심'의 미묘함과 '기'의 정밀함에 불과하며, '기'의 실지에다 '이'의 명목을 덮어 씌워놓은 것(以氣之實冒理之名)이며, 입에 올린 화두 하나에 지나지 않는 것으로 비판하기도 하였다.

그는 '심'개념에 대한 불교와 육왕학의 연관성을 지적하여, "불교에서 '심'을 논함은 '이'를 장애로 여기며 모든 '이'가 '심'에 갖추어 있음을 모르니, '심'과 '이'가 하나가 됨도 원래 모른다. 육상산·왕양명이 '심'을 논함은 반드시 '이'를 일컬으니 역시 '심'과 '이'가 하나가 됨을 조금 알았다. 그러나 그 이른바 '이'는 이미 단지 '심'의 영명하고 신묘함을 아는 것이요, '심'이 부여받은 '기'에 맑고 흐리고 순수하고 잡박함이 있음을 알지 못하였다. 그래서 '천리'는 진실로 그 맑고 순수한 것으로 인하여 발현된 것이요, '물욕'은 반드시 그 흐리고 잡박한 것으로 인하여 싹트고 움직이는 것이다. 그러므로 그 말이나 거동과 일이나 행함의 사이에 선과 악이 뒤섞임을 면하지 못하여 불교의 무리가 욕심에 따라 허망하게 행하는 것과 거의 다름이 없다"[16]고 하였다. 그는 불교가 '이'를 장애로 볼 뿐, 올바로 알지 못하는 것이라 규정하고,

---

*16 『南塘集』, 권27, 24, '禪學通辨', "佛氏之論心, 以理爲障, 而不識萬理之具於心, 則元不識心與理之爲一也, 陸王之論心, 必稱理, 則亦稍知其心與理之爲一也, 然其所謂理者, 旣只認得心之靈妙者, 而又不知心之氣稟有淸濁粹駁之雜, 故天理固得因其淸粹者而發見, 物欲亦必因其濁駁者而萌動矣, 故其言動事爲之間, 不免善惡之混雜, 殆無異於佛徒之猖狂妄行矣."

왕양명은 '이'를 항상 말하지만, '기'에다 '이'의 명칭을 뒤집어 씌워놓고 있으니, 사실상 '이'를 올바로 이해하지 못하고 있는 점에서 육왕학과 불교가 다를 바 없다는 비판을 하고 있는 것이다. 이것은 성리학의 '심'개념 인식에서 '심'을 '기'라고 보거나(율곡의 경우), '이'와 '기'의 결합이라 보는(퇴계의 경우) 것이 기본입장인데, 육상산·왕양명은 '심'과 '이'를 동일시하여, '심즉리설'(心卽理說)을 주장함으로써, 주자학의 '심즉기설'(心卽氣說)과 정면으로 충돌되는 사실에 따라 양명학을 불교에 연결시켜 비판하고 있는 것이다. 그는 육왕학과 불교를 동일시할 수 있는 논거를 『주자어류』(朱子語類)의 여러 구절을 인용하여 뒷받침함으로써, 자신의 육왕학과 불교 비판의 입장이 주자에 근거하는 것임을 확실하게 보여주고 있다.

그는 「심학통변」의 마지막 단락에서 불교의 '심'개념에 대해 결론적 비판을 하고 있다. 그는 "성인은 하늘에 근본하고 불교는 마음에 근본한다"(聖人本天, 釋氏本心)는 정자의 말을 근거로 유교와 불교의 근본개념을 '천'과 '심'으로 대비시켜 구별하면서, '심'개념을 성리학적 입장에서 검토하고 있다. 곧 "'심'의 영명함은 곧 기질에 속하며 기질은 치우침이 없을 수 없다. 그러므로 '일체는 마음에 말미암아 지어진다'(一切由心造)라는 것은 스스로 여러 차례 넘어짐을 면할 수 없다. 그러므로 진실로 불교의 배움이 어긋남과 가리움이 근원함에 본 것이 있다면 '심'이 기질에 속한다는 것을 알 수 있다. '심'이 기질에 속한다면 발동하기 이전에 기질은 순수하게 선할 수 없으며 큰 근본으로 삼아서 믿을 수 없음을 알 것이다. 만약 그 영명의 본체를 가리켜 선하다고 하면 옳지만, 부여받은 '기'의 본색을 논한다면 결코 순수한 선이라 할 수 없다"[17]고 하였다. 곧 마음이 이치를 간직하고 있지만 그 바탕이 기질에 속하는 것이라는 성리학적 인식에 확고하게 서서, 마음은 순수한 선이 될 수 없고, 따라서 근본으로 삼을 수 없는 것임을 밝히고, 이에 따라 마음을 근본으로 하는 불교나 육왕학은 근본이 잘못 설정된 것으로 비판하는 입장을 보여주고 있다.

3. 정약용丁若鏞의 성리학비판 논거로서 불교비판

1) 불교승려들과의 교유활동

한원진은 불교에 대해 비판을 하였을 뿐이요 불교승려와 교유한 자취는 찾을 수 없지만, 정약용(茶山 丁若鏞, 1762-1836)은 비록 불교의 교설에 비판적 입장을 선명하게 밝히고 있으면서도 불교승려와 매우 깊은 인간적 친교를 가졌던 점이 특징적 일면으로 드러난다. 그는 40대 이후 강진에서 유배생활을 하는 동안 혜장(蓮坡·兒庵 惠藏, 1772-1811)과 교유하였고, 초의(草衣 意恂)를 비롯한 여러 승려들이 그를 스승으로 받들

---

[17] 『南塘集』, 권27, 25, '禪學通辨', "心之靈明, 卽屬氣質, 而氣質不能無偏, 故一切由心造者, 自不免於七顚八倒矣, 是故苟有見乎釋氏所學之差所蔽之原, 則可知心屬氣質矣, 心屬氣質, 則可知未發之前, 氣質不能純善, 而不可恃此爲大本也, 若姑指其靈明之體而謂之善則亦可矣, 而至論其氣稟本色, 則決不可謂純善矣."

며 문하에서 수학하기도 하였다. 그러나 그는 어려서부터 명망 높은 승려들과 만날 수 있었던 인연이 있었다.

혜원(靑坡 慧苑)은 일찍부터 정약용의 부친(丁載遠)과 교류가 있었으며, 그가 어렸을 때 그의 고향 집을 왕래하였던 일이 있고, 혜원을 통해 유일(蓮潭 有一, 1720-1799)의 명성을 들어왔다고 한다.[18] 정약용은 17세 때 유일이 화순(和順)현감으로 있는 부친을 찾아오자 부친의 명으로 유일을 위해 「지리산승가」(智異山僧歌)를 지었는데, 이 시에서 그는 유일의 법형(法兄)인 설파(雪坡 尚彦, 1707-1791)의 안부를 묻고 있으니, 이 시대 교(敎)와 선(禪)의 학풍을 이끌어가는 대표적 학승들에 대한 관심과 교류가 있었음을 보여준다.

정약용이 불교승려와 활발하게 교유한 것은 유배지 강진에서 44세 때(1805) 백련사(白蓮寺: 萬德寺)에서 혜장을 만나면서 시작되었다. 혜장은 바로 유일의 제자였으니 정약용의 부친과 유일의 교유에 이어 그와 혜장의 교유는 대를 이어가는 것이 되었다. 혜장은 정약용보다 열 살이나 아래였지만 이미 30세 때 해남(海南) 대흥사(大興寺: 大芚寺)의 강석(講席)을 맡았던 탁월한 학승이었다. 정약용은 강진의 백련사와 보은산방(報恩山房: 高聲寺), 다산초당(茶山草堂) 등에서 혜장과 서로 찾아다니며 자주 만나 유학자와 승려 사이에 깊은 우정을 쌓았는데, 혜장의 학덕과 명망을 극진하게 칭찬하였으며,[19] 혜장에게 시를 통해 진리를

---

[18] 『與猶堂全書』, 제1집(이하 『與全』[1]로 줄임), 권1, 7, '贈有一上人', "夙與苑公識, 獲聞南斗名."(일찌기 혜원스님과 알고 지내어/ 유일스님 높은 이름 들어왔었네.)

[19] 『與全』[1], 권5, 6, '贈惠藏上人', "藏也信壽童, 眇小噪南國, 盛名若雷霆, 豪傑願顏色, 三十師千人, 豈非戾天翼."(혜장은 참으로 어려서부터 노숙한 덕 있어서/

드러내는 방법을 익히는 데 힘쓰도록 충고하기도 하였다.[20] 바로 유교나 불교나 그 수행을 통해 얻은 깨달음은 시를 통해 가장 잘 드러낼 수 있음을 제시해주고 있는 것이다.

당시 혜장은 『논어』와 『주역』을 비롯하여 성리설에까지 해박하였으며, 정약용과 토론하면서 『주역』을 비롯한 유교 경전의 이해를 더욱 심화시켜갔다. 또한 정약용은 혜장과 토론하면서 불교의 교설에 대해 이해를 넓혀갔으니, 이들의 교류는 유교와 불교 사이에 학문적 교류의 새로운 영역을 열었던 것으로 보인다. 한 시대의 대표적 유학자인 정약용과 명망 높은 학승인 혜장 사이에 유교와 불교를 넘나들며 종횡으로 펼쳤던 토론의 광경을 정약용은 시로 읊어 그려내었다.

> "다행히도 촌사람 곁에 없으니
> 시냇물 달려가듯 종횡으로 담론했었지
> 나는 『시』·『서』·『역』을 논하고
> 그대 『화엄』·『능엄』·『원각』을 풀이하니
> 공중에서는 안개비 내리고
> 내뱉는 말마다 깊고도 현묘한 이치였네
> 사방은 고요하여 미동도 없었지만
> 하늘의 이치에 감동하여 눈물 흘렸지

어린 시절 남쪽지방을 떠들석하게 했다네/ 그 명성이 우레처럼 크게 떨쳐/ 사방의 호걸들이 얼굴 보기를 원했었지/ 삼십 나이에 천 사람의 스승 되었으니/ 그 어찌 하늘을 나는 새가 아니런가.)

[20] 『與全』[1], 권5, 8, '憶昔行, 寄惠藏', "汝更少年結老蒼, 但不嗜詩崇淸謐, 詩與眞如豈二門, 直由迷悟生得失."(그대는 소년으로 늙은 이와 사귀면서/ 시는 좋아 아니하며 맑고 고요함만 숭상하네/ 시와 진리가 어찌 두 갈래 길이리오/ 여기서 미혹함과 깨달음이 나오고 얻음과 잃음이 생긴다네.)

알았노라 그대 이마 넓은 중이여
곧바로 선(禪)에 도통하리라.”[21]

정약용은 불교의 교리에 비판적 입장을 밝히고 있지만, 불교 학승들과의 교유를 통해 불교의 입장을 이해하며 대화할 수 있는 열린 자세를 지니고 있었다. 그 자리의 토론에서 혜장은 정약용이 해석하는 ‘천리’(天理)에 깊이 감동하여 눈물을 흘리기도 하였지만, 바로 이 점에서 혜장이 유교의 이치에 설복되는 것이 아니라 선(禪)의 깊은 이치에 도통할 것임을 확인하고 있는 것은, 두 사람의 토론은 바로 유교와 불교의 진리가 그 근원에서 소통되는 길을 찾아가고 있었던 것으로 보인다. 한편 정약용은 절에 머물고 혜장과 사귀면서 불교의 세계로 기울어져가는 심경을 토로하여, “대밭 속의 불경소리가 늙어갈수록 당기는데/ 미혹의 바다 건너는 덴 나루와 다리도 장애라/ 송락모자 쓰고 솔잎 죽을 마시면서/ 남은 인생 불도(佛道)를 배우며 수행하려네”[22]라고 읊기도 하였다. 그렇다고 그가 불교로 전환하겠다는 것이 아니라, 유배죄인의 처지로 기약 없이 지내고 있는 자신의 마음 한 구석에 불교에 대한 호감과 동경이 일어나고 있음을 표현한 것이라 생각된다.

정약용은 혜장과 백련사(萬德寺)에서 자주 왕래하면서 『만덕사지』(萬德寺誌)를 편찬하였으며, 혜장이 두륜산(頭輪山) 속에 일발암(一鉢菴)이

---

*21 『與全』[1], 권5, 10, ‘惠藏至高聲寺, 遣其徒相報, 余遂往逆之, 値小雨留寺作’, “幸無村墅客, 縱談若奔川, 以我詩書易, 博爾華楞圓, 霏屑落層空, 咳唾皆幽玄, 四座寂不動, 出漏感其天, 因知廣額屠, 立地可通禪.”
*22 『與全』[1], 권5, 7, ‘山居雜興’, “竹間經唄晚來多, 迷海津梁亦障魔, 松絡帽兒松葉粥, 餘齡要學老頭陀.”

라는 초가 한 채를 지었을 때, 그 검소함이 허유(許由)나 안회(顏回)와 뜻하는 바는 달라도 살아가는 방법이 같음을 지적하여, "가령 혜장이 손에 의발(衣鉢)을 들고 수레에 올라 허유가 지나간 궤도를 따르고 안회가 지나간 수레의 자취를 밟게 한다면, 역시 거의 도를 아는 이가 될 것이다"[*23]라고 하여, 그 '도'가 서로 통할 수 있음을 지적하기도 하였다.

정약용이 강진에서 유배생활을 하고 있던 1811년 혜장은 40세의 나이로 죽었는데, 그는 산(山)과일 한 접시를 손수 따고 마을에서 술 한 사발을 사다가 혜장의 제자 자홍(慈弘)을 시켜 혜장의 영전에 올리면서 자신이 지은 제문을 읽게 하였다. 그는 혜장을 위해 비문(「兒菴藏公塔銘」)을 지었으며, 이에 앞서 혜장의 요청에 따라 혜장의 사조(師祖)인 화악(華嶽 文信, 1629-1707)의 비문(「華嶽禪師碑銘」)을 짓기도 하였다. 이처럼 정약용은 혜장과의 인간적으로 깊은 친교를 맺으면서 불교에 대해서도 친밀한 이해의 포용적 태도를 보여주었던 것이다.

혜장의 제자 가운데 색성(袖龍 賾性)과 자홍(騎魚 慈弘) 등도 혜장을 따라 정약용을 스승처럼 모시고 따랐다. 그는 혜장의 제자 가운데 특히 색성이 『화엄경』에도 밝고 두보(杜甫)의 시를 배우는 사실을 칭찬하면서, 가장 뛰어나다고 인정하였다. 또한 혜장의 제자 자홍은 스승이 죽은 뒤에까지 정약용을 잘 따랐다. 그는 자홍에게 "군자는 도(道)를 걱정하지 가난을 걱정하지는 않는다. 대체(大體: 本心)를 기르는 것을 '도'라 하고, 소체(小體)를 기르지 못하는 것을 '빈'(貧)이라 한다"고 하여, 마음

[*23] 『與全』[1], 권13, 29, '一鉢菴記', "使惠藏手是鉢而乘是車, 遵許由之軌而蹈顏回之轍, 亦庶幾乎知道者也."

을 닦아 '도'를 밝히고 가난을 근심하지 말도록 훈계함으로써 유교의
가르침으로 불교의 수행방법을 제시하면서, "불법이 비록 허망한 것이
지만, 참됨과 거짓됨, 있음과 없음의 형상은 바로 유교에서 본연(本然)과
기질(氣質)의 분별에 해당한다"[24]라고 하여, 불교와 유교의 성리학 사이
에 공통점이 있음을 지적하기도 하였다.

또한 당시 대흥사의 뛰어난 학승인 초의(草衣 意恂)는 정약용보다
24년 연하로, 정약용을 스승으로 모시고 다산초당으로 자주 찾아와서
시와 유교경전을 배웠다.[25] 정약용이 48세때(1809) 대흥사를 찾아갔다
가 돌아올 때 초의는 작별시에서 정약용을 '탁옹(籜翁)선생'이라 일컬으
며 스승으로 받들고 있음을 보여준다.[26] 초의는 그를 만나게 된 것을
마치 하늘이 자신을 맹자 어머니 곁에 내려주신 듯 정성스러운 가르침
을 받게 된 좋은 기회를 얻은 것이라 여겼다. 초의가 정약용의 지도를
받으며 유교경전을 배우는 모습을 보고 다른 승려들은 초의가 불교를
버리고 유교인으로 되돌아가려는 것이나 아닌지 의심을 하기도 했다고
한다.

정약용은 초의에게 도연명이나 소동파가 승려들과 교유하였던 행적
을 소개하면서, 시(詩)를 논하고, 『주역』의 모든 구절이 괘상(卦象)에서

---

[24] 『與全』[1], 권17, 45, '爲騎魚僧慈弘贈言', "吾聞君子憂道不憂貧, 養其大體
日道, 不能養其小體日貧, …佛法雖誕誕, 其所說眞妄有無之相, 則吾儒本然
氣質之辨也."

[25] 당시 大興寺의 禪風은 玩虎 倫佑(1758-1826)에서 草衣 意恂, 縞衣 始悟로 이어
지는 일파와 兒庵 惠藏(1772-1811)에서 袖龍 賾性, 騎魚 慈弘으로 이어지는
일파의 두 계열이 있었다고 한다.(李乙浩, 『다산학의 이해』, 현암사, 1975, 250쪽)
그렇다면 大興寺의 양쪽 계열이 모두 丁若鏞과 교유하였던 것이다.

[26] 김상홍, 『다산문학의 재조명』, 단국대출판부, 2003, 544쪽.

말미암는다는 역학의 견해를 제시하기도 하였다. 또한 그는 초의에게 고려 때 백련사에 주석하였던 천책(天頙: 眞靜國師)이 "딱하도다. 나는 세상 사람들과 더불어 허망한 세상에서 허망한 인생을 살고 있다. 저들이 허망한 몸으로 허망한 말을 타고 허망한 길을 달리며, 허망한 기교를 잘하여 허망한 사람으로 하여금 허망한 일을 보게 하고, 다시 허망한 위에 허망함이 또 허망하게 된다는 것을 어떻게 알겠는가? 이 때문에 밖에 나갔다가 번거로이 떠드는 것을 보면 서글픈 마음만 더할 뿐이다"[27]라고 하였던 말을 인용하여 세속을 경계하기도 하였다. 그는 천책의 말에서 세속에 빠져 도리를 깨우치지 못하고 있음을 경계하는 뜻을 지적하였던 것이다. 또한 그는 천책의 시를 매우 높이 평가하여, "감정이 넘치고 내용이 힘차서 승려의 담박한 병폐가 없다. …신라와 고려 시대에서 세 사람을 뽑는다면 최치원(崔致遠)·천책·이규보(李奎報)가 으뜸이다. 천책을 생각하면서 안타깝고 서글프지 않을 때가 없으니, 이처럼 현명하고 호걸스러운 인물이 어찌 불교에 빠졌는가?"[28]라고 하여, 천책의 시를 통해 그 인물됨을 극진히 높이면서 승려가 된 것을 아쉬워하기도 했다.

초의는 우리나라의 '다도'(茶道)를 일으킨 인물로서 '다도'를 설명한 「다신전」(茶神傳)과 「동다송」(東茶頌)을 지어 다도를 이론적으로 정리

---

*27 『與全』[1], 권17, 45, '爲草衣僧意恂贈言', "惜也, 吾與彼俱幻生於幻世, 彼焉知將幻身乘幻馬馳幻路, 工幻技令幻人觀幻事, 更於幻上幻復幻也, 由是出見紛譁, 增切怛耳."

*28 『與全』[1], 권14, 40, '題天頙國師詩卷', "濃麗蒼勁, 無蔬筍淡泊之病, …揀三人於羅麗之世, 則崔致遠·天頙·李奎報其額也…憶念天頙, 未嘗不嗟傷悼惜, 以若賢豪, 胡乃陷溺於佛敎也."

하였으며, 차(茶)생활과 선(禪)수행을 일치시키는 '다선일미'(茶禪一味)
의 경계를 열었던 인물이다. 당시 다산초당에서 정약용은 다도의 생활
에 깊은 관심을 보였으며, 그 자신 우리나라 차에 관해 「동다기」(東茶記:
失傳)를 저술하였다고 한다. 이런 사실에서 보면 정약용은 초의가 '다도'
를 체계적으로 정리하는 데 깊이 영향을 주었던 것으로 짐작된다. 당시
대흥사의 학승들인 윤우·혜장·초의 등이 대흥사의 사적을 정리한
『대둔사지』(大芚寺誌)의 편찬에도 정약용이 관여하였고, 이 책의 끝에
는 정약용이 편찬한 「대동선교고」(大東禪敎考)가 수록되어 있는데, 우
리나라 불교의 역사와 고승들의 전기를 간략히 서술한 것이다.

 또한 당시 대흥사의 학승으로 두운(隱峯 斗云)은 정약용의 문하에
출입하였던 인물이며, 정약용은 두운의 요청으로 대흥사의 만일암(挽日
菴)을 중수하였을 때 기문(「重修挽日菴記」)을 짓기도 하였고, 두운에게
『만일암지』(挽日菴志)를 서첩에 써주면서 그 머릿글(「題挽日菴志」)을 짓
기도 하였다. 이와 더불어 정약용은 대흥사 학승인 제성(維那 濟醒)의
요청으로 「채희암비명」(蔡希菴碑銘)을 고증하면서 널리 역사책과 불교
서적 및 비문들을 검토하였던 일도 있다.[*29] 이러한 사실은 그가 승려들
과 교유하면서 불교 교설이나 불교역사에 대해서도 상당히 적극적 연구
를 하였음을 말해준다. 또한 그는 자신의 문하에서 유학을 공부하던
제자들과 '다신계'(茶信契)를 맺어 결속을 강화하였던 것처럼 그의 문하
에 출입하던 승려들과 '전등계'(傳燈契)를 맺어 깊은 친교를 확립하였던

---

*29 이을호, 『다산학의 이해』, 250-251쪽.

사실을 엿볼 수 있다.

초의는 정약용이 유배에서 풀려나 고향으로 돌아간 뒤에도 마재(馬峴: 경기도 남양주시 조안면 능내리 마재부락)로 스승을 찾아왔으며, 정약용의 아들 정학연(丁學淵)을 비롯하여 홍현주(洪顯周) 등 이 지역 선비들과도 시를 화답하며 폭넓게 교류하였고, 이를 계기로 김정희(秋史 金正喜)와도 깊은 교유관계를 맺게 되었다. 이러한 사실을 통해 19세기 전반기에 비록 제한된 범위이기는 하지만 정약용을 비롯한 유학자들과 선승(禪僧)들 사이에 인간적 친교가 깊이 이루어졌고, 학문적 교류도 활발하게 일어났던 사실을 엿볼 수 있다.

2) 성리학비판의 논거로서 불교비판

정약용은 불교에 대한 비판의 논설을 별도로 지은 것이 없다. 그러나 주자학의 성리설을 극복하고 자신의 독자적 철학기반을 정립하는 과정에서 성리설에 근거한 경전해석을 비판하면서, 성리설의 비판 논거로서 성리설이 불교와 일치되는 점을 지적하여, 불교 비판에 근거한 성리설 비판의 논리를 제시하고 있다. 바로 이 점에서 성리설에 근거하여 불교를 비판하는 한원진의 입장과는 불교의 비판논리에서 정면으로 상반된 면모를 보여주는 것이라 하겠다.

그러나 정약용은 주자학을 무조건 비판하는 입장이 아니다. 그는 청나라 학자들이 송대 유학자들이 불교에 물들었다고 무조건 비판하는 태도를 거부한다.

"자기(道心·天理)로 자기(人心·私欲)를 극복한다는 것은 모든 성왕(聖王)이 하나로만 전해주고 은밀히 부촉해준 미묘한 취지요 핵심의 말씀이나, 이를 밝히면 성인도 되고 현인도 될 수 있으며, 이에 어두우면 금수(禽獸)가 되고 만다. 주자가 우리 도를 중흥한 시조가 되는 것은 다른 까닭이 아니라『중용』의 서문을 지어 이 이치를 밝혔기 때문이다. 근세의 학자들이 송(宋)·원(元)시대 여러 유학자들이 '이'와 '기'를 논의하면서 속으로는 선학(禪學)을 받아들이면서 겉으로는 유학을 내세우는 폐단을 바로잡고자 하여, 경전을 논의하고 해석하면서 한결같이 한(漢)·진(晉)시대의 학설을 따르고자 하며, 의리가 송나라 유학자에게서 나온 것은 옳고 그름을 묻지 않고 한결같이 반대하는 것을 일삼았다. 그 한 두 사람 심술의 병통은 버려둔다 하더라도, 장차 온 천하의 사람들이 겨우 얻은 바를 잃게 하고 겨우 밝힌 것을 어둡게 하여, 도도하게 휩쓸어 금수가 되고 목석(木石)이 되게 하니 작은 일이 아니다."*30

이처럼 그는 모기령(毛奇齡) 등 청대 학자 가운데 주자를 불교에 얽어서 전면적으로 거부하는 견해의 문제점을 비판하면서, 주자가 유교를 중흥시킨 시조로 중요한 비중이 있음을 높이 평가하였다. 그것은 주자를 비판하는 그의 기준이 공자의 '도'에 있는 것이요, 공자의 '도'에 어긋난 대목에 한정하여 비판하는 것이지 주자를 맹목적으로 배척하는 것이 아님을 분명하게 밝히고 있는 것이다.

또한 그는 불교에 대해 맹목적으로 비판하는 것이 아니라 이치에

---

*30 『與全』[2], 권12, 2, '論語古今註', "以己克己, 是千聖百王, 單傳密付之妙旨要言. 明乎此則可聖可賢, 昧乎此則乃獸乃禽. 朱子之爲吾道中興之祖者, 亦非他故, 其作中庸之序, 能發明此理故也. 近世學者, 欲矯宋元諸儒評氣說理內禪外儒之弊, 其所以談經解經者, 欲一遵漢晉之說, 凡義理之出於宋儒者, 無問曲直, 欲一反之爲務, 其爲一二人心術之病, 姑舍是, 將使擧天下之人, 失其所僅獲, 昧其所僅明, 滔滔乎爲禽爲獸, 爲木爲石, 非細故也."

어긋난다고 판단되는 대목에 대한 비판이다. "설암(雪菴)선사가 말하기를, '귀가 듣고, 눈이 보고, 입이 말하고, 몸이 행동하는 것은 노복(奴僕)이요, 마음이 그 속에 주장하는 것은 주인이다. 주인이 총명함을 진작시켜서 노복에게 명령하여 모두 복종하여 명령을 받들게 할 것이요, 하지 말라는 것은 주인으로서 노복의 말을 따르게 하지 않는 것이요, 노복으로서 주인을 이끌지 않게 하는 것이다'라고 하였다. 후세 사람들이 이 의리를 알 수 있게 한 것은 주자의 힘인데, 오늘날 사람들이 도리어 선학(禪學)이라 배척하는 것은 거짓된 것이 아니겠는가"[31]라는 하여, 선사(禪師)의 말이라도 주자가 적극적으로 소개한 것이요, 유교의 '도'에도 어긋나지 않은 것이라면 배척하는 것이 옳지 않음을 역설하고 있는 것이다. 곧 옳고 그름의 판단은 그 말이 어떤 사람이나 어떤 종파에서 나왔는지에 따라 결정되는 것이 아니라, '도' 내지 이치에 맞는지 아닌지에 따라 결정되어야 한다는 것이 정약용의 기본입장이다.

(1) '본연지성'本然之性의 비판

정약용의 불교비판에 근거한 성리설비판은 성리설의 '성' 내지 '심' 개념의 인식과 이에 따른 수양론적 방법의 인식에 집중되고 있다.

---

[31] 『與全』[2], 권12, 4,「論語古今註」, "雪菴禪師云耳之聽·目之視·口之言·身之動, 是奴僕也, 心之主持于中, 是主人也. 主人精明振作, 令奴僕皆伏而稟令, 勿者不以主而聽奴, 不以奴而牽主. 案後人之能知此義, 皆朱子之力, 今人却欲斥之爲禪學, 不亦妄乎."
　정약용이 인용한 雪菴의 말은 南宋代 臨濟宗 승려 雪菴 從瑾(1117-1200)의 『雪菴從瑾禪師頌古』에서 찾을 수 없고 『朱子語類』나 『朱熹集』에서도 찾지 못하였다.

그는 "불교에서 '마음을 밝히고 본성을 본다'(明心見性)고 일컬으며 온갖 말이 모두 이것(心・性)을 찬미한다. 그러나 그 본래 의도는 맹자의 '성선설'과 서로 만 리나 떨어져 있다. 저들(불교)이 말하는 것은 본체의 허령(虛靈)하고 기묘함이요, 이쪽(맹자)이 말하는 것은 선을 즐거워하고 악을 부끄러워할 수 있음을 말한다"[32]라고 하여, 맹자의 '성선설'에서 '성'이 선을 좋아하는 기호(嗜好)로서 도덕성의 근원이지만, 불교의 '성'은 허령한 본체를 가리키는 것으로서 도덕성을 내포하지 않은 것이므로 서로 전혀 다른 것을 가리킨다고 강조하고 있다. 바로 이점에서 정약용은 맹자의 '성'개념을 성기호설(性嗜好說)로 인식함으로써, 주자의 '성'개념 인식은 불교의 영향을 받은 것으로 공자나 맹자의 옛 견해(洙泗舊觀)에 어긋난다는 것이다.

그는 성리학의 '성'개념으로서 '성'은 영명(靈明)한 본체로서 순수하게 선하고 악이 없는 '본연지성'(本然之性)과, 선할 수도 있고 악할 수도 있는 '기질지성'(氣質之性)으로 2분하고 있음을 지적하고, 성리학의 '본연지성'은 『능엄경』의 "'여래장성'은 청정한 본연이다"(如來藏性, 淸淨本然)라는 구절에서 이끌어낸 개념이라 지적한다.[33] 또한 그는 '본연'이란 말이 유교경전이나 제자백가에는 나오지 않고 오직 『능엄경』에서 반복하여 나오는 것임을 강조하면서, "불경에서 '본연'이란 시작이 없이 스스로 존재한다는 뜻이요, 유교에서는 '인간이 하늘에서 명령을

---

[32] 『與全』[2], 권5, 33, '孟子要義', "佛家號爲明心見性, 其千言萬語, 皆所以讚美此物, 然其本意與孟子性善之說, 相去萬里, 彼所言者, 本體之虛靈奇妙也, 此所言者, 謂其能樂善恥惡."
[33] 『與全』[2], 권1, 11, '大學公議', "楞嚴經曰如來藏性淸淨本然, 此本然之性也."

받는다'고 말한다. …천명을 거스르고 업신여기며 이치에 어긋나고 선을 해치는 것이 '본연'의 이론보다 더 심한 것이 없다"[*34]고 하여, 불교에서 끌어들인 성리학의 '본연'의 개념은 하늘에서 부여받은 것이 아니라 시작도 없이 스스로 존재하는 것이므로 『중용』에서 말하는 '천명'으로서의 '성'에 상반되며, 따라서 '본연지성'이란 천명을 거스르고 이치에 어긋나며 선을 해치는 반유교적인 것으로 가장 격렬하게 비판을 하고 있다.

따라서 그는 "하늘이 속마음을 내려준 것은 반드시 신체가 잉태된 이후에 있는 일이니 어찌 '본연'이라 할 수 있겠는가? 불교에서 말하는 청정한 법신(法身)은 스스로 시작하는 때가 없으며 본래 스스로 존재하고, 하늘의 지어냄을 받지 않아서 시작도 없고 끝도 없으므로 '본연'이라 이름붙인 것으로, '본래의 자연함'을 말한다. 그러나 신체는 부모에게서 받았으니 시작이 없다고 말할 수 없으며, 성령(性靈)은 하늘로부터 받았으니 시작이 없다고 말할 수 없다. 시작이 없다고 말할 수 없다면 '본연'이라 말할 수 없으니, 이것이 의심하지 않을 수 없는 점이다"[*35]라고 하여, 신체는 부모로부터 받고, '성령'은 하늘로부터 받아서 시작이 없을 수 없으므로 '본연'이라 할 수 없음을 논증하였다. 곧 '성'이 하늘에서 부여해준 것이라는 『중용』의 입장과 본래부터 자연으로 존재한다

[*34] 『與全』[2], 권2, 29, '心經密驗', "佛書本然者, 無始自在之意也, 儒家謂吾人稟命於天, …逆天慢命, 悖理害善, 未有甚於本然之說."
[*35] 『與全』[2], 권15, 11, '論語古今註', "天之降衷, 必在身形胚胎之後, 何得謂之本然乎? 佛家謂淸淨法身, 自無始時, 本來自在, 不受天造, 無始無終, 故名之曰本然, 謂本來自然也. 然形軀受之父母, 不可曰無始也, 性靈受之天命, 不可曰無始也. 不可曰無始, 則不可曰本然, 此其所不能無疑者也."

는 불교적 입장을 대비시키면서 성리학의 '본연지성'은 불교의 견해를 받아들인 것으로 비판하고 있는 것이다. 또한 그는 '본연'과 '허령한 본체'를 결합시켜 설명하는 성리학의 견해를 거부하고, '허령한 본체'는 '성'이 아니라 '심'을 가리키는 것으로 본다. 따라서 그는 "'허령한 본체는 악을 할 수 있는 이치가 없다'고 말하는 것은 불교의 논설이다"[36]라고 하여, 성리학에서 '허령한 본체'를 '성'으로 보아 순수한 선으로 악이 없다는 견해는 불교의 '본연'개념에 따른 것이라 비판하였던 것이다.

주자가 『대학』에서 '친민'(親民)의 '친'(親)을 '신'(新)으로 고쳐서 해석하면서, "'구염'(舊染)에 더럽혀짐을 제거한다"(去其舊染之汙)고 하였는데, 여기서 그는 주자가 말한 '구염'이란 부여받은 기질과 사람의 욕심이 물든 것으로 아무리 지혜로운 사람이라도 '구염'이 없을 수 없음을 지적하면서, 이전에 물들었다는 '구염'(舊染)의 의미가 불교에서 말하는 '본연'에서 새로 냄새가 배었다는 '신훈'(新薰)과 같은 의미임을 지적하였다. 곧 그는 "'본연지성'이 '신훈'에 물들어 '진여'의 본체를 잃어버린다는 것은 『반야경』과 『기신론』 속에서 중언부언한 설명이다. '신훈'이란 본체가 비었고 밝지만 새로 기질의 냄새 배고 물들음을 입게 되는 것이다. 그렇다면 '신훈'이 곧 '구염'이요, '구염'이 곧 '신훈'이다. '본연'에 의거하여 말하면 '신훈'이라 하고 현재에 의거하여 말하면 '구염'이다"[37]라고 하여, 주자가 백성을 새롭게 하기 위해 '구염'의 제

---

*36 『與全』[2], 권5, 35, '孟子要義', "凡以虛靈之體無可惡之理者, 佛氏之論也."
*37 『與全』[2], 권1, 11, '大學公議', "本然之性, 爲新薰所染, 乃失眞如之本體, 卽般若起信論中重言複語之說, 謂之新薰者, 本體虛明, 而新被氣質所薰染也, 然則新薰卽舊染, 舊染卽新薰, 據本然而言之則謂之新薰, 據見在而言之

거를 언급한 것은 불교에서 '본연'의 '진여'를 지키기 위해 제거해야할 '신훈'을 언급한 것과 같은 뜻임을 확인하였다. 그것은 백성을 새롭게 하거나(新民) 백성을 친한다(親民) 뜻과는 아무런 관련이 없는 것으로, 주자가 불교의 '본연'개념을 받아들인 연속선상에서 불교적 논리에 빠져 있음을 지적한 것이다.

나아가 정약용은 성리학에서 인간과 사물의 성품이 같다는 '인물동성'(人物同性·人物性同)의 견해는 불교에서 나온 말이라 보았으며,[38] 성리학의 '인물성동론'을 불교의 윤회설과 연결시키고 있다. 곧 "불교에서는 사람과 사물의 '성'이 같으므로 사람이 죽으면 소가 되고, 개가 죽어서 사람이 되며, 윤회하여 순환하야 끝없이 살아간다고 한다. 소동파(蘇東坡)는 이 이론을 혹독하게 믿어 「적벽부」(赤壁賦)와 「조주한문공묘비」(潮州韓文公廟碑)를 지으면서 몰래 그 학설을 이용하였는데, 세상에서는 알아차리지 못하였다. 송대 유학자들이 '성'을 논하면서 많이 이 병통을 범하였으니, 비록 그 본래 의도는 역시 선을 즐거워하고 '도'를 찾고자 하는 고심에서 나온 것이지만, 수사(洙泗: 孔孟)의 옛 이론과는 서로 충돌하는 것이다"[39]라고 하여, 송대의 문인인 소동파나 송대 성리학자들이 윤회설에 근거를 제공하는 불교의 '인물동성론'에 영향을 받은 것이라 지적하고, 공자·맹자의 견해(洙泗之舊論)와 상반되는 것

　　則謂之舊染."

[38] 『與全』[2], 권3, 22, '中庸自箴', "人物同性者, 佛之言也."

[39] 『與全』[2], 권4, 2, '中庸講義', "佛氏謂人物同性, 故人死爲牛, 犬死爲人, 輪回環轉, 生生不窮, 蘇文忠酷信此理, 其作赤壁賦·潮州韓文公廟碑, 陰用其說, 而世莫之察, 蓋宋賢論性, 多犯此病, 雖其本意, 亦出於樂善求道之苦心, 而其與洙泗舊論, 或相牴牾者."

으로 비판하였다.

(2) '사덕재내설'四德在內說 비판

정약용은 성리학에서 인간의 본성 속에 도덕성이 선천적으로 부여되어 있다는 인식은 내면적 성찰을 통해 도덕성을 실현할 수 있다는 선학의 면벽관심(面壁觀心)의 수행방법과 연결되는 것으로 비판한다. 그는 "인·의·예·지(仁·義·禮·智)는 일을 행함으로써 이루어질 수 있음을 안다면 사람은 부지런히 힘쓰지 않음이 없을 것이다. …인·의·예·지가 본심의 온전한 덕이 됨을 안다면 사람이 직분으로 일삼는 것은 다만 벽을 향하여 마음을 관조하고 돌이켜 자신을 성찰함이 마땅할 것이요, 이 마음의 본체가 비어 있고 밝아서 투명하게 하여 마치 인·의·예·지의 네 알맹이가 있는 것으로 어렴풋이 보이는듯 하여 나의 함양함을 받을 따름이다"[*40]라고 하였다. 곧 인·의·예·지의 '사덕'(四德)은 실행의 결과로 얻어지는 것으로 인식함으로써, 성리학에서처럼 이 '사덕'이 인간의 본심 속에 복숭아씨나 살구씨처럼 원래 들어 있는 것으로 본다면 선학에 '면벽관심'하는 일에 빠지게 되어 '덕'을 이루기 위해 실제의 일에서 노력할 필요가 없게 될 것이라 비판하는 것이다.

그는 성리학에서 '사덕'이 본심에 내재하는 것으로 인식하면서 내향적 성찰에 치중하게 되고, 이에 따라 '면벽관심'하는 선학의 수행방법으

---

*40 『與全』[2], 권5, 22, '孟子要義', "仁義禮智, 知可以行事而成之, 則人莫不俛焉孳孳, …仁義禮智, 知以爲本心之全德, 則人之職業, 但當向壁觀心, 回光反照, 使此心體虛明洞徹, 若見有仁義禮智四顆, 依俙髣髴, 受我之涵養而已."

로 귀결되고 말았던 사실을 비판하면서, "이것이 구산(龜山 楊時) 이하의 여러 학자들이 정좌(靜坐)하여 미발(未發) 이전의 기상을 살피는 것으로 성학(聖學)의 종지를 삼았던 까닭이요, 정자(程子) 문인들이 끝에 가서 선(禪)에 빠져드는 과오를 면한 사람이 아무도 없었던 것은 아마 여기에 말미암지 않음이 없었을 것이다"[*41]라고 하여, '덕'을 내면에서 인식하면서 현실에서 실천하는 것이 아니라 '정좌'(靜坐)에 치중하게 되고, 많은 성리학자들이 선학에 빠져들었던 것으로 비판하고 있는 것이다.

(3) '치심'治心의 방법에 대한 비판

정약용은 유교와 불교의 마음을 다스리는 방법에서 차이점을 지적하여, "불교의 마음을 다스리는 방법은 마음을 다스리는 것으로 사업을 삼는데, 유교에서 마음을 다스리는 방법은 사업으로 마음을 다스린다"[*42]고 하여, 마음은 현실에서 행위를 통하여 다스려지는 향외적 유교의 방법과 마음 다스리는 것 자체가 일이 되는 향내적 불교의 방법은 완전히 전도된 것임을 지적한다.

마음을 다스리는 방법의 구체적 과제로서 『대학』에서 말한 '성의'(誠意)·'정심'(正心)에 대해, "'성의'·'정심'은 비록 학자의 지극한 공부이지만, 언제나 일에 인하여 정성스럽게 하고, 일에 인하여 바르게 하는

[*41] 『與全』[1], 권18, 41, '上弇園書', "此所以龜山以下諸子, 以靜坐看未發前氣象爲聖學宗旨, 而程門諸人, 晚來無一人得免涉禪之失者, 恐未必不由於此也."
[*42] 『與全』[2], 권1, 9, '大學公議', "佛氏治心之法, 以治心爲事業, 而吾家治心之法, 以事業爲治心."

것이요, 벽을 향해 마음을 관조하여 그 허령한 본체를 스스로 검속함으로써 고요하고 텅 비어 밝고 티끌 하나 물들이지 않게 하는 일이 없었다. …오늘날 사람은 마음 다스리는 것으로 '성의'를 삼아, 허령하고 어둡지 않은 본체를 곧바로 붙잡아 마음 속에 머물러 두게 함으로써, 진실하고 거짓됨이 없는 이치를 돌이켜 관조한다. 이것은 모름지기 평생토록 정좌하여 묵묵히 마음을 관조하면 바야흐로 아름다운 경계가 있다는 것이니 좌선(坐禪)이 아니고 무엇인가?"[43]라고 하였다. 그것은 구체적 일에서 '성의'하고 '정심'하는 것이 유교의 바른 방법이요, 당시 성리학자들이 마음의 본체를 밝혀 내면을 관조하려고 하는 것은 불교의 '좌선'과 다름이 없음을 비판하고 있는 것이다.

또한 그는 정자가 "성인의 마음은 '명경지수'와 같다"(聖人之心·如明鏡止水)하고, 주자가 "성인의 마음은 아직 발동하지 않으면 물이나 거울의 본체요, 이미 발동하면 물이나 거울의 작용이다"(聖人之心, 未發則爲水鏡之體, 旣發則爲水鏡之用)이라 언급한 것을 인용하면서, "'명경지수'(明鏡止水)의 논설은 불교에서 나온 것으로 마음의 본체가 허명하고 정적함이 물이나 거울과 같다는 말이다. 그러나 이것은 모름지기 생각하고 고려함이 없고 경계하고 두려워함이 없어서 털끝만큼도 동작함이 없게 한 다음에 이런 광경이 있을 것이다. 만약 한결같이 허명과 정적을 주장으로 삼아 한 생각이라도 싹트기만 하면 선한지 악한지 물을 것도

---

[43] 『與全』[2], 권1, 9, '大學公議', "誠意正心, 雖是學者之極工, 每因事而誠之, 因事而正之, 未有向壁觀心, 自檢其虛靈之體, 使湛然空明, 一塵不染, 曰此誠意正心者, …今人以治心爲誠意, 直欲把虛靈不昧之體, 捉住在腔子內, 以反觀其眞實无妄之理, 此須終身靜坐, 黙然內觀, 方有佳境, 非坐禪而何."

없이 이미 발동한 것에 소속시켜 물이나 거울의 본체가 아니라 한다면, 이것은 '좌선'일 따름이다"[44]라고 하였다. 곧 정자와 주자가 성인의 마음을 '명경지수'로 설명한 것은 그 말 자체가 불교의 말이며, 나아가 모든 사려작용과 계신(戒愼)·공구(恐懼)하는 마음의 다스림도 부정하고 마음의 허명한 본체를 찾고 정적을 지키는 것이니 불교의 '좌선'일 뿐이요, 유교의 마음 다스리는 공부가 될 수 없는 것임을 비판하였던 것이다.

(4) '경'敬의 해석에 대한 비판

정약용은 주자학에서 수양론의 중심 주제가 되고 있는 '경'(敬)개념을 통해 주자학의 마음 다스리는 공부에 선학의 영향이 개입되고 있음을 엄밀하게 검토하여 비판하고 있다. 그는 정이천(程伊川)이 "'경'이란 '하나를 주장함'(主一)을 말하고, '경'에서 '하나'라고 하는 것은 '가는 것이 없음'(無適)을 '하나'라 한다"(敬者, 主一之謂, 敬所謂一者, 無適之謂一)고 언급한 구절에 대해, "고봉(高峯 玄妙, 1238-1295)화상의 선어(禪語)에서 '만법(萬法)은 하나에 돌아가니 하나는 어느 곳에 돌아가는가'라고 하였는데, 하나는 마음이다. 마음으로 마음을 주장하여 전혀 발용하지 않는 것이 선(禪)이 되는 까닭이다. '하나를 주장한다'의 '하나'는 반드시 이것과 다르겠지만 아쉽게도 명확한 해석이 없다"[45]고 하여, 주자를

---

*44 『與全』[2], 권4, 7, '中庸講義', "明鏡止水之說, 起於佛家, 謂心體之虛明靜寂, 如水鏡也, 然此須無思無慮, 不戒不懼, 一毫不動而後有此光景, …若一以虛明靜寂爲主, 一念纔萌, 不問善惡, 屬之已發, 謂非水鏡之本體, 則是坐禪而已."
*45 『與全』[2], 권2, 31, '心經密驗', "高峯和尙禪語云萬法歸一, 一歸何處, 一者

비롯한 성리학자들의 '주일'(主一)에 대한 해석이 고봉화상의 선학적 해석과 차별화될 수 없는 한계점을 지적하고 있다. 그만큼 '주일무적'으로 해석한 정이천의 '경'개념에 대한 이해가 현실의 변화를 거부하고 내면을 관조하는 선학의 분위기를 벗어나지 못하고 있음을 비판한 것이라 하겠다.

또한 그는 사량좌(上蔡 謝良佐)가 "'경'은 항상 깨어있는 방법이다"라고 말한 것은 서암(瑞巖 師彦, 唐僧)이 날마다 언제나 스스로 '주인옹은 깨어 있습니까?'라 묻고, 스스로 '깨어있다'고 대답하였다는 사실과 같은 불교적 마음 다스리는 방법임을 지적하였으며, 이에 비해 불교에서 '향하는 바가 없이 깨어 있다'는 것은 '선'(禪)이 되지만, 정이천의 '(상제를) 마주 대하여 깨어있다'는 것은 '경'(敬)이 된다고 대비시켜, 향하는 바가 있는가 없는가에 따라 불교의 '선'과 유교의 '경'이 달라지는 것임을 밝히고 있다.[*46] 나아가 윤순(和靖 尹焞)이 "'경'이란 마음을 수렴하여 한 가지 사물도 받아들이지 않는 것을 말한다"고 언급한 것에 대해, "한 가지 사물도 받아들이지 않는다면 어떻게 '하나를 주장한다'(主一)고 할 수 있겠는가? 하늘을 공경할 때는 하나의 하늘을 받아들이는 것이다. …만약에 전혀 한 가지 사물도 없다면 '좌선'에 가까운 것 같다"[*47]고 하여, 윤순이 '한 가지 사물도 받아들이지 않는다'(不容一物)고

心也, 以心主心, 都不發用, 所以爲禪也, 主一之一, 必與此不同, 惜無明解."

[*46] 같은 곳, "上蔡云, 敬是常惺惺法.(瑞巖僧, 每日間, 常自問主人翁惺惺否, 自答曰惺惺). 佛氏無所嚮而惺惺, 所以爲禪. 伊川以對越而惺惺, 所以爲敬."

[*47] 같은 곳, "和靖云敬者, 其心收斂, 不容一物之謂. 案不容一物, 何謂主一, 敬天時容得一天, …若都無一物, 恐近坐禪."

말하는 것은 선학의 입장에 빠진 것임을 비판하고 있다. 이처럼 성리학의 마음 다스리는 방법으로서 '경'에 대한 해석에서 핵심적 해석이라 할 수 있는 정이천의 '주일무적'(主一無適)이나, 사량좌의 '상성성법'(常惺惺法), 및 윤순의 '기심수렴'(其心收斂)의 설명이 모두 구체적 현실의 세계를 거부하고 마음의 순수한 내면을 확보하고자 하는 점에서 선학과 깊이 연결되어 있음을 지적하여 비판하고 있는 것이다.

이와 더불어 그는 주자가 '중용'의 '용'(庸)을 일상성으로서 '평상'(平常)의 뜻이라 해석한 데 반대하여, 불변적 지속성으로 '항상'(恒常)의 뜻임을 주장하면서, "불교서적인 『지월록』(指月錄)에서 조주(趙州 從諗, 778-897)화상이 남전(南泉 普願, 748-834)을 참배하고 '무엇을 도라고 합니까?'하고 묻자, 남전이 '평상심(平常心)이 도이다'라고 말하였다. 옛 경전에는 이러한 말씀이 없다"[*48]라고 하여, 주자가 '용'을 '평상'의 이치로 해석하는 것은 선학에서 말하는 뜻과 일치하는 것으로 비판하고 있다.

이처럼 정약용은 주자학의 성리설에서 '성'개념을 '본연'으로 해석하는 것이나 수양론에서 '경'의 마음 다스림의 방법을 인식하는 데서 불교의 영향력이 얼마나 깊이 침투되고 있는지를 확인하고 공자와 맹자의 유교 본래적 입장과 차이를 명확히 제시함으로써, 주자학의 핵심적 인식이 불교와 일치하는 사실을 드러냄으로써, 불교와 주자학을 연결시켜 비판하는 논리를 제시하였던 것이다.

---

*48 『與全』[2], 권4, 10, '中庸講義補', "惟佛書指月錄, 稱趙州和向參于南泉, 問曰如何是道, 泉曰平常心是道, 古經無此說也."

4. 김정희金正喜의 불교인식과 선학논변

1) 불승佛僧과의 교류와 불교인식

김정희(秋史 金正喜, 1786-1856)는 고증학에 밝은 유학자로 불교에도 조예가 깊어, 사실상 유교와 불교를 자유롭게 넘나들었던 인물이다. 그가 도학의 정통론에 따른 이단배척의 입장에 전혀 구애받지 않았던 것은 이 시대 유교지식인들 사이에 불교에 젖어들고 불승들과 교유하는 풍조가 있었던 일면을 보여주기도 한다. 친우 권돈인(彝齋 權敦仁, 1783-1859)이 그에게 승려를 보내 유산(遊山)의 약속을 해오자, 그는 권돈인에게 보낸 답장에서, "이 산에 들어가는 사람에게는 역시 노니는 술법이 있다. 대개 세 가지를 벗어나지 않으니, 신선의 노님과 선사의 노님과 유자의 노님이다. '어진 이는 산을 좋아하고 지혜로운 이는 물을 좋아함'과 '옥 피리에 금 돌쩌귀'(道觀)와 '화려하고 장엄한 누각'(寺刹)은 모두 그 성질은 가깝지만 각각 경우에 따라 다른 것이요, 산은 일찍이 다름이 없다"[*49]고 하였다. 여기서 그는 산을 찾아 노니는 방법에도 유자가 산수를 바라보는 태도와 도사가 산에서 수련하는 모습과 선사가 산에서 수도하는 모습이 서로 다른 것이지만, 결국 심신을 닦는다는 점에서 그 본질은 서로 가까운 것이라 하였다. 곧 유교·불교·도교가 그 경계

---

*49 『阮堂全集』, 권3, 21, '與權彝齋敦仁(21)', "第入此山, 亦有遊術, 其槩不出三數, 仙遊也, 禪遊也, 儒遊也, 仁山智水, 玉簫金樞, 華嚴樓閣, 皆:其性之近, 而各隨境異, 山未嘗有異."

에 따라 다를 뿐이지 산은 하나의 산인 것처럼 그 본질에서 서로 소통할 수 있음을 강조하고 있다. 그것은 바로 중요한 점이 산을 대하는 세 가지 태도의 차이에 있는 것이 아니라 그 산의 진면목을 발견하는 데 있는 것임을 지적함으로써, 세 종교의 교설이 하나의 '도'로 통할 수 있다는 인식을 보여주는 것이다.

당시 김정희는 산사에 갔을 때 『유마경』(維摩經)을 판각한 승려를 만나서 『유마경』 한 부는 자신이 갖고 한 부는 권돈인에게 보냈으며, 『유마경』의 주석에 대해서도, 전겸익(虞山 錢謙益)이 '한 차례 내린 비가 공평하게 적셔준다'(一雨潤公)고 칭찬한 말을 소개하면서도 그 주석이 불이법문(不二法門)에 모두 부합하는지에 대해서는 의문을 제기하였으며, 왕안석(王安石)이 『유마경』과 『능엄경』(楞嚴經)에 대해 '문장에 귀신 같다'(鬼神於文章)고 칭찬한 말을 인용하면서도 『유마경』의 윤문이 『능엄경』보다 더 잘 되었다고 평가하고 있다.[*50] 이처럼 영의정에까지 올랐던 권돈인과 승려를 소개하거나, 승려를 보내어 산사로 유람할 약속을 하거나, 불경을 보내기도 하고, 불경의 주석에 대한 견해를 주고 받는 사실에서 보면 유학자 사이에 주고받는 편지와는 전혀 다른 불교적 세계가 생활 속에 젖어 있는 면모를 보여주고 있다.

그는 이윤명(李允明)의 「수계첩」에 붙인 발문(「題修禊帖後」)에서도 명나라 말기의 고승 자백(紫栢 眞可)이 유학자에게 문장을 논하여 충고

[*50] 『阮堂全集』, 권3, 22, '與權彝齋敦仁(21)', "虞山所稱一雨潤公者, 未知其一一 盡合於不二法門, …王荊公所謂鬼神於文章者, 此經與楞嚴, 而譯場潤文, 有 勝於楞嚴."

한 말을 인용하고 있으며, 심희순(桐庵 沈熙淳)와도 금자(金字)로 쓴 『반야심경』(般若心經)의 글씨를 논하기도 하였으며, 병사(兵使) 장인식(張寅植)과 오진사(吳進士: 未詳)나 정학연(酉山 丁學淵, 정약용의 아들)에게 보낸 편지에서도 불교의 교설이나 선사들의 일화를 끌어들여 자유롭게 의견을 제시하는 점은 도학자의 언행과 상반될 뿐만 아니라 유학자들이 교유하는 일반적 언행과도 전혀 다른 불교에 젖어든 분위기를 보여주고 있다. 그만큼 김정희의 경우를 통해 당시 일부 지식인들 사이에 이미 도학의 정통주의적 의식에서 벗어나 불교를 일상의 담론 속에 자유롭게 끌어 들이는 일면을 가장 뚜렷하게 확인할 수 있을 것이다.

또한 그는 제자 이상적(藕船 李尙迪)에게 보낸 편지에서는 천주교를 사교(邪敎)로 지적하면서 '천주'(天主)라는 용어에서 '천'(天)은 중국의 '천'과 다른 것임을 강조하고, 서광계(徐光啓)·이지조(李之藻) 등 사교의 무리들이 사교의 방언(方言)을 번역하여 감히 중국의 '천'자에 해당시킨 것이라 비판하였다. 그는 천주교에 대한 비판은 '천'이라는 한 글자로 백성들을 속이고 해독을 끼치므로 '천'자에서부터 먼저 깨뜨려야 하는 것임을 강조하면서, "불교서적의 『대반야경』(大般若經)에 '천주품(天主品)'이 있고, 성명문(聲明門)의 『인명론』(因明論)은 천주보살(天主菩薩)이 지은 것이라고 했는데, 그 이른바 '천주'란 또 서양 오랑캐의 '천주'와는 다르다. 그러나 '천주'라는 두 글자를 논한다면 불교서적에서 시작된 것이니, 또한 어찌 오로지 서양오랑캐만 책망할 수 있겠는가"[*51]라고 하여, '천주'라는 용어가 유교의 '천'에 상응할 수 없는 것임을 주장하고, 원래 불교에서 나온 말로서 불교에서 '천주'라 일컫는 용어도 역경(譯經)과정에서 적절하지 못하게 번역된 것으로 제시하였다. 그것은 당시 조선에 천주교가 전래하여 교세를 확장하면서 중요한 사회문제를 일으켰던 현실에서, ‘천주’라는 용어가 근원적으로 잘못된 것이며, 그 용어가 불교에서 비롯된 것임을 고증하고, 번역과정에서 문제점이 있는 것으로 인식하는 관점을 보여주고 있는 것이다.

　김정희는 많은 불교승려들과 교유하였다. 운구(雲句 漢昊)·남호(南湖 永奇), 성담(聖潭 儀典) 등은 그의 집을 찾아 왕래하였으며, 해붕(海鵬 展翎)·혼허(混虛 智照)·태허(太虛)·연운(硯雲)·심설(沁雪)·풍선(豐禪)·관화(貫華)·요선(堯仙)·우담(優曇)·만허(晩虛)·호봉(虎峯)·미암(彌庵)·혜암(慧庵)·향훈(香薰)·재월(霽月)·무주(无住)·율봉(栗峯 靑杲)·성담(聖潭)·운구(雲句)·서엄(西崦)·인악(仁嶽) 초의(草衣 意恂)·백파(白坡 亘璇) 등 여러 승려들과 운해거사(雲外居士) 등에게 시와 글을 지어주었고, 초의의 스승 연담(蓮潭 有一)의 탑비명(塔碑銘)을 짓기도 하였는데, 이들 시와 글들은 선학(禪學)의 분위기에 깊이 젖어있어서, 그의 선학이해가 얼마나 원숙하게 무르녹아 있는지 엿볼 수 있게 한다. 또한 그는 만허(晩虛)의 차 만드는 솜씨를 극찬하면서 “찻종 한 벌을 주어 그로 하여금 육조탑(雙溪寺 六祖塔) 앞에 차를 공양하게 하고,

---

*51 『阮堂全集』 권4, 34, ‘與李藕船尙迪’, “佛書之大般若經, 有天主品, 聲明門之因明論, 爲天主菩薩所著, 其所云天主者, 又與西夷之天主有異焉, 然若論天主二字, 未嘗不自佛書始, 又何專責於西夷也.”
　‘天主品’은 『大正新修大藏經』, 권552, 『大般若波羅密多經』의 ‘第四分天主品’(제23)이 있다. ‘聲明門’이나 ‘因明論’이라는 책명은 찾을 수 없지만, 우선 天主菩薩이 지었다는 册名을 ‘因明論’으로 보았다. 因明論을 대성한 인물은 世親의 제자로 5-6세기에 南印度에서 활동한 陳那(大域龍)라고 한다.

아울러 석난산(錫蘭山)에 있는 여래의 금신(金身) 진상(眞相)이 육조의 금신과 서로 같은 것임을 말해 주었으니, 『열반경』(涅槃經)의 얽히고 설킨 설화 같은 것에서 얽매임을 벗어날 수 있을 것이다"[52]라고 하여, 오히려 승려에게 불경의 참뜻을 깨우쳐주고 있으며, 그 자신 '승련노인'(勝蓮老人)이라 불교적 취향의 호를 쓰기도 하였다.

또한 호봉(虎峯)에게는 『화엄경』 80권을 써낸 것이 참선을 구실로 말없이 있는 것보다 공덕이 크다고 칭송하였으며(「書示虎峯」), 한민(雲 句 漢旻)에게는 "그림의 이치가 선(禪)과 통하는 것은 왕마힐(王摩詰) 같고, 그림이 삼매(三昧)에 들어간 것은 노릉가(盧楞伽)·거연(巨然)·관휴(貫休)의 무리들이 있다. …또한 경계(境)와 신기(神)가 융화되어, 시(詩)의 이치와 그림의 이치와 선(禪)의 이치가 제각기 화엄(華嚴)의 누각을 원만하게 포섭하고, 한 손가락을 퉁기어 해인(海印)의 그림자가 드러나는 것은 그림의 이치가 서로 드러내는 것이 아님이 없다"[53]고 하여, 시와 그림과 선(詩·畵·禪)이 서로 통하는 세계를 제시하고 하였다.

우담(優曇)에게는 '선'(禪)과 '교'(敎)가 갈라져 적대시하고 합쳐질 가망이 없는 현실을 개탄하고, '선'의 흐름을 달마(達摩) 이전 승조(僧肇)에까지 거슬러 올라가서 하택(荷澤 神會)에 이르러는 천대를 받았으며, 혜능(慧能)을 이은 오종(五宗: 潙仰宗·臨濟宗·曹洞宗·雲門宗·法眼

---

[52] 『阮堂全集』 권10, 40, '戲贈晚虛(並序)', "以茶鐘 一具, 使之茗供於六祖塔前, 並說錫蘭山如來金身, 與六祖金身相同, 如涅槃經之七藤八葛, 可以解黏脫縛."

[53] 『阮堂全集』, 권7, 27, '示雲句', "畵理通禪, 如王摩詰, 畵入三昧, 有若盧楞伽·巨然·貫休之徒, …又境與神融, 詩理·畵理·禪理, 頭頭圓攝華嚴樓閣, 一指彈出海印影現, 無非畵理之互現耳."

宗)이 드날렸지만 직지(直指)조차 제이의(第二義)가 되고만 '선'의 타락 현실을 지적하면서, "오직 선문(禪門)의 내려온 폐단에 구제할 약(藥)이 없을 뿐만 아니라, 도교의 연홍(鍊汞)·용호(龍虎)나 유교의 육상산(陸象山)·왕양명(王陽明)이 모두 그러하다"[*54]라고 하여, 선학의 폐단을 깊이 경계하고, 선학의 폐단을 도교의 연단술(煉丹術)이나 유교의 육왕학(陸王學)의 폐단과 같은 현상으로 지적하고 있다.

그는 어느 스님에게 제시한 글에서 "묘희(妙喜: 大慧 宗杲)가 편집한 『정법안장』(正法眼藏)과 환기(幻奇 正猷)가 새긴 『지월록』(指月錄)의 두 책은 약간의 법칙이 되는 공안(公案)을 채택하여 후학들에게 보여준 것인데, 다만 어구(語句)가 예리하고 새로우며 기봉(機鋒)이 민첩함만 숭상하고 관문을 뚫어보는 안목을 갖추지 못했기 때문에 고칙(古則)을 들어 제시한 것이 스스로 먼저 이로움을 잃고 진실한 종지에 합치되지 못하였다"[*55]하여, 선학의 공안을 수록한 대표적 저술에 대해 비판을 할만큼 자신의 선학적 안목에 자신감을 보여주고 있다. 여기서 그는 후세에 선문(禪門)의 종장(宗匠)으로 추앙되고 있는 부대사(傅大士: 傅翁), 대주 혜해(大珠 慧海), 단하 천연(丹霞 天然), 영운 지근(靈雲 志勤), 덕산 선감(德山 宣鑑), 홍화 존장(興化 存獎), 장경 혜릉(長慶 慧稜), 풍혈 연소(風穴 延沼), 분양 지소(汾陽 智昭), 단사자(端師子: 淨端), 대혜 종고

---

*54 『阮堂全集』, 권7, 28, '示優曇', "不獨禪門流弊無以救藥而已, 道家鍊汞·龍虎, 儒門金谿·姚江, 無不皆然."
*55 『阮堂全集』·권7, 14, '戲述贈某衲', "妙喜所輯正法眼藏, 幻奇所刻指月錄二書, 採取若干則公案, 以示後學, 祇尙語句尖新, 機鋒敏捷, 未具透關眼, 所以拈提, 自先失利, 未契眞宗者."

(大慧 宗杲), 혜홍 각범(慧弘 覺範), 고봉 원묘(高峯 原妙) 등 남북조에서
당·송시대의 이름난 선사들을 일일이 들어 그 안목의 한계를 지적하였
으며, 나아가 "이 일을 총괄해 보면, 햇빛이 환한 것 같고 불이 모여들어
크게 드러나는 것이니, 제시하면 다 제시하고 인가하면 다 인가하는
것이다. 이에 부처의 바른 취지를 통달하지 못하고서 모두가 빼앗는데
만족하고 정수를 희롱하는 것이다"[56]라고 하였다. 그만큼 역사의 고명
한 선사들조차 부처의 근본취지에 통달하지 못하여 부정의 논리에 빠지
고 진리의 정수를 직접 드러내지 못하는 한계가 있음을 지적하고 있는
것이다.

　김정희는 부왕사(扶旺寺), 수락산사(水落山寺), 화엄사(華嚴寺), 관음
사(觀音寺), 신계사(神溪寺) 등 여러 사찰에서 노닐고 머물면서 시를 짓
기도 하였다. 나아가 그는 집안의 원찰(願刹)인 화암사(華巖寺)와 가야산
해인사(海印寺)의 상량문을 지었는데, 이 상량문에서도 불교의 역사와
교설을 자유자재로 끌어내어 서술하고 있는 것은 그의 불교지식이 얼마
나 해박한지 잘 보여준다.(「烏石山華嚴寺上樑文」·「伽倻山海印寺重建上
樑文」) 또한 그는 불교의 교설을 이해하는데도 고증학적 방법을 끌어들
이고 있으며, 어느 승려에게 써준 글에서는 부처의 '삼처전심'(三處傳心)
에 관한 기록을 고증적으로 검토하기도 하고,(「書某衲牋」) 많은 불교서
적과 중국의 지리 및 역사서 등을 인용하여 인도(天竺國)와 석가의 행적
을 고증하기도 하였다.(「天竺攷」)

---

*56 『阮堂全集』·권7, 16, '戲述贈某衲', "總之此事, 如杲日光, 如大火聚, 提則全
　　提, 印則全印, 丕乃不達佛之正旨, 盡屬奪弄精."

　나아가 그는 『금강경』(金剛經)과 『불설사십이장경』(佛說四十二章經)의 두 가지 불경에 발문을 붙이기도 하였다. 도천(道川)이 '송'(頌)을 붙인 『금강경』의 발문에서, 먼저 그가 묘향산에 들어갈 때 성사(星師: 未詳)라는 승려가 『금강경』의 주석본으로 고려 때의 판본인 정국옹(鄭菊翁: 名未詳)의 합주본(合注本)을 가져가게 하였는데, 그는 이 주석본을 보고서 정국옹의 주석이 편협하고 오류가 많음을 지적하고, 그 가운데 곤산(崑山) 사람 도천(冶父 道川)을 일컫는 '천로'(川老)를 촉(川蜀)사람으로 잘못 보았던 점을 지적하여, 정국옹이 직접 쓴 것(手筆)이 아님을 고증하였다. 또한 함허(涵虛 得通)가 『금강경』에 붙인 '설의'(說義)에 대해서도 "대략 정국옹을 따라 흉내를 내었으나 전혀 파악한 곳이 없어 이미 국옹의 의리와 취지를 잃었으니, 하물며 야보(冶父 道川)의 취지에서랴. 지금 선림(禪林)에서는 (함허의 '설의'를) 금과옥조로 받들고 있지만, 증개(曾開)가 '끌끌. 눈먼 나귀로다'라고 말한 것에 가깝다"[*57]라고 개탄하였다. 여기서 그는 『금강경』의 해석에서 선림이 극진하게 높이고 있는 험허의 주석을 여지없이 비판할 만큼 『금강경』의 교설에 대한 이해에 일가를 이루었다는 자신감이나 기존의 대표적 주석까지 여지없이 비판할 수 있는 감식력에 대한 자신감을 보여주고 있는 것이라 하겠다.

　또한 그는 「불설사십이장경」의 발문에서, "이 경전은 모두 실과(實果)를 따라 말을 세운 것이니, 『능엄경』·『화엄경』의 여러 경전도 모두 이 경전을 따라 부연한 것 같다. 비유하면 유교에서 '태극'의 뜻은 처음

---

*57 『阮堂全集』·권6, 5, '題川頌金剛經後', "涵虛說義, 略從菊翁橵撖那, 全沒巴鼻, 已失菊義, 況於冶旨也, 今禪林奉以爲金科, 曾開所云, 咄哉瞎驢, 不幸近之."

북극에서 일어난 것에 불과하지만, 후세의 유학자들이 잇따라 넓혀가서 드디어 천근(天根: 地雷 '復'卦)·월굴(月窟: 天風 '姤'卦)에까지 이르니, 황홀하고 아득하여 법도로 삼을 수 없게 되었으니, 유교와 불교의 시초는 같은 것이다. 나는 이 경전을 읽고서 비로소 불교도 사람이 선을 행하도록 권하고 악을 징계하도록 권하는 것에 지나지 않음을 알게 되었다. '천당·지옥' 같은 것은 가설하여 보이고 비유한 것이지 진실이 아니다"[*58]라고 하였다. 이처럼 그는 「불설사십이장경」에서 사람에서 권선징악 하도록 하는 실지의 인과를 따라 가르친 것이 불교의 원래 정신이요, 불교의 모든 경전이 이를 부연한 것일 뿐이라 인식하고, 따라서 불교와 유교가 애초에 제시한 단순한 가르침이 진실한 것이요, 후세에 번쇄하게 천착한 것은 잘못된 것임을 지적하며, 불교에서 말하는 '천당·지옥설'도 실지가 아니라 비유일 뿐이라 지적하고 있다. 바로 이점에서 그는 유교와 불교가 서로 통할 수 있는 기반을 확인하고 있으며, 이런 의미에서 불교를 공부하는 사람에게 「불설사십이장경」을 무엇보다 먼저 읽어야 할 것으로 강조하였던 것이다.

2) 초의草衣와 친교를 통해 밝힌 선학인식

초의(草衣 意恂, 1786-1866)는 정약용에게서 시와 유교경전을 배웠고,

[*58] 『阮堂全集』 권6, 20, '題佛說四十二章經後', "此經則皆從實果立說, 楞嚴·華嚴諸經, 似皆從此敷衍, 譬如吾儒太極之旨, 初不過起於北極, 而後儒從以廣之, 遂至於天根·月窟, 怳忽杳冥, 不可模狀, 儒釋之濫觴同然也, 余讀此經, 始知釋道亦不過勸人爲善, 勸人懲惡, 如天堂·地獄, 設看而引喻之也, 非眞也."

김정희와 동갑으로 가장 깊은 친교를 맺었던 학승이다. 그는 선학의
이론에서도 이 시대의 대표적 불교학자로 백파(白坡 亘璇, 1767-1852)가
『선문수경』(禪門手鏡, 1826)을 저술하여 조사선(祖師禪) · 여래선(如來
禪) · 의리선(義理禪)의 3종선(三種禪)을 제시하자, 이를 비판하는『선문
사변만어』(禪門四辨謾語)를 저술하여 이 시대에 선학논쟁을 이끌어내었
던 일이 있다. 김정희가 초의를 만난 것은 30세 때(1815) 서울근교 학림
암(鶴林庵)으로 찾아가서 해붕(海鵬)을 모시고 있는 초의를 만난 것이다.
이때부터 그는 초의와 40년 남짓 평생의 지우(知友)가 되었으며, 1843
년 당시 김정희가 제주도에서 유배생활을 할 때 바다를 건너 찾아가서
6개월을 함께 지내기도 하였다. 김정희의 문집에는 초의에게 보낸 시
6편과 편지 38편이 수록되어 있는데, 김정희가 편지를 주고 받은 인물
들 가운데 가장 많은 편지를 초의와 주고받았다.

김정희가 초의에게 준 시에서 "초의란 늙은 중 먹에서 참선하니/
등불 그림자 마음마다 먹 그림자 원만하네/ 등불 심지 잘라내지 않고
한번 굴리니/ 천연스런 연꽃이 불 속에서 솟아나네"(草衣老衲墨參禪,
燈影心心墨影圓, 不剪燈花留一轉, 天然擎出火中蓮.＜「芋社燃燈」＞)라고
하여, 초의가 연등(燃燈)을 그림으로 그려내는 모습이 참선의 경지임을
보여준다. 그는 시와 그림과 차(茶)가 바로 선(禪)의 경지와 같은 세계임
을 초의와 함께 찾아갔던 것이라 하겠다. 또한 "그대 마음 고요할 땐/
저자거리도 산중이나/ 그대 마음 번잡할 때/ 산중도 저자거리라네/ 다만
마음 하나에서/ 저자거리와 산중이 저절로 갈라지누나"(儞心靜時, 雖闤
亦山, 儞心鬧時, 雖山亦闤, 只於心上, 闤山自分.＜「靜偈贈衣師」＞)라고 하

여, 세속과 산중이 따로 있는 것이 아니라 단지 마음 하나에서 갈라지는 것일 뿐이라 하여, 진·속(眞俗)의 분별을 벗어나서 마음의 근원을 밝히는 길을 확인하고 있는 것이다. 이처럼 그는 현실의 속세와 청정한 도량의 분별, 세간과 출세간의 분별, 유자와 승려의 분별을 넘어서서 근원이 어디에 있는지 인식하는 것이 바로 진정한 '도'의 길임을 보여주고 있다.

이와 더불어 김정희는 초의를 대신하여 지었던 시에서도 부처의 탄신일을 2월8일이라는 견해와 4월 8일이라는 견해가 갈라져 논쟁하는 것은 무의미한 것임을 밝히면서, "수백 수천 등불도 한 석가모니에 포섭되니/ 사월도 상관없고 이월도 상관없네/ 그런데 우리 부처 본래 생사 없으시니/ 문을 나서 한번 웃으니 빈 강이 툭 트이누나"(百千燈攝一牟尼, 四月不害作二月, 然而我佛元無生, 出門一笑空江闊.<「答二月八日作佛辰, 代艸衲」>)라고 하였다. 곧 온갖 분별적 사유도 하나의 실재에 근원하는 것이며, 그 하나의 실재로서 부처는 생과 사를 벗어난 존재이니, 부처의 생일을 어느 날로 정한다한들 상관이 없다고 보았다. 여기서도 그는 분별을 넘어 근원을 확인하는 시야를 열어주는 사유방법을 정립해주고 있는 것이다.

김정희는 초의와 40여 년 친교를 통해 주고 받았던 많은 편지에서 그가 항상 초의를 그리워하는 간절한 마음을 표현하면서 초의가 보내온 차를 즐기고 또 글씨를 써서 보내주며, 불교의 교설과 선(禪)의 이치에 대해서도 진지한 대화를 하고 있음을 잘 보여준다. "스님들이 원함은 무한 겁(劫)의 윤회를 영원히 벗어나서 굴러가지 않는 자리에 처하는 것이리라. 그러나 '평탄함에서 살아가며 천명을 기다린다'거나, '살아서는 일에 순응하고 죽음은 편안하게 여긴다'는 입장에서 보면, 스님들의 하고자 하는 바가 오히려 수고로우면서 여러 일을 되풀이하는 것이 아닌가?"[59]라고 하여, 『중용』(中庸)에서 '평탄함에서 살아가며 천명을 기다린다'(居易以俟命)하고, 장횡거의 『서명』(西名)에서 '살아서는 일에 순응하고 죽음은 편안하게 여긴다'는 구절을 끌어들여, 유교에서 천명을 순응하여 받아들인다는 사생관(死生觀)에 비교해보면 선사들이 윤회를 벗어나기 위해 참선이나 고행으로 수도하는 일이 너무 수고롭고 번거로운 것이 아닌가 하는 문제를 던져주었다. 그것은 유교의 수양방법으로 불교의 수도방법을 비판하는 견해를 제시하자는 것이 아니라, 불교의 수도가 본래의 뜻과 달리 형식적인 데 빠져있는 측면이 있지 않은지 성찰하도록 요구하는 것이라 할 수 있다.

또한 그는 초의에게 풍진의 세속과 청정한 법계를 분별하는 입장을 경계하여, "초의스님의 글 뜻은 이 시끄러운 속진을 벗어나 저 청정한 세계를 차지하여 자못 스스로 터득함이 있어서 자유자재를 얻어 기쁜 낯빛과 확고한 눈썹을 보여주니 진실로 축하할 만하다. 다만 이 강상(江上: 속세)의 온갖 것이 청정한 세계와 통하는 것인데, 사람들이 참으로 싫어하게 할 것이다. 그러나 초의의 뱃속에도 일종의 사물을 갖추고 있어서 비록 아승겁(阿僧劫)이 지나도 초의가 있는 때에는 이 일종의 사물을 녹여 내지는 못할 것이다. 그렇다면 강상이나 뱃속이 같은 것인

---

[59] 『阮堂全集』 권5, 9, '與草衣'(2), "師輩之欲, 永脫輪劫, 處不轉之地, 然以居易俟命, 存順沒寧者觀之, 師輩之所欲爲者, 寧不勞勞而反復多事耶."

가 다른 것인가?"[60]라고 하여, 현실세계를 부정하고서 청정한 세계를 얻으려는 선학의 태도에 대해 '선'(禪)의 본래 정신에서 성찰하도록 요구하고 있는 것이다.

김정희는 초의에게 경전과 선서(禪書)를 함께 토론하고 싶다는 뜻을 자주 밝혔다. 곧 숨쉬는 것을 헤아리며 좌선하는 방법을 제시한 『안반수의경』(安般守意經: 大安般守意經)을 구해 읽고 나서, "선가(禪家)에서 번번이 맹인의 '방'(棒)과 '할'(喝)로 어둠의 소굴을 만들어 가고 이 더할 수 없는 묘제(妙諦)를 알지 못하니 사람으로 하여금 서글프게 한다. 스님과 같이 천기(天機)가 맑고 오묘한 사람과 더불어 한번 확실하게 증명하지 못하는 것이 안타깝다"[61]고 하여, 선가에서 '방'과 '할'로 깨우침을 얻게 하려는 방법이 잘못되었음을 강조하면서, 『안반수의경』을 극진하게 높이면서 초의와 토론하여 '선'의 바른 길을 밝혀보고 싶다는 뜻을 보여주었다.

또한 그는 당나라 도세(道世)가 경·론을 분류편찬한 『법원주림』(法苑珠林, 120권)과 북송의 연수(延壽)가 지은 『종경록』(宗鏡錄, 100권)을 읽고나서 초의와 함께 토론할 수 없음을 아쉬워하면서, 남송의 대혜(大慧 宗杲)에 대해 자신의 비판적 견해와 청나라 때의 평가가 일치함을

---

[60] 『阮堂全集』 권5, 9, '與草衣'(3), "草師書意, 袪此塵囂, 占彼淨界, 頗有得, 得自在底, 色喜眉夫, 固可賀也, 但此江上種種淨通, 令人固可厭, 然草師腹中, 亦具一種物, 雖阿僧劫, 草師在時, 銷不得此一種物, 未知江上腹中, 同歟異歟."

[61] 『阮堂全集』, 권5, 11, '與草衣'(7), "近得安般守意經, 是禪藏之所希有, 禪家每以盲棒瞎喝, 做去黑山鬼窟, 不知此無上妙諦, 令人悲憫, 恨不如與師天機淸妙者, 一爲對證."

소개하면서, "옹정(雍正) 연간에 종풍(宗風)이 크게 드러나서 역대 조사(祖師)들의 어록을 고증하여 바로잡았는데, 대혜(大慧)의 글은 진종(眞宗)에 합치하지 않고 깨달음의 안목이 없다고 여겨 수록하는 데 넣지 않았다. …위로부터 조서(詔書)가 내려 천하를 일깨워주는 데 이르니, 선림(禪林)이 봉행하여 유통하고 두 말이 없었는데, 동방의 한 모퉁이에서는 모두 이런 일을 알지 못하고 움직이기만 하면 거짓되게 고칙(古則)을 제기하고 미치광이 참선을 하니, 사람으로 하여금 가련하게 하고 걱정스럽게 한다. 나는 평소에 대혜를 마음에 마땅치 않게 여겼는데 지금 이 실증(實證)을 얻었으니, 이 눈도 역시 그르치지 않는 데가 있다"[62]고 하였다. 남송의 대혜(大慧 宗杲)에 대한 자신의 비판적 견해가 청나라에서 선사들의 '어록'(語錄)을 고증하여 편찬하면서 합당하지 않은 것으로 평가하여 수록하지 않은 사실을 증거로 삼아, 자신의 선학에 대한 안목이 잘못되지 않았음에 자부심을 밝히면서, 우리나라의 선림에서는 여전히 대혜를 받들어 고칙을 내걸거나 참선의 방법으로 삼는 것이 잘못된 것임을 비판하고 있다. 이러한 그의 우리나라 선학에 대한 비판은 이미 선학의 안에서 선학의 올바른 길을 찾으려는 내부적 비판이요, 유학자로서 바깥에서 비판하는 것이 아님을 보여준다.

이와 더불어 그는 초의에게 백파의 안부를 묻기도 하고, 자신이 백파와 '선'의 종지에 관한 토론한 것을 초의와 함께 토론하여 논증하고

---

[62] 『阮堂全集』, 권5, 19-20, '與草衣'(33), "雍正年間, 大暢宗風, 考正歷代祖師語錄, 如大慧書, 以未契眞宗, 無透關眼, 槩不置錄, …以至自上詔諭天下, 禪林奉行流通二辭, 東方一隅, 皆不知有此, 動輒妄拈狂參, 令人可憐可愍, 僕之平日於大慧不槩於心者, 今可以得此實證, 此眼亦有不誤處耳."

싶다는 뜻을 밝히고 있으며, 또한 백파의 핵심적 '선'이론인 '살·활'
(殺·活: 殺人刀·活人劍)과 '기·용'(機·用: 大機·大用)에 대한 비판
적 견해를 제시하면서, "전사(轉師)가 백파 노스님으로부터 와서 백파의
'살·활'과 '기·용'을 극진하게 설명하였는데, 모르지만 삼세(三世)의
여러 부처와 역대의 조사(祖師)들의 깊고 고요하며 원만하고 미묘함이
모두 '살·활' 속에 들어가서 교착하여 갈등하며 굴러다니는 것인가?"
[*63]라고 하였다. 그것은 백파가 모든 문제를 '살·활'과 '기·용'의 개
념 속에 집어넣으려는 것은 성립될 수 없는 논리임을 정면으로 비판하
고 있는 것이다.

또한 그는 초의가 '이종선'(二種禪)과 '살·활'의 문제에 의견을 제시
해오자, 이에 대해 자신의 의견을 밝히면서, "'이종선'과 '살·활' 등의
글은 진실로 이렇게 말하는 것이 마땅하며, 천 가지 백 가지로 갈등하는
것은 무엇에 쓰겠는가? 근일의 안개 소굴과 띠풀 장애를 깨끗이 쓸어낸
것은 좋고도 좋은 일이다. 다만 '살'·'활'이 하나는 '체'(體)요 하나는
'용'(用)이라 함은 헤아리고 생각함이 약간 부족하였다. '살'·'활'은
모두 '용'일 뿐이다"[*64]라고 하였다. 초의와 백파가 논쟁하면서 초의가
'이종선'이론을 내세워 백파의 '삼종선'이론을 비판한 것이나 백파가
주장하는 '살·활'의 개념에 대한 해석에서 김정희는 초의의 의견에

---

*63 『阮堂全集』, 권5, 17, '與草衣'(26), "顚闍黎卽從白坡老衲來, 盛說白之殺活機
　　用, 未知三世諸佛·歷代祖師, 湛然圓妙, 盡入於殺活中膠葛滾轉耶."
*64 『阮堂全集』, 권5, 18, '與草衣'(28), "二禪殺活等文, 固當如是說去, 何庸千葛
　　百藤, 廓掃近日霧窟茆障, 善哉善哉, 但殺活之一體一用, 稍欠商量, 殺活俱是
　　用耳."

전적으로 동의함을 보여준다. 그러나 그는 초의가 '살'과 '활'을 '체'와 '용'으로 나눈 견해에 대해서는 양쪽이 모두 '용'임을 제시하여 초의에 대해서도 견해의 문제점을 지적하고 있다.

3) 김정희와 백파白坡와의 선학논변

김정희는 제주도에 유배생활을 하던 시절인 58세때(1843) 77세의 백파와 선학 논변을 전개하였다. 논쟁의 발단은 백파가 김정희에게 서한을 보내고 이에 대해 김정희는 「선문15조망증」(禪門十五條妄證)을 보내어 백파의 '선'이론을 조목별로 비판하면서 일어났던 것이며, 이에 백파와 김정희 사이에 왕복 서한으로 논변이 전개되었다.[*65] 이 논변에 관련된 글로 김정희의 문집에는 백파에게 보낸 편지 3편과 「서시백파」(書示白坡)과 백파의 비문(「作白坡碑面字[書以華嚴宗主白坡大律師大機大用之碑]書贈其門徒」) 및 비문의 후설(「又」)이 수록되어 있다. 「선문15조망증」은 백파가 제시한 견해에 대해 15조목의 비판인데, 그 내용은 크게 보면 ①유교와 불교의 비교문제(1·2조), ②불교경전 문제(5·9·10·15조), ③'선'과 '화두'의 문제(7·8·11-14조), ④'선'에서 '살·활'과 '기·용'의 문제(3·4조)에 관한 네 가지 주제로 나누어볼 수 있다.

---

*65 「禪門十五條妄證」은 『阮堂全集』에 수록되어 있지 않으나, 이종익의 논문, 「證答白坡書를 통해 본 金秋史의 불교관」(『불교학보』12, 1975)에는 그 원문을 조목별로 소개하고 검토하였다. 이종익에 의하면, 김정희의 백파에 대한 비판론은 백파가 三種禪의 이론을 제시하여 초의를 비롯하여 많은 논변을 초래하였던 백파의 『禪門手鏡』과는 직접 관계가 없다고 한다. 李鍾益, 「證答白坡書를 통해 본 金秋史의 불교관」, 위의 책, 12쪽.

이 논변에서 김정희는 백파의 '선'해석에 대해 과격한 언사로 혹독하게 비판하는 것이었지만, 그것은 백파에 대한 적대적 비판의식의 표현이 아니라, '선'인식의 올바른 깨우침을 위해 방망이를 휘두르는 '방'(棒)이나, 고함을 지르는 '할'(喝)처럼 진지한 표현이요 행동이라 볼 수 있다. 그가 무례하다 할 만큼 거친 언사로 비판하는 데 대해, 백파는 사대부의 거만한 태도라 반박하자, "스님의 문하의 작은 도리(闍黎: 僧徒의 스승)도 언제나 가벼이 여기지 않는데 하물며 스님에게 그러하겠는가. 스님은 끝내 이 뜻을 알지 못하고서 도리어 사대부의 거만함으로 여기니, 어찌 평상한 마음으로 자세히 강구하지 않는가. 사대부의 거만도 오히려 옳지 않은데 하물며 산승이 거만해서 되겠는가"[*66]라고 하여, 진실한 뜻을 살펴야 할 것이지 언사에 사로잡혀 무례하다고 꾸짖는 것은 오히려 승려가 거만함에 빠지는 태도라 질책하고 있다.

(1) 유교와 불교의 비교문제

김정희는 「선문15조망증」에서 백파가 『주역』(繫辭上)에서 말한 '적연부동'(寂然不動)과 '감이수통'(感而遂通)을 불교의 '진공'(眞空)과 '묘유'(妙有)에 대응시킨 것에 대해, "이미 '적연부동, 감이수통'이 무슨 말인지 모르고 거짓된 증명을 이렇게 하니, 이미 '진공·묘유'가 무슨 말인지 모르는 것이 분명하다"[*67]고 하여, 백파가 서로 유사한 개념구조

---

*66 『阮堂全集』, 권5, 6, '與白坡'(1), "師之門下小闍黎常不輕, 況於師乎, 師終不了此義, 反以爲士夫慢, 何不平心細究也, 士夫慢尙不可, 況山僧慢乎."
*67 「禪門十五條妄證」(제1조)[이하 「禪門十五條妄證」의 인용은 李鍾益, 「證答白坡書를 통해 본 金秋史의 불교관」에서 재인용한 것임], "旣不知寂然不動感而遂

를 대응시켜 유교와 불교를 소통시키려는 입장을 거부하고, 그 차이점을 중시하여 함부로 대응시킬 수 없음을 강조하였다. 그것은 유교와 불교의 대립적 입장을 표방하려는 것이 아니라, 각각의 사유체계가 지닌 독자성을 중시하는 것이라 할 수 있다. 같은 맥락에서 백파가 정자·주자·퇴계·율곡의 말을 끌어들여 불교의 교설에 비유하는 것도 무엄하고 거리낌이 없는 것이라 단호하게 비판하였다.

또한 그는 백파에게 써준 글에서 불법(佛法)은 평등하여 남과 나, 고귀함과 비천함, 옳고 그름의 분별이 없음을 전제로 밝혀, "일체 중생은 모두 환망한 자아(幻我)에 집착하기 때문에 효도나 자애도 모두 환망함을 이룬다. …보살은 자아가 없기 때문에 위로 모든 부처와 자애의 힘이 같고, 아래로 중생과 더불어 슬퍼하여 우러름(悲仰)이 같다. …이것을 참 효도와 참 자애라 하나, 곧 이 효도와 자애가 참 나(眞我)이다"[68]라고 하였다. 곧 유교의 기본덕목인 효도와 자애는 불교에서 거부되는 것이 아니라 환망한 자아에 집착된 환망한 효도와 자애가 아니라 환망한 자아를 벗어나 '무아'(無我)를 실현함으로써 진실한 효도와 자애를 이룰 수 있다고 보았다. 그것은 유교와 불교가 다른 가치와 다른 세계를 추구하는 것이 아니라, 동일한 가치를 실현하는 다른 방법이요 논리임을 보여주는 것이다.

따라서 그는 옛 고승(古德)이 "불법은 세간의 형상을 무너뜨리지 않

通之爲何等語, 妄證如此, 旣不知眞空妙有之爲何等語, 亦明矣."
[68] 『阮堂全集』, 권7, 25, '書示白坡', "一切衆生, 皆因執幻我, 故孝慈亦皆成幻, …菩薩因無我, 故上與諸佛同一慈力, 下與衆生同一悲仰, …是則名爲眞孝眞慈, 卽此孝慈便是眞我."

는다"(佛法不壞世間相)라고 한 말을 인용하여, 불교가 출세간(出世間)에 매몰되어 세간을 버리는 것이 아님을 강조하면서, 유교와 불교의 관계에 대한 자신의 기본입장을 밝히고 있다.

> "우물 바닥의 개구리가 우물에 앉아 하늘을 보는 범부들이 불교를 비방하여 '임금도 없고 애비도 없으니 양주(楊朱)·묵적(墨翟)과 같다'고 하는 것은 모두 본래 면목을 못 본 장님의 이론이다. 우리 유교의 성인이 세간의 법을 절실하게 말하면서 천명(命)과 인(仁)을 드물게 말한 것은, 출세간의 법을 버린 것이 아니라 범부들이 '공견'(空見)에 집착할까 염려하였기 때문이다. 불교에서 출세간의 법을 절실하게 말하면서 옳고 그름(是非)를 드물게 말한 것은 세간의 법을 버린 것이 아니라 범부들이 '유견'(有見)에 집착할까 염려하였기 때문이다. 성인과 부처의 은미한 뜻은 범부의 지식으로 유추할 수 있거나 입과 붓으로 보여줄 수 있는 것이 아니며, 오직 증(證)해야만 알게 되니, 헤아리기 어려운 것이다. 선가(禪家)에서 내놓고 유교와 불교의 같고 다름(同異)으로 허망한 갈등을 일으키고 있다."[*69]

그는 유학자들이 불교를 이단으로 비판하는 태도가 근본적으로 잘못된 것임을 비판하였으며, 동시에 선가에서 유교와 불교를 융화시켜 제시하려다가 또 다른 갈등을 일으키고 있는 사실도 경계하고 있다. 그는 유교와 불교가 세간법과 출세간법을 각각 강조하는 입장이 다르지만, 세간법이나 출세간법의 어느 하나에 고정된 견해가 아니라, 대중이 빠

[*69] 같은 곳, "如井底之蛙, 坐井窺天之凡愚, 謗釋爲無君無父如楊墨翟者, 皆未見顔色之瞽論, 吾儒聖人, 切言世間之法, 罕言命與仁者, 非棄出世間法也, 恐凡愚着空見故也, 佛氏切言出世間法, 罕言是與非者, 非棄世間法也, 恐凡愚着有見故也, 聖佛微旨, 非凡夫知識之所能推, 口筆之所能示, 惟證乃知, 難可測者, 禪家之公然以儒佛同異, 妄生葛藤."

지기 쉬운 집착을 치료하는 방법에서 서로 다른 입장에 놓여 있는 것임을 지적하였다. 그만큼 하나의 '도'를 향한 두 방향의 '교'로서 각각의 역할을 존중하는 입장을 밝히고 있는 것이라 하겠다.

(2) 불교경전 문제

백파는 양(梁)나라 소명태자(昭明太子)가 『금강경』(金剛經)을 '32분(分)'으로 나누어 놓은 것을 깎아낼 수 없는 것이라 높였는데, 김정희는 "이것은 양각(良覺)과 우안(遇安)의 두 대덕(大德)이 일일이 살펴서 깨뜨렸고 중국의 선문에서 믿고 받아들여 받들어 행한지 오래 되어 다른 말이 없는데, 스님은 구석진 나라의 작은 소견으로 어떻게 대인의 경계를 알겠는가?"[70]고 반대의견을 제시하며, 이 '32분'은 바로 깎아버려도 되고, 천친(天親: 婆藪槃豆)의 '27의(疑)'와 무차(无差)의 '18주(住)'조차 보존하지 않아도 되는 것이라 주장하였다.(「與白坡(1)」) 여기서 그는 중국의 불경에 대한 견해를 끌어들여, 백파의 식견이 없음을 드러내려는 입장을 보여주고 있다.

또한 백파는 달마가 이조(二祖: 慧可)에게 『능가경』(楞伽經)과 『금강경』을 함께 전해주었는데, 두 경의 종지가 같으므로 후대에는 『금강경』만 전해주게 되었다는 견해를 근거가 없다고 비판하였다.(「禪門十五條妄證(제9조)」) 이에 비해 김정희는 달마는 『능가경』을 이조에게 전해 주고, 서로 전하여 오조(五祖: 弘忍)에 이르렀으며, 『능가경』의 문자가 어

---

[70] 「禪門十五條妄證」(제5조), "此自良覺 · 遇安二大德, 一一勘破, 中國禪門信受奉行已久, 無有二說, 以師偏方小知小見, 何以知大人境界也."

려워 평이한 『반야경』(般若經)으로 바꾸게 된 것이라 보았다.(「與白坡 (1)」) 그러나 김정희의 이 비판에는 문제점이 있다는 견해가 보인다.[71]

백파의 경전은 한 글자도 고칠 수 없다는 견해에 대해, 김정희는 경전의 번역에 따른 오류가 있을 수밖에 없음을 지적하여 반박하면서, "번역에서 경전 문장의 오류는 반드시 있는 일이고, 반드시 있는 이치이다. …곧바로 번역문에 한 곳도 오류가 없다고 여겨, 감히 한 글자도 고쳐서 안 된다고 한다면 어찌 스님의 거짓된 논증이 아니겠는가"[72]라고 하였다. 바로 이러한 경전을 보는 입장에서 그가 매우 실증적인 입장을 내세우고 있음을 엿볼 수 있게 한다. 이와 더불어 『반야경』은 '공종'(空宗)으로 보는 것이 선림의 통설인데, 백파가 '성종'(性宗)으로 여기고, '의리선'(義理禪)과 '격외선'(格外禪)으로 여기는 것도 불가할 것이 없다는 견해를 제시한 데 대해, 무분별에 빠진 것이라 비판하였다. (「禪門十五條妄證(제15조」)

그는 백파에게 『안반수의경』(安般守意經)을 읽도록 권하기도 하고, 『사분율』(四分律: 曇無德部의 律藏)과 『오분율』(五分律: 彌沙塞部 和醯五分律)과 '갈마비니'(羯磨毗尼: 羯磨는 '業'이요, 毗尼는 '律'을 뜻함) 등의 법으로 증험해 나가가기를 권고하기도 하였다.(「與白坡(1)」) 그만큼 '선'에 빠지기보다 경전의 기반을 확고하게 할 것을 강조하였던 것으로

---

*71 李鍾益은 '楞伽·金剛竝付說'은 圭峯 宗密도 언급하였고, '金剛付與說'은 荷澤 神會가 처음 지어낸 말이라 하여, 김정희의 비판에 문제가 있음을 보여준다. 李鍾益, 「證答白坡書를 통해 본 金秋史의 불교관」, 위의 책, 21쪽.

*72 「禪門十五條妄證」(제10조), "經文譯翻之訛謬, 是必有之事, 必有之理也, … 直以爲譯文無一謬訛, 不憾改易一字, 則豈非師之妄證耶."

보인다. 또한 그는 '논'(論)에도 경전의 종지를 밝혀 '논'을 지은 '종론'
(宗論)과 글의 뜻을 해석하여 '논'을 지은 '석론'(釋論)이 있음을 지적하
고, 『기신론』(起信論: 大乘起信論)은 본래 『능엄경』의 종지를 밝힌 '종
론'이라 지적하여. 백파가 '석론'이 경전의 해석이 되는 것만 알고, 종론
(宗論)이 경전의 종지가 되는 줄은 몰라서 『기신론』을 의거함이 없이
지은 '론'이라 보는 견해를 비판하였다.[*73] 이처럼 그는 『기신론』과 『능
엄경』의 긴밀한 관계에 대해서도 자신의 통찰을 제시할 만큼 불교경전
에 대해서도 일가의 안목을 지니고 있음을 보여주고 있다.

(3) '선'과 '화두'의 문제

부처의 '염화'(拈花)에 대해 백파는 가섭(迦葉)만이 '선'으로 깨달았
고, 아난(阿難)을 비롯한 대중들은 '교'(教)로 이해하였다고 하여, '선'과
'교'의 두 가지 접근이 모두 가능하다고 제시하였는데, 이에 대해 김정
희는 '염화'란 격외(格外)로 제시한 것이니 말소리로 설법한 것과 같을
수 없다고 하여, 비판적 입장을 밝혔다.(「禪門十五條妄證(제7조)」) 또한
그는 백파가 한편에서는 '선'이란 부처의 마음이고, '교'란 부처의 말씀
이니, 부처의 마음과 입에 차이가 있을 수 없다고 하여 '선교합일'(禪教
合一)을 주장하고, 다른 한편으로 조사(祖師)의 말씀과 부처의 말씀이
다름을 강조하여, 조사의 말씀이 부처의 말씀과 같다면, '교외별전'(教外
別傳)이니 '격외선'(格外禪)이란 말이 성립되지 않는다고 하여 '선교분

---

*73 『阮堂全集』, 권5, 7, '與白坡'(2), "論有宗釋, 有宗經而造論者, 有釋經而造論
　　者, 起信是宗楞嚴而造論者也, …師但知釋論之爲釋經, 而不知宗論之爲宗
　　經, 如是爲言耶."

이'(禪敎分二)를 내세웠던 사실을 지적하고, 이에 대해 김정희는 앞뒤가 맞지 않은 모순에 빠진 것이라 비판하였다.(「禪門十五條妄證(제8조」)

육조의 제자 현책(玄策)이 현각(永嘉 玄覺)에게 부처 이후에 스승없이 스스로 깨우친 것은 '천연외도'(天然外道)라 하였다(『六祖壇經』[宗寶本], '機緣')는 말을 백파가 끌어들인 데 대해, 김정희는 현각이 육조의 제자가 아니며, 우리나라의 원효를 비롯하여 대지(大智)국사 · 원종(圓宗)국사 · 대경(大鏡)국사 · 법경(法鏡)대사 · 광자(廣慈)대사 · 혜덕(慧德)왕사 · 화정(和靜)국사 · 진경(眞鏡)대사 · 원응(圓應)대사 · 진철(眞徹)대사 · 승묘(勝妙)국사 등이 모두 스승이 없었던 점을 들어 백파가 받아들인 '천연외도설'을 부정하였다.(「禪門十五條妄證(제11조」) 여기서 그가 옛 고승들의 행적에도 얼마나 해박한 지식을 가지고 있는지 잘 보여주고 있다.

김정희는 당시 선문(禪門)의 절박한 당면문제로 '화두'의 폐단을 심각하게 인식하고 폐지해야할 것을 주장하고 있다. 그는 불교가 중국에 전래한 이후 '교'와 '선'의 전개과정을 역사적으로 개관하면서 시대에 맞는 '수시방편'(隨時方便)으로 '화두'가 제기된 것이라 하여, 이제는 새로운 '수시방편'이 요구됨을 제안하고 있다.

   "'선'과 '교'의 두 문호는 다 같이 하나의 '심'(心)자를 벗어나지 않는데, '교'의 문호는 너그럽고 느리며 '선'의 문호는 급하고 잘라 끊는다. 불법(佛法)이 동쪽으로 중국에 들어온 이후 천 년이 못되어 '교'의 문호에는 이미 갈등이 많아졌으니, 달마가 서쪽에서 와서 부득이 한번 쓸어내어 없애지 않을 수 없어서 문자를 세우지 않고 곧바로 본심을 가리켰으니, 이것 역시

팔만 사천의 방편 가운데 '수시방편'의 하나이다. …송 나라 이후로 사람의
근기(根基)가 점점 전과 같지 못하였고 근래에는 기운이 이미 쇠잔하고 고갈
되어 진원(眞元)이 크게 내려갔다. 달마와의 거리는 또 천여 년이 되었으니
부득이 큰 의왕(醫王)이 때를 따라 사람을 구제하는 다시 하나의 방편이
있어야 또 목숨을 이어 나갈 수 있을 것이다. …오늘날 산가(山家)에서
이러한 도리를 알지 못하고 단지 장님의 '할'과 '방'(盲喝瞎捧)으로써 닥치
는 대로 사람을 죽이니, 어찌 크게 슬프고 딱하지 않겠는가. 반드시 한 사람
의 눈 밝은 이가 나와서 이 '화두'를 일소하여 없애 버려야만 법당(法幢)을
다시 일으켜 세울 수 있고 혜등(慧燈)을 다시 불붙일 수 있을 것이다."[74]

'교'의 폐단을 치료하기 위해 '선'이 '수시방편'으로서 제시된 것이지
만, '선'이 일어난 초기에는 남악(南嶽)·마조(馬祖) 등의 선사들은 기상
이 커서 고열의 병을 치유하기 위한 독한 약인 '대승기탕'(大承氣湯)
같은 처방을 이겨낼 수 있었지만, 당시는 이미 '선문'에서도 원기가
고갈된 상황인데도 '대승기탕' 같은 '방'과 '할'이나 '화두'를 사용한다
면 사람을 살리는 것이 아니라 죽이고 마는 결과를 초래할 것이라 경계
하였다. 따라서 그는 '선'의 병통을 치료하기 위해 '화두'의 선풍을 쓸어
내고 새로운 '수시방편'이 제시되어야 하는 시대임을 지적하였다. 이처
럼 그는 '화두'가 더 이상 깨우침의 방법으로 기능할 수 없는 '선'의
병통으로 진단하였던 것이다.

---

[74] 『阮堂全集』, 권5, 8-9, '與白坡'(3), "槩禪敎二門, 俱不出於一心字, 敎門寬緩,
禪門急截, 佛法之東入中國, 未及千年, 敎門已多葛藤, 達磨西來, 不得不一掃
以空之, 不立文字, 直指本心, 此亦八萬四千方便中, 隨時方便之一方便, …自
宋以後, 人之根基, 漸不如前, 近則氣已衰竭, 眞元大下, 去達磨已又千有餘
年, 不得不有大醫王, 隨時救人之更有一方便, 然後又可以續令, …今日山家
不知此個道理, 只以盲喝瞎捧, 到頭殺人, 寧非大可悲憫, 必有一明眼人, 一掃
此話頭而空之, 幢可以復起, 慧燈可以再燃."

  그는 백파가 중시하는 '간화선'(看話禪)을 무식하고 말이 되지 않는 것을 주워 모은 것이라 하여 정면으로 거부하고,(「禪門十五條妄證(제12조)」) 이치에 따라 말한 '화'(話)와 의리로 이해할 수 없는 '화두'를 구별하면서, "가르침이 있었던 이후로 '화두'로 사람을 가르치는 것처럼 잔혹하고 강팍한 것이 없었으니, 상앙(商鞅)이 정전(井田)을 모두 폐지하고 밭둑을 파헤친 것이나 이사(李斯)가 『시경』·『서경』을 모두 불태워 없애고 진(秦)나라의 법을 쓴 것과 같다"[75]고 격렬하게 '화두'의 폐해를 지적하였다. 그만큼 그는 경전이 불교의 가르침에서 기준이 되는 것으로, 경전을 버리고서 '화두'만을 내세우는 것이 불교를 파괴하는 폐단이 있음을 심각하게 경계하는 입장을 보여주고 있다. 또한 그는 백파가 '화두'에 전부 1700칙(則)이 있다고 하는데 대해, 『전등록』(傳燈錄)에서 들추어 낸 것임을 지적하고, 『전등록』 이외에도 『광등록』(廣燈錄)·『속등록』(續燈錄)·『연등록』(聯燈錄)·『보등록』(普燈錄)이 있고, 또 이를 간추린 『오등회원』(五燈會元)이 있음을 들어서, 백파의 안목이 좁음을 질책하기도 하였다.(「禪門十五條妄證(제14조)」)

  백파는 "부처의 말씀은 '화두'의 활구(活句)가 아닌 것이 없고 『법화경』과 『화엄경』은 바로 '교'의 자취로 사구(死句)이다"라고 한데 대하여, 그는 "이 두 경전(『법화경』·『화엄경』)이 부처의 말씀이 아니란 말인가" 라고 반박하였으며, 또한 백파가 "『소초(疏抄: 華嚴大疏抄)』나 사기(私記: 蓮潭 有一과 仁岳 義沾의 2종이 있음)는 역시 묘유(妙有)이지만, 『법

---

[75] 「禪門十五條妄證」(제13조), "自有敎以來, 未有如話頭敎人之慘毒狼愎者, 如商鞅之盡廢井田, 而開阡陌, 李斯之燒毁詩書, 而用秦法."

화경』과 『화엄경』은 모두 선문(禪門)의 상승(上乘)이 될 수 없다"고 말한 데 대해, 그는 "경전은 상승이 아니요, 『소초』가 도리어 묘유라는 말은 아직 듣지 못했다"라고 비판하였다.[76] 그만큼 김정희는 어떠한 선서(禪書)도 경전보다 우월할 수 없다는 입장에서, 선서를 경전보다 우월시하는 선학적 입장을 거부하고 있는 것이다.

그는 선가에서 조주(趙州)의 이야기를 '화두'로 삼지만 조주가 일찍이 사람에게 '화두'를 가르친 일이 없다 하고, 달마에서 육조까지 의발을 전해주면서도 '화두'를 언급한 일이 없었다 하며, 남악(南岳 懷讓)·마조(馬祖 道一)·백장(百丈 懷海)·황벽(黃蘗 希運)의 선사들도 '화두'를 들어 사람을 가르쳤다는 말을 듣지 못했다고 강조하고, '화두'는 송(宋)나라 이후로 차츰 행해진 것이라 지적하였다. 따라서 그는 백파가 "부처의 말씀은 '화두' 아닌 것이 없으니, 의리로 설파하면 '교의'(敎義)가 되고, 몰의리(沒義理)로 타파하면 '화두'가 된다"고 말한 데 대해, "어찌하여 (부처가) 송나라 이후에 부처를 섬기는 자들이 변형시키고 끌어다가 취할 것을 미리 대비하여 혹은 의리로 설파하고 혹은 몰의리로 타파한다는 것인가? 부처의 말씀은 장경(藏經)을 벗어나지 않는데, 장경 속의 팔만 경전이 의리가 아닌 것이 없어 사람마다 이해할 수 있고, 어느 경전이 몰의리의 경전인지 모르겠다. 지금 '화두'를 부처의 말이요 부처의 뜻으로 삼는다면, 세 곳에서 전심(傳心: 靈山에서 拈華微笑, 多子塔에서

---

[76] 『阮堂全集』, 권5, 3-4, '與白坡'(1), "如云'佛說無非話頭活句, 法華·華嚴是敎迹死句', 二經揭非佛說耶, '疏抄·私記, 亦是妙有, 而法華·華嚴皆不得爲禪門上乘', …經非上乘, 疏抄還是妙有, 未之聞也."

分半座, 雙林樹下에서 由棺中出足)할 때에 어찌 한 구절도 '화두'가 없었던가?"[77]라고 반박하였다. 여기서 그는 부처의 말씀이 모두 '화두'라 하고, '몰의리'(沒義理)로 타파한 것이 '화두'라는 백파의 견해에 대해 부처가 송나라 때 시작된 '화두'를 미리 준비하였다는 것이 성립되지 않는 말이라 하여, '화두'를 부처의 말씀에서 끌어내려는 입장을 정면으로 비판함으로써, '화두'는 송나라 때 시작된 하나의 풍조에 지나지 않는 것으로 격하시키고 있다.

따라서 그는 "'화두'의 가르침이란 말세(末世) 이래로 말법(末法)의 가장 강팍하고 제멋대로 쓰는 것이다. '화두'로 사람을 가르친 이후로는 다시 남악(南岳)·마조(馬祖) 같은 이가 나왔다는 말을 듣지 못했다"[78]라고 할 만큼, '화두'에 대한 강경한 비판과 거부입장을 밝히고 있는 것이다. 또한 석가모니가 별을 보고 도를 깨우쳤다고 오늘날 별을 보는 사람들이 도를 깨우치지 못하는 것처럼, 어떤 사람이 '화두'로 도를 깨우쳤다고 누구나 '화두'로 도를 깨우칠 수 없는 지적하면서, 근성(根性)에 따라서 가르침도 각각 등분이 다른 것이요, '화두'로 한결같이 덮어씌우려 드는 것이 잘못된 것임을 역설하였다.(「與白坡(2)」) 그러나 김정희는 "'화두' 아닌 것이 없다"라는 한 백파의 말 한 마디에 대해서

---

[77] 『阮堂全集』, 권5, 5, '與白坡'(1), "今乃云'佛語無非話頭, 以義理說破則爲敎義, 以沒義理打破則爲話頭', 趙宋以後事佛, 何以預爲挪移逆取, 或以義理說破, 或以沒義理打破也, 佛說不出於藏經矣, 藏經中八萬, 無非有義理, 人人可解, 未知何經爲沒義理之經乎, 今以話頭爲佛語佛意, 則三處傳心之時, 何無一句話頭耶."

[78] 같은 곳, "話頭敎, 則像季以來末法之最是剛狠自用者也, 話頭敎人以後, 更未聞如南岳·馬祖者出."

는 '선'과 '교'를 융합하는 뜻이라고 칭찬하기도 하였다.[79] 그것은 그의 불교관이 기본적으로 '선'에 몰입하여 '교'를 버리는 것이 아니라, '교'와 '선'을 함께 공부하고 수행할 것을 요구하는 입장임을 보여준다.

(4) '선'에서 '살·활'과 '기·용'의 문제

김정희는 백파의 비문을 지었는데, 비면(碑面)에다 '화엄종주 백파대율사 대기대용지비'(華嚴宗主白坡大律師大機大用之碑)라 썼으며, 비문에서도 '기·용'과 '살·활'의 문제가 백파의 평생 공부에 중심 주제임을 강조하고 있다.

> "'대기·대용'(大機·大用)은 백파가 팔십 년을 매만지고 힘을 쏟은 곳이다. 어떤 이는 '기·용'(機·用)과 '살·활'(殺·活)을 지리하고 천착한 것이라 하지만, 전혀 그렇지 않다. 무릇 범부(凡夫)를 상대하여 다스리는 자는 어디고 '살·활'과 '기·용'이 아닌 곳이 없다. 비록 대장경이 팔만이나 되지만 한 가지 법도 '살·활'과 '기·용'을 벗어나는 것이 없다. 특히 사람들이 그 의리를 알지 못하고 거짓되게 '살·활'과 '기·용'이 백파가 얽매이고 집착한 것이라 하지만, 모두 하루살이가 큰 나무를 흔드는 격이다. 이 어찌 백파를 안다 할 수 있겠는가. …지금 백파의 비면(碑面) 글자를 지으면서 만약 '대기·대용'의 한 구절을 대서특필하지 않는다면 백파의 비가 될 수 없을 것이다."[80]

---

[79] 『阮堂全集』, 권5, 8, '與白坡'(3), "如'無非話頭'一語, …此爲禪敎合融之旨也."

[80] 『阮堂全集』, 권7, 25-26, '作白坡碑面字(書以華嚴宗主白坡大律師大機大用之碑)書贈其門徒', "大機·大用, 是白坡八十年藉手着力處, 或有以機用·殺活, 支離穿鑿, 是大不然, 凡對治凡夫者, 無處非殺活·機用, 雖大藏八萬, 無一法出於殺活·機用之外者, 特人不知此義, 妄以殺活·機用爲白坡拘執着相者, 是皆蜉蝣撼樹也, 是烏足以知白坡也, …今作白坡碑面字, 若不大書

여기서 그는 '기·용'과 '살·활'의 문제가 대중에게 부처의 법을 행하는 기본 방법이요, 모든 경전의 기본 과제임을 역설하였다. 따라서 그와 백파 사이에 벌였던 왕복 논변에서도 이 문제에 대해 다른 사람은 모르고 오직 백파와 자신만이 아는 깊은 통찰이 있었음을 밝히고 있다. 그러나 논변과정에서 그는 백파의 '기·용'과 '살·활'의 견해에 대해 신랄하게 공격하였던 것도 사실이다.

'살·활'은 문수(文殊)보살이 약초가 사람을 죽이는 독약이 될 수도 있고 사람을 살리는 묘방이 될 수도 있다는 말에서 온 것이다. 그런데 백파가 '살인도'(殺人刀)와 '활인검'(活人劍)으로 해석한 데 대해, 김정희는 "나는 주먹으로 한 방에 백파 노스님을 때려죽여 바다같은 안목의 젊은 스님을 살려낼 수 있다. 하필 잘게 부수어 '도'(刀)로 사람을 죽이고 '검'(劍)으로 사람을 살린다고 한다. 한 손을 들어 올리는데 '살'과 '활'이 갖추어 있다는 것과 스님이 말하는 '살'과 '활'이 같은 것인가 다른 것인가?"[*81] 라고 반박하였다. 여기서 그는 '살·활'이 하나의 법이 사람을 살릴 수도 있고 죽일 수도 있는 두 가지 역할을 할 수 있는 것인데, 백파가 두 가지 방법으로 나누어 놓고 있는 것은 작은 착오이지만 엄청난 오류를 초래할 수 있다는 비판이다.

또한 백파가 "'살'과 '활'은 한 마음에 본래 갖추고 있는 면목이다"(殺活爲一心上本具之面目)라고 언급한데 대해, 그는 '한 마음에 본래 갖

특書於大機大用一句, 不足爲白坡碑也."
[*81] 「禪門十五條妄證」(제3조), "吾則拳一打殺白坡老, 可活海眼小闍梨, 何必粉粉作殺人以刀, 活人以劍, 一擧手, 殺活俱存, 如是與師之殺活, 同耶, 異耶."

추고 있는 면목'이라면 '자살·자활'(自殺·自活)을 말하는 것이 되어 사람을 상대하여 말하는 '살인·활인'의 뜻과 달라지는 것임을 강조하면서, 조사(祖師)의 뜻으로 게송(偈頌)을 지어서 "'살'이란 본래 '살'이 아니고, '활'이란 본래 '활'이 아니라, 본래 한 물건도 없는데, 어디에다 '살'·'활'을 붙이겠는가?"라고 하여, '살·활'이 본래 마음에 갖추어져 있다는 백파의 견해를 비판하였다.[*82] 여기서 그는 자신의 마음을 말하는 것과 남을 상대하여 말하는 것이 다름을 지적하면서, 본래의 마음에는 아무런 면목이 없어 '살·활'이 있을 수 없음을 강조하고 있는 것이다.

'대기'(大機)와 '대용'(大用)은 선가의 종장이 언어로 미치지 못하는 기미(機微)의 깨우침[大機]을 학인(學人)에게 베푸는 것[大用]을 말하는데, 그는 백파가 이 용어를 사용하는 의도를 돌아보게 하면서, "그 입을 열면 '대기·대용'이요, 마음이 발동하면 '살인·활인'이라 하는데, 본지풍광(本地風光: 本來面目. 자기 心性의 본분)에서 '대기·대용'을 어디에다 쓸 것이며, 맑고 화평한 세계에 '살인·활인'으로 무엇을 하려하는가?"[*83]라고 하였다. 곧 용어를 남발하면서, 그 활용이 어떻게 이루어져야 하는가의 문제에 대한 정확한 인식이 결여되었음을 비판하였던 것으로 보인다.

[*82] 「禪門十五條妄證」(제4조), "試以祖意偈作問之, '殺者本非殺, 活者本非活, 本來無一物, 何處着殺活', 凡殺活者, 是對人語者, 故云'殺人·活人', 故非從自己言者也."

[*83] 『阮堂全集』, 권5, 4, '與白坡'(1), "其開口則大機·大用, 發心則殺人·活人, 本地風光, 大機·大用, 用之那處, 清平世界, 殺人·活人, 亦將何爲."

이에 따라 그는 백파가 '살인·활인'과 '대기·대용'을 말하는 것이 백파 자신의 본래 면목에 무슨 상관이 있는지, 그리고 어디에 베풀고자 하는지를 밝히라고 요구하면서, "보내온 글을 살피면 '삼처전심'은 '도'와 '검'(刀劍)의 일이 아님이 없으니, 석가의 49년 동안 설법이 최종 귀결이 '도'와 '검'에 불과할 뿐일 것이다. 구족상(具足相)으로도 오히려 여래를 볼 수가 없을 터인데 이제 도검상(刀劍相)으로 여래라 말하니, 여래가 수긍할지 모르겠다. '살인도'(殺人刀)와 '활인검'(活人劍)은 각각 얻은 바가 있다면 스님이 전해 얻은 것은 '살인'인가 '활인'인가. '살·활'을 아울러 쓰는 것은 이미 전해진 바가 없는데, 또 어떻게 '살'과 '활'이 아울러 쓰임을 알았는가. …이것은 모두 말세 이래로 선지(禪旨)를 이해하지 못하고 단지 옛 사람의 성어(成語)에 나아가 입에 나오는 대로 말하다가 자기도 모르게 미혹에 굴러 떨어진 것이다"[*84]라고 하였다. 무엇보다 '살인·활인'이나 '대기·대용'의 술어도 심성의 근원에서 어떤 의미가 있는지 어떻게 적용되어야 하는지 정확하게 쓰지 않으면 관용적 어귀에 매몰되어 미혹에 떨어지는 것을 경계하고 있는 것이다. 또한 그는 백파가 '살·활'을 '도·검'에 비유하면서 부처의 말씀 전체에 뒤집어 씌우는 것이 부처의 본래 면모에 어긋나는 것임을 강조하여 비판하기도 하였다. 여기서 그는 백파가 '살'과 '활'의 두 역할을

[*84] 『阮堂全集』, 권5, 6-7, '與白坡'(2), "以來示觀之, 三處傳心無非刀劍上事, 黃面老子四十九年說法, 畢竟歸趣不過刀劍而已, 以具足相尙不可以見如來, 今以刀劍相謂之如來, 未知如來其首肯耶, 殺人刀·活人劍各有所得, 則師所傳得者, 是殺人者耶, 是活人者耶, 殺活並用, 旣無所傳, 又何以知其爲殺活並用耶, …此皆像季來不解禪旨, 只就古人成語, 順口說去, 自不覺其轉轉迷悟."

분별하면서 동시에 '살활병용'(殺活竝用)을 제시하는 데 대해 비판적 견해를 제시하고 있다.

이와 더불어 그는 백파의 비문을 짓고 나서 덧붙인 후설에서도, 백파가 백장(百丈 懷海)은 '대기'만 얻었고, 황벽(黃蘗 希運)은 '대용'만 얻었다고 규정한 데 대해, 과연 백파는 '대기'·'대용'을 구족하게 갖추고 있는지 따져 묻고 있다. 그는, "'용'(用)이 없는 '기'(機)가 없고, '기'가 없는 '용'이 없는 것 같은데, 스님의 '기'와 '용'이 구족한 것은 백장을 뛰어넘고 황벽을 넘어선 것인가? 스님은 반드시 받아들이지도 않고 사양하지도 않을 것이다. 이 말을 하는 자는 곧 선문(禪門)에서 이른바 '조사의 병통'(祖病)이니, 스님의 '기'·'용'이 구족함은 조사의 병통을 구제하는 약이 될 수 있는가? 조사의 병통을 말하는 자는 아울러 '부처의 병통'(佛病)을 말할 수 있을 것이다. 조사의 병통은 전해지고 변하면서 백 가지로 나타나지만, 부처는 본래 한 가지 병통도 없다. 이 관문을 꿰뚫은 다음에라야 조사도 말하고 부처도 말할 수 있다"[*85]고 하였다. 곧 그는 백파가 '기'와 '용'의 한쪽에 빠지지 않고 양쪽을 구족하게 갖추고 있다는 것이 선가에서 분파가 나뉘면서 일어나는 병통인 '조사의 병통'을 치료하여 부처의 가르침을 바르게 실현할 수 있는지를 추궁하고 있는 것이다. 그렇지 못하다면 백파가 백장이나 황벽을 '기'와 '용'의 한 쪽만 얻은 것이라 규정하는 것은 공허한 말이 되고 스스로

[*85] 『阮堂全集』, 권7, 26, '又', "似無無用之機, 亦無無機之用, 師之所以機用具足, 是超百越蘗歟, 師必不受而不讓, 爲此說者, 卽禪門所云祖病, 師之機用具足, 可以救藥祖病歟, 此如說祖病者, 有竝說佛病, 祖病傳變百出, 而佛本無一病, 透得此關, 然後可以說祖說佛."

'조사의 병통'에서 헤어 나오지 못할 것임을 확인하고 있다.

5. 조선 후기 유학자의 불교인식이 지닌 의미

18,9세기 조선 후기 사회는 도학이념이 주도적 지위를 지키고 있지만 일부에서는 양명학의 이해가 확산되고 서학이 수용되는 등 사상적 다변화가 일어나고 있는 변화의 국면을 맞이한 시대이다. 이러한 시기에 유학자의 불교인식은 매우 폭넓은 다양성을 보여주고 있는 점이 이 시대 사상계의 특징적 일면을 이루는 사실을 주목할 필요가 있다. 당시 유학자들의 불교에 대한 인식태도는 한원진·정약용·김정희의 경우에서 매우 독특한 세 가지 유형을 찾아볼 수 있다.

먼저 한원진의 경우는 도학전통의 이단비판론적 입장에서 불교에 대한 철저한 비판의 입장을 제시하였는데, 조선 초기의 대표적 불교비판론인 정도전의 경우와 비교한다면 확고한 성리설의 기반 위에서 불교의 사생관과 근본과제인 '각'(覺)의 성격, 및 수행방법과 '체·용'의 논리구조에 대해 성리설의 진실성을 기반으로 엄격한 비판을 하는 것이다. 그는 여기서 나아가 주자학—도학에서 벗어난 유교의 학문유파로서 육왕학—심학을 불교와 연관시켜 비판하고 있는 사실이 중요한 특성이라 하겠다. 사실상 한원진의 불교비판은 육왕학—양명학의 비판을 위한 기초작업으로서의 성격을 지니는 것이라 하겠다. 바로 이 점에서는 당시 조선사회에서 정제두(霞谷 鄭齊斗)를 이어 양명학파를 형성한 강화학파(江華學派)의 이영익(信齋 李令翊, 1738-1780)이 「논불」(論佛)에서 불교를 비판한 경우와 대조를 이루는 점이 보인다. 이영익은 "불교를 믿는 사람은 반드시 그 '심학'을 기뻐하고 그 청정하여 얽매임이 적음을 즐거워하면서 그 감정은 죄와 복에 유혹된다. '심학'은 유학자가 더욱 정밀하고, 얽매임이 적음은 신선이 더욱 초탈하니 하필 불교를 따라야 하겠는가"[86]라고 언급하는데서 보이듯이, 불교가 '도'에 역행하거나 모순된 것으로 비판하는 입장이 아니라 열등하거나 불완전한 것으로 비판하는 비교적 온건한 태도라 할 수 있다.

정약용은 성리학 비판의 이론적 근거로서 불교비판의 입장을 정립하고 있다. 바로 이 점에서 한원진이 성리학의 이론으로 불교를 비판하면서 불교와 육왕학을 동일시하는 입장과 대조적으로 성리학과 불교를 동일시하여 성리학 비판의 정당성을 확보하고 있는 것이다.

그는 성리학의 '본연지성'(本然之性)개념이나 '사덕재내설'(四德在內說)의 심성론적 핵심개념을 비판하거나 '치심'(治心)의 방법과 수양론의 핵심개념인 '경'(敬)의 인식을 비판하면서 불교의 사유방법이 얼마나 성리학에 깊이 침투되어 있는지를 드러내며, 이를 통해 주자학을 벗어난 자신의 실학적 사유체계를 정립하는 기반을 확립하고 있다. 정약용의 사유체계 속에 서학의 논리가 상당히 수용되어 있다는 점을 인정한다면, 『천주실의』 등 천주교와 유교경전을 조화시키면서 불교를 비판하고 성리학의 세계관을 거부하였던 점과 같은 맥락임을 엿볼 수 있게

---

[86] 『信齋集』, 册2, '論佛', "人之信佛者, 必曰悅其心學, 樂其清淨寡累, 而其情怵於罪福也, 以心學則儒爲加密, 以寡累則仙益超脫, 何必從之佛哉."

한다. 그러나 정약용은 불교의 교리를 비판하면서도 당시 혜장(惠藏) 등 불교 학승들과는 매우 깊은 친교를 맺었고, 초의(草衣) 등 그 문하에서 수학하는 승려도 있었으며, 「대동선교고」(大東禪敎考)를 저술하고, 사지(寺志)의 편찬에 관여하는 등 불교에 대한 이해도 심화시키고 있었다. 이 점에서 정약용은 교리에 대한 이론적 비판입장과 승려들과의 인간적 친교라는 양면적 태도를 보여준다.

김정희는 학맥으로는 북학파 실학자이고 학풍으로는 고증학에 기반하는 실학자이지만, 그는 유학자(儒士)와 불교학자(居士)의 두 가지 면모를 동시에 지닌 인물이다. 유교와 불교라는 두 가지 다른 '도'를 동일시하는 것이 아니라, 하나의 '도'를 향한 두 가지 다른 길로 병행시킬 수 있는 태도를 보여주는 것으로, 『중용』(30장)에서 말하는 "'도'가 병행하면서 서로 어그러지지 않는다"(道並行而不相悖)는 입장을 실현해 보여준 것이라 하겠다. 김정희는 많은 승려들과 친교를 맺었을 뿐만 아니라, 초의와는 도반(道伴)으로서 평생을 함께 하였으며, 백파(白坡)와는 본격적인 '선학'논변을 벌이면서 '교'와 '선'을 일관하는 자신의 불교적 입장 위에서 당대의 대선사를 비판할 만큼 '선학'에서도 일가견을 확립하고 있음을 보여준다. 바로 이 점에서 김정희는 정약용이 불교와 인간적 친교의 단계에 머물렀던 것을 넘어서 유교와 불교라는 '도'의 경계를 자유롭게 넘나드는 사상적 세계를 확보하였던 것이라 하겠다.

한원진에서 정약용으로 넘어오고, 다시 김정희로 넘어가면서, 유교와 불교는 '대결'에서 '친교'로 더 나아가 '병행'으로 경계의 벽을 허물어 갔던 것이다. 이러한 사상적 교류의 변천과정은 종교 간의 대화양상에서도 성숙의 과정을 보여주는 중요한 의미를 지닌 것이며, 사상의 교류에서 전통의 독단적 사유형식에서 근대적 개방적 사유형식으로 전개하는 역사적 진보과정의 중요한 일면을 보여주는 것이다.

<原典>
『退溪全書』, 『栗谷全書』, 『重峯集』, 『隱峰全書』, 『南塘集』, 『信齋集』, 『星湖全集』, 『湛軒書』, 『燕巖集』, 『與猶堂全書』, 『貞蕤閣集』, 『阮堂全集』, 『朱熹集』, 『中庸章句』, 『天主實義』

<연구서>
김상홍, 『다산문학의 재조명』, 단국대출판부, 2003.
문중양, 「조선후기 실학자들의 과학담론, 그 연속과 단절의 역사
 －기론적 우주론 논의를 중심으로」, 『정신문화연구』93, 2003년 겨울호.
민두기, 『일본의 역사』, 지식산업사, 1976.
박성래, 「홍대용의 과학사상」, 『한국학보』23, 1981.
박종채, 『나의 아버지 박지원』, 박희병 옮김, 돌베개, 2005.
손승철, 『조선시대 한일관계사연구』, 지성의샘, 1994.
이석린, 『壬辰義兵將 趙憲硏究』, 신구문화사, 1993.
李乙浩, 『다산학의 이해』, 현암사, 1975.
이종익, 「證答白坡書를 통해 본 金秋史의 불교관」, 『불교학보』12, 1975.
임종태, 「무한우주의 우화－홍대용의 고학과 문명론」, 『역사비평』, 2005년 여름호.
허남진, 『조선후기 氣철학 연구』, 서울대 박사논문, 1994.

비판과 포용 한국실학의 정신
찾·아·보·기

저자 **금장태**

1943년 부산생
서울대 종교학과 졸업
성균관대 대학원 동양철학과 수료(철학박사)
현 서울대 종교학과 교수
주요 저술 『퇴계의 삶과 철학』, 『다산실학탐구』, 『한국유학의 心說』
　　　『조선후기의 儒敎와 西學』, 『한국유학의 老子이해』
　　　『불교의 유교경전해석』, 『조선유학의 주역사상』

비판과 포용 한국실학의 정신

초판인쇄　2008년 7월 8일　　**초판발행**　2008년 7월 16일

저자 금장태
발행처 제이앤씨
등록번호 제7-270

주소 서울시 도봉구 창동 624-1 현대홈시티 102-1206
전화 (02) 992 / 3253
팩스 (02) 991 / 1285
URL http://www.jncbook.co.kr
E-mail jncbook@hanmail.net

ISBN 978-89-5668-615-8 92200　　　　**정가** 23,000원

저자 **금장태**

1943년 부산생
서울대 종교학과 졸업
성균관대 대학원 동양철학과 수료(철학박사)
현 서울대 종교학과 교수
주요 저술 『퇴계의 삶과 철학』, 『다산실학탐구』, 『한국유학의 心說』
　　　　 『조선후기의 儒敎와 西學』, 『한국유학의 老子이해』
　　　　 『불교의 유교경전해석』, 『조선유학의 주역사상』

비판과 포용 한국실학의 정신

초판인쇄　2008년 7월 8일　　**초판발행**　2008년 7월 16일

저자 금장태
발행처 제이앤씨
등록번호 제7-270

주소 서울시 도봉구 창동 624-1 현대홈시티 102-1206
전화 (02) 992 / 3253
팩스 (02) 991 / 1285
URL http://www.jncbook.co.kr
E-mail jncbook@hanmail.net

ⓒ 금장태 2008 All rights reserved. Printed in KOREA

ISBN 978-89-5668-615-8 92200　　　**정가** 23,000원

　* 이 책의 내용을 사전 허가없이 전재하거나 복제할 경우 법적인 제재를 받게 됨을 알려드립니다.
　** 잘못된 책은 구입하신 서점이나 본사에서 교환해 드립니다.

저자 **금장태**

1943년 부산생
서울대 종교학과 졸업
성균관대 대학원 동양철학과 수료(철학박사)
현 서울대 종교학과 교수
주요 저술 『퇴계의 삶과 철학』, 『다산실학탐구』, 『한국유학의 心說』
　　　　『조선후기의 儒敎와 西學』, 『한국유학의 老子이해』
　　　　『불교의 유교경전해석』, 『조선유학의 주역사상』

비판과 포용 한국실학의 정신

초판인쇄 2008년 7월 8일　　　**초판발행** 2008년 7월 16일

저자 금장태
발행처 제이앤씨
등록번호 제7-270

주소 서울시 도봉구 창동 624-1 현대홈시티 102-1206
전화 (02) 992 / 3253
팩스 (02) 991 / 1285
URL http://www.jncbook.co.kr
E-mail jncbook@hanmail.net

ⓒ 금장태 2008 All rights reserved. Printed in KOREA

ISBN 978-89-5668-615-8 92200　　　　**정가** 23,000원

비판과 포용
한국실학의 정신

琴 章 泰

제이앤씨
Publishing Corporation

머리말

어떤 사상체계도 알게 모르게 다른 사상을 받아들이거나 다른 사상으로부터 영향을 받고 있으며, 또 자신의 정당성을 옹호하기 위해 다른 사상을 거부하거나 비판하기 마련이다. 특히 종교전통은 자신이 궁극적 진리에 근거하고 있다는 신념체계이기 때문에 배타적 의식이 심한 경향을 뚜렷하게 드러내고 있다. 조선시대의 통치이념을 뒷받침하였던 유교사상인 '도학―주자학'은 바로 이 점에서 정통주의적 입장을 강화하여 다른 사상과 종교전통에 대해 엄격한 비판과 거부태도를 표출해왔다. '도학―주자학'이 이른바 '이단'이라 규정하여 배척하였던 대상으로는 양주(楊朱)·묵적(墨翟) 등 제자백가의 유파를 비롯하여, 노자(老子)·장자(莊子)와 불교, 및 서학(西學, 天主學) 등 유교 바깥의 사상이나 종교전통은 물론이요, 유교전통 안에서도 주자학의 정통에 어긋나는 양명학(陽明學)에 대해 '이단'으로 비판하기도 하였다.

이에 비해 조선후기의 실학사상은 주자학이 인간의 도덕적 근원으로 심·성(心·性)의 인식과 도덕적 인격의 실현에 관심을 집중하고 있을 때, 사회제도의 합리적 개혁과 생산기술의 향상을 추구하는 등 현실문제로 관심의 눈을 돌렸으며, 나아가 주자학의 형이상학과 신념에서 벗어나 새로운 세계관을 탐색하기 위해 여러 방면에서 변혁을 시도하였다. 이들 실학자들은 그동안 주자학자들이 정통주의에 사로잡혀 배타적 폐쇄성에 빠져있었던 문제점을 극복하기 위해, 주자학에서 이단으로 비판하였던 다양한 사상과 지식체계에 개방적 자세를 보여주고 있는 점이 중요한 특징이라 할 수 있다.

실학자들 가운데는 그동안 배척의 대상이 되었던 노장(老莊)사상과 불교에 대해서도 우호적 태도를 보이기 시작하였다. 특히 성호학파(星湖學派)를 중심으로 양명학에 대해 호의적 이해를 보이거나 서양과학지식과 서양종교에 대해서도 깊은 관심을 기울이기도 하였으며, 북학파(北學派)에서는 주자학의 의리론적 신념에 따라 청(淸)나라를 오랑캐로 규정하여 거부하던 입장을 탈피하고 청나라의 선진문물을 적극적으로 받아들이려는 입장을 밝히기도 하였다. 이러한 개방적 사유가 실학의 중요한 특징이기는 하지만, 실학자들도 그 시대의 현실적 모순을 극복하고 사상적 불합리성을 개혁하기 위해 비판적 사유도 실학의 정체성을 확립하기 위한 중요한 조건이었다.

이 책의 중심과제는 조선후기 실학파 학자들이 실학적 사유를 정립해가는 과정에서 어떤 방향으로 개방적 포용성을 발휘하고 있으며, 어떤 방향으로 비판적 성찰을 하고 있는지를 확인함으로써, 조선후기 사상사에서 실학의 학문정신이 지닌 특성을 포착해보고자 하는 것이다. 홍대용(洪大容)은 「의산문답」(毉山問答)에서 새로운 세계관을 제기하면서 주자학적 세계관을 어떻게 비판하고 서양과학의 세계관을 어떻게 수용하는지 확인하고, 박지원(朴趾源)은 『열하일기』(熱河日記)를 통한 다양한 종교들에 대한 인식태도에서 포용과 비판의식을 어떻게 제시하는지 점검하며, 정약용(丁若鏞)이 서학을 수용하는 양상과 주자학 및 청조(淸朝) 고증학(考證學)에 대한 비판과 포용의 논리를 어떻게 전개하는지 확인하고자 하였다.

또한 조선후기 유학자들 사이에 불교인식에서 주자학자인 한원진(韓元震)의 비판논리와 실학자인 정약용의 비판논리가 어떻게 바뀌어 가는지 확인하고, 같은 실학자이면서도 정약용과 김정희(金正喜)의 경우 불교를 인식하는 입장의 차이와 변화과정을 밝혀보고자 하였다. 이 책의 첫머리에 다룬 조헌(趙憲)은 주자학자이면서 현실문제에 깊은 통찰과 개혁론을 제시하여 실학정신의 일면을 지닌 인물로 평가되는 경우이다. 이들이 보여준 다양한 사유방식과 세계를 향해 개방된 시야와 폐쇄된 사유체계에 대한 비판정신은 새로운 시대를 열어가는 선구적 사상가로서 역할을 담당하였던 것이다. 비판과 포용을 조선후기 실학의 핵심정신으로 주목하고자 한 것은 오늘의 우리 시대에서도 의미깊은 사상사의 동력으로 다시 돌아보고 싶었기 때문이다.

'한국실학의 정신'을 '비판과 포용'이라는 양날의 칼빛에서 비춰보고자 한 것은 '도학—주자학'의 지배적 이념의 한계를 뚫고 나가는 사상사의 역동적인 정신으로 붙잡아보고 싶은 욕심이었다. 그러나 워낙 둔필이라 비슷하게라도 그려내지 못하고 말아서 스스로 부끄러움을 감출 수 없다. 많은 비판과 지적을 받아 앞으로 다듬어가고 싶을 뿐이다.

이 책을 간행하도록 허락해주신 제이앤씨 윤석원 사장님께 감사하고, 교정을 도와준 서울대 대학원 종교학과의 박병훈군에게 고마운 마음을 밝혀둔다.

2008년 5월 2일
관악산 紫霞洞天에서

雲海散人 琴 章 泰 삼가 적음

비판과 포용 한국실학의 정신
목차

비판과 포용
한국실학의 정신

1장 :

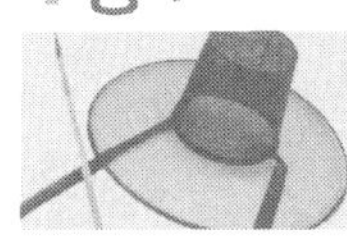

조헌趙憲의 조선현실인식과
항왜의리론抗倭義理論

1. 조헌趙憲과 항왜의리론抗倭義理論

조헌(重峯 趙憲, 1544-1592)은 이지함(土亭 李之菡, 1517-1578)·성혼(牛溪 成渾, 1535-1598)·이이(栗谷 李珥, 1536-1584)를 자신이 이 세상에서 스승으로 섬긴 사람이라 하였다. 그는 27세때 파주목(坡州牧) 교수(敎授)로 부임했을 때 9세 연장인 성혼을 찾아가 스승으로 모셨고, 이듬해는 서경덕(花潭 徐敬德)의 문인인 이지함을 찾아갔으며, 이어서 8세 연장인 이이를 찾아갔는데, 이 중에서 이이의 영향을 가장 많이 받았다고 할 수 있다. 또한 서기(孤靑 徐起, 1523-1591)·송익필(龜峯 宋翼弼, 1534-1599)을 종유(從遊)하여 따랐다. 이처럼 조헌은 27세때 이미 벼슬길에 나간 이후에 스승을 만났던 것이니, 자신의 나이를 잊고 학문이 뛰어난 인물을 찾아나서 배우려는 열정을 지녔던 인물이다.

그가 41세때(1584) 스승 이이는 세상을 떠났는데, 이때 그도 옥천(沃川)으로 잠시 낙향하였던 일이 있었다. 그는 옥천의 밤티(栗峙) 마을에 자리잡고서 스승(栗谷)의 뒤를 따른다는 뜻까지 담아 '후율정사'(後栗精舍)를 세워 강학하기도 하였다. 사실상 이이의 학문적 세계는 도학－주자학의 다양한 과제와 영역 가운데서도 '성리설'에 정밀한 이론을 전개하였으며, '경세론'의 구체적 사회개혁 방책을 제시하는데 가장 두드러지고 큰 업적을 이루었던 것이라 할 수 있다. 그러나 이이의 학통을 계승한 대표적 인물로 인정되고 있는 김장생(沙溪 金長生, 1548-1631)의 경우는 '예학'(禮學)에 주력하였다면, 오히려 조헌의 경우는 스승(李珥)으로 부터 '경세론'을 집중적으로 계승하여, 이이의 학풍에서 한 날개를 확실하게 이어갔던 것이 사실이다.

여기서 나아가 조헌은 임진왜란을 겪어야 했던 처지로 시대현실에 적극 대처하면서 '의리론'을 강경하게 천명하였다. 따라서 조헌의 사상적 중심과제는 '경세론'과 '의리론'의 두 영역으로 집약시켜 볼 수 있다. 그것은 도학－주자학의 영역에서 보면 내면적 심화의 과제인 성리설 및 수양론의 방향과 대조적으로 외면적 실현의 과제인 경세론 및 의리론의 방향을 추구하는 것이라 할 수 있다. 특히 조헌의 시대적 과제로서 경세론과 의리론의 방향은 조선후기 도학자들이 경세론을 소홀히 하고 단지 의리론의 이념적 추구에만 매몰되었던 사실과 대비시켜보면, 건강하고 균형잡힌 도학적 '의리론'의 면모를 보여주는 것이라 하겠다.

조헌이 살았던 16세기말의 시대현실은 안으로 누적된 폐단이 사회체제의 붕괴위기를 불러왔으며, 밖으로 일본의 침략으로 국가존망의 위기가 현실화 되었던 상황이다. 앞서 이이는 "안으로는 기강이 무너져 명령은 시행되지 않고 풀어져 흩어지는 모습이 눈 앞에 환하며, 밖으로는 민생이 거꾸로 매달린 듯 고통스럽고 군사와 식량은 고갈되었으니, 흙이 무너지듯 멸망하는 형세가 아침이 아니면 저녁일 것이다"[1]라고 하여, 조선사회가 이미 심각한 붕괴의 위기에 빠져 있음을 진단하였던 일이 있다. 따라서 이이는 경장론(更張論)을 제시하여 폐단의 해소를 위해 제도적 개혁을 추구하였던 것이다. 이에 비해 조헌은 31세때 질정관(質正官)으로 사신을 따라갔을 때 명나라에서 얻은 견문을 근거로 돌아와서 『동환봉사』(東還封事: 質正官回還後先上八條疏와 擬上十六條疏)를 제시하여, 명나라의 합리적 제도로 우리의 비효율적 제도를 개혁하는 방안을 제시하였던 것은 18세기 후반 북학파 실학자인 박제가(楚亭 朴齊家)에 의해 '북학'(北學)의 한 선구자로 받아들여지고 있음을 볼 수 있다.[2] 이처럼 이이와 더불어 조헌의 사회개혁방책은 조선후기 실학

---

[1] 『栗谷全書』, 권6, 9-10, '辭大司諫疏'(1578), "內而紀綱陵夷, 号令不行, 渙散之形, 昭在目前, 外而民生倒懸, 兵食匱竭, 土崩之勢, 匪朝伊夕."

[2] 朴齊家, 『貞蕤閣集』, 권1, 16, '北學議自序', "余嘗慕崔孤雲・趙重峯之爲人, 慨然有異世執鞭之願, 孤雲爲唐進士, 東還本國, 思有以革新羅之俗而進乎中國, …重峯以質正官入燕, 其東還封事, 勤勤懇懇, 因彼而悟己, 見善而思齊, 無非用夏變夷之苦心, 鴨水以東千有餘年之間, 有以區區一隅, 欲一變而

자들에 깊은 영향을 미쳤던 것이 사실이다.

또한 외적의 위협에 대해서는 앞서 1544년 이황(退溪 李滉, 1501-1570)도 일본의 사신을 거절하지 말도록 요청하는 상소를 올리면서, "가령 남북의 두 오랑캐가 동시에 군사를 일으키면, 동쪽을 버티더라도 서쪽이 치솟을 것이고, 배(腹)쪽을 지키더라도 등(背)쪽이 무너질 것이니, 국가가 장차 무엇을 믿고 이런 사태를 처리할 수 있을지 모르겠다"[3]라고 하였다. 그는 남북으로 일본과 여진족의 무력침략 위협이 절박하게 닥쳐오고 있음을 지적하면서, 일본의 사신을 거절하여 충돌을 일으키지 말고 화친을 하도록 주장하였던 일이 있었다. 이에 비해 43년 뒤인 1587년 조헌은 「청절왜사소」(請絶倭使疏)에서 일본의 무력침략 위협에 맞서서 일본의 사신을 거절하도록 요구하였던 것은 좋은 대조를 보여준다. 그만큼 조헌이 처한 당시의 현실은 일본의 무력위협이 더욱 급박하여 화친으로 해결될 수 없으며 정면의 대결을 피할 수 없는 처지라는 상황판단에 따른 것이다. 그것은 단순히 일본의 침략위협에 대해 이황의 포용논리와 조헌의 거부논리로 대비되는 것이 아니라, 상황이 달라짐에 따라 대응하는 의리도 달라질 수밖에 없음을 보여주는 것이라 하겠다.

조헌이 일본의 무력위협에 저항하는 '항왜의리'(抗倭義理)를 내세운 것은 조선후기 도학자들이 청나라를 거부하는 '배청의리'(排淸義理)를

至中國者, 惟此兩人而已."
[3] 『退溪全書』, 권6, 11, '甲辰乞勿絶倭使疏', "設使南北二虜, 一時俱發, 則樺東而西掀, 衛腹而背潰, 未識國家將何所恃而能辦此乎."

내세운 것 사이에 거부 내지 저항의 논리라는 공통점이 있지만, 동시에 중요한 차이점이 있음을 주목할 필요가 있다. '배청의리론'이 현실적 조건을 넘어서서 이념적 정당성을 주장하는 것이라고 한다면, 조헌의 '항왜의리론'은 조선사회의 현실적 문제점을 철저히 인식하여 사회개혁의 방책을 제시하는 것으로서, '경세론'의 토대 위에서 국력과 군사력의 강화를 추구하는 '자강론'을 밝히고 이에 병행하여 침략세력에 맞서서 항거하는 '의리론'을 제기하는 것이라 하겠다. 그만큼 조헌의 '항왜의리론은 '경세론' — '자강론' — '의리론'이 결합된 '의리론'이라는 사실이 주목된다.

또한 그의 '항왜의리론'은 경전과 역사적 사실의 전거에서 의리의 기준과 귀감을 확인하는 것을 통해 명분적 기반을 확립하고 있는 것이다. 또한 실천적 방법으로서 국제질서 속의 외교적 대책과 국내 현실 속에서 군사적 전략을 구체적으로 제시하고 있는 것이며, 나아가 직접 의병을 일으켜 왜병에 맞서 항전하다가 장렬하게 순절하는 실행을 통해 구현하고 있는 것이라 하겠다.

2. 임란壬亂 직전 조선사회의 현실인식

1) 사회적 폐단과 국가의 붕괴 위기

조헌은 당시의 정치 사회적 현실의 폐단에 대해 절실하게 지적하고 그 대응책을 제시하는 장문의 상소를 잇달아 올렸다. 이러한 그의 현실인식은 이이(李珥)가 여러 차례 올린 '시폐소'(時弊疏)에서 당시의 폐단을 지적하고, '시무소'(時務疏)를 통해 당면한 현실문제의 대응책을 제시하였던 '경세론'을 계승한 것이라 할 수 있다. 그러나 그의 상소문이 너무 격렬하였고 당시 동인·서인으로 분당(分黨)의 대립이 격심한 가운데 동인 집권세력에 대한 공격이 과격하여 상소를 올린 일로 파직을 당하고 유배를 가기도 하였다. 따라서 그의 현실문제에 관한 대응책이 일부 정책에 수용되기도 하였다고 하지만 그의 주장이 중시되어 받아들여지지는 않았던 것이 사실이다.

한 때 이발(李潑)이 그를 크게 등용하려고 추천하자, 스승 이이는 그의 인물을 평하여, "그가 비록 경세제민(經世濟民)의 큰 뜻은 가지고 있지만, 그의 재주는 미치지 못하며 고집이 너무 세고 시세(時勢)를 헤아리지 않으며, 갑자기 삼대(三代: 夏·殷·周)의 정치를 임금에게 기대하다가 뜻대로 되지 않으면 반드시 임금의 옷깃을 잡아당기며 간언하거나 대궐의 난간이 부러지도록 매달리며 간언할 근심이 있다"[4]고 하여, 그의 학문이 성숙된 다음에 등용하도록 만류하였다 한다. 이처럼 이이는 조헌이 큰 뜻을 가진 점을 인정하면서도 현실의 여건을 돌보지 않고 급진적 이상정치의 실현을 과격하게 주장하다가 무리한 행동을 할 위험이 있음을 경계하였던 것이다.

---

*4 『重峯集』, 附錄 권4, 52-53, '遺事', "栗谷曰, 汝式[趙憲]의 字]雖有經濟大志, 而才不逮, 太固執, 不量時勢, 遽以三代之治, 期望君父, 不如意則必有牽裾折檻之患矣."

실제로 조헌은 1587년 벼슬에서 물러나 옥천에 있을 때 「청절왜사소」(請絶倭使疏)를 관찰사에게 보내 임금에게 올려주기를 요청했는데, 관찰사가 거부하자, 다시 상소를 써서 직접 대궐문 앞에 나가 두 상소문(「請絶倭使疏」 1疏·2疏)을 올렸다. 그는 이때 상소문에서 재상 이산해(李山海)가 나라를 그르쳤다고 심하게 공격하였는데, 선조 임금이 격노하여 상소문을 불태웠던 일이 있었다. 또한 1589년 조정의 실정과 집권 동인(東人) 세력을 격렬하게 비판하는 「논시폐소」(論時弊疏)를 올리면서 도끼를 등에 지고 대궐 앞에 엎드렸던 일이 있다. 그는 이 상소 때문에 함경도 길주(吉州 嶺東驛)에 유배되었으며, 해배된 다음 1591년 일본 사신의 목을 베라고 요청하는 「청참왜사소」(請斬倭使疏)를 올릴 때에도 다시 도끼를 등에 업고 대궐 앞에 나갔다. 이른바 '지부상소'(持斧上疏)를 두 번씩이나 올렸던 것이다. '지부상소'는 그에 앞서 고려말에 우탁(禹倬)이 올렸던 일이 있으며, 국가가 절박한 위기에 처하였다는 판단아래 목숨을 걸고 상소하여 확고한 신념을 밝힘으로써 충절(忠節)의 정신을 드러내는 것이지만, 상식에서 벗어나는 과격한 행동으로 보일 수 있는 것도 사실이다.

조헌은 1574년 질정관(質正官)으로 사신행차를 따라 명나라에 다녀와 명나라 문물과 제도를 관찰하고 조선에서 받아들일 만한 의례와 관료제도 및 군사제도 등에 관한 것을 8조목으로 제시한 「8조소」(「質正官回還後先上八條疏」)를 올렸으나, 임금은 중국과 우리나라의 풍속이 다르니 억지로 행할 수 없다고 거부하는 비답(批答)을 내렸다. 이에 따라 그는 군사제도를 비롯하여 조선사회에서 개혁을 위해 요구되는 근본적

과제들을 제시한 「의상16조소」(「擬上十六條疏」)를 지었으나 올리지 못하고 말았다.[*5]

이 「의상16조소」 가운데서 두 가지만 들어 보면, 하나는 '능침'(陵寢)의 제도에 관한 문제이다. 그는 명 태조때 황릉의 경계를 정하면서 신하들이 부근의 민가와 분묘를 옮길 것을 요청하자, 명 태도가 "이 분묘들은 모두 우리 집안의 옛날 이웃 마을이니, 밖으로 옮길 필요가 없다"고 하여, 백성들의 생활기반을 침해하지 않았던 사실을 들었으며, 또한 명나라에서는 풍수지리설에 동요되지 않고 여러 대의 황릉을 같은 산 아래에 모셨던 사실을 지적하였다. 이에 비해 우리의 실정을 돌아보면서 문제점을 지적하였다.

> "우리나라의 습속은 풍수설을 지나치게 믿어 공경(公卿)에서 백성까지 일찍이 많이 미혹되고 물들었다. …길흉을 점치고 묏자리를 결정하는 일은 한결같이 풍수(相地官)의 말을 따르고 공경이나 재상은 감히 한마디도 끼어들지 못한다. 건원릉(建元陵)이나 헌릉(獻陵) 곁에 좋은 묏자리가 많은데도 널리 양주·고양·광주·여주의 땅을 택하게 되니, 죽은 자에게는 머리가 옮겨지거나 다리를 잃게 되는 우환이 있게 하고, 살아있는 자에게는 집이 부수어지거나 밭을 빼앗기는 통곡이 있게 하여, 원망이 하늘에 이르고 국가에 미친다."[*6]

[*5] 『重峯集』, 권3의 「質正官回還後先上八條疏」와 권4의 「擬上十六條疏」는 『東還封事』로 간행된 일이 있다. 「質正官回還後先上八條疏」에서는 聖廟配享之制 / 內外庶官之制 / 貴賤衣冠之制 / 食品宴飮之制 / 士夫揖讓之禮 / 師生相接之禮 / 鄕閭習俗之美 / 軍師紀律之嚴의 8조목이 제시되어 있고, 「擬上十六條疏」에서는 格天之誠 / 追本之孝 / 陵寢之所 / 祭祀之節 / 經筵之規 / 視朝之儀 / 聽言之道 / 取人之方 / 飮食之節 / 饌廩之稱 / 生息之繁 / 卒伍之選 / 操鍊之勤 / 城臺之固 / 黜陟之明 / 命令之嚴의 16조목이 제시되어 있다.

이처럼 우리나라 풍속에서는 지위가 높은 자로부터 백성에 이르기까지 풍수설의 미신에 깊이 빠져 정부의 대신들조차 이치에 따라 판단하지 못하는 형편에 놓여 있으며, 이에 따라 왕실에서도 풍수설에 따라 사방에다 왕릉을 모시게 되면서 백성에게 심한 피해를 입혀 원망을 극심하게 초래하게 된 폐단을 밝힌 것이다. 따라서 그는 중국의 제도를 따라 왕릉을 한 곳에 모여 있게 하면 백성에 끼치는 피해를 없애고 사방의 왕릉을 수호하기 위해 백성을 동원하는 폐단을 줄일 수 있음을 강조하였다.

다음은 인재를 채택하는 '취인'(取人)의 방법에 관한 문제이다. 그는 중국의 경우 인재를 발탁하는 길(作人之路)이 매우 넓어 재능이 있는 사람이라면 장사(葬師: 地官)의 자식이거나 비첩(婢妾)의 자식이거나 그 인물의 집안을 따지지 않고 쓰는 사실을 강조하였다. 따라서 신분에 얽매어 인재를 발탁하는 폭이 매우 좁은 우리의 문제점을 지적하였다.

"우리 왕조에 이르러서는 국사를 도모하는 대신들이 단지 사사롭게 그 자손을 위한 계책만 찾고 만세에 인재를 잃는 근심에 미치지 못하였으며, 아울러 재가(再嫁) 자손까지 벼슬길을 막아 쓰지 못한다고 법령에 실려 있다. …(벼슬길에서) 재가(再嫁)를 오로지 막으면 범중엄(范仲淹) 같은 인재가 세상에 등용되지 못할 것이고, 서얼(庶孼)을 오로지 폐지하면 이중호(李仲虎) 같은 무리도 그 시대에 굶주려서 서울과 지방의 영재들이 배워

---

*6 『重峯集』, 권4, 5, '擬上十六條疏', "東方之俗, 酷信風水, 公卿士民, 曾多惑染, …卜兆點穴, 一惟相地官之言, 公卿輔相, 不敢措辭於其間, 故健元獻陵之旁, 固多佳穴, 而博擇于楊・高・廣・驪之地, 使死者有遷頭失足之患, 生者有破家奪田之慟, 而怨格穹蒼, 以及于國家."

서 성취됨이 없을 것이고 인류의 강상이 끝내는 무너져 환난이 국가에 미칠 것이다."[7]

이처럼 신분과 출신에 따른 여러가지 구속에 심하게 얽매어 있는 조선사회는 인재를 배양하고 발탁하여 쓰는 폭이 너무 좁아져 있음을 지적하며, 따라서 인재를 기르고 백성을 교육하지 못하게 되면 결국 도덕도 붕괴하게 되고 나라도 위축될 수밖에 없다는 현실을 각성시키고자 하였다. 그는 이러한 문제점을 해결하는 대책으로 재가녀(再嫁女)의 자손이나 서얼 출신도 능력만 있다면 관리로 발탁할 뿐만 아니라, 노비(私奴僕賤)의 신분이라 하더라도 가르칠 역량이 있으면 면천(免賤)을 시켜주어 양반의 자제를 가르치는 스승이 될 수 있도록 하여야 한다는 것을 강조하였다. 그는 신분제 폐지를 주장하였던 것은 아니지만, 인재의 발탁을 위해서는 신분적 제약을 두지 말아야 국가가 융성할 수 있는 길이 열리는 것임을 역설하였던 것이다.

1582년 조헌은 보은현감(報恩縣監)으로 수령이 되었을 때 지어놓고 올리지 않은 상소(「擬上疏」)에서는 수령의 기본임무인 '수령칠사'(守令七事: 農桑盛·戶口增·學校興·軍政修·賦役均·詞訟簡·奸猾息)가 지방행정의 현장에서 이미 모두 무너진 현실을 논의하고 있다. 곧 당시의 실정은 과다한 세금부과와, 같은 집안에 세금을 떠맡겨 거두고(一族

---

*7 『重峯集』, 권4, 15-16, '擬上十六條疏', "至于我朝, 謀國大臣, 秖爲私其子孫之計, 而不及于萬世失人之憂, 幷與再嫁子孫而禁錮之, 載錄於令典, …切恐專防再嫁, 則范仲淹之才, 不用於世, 專廢庶孽, 則李仲虎之流, 又餓于時, 京外英才, 罔收成就, 而綱倫終斁, 患及於國家."

疊徵), 관리들에게 인정(人情)을 쓴다는 명목으로 과중하게 거두거나, 서리(胥吏)들이 급료를 받지 못하여 백성을 침탈하는 등 제도의 폐단과 온갖 간교한 술법이 만연하여 민생을 도탄에 빠뜨리고 있음을 지적하였다.

> "'인정'(人情)을 쓴다는 폐단이 시작되니 부역은 번거롭고 과중함을 견딜 수 없게 되었고, 곡식으로 대신 납부하게 하는(代糧) 재난이 심히 고통스러워 군정(軍政)이 날로 무너졌으며, 부역을 지탱하기 어려워지니 농사와 양잠을 돌아볼 겨를이 없게 되었고, 군졸이 도망하니 현재의 호구(戶口)도 보존하기 어려워졌으며, 교관(敎官)을 가려쓰지 않으니 학교가 쇠락하게 되었고, 공도(公道)가 밝지 못하니 송사가 어지러워졌으며, 개인으로 처리함(私辦)이 행해지지 않으니 간사함이 더욱 심하게 일어났다. …떠돌고 흩어진 백성이 많아지니 성안이나 변경이 황폐해지는데 이르렀다. 백성의 생활이 고통스러움이 지금보다 심한 때가 없으니, 비록 밝은 도리를 지닌 자를 수령으로 삼아도 진실로 손쓸 수가 없으며, 비록 안진경(安眞卿)이나 장순원(張巡遠)으로 고을을 맡게 하여도 결코 인심을 수습하고 변방을 유지하고 나라의 근본을 지킬 계책이 없을 것이다."[8]

그는 당시 조선사회에서 통치제도의 모순이 드러나면서 폐단이 뿌리 깊게 파고들어 사회기반이 전반적으로 붕괴의 위기를 맞고 있는 현실을 절실하게 지적하였던 것이다. 이에 따라 그의 대응책은 무엇보다 먼저 임금이 현실을 각성하고 어진 인재(哲人)을 널리 구하여 바른 계책을

---

[8] 『重峯集』, 권5. 3-4, '擬上疏', "人情之弊濫觴, 而賦役不勝其繁重, 代糧之患滋苦, 而軍政日以發隳, 賦役難支, 而農桑之不暇顧, 軍卒流亡, 而見戶之猶難保, 敎官不擇, 而學校索然, 公道不明, 而詞訟紛如, 私辦不行, 而姦猾滋起, …以至流散者衆, 而居園卒荒, 生民疾苦, 未有甚於此時, 雖使明道爲宰, 固無措手處, 雖使眞卿・巡遠而作邑, 決無收拾人心, 維邊衛本之計矣."

받아들이고 시행함으로써, 백성을 고통에서 구제하고 국가의 기강을 바로잡아야 할 것을 제안하는 데서 드러나고 있다.

따라서 조헌이 상소를 통하여 역설하였던 것은 바로 조선사회의 당면한 현실이 얼마나 절박한 위기에 놓여있는지를 임금으로 하여금 절실하게 각성하도록 하는데 초점이 맞추어져 있다고 하겠다. 그는 1587년 공주목(公州牧)의 교수겸제독(敎授兼提督)으로 나갔을 자신의 의견을 진술하면서 사직을 청하는 상소(「陳所懷仍辭職疏」)를 올리면서 당시의 위기상황을 절실하게 제시하였다.

> "알지 못하겠습니다만, 임금께서는 과연 조선의 사직이 안전하다고 여깁니까? 위태롭다고 여깁니까? 팔도의 민생이 기뻐한다고 여깁니까? 근심한다고 여깁니까? 왕명의 출입을 받들어 보필하는 선비로 누가 진실로 임금을 사랑합니까? 변방의 사무를 기획하고 나라의 일을 담당하는 신하로 누가 진실로 우리나라를 염려합니까? 신(臣)이 생각하기에 나라를 근심하기를 자기 집안처럼 하지 않고, 임금을 사랑하기를 자기 몸처럼 하지 않아서, 흩어진 형상은 임금의 측근에서 결판이 났고, 살갗이 불에 타들어가고 문드러지는 재앙은 나무나 물고기에까지 미쳤습니다. '안·위'(安危)라는 두 글자는 말해 볼 겨를도 없이 존망의 기틀이 이미 결판났으며, '휴·척'(休戚: 편안함과 근심)이라는 두 글자는 논해 볼 겨를도 없게 되어, 흩어지고 어지러워진 형세는 이미 이루어졌다고 여겨집니다."[*9]

---

*9 『重峯集』, 권6, 2-3, '陳所懷仍辭職疏', "抑不知聖主以爲朝鮮之社稷, 安耶危耶, 八道之民生, 休耶戚耶, 出入承弼之士, 孰是誠愛吾君者乎, 籌邊幹方之臣, 孰有誠憂東國者乎, 臣竊以爲憂國者不如其家, 愛君者不如其身, 判渙之形, 決於帷幄, 而焦爛之禍, 及於林魚, 安危二字, 將不暇言, 而存亡之機已決, 休戚二字, 已不暇論, 而散亂之勢已成."

그가 임금에게 확인하기 위해 되묻는 것은 '사직의 안위(安危)'와 '민생의 휴척(休戚)'과 '국사를 담당한 인재의 적부(適否)'라는 세 가지 과제로 집약시켜 볼 수 있다. 또한 그가 진단하고 있는 조선사회의 현실은 임금의 측근 인물에서부터 이미 모든 것이 그릇되어, 조선사회는 '안위'의 문제를 넘어서 '존망'의 위기에 당면하였고, 민생은 '휴척'의 문제를 넘어서 백성이 흩어져버리고 혼란에 빠지는 '산란'(散亂)의 국면에 들어섰으며, 결국 조선사회는 정치적 파탄으로 이미 내부에서 스스로 붕괴해가는 장면을 분명하게 드러내 보여주고 있는 것이다.

조헌은 1589년 도끼를 등에 지고 올렸던 상소(持斧上疏)였던 「논시폐소」(論時弊疏)에서 당시 발생하고 있는 재앙의 화근(禍根)으로서 북쪽의 변방을 지키기 위해 백성을 이주시키는 '사민'(徙民)정책에서 일어나는 온갖 폐단과 백성의 격심한 고통을 지적하면서, 이에 따른 위기상황을 제시하였다.

"혹시라도 한 사람이 백성의 원망을 이용하여 난리를 일으키는 자가 있으면, 지금 분주하게 횡행하는 도적들을 불러 모으고 호응하게 하여 멀고 가까운 곳이 어지러워지지 않음이 없을 것이며, 남쪽의 왜적과 북쪽의 오랑캐가 또 기회를 엿본다면 흙이 무너지고 기와가 산산조각나듯 하게 될 형세가 한 순간에 달려 있다. 모르겠지만 일을 맡은 관리가 무슨 백성을 부려서 적을 막을 것이며 무슨 곡식을 옮겨다 군사를 먹일 것인가? 이제 백성을 기르고 나라를 지키는 것은 비유하자면 그릇에 물건을 담아놓는 것과 같으니, 그릇을 위태로운 자리에 두면 그릇이 깨어지면서 물건도 흩어지게 된다. 백성을 죽을 자리에 몰아가면 백성이 망하면서 나라도 따라 망할 것이다."[10]

"오늘에 민생의 곤궁이 극심하고 나라의 운명이 위급한 형상을 논하면,
바로 억만 백성이 물이 새는 배 안에 있는데 흘러가는 중도에 폭풍을
만나 밧줄과 노를 잃었으며, 사방을 돌아보아도 망망하고 아득하여 배를
댈 언덕이 없는 것과 같다. 키잡이를 도울 적합한 조수를 불러왔다면, '배
가 샐 때 막을 헌옷을 준비하라'는 경계(『易』, 旣濟卦, '繻有衣袽, 終日
戒')를 지켜 거센 파도를 헤쳐 나오기를 바랄 수 있지만, 불러다 놓은
뱃사공들이 우리 임금의 벗이 아니라, 험난함을 가리켜 평탄하다 하고,
위태로움을 일러서 안전하다고 하며, 돛대는 기울고 노는 부러져도 편안하
여 걱정하지 않아서 윗사람을 속이고 아랫사람을 미혹시키니, 잇달아 빠져
죽는 데 쉽게 이를 것이다."[11]

이미 조선사회에 백성의 고통이 극심하여 원망의 소리가 높아졌으니,
안에서 백성의 원망을 이용하여 반란을 일으키는 자가 나타날 수 있고,
밖에서는 이를 틈타서 일본과 여진이 남북에서 침략할 위험이 있음을
지적하고, 이러한 상황에서는 그대로 무너져 회복할 길이 없을 것이며,
백성을 고통과 죽음으로 몰아넣고서는 나라도 따라 망할 수밖에 없음을
절실하게 경고한 것이다. 조헌이 당시의 상황을 물이 새는 배에 온
나라 백성을 태우고 바다 가운데 나가 큰 파도를 만났을 때 노를 잃은
상황에 비유하였는데, 이렇게 침몰의 위기에 직면한 상황에서 헤쳐 나

---

*10 『重峯集』 권7, 2, '論時弊疏', "倘有一夫乘民怨倡亂, 則現行旁午之賊, 嘯聚
響應, 無遠近不亂, 南倭北狄, 又若乘釁, 則土崩瓦解, 勢在頃刻, 未知有司驅
何民以禦賊, 轉何粟以餉軍乎, … 今夫養民以[而]守國, 譬如置器以儲物, 置
器于危地則器破而物散, 驅民于死地則民亡而國隨."

*11 『重峯集』 권7, 11, '論時弊疏', "就論今日, 民生困極, 而國步斯頻之狀, 正如
百萬億蒼生方在漏船之中, 中流遇風, 失其維楫, 四顧茫然, 渺無津涯者, 喚得
副手梢工, 則猶望其衣袽有戒, 出乎洪濤, 而招招舟子, 類非我君之友, 則指險
爲夷, 謂危爲安, 檣傾楫摧, 恬不動念, 罔上迷下, 坐致胥溺而已."

올 수 있는 유일한 방법은 뛰어난 뱃사공을 만나서 키를 잘 잡아 바른 방향을 찾아가야 하는 것임은 분명하다. 그러나 그는 당시 임금의 주위에 집권한 세력은 모두 잘못된 인물이라 위기의 상황을 더 악화시킬 뿐이라 진단하였는데, 문제는 그가 배척하는 인물은 모두 동인이고 그가 추천하는 사람은 모두 서인이라는 당파적 편향성을 벗어나지 못하였으니, 바로 이 점은 그의 치밀하고 진지한 현실의식이 지닌 치명적 한계라 할 수 있을 것이다.

2) 군사제도의 붕괴현실

조헌은 조선사회가 당면한 실무적 과제를 제시하면서 특히 군정(軍政) 내지 군사제도의 현실에 깊은 관심을 보여주고 있다. 그것은 당시의 주변 국제정세를 보면 남쪽에는 일본, 북쪽에는 여진의 침략 위협이 갈수록 높아지는 상황이었으므로, 이에 대처할 수 있는 군사적 대응책을 찾아야 한다는 필요성을 각성하였기 때문이라 할 수 있다.

그는 「8조소」에서도 계주(薊州: 현 北京)지방에서 군사 3천이 행군하는 것을 보았을 때 백성을 침해하는 일이 없어 군기가 엄격함을 지적하면서, 이에 비해 우리나라에서는 "평안도 내지(內地)의 군사는 한결같이 통할됨이 없어서 지나가고 머무르는 곳에서 마음대로 백성의 밭에서 벼를 취하여 말을 먹였는데, …한번 군대의 해독을 입으면 바로 텅빈 땅이 되니, 밭을 둘러싸고 원통하여 울부짖는 형상을 차마 볼 수가 없었다"[*12]고 하여, 우리나라의 실정을 돌아보면서 군령이 해이되고 백성을 침해하여 적을 막기도 전에 벌써 백성의 원망을 일으키는 폐해의 심각함을 강조하였다.

이에 따라 그는 군기를 엄격히 하고 병졸을 확보하며, 장수를 가르치고 병졸을 조련하며, 병장기를 비축하고 성곽을 수축하는 방책을 제시하고 있다.[*13] 그는 「16조소」에서 노비의 증가로 군졸의 수를 확보할 수 없는 문제점을 지적하였다.

> "중국의 제도는 비록 경상(卿相)에 이르더라도 감히 사인(私人) 수 10인을 두지 못하는데, 우리나라에서는 천얼(賤孼)에 속하는 자도 혹 사노(私奴) 백명을 둔 자가 있으며, 훈구귀족의 집안에는 비록 사노 천명을 둔 자가 있지만 국가의 형세가 외롭고 미약함을 앉아서 보기만 하고 국가를 위하여 충성을 바칠 계책은 생각하지 않는다. …이제 만약 위로부터 먼저 노비를 한정하는 제도를 만들고서, …10년 동안 인구를 증식시키고 재물을 쌓으며 10년 동안 가르치고 훈련하면 백만의 정예 병사도 20년 뒤에는 갖출 수 있을 것이다."[*14]

이처럼 그는 당시 조선사회의 지배계층이 국가를 지키려는 계책은 없이 자신의 사사로운 이익을 위해 엄청난 수의 노비를 거느리고 있으

[*12] 『重峯集』, 권3, 29-30, '質正官回還後先上八條疏', "平安內地之軍, 一無統轄, 而所經所止之地, 恣取民田之禾, 以飼其馬, …一被師毒, 便爲赤地, 繞田寃號之狀, 有不可忍見者."

[*13] 이석린, 『壬辰義兵將 趙憲研究』, 신구문화사, 1993, 76-87쪽. 이 책에서는 趙憲의 국방강화론을 軍丁확보론, 訓練·軍備강화론, 軍律확립론의 세 가지 주제로 분석하고 있다.

[*14] 『重峯集』, 권4, 31, '擬上十六條疏', "中朝之制, 雖至卿相, 不敢有私人數十, 而我國賤孼之屬, 或有私奴百數者, 勳貴之家, 雖有千數, 坐觀國勢之孤弱, 而不思爲國家獻忠之計, 今若自上先爲限奴之制, …十年生聚而十年敎訓, 則百萬精兵, 可辦於二十年之後矣."

며, 또한 군정이 문란하여 군역의 부담이 가중해지자 양민들이 노비가 되어 군역을 회피하는 길을 찾고 있는 현실의 문제점을 지적하고 있다. 또한 그는 우리나라의 군사들이 전혀 훈련이 되고 있지 않은 실상을 지적하였다.

> "국가에서 군사를 검열하는 법도는 일년에 자주 거행하지 않으며, 이번 가을에 비록 다행히도 한번 행했는데, 행렬이 분명하지 않고 깃발과 북이 정비되지 않아, 보는 사람이 그 아이들의 놀이같은 모습을 탄식하였다. 평상시에도 이와 같은데 적과 맞서게 되면 어떻게 조처하겠는가? 상번한 군사는 비록 하루 건너 활쏘기를 연습하는 규칙이 있지만, 훈련관이 된 자는 관례로 빈 종이(關紙) 한 권을 거둘 뿐이요, 활 당기는 법도를 가르치는 자가 전혀 없다. 서울의 병영에서도 이와 같은데 변방을 어떻게 나무라겠는가? 이 때문에 장수는 진법(陳法)에 어둡고 사졸은 부대의 대오(部伍) 짓는 법을 모르니, 설령 완만하거나 위급함을 당하면 장차 어떻게 변란에 대응하겠는가?"[15]

이처럼 우리나라의 군사들이 전혀 훈련을 받지 않아 오합지졸이 되고 말았던 당시의 실정을 보면서, 전란에 대비하기 위한 가장 기본적인 체제조차 갖추고 있지 못함을 밝히고 있다. 그 뿐만 아니라, 화살을 만들 대나무를 실어다 놓고도 삿갓이나 만들어 뇌물로 바치고 있거나 목장에서 군마를 기르지만 실제는 말을 번식시키지 않고 거짓 문서만

---

[15] 『重峯集』, 권4, 33, ‘擬上十六條疏’, "國家閱武之法, 歲不屢擧, 今秋雖幸一爲, 而行伍不明, 旗鼓不整, 見者嘆其若兒戲之狀, 平時如此, 臨敵安措, 上番軍士, 雖有中日習射之規, 而爲訓鍊官員者, 例收關紙一卷而已, 絶無敎以控弦之法者, 京衛若此, 外藩何責, 是以, 將不諳陣法, 士不識部伍, 設遇緩急, 將何應變."

만들어 놓고 있는 실정을 보여주고 있다. 나아가 성곽과 연대(烟臺)의 제도를 제대로 갖추지 못한 실정을 지적하고 있다.

> "우리나라의 양계(兩界: 평안도·함경도) 지방은 비록 장성(長城)이 있기는 하지만 말이 뛰어 넘을 수 있으며, 비록 연대(烟臺)가 있기는 하지만 사람이 거처할 수가 없다. 광풍이 불고 눈발이 심할 때는 얇은 옷의 수졸(戍卒)들은 얼어죽을 걱정이 많아 적이 오기를 기다리지도 않고 반드시 도망가버릴 것이요, 누가 즐겨 죽기로 지키겠는가? …국가가 믿는 바는 사방 변경의 허술한 수비에 그치며, 내지(內地)는 모두 막을 곳이 없으니, 한 곳이 무너지면 팔뚝을 걷어부치고 곧바로 달려나가 방어할 곳이 없다. 생각이 여기에 이르니 진실로 한심하기만 하다."[*16]

변경의 허술한 성벽과 지키고 있을 수도 없는 연대(烟臺)를 믿고 있는 국가의 공허한 방어시설이나, 변경이 한 번 무너지면 내륙에는 아무런 방어시설도 없어 한꺼번에 모두 무너질 수밖에 없는 사정을 생각하면서 한심하여 탄식하지 않을 수 없음을 보여준다. 군사제도에서는 전반적으로 병졸의 확보도 없고 훈련도 무너지고 군령도 서지 않으며, 병장기나 성곽의 방어시설도 공허하여 사실상 무방비 상태에 놓인 실정을 생생하게 확인시켜주고 있는 것이다.

---

*16 『重峯集』, 권4, 37, '擬上十六條疏', "我國兩界之地, 雖有長城, 而馬可超升, 雖有煙臺, 而人不能居, 臺下不惟無城, 而臺上一無草屋一間, 風饕雪虐之際, 則薄衣戍卒, 多有凍死之虞, 不待賊來而反走也必矣, 孰肯以死守之哉, …國家之所恃者, 止於四邊粗有守備, 而內地則俱無限隔之處, 一處瓦解, 則掉臂直前, 而罔有能禦之地, 思之至此, 誠可寒心."

3. 항왜의리와 외교적 대응

1) 의리의 원칙과 거부의 의리론

조헌의 '항왜(抗倭)의리론'은 일본의 침략위협과 침략과정에서 제시된 것이다. 당시 일본에서는 1585년 도요토미 히데요시(豊臣秀吉)가 이른바 '전국(戰國)시대'를 통일하고 관백(關伯)이 된 다음, 대마도(對馬島) 도주(島主: 宗義調)를 시켜 조선에서 사신을 보내어 통신사(通信使)의 파견을 요구하도록 지시하자, 대마도 도주는 1587년 귤강광(橘康廣)을 일본사신의 이름으로 조선에 파견하였다. 이때 조헌은 일본사신을 거절하도록 강경하게 주장하는 「청절왜사소」(請絶倭使疏)를 두 차례에 걸쳐 3건을 올렸다.

그는 「청절왜사일소」(請絶倭使一疏)의 첫머리에서 국가간에 수호(修好)의 교류를 하는데 요구되는 기본원리로서 '믿음'(信)과 '의리'(義)를 제시하였다. 먼저 그는 '믿음'과 '의리'의 경전적 근거를 확인하고 있다. 곧 『대학』에서 문왕(文王)의 덕을 칭송하면서, "국인(國人)과 더불어 사귐에는 믿음(信)에 그친다"(與國人交, 止於信)고 말한 구절과, 『논어』(學而)에서 유자(有子)가 "믿음은 의로움에 가깝게 하면 말을 실천할 수 있다"(信近於義, 言可復也)고 말한 구절을 인용하여, '믿음'(信)이 통치원리로서 지닌 중요성을 강조하고, 나아가 '믿음'이 '의리'와 결합되어야 온전하게 될 수 있는 것임을 강조하였다. 또한 『주역』 '송'(天水—訟)괘의 상전(象傳)에서 "일을 함에는 처음을 도모한다"(作事謀始)라 하였는데,

정이천은 『역전』(易傳)에서 이 구절을 설명하면서, "처음을 도모한다는 것은 이웃과 교제를 신중하게 하고 문서를 분명하게 하는 종류의 일과 같은 것이다"(謀始, 如愼交隣明契券之類是也)라고 해석한 것을 인용하였다. 곧 이웃나라와 교류하는 일이나 문서를 주고 받는 일들이 바로 그 처음을 신중하게 해야하는 경우라면, 이러한 일을 신중하게 처리하는 방법이 바로 '믿음'과 '의리'의 원리를 확보하는 것임을 말한다.

또한 조헌은 '믿음'과 '의리'가 국가간의 교류에서 어떻게 기능하고 드러났는지를 역사적 사료로서 검증하고 있다.

> "지나간 각 시대에서 이웃나라와 교류함은 '믿음'을 '의리'로써 하지 않거나, 일을 처음에 도모하지 않으면 스스로 후환을 끼쳐 멸망하는 재앙을 얻게 된다는 것은 역사 기록에 실려 있어서 뚜렷하게 볼 수 있다. 남송(南宋)이 금(金)과 원(元)에 대해 '자강'(自强)에 힘쓰지 않고 먼저 '통호'(通好)하기를 급하게 하였다가, 토색질의 재난을 당하였고, 끝내는 궁성을 모두 빼앗기고 모든 백성을 포로로 만든 다음에야 끝났다."[17]

그는 남송이 거란족의 금나라나 몽고족의 원나라와 대치하면서 믿음과 의리의 원칙을 확보하지 못하고서 안으로 자신을 강화(自强)하지도 못한 상태로 '통호'의 교류를 서두르다가 멸망하게 되었던 전형적 경우로 들고 있다. 여기서 그는 국가 사이의 교류에서 '믿음'과 '의리'라는 규범적 원칙을 확보하기 위해서는 현실적 조건으로 '자강'을 제시하고

---

[17] 『重峯集』, 권6, 34, '請絶倭使疏', "歷代交隣, 信不以義, 事不謀始, 自貽後患, 以取覆亡之禍者, 載在靑史, 班班可見, 而兩宋之於金·元, 不務自彊, 急先通好, 徵索之患, 終至於括盡都宮, 擧族俘虜, 然後乃已."

있다. 자신이 힘을 갖추고 있지 못하면서 강한 이웃나라와 상대하게
되면 '믿음'과 '의리'를 보장받을 수 없음을 말한다. 그렇다면 '믿음'과
'의리'의 원리는 '자강'이라는 실질적 기반 위에서 확보되고 실현될
수 있는 것임을 보여준다.

당시 조선은 일본에서 정권이 바뀌고서 새롭게 '통호'를 요구해오는
데 따른 문제가 제기되었다. 그것은 바로 그 처음을 신중하게 해야
하고, '믿음'과 '의리'의 원칙이 확인되어야 하는 상황이다. 이 때 조헌
이 일본의 사신을 거절하도록 요구하였던 이유도, 일본이 '통호'를 요구
하는 것이 '믿음'과 '의리'에 합당하지 않다고 판단했기 때문이며, '믿
음'과 '의리'라는 원칙을 소홀히 하고서 위협에 굴복하거나 형세에 따르
는 미봉책으로 '통호'하기를 급급히 하였다가 결국 멸망에 이르고 말았
던 경우가 바로 남송이었던 역사적 사실을 귀감으로 삼아야 한다는
것이다. 그만큼 조헌은 '믿음'과 '의리'의 정당성 확보를 강조함으로써
명분과 원칙을 중시하는 '의리론'(義理論)의 입장을 밝히고 있는 것이며,
형세가 강한지 약한지, 불리한지 유리한지를 따져보는 현실의 조건에
대한 판단을 우선하고 있는 '실리론'(實利論)의 입장과는 분명한 차이를
드러내고 있는 것이다.

여기서 조헌은 일본이 사신을 보내온 '명분과 의리'(名義)가 무엇인지
를 따져보면서 역사 속의 사례들을 확인하였다.

"계평자(季平子)가 소공(昭公)을 몰아내고 나서 제(齊)나라에서 아름다
운 행실을 이룬 것과 같으며, 진(晉)나라 사마소(司馬昭)가 위(魏)나라 임

금을 시역하고 나서 오(吳)와 촉(蜀)에 위세를 드러낸 것과 같은 것에 불과하다. 반드시 그 나라의 변고를 갖추어 묻고서 죄를 성토하여 거절한 다음에라야, 환공(齊 桓公)·문공(晉 文公)이 의리를 주장한 거동처럼, 앉아서도 그들의 마음을 공격하여 우리나라를 스스로 강하게 할 것이다."[*18]

그는 일본의 새 집권자인 도요토미 히데요시(豊臣秀吉)가 춘추시대 노(魯)나라의 계평자나 위진(魏晉)시대 진(晉)나라의 사마소처럼 임금을 축출하거나 시역한 인물이므로 일본 사신은 '명분과 의리'에 어긋나는 결정적 문제점이 있음을 들어서, 일본사신을 거절할 의리의 근거를 밝히고 있다. 따라서 그는 일본이 불의함을 밝히지 못하면 일본에 맞서서 저항할 수 있는 힘을 확보할 수 없음을 확인하면서, 역사 속에서 불의에 저항하였던 인물의 모범을 찾고 있다.

"아아, 신하가 임금을 쫓아내는 것은 인륜의 큰 변고이며, 천지가 용납하지 않는 바이다. 나라 일을 도모하는 자는 지극히 먼 곳이라 비록 창을 들고가서 죽일 수는 없더라도 차마 사신을 보내어 문안하고 위로하여 그 기세를 도울 수 있겠는가? 세상에 노중련(魯仲連)이나 호전(胡銓)이 있었다면 반드시 의리로 저항하여 극심하게 말하였을 것이다."[*19]

이처럼 그는 제(齊)나라의 노중련이, 진(秦) 소왕(昭王)을 높여서 제왕(帝王)으로 삼겠다는 위(魏)나라 사신 신원연(新垣衍)의 의논을 막았던

---

*18 같은 곳, "今此日本之使, 有何名義乎, 臣之臆料, 則不過如季平子之逐昭公而行成於齊, 晉 司馬昭之弑魏主而示威於吳蜀者也, 必須備問國故, 聲罪絶之, 然後桓·文杖義之擧, 將有以坐攻其心, 而自彊我國也."
*19 『重峯集』, 권6, 35, '請絶倭使疏', "嗚呼, 臣逐其君, 人倫之大變, 而天地之所不容也, 謀國者限以絶域, 縱不能提戈往誅, 而其忍遣使謝慰, 以助其聲勢乎, 世有魯連, 胡銓, 則其必抗義極言."

일이나 송(宋)나라 휘종(徽宗)때 호전이 금(金)나라에 답방하러 가는 사신 왕륜(王倫)을 되돌려 오도록 요청하였던 역사적 사실을 들어서, 이들이 의리를 밝혔던 사실을 귀감으로 삼아 일본의 사신을 거절하는 의리를 내세우도록 강조하였던 것이다.

그러나 이웃나라의 위협에 맞서서 의리를 내세워 저항해야 한다는 의리론적 입장과 이웃나라가 강한 군사력을 가지고 있어서 타협하여야 한다는 현실적 입장의 두 가지 상반된 견해가 제기되고 있는 상황에서, 그는 의리를 내세우는 것이 정당할 뿐만 아니라 현실적으로도 적합한 판단임을 강조한다.

> "만약 저들이 강하고 우리는 약하다는 것으로 말하여 혹시 물자를 끊었다가 난리가 일어날 것을 두려워한다면, 항우의 강함은 천하에 대적할 자가 없지만 한왕(漢王)이 한 번 제왕을 시역한 악을 드러내니, 필부는 기운이 서늘해지고 제후는 돕는 자가 적어졌다. 새 괴수(풍신수길)가 비록 강하더라도 반드시 항우에는 못미칠 것이요, 10개 섬(十島: 일본)이 비록 좁다 하더라도 한 두 사람 충성스럽고 의로운 선비가 없지 않을 것이다. 만약 나라에서 '대의'(大義)로 성토하여 화친을 요구하는 사신을 물리쳤다는 소식이 들리면 저절로 서로 감응하는 이치가 있어서, 멀리 그 무리를 격동시켜 옛 군주를 위해 복수하려는 자가 저절로 있을 것이다."[20]

사실상 무력에서는 비록 우리가 약하고 일본이 강하더라도 우리가

---

[20] 『重峯集』, 권6, 35-36, '請絶倭使疏', "若以彼强我弱而爲之辭, 或懼絶物而生亂, 則項羽之强, 天下無敵, 而漢王一數弑帝之惡, 則匹夫寒氣, 諸侯寡助, 新酋雖强, 未必及於項羽, 十島雖褊, 不無一二忠義之士矣, 若聞國家聲大義, 以黜請成之使, 則自有相感之理, 遠激于憬彼之徒, 爲舊主報仇者, 自有其人矣."

의리를 분명하게 내세운다면, 일본의 기세가 꺾일 수 있을 뿐만 아니라, 일본 안에서 분열이 일어나 옛 군주를 위해 현재의 집권자에게 저항하는 세력이 일어나서 호응할 수 있을 것임을 밝히고 있다. 따라서 항우처럼 강대한 세력을 지녔을 지라도 의리에서 비판을 받으면 결국 패배할 수 없을 것이라는 역사적 사실을 들어서 의리가 강한 힘을 뒷받침해주는 사실을 역설하였다. 같은 맥락에서 조헌은 의리를 지니면 강한 군사도 이겨낼 수 있다는 사실을 역사 속의 사례에서나 자연의 이치에서나 경전의 가르침에서 확인할 수 있음을 밝히고 있다.

> "예로부터 국가가 이기거나 지는 형세는 어찌 다만 군사가 강한지 약한지에 달려 있겠는가. 춘추의 여러 제후 가운데 오직 초(楚)나라만큼 강한 나라가 없었지만 제(齊)나라 환공(桓公)은 관중(管仲)을 써서 의리를 붙잡고 주장하게 하니 소릉(김陵) 땅에서 싸우지 않고도 맹약을 맺게 되었으며, 항우는 싸움을 잘 하여 천하에 대적할 자가 없었지만 한(漢) 고조(高祖)가 동공(董公: 鄕의 교화를 맡은 三老로서 이름은 未詳)의 말을 들어 군사의 출동에 명분이 있으니, 해하(垓下)에서 군사가 흩어지고 말아 비가(悲歌)를 부르며 스스로 목을 찔러 죽고 말았다. 그 몸이 시역(弑逆)한 죄를 지고 있으니 천지가 용납하지 않았으므로 비록 그 기세를 타거나 죽음의 즈음에서 혹 광풍과 우레를 부릴 수 있었다 하더라도 인도(人道)에 순응하지 않으니 하늘도 돕지 않았다. 이는 도덕과 의리의 기운은 일만명의 군사보다 굳건함을 알 수 있으며, '어진 이에게는 대적할 자가 없다'는 것은 맹자가 밝게 제시하였다."[21]

---

[21] 『重峯集』, 권7, 25-26, '請絕倭使三疏', "自古國家勝負之勢, 豈徒以兵之强弱乎, 春秋列侯, 楚惟無强, 而齊桓用管仲, 仗義執言, 則김陵之師不戰而致盟, 項羽善戰, 天下無敵, 而漢祖聽董公兵出有名, 則垓下人散, 悲歌而自刎, 盖其身負弑逆之罪, 天地之所不容, 故雖其假氣遊魂之際, 或能指使風霆, 而人道

이처럼 나라와 나라 사이에서는 비록 군사가 약하더라도 의리가 정당하면 더 큰 힘을 발휘할 수 있음을 역설하였던 것이다. 따라서 그는 현실적으로 당시 조선은 군사가 약하고 일본은 군사가 강하다는 사실을 인정하였으며, 그 전제 위에서 강한 일본에 대해 굴욕을 당하지 않고 맞서기 위해서는 의리를 내세워 일본 집권자의 의롭지 못함을 드러내야 함을 강조하였다.

또한 그는 일본을 예법과 의리가 없는 오랑캐로 규정하고 오랑캐를 다루는 방법을 제시하였다.

"우리가 지닌 화하(華夏)문명의 도리를 밝혀 저들이 지닌 오랑캐의 성질을 바로잡으며, 우리의 임금을 친애하고 윗사람을 위해 죽을 수 있는 백성을 이끌고 저들의 복종하지 않고 임금도 알아보지 못하는 무리를 매질하기는 비유하자면 물동이의 물을 쏟아붓거나 손바닥을 뒤집듯이 쉽다. 오랑캐를 정벌하고 막아내는 일은 본래 상책(上策)이 없으니, 오직 나에게 있는 것을 정밀한 의리(無間)가 되게 하여야 들어갈 수 있을 뿐이다."[*22]

곧 조헌은 정대한 의리가 있으면 강한 무력도 굴복시킬 수 있다는 일반적 원칙을 주장하는 데 그치는 것이 아니라, 한걸음 나아가 의리로 일본에 대응하기 위한 실천의 과제로서 먼저 우리 자신이 의리를 밝혀 정밀한 의리를 확립해야 하고, 또한 백성을 도리로 이끌어 결속시킬 수 있어야 하는 것임을 지적하고 있다. 따라서 그는 먼저 우리 자신이

所不順, 天亦不佑, 斯知道義之氣, 壯於萬甲, 而仁者無敵, 孟訓昭垂矣."
[*22] 『重峯集』, 권6, 40, '請絶倭使疏', "明吾華夏之道, 格彼蠻髦之性, 率吾親君死上之民, 撻彼不率無君之類, 譬猶建瓴反掌之易, 膺夷禦戎, 本無上策, 惟使在吾者無間而可入耳."

의리를 분명하게 각성하지 못한다면 상대방에게 의리의 정대함을 내세워 죄를 물을 수 없음을 전제로 확인하고서, 이에 따라 우리가 의리를 확보하는 것이 바로 오랑캐를 다스리는 쉬운 방법임을 강조하고 있는 것이다.

2) 외교적 대응책

조헌의 일본에 대한 기본인식은 일본을 오랑캐요, 신의(信義)가 없는 나라로 규정하는 사실에서 드러난다. 이에 따라 그는 「청절왜사소」(請絶倭使疏)에서 일본을 다루는 외교적 방책을 세 가지 유형으로 제시하고 있다. 곧 "일본은 평소에 배반하며 신의가 없는 나라로 일컬어져 왔다. 중국이 애초에 (교류를) 단절하였던 것은 가장 '상책'이 되고, 중종(中宗)이 중도에 단절하였으나 끝내 성심으로 귀속하게 한 것은 '중책'이며, 고려왕조가 자강(自强)에 힘쓰지 않고 거듭 사신을 교류하였으며 혹 억지로 끌려들어 강압에 따라 맹약을 하였던 것은 가장 '하책'이다"[23]라고 하였다. 이처럼 그는 일본에 대해 뿌리깊은 불신감에 근거하여, 일본과 사신을 교류하는 일 자체를 근원적으로 거부하는 입장에 근거하여 일본사신을 거절하도록 요구하였던 것이다.

그는 일본과 우리나라 사이의 외교관계는 전통적으로 교류가 없었던 것으로 파악하고 있다. 곧 "원씨(源氏)가 나라를 보유한지 6백년을 지내

---

[23] 『重峯集』, 권6, 41, '(請絶倭使)二疏', "日本素稱反覆而無信義之國也, 皇朝之初絶, 最爲上策, 中廟之中絶而終致欸附, 乃是中策也, 高麗之不務自强, 而屢通信使, 或致拘沒要盟, 最是下策也."

왔지만, 그 선조로부터 우리와 일찍이 통호(通好)한 일이 있었던가? 이처럼 가지도 않고 오지도 않는 것은 왕자(王者)가 오랑캐를 다스리지 않는 법도이니, 다스리지 않는 것으로 다스리는 것이 옳다. 대대로 사신을 파견해 왔다면 예의가 없다고 책망할 수만은 없을 것이다"[24]라고 하였다. 이처럼 조헌은 일본이 오랑캐라는 인식을 전제로 오랑캐와는 '다스리지 않는 것으로 다스린다'(治之以不治)의 원칙에 따라 '통호'하지 않고 무관심 속에 버려두는 것을 일본과 관계의 기본입장으로 삼아야 함을 제시하였다. 여기서 그는 실제로 우리나라와 일본 사이에는 그동안 외교적 통호의 관계가 없었던 것이라 밝히고 있다. 그러나 조헌이 보여주고 있는 일본에 대한 지식이나 조선과 일본관계에 대한 지식에는 상당히 부정확한 부분이 엿보인다.

우선 조헌은 "원씨(源氏: 미나모토)가 나라를 보유한지 6백년이 되었다"고 언급하였는데, 그것은 일본의 역사적 사실과 너무 다른 것이 사실이다. 원씨가 권력을 잡아 1185년경 가마꾸라막부(鎌倉幕府)를 열었지만 1219년 원씨의 혈통은 단절되고 북조씨(北條氏: 호오조오)가 집권하였으며, 1333년 150년만에 가마꾸라막부도 멸망하고 말았다. 그후 잠시 천황의 친정(親政)이 있었으나 곧 남북조(南北朝, 1336-1392)시대로 접어들고, 북조의 족리씨(足利氏: 아시까가)로 통합되어 무로마찌막부(室町幕府)의 시대(1336-1573)가 열렸다. 그러나 응인의 난(應仁 亂, 1467-1477)

---

[24] 『重峯集』, 권6, 34-35, '請絶倭使疏', "夫以源氏有國, 年經<35>六百, 自厥先祖, 抑嘗通好於我, 若是莫往莫來者, 則以王者不治夷狄之法, 治之以不治, 可也, 世修通聘, 則不可專責以無禮義者也."

이후 막부의 통제력이 무너지게 되고, 이때부터 다이묘(大名)들이 제각기 독립하여 전국(戰國)시대가 1백년 가량 계속되었다. 이 전국시대를 통일한 인물이 바로 직전신장(織田信長: 오다 노부나가)을 이은 도요토미 히데요시 였다.*25 그렇다면 가마꾸라막부의 장군(將軍)인 원씨는 50년도 계속되지 못하였으며, 도요토미 히데요시가 원씨의 신하로 있었던 일도 없으며, 원씨를 시해하고 권력을 잡은 것도 아니다. 따라서 도요토미 히데요시가 자신의 임금을 시해하고 권력을 잡은 불의한 역신(逆臣)으로 비판하는 것은 전혀 엉뚱한 비난이 되고 말았다. 이처럼 조헌이 일본역사에 대해 불충분하고 부정확한 지식을 가졌던 사실을 주목할 필요가 있다.

또한 조헌이 "그 선조로부터 우리와 일찍이 통호(通好)한 일이 있었던가?"라고 한 언급도 일본과 한국의 교류사에 대한 사실과 상당한 차이가 있다. 고려말 공민왕 15년(1366)과 우왕 때(1375 · 1377 · 1378 · 1379) 거듭 일본에 사신을 보내었고, 조선시대에 들어와서도 태조원년(1392) 족리(足利: 아시카가)장군에게 승 각추(覺鎚)를 보낸 것을 비롯하여 태조 때만도 여러 차례 사신의 왕래와 교류가 있었으며, 또한 명나라는 1403년 일본의 막부장군을 '일본국왕'으로 책봉하였다.*26 그러나 조헌이 보여준 일본역사와 조선과 일본의 교류관계에 대한 지식이 이처럼 부정확한 것은 조헌 개인의 무지라기보다는 당시 조선의 지식인들이

---

*25 민두기, 『일본의 역사』, 지식산업사, 1976, 61-113쪽 참조.
*26 손승철, 『조선시대 한일관계사연구』, 지성의샘, 1994, 52-68쪽 참조. 이 책에서는 태조연간(1392-1398) 조선과 일본 사이에 왕래한 使者로 28건을 제시하고 있다.

중국만 바라보고 일본에 대해서는 무관심에 빠져, 일본에 관한 이해가 심히 부족하고 불완전하였던 사정을 반영해주고 있는 것이라 하겠다.

조헌이 도요토미 히데요시에 대해 임금을 시해하였다고 주장하는 것은 잘못된 지식이라 하더라도, 그는 도요토미 히데요시가 조선에 사신을 보내어 통신사의 파견을 요구하는 것은 우호적인 교류를 추구하고자 의도하는 것이 아니라는 사실을 예리하게 간파하여 분명히 지적하였다.

> "만약 (일본이) 혁명을 해냈다는 위세에 순응하여 사신을 교류하며 서로 축하한다면, 국가가 또한 뜻을 굽혀 저들을 따르는 것이니, (저들은) 하늘과 사람의 도움을 가탁하여 이쪽 저쪽에 교만하여져서 안으로는 임금을 몰아내고 시해한 자취를 감추고, 밖으로는 토색질할 단초를 찾아서 군사를 일으키고 도적질할 트집거리로 삼으려는 것이다. 이것이 과연 우리를 사랑하고 공경하여 사신을 교환하는 것이겠는가?"[*27]

그는 일본이 우리나라와 사신교류를 하려는 의도를 두 가지로 파악하였다. 곧 하나는 외국으로부터 승인을 받아 국내에서 통치권의 정당성과 안정된 기반을 확보하려는 것이요, 다른 하나는 외국으로 뻗어나가 침략할 수 있는 계기를 찾으려는 것이라 보았다. 그는 특히 후자의 침략의도를 지적함으로써 일본과의 교류는 일본의 침략을 불러들이는 발판이 되는 것으로 인식함으로써, 사신을 거절할 뿐만 아니라 일본과의 외교적 교류도 해서는 안될 것으로 역설하였다.

[*27] 『重峯集』, 권6, 35, '請絶倭使疏', "若因革命之威, 交使相賀, 則國家亦必屈意從之, 而矯誣天人之助, 以驕於彼此, 內掩放弒之迹, 外索徵求之漸, 以爲興兵作賊之釁者也, 是果愛我敬我而交使者乎."

또한 그는 일본사신을 애초에 거절하지 못하였다면 서울에서 일본사신을 접대하는 동평관(東平館)에 예관(禮官)을 보내어 일본사신에게 일본에서 전왕(前王)이 폐위된 변고에 대해 물어서, 전왕의 실정(失政)으로 백성이 모두 분개하여 정권이 바뀌었는지 여부를 확인해야 한다는 것이다. 여기서 일본의 전왕에 대해 백성이 모두 분개함이 없었는데도 왕위를 찬탈한 것이라면 한(漢)나라 진평(陳平)이 초(楚)나라 사신을 박대하여 끊어버렸던 것 같이 일본사신을 박대함으로써, 임금을 해치고 나라를 저버린 사람은 이웃나라의 관(館)이나 역(驛)에 용납될 수 없음을 보여주어야 한다는 것이다. 이와 달리 만약 일본의 전왕이 폐위될 만한 이유가 인정될 수 있다면 몇가지 조건을 내걸어 이 조건이 충족될 때 사신을 받아들일 수 있음을 제시하였다. 그 조건이란 먼저 일본의 외교문서에서 '동황'(東皇)이라고 일컫고 있는 호칭이 중국을 공경하는 우리로서는 거짓 호칭이요, 이 거짓 호칭(일본의 東皇)으로 참된 호칭(중국의 皇帝)을 어지럽힐 수 없음을 들어서 외교문서에서 거짓된 호칭을 삭제할 것을 요구해야 한다는 것이다. 다음으로 그해 봄 전라도 손죽도를 노략질한 왜구들과 그들을 위해 길잡이 노릇을 한 조선인 사화동(沙火同)을 포박하여 보내와야 한다는 것이다. 이런 조건을 따른다면 그 다음에 관문을 열어 일본과 왕래할 수 있을 것이라 제시하였다.[*28]

무엇보다 조헌이 내세운 조건으로서 '동황'의 호칭을 삭제한다는 것

[*28] 『重峯集』, 권6, 36-37, '請絶倭使疏', "前王之廢, 果不出於國人之所同憤, 則惡草具, 顯絶楚使, …使知戕君負國之人, 無所容於隣邦館驛, …假使新王績著, 而舊主可廢, 天無二日, 不宜稱東皇, 我敬上國, 不可容僞冒, …則幸因玆會, 俾於書契中刊去僞號, 又於島嶼間, 縛送春賊與沙火同, 然後乃許開關往來."

은 중국만이 '황제'를 칭할 수 있다는 중국중심의 중화주의 의리 곧 '존화'(尊華)의리에 따라 일본이 사용하는 '동황'을 거짓 호칭이라 규정함으로써, 중국을 중심으로 하는 천하의 국제질서 속에 조선과 일본의 위치를 정립하려는 것이다. 동시에 그는 일본도 8천 석의 쌀을 우리나라에 의존하고 있는 현실에서 우리의 요구를 따르기 어렵지 않을 것이라 보았다. 이에 따라 일본으로 하여금 참람한 호칭을 외교문서(書契)에서 삭제하게 한 사실을 중국 조정에 보고하면 중국의 황제도 기뻐할 것이요, 우리나라 임금의 '사대'(事大)에 정성스러움을 인정받게 되면, 종계(宗系)의 개정문제를 비롯한 중국과 우리나라 사이에 얽힌 외교문제를 해결하는 데도 도움을 받을 것임을 지적하고 있다.[29] 곧 일본과 사신교류의 '통호'문제는 중국을 천하의 중심으로 확인하는 '사대'의 의리를 외교의 기준으로 삼고 있는 우리나라의 외교정책에 연결되는 것임을 보여주며, 동시에 조선과 일본 사이의 외교는 바로 우리의 중국에 대한 외교적 문제와 연결되고 있다는 인식을 명확하게 보여주는 것이다.

조헌은 일본사신이 무력위협을 하고 있는 사실에 대해 '교린'(交隣)의 도리에 어긋남을 지적하여 비판하고 있다.

> "이웃나라와 교류하는 도리로 말한다면…어찌 일찍이 군사로 위협하면서 오래도록 교류하는 자가 있을 것이며, 어찌 일찍이 군사를 믿고 남에게 교만하게 하면서 그 나라를 오래도록 지킬 수 있는 자가 있겠는가? 가령 풍신수길이 진실로 선한 자취가 있어서 그 백성이 추대하였다 하더라도

---

[29] 『重峯集』, 권6, 37, '請絶倭使疏', "若今具故顯絶, 而上告天王, 則皇上亦必悅豫之深, 以爲聖主事大之誠, 常謹於不覩不聞之地, 宗系之改, 必促史館印頒, 不勞更煩陳請矣."

구분된 토지가 각각 정해진 한계가 있으니, 마땅히 자신을 돌이켜서 안으로 닦아 백성을 안정시키는 데 힘써야 할 것이다. …다만 비린내나는 악취만 풍기고 자신에게 향기로워 흠모할 만한 풍조가 없으면서 전쟁한다는 소리만 드러내어 우리에게 사신을 보내라고 요구하니 그 나라에 인물이 있다고 할 수 있겠는가?"[30]

여기서 그는 군사로 위협하면서 '교린'의 도리를 지켜갈 수 없다는 교린(交隣)의 기본원칙을 제시하면서, 이와 더불어 각각 자기 나라를 안정시키는 내수(內修)에 힘써야 한다는 내수 우선의 원칙을 확인함으로써, 군사적 위협을 하는 일본의 사신을 받아들일 수 없음을 강조하였다.

또한 조헌은 일본사신에게 일본이 조선을 침략하는 것이 일본에 아무런 소득이 없음을 설득시키는 논리를 펼쳐서 일본사신을 타이르는 말을 제시하였다.

"유방(劉邦)은 천도에 순응하고 항우(項羽)는 천도에 역행하니, 강하고 약함의 형세는 다르지만 너희가 반드시 이긴다고 보장할 수 있겠는가? 이미 반드시 이긴다는 보장이 없으면서 한번 침공하였다가 영구히 부산의 통로가 닫히면 12섬의 도주(島主)는 영구히 곡식을 배로 실어나르는 무궁한 이익을 잃을 것이니 너희 새 임금이 동의하겠는가? 전쟁에 이긴다면 이익은 병졸들에게 돌아가고 화친을 맺는다면 이익은 임금에게 돌아간다는 것은 송(宋)과 요(遼)가 화친을 맺었던 말이요, 역사에 밝게 실려 있으니 너희 새 임금과 여러 도주가 마땅히 환하게 볼 것이다."[31]

---

*30 『重峯集』, 권7, 26, '請絕倭使三疏', "自夫交隣之道而言, …曷嘗有怵之以兵, 而能久其交者乎, 曷嘗有恃兵驕人, 而能久其國者乎, 設使秀吉誠有善跡, 而爲國人所推戴, 區分之土, 各有定限, 所當反躬內修, 務靜國人, …徒有腥膻臭穢之惡, 自無馨香可慕之風, 而張皇戰聲, 求我信使, 斯可謂厥國有人乎."

곧 일본이 조선보다 세력이 강하더라도 반드시 이긴다는 보장이 없는 무익한 전쟁을 벌이는 것이 어리석음을 일깨워주고, 화친함으로써 그동안 일본이 누려왔던 무역의 이익을 확보하는 것이 일본에도 유익함을 설득하자는 것이다. 이처럼 그는 안으로 조선 조정에 대해서는 일본의 침략의도에 맞서서 사신을 거절하는 의리를 강조하고, 밖으로 일본 사신에 대해서는 침략이 무익함을 이해로 설득하는 양면의 대책을 제시하고 있으나, 결과적으로 조선정부는 일본사신을 받아들였고, 일본에 통신사 사절을 파견하지 않을 수 없었다.

조선정부가 파견하였던 통신사를 통해 보내온 일본의 답서에는 일본이 명나라를 정벌할 터이니 조선은 길을 빌려 주어 협력하라는 요구를 해왔다. 조헌은 이렇게 위급한 상황에 대처하기 위해서는 중국을 비롯하여 유구(琉球) 등 이웃나라들과의 외교적 유대를 확립하는 것이 가장 긴요한 대책임을 역설하여, 1591년 3월에 일본사신의 목을 베도록 요구하는 「청참왜사소」(請斬倭使疏)를 잇달아 두 차례나 올렸다.

> "이제 들으니 일본에 파견한 사신이 돌아오자마자 왜적의 배는 바닷가에 들어와서 우리나라를 함몰시키고 중국을 침공한다고 하는데 스스로 변명할 길이 없다. …오직 빨리 왜적 사신의 목을 베어 중국조정에 보고하고, 왜적의 사지(四肢)를 유구 등 여러 나라에 나누어 보내어서 천하가 같이 분노하게 함으로써 이 왜적의 일을 대비하고자 한다면 오히려 전날의

---

*31 『重峯集』, 권7, 29-30, '請絶倭使三疏', "劉項逆順, 强弱異形, 爾可保其必勝乎, 旣未保其必勝, 而一帆西泊, 永閉釜山之路, 則十二島主永失船粟無窮之利矣, 其肯德爾新王乎, 戰勝則利歸士卒, 和親則利歸君上, 此是宋遼結親之言, 而昭在靑史, 爾之新王曁諸島主, 宜無不灼見矣."

과오를 갚을 수 있고 뒷날의 재앙을 면할 수 있어서 만에 하나라도 이미
쇠망한 데서 다시 일어나는 이치가 있을 것이다."[*32]

여기서 그는 조선이 일본에 협조한다는 중국의 오해를 풀어주기 위해
서는 일본에 대적하는 적극적 의지를 중국에 보여주는 것이 무엇보다
시급한 일임을 지적하였다. 또한 그는 중국과 더불어 유구 등 남양(南洋)
의 여러 나라와 협력하는 외교적 공동체를 이루어 일본에 대적하는
것이 유일한 해결책임을 강조하였던 것이다. 따라서 그는 조선이 일본
에 길을 열어주어 중국을 침공하게 한다는 중국의 오해를 풀지 못한다
면, 당나라때 이적(李勣)이나 소정방(蘇定邦)의 대군을 보내어 고구려와
백제를 정벌하게 하였던 것보다 더 큰 재앙을 당할 수 있다는 위험이
있음을 경계하면서, 중국의 오해를 푸는 일은 하루도 늦출 수 없는
다급한 일임을 역설하였다.

또한 그는 바다 밖으로 멀리 사신으로 나갈 사람이 없다면 자신이
일본사신의 목을 가지고 가서 중국에 바치고, 그 사지를 가지고 남양의
여러 나라로 가서 도요토미 히데요시가 조선으로 출병하는 날에 군사를
이끌고 함께 일본을 공격하도록 유세하겠다고 제안하기도 하였다. 이에
따라 그는 중국 조정에 보고할 주문(奏文)과 유구 국왕에게 보낼 서한과
일본 및 대마도의 백성들에게 도요토미 히데요시의 집권이 무도함에
저항하도록 설득하기 위한 격문(格文)을 기초하고, 또한 현소(玄蘇)·평

[*32] 『重峯集』, 권8, 1-2, '請斬倭使疏', "今聞東槎纔返, 賊船棲海, 陷我射天, 則自
明無路, …惟有亟斬虜使, 飛奏天朝, 分致賊肢于琉球諸國, 期使天下同怒,
以備此賊一事, 猶可以補復前過, 而庶免後時之凶, 萬一有興復於旣衰之理."

의지(平義智) 등 일본사신을 체포하는 문제와 이들을 참수(斬首)하는 죄목을 제시하고 있다.[*33] 당시 명(明)나라 조정에서는 조선의 항배에 대해 논란이 많았고 의심도 적지 않았다고 하며, 조선에서 명나라에 사신을 파견하였을 때 조선이 유구 등과 동맹하여 일본을 응징하도록 요구하였다고 하니, 조헌의 판단이 명나라의 정책과 일치하는 면을 보여주는 것이 사실이다.[*34] 그는 일본의 침략에 조선이 맞서 싸우면서 국제적 협력을 받는 동시에 일본 내에서 도요토미 히데요시에 원한을 가진 세력을 격동시켜 일본 안에서 내분이 일어나기를 촉발시키려고 도모하였으니, 이것은 외교적 관심과 군사적 전술이 결합된 모습을 보여주는 것이라 하겠다.

4. 항왜의리와 군사적 대응

1) 군사적 대응책

일본의 침략의지가 분명하게 드러나자 조헌은 침략에 대처하는 방책을 다각도에서 구체적으로 제시하였다. 곧 방어의 지리적 조건과 장수를 배치하는 문제, 적을 막아내는 전술과 지역의 방어대책, 상벌을 신중

---

*33 조헌은 1591년 3월 15일에 올린 '請斬倭使疏'에 「擬進奏變皇朝表」·「擬致書于琉球國王」·「擬賜諭日本諸島豪傑遺民父老等書」·「擬賜諭對馬島豪傑遺民父老等書」·「勸捕賊使事宜」·「擬賜日本賊使玄蘇·平義智等處斬罪目公事」, 및 「備倭之策」을 붙여서 제시하였다.
*34 이석린, 위의 책, 96쪽.

히 하는 문제 등에 이르기까지 세밀한 대응책을 제안하고 있다.

먼저 조헌은 우리의 방어현실에서 지리적 조건의 유리한 점을 강조하여 자신감을 불어넣어 주면서, 다른 한편 방어대책에서 장수를 적절히 쓰지 못하는 문제점을 제시하여, "우리나라는 층층의 관문이 성곽을 이루고 둘러싼 바다가 못이 되어서, 지켜내고 막아낼 수 있다는 점에서는 예로부터 유명하다. …오직 담장과 울타리가 되는 장수를 임용함에서 뇌물의 사사로움에 구속됨이 많아 적절하지 못한 사람이 임명되고 있으며, 조정의 대신들은 나라를 경륜하는 계책에 어두워, 도모함이 미리 정해지지 않고 있다"[35]고 하였다. 여기서 그는 우리나라의 지리적 조건이 방어에 유리하기 때문에 고구려를 침략했던 을지문덕이 수(隋)나라의 대군을 패배시켰고, 당(唐) 태종도 고구려에 패배하여 위엄이 꺾였던 역사적 사실을 들었으며, 일본사신이 잇달아 서울로 올라오면서 통로를 조령(鳥嶺)의 길과 금산(金山: 김천)·황간(黃澗)·이화현(伊火峴)의 길로 두 갈래로 나누어 오고 있는 사실에 대해 그들이 우리나라 도로의 원근과 지세(地勢)나 방어시설의 상태를 탐지하여 침략군을 인도하려는 계책임을 경계하였다. 또한 그는 당면한 현실의 문제가 바로 나라를 지켜야할 장수나 대신들이 지모가 없어 미리 대비하지 못하는 사실에 있음을 강조하였다. 여기서 그는 우리 역사에서 장수의 모범이 될 만한 인물로서 고려 고종때(1231) 몽고군이 침략하여 대포와 운제(雲梯)로 귀

---

*35 『重峯集』, 권6, 36, '請絶倭使疏', "況我國家, 層關作城, 圜海爲池, 能守能禦, 自古有聞, …惟其藩垣屏翰, 多拘賄帥之私, 授以匪人, 而廟堂肉食, 暗於經國之猷, 謀不前定."

주(龜州)성을 공격해 왔을 때 끝까지 방어해내어 몽고군도 감탄하게 하였던 김경손(金慶孫)과 박서(朴犀)의 경우를 들기도 하였다.[36]

일찍이 그는 일본의 침략에 대비한 방어시설로서 남쪽 해안에 연대(煙臺)와 성곽의 구축이 필요함을 1574년에 지었던 「의상16조소」(擬上十六條疏)에서도 지적하여, "북쪽 변경의 성곽과 연대도 참으로 절실하지만 남도의 해변도 더욱 수축하지 않을 수 없다. …적의 배가 정박할 수 있는 곳에는 어부들의 부락이 많이 늘어서 있는데, …이런 곳의 좌우에 대(臺)를 쌓고 대 주위에 성벽을 설치하며 병장기를 많이 두었다가 위급한 일이 있으면 백성을 거두어 엄중하게 지켜야 한다"[37]고 제시하였던 일이 있다. 왜구(倭寇)의 침략이 빈번하였던 실정에서 방어시설과 병장기가 사전에 제대로 갖추어져 있어야 한다는 점에 깊은 관심을 보였던 것이다.

조헌은 일본이 침략을 해왔을 때, 방어하는 조선과 침략한 일본의 성격을 규정하여 제시하고 있다.

> "명분이 없는 군사는 스스로 출동할 수 없지만, 가령 침략해 왔다고 하면 잘못은 왜적에 있으니, 나같은 쇠약한 자도 몽둥이를 들고 적의 등을 칠 것이다. 하물며 신묘한 계책을 가진 장수들 가운데 어찌 한 사람의 뛰어난 인물이 없겠는가? 저들은 조급하고 우리는 고요하니 수고로움과 편안함이 현격히 다르고, 저들은 도적이며 우리는 지키는 자이니 옳고

---

[36] 『重峯集』, 권7, 18, '論時弊疏', "南維極疲, 城堞徒壯, 而挽弓却敵之士, 實無親上死長之可恃者, 則孰有金慶孫・朴犀飛砲溶鐵, 以燒其雲梯者乎."
[37] 『重峯集』, 권4, 38, '擬上十六條疏', "北邊城臺, 固爲切矣, 南道海邊, 尤恐不可不築也, …賊舟可以下碇之處, 則漁人籬落, 多有櫛比者, …若於此地, 左右築臺, 圍臺設城, 多置軍器, 有急則收民嚴守."

그름이 서로 현저하게 다르다. 그러니 돌을 던지고 화살을 날리며 목숨을 바칠 수 있을 것이다. 또한 성을 둘러서 지키기를 열흘만 하면 서울에 원병이 이르지 않는 곳이 없는데, 바다를 건너 가져온 양식이 하루 이틀을 스스로 보장할 수 없을 것이라 속전(速戰)이 불리하면 그 세력은 저절로 쇠약해질 것이다. 그들이 굶주리기를 기다려 기습하는 군사를 출동시켜 맞이해 싸우면 조각배도 돌아가지 못하게 하는 이치가 있을 것이다."[*38]

이처럼 그는 일본의 침략이 명분도 정당성도 없고, 군량의 조달도 어려우며, 이에 따라 신속한 승리를 얻지 못한다면 방어하는 조선보다 매우 불리한 처지에 놓여있다는 점을 강조하였다. 그것은 일본이 무력 위협을 하자, 이미 맞서서 싸우려는 의지를 상실하고 기개가 꺾여서 어떻게라도 일본을 달래어 일시적인 안전을 도모하여 미봉책을 찾고 있는 당시 조정의 태도에 대해 결연한 항전의식을 촉구하고 있는 것이다.

나아가 조헌은 일본의 침략이 임박해 왔음을 강조하면서 왜적의 침입로인 영남과 호남의 방어를 위한 대책으로 「비왜지책」(備倭之策)을 제시하였다. 여기서 그는 무엇보다 먼저 영남과 남해안을 방어할 명망 높은 장수(名將)를 시급히 파견할 것을 주장하였는데, 당시 조정에서는 지방에 조방장(助防將)들을 보내고 명망높은 장수를 반드시 전투가 벌어질 요충지에 보내지 않고 있는 사실에 깊이 우려하는 입장을 밝히고 있다.

[*38] 『重峯集』, 권7, 28, '請絶倭使三疏', "無名之師, 不可自動, 假使來寇, 其曲在賊, 衰懶如臣者, 亦可制梃而撻背矣, 況於神策諸將之中, 豈無一箇高瓊乎, 彼躁我靜, 勞逸迥殊, 彼寇我守, 曲直相懸, 投石飛弩, 可制死命矣, 又或嬰城十日, 則京援無所不至, 而過海之糧, 不能自保一兩日, 不利速戰, 則其勢自衰矣, 待其飢乏, 出奇邀之, 則片舸不還, 或有其理矣."

"예로부터 강성한 외적이 침입함에는 반드시 그 (공격할) 땅을 고르고 선봉을 뽑아서 선두를 삼는다. 그러므로 반드시 우리의 선발된 장수로 하여금 담당하게 하여야 한다. 혹 해볼만 하여 선봉을 꺾음으로써 뒤따르는 군사가 저절로 무너지게 할 수도 있고, 혹 어려움을 알고서 성벽을 견고하게 하고 들판을 비워서 그들이 굶주리고 피곤하기를 기다리면서 군사를 나누어 호응할 수도 있다. 조정의 의논이 만약 풍신수길의 예봉을 편장(偏將)이나 비장(裨將)으로 넉넉히 감당할 수 있다고 하여, 단지 영암(靈巖)이나 손죽도(損竹島)에서 왜구와의 전투와 같다고 본다면 계책을 얻은 것이 아닐 것이다."[*39]

그는 적의 선봉을 꺾고 막아내는 것이 전술의 중요한 조건임을 역설함으로써, 조선정부가 왜적의 침입로인 동남의 해안을 방어하기 위해 명망높은 장수를 파견하지 않는 사실을 비판하고 있다. 또한 그는 전술에서도 상황에 따라 적의 선봉을 공격하는 정면돌파와 들판을 비우고 적을 굶주리게 하는 지구전(持久戰)을 선택해야할 것으로 제시하였다. 당시 조선정부에서는 서울의 안전을 확보하기 위해 명망높은 장수를 바깥에 내보낼 수 없다는 견해를 주장하였는데, 이에 대해 그는 변방의 관문이 무너지는 위험이 심각함을 역설하였다. 또한 왜적이 침입할 곳이 여러 곳이라 명망높은 장수를 중앙에 두었다가 지역의 형편에 따라 파견해야한다는 견해를 주장하기도 했는데, 이에 대해 그는 일본사신이 서울로 왕래하는 통로가 바로 결전을 치루어야할 관문임을 강조하였다.

[*39] 『重峯集』, 권8, 27, '請斬倭使疏, 備倭之策(附)', "自古劇虜之來, 必擇其土選鋒, 以爲前驅, 故必使我之選將而當之, 或能見可而摧挫先鋒, 以致後師之自潰, 或能知難而堅壁清野, 待其飢疲而掎角也, 廟議若謂秀吉鋒銳, 足令偏裨以當之, 只如靈巖·損竹之戰, 則恐非得計也."

이와 더불어 그는 왜적을 방어하기 위해 왜적이 뱃길을 잘 아는 우리 백성을 향도(嚮導)로 삼을 것이라는 점을 지적하였다.

> "바닷가의 여러 진(鎭)으로 배가 정박할 수 있는 곳은 실지로 외국인이 알 수 없는 것이니, 반드시 향도할 사람을 얻은 다음에라야 온전한 배로 돌아갈 수 있다. 다른 곳에 정박한 배는 섬과 바닷가에 많이 걸리고 부서지거나 전복되는 것이 많으니, 이 점은 왜적이 큰 근심거리다. …이제 왜적의 계책이 동쪽으로 돌격하고 서쪽을 쳐들어오고자 하는 것이지만 감히 경솔하게 서쪽 해안에 정박할 수 없을 것이니, 반드시 먼저 영남의 익숙하게 건너던 곳을 공격하여 곧바로 올라오는 길을 삼은 다음에 군사를 나누어 위협하여 호남을 장악할 계책을 삼을 것이다."[*40]

여기서 그는 왜적이 흑산도(黑山島)·추자도(楸子島) 등의 섬에서 복어를 잡는 어부를 향도로 삼아 큰 보물로 여기는 사실을 지적하여, 궁중에 복어를 진상하지 못하게 할 뿐만 아니라 복어의 매매나 요리까지 금하여 어부가 왜적의 향도로 사로잡히는 일을 막아야 할 것으로 제시하였다. 이에 따라 왜적은 향도가 없는 한 서해안으로 진출할 수 없고 영남에 상륙하여 곧바로 서울을 향해 올라올 것이므로 그만큼 명망 높은 장수가 영남에 나가서 지키는 것이 중요함을 역설한 것이다. 실제로 일본의 침략통로가 영남에서 서울로 직접 올라오는 길을 선택하

---

*40 『重峯集』, 권8, 27-28, '請斬倭使疏, 備倭之策(附)', "蓋以沿海列鎭泊舟之處, 實非外國人所知也, 必得嚮導人者, 全船以歸, 其他泛泊之船, 多掛于島嶼洲渚之上, 碎覆甚多, 此是虜人之大患也, …今使虜計雖欲衝東而擊西, 未敢率爾西泊, 必須先攻嶺南慣涉之地, 以爲直上之路, 然後分軍恐嚇, 以爲把截湖南之計矣."

였으니, 그의 상황판단과 예측이 정확하게 맞았던 사실을 확인할 수 있다.

그는 실제의 전술에서 우리의 군사가 훈련이 잘 되어 있지 않은 데 비하여 왜적은 무술이 뛰어나다는 사실을 인정하고, 이에 따라 구체적 전술로서 들판에서 백병전을 벌이는 것은 불리함을 지적하여, 김경손과 박서가 몽고군에 맞서 구성(龜城)을 지키는 전법을 본받아 몰래 습격하는 유격전술이나 협곡에 궁수(弓手)를 배치하는 매복전술을 강조하였으며, 경솔한 전투보다 적이 굶주리고 피로하기를 기다리는 지구전(持久戰)을 권장하고, 화공(火攻)을 하거나 적을 유인하여 공격하는 등의 모든 전술은 장수의 명령만을 따르게 하고 조정이 멀리서 통제하지 말도록 요구하였다.[*41] 실제로 조정이 전선에 나가 있는 장수의 상황판단을 믿지 못하고 멀리서 조종하려다 실패한 사실은 이순신이 조정의 명령을 따르지 않다가 투옥당하고 원균이 조정의 명령에 따르다가 수군이 무너지는 위기를 맞았던 점에서도 알 수 있다.

다음으로 조헌은 지역방어의 문제를 제시하면서, 조정에서 왜적이 반드시 호남 해안의 여러 섬을 침범할 것으로 판단하여 영남을 버려두고 논의하지 않는 것은 계책을 심하게 잃은 것이라 경계하였다. 그는 낙동강의 하류를 장악하지 못하면 상주 남쪽으로는 험난한 지역이 없다

[*41] 『重峯集』, 권8, 28, '請斬倭使疏, 備倭之策(附)', "以我不敎之衆, 較彼長技於原野, 則素非勝筭矣, …苟有金慶孫·朴犀明曉守龜城之法, 苟有金慶孫·朴犀明曉守龜城之法, 撫我疲氓, 飽我壯士, 礪斧夜絕, 暗斫虜將, 仗梃循城, 晝嚴虜瞻, 潛出遊兵, 伏弩隘塞, …不使浪戰而待其飢疲, 見可俟便, 火攻誘擊, 擊奇多端, 一惟將令是聽, 而不受朝廷遙制."

는 사실을 지적하여, 이 지역의 방어계획을 사전에 하지 않으면 위태로움에 빠지게 됨을 역설하고, 각 고을에 명망있는 사람을 선발하여 방어의 책임을 맡기고, 장정들과 승려들을 수습하여 지형의 사정에 따라 흙을 쌓아 보루를 삼고 돌을 쌓아 방어벽을 삼으며, 좁은 길목에 궁수를 매복시키기도 하고 험난한 길에 함정을 파놓으며, 벼랑길 좁은 통로에는 그 위에 돌과 노끈을 모았다가 적이 지나갈 때 돌을 굴리고 노끈으로 막아서 적을 물리치는 대책을 제시하고 있다.[*42]

또한 조헌은 죽령(竹嶺: 풍기·단양 경계) 남쪽에서 황악산(黃岳山: 영동·김천 경계) 북쪽 사이에 대로(大路) 다섯 곳과 중로(中路) 다섯 곳이 있고, 소로(小路)도 다섯 곳 이상이 됨을 들면서, 특히 대로의 방어를 중시하여, 대로에는 왕실 호위군 가운데 고향이 가까운 무사를 나누어 보내 백성을 이끌고 지키게 하며, 그 지방에서 지식과 사려가 있는 인물들로 하여금 진(鎭)을 지키는 규율을 가르치게 할 것을 제안하면서, 그 지방의 명망있는 인물들까지 구체적으로 천거하였다. 그 밖의 중로와 소로에는 그 도의 각읍에서 뽑아 충당하게 하고 승려들을 약간 명을 배치하게 하는 방안을 제시하고 있다. 이와 더불어 그는 왜적의 선박이 호남으로 몰려드는 경우에는 진산(珍山)·고산(高山)·금산(錦山)·무풍(茂豊) 사이가 험준하여 지킬 만한 곳이요, 연산(連山)·개태(開泰)의

---

*42 『重峯集』, 권8, 29-30, '請斬倭使疏, 備倭之策(附)', "聞朝議, 此賊必犯湖海諸島, 乃捨置嶺南不論, …洛東下流, 未及控扼, 則商顏以南, 更無絕險之地, …必於無事之日, 豫爲措畫, 必選各邑有聞望之人, 責以把截之任, 收拾餘丁及各寺餘僧, 擇其形便之地, 或筭土爲壘, 或聚石爲砦, 或伏弩隘路, 或穿穽險逕, 如其懸崖曲磴, 人不可并行處, 則其上別聚灰石與葛索, 豫懸大車, 見賊緣崖, 則放灰斷索, 落石鼓譟."

골짜기는 몇 개 군이 합하여 방어해야 하며, 은진(恩津)·채운(採雲)의 들은 매우 넓어 신묘한 계책이 있는 노련한 장수가 중병(重兵)을 주둔시켜 막아야 하는 곳임을 들었다.[*43] 이처럼 그는 명망높은 장수는 영남의 해안 요충지를 방어하도록 전진 배치하고 영남에서 호서지방으로 넘어오는 중요한 통로를 지키는 이차 방어선의 체제를 제시하며, 호남지역을 지키는 지역방어선에도 주의를 기울하고 있는 것이다. 그가 무장과 더불어 식견있는 선비가 함께 지키도록 제안하고 있는 이유는 무장이 무지하여 경솔하게 성을 버리고 달아나서 패배를 불러왔던 옛 일을 귀감으로 경계하여 무관과 더불어 문관이 폭넓은 지식으로 조언하는 지휘체계를 제안하고 있음을 보여준다. 또한 방어인력으로서 승려들을 동원하는 승병활용의 방안에도 주의를 기울였던 사실을 보여준다. 특히 그는 정부에서 제시한 방어책도 세밀하게 짜여져 있지 못한 것으로 파악하고, 그 자신이 방어대책을 매우 구체적으로 제시하는 데 세심한 주의를 기울였던 것이다.

　나아가 조헌은 군사를 동원하여 전투를 수행하는 과정에서 유의해야 할 조건으로 상벌(賞罰)을 신중히 하는 문제에 대해서도 깊은 관심을 보여주고 있다. 곧 왜적이 돌아다니며 약탈을 할 때 약탈을 막아내면 그 절반을 백성에게 주고, 적의 목을 20개 이상 벤 사람은 천인이라면

[*43] 『重峯集』, 권8, 30, ‘請斬倭使疏, 備倭之策(附)’, “謹計竹嶺以南, 至于黃岳之北, 大路五所, 中路五所, 小路亦不下五六, 大路則須分禁旅中近鄕武士, 率民以守之, 各使其地有識慮人, 分講鎭守之規, …[其他各路, 亦使本道各邑如右例擇充, 計給寺僧若干名, 餘丁若干名], …如使賊船盛集于湖南, 則珍山·高山·錦山茂豊之間, 自有絶險可守矣, 連山開泰之谷, 須合數郡人以防之, 恩津採雲之野, 夷廣無涯, 必有神策老將, 屯重兵于此.”

양민이 되게 하고, 서얼도 벼슬길에 나갈 수 있게 해주며, 선봉이나 적의 장수(鼓下人)를 죽이면 공적을 가중시켜줄 것을 제안하였다. 이렇게 적을 죽인 공적에 상을 밝히고, 또한 백성들에게 갖추기 어려운 활이나 칼을 요구하기 보다는 집집마다 긴 낫(長鎌)을 마련하게 하여 남녀 누구나 무사의 모습으로 적을 살상하게 하면 백성들이 스스로 전투를 하여 다투어 적의 목을 바칠 것이라 하였다.[44] 곧 공에 따라 상을 바르게 하면서 백성들도 농기구로 무장하게 하여 군사조직 뿐만 아니라 모든 백성들을 자발적으로 군사가 될 수 있게 이끌어가는 방법을 제시하고 있는 것이다.

또한 전쟁의 과정에서 백성들을 난폭하게 다루거나 수탈하는 일이 없도록 경계하고, 장수나 졸개를 혹독한 형벌로 다루어 스스로 우리 군사의 기개를 꺾는 일이 없도록 할 것을 강조하였다.

> "오직 형벌의 혹독함으로 위엄이 되는 줄 알고, 인의(仁義)로서 감동시킬 줄을 모르니, 남도의 백성이 이렇게 무거운 곤경에 빠지고 고을이 하나도 온전한 것이 없다. 오기(吳起)가 사졸들과 괴로움과 즐거움을 함께 하였음을 아는 것이 진정으로 장수의 법도를 얻은 것이다. …세 번 명령하고 다섯 번 훈계한 다음에도 군률을 모르는 자는 군법으로 다스리면, 위엄과 사랑을 아울러 이루는 것이니, 비록 성벽이 6척까지 물에 빠지더라도 백성에 배반하는 뜻이 없을 것이다."[45]

---

*44 『重峯集』, 권8, 32, '請斬倭使疏, 備倭之策(附)', "惟於散寇旁掠之際, 能止所驅者, 以其半與民, …能斬賊首二十級以上者, 贖賤爲良, 通庶孽仕路, 能殪先鋒及鼓下人者, 雖小加功, 不必責以難備之弓劍, 而常令逐戶造長鎌, 男女俱爲武容, 同殺飢疲之賊, 則人自爲戰, 爭獻首級矣."
*45 『重峯集』, 권8, 35, '請斬倭使疏, 備倭之策(附)', "惟知刑虐爲威, 而不知感動

그는 상을 약속하고도 제대로 지키지 않아 조정이 백성의 신뢰를 잃게 되면서 초래되는 폐단의 심각함을 지적하였으며, 나아가 공적을 분명하게 밝혀 상을 주는 것만큼이나 과오에 대한 징벌을 신중하게 하는 일이 중요함을 강조하고 있는 것이다. 장수로 나가 군사를 사랑할 줄 모르고 형벌만 혹독하게 내리면 군사나 백성이 윗사람을 위해 목숨을 바쳐 따르려 하지 않고 배반할 마음을 갖게 되는 것임을 경계하고 있다. 이처럼 그는 구체적 상황에 따른 전술적 판단에 치밀한 관심을 보이면서도, 동시에 당시 백성이 겪는 현실의 곤경을 인식하며, 병졸과 백성들이 '인의'에 감동되어 '윗사람을 사랑하고 어른을 위해 목숨을 바치는 마음'(親上死長之心)을 확보한 바탕 위에서 왜적을 막아내야 함을 강조하였다. 그것은 바로 적에 맞서 용감하고 지혜롭게 싸우는 전술과 더불어, 장수와 병졸이나 백성 사이에 인격적 감동을 주는 의리가 분리될 수 없음을 제시하고 있는 것이다.

2) 의병운동의 전개

임진왜란이 일어나기 바로 전해인 1591년에 조선정부는 아직도 일본의 침략위협에 대해 확고한 판단이 서지 않았다. 그러나 조헌은 이때 일본의 침략이 박두했다는 인식을 확고하게 가졌던 것 같다. 그는 1591

以仁義, 南民坐此重困, 州縣無一或完, 斯知吳起之與士卒同甘苦者, 眞得將法, …三令五申, 而不知行伍者, 乃用軍法, 則威愛兼濟, 雖至城不浸三板, 而民無叛意矣."

년 3월 일본사신의 목을 베라고 요구하는 「청참왜사소」를 두 차례 올리고, 그해 4월에는 평안도 연안(延安)부사 신각(申恪)과 평안감사 권징(權徵)에게 편지를 보내어 해자를 깊이 파고 성을 튼튼하게 수리하며, 백성들에게 '윗사람을 사랑하고 어른을 위해 목숨을 바치는 의리'(親上死長之義)를 깨우쳐 왜적의 침입에 대비하도록 당부하였던 일이 있다. 또 그해 9월에는 금산(錦山)군수 김현성(金玄成)에게 편지를 보내어 나라의 위기에서 항의하는 상소를 올려 선비들을 죽음의 자리에서 끌어내고 나라의 위태로운 기반을 안정시키도록 힘쓸 것을 요구하기도 하였다. 그리고 임진왜란이 일어나기 한달 전인 1592년 3월에는 형조판서 이증(李增)에게 편지로, 작은 허물 때문에 의주(義州)목사에서 삭직된 김여물(金汝岉)이 장수의 재목이요 충의(忠義)의 성품을 가진 인물이라 옹호하여 적을 막는 데 쓰일 수 있도록 도와줄 것을 부탁하기도 하였다.[46]

드디어 1592년 4월 일본의 침략으로 임진왜란이 일어나자, 동래(東萊)성이 함락되고 경상감사 김수(金睟)가 달아나면서 영남의 방어선이 급격히 무너지자, 조정에서는 의병을 소모(召募)하는 교서를 내렸다. 조헌은 옥천(沃川)에서 5월에 호서와 영남에 격문을 띄워 의병을 모집하였다.[47] 이때 호응하여 모여든 의병이 많았으나 순찰사(巡察使)와 각 고을의 수령들이 관군에 불리하다고 판단하여 막았으며, 그는 공주로

---

[46] 『重峯集』, 권9, 14, '與延安申府使(恪)', 권9, 15, '與錦山金郡守(玄成)', 및 권9, 19-21, '與刑曹李判書(增)'.

[47] 이석린(위의 책, 115쪽)은 조헌이 의병을 일으킨 1592년 5월3일(年譜)은 조정에서 의병을 召募하는 敎書가 도착하기 전이었다고 보았는데, 安邦俊의 『隱峰全書』(권37, 18)에서는 5월21일 湖西·嶺南에 격문을 보내 의병을 모집했다고 한다.

순찰사 윤선각(尹先覺: 뒤에 國馨으로 改名)을 찾아가 대의(大義)로 역설하여 허락을 받았다. 그러나 조헌으로부터 질책을 받아 원망을 품은 안세헌(安世獻)이 순찰사에게 의병이 관군보다 먼저 공을 세우면 순찰사가 문책을 받을 것이라 모함하자, 순찰사가 각 고을에 의병에 참여한 사람들의 부모를 감옥에 가두게 하고, 백여 명의 군졸을 조헌에게 지원한 청양(靑陽)현감 임순(任純)도 감옥에 가두니, 모였던 의병이 흩어지고 말았다. 이에 조헌은 충청우도(忠淸右道)에 가서 관군에 속하지 않는 사람 1,600명을 모집하였다 한다.[*48] 이처럼 당시의 실정으로는 패퇴를 거듭하여 방어에 급급하던 관군과 강한 기상으로 일어나는 의병 사이에 원활한 협력과 조화를 이루지 못하고 서로 공을 다투거나 견제하는 관계에 있었던 사실을 엿볼 수 있다.

의병이 조직되자 조헌은 그해 6월 호서수군절도사(湖西水軍節度) 변양걸(邊良傑)에게 편지를 보내 임금이 피란한 행재소(行在所)로 가서 임금을 호위할 뜻을 밝히면서 의병에게 배를 빌려주고 병기와 군량의 도움을 주도록 청하기도 하였다.[*49] 또한 호서순찰사 윤선각에게 보낸 편지에서 회덕·옥천에 방어진을 치도록 요청하였는데도 모든 사람들

[*48] 『隱峰全書』, 권37, 18, '抗義新編, 與巡察使書[附記]', "安宗道之子世獻, … 乃說巡察曰, 公擁一道兵馬, 而曾無尺寸功, 趙憲則奮起於放逐之中, 先公着鞭, 趙若得志, 則必治公逗遛之罪, 竊爲公危之, 巡察然其言, 乃文移列邑, 囚繫應募人父母妻子, 又以靑陽縣監任純, 以卒百餘人助先生義旅, 囚公州獄, 將加軍律, 以此旣集者還散, 先生貽書巡察大責之, 因往湖右, 招募不籍於官軍者千六百人."

[*49] 『重峯集』, 권9, 25, '與湖西水軍邊節度(良傑)', "近有湖西忠義之士, 多欲鳴弓抵掌, 礪劍制梃, 進衛于行在之所, 此意甚盛, 不可孤負也, …今須扶奬, 借船與糧竝軍器, 俾遂衆願."

의 뜻을 외면하면서 금강(錦江) 바깥에 물러나서 주둔하고 있기만 하여, 왜적이 회덕·옥천을 엿보게 함으로써 호서지역 전체를 왜적이 점거하게 하는 사실에 대해 강력하게 항의하기도 하였다.[*50] 곧 물러나 지키는 데 치중하는 소극적 태도의 관군과 전진하여 대적하려는 적극적 태도의 의병 사이에 전략상의 견해에서도 충돌하고 있음을 보여준다.

조헌이 의병을 이끌고 벌였던 두 번의 중요한 전투는 청주성의 왜적을 공략하였던 전투와 금산에서 왜적에 맞서 싸웠던 전투이다. 그는 8월 1일 승장(僧將) 영규(靈圭)의 군사와 합세하여 왜적이 점령하고 있는 청주성을 공략하여 격렬한 전투를 벌인 끝에 왜적이 성을 포기하고 물러나 승리를 거두었다. 그러나 이 전투에서 방어사(防禦使) 이옥(李沃)은 공을 세우지 못함을 부끄럽게 여겨 순찰사의 방책이 결정되었다는 이유로 왜적이 다시 점거할 때를 대비해 곡식을 불태우고 물러나버렸다.[*51]

그는 의병을 이끌고 행재소로 갈 계획으로 온양에 머물었을 때, 의병을 일으킨 이후에 올리는 상소(「起兵後疏」)와 청주의 왜적을 물리친 사실을 보고하는 장계(「淸州破賊後狀啓別紙」)를 함께 올렸다. 이 장계에서 그는 "천하의 형세는 결합하면 강해지고 분리되면 약해진다. 그러므로 용병을 잘하는 자는 소규모 적을 만났을 때는 일부의 군사로 공격하지

---

*50 『重峯集』, 권9, 26-27, '與湖西巡察使尹先覺(國馨)', "頃請防禦之進屯懷沃者, 非憲一家私計, …令獨何心, 信聽白面之言, 以致賊鋒之遍窺懷沃, 將使全湖之地, 悉爲賊據, 是何閣下之爲謀不臧, 常養此賊, 而爲國家慮疏耶."
*51 『隱峰全書』, 권37, 19, '抗義新編, 與巡察使書[附記]', "八月一日, 直擣淸州, 進薄西門外, 與僧將靈圭合勢, 終日力戰, …是夜, 賊遁去, …沃恥其無功, 乃曰, 已與巡察定議, 不可留此爲賊再據之資, 悉焚其穀.",

만, 대규모 적을 만났을 때는 연합하여 공격함으로써 이길 수 있으니, 이것은 필연의 이치이다”[*52]라고 하여, 왜적에 맞서서 연합하여 공격하는 것이 중요함을 강조하였다. 여기서 그는 당시 전라도 의병장이었던 고경명(高敬命)은 전라도관찰사 이광(李洸)이 신하답지 못하게 머뭇거리기만 하는 형상에 분개하여 격문(檄文) 속에서 그 죄상을 밝혔는데, 고경명이 금산(錦山)의 왜적을 칠 때에 이광이 도울려고 하지 않았고, 방어사(防禦使) 곽영(郭嶸)도 좌시하고 구출하지 않아서, 마침내 고경명이 싸우다 죽고 말았다. 여기서 그는 고경명의 죽음은 군대를 거느린 관리가 죽인 것이라고 하여 이광과 곽영을 목 베어야 한다고 주장하였다.[*53] 그것은 당시 조선군사의 내부에서 관군과 의병 사이에 협력이 제대로 되지 않을 뿐만 아니라 서로에 대한 비난과 불신으로 깊은 내부갈등을 겪고 있었음을 보여주는 것이다.

조헌 자신의 경우에서도 호서순찰사 윤선각과 방어서 이옥과는 여러 차례 서신을 주고받아 어느 정도 서로 이해를 얻었지만, 그 밑에 비장(裨將)들은 의병장이 순찰사를 지휘한다고 비난하기도 하고 왜적과 격돌할 때에 동시 공격을 재촉하였지만 비장들이 관망하기만 할 뿐 진격하지 않았던 사실을 지적하면서, “임금께서 호서와 호남을 보전하여 조정의 창고로 삼고자 하신다면, 저에게 독전(督戰)의 명칭을 빌려주시어 방어

[*52] 『重峯集』, 권8, 46, ‘淸州破賊後狀啓別紙’, “天下之勢, 合則爲強, 分則爲弱, 故善用兵者, 見小賊則以偏師擊之, 見大敵則合攻而克之, 此必然之理也.”
[*53] 같은 곳, “全羅義兵將高敬命, 深憤李洸逗遛不臣之狀, 檄書之中, 昭數厥罪, …洸也以此嗛之, 其擊錦山之賊, 不肯添兵助戰, 防禦使郭嶸, 坐見敬命力戰二日, 不使其兵出救, 以致敬命無援而敗死, …典兵之官, 實殺敬命, …臣以爲國有軍律, 則洸嶸之罪, 皆可斬也.”

사의 태만한 비장 하나를 목베기를 청합니다”[*54]라고 할 만큼 관군과
협력이 안되는 실정과, 또 호서지역 관군의 장수는 교만하고 병졸들은
나태함에 빠져 있음을 절실하게 지적하였다. 그만큼 당시 관군과 의병
사이에 일관된 명령체계가 수립되지 않고 의병이 독자적인 작전을 수행
하면서 관군의 협력을 요구하였던 면도 있었을 것으로 보인다.

조헌은 이때 올렸던 상소에서도 전란을 당하여 실패하게 된 원인을
성찰하면서 “계미(1583) 이후 국가가 신용을 잃음이 많아서 민심이 믿지
를 않고 사졸들은 투지가 없으며, 왜적들이 종횡하는 것을 보고도 한
사람도 감히 맞서려 하지 않으니 중요한 관문이 무너지고 온 나라가
썩어 문드러지고 말았다. 이제 옛 기업을 회복하고자 한다면 전날의
실패를 징계하지 않고서 뒷날의 환난을 경계할 수 있겠는가?”[*55]라고
역설하였다. 그가 말하는 1583년의 사실은 여진족의 니탕개(泥湯介)가
침략해왔을 때, 정언신(鄭彦信)이 함경도순찰사로서 이순신(李舜臣)·신
립(申砬)·김시민(金時敏)·이억기(李億祺) 등 뛰어난 장수들과 함께 적
을 물리쳤던 사건과 관련된 것이다.

조헌에 의하면 여진족의 침입을 당했을 때 조정에서는 적의 목을
베거나 곡식을 바치면 천인도 양민으로 풀어주고 서얼도 벼슬길을 열어
준다는 약속을 하여 백성들이 협력하였으나, 전란이 평정된 뒤에 정언

---

*54 『重峯集』, 권8, 46, ‘淸州破賊後狀啓別紙’, “聖主如欲保全湖西南, 以爲王家
　　府庫, 則臣請假臣以督戰之名, 斬一防禦使之裨將懈緩者.”
*55 『重峯集』, 권8, 41, ‘起兵後疏’, “癸未以後失信之多, 故民心不孚, 士無鬪志,
　　見賊縱橫, 一無敢格者, 以致重關失險, 擧國糜爛, 今欲恢復舊業, 則可不懲前
　　之失, 以毖後患乎.”

신이 약속을 어기고 자기 수하의 장수와 문신들에게만 공을 돌려 특별히 진급하게 하였다는 것이다. 여기서 조헌은 정언신의 죄를 열거할 뿐만 아니라, 이때에 출세한 인물로 당시 경상감사 김수(金晬), 전라감사 이광(李洸), 김해부사 서예원(徐禮元)이 그 일당으로 왜적의 침입을 당하자 달아나거나 머뭇거리기만 하여 초기에 패전을 초래한 죄를 열거하였다. 또한 그는 당시 집권세력인 동인의 핵심인물로 유성룡(柳成龍: 영의정)이 화친을 주장하여 왜적을 불러들인 것은 남송(南宋)의 진회(秦檜)보다 간사함이 심하고, 이산해(李山海: 영의정에서 파직됨)가 어진 이를 해치고 나라를 그릇친 것은 이임보(李林甫)보다 심하며, 김공량(金公諒: 內需司 別座에서 파직됨)이 시중에서 원망을 쌓은 것은 양국충(楊國忠)보다 심하다 하여, 이들의 죄목을 격렬하게 성토하면서 민심을 위로하고 사기를 진작시키기 위해서는, "이 세 사람(柳成龍·李山海·金公諒)의 머리를 잘라 의순문(義順門: 義州城門) 바깥에 걸고 이어서 김수·이광·서예원의 머리를 베어 한강 남쪽에 걸어두기를 청한다"[56]고 하였다. 이처럼 그는 의병을 일으킨 다음에 올린 상소에서는 왜적을 치기 위한 방책을 제안하기보다는 당시 집권세력인 동인의 핵심인물을 격렬하게 공격하는 데 관심을 기울였던 사실이 두드러지게 눈에 띈다.

조헌은 이렇게 적의 앞에서 당시의 중신들을 격심하게 배척하는 명분으로 제갈량(諸葛亮)이 「출사표」(出師表)에서 "어진 신하를 친애하고 소

---

[56] 『重峯集』, 권8, 43-44, '起兵後疏', "成龍之主和招寇, 甚於檜姦, 山海之戕賢誤國, 甚於林甫, 金公諒之積怨市里, 甚於國忠, …臣請斷此三人之頭, 懸之義順門外, 繼斫晬·洸·禮元之首, 懸之漢江南邊."

인을 멀리한 것은 전한(前漢)이 융성하게 일어난 까닭이요, 소인을 친애하고 어진 신하를 멀리한 것은 후한(後漢)이 기울어지고 무너진 까닭이다”라고 언급한 구절을 인용하면서 “만세에 다스려지고 어지러워지는 근원은 이 말을 벗어나지 않습니다. 이 말을 크게 써서 행재소에 언제나 걸어두고 아울러 동궁에게 보여서 영구히 정치의 기틀을 삼게 하기를 청합니다”[*57]고 언급하는 데서 드러난다. 곧 임금이 군자를 가까이하고 소인을 멀리하는 것이 정치의 핵심원리라는 인식에 따라 ‘군자와 소인을 갈라놓는 의리’(辨君子小人之義)를 내세우는 것이다. 조선시대 도학파의 사림들이 기반하는 정치적 의리의 기본원칙이 ‘군자·소인의 분별’(君子小人之辨)이었고, 이 ‘군자·소인의 분별의리’에 따른 대립적 충돌이 바로 당쟁이었던 만큼, 조헌의 의리론은 당쟁의식을 벗어나지 못하고 있었던 것이 사실이다. 그만큼 도학의 의리론자로서 그는 바깥으로 왜적을 앞에 맞이하고서도 안으로 반대 당파를 결코 포용할 수 없었던 것이요, 따라서 그는 안과 바깥의 양쪽으로 적과 싸우고 있는 모습을 보여준다.

그가 의병을 일으켰던 것은 임금을 호위하는 근왕(勤王)의 목적이 일차적이었고, 행재소로 가기 위해 온양으로 올라왔는데, 이때 금산에 왜적의 세력이 커지자 순찰사 윤선각이 조헌에게 청주성전투에서 협력하지 못한 자신의 과실을 인정하고서, 금산의 왜적을 먼저 토벌하고나

[*57] 『重峯集』, 권8, 45-46, ‘起兵後疏’, “諸葛亮言于後主曰, 親賢臣遠小人, 此前漢所以興隆也, 親小人遠賢臣, 此後漢所以傾頹也, 萬古治亂之源, 不外乎此, 臣請大書此言, 常揭行在之所, 而兼示東宮, 永爲堂構之基.”

서 근왕을 하리 가도록 권하였다. 이에 응하여 조헌은 공주로 내려왔으나 다시 순찰사의 방해를 받아 의병이 다수 흩어지고, 남은 700명의 의병을 이끌고 금산으로 향하였다. 그해 8월16일 금산에서 퇴각하던 별장(別將) 이산겸(李山謙)을 만났는데, 금산의 왜적이 정예병이고 수만 명이 되어 오합지졸로 감당할 수 없으니 가볍게 대적하지 말 것을 충고하였다. 이에 조헌은 "임금이 어디에 계시는데 감히 유리한지 불리한지를 말할 수 있겠는가? 임금이 욕되면 신하는 죽어야 하니, 나는 한번 죽음이 있음을 알 뿐이다"[*58]라고 결연한 의지를 밝히고, 영규(靈圭)의 승병(僧兵)과 연합하고, 호남순찰사 권율(權慄)과 8월18일에 협공하기로 약속하였다. 그러나 권율은 공격날짜를 연기하겠다는 편지를 보냈지만 조헌은 연락을 받지 못하고 금산으로 진격하여, 적병과 격돌하였다. 이때 그는 군사들에게 명령하면서, "오늘은 단지 한 번 죽음이 있을 뿐이다. 죽고 삶이나 나아가고 물러남에 '의'(義)라는 글자에 부끄럼이 없어야 한다"고 훈시하였고, 왜적이 장막 아래까지 쳐들어 왔을 때 따르는 장수들이 그를 탈출시키려 하자, 그는 단호하게 거절하면서 "이곳은 내가 순절할 자리이다. 장부는 죽을 뿐이요, 위난에 임하여 구차히 모면할 수 없다"고 하며, 끝까지 분투하다가 7백 의사와 함께 전사하였다.[*59]

이처럼 그는 의병의 정신적 중심축이 바로 '의'(義)에 있음을 거듭

---

*58 『重峯集』, 부록권1, 44, '年譜', "先生泣誓曰, 君父安在, 敢言利鈍, 主辱臣死, 吾知有一死而已."
*59 같은 곳, "先生下令軍中曰, 今日只有一死, 死生進退, 無媿義字, …賊悉銳攻之, 遂闌入帳下, 有偏裨數人欲脫先生, 力挽請跳, 先生笑解馬鞍曰, 此吾殉節地, 丈夫死耳, 不可臨難而苟免也, 遂援枹鼓之. 士爭趨死."

확인하고 있다. 그는 의병을 일으켜 군사를 위로하며 맹서하는 말에서도 "오직 하나의 '의'자를 시작부터 끝까지 생각하라"[*60]라고 제시하였으며, 왜적의 침략에 항거하는 신념의 근거가 의리정신에 있음을 확인하고 있는 것이다. 곧 왜적이 불의한 집단이요, 우리는 의로운 세력이므로 도덕적 정당성과 명분에서 우위에 있음을 확보하는 것이요, 개인적 이해관계를 헤아리는 이욕(利欲)이 아니라 국가를 수호하는 대의(大義)를 위해 생사를 넘어서 순절할 수 있는 의리를 따라 용감하게 항전하기를 요구하는 것이다. 이러한 의리의 신념은 바로 훈련이나 병기나 군사력의 모든 면에서 불리한 의병이 강력한 왜적에 대항하는 강인한 정신적 무기임을 인식하고 있는 것이라 하겠다.

5. 조헌 항왜의리론의 의의

임진왜란이 일어나기 전 조선사회의 현실에 대해 조헌이 보여준 인식의 기준은 '국가'가 안전한지 위태로운지(國家安危)의 문제와 '민생'이 편안한지 근심스러운지(民生休戚)의 문제에 있다. 그는 당시 조선사회가 제도적 모순과 폐단이 누적되어 안으로 민생이 극심한 고통에 빠져들었고, 백성이 흩어져 떠돌아 다니는 형편으로 '민생'의 기반이 전반적으로 무너졌으며, 이에 따라 '국가'의 기반도 붕괴의 위기에 놓여 있음을 절실하게 지적하였다. 이와 더불어 그는 안으로 국가기반의 붕괴가 밖

---

*60 『重峯集』, 권13, 27, '犒軍誓辭', "惟一義字終始念之."

으로 남북에서 엿보고 있는 외적의 침략을 불러들이게 될 것이요, 그 결과는 나라가 멸망할 수밖에 없는 급박한 위기상황에 놓여 있음을 경고하였던 것이다. 그는 이렇게 당시 조선사회의 위기적 현실을 정확하게 진단하고 적극적으로 경고하며, 나름대로 대책을 제시하였던 것이다. 바로 이 점에서 조헌은 스승 이이의 '경세론'에서 제시된 현실인식을 분명하게 계승하고 있음을 보여준다.

또한 조헌은 정치의 대상으로서 위기에 놓인 '국가'와 도탄에 빠진 '민생'의 현실을 확인하면서, 조세나 부역의 과중하고 군정(軍政)이 무너져 민생의 고통이 극심한 실정과 노비의 과도한 소유와 신분적 차별의 폐단 등 국가제도의 모순을 비롯하여, 지방행정의 기본과제인 '수령칠사'(守令七事)가 모두 무너진 실상에 이르기까지 폐단과 모순을 구체적으로 제시하고 있다. 따라서 그는 조선사회를 마치 온 나라 백성을 태우고 바다에 나간 배가 물이 새는데 바다 가운데서 폭풍을 만나서 노를 잃어버리고 파도에 떠내려가는 상황에 비유하여, '국가'와 '민생'이 총체적 위기에 놓여있음을 절실하게 제시하고 있다. 이처럼 절체절명의 위기에 놓인 '국가'와 '민생'을 위기에서 구출하기 위한 방법을 그는 정치의 주체인 '인재'에서 찾는다. 마치 폭풍 속에 표류하는 배라도 뛰어난 뱃사공이 있다면 위기에 대처하여 극복할 수 있는 방법을 찾아낼 것이라 보았다.

국사를 담당한 '인재'가 적합한지 아닌지(人才適否)를 판단하여, 바른 '인재'를 발탁하는 것이 위기를 극복하기 위해 가장 시급하고 절실한 과제라는 것이 조헌의 기본입장이다. 따라서 그는 당시의 조선사회에서

'국가'와 '민생'이 위기에 빠진 것은 올바른 '인재'를 쓰지 못하여 초래된 결과로 보는 것이다. 문제는 그가 보는 올바른 '인재', 곧 군자는 성혼·정철 등 서인이요, 잘못된 '인재' 곧 소인은 이산해·유성룡 등 동인이라는 당파적 시각을 벗어나지 못하는 문제점을 드러내고 있다는 것이다. 이 시대 정치의 주체가 동인이나 서인이나 사림(士林)이었던 만큼, 여기서 나오는 '국가'와 '민생'을 위한 모든 계책과 명분은 '군자·소인의 의리'에 기반한 당파적 사고를 벗어나기 어려웠던 사실을 조헌의 경우에서 가장 분명하게 확인할 수 있을 것이다.

조헌의 일본에 대항하는 '항왜론'(抗倭論)은 조선사회의 폐단을 인식하고 개혁방안을 제시하는 '경세론'에 바탕을 두고 있는 것이요, 폐단의 개혁을 통해 자강(自强)의 실현방법을 확인하며, 일본의 집권세력과 침략의도가 불의함을 임금과 신하 사이의 '충의'(忠義)나 중화(華)와 오랑캐(夷) 사이의 '대의'(大義)에 비추어 비판하는 의리를 내세우고 있는 것이다. 이런 의미에서 그의 '항왜론'은 '경세론'—'자강론'—'의리론'이 결합된 '항왜의리론'이라 할 수 있다. 특히 그는 일본과 사신교류가 중국의 오해를 일으킬 수 있는 위험을 강조하면서 일본사신의 목을 베어 중국에 보고하고, 유구 등 남양의 여러 나라와 연합하여 일본의 침략을 견제하는 외교적 정책에 깊은 관심과 구체적 방안을 제시하였다. 그는 이러한 국제연대를 통해 일본을 압박하는 외교적 정책에서 중국중심의 국제질서를 확인하는 의리론을 정립하고 있음을 보여준다. 바로 이런 의미에서 그의 '항왜의리론'은 이데올로기적 선언이 아니라 현실의 당면문제를 해결하는 원리로서 현실적 '의리론'이라 할 수 있을 것이다.

일본의 침략위협에 대해 조헌은 군사적 대비로서 국내의 지형에 따른 방어요충지를 지목하고 영남이 침입의 주요 통로임을 지적하여 방어를 위한 장수의 배치를 역설하였으며, 기습전·지구전 등의 구체적 전술을 제시하였다. 이러한 그의 인식은 실제로 임진왜란이 발발하였을 때 왜군은 영남으로부터 곧바로 서울을 향해 올라오는 진격로를 선택하여 현실로 드러났으니, 그의 통찰력이 탁월하였음을 보여준다. 나아가 그는 의병을 조직하여 왜군에 점령된 청주성을 공격하여 왜군을 물리쳤고, 또 금산에서 강성한 왜군을 맞아 7백 명 의병과 함께 장렬하게 전사하여, 일본의 침략에 맞서 행동으로 항거하였다. 그의 의병활동에서도 관군과 의병 사이에 신뢰가 결여되고 협력이 원활하게 이루어지지 않은 문제점을 드러내었던 것도 사실이다. 그러나 그는 의병활동을 통해 의병의 이념과 동력이 '의리'(義)정신에 있음을 확고하게 정립하였으며, 왜군에 대한 항전을 통해 군사적 전술의 문제와 의리정신의 구현이 긴밀하게 결합되고 있는 것임을 가장 선명하게 확인시켜주고 있다.

2장 :

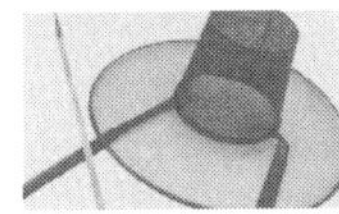

『의산문답』과 홍대용의
세계관의 전환

1. 홍대용과 실학적 사유의 과제

　홍대용(湛軒 洪大容, 1731-1783)이 살았던 18세기 후반의 영·정조(英. 正祖) 시대 조선사회는 도학(道學)이념의 정통의식이 강경하게 고수되고 있었으며, 숭명배청(崇明排淸)을 표방하는 의리론도 유교지식인의 신념으로 확립되어 청조(淸朝)에 대한 적대 의식이 지속되고 있었다. 그러나 다른 한편에서는 유교지식인들 사이에 도학 정통의 배타적 폐쇄성과 사회현실의 문제에 무기력하고 관념적 사유에 빠져 있는 데 대한 비판적 성찰이 활발하게 일어나기 시작하였다. 따라서 18세기는 '도학―주자학'이 정통이념으로서 주도적 지위를 지녔지만, 정제두(鄭齊斗)를 통해 '심학(心學)―양명학'이 분출되었고, 이익(李瀷)에서 홍대용을 거쳐 정약용(丁若鏞)에 이르기까지 '실학'의 다양한 문제제기가 제기되었으며, 서양의 새로운 문물과 종교로서 '서학'(西學)이 수입이 활발하게 이루어지고 확산되어갔다. 그만큼 18세기는 조선사회에 사상적으로 다원화하면서, 개방적 수용론과 보수적 배척론이 갈등하면서 심각한 충돌의 가능성을 내포하고 있었다. 따라서 이 시대는 변혁의 방법을 탐색하는 소수의 지식인들과 체제의 수호를 추구하는 다수의 도학파 지식인들 사이에 긴장이 심해지고 있었다. 홍대용은 갈등이 일어나던 18세기 중반의 시기를 살았다면, 한 세대 후배인 정약용은 격렬한 충돌이 일어나던 18세기 말의 시기를 살았던 경우라 할 수 있다.

홍대용의 성장과정에서 보면 도학전통의 핵심에 뿌리를 두고 있다. 그는 10여 세 때부터 김원행(渼湖 金元行)의 문하에서 배웠는데, 김원행은 김창협(農巖 金昌協)의 손자로서 당시 노론의 중심적 도학자였다. 곧 홍대용은 송시열 → 김창협 → 김원행 → 홍대용으로 이어지는 기호학파 도학의 학맥에 접하여 있으나, 그 자신은 학맥에 집착하는 보수적 도학자에서 탈피하여 일찍부터 서양과학을 비롯한 새로운 지식에 개방적이었고, 도학전통의 타성에 젖고 형식주의에 빠진 학풍에 대한 비판적 성찰을 하였으며, 청조문물의 수용을 통해 실용적 학문을 추구하는 북학파(北學派)의 실학사상을 주도하였다.

그의 실학정신은 우선 조선사회에서 주자를 학문적 정통으로 삼고 있는 학풍에 대한 인식에서 엿볼 수 있다. "우리나라는 주자를 존숭하여 학문의 길이 순정(醇正)하지만 중국의 너그럽고 통달함만 못하다. …대개 기질이 치우치므로 지식이 국한되고, 지식이 국한되므로 지킴이 굳어지며, 지킴이 굳어지므로 반드시 지킬 필요가 없는 것도 극진하게 비호하고 억지로 해명한다. …속된 유학자들은 명목을 따라가다가 마음과 말이 서로 어긋나니, 주자 문하에 비위를 맞추는 신하로 따라붙지 않는 자가 드물다"[1]라고 하여, 오직 주자만을 바라보는 조선시대 도학의 순정성을 인정하지만, 다양한 지식과 과제에 대한 포용성과 적응성이 결핍된 문제점을 지적하였으며, 그 원인으로 기질이나 환경이 치우쳐서 폐쇄성에 빠지게 된 것임을 확인한다. 따라서 그는 이렇게 폐쇄된 시각으로 주자학을 지키는 것은 이미 주자학의 순정함이 아니라 주자학에 대한 맹목적 추종이요, 주자의 정신에도 어긋나게 되는 것임을 비판하고 있는 것이다.

홍대용의 학문관은 어느 하나를 근본으로 삼아 획일화하는 것이 아니라, 다양한 학문방법과 영역이 상호 보완적 역할을 통해 종합을 이루고 균형을 확보하는 것을 추구하는 데 있다. 곧 그는 학문을 의리지학(義理之學)·경제지학(經濟之學)·사장지학(詞章之學)의 세 영역으로 분류하면서, "'의리'를 버리면 '경제'가 공리(功利)에 흐르고 '사장'(詞章)이

---

[1] 『湛軒書』, 內集 권1, 25, '奇書杭士嚴鐵橋誠又問庸義', "我東尊尙朱子, 路門醇正, 不若中國之寬轉達觀, …盖氣之偏, 故識之局, 識之局, 故守之固, 守之固, 故并與其不必守者而曲護而强解也, …俗儒殉名, 心口相違, 其不歸於朱門容悅之臣者鮮矣."

경박하게 꾸미는 말에 빠지니 어찌 학문이라 할 수 있겠는가. '경제'가 없으면 '의리'를 펼 데가 없으며, '사장'이 없으면 '의리'를 나타낼 수가 없다. 요컨대 이 세 가지는 하나라도 버리면 학문이라 할 수 없다. 그러나 의리는 그 근본이 아니겠는가"[2]라 하여 '의리'를 근본으로 인정하지만, '경제'와 '사장'의 상호 의존관계를 중시하고, 근본의 표방이 아니라 다양성의 포괄과 조화에서 비로소 올바른 학문이 이루어질 수 있음을 강조하였다. 바로 여기에 도학의 정통주의적 학문관과 실학의 개방주의 내지 포용주의적 학문관의 차이가 분명하게 드러난다.

홍대용이 도학전통의 분위기에서 성장한 가운데 실학자로서의 자신의 사유를 전환시키는 계기와 과정을 분명하게 포착하기는 어렵지만, 20대의 청년시절부터 서양과학에 관심을 가졌던 것이 하나의 계기가 아니었을까 짐작해볼 수 있다.[3] 또한 그의 생애에서 청조문물과 직접 접할 수 있었던 것은 그의 사상적 방향을 정립하는 데 가장 중요한 계기가 되었을 것이다. 그는 35,6세때(1765-1766) 동지사(冬至使) 서장관(書狀官)인 계부(季父) 홍억(洪檍)을 따라 4개월 남짓한 기간동안 북경(北京: 燕京)을 다녀왔다.[4] 북학파 실학의 선구자로서 홍대용의 학문적 세

---

*2 『湛軒書』, 外集 권7, 2, '燕記・吳彭問答', "舍義理, 則經濟淪於功利, 而詞章淫於浮藻, 何足以言學, 且無經濟, 則義理無所措, 無詞章, 則義理無所見, 要之三者舍一, 不足以言學, 而義理非其本乎."

*3 홍대용은 20대 후반에서 30대 초반에 고향 집에 사설 천문대인 籠水閣을 지었고, 그 과정에서 29세때 관측기구를 제작하기 위해 당시 70여세인 기술자 羅景績을 방문하였다 한다.(임종태, 「무한우주의 우화ー홍대용의 과학과 문명론」, 『역사비평』, 2005년 여름, 269쪽 참조)

*4 홍대용은 북경을 왕복한 여행에서 중국 문물의 견문을 「연기」(燕記: 湛軒燕記) 4권으로 저술하였고, 중국에서 항주(杭州) 출신의 거인(擧人)인 엄성(嚴誠)・반정균(潘庭均)・육비(陸飛) 등 중국 선비들과 교류하면서 토론한 내용을 「건정동필담」

계는 「의산문답」(毉山問答) 한 편의 저술 속에 가장 함축적으로 제시되었다고 할 수 있는데, 「의산문답」의 무대로 설정한 '의산'(毉山)은 요동과 요서의 경계에 있는 '의무려산'(毉巫閭山)이다. 그곳은 조선사신이 북경으로 가는 도중에 있는 곳으로, 옛 조선과 중국의 경계가 되는 지점이며 중화와 오랑캐(夷狄)의 경계요 통로가 되는 곳이다. 조선의 유교지식인으로서 옛 학문의 전통에 얽매어 있는 지식인과 새로운 세계와 소통하는 지식인이 만나고 부딪치는 장소로서 적합한 무대라 할 수 있다.

「의산문답」은 바로 한계에 부딪친 도학전통의 지식인 허자(虛子)와 합리적이고 포용적인 새로운 세계관을 지닌 실학적 지식인 실옹(實翁)이 만나서 도학으로부터 실학으로 사유의 전환이 일어나는 과정을 보여주는 것이다. 「의산문답」을 통해 제시되는 근본과제는 도학에서 실학으로 향하는 세계관의 전환이라 할 수 있다. 여기서는 「의산문답」에서 제기되고 있는 세계관의 전환을 위한 기본 과제를 네 가지로 집약시켜 해명해 보고자 한다. 그 첫째는 사유방법의 전환을 추구하는 것이요, 둘째는 인간중심적 세계관을 넘어서서 인간과 사물의 균등함을 내세우는 사유의 전환을 보여주는 것이다. 셋째는 서양의 천문학적 지식을 도입하여 자연과학적 우주론을 제기함으로써 도학의 음양·오행설(陰陽·五行說)에 기반한 우주론을 극복하여 새로운 세계관의 기반을 제시하는 것이요, 넷째는 유교전통의 예속(禮俗)과 중국중심적 화이론(華夷論)의 의리

(乾淨衕筆談) 2권과, 귀국 후에도 이들과 서신 왕래한 「항전척독」(杭傳尺牘) 1권 등으로 남기고 있다.

를 전면적으로 재검토하는 세계관의 전환을 드러낸 것이다.

2. 실實의 사유와 학문자세의 성찰

「의산문답」은 도학자를 '허자'(虛子)로 이름붙여 '실옹'(實翁)과 양립시켜 대화를 하게 함으로써, 도학과 실학의 학문과 사유방법이 다름을 극명하게 대비시키고자 하였다. 여기서 홍대용은 허자가 30년 동안 은거하여 독서함으로써 이룬 학문의 내용을 "천지의 조화를 궁구하고 성명(性命)의 오묘함을 연구하며, 오행(五行)의 근원을 극진하게 밝히고 삼교(三敎: 儒·佛·道)의 심오한 뜻을 통달하며, 사람의 도리(人道)를 바르게 다스리고 사물의 이치(物理)를 이해하여 관통하며, 심오한 뜻을 탐색하여 헤아리고 원천과 지류를 환하게 알았다"[*5]고 열거하였다. 그 것은 도학의 학문내용이 우주와 인간심성의 근원을 인식하는 형이상학적 성격임을 보여준다. 그러나 이 허자는 자신이 이룩한 학문으로 세상에 나가서 이야기를 하니 듣는 사람들이 모두 비웃기만 하였다는 것이다. 그래서 중국의 서울(北京·燕都)까지 가서 60일을 머물면서 중국지식인들과 대담해보았지만 알아주는 사람을 만날 수 없었다고 한다. 마침내 허자는 "주공(周公)의 덕이 쇠망하였는가? 철인(哲人)이 죽었는가? 우리 도(吾道)가 글렀는가?"(周公之衰耶, 哲人之萎耶, 吾道之非耶)라고

---

*5 『湛軒書』, 內集 권4, 15, '毉山問答', "窮天地之化, 究性命之微, 極五行之根, 達三敎之蘊, 經緯人道, 會通物理, 鉤深測奧, 洞悉源委."

탄식하였으며, 의무려산(毉巫閭山)에 올라가서 눈물을 흘리며 세상에서 숨어버릴 생각을 하였다고 한다.

여기서 홍대용은 도학의 심오한 형이상학적 학문이 이미 도학을 통치원리로 삼고 있는 조선사회에서나 중국에서도 현실에서는 웃음거리가 되고마는 공허한 학문이라는 도학의 시대적 한계를 절실하게 확인하고 있는 것이라 하겠다. 이러한 도학의 한계에 대한 인식은 이 시대 실학자들의 의식 속에 깊이 파고들기 시작하였던 것으로 보인다. 이익(李瀷)은 제자 권철신(權哲身)에게 보낸 편지에서, "나는 사람을 대하여 일찍이 유술(儒術)로서 말하지를 않았다. 무익하기 때문이다"[6]라고 언급한 사실도 도학의 유교전통으로는 현실사회의 문제해결에 무기력하다는 좌절감을 표출한 것이다.

홍대용은 허자가 의무려산에서 갔다가 '실거지문'(實居之門)이라 써붙인 돌문(石門) 안으로 들어가서 그 속에 '실옹지거'(實翁之居)라 써붙인 새둥지 같은 집 안에 있는 한 거인(巨人)인 실옹을 만나게 되었다. 여기서 허자는 "내가 '허'(虛)를 호(號)를 삼은 것은 천하의 '실'(實)을 다스리고자 하는 것이요, 저쪽이 '실'을 호로 삼은 것은 천하의 '허'를 깨뜨리고자 하는 것이다. '허'는 '허'하게 하고 '실'은 '실'하게 하는 것이 오묘한 도의 진실이다"[7]라고 하여, '허'와 '실'의 대립구도를 확인하고 있다. 곧 '허'와 '실'은 서로 지향하는 것이지만, 그 접근의 방법이

---

[6] 『星湖全集』, 권30, 30, '答權旣明(哲身)', "吾對人未嘗以儒術爲辭, 無益故也."
[7] 『湛軒書』, 內集 권4, 16, '毉山問答', "我號以虛, 將以稽天下之實, 彼號以實, 將以破天下之虛, 虛虛實實, 玅道之眞, 吾將聞其說."

다른 것임을 부각시켜주고 있는 것이다.

이때 허자는 실옹 앞에 공경하는 예법을 다하여 다가갔지만 실옹이 아무런 반응이 없어 무시하는 것으로 느껴지자 사람을 대함에 거만한 태도가 군자의 예법에 어긋나는 것이라 항의하자, 실옹은 "그대가 동해의 허자인가"하고 물었는데, 허자는 자기를 한 번 보고서 바로 '동해의 허자' 곧 조선의 도학자임을 알아보는 방법이 무엇인지를 다시 물었다. 이에 실옹은 의복을 보고 그대의 말소리를 들으니 동해 사람임을 알았으며, 그 예법이 '겸양을 꾸며서 공손함을 가장하여 오로지 허식으로 사람을 대함'(飾讓以僞恭, 專以虛與人)을 보고서 허자임을 알았다고 밝혔다. 곧 실지에 힘쓰는 것이 아니라 공손한 예절의 허식에 빠져 있는 것을 도학자의 태도로 지적한 것이다.

허자는 실옹을 '현자'(賢者)로 보고서 극진하게 공경하는 예를 갖추었던 것인데, 어찌하여 실옹은 '겸양을 꾸며서 공손함을 가장하였다'고 비방하는지 항의하였다. 이에 대해 실옹은 자기를 '현자'로 보는 근거를 물었는데, 허자는 실옹이 흙과 나무(土木)의 감정이 없는 형상이요, 생황과 종의 조화로운 음성이며, 세상에 숨어서 우뚝 섰고 큰 숲 속에서도 길을 잃지 않는 것으로 '현자'임을 알았다고 하였다. 이에 대해 실옹은 돌문과 집 앞에 써붙인 것을 보면 자기 이름이 '실옹'인 줄을 알 터인데 모른다 하고, 자기가 '현자'임을 알지도 못하면서 도리어 안다고 하는 거짓됨(虛)을 질책하였다.

"그대는 나의 모습을 보고서 흙과 나무에 비겼고, 나의 음성을 듣고서 생황과 종에 비겼으며, 내가 산 속에 사는 것으로 세상에 숨어서 홀로 섰고 큰 숲 속에서도 길을 잃지 않는 것에 비겼으니, 이것은 그대가 사물에 감촉되어 생각이 싹트고 대상에 따라서 말로 분변하는 것이니, 아첨이 아니면 망녕된 것이다. 피부와 살의 연약함은 흙이나 나무와 거리가 멀고, 목구멍과 폐의 기운은 금속이나 대나무와 거리가 멀며, 또한 세상에 숨어서 우뚝 선 자는 공자이고, 큰 숲 속에서도 길을 잃지 않는 자는 순(舜)임금인데, 그대는 과연 나를 공자로 여기는가? 또는 나를 순임금으로 여기는가? 나의 학문이 공자와 다름 어찌 알며, 나의 성지(聖)가 순임금과 다름을 어찌 알겠는가? 그대는 나에게서 얻은 바가 없는데도 갑자기 견주어 말하니, 이것은 아첨이 아니면 망녕된 것이다."*8

곧 실옹은 먼저 허자가 사람의 모습이나 소리를 사물에 견주어 말하는 것에 대해 '사물에 감촉되어 생각이 싹트고, 대상에 따라서 말로 분변하는 것'(觸物而意萌, 隨境而口辨)이라 지적하였다. 이러한 화법을 실옹은 사물에서 촉발되는 인상을 끌어들여 덧붙여놓는 것으로서, 사람을 그 자체의 실상대로 인식하는 것이 아니라 보았기 때문에 아첨이 아니면 망녕된 것이라 비판하였던 것이다. 공자와 순임금의 일화를 끌어다 덧붙이는 설명도 마찬가지로 실상을 직접적이고 사실대로 서술하지 않는 점에서 아첨이나 망녕된 말이 된다고 하였다.

여기서 실옹은 어떤 대상에 대해서나 그 실상을 그대로 드러내지

---

*8 『湛軒書』, 內集 권4, 16-17, '毉山問答', "爾見吾之形, 擬之土木, 聽吾之音, 擬之笙鏞, 以吾之居山, 擬之以遯世獨立, 不迷於大麓, 是爾觸物而意萌, 隨境而口辨, 非諛則妄也, 夫膚肉之脆, 去壤樹遠矣, 喉肺之氣, 去金竹遠矣, 且遯世獨立, 孔子也, 不迷於大麓, 虞舜也, 爾果以我爲孔子乎, 且以我爲虞舜乎, 我之學, 惡知不如孔子, 我之聖, 惡知不如虞舜, 惟爾無所得於我而擬議已遽, 是非諛則妄也."

않고 왜곡시킴으로써 사람의 판단을 미혹시키는 조건으로 세 가지를 들었다. 그 세 가지 미혹(三惑)과 이에 따른 폐단을 지적하여, "식색(食色: 음식과 여색)의 미혹은 가정을 망치고, 이권(利權: 이익과 권력)의 미혹은 나라를 위태롭게 하며, 도술(道術: 도덕과 학술)의 미혹은 천하를 어지럽힌다"[*9]고 언급하였는데, 실옹은 허자가 실상을 넘어서 과장되게 꾸미는 말과 생각은 무엇보다 '도술의 미혹'이 있음을 지적하였다.

또한 실옹이 허자에게 '현자'란 어떤 인물인지를 물었는데, 허자는 유교에서 말하는 '현자'에 대해, "주공과 공자의 사업을 높이고(崇周孔之業), 정자와 주자의 말씀을 익혀서(習程朱之言), 정학을 돕고 사설을 물리치며(扶正學斥邪說), 인애함으로 세상을 구제하고 명철함으로 자신을 보전한다(仁以救世, 哲以保身)"라고 설명하였는데, 실옹은 허자의 이 말이 바로 '도술의 미혹됨'이라 지적하면서, '도술의 미혹됨'이 드러나는 양상을 제시하고 있다.

> "도술이 없어진 지 오래되었다. 공자가 죽자 제자(諸子)들이 어지럽혔고, 주자(朱子) 문하의 말기에 여러 유학자들이 어지럽혔다. 그 사업을 높이면서 그 진실은 망각하고, 그 말씀을 익히면서 그 의도는 상실하였다. 정학을 돕는다는 것은 사실 '자랑하는 마음'(矜心)에서 말미암고, 사설을 물리친다는 것도 사실 '이기려는 마음'(勝心)에서 말미암으며, 어짊(仁)으로 세상을 구제한다는 것은 사실 '권력을 지키려는 마음'(權心)에서 말미암고, 밝음(哲)으로 자신을 보전한다는 것은 사실 '이익을 얻으려는 마음'(利心)에서 말미암는다. 이 네 가지 마음이 서로 이어지니 참된 뜻은 날로

---

*9 『湛軒書』, 內集 권4, 16, '毉山問答', "生民之惑有三, 食色之惑, 喪其家, 利權之惑, 危其國, 道術之惑, 亂天下."

없어졌고 온 천하가 나날이 허망함으로 치닫는다.

지금 그대는 겸양을 꾸며서 공손함을 가장하여 스스로 '현자'라 여기며, 모습을 보고 음성을 듣고는 남을 견주어 '현자'라 한다. 마음이 허망하면 예절도 허망해지고, 예절이 허망하면 일마다 허망하게 되지 않는 것이 없다. 자신에게 허망하게 하면 남에게도 허망하게 하며, 남에게 허망하게 하면 천하가 허망하게 되지 않는 것이 없다. '도술의 미혹'은 반드시 천하를 어지럽힐 것이다."[*10]

곧 '도술'을 어지럽힌 적은 외부의 이단에 있다고 지적하는 것이 아니라, 공자와 주자의 후학들이 스스로 어지럽힌 것으로 적이 내부에 있음을 강조하였다. 공자와 주자의 후학들이 '도술'을 어지럽히는 양상은 그들이 공자와 주자의 밖으로 드러난 사업을 높이기는 하지만 그 내면의 진실한 뜻은 망각하는 데 있고, 공자와 주자의 글 속에 남아 있는 말씀을 익히기는 하지만 그 내면의 진정한 의도는 잃어버리고 말았다는 데 있음을 지적한다. 바로 밖으로 드러나는 형식이나 문자에 얽매어 근원과 내면의 진실한 뜻을 버리면서 허망함(虛)에 빠지게 된다는 것이다. 홍대용은 실옹의 입을 통해 '도술의 미혹'이 일어나는 원인으로 '네 가지 마음'(四心: 矜心·勝心·權心·利心)을 제시하고, 이 네 가지 마음에서 허자가 '현자'로 내세우는 양상들이 발생하는 것임을 보며, 또한 '도술의 미혹'이 전개되는 과정을 개인의 범위에서 보면

---

*10 『湛軒書』, 內集 권4, 17, '毉山問答', "道術之亡久矣, 孔子之喪, 諸子亂之, 朱門之末, 諸儒汨之, 崇其業而忘其眞, 習其言而失其意, 正學之扶, 實由矜心, 邪說之斥, 實由勝心, 救世之仁, 實由權心, 保身之哲, 實由利心, 四心相仍, 眞意日亡, 天下滔滔, 日趍於虛, 今爾飾讓僞恭, 自以爲賢, 見形聽音, 擬人以賢, 心虛則禮虛, 禮虛則事無不虛, 虛於己則虛於人, 虛於人則天下無不虛, 道術之惑, 必亂天下."

안으로 마음이 허망하면 밖으로 행동절차인 예절이 허망해지고 나아가 이루고자 힘쓰는 모든 사업이 허망해지는 방향으로 전개되는 '세 가지 허망함'(三虛: 心虛 → 禮虛 → 事虛)이 드러나며, 천하의 범위에서 보면 자신을 허망하게 하여 남을 허망하게 하고 나아가 천하를 허망하게 하는 방향으로 전개되는 '세 가지 허망함'(三虛: 己虛 → 人虛 → 天下虛)이 드러나는 것으로 분석하여 제시하고 있다. 한마디로 도학자의 형식주의적이고 관념적인 인식은 이미 현실의 실상(實)에서 벗어나 공허한 관념에 젖은 허망함(虛)에 빠져 '도술의 미혹'으로 천하를 어지럽히고 있음을 비판한 것이다.

허자는 실용으로부터 '도술의 미혹'으로 천하를 어지럽힌다는 구체적이고 격렬한 비판을 듣고서야 자신의 학문이 "옛사람의 찌꺼기에 마음을 맡기고, 종이에 적힌 상투적 말을 외워서 강설하여, 통속의 학문에 매몰되었으며 작은 것을 보고 도(道)라고 여겼다"[11]고 말하여, 자신의 학문이 허망함에 젖은 것임을 인정하고, 실용의 비판적 가르침을 받고서야 깨닫게 되었음을 고백을 하였다. 이때 실용은 허자의 배운 바가 유교의 강령을 갖춘 것임을 확인하면서도, 허자가 스스로 밝힌 것처럼 작은 것에 국한되어 큰 도(大道)를 듣지 못한 인식의 한계를 각성하게 함으로써, 그 시야를 새롭게 열어주는 인식의 전환을 추구하는 방향으로 이끌어가려는 의도를 보여준다.

---

[11] 같은 곳, "棲心古人之糟粕, 誦說紙上之套語, 浮沉俗學, 見小爲道."

3. '이천시물'以天視物과 '인물균'人物均의 세계관

허자는 실옹의 질책을 받고나서 비로소 자신의 학문이 '도술의 미혹'에 젖은 허망한 것임을 깨닫게 되었다. 이에 허자는 실옹에게 먼저 '큰 도의 핵심'(大道之要)을 물었지만, 실옹은 '큰 도'를 말함에 먼저 '근원'(本源)을 제시하겠다고 하였다. 곧 '큰 도'를 핵심으로서 '도'의 본체를 추상적 개념으로 분석하는 것이 아니라, 경험적으로 지각할 수 있는 분별과 차이의 인식을 통해 '큰 도의 근원'을 확인하는 논의로 출발하는 방법을 제시하는 것이다. 여기서 실옹은 "인간이 사물과 다른 까닭은 마음(心)에 있고, 마음이 사물과 다른 까닭은 몸(身)에 있다"[*12]고 하여, 인간과 사물을 구분하는 인식의 기준으로 마음(心)과 몸(身)을 제시하였으며, 이에 근거하여 실옹은 허자에게 사람의 몸이 사물과 다른 점을 명확히 설명하도록 요구하였다. 그것은 세계의 인식은 무엇보다 먼저 존재영역의 분별에서 시작해야 하는 것이요, 존재영역의 가장 뚜렷한 구분은 인간과 사물의 분별에 있음을 보여주는 것이다. 따라서 인간과 사물의 차이를 '마음'(心: 識·魂)의 차이에서 확인하고, '마음'의 차이를 '몸'의 차이에서 확인하여, 차이를 확인함으로써 존재영역을 명석하게 판명하게 분별하여 인식하는 데서 출발하겠다는 것이다.

그러나 허자의 의식 속에는 차이를 통한 분별의 인식방법이 아니라 유사성의 일치를 통한 종합의 인식방법이 이미 체질화되어 있기 때문에,

---

*12 『湛軒書』, 內集 권4, 18, '毉山問答', "人之所以異於物者, 心也, 心之所以異於物者, 身也."

차이를 밝히라는 요구와는 전혀 엉뚱한 대답을 하고 말았다. 곧 "그 형질로 말하면 머리가 둥근 것은 하늘이요, 발이 모난 것은 땅이며, 피부와 머리털은 산과 숲이요, 정기와 혈액은 강과 바다요, 양쪽 눈은 해와 달이요, 숨 쉬는 것은 바람과 구름이다. 그러므로 사람의 몸은 '작은 천지'라 한다. 그 출생으로 말하면 아비의 정기와 어미의 혈액이 감응하여 잉태하고 달이 차면 태어난다. 나이가 들수록 지혜가 자라며, 감관(感官: 七竅)이 환하게 밝아지고 성품(五性)이 갖추어진다"[13]고 하여 사람의 몸이 사물과 다른 점으로 제시하였다. 허자가 사람의 몸이 사물과 다른 점이라 지적한 것에 대해 실옹은 그 대답 속에 다른 점이 거의 없다는 사실을 지적하여 사람과 초목이나 금수 등의 사물이 공유하는 점을 말한 것에 불과함을 지적하였다. 그만큼 연관성을 찾아 회통시키는 통합적 사유와 차이점을 찾아 대비시키는 분별적 사유의 사유방법이 다른 점을 드러내준다.

또 하나의 문제로서 실옹은 허자에게 생물의 종류로 사람과 금수와 초목의 세 가지가 있음을 제시하고, 그 차이로서 "초목은 거꾸로 사는 것이므로 '지'(知)는 있어도 '각'(覺)은 없으며, 금수는 횡으로 사는 것이므로 '각'은 있어도 '혜'(慧)가 없다"[14]고 제시하였다. 이러한 존재유형의 분류방법은 순자에서 제시되었고, 마테오 리치가 새롭게 제시하면서 당시 실학자들 사이에 활발한 논의가 되었던 것이 사실이다. 이를 도표

---

[13] 같은 곳, "語其質則頭圓者天也, 足方者地也, 膚髮者山林也, 精血者河海也, 雙眼者日月也, 呼吸者風雲也, 故曰人身小天地也, 語其生則父精母血, 感而結胎, 月滿而降生, 齒增而智長, 七竅通明, 五性具足."
[14] 같은 곳, "草木倒生, 故有知而無覺, 禽獸橫生, 故有覺而無慧."

화하면 다음과 같다.[15]

	水火	草木	禽獸	人
荀子	<氣>	<生>	<知>	氣＋生＋知＋<義>
利瑪竇	－	<生>[生魂]	生＋<覺>[覺魂]	生＋覺＋<靈>[靈魂]
洪大容	－	<知>	<覺>	<慧>
丁若鏞	－	<生>[草木之性]	生＋<覺>[禽獸之性]	生＋覺＋<靈>[吾人之性]

　이 도표에서 보면 순자는 존재의 영역을 무생물인 '수·화'(水火)까지 포함시켜 네 단계로 제시하였지만, 다른 인물들은 식물·동물·인간(草木·禽獸·人)을 생명체의 3영역으로 나누었다. 각 유형을 구분하는 본질적 특성의 일반적 명칭을 마테오 리치는 '혼'(魂)이라 하고 정약용은 '성'(性)이라 제시하였으나, 순자와 홍대용의 경우에는 일반명칭을 별도로 부여하지 않았다. 초목의 경우 모두가 '생'(生)이라 하였는데 홍대용만 '지'(知)라 하였고, 금수의 경우 순자는 '지'(知)라 하였는데 다른 인물들은 모두 '각'(覺)이라 하며, 인간의 경우 순자는 '의'(義)라 하고, 마테오 리치와 정약용은 '영'(靈)이라 하고, 홍대용은 '혜'(慧)라 하였다. 이렇게 각 존재영역의 본질적 특성을 가리키는 용어에 다소간 차이를 보이고 있지만, 중요한 것은 같은 구조를 보여주고 있는 사실이다. 순자와 마테오 리치와 정약용의 경우 모두가 생물의 존재영역에서 상층의 특성은 하층의 특성을 내포하여 층구조를 이루고 있음을 보여주고 있는데, 홍대용만이 '지'-'각'-'혜'로 각각 특성을 구명하고 있다.

---

*15 荀子의 견해는 『荀子』, '王制'편에 제시되어 있고, 마테오 리치의 견해는 『天主實義』 제2편이고, 丁若鏞의 견해는 『中庸講義補』(『與猶堂全書』, 제2집 권4, 47)에 수록되어 있다.

그러나 내용을 보면 각 영역에 따른 특징적 차이를 뚜렷이 하려는 데 의도가 있는 것이지, 하층이 상층에 내포되지 않음을 말하려는 것은 아니라고 할 수 있다. 바로 이 점에서 마테오 리치가 『천주실의』(天主實義)에서 생물의 종류를 세 영역으로 나누어 제시한 설명법이 홍대용과 정약용에게 영향을 주었던 사실을 엿볼 수 있다.

여기서 실옹은 생물의 세 가지 종류 사이에 차이를 분명하게 확인하면서 귀천의 차등이 있는지를 허자에게 물었다. 허자는 도학자의 입장에서 혜(慧)와 각(覺)이 없고, 예(禮)와 의(義)가 없는 초목이나 금수와 달리 이 모든 덕을 지닌 인간이 가장 귀하고, 그 다음으로 금수가 초목보다 귀하다는 귀천의 등급을 제시하였다. 이에 대해 실옹은 인간으로서 인간을 귀하게 여기는 것은 바로 인간 위주의 견해임을 지적하면서, 인간과 사물 사이에 본질적 차이가 있지만 등급의 차등은 없는 것이라 보는 '인물균'(人物均)의 논리를 제시하였다.

> "오륜(五倫)과 오사(五事:「洪範」의 둘째 疇; 貌·言·視·聽·思)는 사람의 예의이고, 떼를 지어 다니면서 서로 불어주고 먹여주는 것은 금수의 예의이며, 총총하게 나서 가지가 무성한 것은 초목의 예의이다. 사람으로서 사물을 보면 사람이 귀하고 사물이 천하지만, 사물로서 사람을 보면 사물이 귀하고 사람이 천하다. 하늘로부터 보면 사람이나 사물이 균등하다.
> 무릇 (금수는) 지혜(慧)가 없기 때문에 속임이 없고(無詐), (초목은) 감각(覺)이 없기 때문에 작위가 없다(無爲). 그렇다면 사물이 사람보다 훨씬 귀하다. 또한 봉황은 천 길을 날아 오르고 용은 날아서 하늘에 있으며, 시초(蓍)와 울창주(鬱)는 신과 소통하고, 소나무와 잣나무는 재목으로 쓰이니, 사람의 무리와 견주면 어느 쪽이 귀하고 어느 쪽이 천하겠는가? 무릇

‘큰 도’를 해치는 것은 ‘자랑하는 마음’보다 더 심한 것이 없다. 사람이 사람을 귀하게 여기고 사물을 천하게 여기는 가닭은 ‘자랑하는 마음’의 근본이다.”[16]

홍대용은 실옹의 입을 통해 생물의 존재는 그 영역에 따라 각각의 가치를 갖는 점에서 각각의 본질에 차이가 있다고 하더라도 지위의 등급은 없다는 차등의식의 거부를 밝히고 있다. 여기서 그는 사물을 관찰하는 세 가지 시각을 제시하고 있다. 그 하나는 ‘사람으로서 사물을 보는’(以人視物) 인간중심의 시각이요, 다른 하나는 ‘사물로서 사람을 보는’(以物視人) 사물중심의 시각으로, 이 두 가지 시각에서는 각각 서로를 높이는 주관적 가치판단에 사로잡히게 된다는 것이다. 이와 달리 세 번째는 ‘하늘로부터 보는’(自天而視之) 객관적 시각으로, 어느 쪽에도 치우치지 않는 객관적 시각에서 보면 사람과 사물 사이에도 아무런 귀천의 차등이 없이 균등하다는 ‘인물균’(人物均)의 시야를 열어준다. 또한 그는 금수나 초목은 인간이 가진 덕이 없지만 인간이 드러내는 사악함도 없음을 지적하며, 인간과 사물을 균등하게 보는 객관적 시야를 강조하면서, 인간중심으로 인간을 귀하게 여기고 사물을 천하게 여기는 시각은 ‘자랑하는 마음’에서 나오는 것이요, 이러한 인간중심으로 세상을 보는 ‘자랑하는 마음’은 바로 ‘도술의 미혹’으로서 ‘큰 도’를

---

[16] 『湛軒書』, 內集 권4, 18, ‘毉山問答’, “五倫·五事, 人之禮義也, 羣行·呴哺, 禽獸之禮義也, 叢苞·條暢, 草木之禮義也, 以人視物, 人貴而物賤, 以物視人, 物貴而人賤, 自天而視之, 人與物均也, 夫無慧故無詐, 無覺故無爲, 然則物貴於人, 亦遠矣, 且鳳翔千仞, 龍飛在天, 著龜通神, 松栢需材, 比之人類, 何貴何賤, 夫大道之害, 莫甚於矜心, 人之所以貴人而賤物, 矜心之本也.”

해치는 것임을 밝혀, 도학의 인간중심적 사유를 탈피하고 객관적 자연의 평등한 시야를 새롭게 열어가고자 하였던 것이다.

허자는 여전히 인간이 귀하고 사물이 천하다는 인간중심의 입장을 지켜 사물에는 인(仁)과 지(智)의 덕이 없고, 복식(服飾)·의장(儀章)의 제도나 예악(禮樂)·병형(兵刑)의 활용은 인간만이 가능하다고 항변하였지만, 실옹은 이에 대해 물고기를 놀라게 하지 않는 것은 용이 백성에 끼치는 혜택이요, 참새를 놀라지 않게 하는 것은 봉황의 세상 다스리는 것이라 하는 등 사물에도 인간의 덕에 상응하는 덕이 있음을 지적하면서, "옛사람이 백성에 혜택을 끼치고 세상을 다스림에는 사물에 도움받지 않음이 없었다. 임금·신하의 의례는 벌(蜂)에게서 취하고, 군사의 진법은 개미(蟻)에게서 취하고, 예절의 제도는 족제비에게서 취하고, 그물의 설치는 거미에게서 취하였다. 그래서 '성인은 만물을 스승으로 삼는다'고 말하였다. 이제 그대는 어찌하여 '하늘로서 사물을 보려'하지 않고 오히려 '사람으로서 사물을 보려'하는가"[17]라고 책망하였다. 여기서 그는 『관윤자』(關尹子)의 「삼극」(三極)편에서 언급하고 있는 성인이 사물에서 법도를 취하는 사례들을 열거함으로써, 사물이 인간보다 비천한 것이 아니라 성인도 스승으로 삼을 수 있는 대상임을 지적하면서, '인간으로서 사물을 보는'(以人視物) 인간중심적 세계관을 탈피하고 '하늘로서 사물을 보는'(以天視物)의 객관적 자연관을 새로운 세계관의 기준으로 삼도록 요구하는 세계관의 전환을 주장하였던 것이다.

---

*17 『湛軒書』, 內集 권4, 19, '毉山問答', "古人之澤民御世, 未嘗不資法於物, 君臣之儀, 盖取諸蜂, 兵陣之法, 盖取諸蟻, 禮節之制, 盖取諸拱鼠, 網罟之設, 盖取諸蜘蛛, 故日聖人師萬物, 今爾曷不以天視物, 而猶以人視物也."

4. 우주론의 재인식과 자연철학의 전환

1) 지구설地球說과 지전설地轉說의 제기

홍대용이 「의산문답」에서 중심 주제로 삼아 가장 많은 부분을 할애하고 있는 것은 '천지의 실정'(天地之情)을 논의하는 자연과학적 세계관의 문제이다. 여기서 그는 당시 새롭게 전래한 서양의 과학지식을 적극적으로 수용하여 유교전통이 기반하고 있는 우주론 내지 자연철학의 체계를 전면적으로 비판하여 새로운 합리적 세계관을 제시하고자 시도하고 있다. 물론 그의 자연과학적 세계관에는 유교전통적 이해와 서양의 과학지식을 결합시키고 있는 요소를 지니고 있는 것도 사실이다.[*18]

홍대용이 실옹의 입을 빌어, '천지의 실정'으로 제시하는 우주론에서, "'태허'(太虛)는 허공으로 아득한데, 가득 채우고 있는 것은 '기'(氣)이

[*18] 박성래는 홍대용의 과학사상에는 '張載의 자연관이 서양근대과학과 접목하고' 있는 등 몇 가지 모순점이 있음을 지적하면서, "전통적 동양의 자연관을 일부 지켜가면서 급격히 밀려드는 서양과학의 내용을 모두 흡수하여 자기 나름의 체계를 세워보려 했던 것"이라 평가하였으며(박성래, 「홍대용의 과학사상」, 『한국학보』23, 1981, 179-180쪽), 허남진은 홍대용의 자연철학에 대해 "張横渠나 邵雍의 영향을 상당히 받고 있는 것이 사실이지만, 그 상수학 자체가 중국을 통하여 들어온 서양천문학의 영향을 받은 것임"을 지적하여, 상수학과 서양과학의 결합적 성격을 주목하였고(허남진, 『조선후기 氣철학 연구』, 1994, 서울대 박사논문, 69쪽), 문중양은 "홍대용의 우주론 논의가 기본적으로 張載의 氣論的 우주론에 기초하고 있음"을 지적하여(문중양, 「조선후기 실학자들의 과학담론, 그 연속과 단절의 역사─기론적 우주론 논의를 중심으로」, 『정신문화연구』93, 2003년 겨울호, 39쪽), 대체로 張載의 氣論이 받아들여지고 있음을 인정하였다. 이에 비해 임종태는 "홍대용의 우주론이 지닌 가장 중요한 특징은 그 근저에 깔려 있는 『莊子』의 상대주의적 상상력이었다"고 하여, 홍대용의 우주론에 미치고 있는 영향력으로 莊子의 '상대주의적 사유방법'을 주목하고 있다.(임종태, 「무한우주의 우화─홍대용의 고학과 문명론」, 『역사비평』, 2005년 여름호, 275쪽)

다. 안도 없고 바깥도 없으며 시작도 없고 끝도 없다. '기'가 쌓여 가득히 넘실거리고 엉기고 모여서 형질을 이루며 허공에 두루 펼쳐져 돌거나 멈추어 있으니 이른바 땅(地)과 달과 해와 별이 이것이다. 무릇 땅이란 물과 흙의 형질이며, 그 형체는 온전히 둥글며, 쉬지 않고 돌며 허공에 떠 있는데, 만물은 그 표면에 붙어 있다"[19]고 하였다. 여기서 그는 무엇보다 우주(太虛)는 '기'(氣)로 충만되어 있는 무한한 것이라는 '우주무한설'(宇宙無限說)을 제시하고 있으며, 이 '기'가 응결하여 '질'(質)로서 형체화 된 것이 땅·달·해·별의 천체들이고, 땅은 물(水)과 흙(土)의 형질이며, 둥글고 쉼없이 돈다는 '지구설'(地球說)과 '지전설'(地轉說)을 제시하고 있다. '우주무한설'과 '기－질'의 존재구조를 제시한 것은 장횡거가 제시하고 주자학에서 수용한 유교전통의 우주론이라 할 수 있지만, 땅의 형체가 둥글다는 '지구설'은 하늘이 둥글고 땅이 모났다는 유교전통의 천원지방설(天圓地方說)에 정면으로 상반되는 입장을 밝힌 것이다.

그는 땅이 해를 가린 월식(月蝕)이 바로 땅이 둥근 증거임을 제시하면서, 증자(曾子)가 '하늘은 둥글고 땅은 모났다'(天圓而地方)고 말하였지만, 옛사람이 전하는 기록의 말을 믿는 것이 직접 눈으로 보는 실지만 못함을 강조하였다. 만약 땅이 모난 것이라면 네 모서리가 낭떠러지로 강이나 바다의 물이나 사람과 사물이 위의 한 평면에만 모여 있고, 옆면이나 아랫 면에 있으면 떨어질 수밖에 없다는 것이다. 여기서 실용

---

[19] 『湛軒書』, 內集 권4, 19, '毉山問答', "太虛寥廓, 充塞者氣也, 無內無外, 無始無終, 積氣汪洋, 凝聚成質, 周布虛空, 旋轉停住, 所謂地月日星是也, 夫地者, 水土之質也, 其體正圓, 旋轉不休, 渟浮空界, 萬物得以依附於其面也."

은 가벼운 사람이나 사물도 떨어지고 마는데 무거운 땅덩어리가 떨어지지 않는 이유를 반문하였고, 허자가 '기'를 타고 있어서 땅이 떨어지지 않을 수 있다고 대답하였다. 이에 대해 실옹은 "군자는 도(道)를 논하다가 이치에서 꺾이면 승복하고, 소인은 도를 논하다가 말이 궁색해지면 꾸며댄다. …이제 그대는 옛날 들은 것에 집착하고 이기려는 마음에 젖어서 입에서 나오는 대로 말하여 남을 막으려 하니, 도를 알고자 한다면 잘못된 것이 아니겠는가?"[20]라고 하여, 이치에 맞으면 승복하려 들지 않고 옛 사람의 말에 집착하여 이기려는 마음으로 억지를 부리는 거짓된 태도가 바로 '도'를 알고자 하는 자세에 어긋나는 것임을 신랄하게 비판하였다.

따라서 그는 실옹의 입을 빌어 옛 사람의 잘못된 견해로서 소강절(邵雍, 字 堯夫, 호 康節)의 견해와 학문자세를 비판하여, "소강절은 통달한 선비지만, 이치를 구하다가 얻지 못하자, '하늘은 땅에 의지하고 땅은 하늘에 의지한다'고 하였다. '땅이 하늘에 의지한다'고 말하는 것은 가능하겠지만, '하늘이 땅에 의지한다'고 말하는 것은 광대한 태허가 한낱 흙덩이에 의지할 수 있겠는가? 또한 땅이 떨어지지 않는 것은 스스로 그러한 형세가 있는 것이요 하늘에 관계가 없는데, 소강절의 지식은 이에 미치지 못하여 억지로 큰 소리를 쳐서 한 세상을 속였으니, 이는 소강절이 자신을 속인 것이다"[21]라고 하였다. 이처럼 홍대용은 송대

---

*20 『湛軒書』, 內集 권4, 20, '毉山問答', "君子論道, 理屈則服, 小人論道, 辭屈則遁, …今爾膠於舊聞, 狃於勝心, 牽口而禦人, 求以聞道, 不亦左乎."
*21 같은 곳, "邵堯夫達士也, 求其理而不得, 乃曰天依於地, 地附於天, 曰地附於天則可, 曰天依於地則渾渾太虛, 其依於一土塊乎, 且地之不墜, 自有其勢,

이학(理學)의 거장인 소강절을 정면으로 비판함으로써, '도'의 진실성은 이치를 따르는 합리성을 기준으로 삼아야 할 것이지, 학문전통의 권위에 의존하려 해서는 안 되는 것임을 강조하였던 것이다. 여기서 그는 "옛날 들은 것에 집착한 자와 더불어 '도'를 이야기할 수 없고, 이기려는 마음에 버릇된 자와 더불어 말로 다툴 수 없다. '도'를 들으려거든 그대의 옛날 들은 것을 씻어내고 그대의 이기려는 마음을 버려야 하며, 마음을 비우고 입을 삼가야 한다"[*22]고 역설하여, 옛 지식에 얽매이지 말고 새로운 지식에 마음을 열어야 하며, 이기려는 마음을 버리고 이치에 순응하려는 자세를 갖도록 요구하고 있다. 그것은 도학전통의 세계관을 깨뜨리고 합리성에 근거하는 새로운 세계관으로 전환을 추구하는 것이다.

홍대용은 땅이 아래로 떨어지지 않는 것은 해와 달과 별이 상·하가 없어서 아래로 떨어지지 않는 것과 같은 이치임을 지적하면서, 땅이 아래로 떨어지지 않는 까닭을 지구가 쉼없이 돈다는 '지전설', 곧 지구자전설(地球自轉說)로 설명한다.

> "무릇 땅 덩어리는 하루에 한 바퀴 도는데, 땅의 둘레는 9만 리이고 하루는 12시간이니, 9만 리의 광활함으로 12시간 안에 도니, 번개보다 빠르고 포탄보다 빠르다. 땅이 이미 빨리 도니, 허기(虛氣)가 격렬하게 부딪치며 공중에 갇혔다가 땅으로 몰려드는데, 이에 '상하의 형세'가 있게 되며, 이것이 땅 표면의 형세요, 땅에서 멀어지면 이런 형세가 없다. …만

不係於天, 堯夫知不及此, 則强爲大言, 以欺一世, 是堯夫之自欺也."
*22 같은 곳, "膠舊聞者, 不可與語道, 狃勝心者, 不可與爭口, 爾欲聞道, 濯爾舊聞, 祛爾勝心, 虛爾中愨爾口."

물이 아래로 떨어지는 것은 땅에 근본하는 것이다. 지금 사람들이 땅 표면의 상·하를 보고서 망녕되게 '태허'의 정해진 형세라 생각하고 땅 둘레에 모여드는 '기'를 살피지 않으니, 또한 좁은 소견이 아니겠는가?"[*23]

지구가 엄청나게 빠른 속도로 자전하면서 대기(虛氣)가 부딪쳐서 땅으로 몰려들면서 '상하의 형세'가 생겨 둥근 지구 표면의 어디에서도 머리를 하늘로 향하고 발을 땅에 디디고 서 있을 수 있으며 지구의 아래 쪽에 있어도 아래로 떨어지지 않을 수 있다는 것이다. 이 '상하의 형세'는 지구의 인력에 해당하는 것이고, 그 인력을 지구의 자전에 따라 대기가 지구 표면으로 몰려오면서 생기는 것이라 설명하는 것이다. 이러한 설명이 오늘의 과학적 지식에서는 인정될 수 없다고 하더라도 땅이 둥글고 둥근 표면의 어디에나 만물이 아래로 떨어지지 않고 땅에 붙어 있을 수 있음을 설명하는 방법으로 제시되고 있는 것이다.

또한 그는 서양사람들도 '천체가 운행하고 땅은 고요하다'(天運而地靜)는 이른바 천동설(天動說)을 주장하고, 공자도 '천체의 운행은 강건하다'(天行健<易·乾卦>)고 말한 사실에 대해, "군자는 시속(時俗)에 따라 가르침을 베풀고, 지혜로운 자는 편의를 따라 말씀을 제시한다. 땅은 고요하고 천체가 운행한다는 것은 사람들의 통상적 견해로 백성의 순응에 해로움이 없고, 책력(册曆)의 반포에 어그러짐이 없다"고 하여, 현실

---

*23 『湛軒書』, 內集 권4, 20-21, '毉山問答', "夫地塊旋轉, 一日一周, 地周九萬里, 一日十二時, 以九萬之濶, 趨十二之限, 其行之疾, 亟於震電, 急於炮丸, 地旣疾轉, 虛氣激薄, 閡於空而湊於地, 於是有上下之勢, 此地面之勢也, 遠於地則無是勢也, …萬物之下墜, 本於地也, 今人見地面之上下, 妄意太虛之定勢而不察周地之拱湊, 不亦陋乎."

적 편의를 위해 제시한 설명임을 인정하면서도, "천체가 운행하고 지구가 회전하는 것은 그 형세가 하나이니, 나누어서 설명할 필요가 없다. …(지구는 고요하고) 천체가 운행한다는 설이 이치에 맞지 않음은 여러 말로 변론할 것이 못된다"고 하여, 지전설을 부정하고 천동설만 주장하는 것은 실제의 이치에 어긋나는 것임을 확인하고 있다.[24]

홍대용은 「의산문답」에서 유교전통이 지키고 있는 인간중심적 세계관을 깨뜨리고 인간과 사물이 균등하다는 '인물균'의 세계관을 제시하고 있는 것과 더불어, 천체에서 지구를 중심으로 칠정(七政: 日·月과 水·火·木·金·土의 5星)이 둘러싸고 있다는 지구중심적 세계관을 깨뜨리고 지구도 무수한 별 가운데 하나의 별일 뿐이요 모든 별의 중심(正中)이 될 수 없다는 '지계역성설'(地界亦星說)을 제시하고 있다.

> "하늘에 가득한 별들은 하나의 영역(界)이 아닌 것이 없다. 별의 영역에서 보면 지구의 영역도 별이다. 한량없는 영역(별)들이 허공의 영역 안에 흩어져 있는데, 오직 이 지구라는 영역이 공교롭게도 정중앙에 있다는 것은 이치가 성립되지 않는다. 따라서 영역(별)이 아닌 것이 없고 회전하지 않는 것이 없다. 여러 별의 영역에서 보는 것은 지구에서 보는 것과 동일하니, 각각 스스로 중심이라 말한다. …만약 '칠정'이 지구를 둘러싼다는 것은 지구에서 관측하면 진실로 그러하니 지구를 '칠정'의 중심이라 할 수 있겠지만, 여러 별의 정중앙이라 말한다면 우물 속에 앉아서 하늘을 보는 것이다."[25]

---

*24 『湛軒書』, 內集 권4, 22, '豎山問答', "君子從俗而設敎, 智者從宜而立言, 地靜天運, 人之常見也, 無害於民義, 無乖於授時, …天運地轉, 其勢一也, 無用分說…天運之無理, 不足多辨."
*25 같은 곳, "滿天星宿, 無非界也, 自星界觀之, 地界亦星也, 無量之界, 散處空界,

인간을 중심으로 사물을 바라보는 '이인시물'(以人視物)의 관점처럼 지구를 중심으로 뭇별들을 바라보는 '지관'(地觀: 以地觀星)의 시각이 있음을 지적하고, 관점을 전환하여 사물의 입장에서 사람을 보는 '이물시인'(以物視人)의 시각을 도입하듯이 뭇별에서 지구를 포함하여 다른 별들을 바라보는 '중계지관'(衆界之觀)을 끌어들이고 있다. 그렇다면 제각각 자기를 중심으로 보는 관점이 동등한 권리를 갖는다고 인정하면서도, 자기중심의 주관적 관점이 지닌 상대주의적 세계관을 넘어서서 전체를 평등하게 바라보는 제3의 객관적 관점, 곧 하늘로부터 보는 '자천이시지'(自天而視之)의 새로운 보편적 세계관을 정립하는 것이 홍대용의 지향점이라 할 수 있다.

여기서 홍대용이 천체의 질서를 제시하여, "'오위'(五緯: 水·火·木·金·土의 5星)가 해를 둘러싸니 해를 중심으로 삼고, 해와 달은 지구를 둘러싸니 지구를 중심으로 삼는다. …이때문에 지구는 해와 달의 중심이 되지만 '오위'의 중심이 될 수 없고, 해는 '오위'의 중심이 되지만 여러 별들의 정중앙이 될 수 없다. 해도 정중앙이 될 수 없는데 하물며 지구가 될 수 있겠는가?"[26] 라고 하여, 해와 달이 지구를 중심으로 돌며, '오위'의 다섯 별은 해를 중심으로 도는 것으로 본다. 이러한 견해는 당시 소개되었던 서양의 천문학자 티코 브라헤의 견해를 수용한

惟此地界, 巧居正中, 無有是理, 是以無非界也, 無非轉也, 衆界之觀, 同於地觀, 各自謂中, …若七政包地, 地測固然, 以地謂七政之中則可, 謂之衆星之正中則坐井之見也."

[26] 『湛軒書』, 內集 권4, 22-23, '毉山問答', "盖五緯包日而以日爲心, 日月包地而以地爲心, …是以地爲兩曜之中, 而不得爲五緯之中, 日爲五緯之中, 而不得爲衆星之正中, 日且不得爲正中, 況於地乎."

것으로 보이는데, 홍대용의 특징적 입장은 우주를 무한한 것으로 보고 일정한 중심을 인정하지 않는 점이 지적된다.[27] 그는 지구가 자전(自轉)함을 인정하면서도 다른 별의 둘레를 도는 공전(公轉)운동이 없다고 보았는데, 그 이유도 단지 무겁고 둔하기 때문이라 하여 지구가 중심이기 때문에 다른 별의 둘레를 돌지 않는 것이라 보는 입장을 근원적으로 차단하고 있다. 공전과 자전을 하던지 자전만 하던지 모든 별은 그 성질의 무겁고 가벼움에 따라 돌고 있는 것이요, 무한한 우주인 허공 속에는 특정한 중심이 있는 것도 아니며, 전체의 균형을 잡아주는 어떤 질서나 체계를 설정하고 있는 것도 아니다. 그만큼 열린 우주론을 보여주는 것이라 할 수 있을 것이다.

또한 그는 허자가 제기하는 '오위'는 오행(五行)의 정수라 하거나, 항성(恒星)은 온갖 사물의 형상으로 아래로 지구의 영역에 상응하여 재앙이나 상서로움의 징험이 있다는 등 천체와 연관된 통속의 온갖 불합리한 술법들을 거짓된 것으로 비판하였다. 여기서 술법에 미혹된 대중적 신앙의 성격에 대해, "'뭇사람의 입은 쇠도 녹이고, 쌓인 비방은 뼈도 녹인다'는 것이니, 입은 쇠를 녹일 수 없고 비방은 뼈를 녹일 수 없지만 오히려 녹여낸다는 것은 사람이 여럿이면 하늘도 이겨내는 것이다. 기교와 술법이 비록 허망하지만 사람의 마음에 느낌이 있어서

---

[27] 박성래, 위의 책, 175쪽. 박성래는 五星이 태양 둘레를 돌고, 태양과 달이 지구 둘레를 돈다는 홍대용의 견해는 티코 브라헤와 똑같다고 지적하면서, 양자의 근본적 차이점으로 티코 브라헤는 지구를 有限宇宙의 중심이요 不動하는 것으로 보았는데, 홍대용은 우주를 무한한 것으로 만들어 우주의 중심이 논리적으로 불가능하게 만들었고, 지구의 自轉운동을 제시한 점을 들었다.

극진하게 의지하고 믿으니, 혹 징조와 호응을 일으키기도 한다. 이것은 허공에 공허한 그림자를 잡는 것이다. 공허한 그림자에 현혹되어 실지의 사정을 살피지 않으니 미혹됨이 심하다"[*28]고 하였다. 대중의 미혹된 신앙은 하늘도 이겨낼 만큼 진실성과 상관없이 위력을 발휘하는 사실을 인정하지만, 진실성에서 보면 공중에 뜬 허망한 그림자를 붙잡는 것처럼 현혹된 것일 뿐이라 부정하였다. 그만큼 오랜 세월 유지되고 광범하게 퍼진 대중적 신앙에 대해서도 실지에 어긋나는 허망함을 비판하여 합리적 정신을 관철하고 있는 것이다.

2) 음양설陰陽說과 오행설五行說의 비판

홍대용은 천체에 대한 논의에서 유교전통의 자연철학에서 핵심적 사유방법인 음양설과 오행설을 비판함으로써, 자연철학의 근본적 전환을 시도하고 있음을 보여준다. 그는 일식이나 월식이 음과 양이 서로 항거하는 데서 생긴 것이요, 음·양이 조화를 이루면 일식이나 월식이 일어나지 않는다는 유교전통의 설명에 대해, "음·양(陰陽)에 얽매이고 도리(理義)에 막혀서 천도(天道)를 살피지 않은 것은 선유(先儒)들의 허물이다. …경(經)과 위(緯)의 도수가 같고 '삼계'(三界: 日·月·地)가 일직선에 놓이면, 서로 가려져서 식(蝕: 日蝕·月蝕)이 생기는 것은 운행의 떳떳함이다. …이것은 '삼계'의 떳떳한 도수며, 지구 영역의 정치와

[*28] 『湛軒書』, 內集 권4, 26, '毉山問答', "衆口鑠金, 積毁銷骨, 口不可鑠金, 毁不可銷骨, 猶致銷鑠者, 人衆而勝天也, 技術雖妄, 人心有感, 依信之極, 或致徵應, 此撮空之虛影也, 眩於虛影, 不察情實, 惑之甚矣."

관계가 없다"[*29]고 하여, 일식·월식의 현상이 인간의 정치와 아무런 상관이 없는 천도의 운행법칙에 따른 것일 뿐임을 분명히 한다. 다만 그는 인간이 '자연의 변화현상에 처했을 때 자신을 닦고 성찰하는 것은 인간으로서 당연한 도리'(處變修省, 人事之當然)일 뿐이라 하였다. 그것은 '천인감응설'(天人感應說)의 경우처럼 자연현상과 사회현상을 상응시켜 통합적 연관성을 강조하는 유교전통의 세계관에서 벗어나는 전환의 계기를 분명하게 제시하고 있는 것이라 하겠다.

그는 음·양의 사유형식을 버리는 것이 아니라, 유교전통의 음·양 개념을 전면적으로 재검토하고 있다. 곧 "'양'의 종류가 무수하지만 모두 불에 근본하고, '음'의 종류가 무수하지만 모두 땅에 근본한다. 옛사람이 여기에 깨달은 바가 있어 '음양'의 학설이 있게 되었다. …그 근본을 탐구하면 실지는 햇빛(日火)이 얕은지 깊은지에 속하는 것이요, 하늘과 땅 사이에 별도로 '음'과 '양'의 두 기(氣)가 있어서 때에 따라 나타나기도 하고 숨기도 하며 조화(造化)를 주장한다고 하여, 후세 사람의 학설과 같은 것을 말하는 것은 아니다."[*30]

홍대용은 '오행'에 대해 사물의 기질을 구성하는 기본 요소로 보는 입장을 밝히는 방법으로 중국사상의 전통 속에 '오행' 이외에도 다양한 형식이 있음을 들고 있다. 곧 『서경』 '대우모'(大禹謨)편에서 '육부'(六

[*29] 『湛軒書』, 內集 권4, 27, '毉山問答', "拘於陰陽, 泥於理義, 不察天道, 先儒之過也, …經緯同度, 三界參直, 互掩爲蝕, 其行之常也, …此三界之常度, 不係於地界之治亂."

[*30] 『湛軒書』, 內集 권4, 30, '毉山問答', "陽之類有萬而皆本於火, 陰之類有萬而皆本於地, 古之人有見於此而有陰陽之說, …究其本則實屬於日火之淺深, 非謂天地之間別有陰陽二氣, 隨時生伏, 主張造化, 如後人之說也."

府)로 수・화・금・목・토・곡(水火金木土穀)이 제시되고, 『주역』(周易)에 ‘팔상’(八象)으로 천・지・화・수・뇌・풍・산・택(天地火水雷風山澤)이 제시되고, 『서경』 ‘홍범’(洪範)편에서 ‘오행’으로 수・화・금・목・토가 제시되고, 불교에서는 ‘사대’(四大)로 지・수・화・풍(地水火風)이 제시되었음을 지적한다. 그는 이러한 기질의 기본구성요소에 대해, “옛사람들은 때에 따라 이론을 제시하여 만물을 총괄하는 명칭을 지은 것이니, 한 가지도 보탤 수 없고 한 가지도 뺄 수 없는 것으로, 천지・만물에 마침 이런 수(數)가 있다고 말하는 것이 아니다. 그러므로 ‘오행’의 수는 원래에 정해진 이론이 아닌데, 술가(術家)에서 근본으로 삼아 하도(河圖)・낙서(洛書)로 견강부회하고, 주역의 상수(象數)로 천착하여, ‘생・극’(生克: 相生・相克)이니 ‘비・복’(飛伏: 卦의 드러나고 숨음)으로 지루하게 얽어가고 온갖 술수를 장황하게 늘어놓았지만, 끝내 그런 이치는 없다”[31]고 하였다. 곧 그는 옛 사람들이 상황에 따라 사물의 총괄 명칭(總名)을 몇 가지로 들었던 것일 뿐이지, 일정하게 규정된 수가 있는 것이 아님을 강조하며, 술가들에 의해 견강부회하면서 그릇된 사유체계를 형성하게 된 것으로 비판하고 있다. 그것은 ‘오행’이 만물을 구성하는 기본요소로 확정될 수 없다는 것으로 ‘오행설’의 자연철학적 사유체계를 부정하는 것이다.

여기서 그는 사물의 기본요소를 설명하는 자신의 독자적 체계를 밝히고 있다. 곧 해(日)의 ‘화’(火)와 땅(地)의 ‘수’(水)・‘토’(土)라는 세 가지

---

*31 같은 곳, “古人隨時立言, 以作萬物之總名, 非謂不可加一, 不可減一, 天地萬物, 適有此數也, 故五行之數, 原非定論, 術家祖之, 河洛以傅會之, 易象以穿鑿之, 生克飛伏, 支離繚繞, 張皇衆技, 卒無其理.”

요소를 제시하고, 그 근원으로 하늘의 '기'(氣)를 제시하는 이층구조를 보여주는 것으로, "'화'(火)는 해요, '수'(水)와 '토'(土)는 땅이다. '목'(木)·'금'(金)이란 해와 땅이 생성한 것이니 마땅히 세 가지(火·水·土)와 병립시켜 '행'(行)으로 삼을 수 없다. 또한 하늘(天)이란 맑고 비어 있는 '기'(氣)가 끝없이 가득 차 있는 것이니, 자그마한 지구 영역이 들여쉬고 내쉬는 것으로 지극히 맑고 지극히 비어 있는 가운데에 견주어 논의할 수 있겠는가? 이에 하늘은 '기'일 뿐이요, 해는 '화'일 뿐이요, 땅은 '수'와 '토'일 뿐이며, 만물은 '기'의 찌꺼기요, '화'의 녹여낸 것이며 땅의 혹덩이임을 알겠다. 세 가지에 하나라도 빠지면 조화(造化)를 이룰 수 없다는 것을 어찌 다시 의심하겠는가?"[32]라고 하였다. 따라서 홍대용의 기본요소에 대한 체계는 해와 땅의 대응구조 속에 '화'와 '수'·'토'의 세 요소가 제시되어 이 세 요소의 작용으로 '목'·'금'을 비롯하여 온갖 만물이 생성·조화될 수 있다는 것이다. 그러나 이 세 요소보다 한 차원 높은 상위에 모든 존재의 근원으로서 하늘을 가득 채우고 있는 '기'가 있다는 것이다. 따라서 '기'와 '화'·'수'·'토'의 이층구조를 합하여 보면 네 가지 요소(氣·火·水·土)가 된다. 이것은 당시 서학서인 『천주실의』에서 '사원'(四元)으로 '기·화·수·토'(氣火水土)를 제시하였던 것과 일치하게 된다. 그러나 '사원설'(四元說)이 네 가지 요소가 병렬되어 상호작용하는 것과는 달리, 홍대용은 '기'를

---

*32 같은 곳, "夫火者日也, 水土者地也, 若木金者, 日地之所生成, 不當與三者並立爲行也, 且天者, 淸虛之氣彌滿無際, 其可以蕞爾地界之噓吸, 擬議於至淸至虛之中乎, 是知天者氣而已, 日者火而已, 地者水土而已, 萬物者, 氣之粕糟, 火之陶鎔, 地之疣贅, 三者闕其一, 不成造化, 復何疑乎."

다른 세 요소의 상층에 두어 유교전통의 '기'개념 내지 '기—질'(氣-質)의 구조에 상응하는 것임을 보여준다.[33] 따라서 그는 "땅은 만물의 어미요, 해는 만물의 아비요, 하늘은 만물의 할아비이다"(地者萬物之母, 日者萬物之父, 天者萬物之祖)라는 말을 인용하여, 기본요소의 위계질서와 상관관계를 보여준다. 이처럼 그는 유교전통의 '음양설'에 대해서도 '기'의 기본구성을 이루는 실체로 보는 관점을 탈피하였으며, '오행설'에 대해서도 사실상 전면 부정하고, 유교전통의 '기—질'구조 속에 서학의 '사원설'을 받아들임으로써, 자연철학의 합리적 전환을 추구하였던 것임을 확인할 수 있다.

$$\text{<氣>(天/祖)} \left[\begin{array}{l} \text{<火>} \quad\quad\quad (日/父) \\ \text{<水>}\cdot\text{<土>}(地/母) \end{array} \right] \text{萬物(<木>·<金> 포함)}$$

5. '역외춘추'域外春秋와 화이론華夷論의 극복

홍대용은 자연과학적 합리성을 추구하면서 유교지식인들이 쉽게 빠져드는 태식(胎息)으로 단(丹)을 이루어 장생(長生)을 추구하는 신선술(神仙術)이라던지, 묘(墓)자리의 길흉을 따지는 풍수설(風水說)이 허망한 술법임을 지적하여 비판하였다. 나아가 그는 서양 천문학과 지리학의 수용을 통한 우주론의 새로운 이해를 토대로 유교전통이 지켜온 중국중심의 천하관(天下觀)과 이에 따른 화이론(華夷論)을 전면적으로 비판하여

---

*33 박성래, 위의 책, 166쪽.

세계관의 전환을 추구하고 있다. 그는 "중국 사람은 중국을 바른 영역
(正界)으로 삼고 서양을 뒤집힌 영역(倒界)으로 삼으며, 서양 사람은 서
양을 바른 영역으로 삼고 중국을 뒤집힌 영역으로 삼지만, 그 실지는
하늘을 머리에 두고 땅을 밟는 것은 영역에 따라 모두 그러하니, 가로
누웠다(橫)거나 뒤집혔다(倒)는 것이 없이 모두 바른 영역이다"[34]라고
하였다. 곧 그는 지구 위의 어떤 나라이거나 모두 바른 영역(正界)이요,
바른 영역과 뒤집힌 영역으로 나누는 것은 객관적 사실이 아니라 자기
중심의 주관적 판단일 뿐임을 강조함으로써, 관습에 젖어 객관적 사실
을 인식하지 못하고 자기 중심적 가치관에 사로잡혀 있는 시각을 탈피
하도록 요구하고 있다.

홍대용은 당시 만주족의 청(淸)나라가 중국을 지배하면서 조선사회의
도학자들은 청나라를 오랑캐로 배척하고 한족의 명(明)나라가 이미 멸망
하였지만 중화로 높이는 '배청숭명'(排淸崇明)의 '화이론'(華夷論)을 의
리의 대전제로 표방하고 있던 상황에서, 오랑캐와 중화를 분별하는 의
리를 근본적으로 재검토하였다.

> "하늘이 낳아주고 땅이 길러주니, 무릇 혈기가 있는 자는 다 같이 사람
> 이요, 무리 가운데 뛰어나 한 지역을 다스리는 자는 다 같이 임금이요,
> 문을 겹겹이 만들고 해자를 깊이 파서 강토를 삼가 지키는 것은 다 같이
> 국가요, 장보(章甫)·위모(委貌)의 중국 의관이나 문신(文身)·조제(雕

---

*34 『湛軒書』, 內集 권4, 21, '毉山問答', "中國之人, 以中國爲正界, 以西洋爲倒
界, 西洋之人, 以西洋爲正界, 以中國爲倒界, 其實戴天履地, 隨界皆然, 無橫
無倒, 均是正界."

題)의 오랑캐 풍속이나 다 같이 습속이다. 하늘에서 본다면 어찌 안과 바깥의 구분이 있겠는가? 따라서 각각 자기 사람들과 친하고, 각각 자기 임금을 높이며, 각각 자기 나라를 지키고, 작각 자기 풍속을 편안히 여기는 것은 중국이나 오랑캐가 한 가지다.”[*35]

곧 중화나 오랑캐나 사람은 모두 같은 사람으로 균등하며, 제각기 자기 백성, 자기 나라, 자기 풍속을 좋아하는 점에서 같다는 평등의 관점을 제시하여 중화와 오랑캐의 분별을 의리로 삼는 ‘화이론’을 근본적으로 부정하고 있는 것이다. 이러한 관점은 바로 중국 중심의 ‘중화주의’를 타파하며, 각각의 자기 중심적 입장을 균등하게 인정함으로써 가치관의 다원화를 인정하며, 이러한 다원화의 논리는 하늘에서 세계를 바라보는 ‘자천시지’(自天視之)의 관점을 제기함으로써 뒷받침하고 있다. 그것은 사물과 자아의 분별이나 안과 바깥의 분별이 있는 것은 사실이지만, 이를 분별의 시각으로 볼 것이 아니라, 오장육부(五臟六腑)와 사지백절(四肢百節)이 한 몸인 것처럼 통합시켜 일체로 보는 시각을 제시하는 것이다.

그는 중국과 오랑캐의 관계도 일방적인 것이 아니라 상호적인 것으로 보아야 할 것을 강조하였다. “무릇 자기의 소유가 아닌데 갖는 것을 ‘도’(盜)라 하고, 자기의 죄가 아닌데 죽이는 것을 ‘적’(賊)이라 한다. 사방의 오랑캐가 강역을 침략하면 중국은 ‘구’(寇)라 하고, 중국이 함부

---

*35 『湛軒書』, 內集 권4, 36, ‘毉山問答’, “天之所生, 地之所養, 凡有血氣, 均是人也, 出類拔華, 制治一方, 均是君王也, 重門深濠, 謹守封疆, 均是邦國也, 章甫委貌, 文身雕題, 均是習俗也, 自天視之, 豈有內外之分哉, 是以各親其人, 各尊其君, 各守其國, 各安其俗, 華夷一也.”

로 무력을 쓰면 사방의 오랑캐가 '적'(賊)이라 한다. 서로 '구'(寇)라 하고 서로 '적'(賊)이라 하는 것은 그 의리가 한 가지다"[36]라고 하여, 일방적으로 중국은 선하고 오랑캐는 악하다는 평가태도가 아니라, 서로에 대해 동등한 권리를 갖는다는 것임을 밝히고 있다. 그것은 중화를 높이고 오랑캐를 물리쳐야 한다는 '존화양이'(尊華攘夷)의 의리를 유교적 의리의 근본과제로 삼고 있는 도학자들의 가치관에 대한 전면적 개혁을 요구하는 것이다. 여기서 그는 공자가 제시한 '화이론'의 의리를 재해석하여 '역외춘추론'(域外春秋論)을 제시하였다.

> "공자는 주(周)나라 사람이다. 왕실이 날로 경시되고 제후들은 쇠약해지자 오(吳)나라와 초(楚)나라가 중국을 어지럽히는 도적 노릇을 거리끼지 않았다. '춘추'(春秋)란 주나라의 기록이라 안과 바깥을 엄격히 한 것은 역시 마땅하지 않겠는가? 비록 그러하나 공자로 하여금 바다로 떠나가 동쪽 오랑캐 땅에서 살게 하였다면, 중화의 예법을 써서 오랑캐를 변화시켜 주나라의 법도를 영역 바깥에서 일으켰을 것이니, 안과 바깥의 구분과 높이고 물리치는 의리가 저절로 마땅히 '영역 바깥의 춘추'(域外春秋)로 있었을 것이다. 이것이 공자가 성인된 까닭이다."[37]

유교전통에서 '화이론'의 의리는 공자가 지은 『춘추』에서 제시된 것으로 받아들여지고 있다. 곧 『춘추』에서 왕도를 높이고 패도를 천시

---

*36 같은 곳, "夫非其有而取之謂之盜, 非其罪而殺之謂之賊, 四夷侵疆, 中國謂之寇, 中國瀆武, 四夷謂之賊, 相寇相賊, 其義一也."

*37 『湛軒書』, 內集 권4, 37, '毉山問答', "孔子周人也, 王室日卑, 諸侯衰弱, 吳楚猾夏, 寇賊無厭, 春秋者周書也, 內外之嚴, 不亦宜乎, 雖然, 使孔子浮于海, 居九夷, 用夏變夷, 興周道於域外, 則內外之分, 尊攘之義, 自當有域外春秋, 此孔子之所以爲聖人也."

하는 '존왕천패'(尊王賤覇)의 의리를 '존화양이'의 의리와 동일한 의리로 인식하여 '춘추대의'(春秋大義)로 삼고 있다. 여기서 그는 공자가 성인됨은 중국만을 높이는 데 있는 것이 아니라, 오랑캐 땅에 가서 살았다면 오랑캐를 문명으로 끌어올려 그 땅의 '춘추', 곧 '역외춘추'(域外春秋)를 제시하는 데서 확인할 수 있다는 것이다. 곧 공자는 중국을 위한 공자가 아니라, 그 '도'를 중국 땅이거나 오랑캐 땅이거나 어디에서라도 펼쳤을 것이요, 중국 중심의 의리를 제시하였다면 성인이 될 수 없다고 보았다. 그것은 중화와 오랑캐를 지역이나 민족을 중심으로 보아, 만주족은 오랑캐이기 때문에 중국을 지배해도 오랑캐로서 지배하는 것이라 보는 조선 도학자의 폐쇄된 화이론을 깨뜨리고, 중국인도 '도'를 상실하면 오랑캐가 되고 오랑캐도 '도'를 얻으면 중화가 될 수 있다는 열린 '화이론'이 공자의 정신이라는 것이다.

6. 홍대용의 세계관 전환이 지닌 의미

홍대용은 18세기 후반에 활동하던 북학파(北學派) 실학사상의 선구자요, 그의 친우 박지원(燕巖 朴趾源)과 후학 박제가(楚亭 朴齊家)이 북학파를 계승하는 대표적 인물이었다. 당시 조선사회를 주도하던 도학자들이 만주족의 청나라를 오랑캐로 배척하는 의리를 내세웠지만, 북학파 실학자들은 청나라로부터 새로운 선진문물을 수용하여 우리사회의 낙후한 현실을 변혁시키고자 하여, 북쪽으로 청나라에서 배워야 한다는

‘북학’(北學)을 표방하였던 것이다. 북학파를 대표하는 세 사람의 학풍
은 각각의 특징이 있어서 홍대용은 서양과학의 수용을 통해 도학전통의
세계관과 의리론을 극복하는 데 주력하였다면, 박지원은 문학적 풍자를
통해 도학자들의 허위성을 고발하고 ‘이용후생’(利用厚生)의 방법을 제
시하였고, 박제가는 통상론(通商論)을 중심으로 ‘이용후생’의 구체적 과
제를 제시하고 있다.

홍대용의 실학정신은 당시 도학자들의 학문태도가 지닌 허위성을
심술(心術)에서부터 드러내어 ‘도술의 미혹’을 일으키는 원인으로 ‘자랑
하는 마음’(矜心), ‘이기려는 마음’(勝心), ‘권력을 지키려는 마음’(權心),
‘이익을 얻으려는 마음’(利心)의 네 가지 마음을 지적함으로써, 내면의
심술에서부터 근원적으로 타파하고자 하였다. 그가 「의산문답」에서 도
학자 ‘허자’(虛子)와 실학자 ‘실옹’을 등장시켜 ‘허 − 실’(虛-實)의 대립구
조로 설정하고, ‘실옹’이 ‘허자’의 허위의식을 깨뜨려가는 과정으로 전
개하고 있는 것은 바로 도학 − 성리학으로부터 실학으로의 사상적 전환
의 방향을 정립하고자 하는 것임을 알 수 있다.

홍대용은 ‘허자’와 ‘실옹’의 입을 빌어, 도학적 세계관의 불합리성과
폐쇄성을 드러내고 실학적 사유의 합리성을 이론적으로 설파해가고 있
다. 특히 그는 서양의 자연과학사상을 수용하여 ‘지구설’과 ‘자전설’을
중심으로 우주의 구조에 대한 사유방식을 근본적으로 전환시키고자 하
였다. 그것은 무엇보다 먼저 인간 중심적 사유를 ‘인간사물균등’의 사유
로 전환하는 것이요, 지구 중심적 사유를 ‘열린 우주’의 사유로 전환하
는 것이며, 중국 중심적 사유를 ‘중화이적균등’의 사유로 전환하는 것이

라 할 수 있다. 그 사유의 논리를 한마디로 '이인시물'(以人視物)의 사유에서 '이물시인'(以物視人)의 상대성을 도입하고, 나아가 '이천시지'(以天視之: 自天視之)의 객관적 합리성의 균등론으로 제시하고 있다.

홍대용의 '인물균론'(人物均論)은 인간과 사물의 차이를 명확히 규정하면서 상하로 차등화하는 인간중심적 관점을 깨뜨리려는 것이다. 이점에서 그가 속한 낙론(洛論)계열의 '인물성동론'(人物性同論)과 일정한 연관성을 엿볼 수 있다. '인물성동론'이 본질로서 성품의 동이(同異)문제에서 '동일성'을 주장하는 것이라면, '인물균론'은 가치의 등급에서 '균등성'을 주장한다는 점에서 접근법 자체가 다른 것이지만, 본질의 동일성이 중시되면 등급의 균등성도 확보될 수 있다는 점에서 소통가능성을 가지고 있는 것으로 보인다. 또한 바로 이 점에서 홍대용의 '인물균론'은 당시 서학이 여전히 인간중심적이고 지구중심적인 사유를 바탕으로 하고 있다는 사실을 고려한다면, 그는 근본적으로 서구지향의 '서학'이 아니라 청조지향의 '북학'이라 할 수 있을 것이다.

홍대용의 천문학·지리학적 지식은 서양과학의 영향을 많이 받았던 것은 사실이다. 그러나 그가 서학의 '천동설'이 아니라 서학에서 거부대상으로 삼았던 '지동설'을 받아들이고, '오행설'을 비판하면서도 '기-질'(氣-質)구조의 '기'와 세 구성요소(火·水·土)로 제시하여 서양의 '사원설'을 그대로 따르지 않고 있는 점은 그가 도학전통에서 받아들인 자연철학과 서양과학의 사유를 혼합한 것으로 볼 수 있는 여지가 분명히 있다. 그러나 이 점은 그가 서양과학을 소개하는 것이 아니라, 도학전통의 지식인에게 전통적 우주론을 깨뜨리고 새로운 합리적 세계관으로 나올 수 있는 길을 열어가는 논리를 제시하였다는 사실을 고려한다면, 그의 논리는 그만큼 도학자 청중을 향한 어법이라는 점을 유의해야 할 것이다.

「의산문답」에서 홍대용이 '실옹'의 입을 통해 전개한 이론에 대해, "홍대용은 자신의 우주론 학설과 문명론적 메시지를 서로 우화적 방식으로 연결시켰다"[38]고 언급하면서, 홍대용의 우화를 확정된 학설이나 체계적 이론으로 받아들이는 연구자들의 문제점을 지적하는 견해가 있다. '허자'와 '실옹'의 문답형식으로 서술한 홍대용의 화법이 과학적 지식을 엄밀하게 논증하지 못하고 자신의 이론도 분석적으로 제시하지 못한 점이 있는 것은 사실이다. 그러나 설명이 정밀하지 못하다고 『장자』류의 우화적 화법으로 단정하기도 어려운 점이 있는 것으로 보인다. 그가 도학적 세계관의 기반인 인간중심적 사유를 깨뜨리고, 지구중심적 우주론을 깨뜨리며, 나아가 중국중심적 의리론을 깨뜨리는 일관된 주제를 전개하고 있는 것은 실학의 합리적 세계관으로 전환시키기 위한 사유로서 체계적이고 진지성을 갖춘 것이라 할 수 있으며, 불명확한 이론의 우화적 서술은 오히려 기본 논법이라기 보다는 부차적인 수사적 화법이라고 볼 수 있을 것이다. 「의산문답」은 홍대용이 도학적 사유의 틀을 깨뜨리기 위해 선명한 문제의식과 설득력 있는 논리로 자신의 실학정신을 가장 치열하게 밝혀내고 있다는 점에서, 비록 분량으로는 비교적 간략한 저술이지만 그의 대표작으로서 부족함이 없다고 생각된다.

---

[38] 임종태, 위의 책, 282쪽.

3장 :
『열하일기』熱河日記와 박지원朴趾源의 종교적 관심

1. 『열하일기』와 박지원의 중국종교에 대한 관심

박지원(燕巖 朴趾源, 1737-1805)은 18세기 후반 북학파 실학자의 중심 인물이었을 뿐만 아니라, 문장가로서도 이 시대를 대표하는 인물이었다.[1] 특히 박지원이 44세때(1780) 사신의 행렬을 따라 중국에 들어갔을

---

[1] 박희병은 『나의 아버지 박지원』(박종채 지음, 박희병 옮김, 돌베개, 2005)의 역자 서문 첫머리에서, "영국에 셰익스피어가, 독일에 괴테가, 중국에 소동파가 있다면

때의 견문을 기록한 『열하일기』는 그의 저술 가운데서도 대표작이요, 많은 인물들이 남긴 여러 연행록(燕行錄) 가운데서도 가장 뛰어난 저술로 높이 평가되고 있다.

『열하일기』는 압록강을 넘어 성경(盛京: 瀋陽)을 들렀다가 산해관(山海關)을 거쳐 북경에 들어가고 다시 장성(長城)의 고북구(古北口)를 넘어 열하(熱河)까지 갔다가 북경으로 돌아와 귀국하는 1780년 여름 두달 동안의 여행기록이다. 그는 여행일정에 따르는 견문과 더불어 중국의 여러 인사들과 적극적으로 교류하면서 다양한 주제로 깊이 있게 토론하고 문답하였던 내용을 기록하였다. 따라서 이 책은 단지 지나가는 도중에 보고 들은 것을 기록하는 견문기의 수준을 훨씬 벗어나 북학파 실학자의 안목으로 청나라 문물과 제도와 형세를 꿰뚫어 관찰하고 있다는 점에서 주목된다. 바로 이 점에서 박지원은 당시 조선의 사대부들이 중화를 높이고 오랑캐를 물리친다는 '존화양이'(尊華攘夷)의 의리에 따라 청나라에 대한 거부의식을 표방하여 '숭명배청'(崇明排淸)의 의리를 신념으로 강경하게 내세우고 있는 사실을 직시하면서도, 이용(利用)과 후생(厚生)에 도움이 되는 청나라의 문물과 제도에 대해 세밀한 관심을 기울여 관찰하고 도입의 필요성을 적극적으로 주장하였던 것이다.

여기서 그는 당시 북경을 다녀온 사람들이 중국에서 첫째로 꼽아야 장관(壯觀)이 무엇인지 제각기 하나씩 들고 있을 때, 지조 높은 선비(上

우리나라에는 박지원이 있다고 감히 말할 수 있을 터이다. 그는 중세기 우리나라 최고의 대문호다" 라고 하여, 박지원을 우리나라 고전문학을 대표하는 문장가로 극진하게 높이 평가하고 있다.

士)는 황제가 머리를 깎은 오랑캐의 문물에서 아무런 볼 것이 없다고 말하고, 웬만한 선비(中士)도 10만의 군사를 얻을 수 있다면 중원(中原)을 소탕하여 오랑캐인 청나라를 몰아낸 다음에 비로소 볼 만한 장관을 이야기할 수 있다고 말할 것이라 하였다. 이것이 이른바 『춘추』의 의리 정신을 지킨다는 것이다. 그러나 그 자신은 청나라의 문물의 장관은 "기와 조각에나 똥부스러기에도 있다"[2]고 외쳤다. 중국인들이 기와조각이나 똥부스러기를 이용하는 제도가 바로 가장 쓸모없는 것까지 소중하게 활용하는 이용·후생의 모범이 되고 있음을 지적하였다. 그만큼 '숭명배청'의 북벌(北伐) 의리론적 관점과 '이용후생'의 북학(北學) 실용론적 관점이 한 시대의 중국문물을 얼마나 다르게 관찰할 수 있는지 선명하게 각성하고 있는 것이다.

그는 『열하일기』에서 중국의 역사·지리·인물·제도와 정치적 형세나 이용의 효율성에 이르기까지 예리한 통찰력으로 파악하였다. 이를테면 그는 황재의 피서산장이 있는 열하를 찾아가면서도 열하가 명목은 피서를 위한 것이지만 실상은 몽고의 목구멍을 막는 요새를 천자가 스스로 나가 지키려는 것임을 간파하고 있다.[3] 또한 그는 우리나라 인물들이 중국에 가서 보여주는 태도의 다섯 가지 허망함(五妄) 곧 ①문벌을 뽐내는 것, ②상투 하나로 천하에 뽐내려는 것, ③사신(使臣)들이 공손한 것을 부끄러워하고 거만한 것을 고상하게 여기는 것, ④운치(韻

---

*2 『燕巖集』, 권12, 3, '熱河日記·馹汛隨筆', "余下士也, 曰壯觀在瓦礫, 曰壯觀在糞壤."
*3 『燕巖集』, 권12, 56, '熱河日記·漠北行程錄(序)', "其實地據險要, 扼蒙古之咽喉, 爲塞北奧區, 名雖避暑, 而實天子身自防胡."

致) 없는 시문(詩文)을 쓰면서 '중국에는 문장이 없다'고 헐뜯는 것, ⑤ 중국의 선비들이 그 임금의 은택을 자랑함을 보고는 옛날과 같은 비분강개하는 선비가 없다고 탄식하는 것을 지적하고, 중국 선비들이 처신함에 세 가지 어려움(三難) 곧 ①거인(擧人)이 되려면 경・사를(經・史) 변증(辨證)하고 백가(百家)・구류(九流)를 섭렵해야하는 어려움, ②너그럽고 속되지 않으며 예법에 따라 몸을 낮추고 남을 받아들여 대국의 체면을 잃지 않아야하는 어려움, ③법을 두려워하므로 벼슬에 조심하고, 사민(四民)이 각기 업(業)을 나누어서 자치에 힘쓰지 않는 자가 없게 하는 어려움을 들고 있는 것도 당시의 실정에 대해 정곡을 찌르는 통찰력을 보여주는 것이라 하겠다.[4]

나아가 그는 『열하일기』를 통해 청나라 문물을 다양한 주제로 관찰하며 기록하고 있지만, 그 가운데서 당시 중국의 종교적 상황을 엿볼 수 있게 하는 사원(寺院)과 묘당(廟堂)들에 관해 많은 기록을 남기고 있는 사실이 눈에 띈다. 그의 유교・불교・황교(黃敎: 라마교)・도교・민간신앙・서학 등 여러 종파의 사원과 묘당들에 관한 기록은 건물의 제도나 화려한 양식에 대한 관찰도 세밀하지만, 당시의 중국정부가 여러 종교교단에 어떤 대응 태도를 보이고 대중들이 어떤 신앙태도를 보이는지, 그리고 중국정부의 대응태도가 지닌 정치적 의미나 문화적 의미가 무엇인지에까지 폭넓게 관심이 미치고 있음을 확인할 수 있다. 이점에서도 그는 비록 확고한 유교지식인이지만 당시 도학자들이 지녔

---

[4] 『燕巖集』, 권14, 1, '熱河日記・審勢編', "燕巖氏曰, 遊中國者有五妄, …中州之士有三難."

던 정통주의에 따른 배타적 거부태도가 아니라, 비교적 객관적 관찰태도를 잘 지키고 있는 사실이 확인된다. 따라서『열하일기』에서 박지원이 보여준 종교교단이나 사원·묘당에 대한 관심과 관찰을 통해 당시 청나라의 종교적 상황과 중국정부가 추구하던 종교정책의 실상을 확인해 볼 수 있을 것이다.

2. 유교와 도교 및 민간신앙의 이해

1) 유교에 대한 이해

청나라도 통치원리는 주자학을 기준으로 삼고 있는 만큼 '유교'는 체제교학이라 할 수 있다. 그러나 박지원이 중국여행을 통해 찾아가서 관찰하였던 유교의 현장은 그다지 많지 않다. 먼저 학교로서 열하(熱河: 承德)의 태학(太學)을 비롯하여 북경의 순천부학(順天府學)과 태학을 찾아갔고, 국가의 전례가 행해지는 제단으로서 북경의 천단(天壇)을 비롯하여 관제묘(關帝廟)와 화신묘(火神廟)를 찾아가 자세히 기록하였으며, 또한 선현의 사당으로서 난하(灤河) 기슭에 있는 백이·숙제의 사당 이제묘(夷齊廟)와 북경에 있는 남송의 충신 문천상(文天祥) 사당인 문승상사(文丞相祠)를 소개하는 정도라 할 수 있다. 그 밖에 유교와 관련하여 유교의 음악론(樂論)에 대한 논의와 중국의 상례풍속에 대한 견문 및 강상의 규범을 높이는 사당으로 강녀묘(姜女廟)를 들 수 있다.

(1) 태학太學과 성묘聖廟

먼저 그는 열하에서 사신 일행들과 함께 태학(承德太學) 안에 숙소를 얻어 들었다. 그는 이곳 태학의 성묘(聖廟: 大成殿)를 배알하였을 때, 선현의 신위(神位)를 배향한 제도로서 주자의 신위가 양무(兩廡)에 모셔져 있는 것이 아니라, 공자 문하의 10철(孔門十哲)과 함께 전상(殿上)에 모셔져 있는 사실이 특이함을 유의하였다. 그는 중국 인사들과 필담하는 가운데 중국에서는 강희(康熙) 때부터 주자의 신위가 전상에 올려 모셔졌음을 확인하고, 또 '10철'에 대해서도 당나라 때 정해졌지만 그후 유약(有若)과 공서적(公西赤)을 전상으로 올려 모시고 염구(冉求)와 재여(宰予)를 무(廡)로 내려서 모셔야 한다는 것이 정효(明 鄭曉)와 왕사정(淸 王士禎)을 비롯한 선비들의 공론이라는 윤가전(尹嘉銓: 大理寺卿 致仕)의 견해를 소개하고 있다.[*5]

다음으로 그는 북경의 태학(北京太學)에서도 열하의 태학과 동일하게 왼쪽(동쪽)이 묘(廟: 大成殿)요 오른쪽(서쪽)이 태학으로 배치되어 있으며, 태학의 편액이 '국자감'(國子監)으로 되어 있음을 보여준다. 여기서 그는 태학의 제도가 원(元)을 거쳐 명(明)나라 때 제도가 완성되는 과정을 고증하였다. 여기서 그는 묘(廟)의 제도가 명나라의 옛 제도를 본뜬 듯하

[*5] 『燕巖集』, 권14, 27-28, '熱河日記 · 鵠汀筆談', "宜進祀二子(有若 · 公西赤)于殿上, 改求子(冉求 · 宰我)于廡中, 先輩鄭端簡 · 王貽上論皆如此, 王爲國子祭酒, 時具疏欲改正, 爲人所沮, 疏未果上, 此可謂萬世之公論." 여기서 말하는 孔門十哲은 '顔回(顔淵) · 閔損(子騫) · 冉耕(伯牛) · 仲弓(冉雍) · 宰我(宰子) · 子貢(端木賜) · 冉有(冉求) · 季路(仲由 · 子路) · 子游(言偃) · 子夏(卜商)'요, 현재 우리나라 大成殿에 모셔지는 孔門十哲은 '閔損 · 冉耕 · 冉雍 · 宰子 · 端木賜 · 冉求 · 仲由 · 言偃 · 卜商 · 顓孫師(子張)'으로 顔回가 四聖에 올라 十哲에서 빠졌고, 그 대신 子張(顓孫師)이 올라 있어서 차이를 보인다.

다고 판단하며, 뜰의 넓이나 집들의 둘레는 북경 동문 밖의 도교사원인 동악묘(東岳廟)보다 작아 비교할 수 없음을 지적하였다. 성전(聖殿: 大成殿)과 양무(兩廡: 東廡·西廡)에 모셔진 위패는 모두 독(櫝)을 덮어 감실(龕室) 속에 넣고 누른 휘장을 드리웠으며, 거문고·비파·종·북 등의 악기를 성전 속에 진열해 놓고 있음을 확인하였다.[*6]

특히 그는 태학당(太學堂) 학사(學舍)의 규모에 주의를 기울여, 조교(助敎: 太學의 敎官)가 제시해 준 것에 따라 전부 580여 칸이 되는 것으로 계산하였다. 여기서 그는 송(宋)의 왕공신(王拱辰)의 언급에 따라 한(漢)나라 때 태학은 1,800칸에 생도가 3만 명이었고, 당(唐)나라 때 태학은 6,200칸이었음을 지적하고, 또 다른 기록에 따라 명(明)나라 태조 4년(1371)에는 생도가 2,782명이었고, 태조 26년(1393)에는 8,124명이었으며, 성조(成祖) 19년(1421)에는 9,884명이었던 사실을 들어서, 청(淸)나라 태학에서 선비를 양성하는 규모가 한·당 시대는 물론이요, 명나라 때보다도 현저하게 쇠퇴하고 있는 현실을 주목하였다. 곧 그가 직접 태학의 학사(學舍)를 돌아보았을 때 10 가운데 8,9는 텅 비어 있었고, 며칠 전 석전(釋奠)에 참례한 제생(諸生)의 명단이 4백여 명에 지나지 않으며, 그나마 모두가 만주인과 몽고인뿐이요, 한인은 하나도 없음을 보고 그 원인이 무엇인지 의문을 제기하고 있다. 여기서 그는 "한인(漢人)은 비록 공경(公卿)의 벼슬을 하더라도 성 안에서는 집을 얻을 수

---

*6 『燕巖集』, 권15, 20, ‘熱河日記·謁聖退述·太學’, "今周瞻廟貌, 想因明舊, …庭除之遼濶, 廂廡之周匝, 亦非東岳廟之比矣, 位板皆覆櫝, 龕垂黃帳, …琴瑟鍾鼓, 皆陳設于殿中, 兩廡從享凡百位, 設一如聖殿."

없으니, 서울에 유학하는 선비도 감히 거처를 못함이었던가. 그렇지 않다면 중화족이 스스로 오랑캐 종자와 한 책상에서 공부함을 부끄러워함인가. 그러나 오히려 본받을 일이 없지 않다. 이곳 학사가 텅 비어 있다면 당연히 먼지에 파묻히고 잡초가 자릴 터인데, 어디나 엄숙하고 깨끗하게 정돈되지 않은 곳이 없고 서가와 탁자들이 가지런하며, 창호는 밝고 깨끗하여 비록 종이로 바른 지는 오래되었어도 찢어지거나 떨어진 곳이 없었다. 이것은 비록 한 가지 일이지만 중국 법도의 대체를 넉넉히 볼 수 있다[7]고 하였다. 이처럼 그는 청나라 체제 안에서 한족(漢族)이 차별받고 있는 실정과 더불어 태학의 학풍이 매우 침체되고 있는 사실을 확인하면서, 중국의 엄격한 관리체계를 주목하고 있는 것이다. 그밖에도 그는 태학에 세워진 여러 비석들과 비치된 석고(石鼓) 10개에 대해서도 깊은 관심을 보여주고 있다.[8] 그만큼 중국에서 태학의 교육정책이나 교육제도에 깊은 관심을 보여주고 있으며, 중국 역사의 가장

---

[7] 『燕巖集』, 권15, 21, '熱河日記·謁聖退述·學舍', "漢人雖仕宦至公卿, 不得家城內, 則首善之地, 遊學之士, 亦不敢居歟, 抑亦中華之族, 恥與胡虜種落, 齒學而然歟, 雖然, 亦有足法而可喜者, 今此齋舍虛閴, 想應塵埋草鞠, 而莫不汎治肅淸, 架卓齊整, 牕戶明淨, 紙塗雖舊, 而無一綻缺, 此雖一事, 足見中國法度之槪焉."

[8] 박지원은 北京 太學에 세워져 있는 碑로서 元代 潘迪의 「石鼓音訓碑」를 비롯하여 「加封聖號詔碑」(1307)·「加封先聖父母妻竝四配制詞碑」(1331), 明代의 「申明學制碑」(1370)·「勅諭太學圖碑」(1382)·「定學規碑」(1383)·「欽定廟學圖碑」(1397)·「御製聖諭碑」(1528)·「御製重修太學碑」(1444)와 淸代 康熙帝가 지은 「先賢贊」·「顔曾思孟贊」(1689)·「御製獻馘碑」(1704)를 들고 있다.(『燕巖集』, 권15, 21-22, '熱河日記·謁聖退述·歷代碑學') 또한 그는 北京 太學에 있는 石鼓 10개가 周 宣王이 岐山 남쪽에서 사냥을 하고나서 돌을 깎아 북을 만들어 그 사적을 기록한 것으로, 당시의 史官 籒(유)의 필적임을 확인하고, 그동안 여러 차례 옮겨졌다가 元나라 때 이후 북경의 태학에 두게 되었던 과정을 자세하게 기록하고 있다.(『燕巖集』, 권15, 22-23, '熱河日記·謁聖退述·石鼓')

오랜 유물이 태학에 간직되고 있다는 사실을 통해 태학이 얼마나 중시되고 있는지를 엿볼 수 있게 한다.

박지원은 북경에서 태학과 더불어 순천부학(順天府學)을 찾아가 그 제도를 자세히 서술하고 있다. 곧 순천부학의 영성문(欞星門) 안에 있는 반월형(半月形)의 못이 반수(泮水)라 하였다. 그는 '태학'과 '부학'의 지위나 역할의 차이에 대해서는 설명하지 않고 있으나, 옛 제도에서는 반수를 갖춘 반궁(泮宮)이 제후의 태학이요, 원형(圓形)으로 둘러 있는 못이 있는 벽옹(辟雍)은 천자의 태학이므로, '태학'과 '부학'은 국가를 대표하는 교육기관과 지역 단위의 교육기관이라는 지위에 차이가 있는 것이지 교육과정의 수준에서 차이를 둔 것은 아니라 볼 수 있다. 순천부학의 제도로서 세 대문은 가운데가 '대성'(大成)이요, 왼쪽이 '금성'(金聲), 오른쪽이 '옥진'(玉振)이며, 성전(聖殿)의 편액은 강희제(康熙帝)의 글씨로 바깥에 '선사묘'(先師廟)라 붙어 있고, 안으로 '만세사표'(萬世師表)라 붙어 있음을 확인하고 있다. 성전의 편액은 태학의 '대성전'(大成殿)과 부학의 '선사묘'가 대조되며, 학궁의 편액도 태학의 '이륜당'(彝倫堂)과 부학이 '명륜당'(明倫堂)이 대조되고 있음을 보여준다. 또한 순천부학의 성전에 모신 공자의 위패는 '지성선사공자지위'(至聖先師孔子之位)요, 배향된 분은 4성(四聖: 復聖 顔子, 述聖 子思, 宗聖 曾子, 亞聖 孟子)이 동서로 배향되고 있음을 보여준다.[9] 순천부학의 명륜당 주변의 사당

---

[9] 박지원은 太學의 聖殿에 配享으로 '十哲'을 언급하였고, 府學의 聖殿에 配享으로 '四聖'을 언급하였는데, 실제로 太學에서는 '四聖'이 배향되지 않고 府學에는 十哲이 배향되지 않는다는 것을 말하려는 것인지 확인할 수 없다.

으로 북쪽에 계성사(啓聖祠)와 동남쪽에 문승상사(文丞相祠)가 있으며, 또 중문 바깥에 명환사(名宦祠)와 향현사(鄕賢祠)가 있음을 제시하여, 부학 주변에 제향이 드려지는 여러 사당들을 주목하였다.

(2) 국가의례의 단壇과 묘廟

또한 그는 북경에서 유교적 의례로 제향이 드려지는 제단으로서, 유교적 의례체계 안에서 천자만이 드릴 수 있는 국가의례인 제천(祭天) 의례의 제단인 '천단'(天壇)의 제도에 대해서도 주의깊은 관심을 기울였다. 그는 담장 주위가 10리나 되는 '천단'의 큰 규모와 '천단' 안에 자리잡은 3층의 원형 제단인 '원구'(圓丘)의 규모나 제도를 세밀하게 관찰하여 기록하고 있다. 특히 제향되는 신으로 동쪽 제1단은 해(日)를 제사하고, 서쪽 제1단은 달(月)을 제사하며, 동쪽 제2단은 28수(二十八宿)를 제사하고, 서쪽 제2단은 바람·구름·비·뇌정을 제사한다고 밝혔다.[10] 이와 더불어 '원구'에서 제사드려지는 신들의 위패를 모셔두는 황궁우(皇穹宇)와 평일에 제례를 위한 음악과 무용을 연습시키는 곳인 신악관(神樂觀), 황제의 재궁(齋宮)인 태화전(太和殿) 등의 건물들과 희생으로 쓸 짐승을 기르는 곳, 제사에 쓸 얼음을 겨울에 캐서 쓰는 못 등의 제도를 서술하였다. 또한 그는 북경성의 남문인 정양문(正陽門)의 적루(敵樓) 아래의 정남향 문은 황제가 친히 천단에 제사를 지내러 나갈 때 여는 것임을 확인하고 있다.

---

[10] 『燕巖集』, 권15, 10, '熱河日記·黃圖紀略·天壇', "東一壇祀日, 西壇祀月, 東第二壇祀二十八宿, 西第二壇祀風雲雷雨."

그 밖에 국가의 의례체제(祀典)에서 제사가 드려지는 사당으로 '관제묘'(關帝廟)와 '화신묘'(火神廟)를 들고 있다. 북경의 정양문 오른쪽에 있는 '관제묘'는 '백마관제묘'(白馬關帝廟)로서 매년 5월 13일에 제사를 드리는데, 열흘 전에 태상시(太常寺)에서 당상관(堂上官)을 보내 의례를 행한다. 이날은 백성들도 향불을 피우는 사람이 더욱 많았다. 나라에 큰 재난이 있으면 제사를 드려 고하였다. 명나라 만력(萬曆: 神宗) 때 '삼계복마대제신위진원천존'(三界伏魔大帝神威鎭遠天尊)으로 특별히 봉했다"고 하였다.[11] 여기서 그는 중국에서 관제신앙이 얼마나 대중들 속에 광범하게 퍼져 있고 열성적으로 제사가 드려지고 있는지를 지적하고 있다. 북경의 '백마관제묘'는 국가의례의 체제 속에 포함되어 제사드려지고, 명나라 때에는 관우에게 '삼계복마대제신위진원천존'의 봉호를 바쳐 황실에서 극진히 높이며, 관제신앙이 국가의례이면서 민간신앙의 대상으로 공유되고 있음을 보여준다. 그는 당시 우리나라의 남관왕묘(南關王廟) 벽에 걸린 글씨도 북경 '백마관제묘'의 글씨를 본뜬 것이며, '백마관제묘'의 사당에 세워진 비석은 명나라의 초횡(焦竑)이 비문을 짓고 동기창(董其昌)이 글씨를 썼던 것으로 세상에서 '이절'(二絕)로 일컬어지는 것임을 확인하고 있다.

북경의 북안문(北安門) 근처에 있는 '화덕진군묘'(火德眞君廟) 곧 '화신묘'(火神廟)는 원나라 순제(順帝) 때 세워졌으며, 명나라 말기 희종(熹

---

*11 『燕巖集』, 권15, 32, '熱河日記·盎葉記·關帝廟', "其在皇城, 稱白馬關帝廟, 載於祀典, 則正陽門右關帝廟是也, 每年五月十三日致祭, 前十日, 太常寺題遣本寺堂上官行禮, 是日民間香火尤盛, 凡國有大災則祭告之, 皇明萬曆時, 特封三界伏魔大帝神威遠鎭天尊."

宗) 때 매년 6월22일 태상시(太常寺)의 관원이 화덕신(火德神)을 제사하는 국가의례의 사당이다. 앞 전각은 융은전(隆恩殿)이고, 뒤에는 만세전(萬歲殿)·경령전(景靈殿)·보성전(輔聖殿)·필령전(弼靈殿)·소녕전(昭寧殿)의 여섯 전간이 있으며, 그 뒤로 화려한 수정(水亭)이 호수를 굽어보고 있음을 들었다.[12] 북경에는 유교적 국가의례를 행하는 사당과 제단으로 태묘(太廟)·사직(社稷) 등 여러 곳이 있는데도 불구하고, 성묘(聖廟: 孔廟)를 비롯하여 '천단'과 '관제묘' 및 '화신묘'에 대해서만 기록하고 있는 것은 당시 사신 일행으로서 들어가 볼 수 있도록 개방된 곳이 제약되어 있거나 박지원 자신이 다양한 국가의례의 제단을 체계적으로 답사하지 못하였기 때문이라 짐작된다.

(3) 선현先賢의 사당

박지원은 선현의 사당으로서 특히 백이(伯夷)·숙제(叔齊)를 모신 '이제묘'(夷齊廟)와 송나라의 승상 문천상(文天祥)의 사당인 '문승상사'(文丞相祠)에 깊은 관심을 보였다. 먼저 '이제묘'는 난하(灤河) 기슭의 작은 언덕인 수양산(首陽山) 북쪽에 있는 작은 성인 고죽성(孤竹城)에 있다. 성문에는 '현인구리'(賢人舊里)라 써 붙였고, 사당문 앞 비석에는 '천지강상'(天地綱常)이라 새겼으며, 문 위의 현판은 '상고일민'(上古逸民)이라 걸려 있고, 사당 안의 비석 아홉 개가 모두 명·청시대의 어제(御製)

---

[12] 『燕巖集』, 권15, 32-33, '熱河日記·盎葉記·火神廟', "火德眞君廟, …天啓元年, 著令以每年六月二十二日, 太常官祀火德之神, 前殿曰隆恩, 後殿曰萬歲, 曰景靈, 曰輔聖, 曰弼靈, 曰昭寧, 凡六殿, …殿後水亭臨湖."

비문들로 얼마나 높여지고 있는지를 보여준다. 가운데에 큰 전각은 '고현인전'(古賢人殿)으로 전각 속에 모셔진 백이·숙제의 소상은 곤룡포·면류관을 갖추고 홀을 들고 섰으며, 전각의 문에는 '백세지사'(百世之師)라 현판이 걸렸고, 전각 안에는 강희제의 글씨로 '만세표준'(萬世標準)이라 쓴 현판과, 옹정제의 글씨로 '윤상사범'(倫常師範)이라 쓴 현판이 있어서 특히 청나라 황제가 백이·숙제의 충절을 높이는 데 큰 관심을 기울였음을 보여준다. 여기서 박지원은 중국에 수양산이라 일컬어지는 곳이 다섯 곳이나 되고 우리나라 해주에도 수양산이 있음을 들면서, "기자(箕子)가 동으로 조선에 온 것은 오로지 주(周)나라 영토 안에 살기 싫어함이요, 백이도 차마 주나라 곡식을 먹을 수 없었던 것이니, 혹시 그가 기자를 따라와서 기자는 평양에 도읍하고 백이·숙제는 해주에 살지나 않았을까"하여, 우리나라로 끌어들여보는 추측을 하고 있다.*13

　백이·숙제는 맹자가 맑은 지조의 성인(聖之淸者)으로 높여졌으며, 무왕(武王)의 혁명에 반대하여 충절을 지켰던 것은 유교적 핵심규범인 강상(綱常)의 모범으로 받들어졌다. 여기서 그는 중국에도 수양산이 여러 곳이 있어서 정설이 없음을 지적하고 우리나라 해주의 수양산에서 백이·숙제를 제사하는 사당이 있는 사실을 들어서 기자와 함께 백이·숙제도 우리나라의 유교정신의 시원으로 끌어들이고 싶은 마음을 밝히

---

*13 『燕巖集』, 권12, 34-35, '熱河日記·關內程史·夷齊廟記', "城門之題曰賢人舊里, …廟門有碑曰天地綱常, …門上有扁曰上古逸民, …中有大殿曰古賢人殿, 殿中袞冕正圭而立者, 伯夷叔齊也, 殿門題曰百世之師, 殿內大書萬世標準者, 康熙帝筆也, 又曰, 倫常師範者, 雍正帝筆也, …中國之稱首陽山, 有五處, …我國海州, 亦有首陽山, …余謂箕子東出朝鮮者, 不欲居周五服之內, 而伯夷義不食周粟, 則或隨箕子而來, 箕子都平壤, 夷齊居海州歟."

고 있는 것이다.

북경의 '문승상사'(文丞相祠)는 문천상이 원나라 때 대도(大都: 북경)에 붙잡혀와 순절함으로써 유교적 도덕규범인 충절의 모범이 되는 인물로 받들어지는 사당이다. 명나라 때 사당이 지어지게 된 연혁과 제사를 드리는 의례를 상세하게 기록하고, 문천상의 전기(傳記)로 유악신(劉岳申)의 「신공전」(信公傳: 文天祥의 封號 信國公)과 조필(趙弼)의 「신공전」을 인용하여 문천상의 순절에 얽힌 일화들을 자세하게 소개하고 있다.[14]

박지원은 역사 속에서 한 나라가 흥하고 한 나라가 망하는 것이 하늘의 뜻임을 누구나 알 수 있는데, 문천상의 경우처럼 충신이나 의사가 절개를 지켜 죽음으로 저항하였던 것에 대해, "한 선비가 절개를 지켜 저항하는 것은 백만의 군사보다도 강하고, 만세의 강상(綱常)으로 한때 나라를 차지하는 것보다도 중대하니, 이 역시 하늘의 도리가 깃들어 있는 것이다"[15]라고 하여, 왕조가 교체할 때 새 왕조를 창업하는 것도 하늘의 뜻(天意)이요, 멸망하는 왕조를 위해 강상의 충절을 지키는 것도 더욱 소중한 하늘의 도리(天道)라 하여, 양쪽이 천명(天命)으로서 모두 정당성을 지닌 것임을 지적하면서, 이러한 모순된 상황을 어떻게 판단해야 할 것인가의 문제를 제기하고 있는 것이다. 특히 한족의 송나라와 몽고족의 원나라가 교체되는 상황에서는 화이론(華夷論)에 따라 원나라

---

[14] 『燕巖集』(권15, '熱河日記·謁聖退述')에는 「文丞相祠」와 「文丞相祠堂記」의 두 편이 수록되어 있다.
[15] 『燕巖集』, 권15, 24, '熱河日記·謁聖退述·文丞相祠堂記', "是一士之抗節, 强於百萬之衆, 而萬世之綱常, 重於一代之得國, 則是亦天道之攸寄也."

는 오랑캐로 반인륜(反人倫)의 집단이라 부정하고 송나라는 중화의 정통으로 옹호하는 것을 의리로 확인하는 것이 도학자들의 일반적 신념이다. 그것은 바로 한족의 명나라가 만주족의 청나라로 교체된 사실에 대해서도 동일하게 적용될 수 있는 의리의 중대한 문제이다.

여기서 그는 유교적 가치기준에 대한 북학파 실학자로서 독자적 의리의 인식을 드러내고 있다. 곧 그는 한족인지 외민족인지를 구별하는 화이론적 정통론에 의한 판단이 아니라, 왕권을 확보한 자와 절의를 지키는 자 사이에서 서로 의리에 어긋나지 않는 대응방법을 제시하였다. 먼저 그는 한 나라를 일으키는 임금이 천명을 받은 것인지, 자기 힘으로 천하를 얻은 것인지를 분별하고, 동시에 천명을 받은 뒤에도 천명을 받들어 자기 한 몸을 바쳐 천하의 백성을 구해낼 책임을 지는 것인지, 천하를 끌어다 자기 한 몸을 이롭게 하는 것인지 분별하는 데서 출발한다.

이에 따라 그는 주(周)의 무왕(武王)이 은(殷)의 주왕(紂王)을 정벌한 것은 도리로 무도함을 정벌한 것이므로, 하늘에 대해 의심이 없었고, 사람에 대해 꺼려함이 없었으며 적국에 대해 원수로 삼음이 없었고, 천하에 대해 나를 내세움이 없이 도리를 따라 나아갔을 뿐이었다 한다.[16] 그래서 무왕은 은나라의 기자(箕子)를 찾아간 것도 기자가 지닌 도(道)를 찾아간 것이므로, 기자를 억지로 신하를 삼으려 하지 않았던 것이요, 억지로 신하를 삼으려 했다면 기자도 절의를 지켜 저항하였을

---

[16] 같은 곳, "武王之伐紂也, 非武王伐之也, 以有道伐無道也, 堂堂乎其有天下而武王不與焉, 是故在天無疑, 在人無忌, 在敵國無讐, 在天下無我, 隨道之所在而就焉."

것이라고 보았다.

이에 비해 후세에 천하를 차지한 자들은 모두가 천명을 받았다고 하지만, 천명을 알지 못하였기 때문에 하늘을 믿지 않았고, 따라서 사람을 꺼리지 않을 수 없어서, 힘으로 굴복시킬 수 없으면 모두를 적으로 삼아서 반항하는 후환을 없애려고 죽였다는 것이다. 그렇다면 천명을 받은 임금으로서 전왕조를 위해 절의를 지키는 선비를 대하는 방법이란, 백성으로 대하되 신하로 삼지 말고, 존경하되 직위는 주지 말며, 영지를 주거나 불러들이지도 않는 반열에 둘 뿐이라 제시하였다. 곧 원의 세조(世祖: 忽必烈)로서는 친히 문천상을 찾아가 손수 형틀을 벗기고 동향하여 절하면서 오랑캐를 중화로 변화시키는 도리를 묻고 스승으로 삼는 것이 옛 성왕(聖王)의 법도라 제시하였다.[17] 이처럼 그는 천하를 차지한 군왕이 천명을 따라 백성을 구하고 도(道)를 지닌 전왕조의 신하라도 꺼림이 없이 도를 물어야 할 것이며, 절의를 지키는 선비를 신하로 삼지 않고 백성으로 살게 할 것이요 죽이지 않는 것이 도리임을 강조하여, 원의 세조가 문천상을 죽인 것을 천명과 도리에 어긋난 것이라 확인함으로써, 원나라가 오랑캐인지 아닌지로 의리의 기준을 삼는 화이론에 근거한 의리론에서 벗어난 입장을 밝히고 있다. 그것은 청나라에 대해서도 화이론에 따른 숭명배청(崇明排淸)의 의리론에서 탈피하는 인식을 보여주고 있는 것이라 하겠다.

---

[17] 같은 곳, "當時受命之君, 當如何處斯人也, 曰, 民焉而不臣, 尊之而無位, 置之
不封不朝之列已矣, 爲元世祖計, 親造館而手破其械, 東向而拜之, 問用夏變
夷之道, 率天下而師之, 則是亦先王之道也."

(4) 악樂에 관한 토론과 상례喪禮풍속 및 열녀烈女의 사당

박지원은 유교의 기본적 교화체계로서 '예·악'(禮樂)에서 음악에 대해서도 깊은 관심을 보여 열하의 태학 명륜당의 수업재(修業齋)에서 악기(樂器)를 살펴보고 나와서 중국학자 윤가전(亨山 尹嘉銓)과 왕민호(鵠汀 王民皡)와 악률(樂律)에 관해 매우 정밀한 문답을 하였다. 여기서 악률이 요·순(堯舜)이래 중국에서 변천되는 과정과 우리나라가 중국에서 악률을 받아들이는 과정을 논의하였다. 여기서 윤가전은 명 태조(太祖) 초년에 처음 신악관(神樂觀)을 천단(天壇) 서쪽에 두고 음악과 무용을 가르쳤으며, 명 태조가 친히 산천에 지내는 제사에 쓰는 악장(樂章)을 만들고, 또 상서(尙書) 도개(陶凱)와 협률랑(協律郞) 냉겸(冷謙)에게 아악을 제정하며, 학사(學士) 송렴(宋濂)에게 악장을 짓게 하였던 사실을 지적하였다. 그와 함께 명 태조가 "귀신에 아첨하여 복을 비는 자는 미혹했다 할 것이다. 짐이 신악관을 설치한 것은 음악을 갖추어 천지신명과 종묘의 신령께 제사지낼 따름이다. 구차스럽게 앞 시대 제왕들이 허탄함을 꾸며서 오래 사는 법도를 맞아들이려 함을 본받으려는 것이 아니다"라고 말한 것을 신악관 안에 돌에 새겨 세웠던 사실을 확인하였다. 그리고 명 태조가 국가 제사에서 도가류(道家流)를 끌어들인 것은 옛 뜻을 받들지 못하는 것이라 하여, 청나라 강희제(康熙帝)가 천지에 제사지내는 음악과 의례에 누런 모자를 덮어쓴 도사들에게 맡겨 관리하지 못하게 하고 모두 태상(太常)에 돌리게 하였음을 소개하고 있다.[18] 이처

---

[18] 『燕巖集』, 권13, 53, '熱河日記·忘羊錄', "詔曰, '…佞神而禱福者惑也, 朕設神樂觀, 備樂以祀享天地神祇宗廟之靈而已, 非苟傚前代帝王矯飾荒誕, 以

럼 중국에서 한때는 국가의 제사의례에 도사(道士)들이 참여하였던 사실 및 명 태조의 문제점에 대한 지적과 청나라 강희제에 의해 유교의 제례 음악에서 도사들이 배제되고 바로잡아졌던 사실을 확인하고 있다. 또한 그는 길가에서 만났던 상여(喪轝)가 모두 널(棺) 위에 흰 수탉을 올려 놓고 있는 광경을 보았는데, 닭을 올려 놓는 것은 혼령을 인도하는 것이라 함을 확인하고 있다.[19] 그것은 우리의 상례와 다른 중국의 상례 풍속의 일면을 관찰하여 보여주는 것이다.

박지원이 북경가는 도중 산해관(山海關)으로 들어가기 직전 찾아갔던 '강녀묘'(姜女廟)는 진(秦)나라때 장성을 쌓는데 동원된 남편을 찾았던 맹강(孟姜)이란 여인이 망부석(望夫石)이 되었다는 전설을 지닌 곳이요, 사당의 주련(柱聯)은 남송의 충신 문천상(文天祥)이 썼고, 망부석에는 황제가 지은 시가 새겨져 있다.[20] 이처럼 유교의 핵심적 도덕규범인 삼강(三綱: 忠·孝·烈)의 하나로서 열녀(烈女)를 높였을 보여준다.

2) 도교道敎 및 민간신앙의 이해

(1) 도관道觀의 여러 형태

『열하일기』에서 기록하고 있는 도관(道觀)은 의무려산(醫巫閭山: 遼

邀長年之道', …然以道流提點, 終非古意, 則我聖祖仁皇帝, 以禮祀天地之備樂, 協和萬方之盛典, 非可使黃冠羽士, 所宜管領, 乃悉歸之太常."

[19] 『燕巖集』, 권12, 37, '熱河日記·關內程史·射虎石記', "路逢喪車, 柩上置白雄鷄, …皆置鷄以導魂云."

[20] 『燕巖集』, 권12, 26, '熱河日記·馹汛隨筆·姜女廟記', "廟有文文山手題柱聯, 望夫石刻皇帝舊題詩."

寧省 北鎭縣 소재) 아래 있는 북진묘(北鎭廟)와 북경에 있는 백운관(白雲觀)·대광명전(大光明殿)·태양궁(太陽宮)·두로궁(斗姥宮)·동악묘(東嶽廟)의 여섯 곳이다. 먼저 박지원이 북경으로 가는 도중에 찾아갔던 북진묘에 대해 그 사당의 규모가 웅장하고 광경이 괴걸하여, 바다와 산악을 진압할 만하다고 하였다. 이곳은 북방현명제군(北方玄冥帝君)과 그 종향(從享)되는 신들을 제사하는데, 신들은 모두 곤룡포(袞龍袍)를 입고 면류관(冕旒冠)을 썼으며, 옥(玉)을 차고 홀(笏)을 잡고 있는데, 위엄 있고 엄숙하여 사람의 간사한 마음을 바로잡아준다고 감탄하였다.[21]

의무려산의 역사적 배경으로서 순(舜)임금 때 12곳의 명산에 봉선(封禪)할 때 유주(幽州)의 진산(鎭山)이 되었고, 하(夏)·상(商)·주(周)·진(秦)에 의해 계승되었으며, 의무려산의 신(神)을 당 현종(玄宗)때 '광녕공'(廣寧公)으로 봉하였고, 원 성종(成宗) 때 '정덕광녕왕'(貞德廣寧王)으로 봉했으며, 명 태조(太祖)초에 '북진의무려산지신'(北鎭醫巫閭山之神)으로 일컬어 제사가 드려졌으며, 청나라는 동북에서 일어났으므로 더욱 융숭하게 받들었고, 옹정제(雍正帝)때 이 사당이 크게 중수되었음을 밝히고 있다. 의무려산은 바로 홍대용(洪大容)의 「의산문답」(毉山問答)에서 말하는 '의산'(毉山)이기도 하다. 또한 사당의 구조와 조각의 정미로움을 자세히 서술하면서, 사당문의 왼편에는 절이 있는데, 이 절의 뜻에 세워진 비석 셋 가운데 둘은 강희제(康熙帝)가 짓고 글씨 쓴 것이고,

---

[21] 『燕巖集』, 권12, 4, '熱河日記·馹迅隨筆·北鎭廟記', "廟貌雄深魁傑, 不若是, 無以鎭海嶽, 祠北方玄冥帝君, 並其從神, 皆袞冕佩玉奉圭而立, 嚴威儼恪, 格人非心."

하나는 옹정제가 짓고 글씨 쓴 것임을 밝히고 있다. 또한 사당의 정전(正殿)의 화려한 규모와 더불어 그 뒤의 전각 속에 면류관을 쓰고 옥홀(玉笏)을 들고 있는 소상(塑像)은 '문창성군'(文昌星君)이요, 봉관(鳳冠: 중국 고대 귀족 여자의 관)을 쓰고 구슬띠를 띤 것은 '옥비낭랑'(玉妃娘娘)이며, 현판에도 옹정제와 건륭제(乾隆帝)의 글씨가 있음을 확인하였다. 박지원은 북진묘를 지키는 도사(道士)들을 만나기도 하였다.

여기서 그는 북진묘가 순임금이 의무려산을 진산(鎭山)으로 봉선한 이후 황제가 직접 제향을 드리기도 하였던 국가의례의 장소인 사실을 지적하면서, 그 제단에 세워진 사당이 '북방현명제군'을 비롯하여 '문창성군'·'옥비낭랑'(玉妃娘娘) 등 도교적 신의 모습으로 제향되는 도관으로 정착되어 있는 사실에서 유교의 국가의례와 도교의 의례가 혼합되어 있는 중국종교의 현실을 보여주고 있다. 또한 도관의 곁에 절이 세워져 청나라 황제들의 보호를 받고 있는 사실에서 중국 황실의 종교의식이 유교·도교·불교가 병행하는 혼합된 형식임을 엿볼 수 있게 한다.

북경의 도관으로서 부흥문(復興門) 밖에 있는 백운관(白雲觀)의 규모가 화려함과 도사가 백여 명이나 되는 대표적 도관임을 주목하고, 홍예다리를 건너 옥황전(玉皇殿)에는 중심의 '옥황'(玉皇: 玉皇上帝)을 둘러싸고 33천(三十三天)의 제군(帝君)들이 모두 홀(忽)을 잡고 면류관을 쓰고 있으며, 머리가 셋이고 팔이 여섯으로 손마다 병장기를 지닌 '천봉신장'(天蓬神將)이 있음을 보여준다. 또한 앞 전각에는 남극노인성군(南極老人星君: 인간의 壽考를 맡은 神)이 흰 사슴을 타고 있으며, 왼쪽 전각에는 두모(斗母: 仙女名)를 안치하였고, 오른쪽 전각에는 원 세조(元世祖)의 국사(國師)인 구장춘(丘長春: 元의 道士 丘處機)을 안치하였으며, 옥황전의 현판('紫霞眞氣')과 두모전(斗母殿)의 현판('大智寶光')은 강희제의 어필이요, 도사들이 거처하는 천여 칸의 건물이 정갈함을 확인하고 있다.[*22] 이처럼 그는 북경의 중심적 도관에서 본전과 별전에 모셔져 있는 신상들을 제시하며, 도사들의 수도자로서 정갈한 생활 분위기를 보여주며, 이와 더불어 황실이 도관에 보인 깊은 관심을 확인하고 있는 것이다.

북경 서안문(西安門) 안에 있는 대광명전(大光明殿)에는 세 겹 처마에 12면으로 둥근 전각이 있는데, 지붕은 붉은 유리기와와 황금빛 호로정(胡盧頂)을 하였고, 현판이 '대광명전'(大光明殿)이요, 그 속에는 금빛 용을 새긴 네 기둥이 있고, 중심에 상제(上帝)의 소상을 안치하고 곤룡포와 면류관에 홀(笏)을 잡은 33좌의 소상이 둘러싸고 있다. 사방의 벽은 푸른 유리 벽돌로 되었고, 9계단과 3층의 난간으로 되었는데, '대현도'(大玄都)라고도 일컫는다고 한다. 명나라 세종(世宗)이 도진인(陶眞人)을 맞이하여 대광명전에서 내단(內丹: 도교에서 丹田의 精氣를 修鍊하는 법)을 강의했다는 곳이 바로 여기이며, 1661년 청나라 세조(世祖)가 죽으면서 여섯 살의 강희(康熙)를 임금으로 보좌하라는 고명(顧命)을 받고 만주 대신 색니(索尼)·오배(鰲拜)·소극살합(蘇克薩哈)·알필룡(遏必隆) 등 네 신하가 이곳에 와서 분향하고 팔뚝을 찔러 피를 내면서 상제께 맹세

---

*22 『燕巖集』, 권15, 28, '熱河日記·盎葉記·白雲觀', "渡三空橋, 入玉皇殿, 玉皇具帝者服, 遶殿三十三天帝君, 拱圭垂旒, 皆如玉皇, 天蓬神將三頭六臂, 各擁兵器, 前殿安南極老人星君, 騎白鹿, 左一殿, 安斗母, 右一殿, 安丘長春, 元世祖國師也, 玉皇殿扁紫虛眞氣, 斗母殿扁大智寶光, 俱康熙御筆, 道士所居廊廡千餘間, 皆明淨肅整, 一塵不動."

했다는 사실도 전하고 있다. '대광명전' 뒤의 '태극전'(太極殿)에는 삼청(三清: 玉皇元始天尊·上清靈寶天尊·太清道德天尊)의 소상을 모셨고, 또 그 뒤로 '천원각'(天元閣)에는 도사 몇십 명이 수양하고 주관하는 태감(太監)이 있었다고 하였다.[23] '천단'이 유교적 국가전례로서 하늘(昊天上帝)에 제사 드리는 곳이라면, '대광명전'은 도교의 의례로서 하늘(玉皇上帝)에 제사 드리는 곳으로 상응되는 위치에 놓여 있음을 보여주는 곳이다. '천단'에서 하늘에 제사 드리는 일은 국가전례로서 엄격히 규정된 예법에 따라야 하는 것이지만, 이와 달리 '대광명전'에서는 보다 용이하게 하늘에 분향하고 제사를 드리거나 하늘 앞에 맹서하는 의식을 행할 수 있었음을 엿볼 수 있다.

이와 더불어 북경의 천단 동쪽으로 몇리 떨어진 곳에 있는 도관으로 '태양궁'(太陽宮)의 경우에는 "안팎의 여러 전각과 좌우의 회랑이나 건물에는 남녀의 기도하는 사람들이 몇 천 몇 만을 헤아리며, 충계 사이에는 촛농이 봉우리를 이루고, 향을 피운 재가 눈같이 쌓였다. 앞 전각에는 중심에 '자미성군'(紫微星君: 紫微星의 神)이 모셔졌고, 동쪽에 '태양성군'(太陽星君: 日의 神), 서쪽에 '태음성군'(太陰星君: 月의 神)이 모셔졌으며, 뒷 전각에는 '구천성군성모'(九天星君聖母: 九天의 神)이 모셔졌고,

---

[23] 『燕巖集』, 권15, 14-15, '熱河日記·黃圖紀略·大光明殿', "有三檐十二面圓殿, 覆紫琉璃瓦, 黃金胡盧頂, 題曰大光明殿, 殿中四柱, 金龍一升一降, …中安上帝像, 環衛三十三像, 皆袞冕擁圭, 四面牕墻壁, 皆青琉璃甋, 九陞三重闌干, 此號大玄都, 明世宗皇帝, 迎陶眞人, 講內丹于大光明殿, 卽此也, 淸順治辛丑, 滿州大臣索尼, 鰲拜, 蘇克薩哈, 遏必隆, 受世祖顧命, 輔幼主, 康熙立纔六歲, 四臣者共詣此殿, 焚香, 刺臂血, 設誓上帝, 後殿曰太極殿, 供三淸神塑, 又後殿曰天元閣, 養道士數十人, 有典守太監."

왼쪽의 한 전각에는 관제(關帝)가 모셔졌고, 오른쪽의 한 전각에는 석가(釋迦)가 모셔졌다. 술과 밥과 꽃과 과일을 팔고, 새들을 놀리거나 재주를 부리고 마술로 팔아 사람들이 복잡하게 밀려들어 도관 안이 하나의 큰 도회지였다”[24]고 하였다. 여기서 보면 ‘백운관’은 도사들이 수도하는 도관의 분위기라면, ‘태양궁’은 대중들이 기도하는 도관으로서 대조적 성격이 잘 드러난다. 당시 청나라에서 대중들의 도교신앙이 얼마나 극성하였으며, 대중들이 기도하는 도교적 신앙대상의 신들이 어떤 신들인지를 밝히고 있다.

또한 천단의 서쪽에 있는 도관으로 두로궁(斗姥宮)의 경우에는 세 개의 패루(牌樓)가 솥발처럼 서 있는데, 벽의 금빛 단청이 현란하여 눈을 바로 뜨고 볼 수 없을 정도로 화려하였다고 찬탄하며, 그 안으로 다섯 전각이 있는데 첫째 전각은 북극전(北極殿)으로 ‘북두성군’(北斗星君: 北斗星의 神)이 모셔졌음을 지적하였다.[25] 이처럼 도관의 화려함과 도관마다 명칭에 따라 모셔지는 신들이 매우 다양함을 엿볼 수 있다.

북경 동문(朝陽門) 바깥에 있는 ‘동악묘’(東嶽廟)는 산악의 신을 모신다는 점에서 의무려산 아래 있는 ‘북진묘’와 유사한 성격의 도관이다. 그는 동악묘의 규모가 성경(盛京: 瀋陽)의 궁궐보다도 더 웅장함을 감탄하고, 패루의 휘황찬란함에 감탄하고 있다. ‘동악묘’의 주신(主神)은 ‘인

---

[24] 『燕巖集』, 권15, 29, ‘熱河日記・盎葉記・太陽宮’, “內外諸殿, 左右廊廡, 男女祈禱者, 日千萬計, 階城之間, 燭淚成峯, 香燼如雪, 前殿當中紫微星君, 東太陽星君, 西太陰星君, 後殿九天星君聖母, 左一殿關帝, 右一殿釋迦, 販賣酒食花果, 戲弄禽鳥, 逞伎售術, 輻輳雜沓, 寺觀中一大都會也.”

[25] 『燕巖集』, 권15, 30, ‘熱河日記・盎葉記・斗姥宮’, “三樓鼎峙, 金碧璀璨, 目難定視也, 第一殿榜曰北極殿, 安北斗星君.”

성제'(仁聖帝) 곧 '동악대제'(東嶽大帝)이고 좌우에는 동악대제의 셋째 아들인 '병령공'(炳靈公)과 사람의 목숨을 맡은 신인 사명군(司命君) 및 동악대제의 네 승상(丞相)이 소상(塑像)으로 모셔져 있고, 이 '동악묘'는 원나라 인종(仁宗) 때 처음 세워졌고, 명나라 영종(英宗) 때 확장되었으며, 그 후에 더 넓혔다가 청 강희제 때 불이 나서 강희제가 내탕금(內帑金)을 내리고 유친왕(裕親王: 황제의 아들)이 감독하게 하여 다시 짓고, 옹정제·건륭제도 내탕금을 내려 수리하였다 한다.[26] 여기서 보면 '태양궁'의 경우처럼 대중이 기도하는 도관과 황실이 후원하는 도관이 구별되고 있음을 확인할 수 있다. 또한 그는 북경으로 오는 길에 창려(昌黎)땅에서도 '동악묘'를 들렀던 일이 있는데, 그곳의 '동악묘'에는 전각 위에 '동악대제'라 금빛 글씨로 편액이 붙었고, 전각 속에는 금빛의 신상(金神) 둘이 앉아 있으며, '낭랑묘'(娘娘廟)라 일컬어지는 뒷 전각에는 여신(女神)의 소상 셋이 면류관을 쓰고 앉아 있는 것을 보았다.[27] 이처럼 '동악묘'의 이름으로 된 도관은 여러 곳에 있으며, 도관에는 여신도 모셔지고 있으며, 남신이나 여신이 모두 면류관을 쓴 제왕의 모습을 보이고 있는 사실을 확인할 수 있다.

---

[26] 『燕巖集』, 권12, 55-56, '熱河日記·關內程史·東嶽廟記', "廟中仁聖帝, 炳靈公, 司命君, 四丞相像, …今清康熙庚辰三月, 廟災, 殿廡皆燼, …康熙特發內帑, …以裕親王監視之, 閱數歲始成, 帝臨幸, 雍正及今皇帝, 又發帑修葺."

[27] 『燕巖集』, 권12, 30, '熱河日記·關內程史', "殿上金字題曰東嶽大帝, 殿中坐二位金神, 皆端拱整笏, 後殿制如前殿, 坐三位女像, 稱娘娘廟, 而皆頭戴冕旒."

(2) 민간신앙으로서 '관제묘'關帝廟와 '약왕묘'藥王廟

박지원은 당시 중국의 다양한 민속종교에 대해서도 관심을 보여주고 있는 그 가장 두드러진 현상은 '관제묘'(關帝廟)의 관제(關帝: 關羽)신앙이요, 그 밖에 화신묘(火神廟)와 약왕묘(藥王廟) 등이 있다. 먼저 '관제묘'에 대해, "천하에 두루 퍼져 비록 궁벽한 변경이나 몇 집 안 되는 시골이라도 반드시 화려한 사당이 있고, 정성스럽게 제사를 드리며, 소 먹이는 아이나 들밥 나르는 부녀자들도 뒤질새라 다투어 달려간다. 책문(柵門)에 들어가서 황성에 이르기까지 2천여 리 사이에 새로 짓거나 묵었거나 크고 작은 사당이 서로 마주 바라다보고 있다. 그 가운데 요양(遼陽)과 중후소(中後所)의 것이 가장 신기하고 괴이하다 하였다.[28] 여기서 그는 중국에서 관제신앙이 얼마나 대중들 속에 광범하게 퍼져 있고 열성적으로 제사가 드려지고 있는지를 보여주고 있으며, 우리나라에서는 거의 백안시되고 있는 관제신앙이 중국에서는 황실에서부터 민간에 이르기까지 얼마나 중시되고 있는 것인지를 대비시켜 엿볼 수 있게 한다.

그는 북경으로 가는 도중의 가장 화려한 관제묘로 요양과 중후소의 두 곳을 들고 있는데, 요양의 관제묘에 대해 제도를 자세하게 기록하고 있다. 구요동성(舊遼東城) 문 밖에 있는 관제묘는 패루와 동쪽에 적금루(摘錦樓)라는 큰 누각이 있고, 그 왼편에 종루(鍾樓: 龍吟樓)와 오른편에 고루(鼓樓: 虎嘯樓)까지 갖추고 있는 것이며, 묘당(廟堂)은 웅장 화려하여

---

[28] 『燕巖集』, 권15, 32, '熱河日記・盎葉記・關帝廟', "關帝廟遍天下, 雖窮邊荒徼, 數家村塢, 必崇侈棟宇, 賽會虔潔, 牧竪饁婦, 咸奔走恐後, 自入柵至皇城二千餘里之間, 廟堂之新舊, 若大若小, 所在相望, 而其在遼陽及中後所, 最著靈異."

복전(複殿)과 중각(重閣)으로 이루어져 있고, 금빛과 푸른빛이 찬란함을 보여준다. 또한 정전(正殿)에는 관공(關公: 關羽)의 소상이 안치되었고, 동무(東廡)에는 장비(張飛), 서무(西廡)에는 조운(趙雲)이 모셔졌다고 한다. 또한 사당 안에는 노는 사람 수천 명이 모여 극장처럼 떠들썩하고, 창이나 곤봉을 연습하거나, 주먹과 발로 무술 시합을 하기도 하는 등 여러 가지 놀이를 하며, 혹은 사람들이 빙 둘러 앉은 가운데서 『수호전』(水滸傳) 등의 소설을 외우는 모습을 볼 수 있었다 한다.[29] 요동 관제묘에서 사당의 제도는 촉(蜀)의 명장(名將)들을 모셔놓고 있지만, 엄숙한 사당이 아니라 대중들의 일상생활과 결합되어 대중신앙 속에 자리잡고 있음을 밝혀주고 있는 것이다. 그는 "공경하는 재신(財神)은 흔히 관공(關公: 關帝)의 소상이며, 탁자에 향불을 피우고 아침저녁으로 절하는 품이 가묘(家廟)보다 더하다"[30]라고 하여, 중국의 민간에서 관제(關帝)를 재신으로 모시고 있는 사실을 지적하여, 국가에서 관왕묘에 제사드리는 것과 민간의 관제신앙이 서로 다른 성격을 지닌 사실을 확인한다. 또한 민간에서는 가묘에서 조상숭배를 하는 유교적 의례보다 관제를 재물의 신으로 받드는 열의가 더 높은 사실을 지적하고 있다.

또한 그는 중후소에 있는 관제묘가 요양의 관제묘보다 더 장엄하고

---

[29] 『燕巖集』, 권11, 33, '熱河日記·渡江錄·關帝廟記', "入牌樓, 而東有大樓, 其下爲文而扁之曰樀錦, 左有鍾樓曰龍吟, 右有鼓樓曰虎嘯, 廟堂壯麗, 複殿重閣, 金碧璀璨, 正殿安關公像, 東廡張飛, 西廡趙雲, …廟中無賴遊子數千人, 鬧熱如場屋, 或習槍捧, 或試拳脚, 或像盲騎瞎馬爲戲, 有坐讀水滸傳者, 衆人環坐聽之."

[30] 『燕巖集』, 권12, 10, '熱河日記·馹迅隨筆·市肆', "其所敬財神, 多關公像, 供卓香火, 晨夕叩拜, 有過家廟."

화려함을 지적하고, 매우 영험하다는 말을 듣고 사신일행이 모두 폐백을 올리고 머리를 조아리며 제비를 뽑아 길흉을 점쳐 보았던 사실을 기록하고 있다.[*31] 조선의 사신일행은 유학자들이었지만 관제묘에 들어가 예물을 바치고 절하며 점을 치고 있다는 사실은 단순히 심심하여 장난으로 행한 것이 아니라, 도학의 의리를 엄격하게 내세우는 입장이 아니라면 조선의 유교지식인으로서도 관제신앙에 포용적 입장을 지닐 수 있는 일면을 엿볼 수 있게 한다.

나아가 그는 열하에서 북경으로 돌아오는 길에 길가에서 한 사당에 들렸는데, 이곳에는 강희제의 어필로 '좌성우불'(左聖右佛)이라는 편액이 걸려 있었다. 그것은 왼쪽에 관제를 모시고 오른쪽에 부처를 모신다는 뜻으로 황제가 신앙대상의 두 중심으로 관우(關羽)와 부처를 높이고 있음을 보여주는 것이다. 또한 이 사당의 좌우 기둥에는 주련(柱聯)에서는 관우의 도덕과 학문을 높이 찬양하였는데, "관공(關公)을 숭봉한 것은 명나라 초기에 시작되었고, 그 이름을 휘(諱)하여 소설에서도 모두 '관모'(關某)라 일컬었으며, 명·청시대에는 공문서에서도 '관성'(關聖)이나 '관부자'(關夫子)라 일컬었으니, 그릇되고 비루함을 좇아서 천하의 사대부들이 진실로 학문이 있다고 높였다"[*32]고 하였다. 여기서 그는 중국의 지식인들이 관우를 단지 의기가 높은 명장으로만 높이는 것이

[*31] 『燕巖集』, 권12, 23, '熱河日記·馹迅隨筆', "有關帝廟, 壯麗勝於遼東, 甚有靈驗, 一行皆奠幣叩頭, 抽籤視吉凶."

[*32] 『燕巖集』, 권13, 9-10, '熱河日記·還燕道中錄', "入一廟堂, 康熙皇帝御書金扁曰左聖右佛, 左聖者, 關雲長也, 左右柱聯, 盛述其道德學問, 蓋崇奉關公, 始于明初, 至諱其名, 稗官奇書, 皆稱關某, 明淸之際, 公移簿牒, 至稱關聖關夫子, 因謬襲陋, 天下之士大夫, 眞以學問歸之."

아니라, 학문도 높았던 인물로까지 받드는 사실에 대해 그릇된 습속임을 엄중하게 비판하는 모습을 보여주고 있는 것이다.

북경에는 '약왕묘'(藥王廟)와 '북약왕묘' 두 곳이 있는데, 규모와 제도는 같다고 한다. '약왕묘'의 전각에는 태호복희씨(太昊伏羲氏)를 중심으로 왼쪽에 신농씨(神農氏), 오른쪽에 헌원씨(軒轅氏)를 모셨으며, 역대의 이름난 의원들을 배향했으니, 배향된 인물은 손진인(孫眞人: 唐 孫思邈)·기백(岐伯: 黃帝 때의 名醫)·편작(扁鵲: 鄭의 名醫)·갈홍(葛洪: 晉의 道士)·화타(華陀: 後漢의 名醫)·왕숙화(王叔和: 晉의 명의)·위진인(韋眞人: 미상)·태창령(太倉令: 미상)·장중경(張仲景: 後漢의 名醫 張機)·황보사안(皇甫士安: 宋의 名醫 皇甫坦) 등 다 기록할 수 없었다 한다. 대체로 문묘(文廟)의 종향(從享)제도를 본뜬 것이요, 매월 초하루 보름에 남녀가 구름처럼 모여들어 질병 기도를 하는데, 촛농이며 향불 태운 재가 눈처럼 쌓였다 한다.[33] 북경에는 '약왕묘'와 더불어 동일한 제도로 '북약왕묘'(北藥王廟)가 또 하나 있었음을 제시하고 있다. 민간신앙으로서 '관제묘'가 재물을 기원하는 곳이라면 '약왕묘'가 병의 치유를 기원하는 곳으로서, 대중의 일상적 욕구에 가장 잘 적응하는 곳으로서 그만큼 활발한 대중신앙의 중심적 사당으로 자리잡고 있음을 확인할 수 있는 것이다.

---

[33] 『燕巖集』, 권15, 30, '熱河日記·盎葉記·藥王廟', "殿中設太昊伏羲氏, 左神農右軒轅, 配以歷代名醫如孫眞人·岐伯·扁鵲·葛洪·華陀·王叔和·韋眞人·太倉令·張仲景·皇甫士安, 多不能盡記, 槩倣文廟從享之制, 每月朔望, 士女雲集, 祈禱疾病, 燭燼香灺, 堆積如雪."

3. 불교와 황교의 이해

1) 전통 불교佛敎에 대한 이해

(1) 중국의 불교포용정책 이해

『열하일기』에서 박지원은 열하와 북경 및 왕복하는 도중의 많은 사찰을 찾아가 규모와 연원과 현황 등을 자세하게 기록하고 있지만, 그의 중국불교에 대한 인식이 보여주는 가장 특징적 과제는 중국의 사찰에서 전통불교의 양상과 티벳불교인 라마교 내지 황교(黃敎)의 양상을 구별하여 제시해주고 있는 점이다. 그는 기본적으로 불교비판의 입장에 서 있는 도학자의 태도와는 달리, 중국의 불교정책과 불교사찰의 실상을 기록하는 데 주의를 기울이는 객관적 관찰자의 입장을 매우 충실하게 지켰다. 이와 더불어 그는 유교의 정통성에 따르는 타종교에 대한 비판적 시각을 벗어나서, 오히려 유교·노장·불교 사이에도 그 근원에서 서로 소통하는 점을 찾아내어 포용하는 시각을 열어주었다 사실을 확인할 수 있다.

박지원은 불교서적이 중국에서 유포되는 과정에 대해 처음에 중국에 들어온 불교서적은 '42장'에 불과하였다고 지적한다. 그것은 후한(後漢) 때 중국에 최초로 전래된 불경이 불교의 요지를 42장으로 간결하게 제시한 『42장경』(四十二章經: 摩騰·竺法蘭 共譯)임을 가리키는 것이다. 그러나 그후의 불경이라 부르는 것의 절반 이상이 위(魏)·진(晉)시대 문인들의 손으로 지어낸 것이요, 이렇게 불경을 지어내는 일은 요진(姚

秦: 16國의 한 나라. 386년 姚萇이 세운 秦[後秦]) 때 성행하였고, 소량(蕭梁: 南朝의 한 나라. 502년 蕭衍이 세운 梁) 때 극성을 이루었으며, 당나라 때 크게 갖추어져 유교의 전적과 거의 대등하게 되었다는 것이다. 여기서 그는 중국에서는 불교와 같은 가르침이 상고 이래로 이미 있었으며, 황제(黃帝)와 그 시대의 선인(仙人) 광성자(廣成子)나, 『莊子』에 나오는 남곽자기(南郭子綦)와 막고야산인(藐姑射山人)이나, 요(堯)임금이 천하를 물려주려 했으나 받지 않았던 은사인 허유(許由)·소부(巢父)나, 탕(湯)임금이 천하를 물러주려 했을 때 거부하였다는 변수(卞隨)·무광(務光)이나, 공자의 시대에 은사였던 장저(長沮)·걸익(桀溺) 등의 가르침이 부처의 가르침과 같은 종류인데, 당시 이들에 대해 '부처'(佛)라는 호칭이 쓰이지 않았고, 또 이들의 저술이 없었기 때문에 후세 사람들이 불교가 오랑캐에서 나온 줄만 알고 중국에서 먼저 이러한 '도'가 있었음을 인식하지 못하였을 뿐이라 하였다.[*34]

그것은 인도에서 발생하여 중국에 전래된 불교와 중국고대의 신령한 인물들이나 은사(隱士)들의 가르침이 같은 종류의 '도'임을 지적한 것으로서, 이에 따라 중국 상고대의 사상연원 속에 불교를 흡수시키는 입장을 보여주는 것이다. 곧 불교를 배척하는 입장에서 불교에 붙여져 왔던 중국전통과 다른 오랑캐의 문화로서의 이질성을 해소시키는 입장을 보

[*34] 『燕巖集』, 권14, 79-80, '熱河日記·口外異聞·佛書', "佛氏書初入中國者, 不過四十二章, 其後號佛經者, 太半作于魏晉間文人之手, 盛于姚秦, 熾于蕭梁, 大備于唐, 幾與儒家典籍等, 盖自上世, 已有似此學問, 黃帝·廣成子·南郭子綦·藐姑射山人·許由·巢父·卞隨·務光·長沮·桀溺, 未嘗號其人爲佛, 而亦未嘗著有其書, 故後世但知佛氏之出自夷狄, 而殊不識中土先有此道也."

여주는 것이요, 나아가 불교를 중국 상고대의 사상과 소통시킴으로써 불교에 대한 포용적 입장을 밝혀주는 것이라 할 수 있다. 나아가 박지원은 불교의 가르침과 공자나 노자의 가르침이 소통할 수 있는 근거로서, 공자가 "나의 도는 하나로 꿰뚫었다"(吾道一以貫之.<『논어』, 里仁>)고 언급한 것과, 노자가 "성인은 하나를 품어안는다"(聖人抱一.<『노자』22장>)고 언급한 것은 곧 불씨(佛氏)가 "만가지 법(法)은 하나로 돌아간다"(萬法歸一)고 언급한 것이라 일치시키고, 또한 "모든 법은 하나로 돌아간다"는 말은 유교에서 "이치는 하나이지만 만 가지로 달라진다"(理一萬殊)는 말과 더불어 간략함을 지키는 뜻으로 서로 비슷한 것임을 지적하였다.*35 그것은 공자·노자·석가의 근본적 가르침에 일치점이 있음을 확인하는 것이다. 여기서 나아가 그는 불교와 노자·장자가 결국 유교와 통할 수 있는 길을 제시하였다.

"세상에 간직하고 있는 불교 서적이란 모두가 『남화경』(南華經:『莊子』)의 주석이요, 『남화경』은 곧 『도덕경』(道德經:『老子』)의 해석이다. 저들은 모두 타고난 자질이 탁월하고 국량이 걸출하니, 어찌 인의(仁義)와 예악(禮樂)이 함께 천하를 다스리는 불변의 법도가 됨을 몰랐겠는가? 불행히도 그들은 쇠망하는 시대를 만나게 되어 본질은 소멸하고 꾸밈만 성행하는 것을 걱정스럽게 바라보며 마음을 아파하다가 감정이 격앙되어서 도리어 원시시대의 정치를 사모하였던 것이다. '성인을 끊어버리고 지혜를 버린다'(『노자』19장)거나 '말박을 쪼개고 저울대를 꺾는다'(『장자』, 胠篋)는

---

*35 『燕巖集』, 권14, 80, '熱河日記·口外異聞·佛書', "孔子曰, 吾道一以貫之, 老子曰, 聖人抱一, 乃佛氏則曰萬法歸一, 所謂萬法歸一, 與吾儒理一萬殊, 其守約之旨, 未始不相似也."

따위는 모두 세태에 분개하고 습속을 미워하는 말이다."[*36]

『장자』가 『노자』의 주석이라는 주장은 비교적 널리 인정되고 있는 견해이지만,[*37] 박지원은 이와 더불어 불교 서적이 『장자』의 주석이라고 보는 견해를 밝힘으로써, 불교와 노자·장자를 한 줄에 꿰어 긴밀하게 결합시키는 입장을 제시하였다. 동시에 그는 노자·장자·석가의 인물됨이 탁월하여 유교에서 제시한 '인의'와 '예악'의 법도를 잘 알고 있었다고 확인한다. 그런데도 노자·장자·석가의 가르침이 유교의 가르침과 상충되는 사실에 대해, 그는 이들이 유교의 가르침에서 본질은 소멸되고 형식만 남은 혼란한 시대를 살면서 세속에 분개하여 형식화된 가르침을 역설적으로 비판하는 말을 하였던 것이라 하여, 노장과 석가가 보여주는 역설적 표현을 넘어서 그 근본 의식은 유교와 소통하는 것이라 해명함으로써, 노장사상과 불교에 대한 포용적 입장을 명확히 제시하고 있는 것이다. 이에 따라 그는 노장과 불교를 배척하는 입장에 대한 반대의 견해를 분명하게 밝히고 있다.

"3천년 동안 배척하는 자가 한 사람만이 아니었지만, 그 서적은 끝내 오히려 남아 있으며, 그 서적이 비록 남아 있더라도 끝내 천하가 다스려지는지 혼란해지는지에 상관이 없었다. 한유(韓愈)는 맹자가 양주(楊朱)와

---

*36 같은 곳, "世間所有佛書, 都是南華經箋註, 南華經乃道德經之傳疏, 彼皆天資超絶, 情量卓異, 豈不知仁義禮樂俱爲治天下之大經哉, 不幸生値衰季, 蒿目傷心於質滅文勝, 則慨然反有慕于結繩之治, 其如絶聖棄智·剖斗折衡之類, 皆憤世嫉俗之言也."
*37 明末 高僧 憨山 德清도 『장자』를 『노자』의 주석서로 보는 입장을 밝히고 있다.(금장태, 『불교의 주역·노장해석』, 서울대출판부, 2007, 216-217쪽 참조)

묵적(墨翟)을 배척한 것을 어렴풋이 보고서 이에 노장과 불교를 배척하는
것으로써 자신의 계책으로 삼았다. 맹자의 주지(主旨)는 양주·묵적을 배
척하여 아성(亞聖)이 된 것이 아닌데, 한유는 곧바로 그 서적을 불태움으로
써 맹자를 계승하려고 하였지만, 과연 그 서적을 불태우는 데 주지가 있는
것인지 모르겠다."[38]

곧 노장과 불교의 서적이 여러 유학자들의 비판을 받아왔지만 소멸되
지 않고 전해져 왔던 사실을 지적하여, 소멸되지 않는 실상을 통해
그 존속의 필연성을 확인하고, 또한 노장과 불교 서적이 천하를 혼란에
빠뜨리는 원인이 되지 않는 것임을 지적하여 배척해야할 이유를 해소시
키고 있다. 이와 더불어 그는 맹자가 양주·묵적을 비판한 사실도 맹자
의 핵심정신이 아니라 보았고, 따라서 불교를 비판하였던 유학자의 선
구적 인물인 당나라 때 한유(韓愈)의 불교비판태도에 대해서도 맹자의
핵심정신을 계승한 것이 아니라 하여, 불교를 배척하면서 불교 서적을
불태우라고 요구하는 비판태도에 대해 부정적 견해를 밝히고 있다.

또한 그는 열하의 태학에서 만난 거인(擧人: 鄕試에 합격하고 會試를
준비하는 선비) 왕민호(王民皥)가 청나라 건국이념으로서 '일왕'(一王)의
제도에 대해, "밖으로 '삼왕'(三王: 堯·舜·禹)의 정치를 베풀고 안으로
'이교'(二敎: 佛敎·道敎)를 닦는 것이니, 석가와 노자의 학술로 유교와
섞어서 문채를 내는 것이다"라고 언급한 말을 소개하였다.[39] 그것은

---

[38] 『燕巖集』, 권14, 80, '熱河日記·口外異聞·佛書', "三千年來, 排之者亦不一
人, 而其書竟亦尙存, 其書雖存, 竟亦無關於天下之治亂, 韓昌黎依俙見孟子
之距楊墨, 乃以闢老佛爲家計, 孟子本領非直距楊墨, 爲亞聖, 乃韓昌黎直欲
火其書, 以繼鄒聖, 未知果有火其書本領否也."

청나라의 종교정책이 '삼왕'의 유교적 정치원리와 더불어 불교 및 도교(老莊)의 수양법을 결합시키는 삼교융화론(三敎融和論)의 입장을 채택하고 있는 것임을 의미한다. 여기서 그는 이러한 청나라의 종교정책을 선명하게 드러내는 사례로서 영조(英祖)때 사신으로 왔던 민응수(閔應洙: 1684-1750)의 『계축연행록』(癸丑燕行錄)에 수록되어 있는 옹정제의 조서(詔書)를 인용하였는데, 곧 어떤 인물이 옹정제(雍正帝)에게 중들을 모두 환속시키면 백만의 군대를 얻을 수 있다고 은밀하게 주청(奏請)한 것에 대한 옹정제의 유시(諭示)이다.

> "부처와 노자의 가르침은 심성(心性)의 근원이요, 선악의 감응이요, 이기(理氣)의 근본이다. 예로부터 천하를 다스리는 자는 윤상(倫常)에 근본하고, 사업에 효과를 거두는 것이니, 부처와 노자의 가르침은 예악(禮樂)과 형정(刑政)의 구역에 참여하지 않았다 하여, 밝은 교화에 방해될까 염려한다면, 밝고 어진 임금으로 이를 멀리하는 일은 있었지만, 나는 성품에 어그러진다 하여 꺾어버렸다는 것은 듣지 못하였다. 근래에 불교를 혹독하게 비방하여 중들을 환속시키라고 청하는 은밀한 상주(上奏)가 있었으나, 내가 염려하는 것은 한 지아비 한 지어미라도 제자리를 얻지 못하는 것이니, 이제 그 의사를 물어보지도 않고 환속시킨다면, 제자리를 얻지 못하는 자가 수백만 명이 될 뿐만이 아니다. 중들은 곧 홀아비나 과부나 고아나 자식없는 자로서 마땅히 불쌍히 여겨야 할 것이다."[*40]

---

*39 『燕巖集』, 권15, 44, '熱河日記·銅蘭涉筆', "王民皞, 贊淸建國一王之制曰, 外三王而內二敎, 蓋以釋老二氏之術, 雜儒道而文之也."
*40 같은 곳, "佛老之敎, 心性本源, 善惡感應, 理氣根窟, 自昔理天下者, 本之倫常, 效之事功, 則二氏之敎, 無與乎禮樂刑政之區, 恐其有妨於明敎, 則哲王賢辟, 疎而遠之則有之, 朕未聞其悖其性而挫折之也, 近有密奏進來, 毒詆釋氏, 請令所在僧尼還俗, 朕恐一夫一婦不獲其所, 今不問情願還俗, 則不獲其所者, 不啻數百萬人, 僧尼卽鰥寡孤獨, 所當矜憐."

이처럼 불교와 도교의 가르침이 유교의 예악·형정의 교화원리와 다르다 하더라도 심성(心性)의 근원과, 선악의 감응과, 이기(理氣)의 근본을 추구하는 것으로서 정당성을 지닌 것임을 인정하고, 유교의 교화체제와 다르다면 멀리할 수는 있지만 없애려 들어서는 안 되는 것임을 강조하며, 승려도 백성으로서 제자리가 있는 것이라 하여, 승려를 환속시키면 제자리를 잃게 하는 문제가 발생할 수 있음을 지적하고, 오히려 승려는 곤궁한 처지의 백성(窮民: 鰥·寡·孤·獨)으로 보호되어야할 대상이라 하여 적극적인 변호의 입장을 제시하고 있다. 나아가 옹정제는 유교의 이학(理學: 道學)에서 불교를 비판하는 태도에 문제가 있음을 강력하게 제시하였던 것이다.

　"'이학'(理學)하는 사람은 우선 석가와 노자를 매도하는 것으로 스스로 '이학자'라 여기는데, 이러한 습관은 어느 전적에서 시작되었는지 모르겠다. 무릇 '이학'이란 몸소 행하고 실지로 행하는 것을 귀하게 여기는 것이요, 만일 헛되이 석가와 노자를 비방하는 것을 '이학'으로 삼는다면 비천한 것이다. 국가가 '이학'을 높이는 뜻은 본래 이런 것이 아니다. 만일 요망한 말로 대중을 미혹시키고 간사한 짓으로 법을 범하는 짓이 모두 중들에서 나온다면, 이런 짓은 과연 그 본래 가르침을 몸소 행하고 실지로 행함이 없는 것이니, 그 기강을 범하고 법을 무시하는 것이 어찌 그 본래 가르침에 죄를 짓는 것이 아니겠는가. 요즈음에 보더라도 중죄를 저질러 극형에 처해지는 자가 어찌 모두 승려나 도사(道士)들이겠는가. 법의 집행이 공평하지 못하면 천하를 다스릴 수 없으며, 주장이 공평하지 못하면 사람의 마음을 감복시킬 수 없는 것이다."[41]

---

[41] 『燕巖集』, 권15, 44-45, '熱河日記·銅蘭涉筆', "理學之人, 先罵二氏, 自以爲理學者, 此習不知刱自何典, 夫理學, 貴於躬行實踐, 若虛詆二氏, 卽爲理學則

  옹정제는 '이학'의 본질적 가치는 몸소 실천하는 데 있는 것이요, 불교나 도교를 비판하는 것으로 임무를 삼는 것은 잘못이요 도리어 '이학'을 비천하게 하는 것이라 경계하였으며, 승려나 도사가 대중을 미혹시키고 국법을 범하는 것은 불교나 도교의 본래 가르침에 어긋나는 것이라 하여, 불교와 도교의 본래 가르침이 정당함을 적극적으로 인정하고 있다. 따라서 옹정제의 종교정책은 유교 내지 '이학'과 불교나 도교는 그 본래의 가르침은 모두 정당한 것이며, 다만 그 역할이 다른 것으로 하나의 국가체제 속에 모두 수용되어야 한다는 융화론의 종교정책을 분명히 밝히고 있는 것이다.

  또한 박지원은 우리나라의 복식제도에 승려의 복식이 많이 수용된 사실을 지적하여, "우리나라의 의관은 신라의 옛 제도를 많이 답습하였는데, 신라는 처음에는 중국 제도를 모방했지만, 풍속이 불교를 숭상하였으므로, 민간에서는 중국의 승복을 많이 본받아 지금까지 천여 년이 되었으나 변할 줄을 모르면서, 도리어 중국의 승려가 우리나라의 의관을 좋아하여 본떴다고 말하니, 어찌 그러하겠는가"[*42]라고 하여, 실제로 우리나라의 복식 속에 승려의 복식에서 많은 영향을 받은 사실을 지적하고 있다. 그만큼 불교문화가 오랜 역사적 전통으로서 우리나라의 문

  卑淺矣, 國家尊尙理學之意, 本不如此, 若云妖言惑衆, 作姦犯科, 皆出於僧徒, 此等果於本敎, 亦無躬行實踐, 其干紀冒法, 豈誠本敎之罪哉, 卽如近日獲重罪處極刑者, 又何嘗皆僧尼道士耶, 執法不平, 不足以治天下, 持論不公, 不足以服人心."

*42 『燕巖集』, 권15, 35, '熱河日記·銅蘭涉筆', "東方衣冠多襲新羅之舊, 新羅始倣華制, 然俗尙佛敎, 故閭閻多效中國僧服, 至今千餘年而不知變, 反謂中國僧徒, 悅我東衣冠而效之, 豈其然乎."

화 속에 광범하게 스며들어 있음을 주의깊게 인식하는 것이다. 이와
더불어 그는 중국에서 관등(觀燈)놀이는 대보름날 밤(정월 14일부터 16일
까지)에 하는데, 우리나라에서 관등놀이는 반드시 부처의 탄생일인 사월
초파일에 하는 차이점을 지적하면서, 우리나라의 관등놀이는 고려 때의
풍속인 것으로 보았다.[43] 중국과 우리의 관등놀이 풍속이 다른 점에서
도 우리에게는 고려 때의 불교적 영향이 깊이 남아 있는 한 단면을
보여주고 있는 것이다.

(2) 중국 사찰의 실상 파악

박지원은 북경을 가는 도중이나 특히 북경에서 많은 사찰을 탐방하였
으며, 사찰의 이름을 표제로 달아 기록한 경우도 요동의 광우사(廣祐寺)
와 북경 동북쪽 밀운(密雲)의 천불사(千佛寺) 및 북경성 안팎의 해인사(海
印寺)·경수사(慶壽寺)·만불루(萬佛樓)·극락세계(極樂世界: 寺名未詳)
·홍인사(弘仁寺)·보국사(報國寺)·천녕사(天寧寺)·법장사(法藏
寺)·안국사(安國寺)·천경사(天慶寺)·융복사(隆福寺)·석조사(夕照
寺)·명인사(明因寺)·숭복사(崇福寺)·진각사(眞覺寺) 등은 사찰의 이
름을 제목으로 붙여 기록하고 있다. 당시 우리나라 사신을 담당하는
중국관리인 통관(通官)이 우리나라에서 부처를 공경하는지, 그리고 국내
에 사철이 몇 곳이나 되는지를 묻자, 우리의 수역(首譯)은 질문의 의도가
있는 것이라 판단하여 바로 대답하지 못하고 사신(使臣)에게 물었을

---

*43 『燕巖集』, 권14, 85, '熱河日記·口外異聞·四月八日放燈', "中原放燈, 在上
元夜, 自十四至十六, 我國放燈, 必于四月八日, 謂佛生辰, 此似仍麗俗."

때, 삼사(三使: 正使·副使·書狀官)가 의논하여 공식적 대답으로 제시한 것은 "우리나라 풍속은 본래 부처를 숭배하지 않아서, 사찰은 시골에 있지만 도성(都城)에는 없다" 하고 대답하게 지시하였다.[44] 이러한 사실에서 보면 중국에는 북경 성 안팎에 많은 사찰이 있는데 비하여 우리나라에는 서울에 절이 없는 것과 매우 선명한 대조를 이루는 것으로 우리나라가 얼마나 철저하게 유교국가로서 정착되어 있었던지를 잘 드러내 주고 있다.

그가 사찰의 창립과 중수의 연혁이나 제도와 규모의 화려함과 불상의 정교함을 세밀하게 기록하였는데, 그 가운데 몇 가지 특징적 사실들을 짚어 볼 수 있다. 먼저 사찰에서 승려들의 수도하는 분위기나 신도들의 신앙의례가 쇠퇴하고 있는 실상을 엿볼 수 있게 하는 정황이다. 요동성 밖 백탑(白塔) 남쪽의 '광우사'는 당 태종(唐太宗)이 중수하고, 청 태종의 비(妃: 太皇太后)가 다시 세웠다고 하지만 당시 이미 절이 황폐하여 승려가 없었다 한다.(「廣祐寺記」) 또한 북경의 '천경사'는 전각과 불상이 지극히 화려함을 보면서도 이렇게 큰 절에 단지 한 명의 늙은 중이 두세 명의 젊은 중을 데리고 있을 뿐이고, 행랑채 사이에는 온갖 종류의 공인(工人)들이 거주하며 물건을 만드는 데 분주한 광경을 지적하였다.(「天慶寺」) 또한 북경의 '융복사'에서는 장날에 장터가 벌어져 절의 뜰이 장마당이 되고 있음을 보여준다.(「隆福寺」) '석조사'의 경우에는 티끌 한 점 없이 정갈한 분위기이지만 중은 한 명도 없고 거처하는 사람들

---

*44 『燕巖集』, 권12, '熱河日記·太學留館錄', "三使相議, 令答以國俗本不崇佛, 寺刹則外邑有之, 而都城則無有."

은 모두 과거시험에 낙방한 지방의 수재들이 남의 글을 지어주며 생활하는 광경을 기술하고 있다.(「夕照寺」)

다음으로 중국사찰에서 우리나라와 연관된 자취에 대한 관심을 보여준다. 밀운(密雲)의 '천불사'는 부처가 앉은 자리를 천개의 연꽃이 둘러싸고 있는 부처가 천 개나 되며, 이 절의 천존불(天尊佛) 24개와 18나한(羅漢)은 모두 우리나라에서 바친 것이라 하였다.[*45] 그는 북경의 '경수사'에는 원나라의 문인 정문해(程文海)가 지은 대장경비(大藏經碑)가 있는데, 그 비문에서 "고려는 예로부터 시·서(詩書)와 예·의(禮義)의 나라로 불렸으며, 원(元)이 천하를 차지하자, 세조(世祖: 忽必烈)는 은혜로 결합하고 예법으로 대접하여 가장 특별하게 우대하였다. 부자(고려 元宗과 忠宣王 父子)가 왕위를 계승하고 모두 (원 황실의) 부마(駙馬)가 되었다. 지금 왕은 충선왕(忠宣王)으로 또한 총명하며 충효함으로 황제와 황태후가 친히 행림(幸臨)하심을 입었으며, 대덕(大德: 元 成宗 연호)을사년(1305)에 대장경 한 질을 경수사(慶壽寺)에 시주하였다"[*46]는 기록을 소개하였다. 이 비문은 정문해의 문집인 『설루집』(雪樓集)에도 실려 있는 것이다. 이처럼 그는 '천불사'나 '경수사'의 경우에서 중국의 사찰 속에 우리나라와 연관된 자취에 대해 깊은 관심을 보여주고 있다. '법장사'에 있는 7층의 탑은 나선형 계단으로 꼭대기까지 올라갈 수

[*45] 『燕巖集』, 권14, 90, '熱河日記·口外異聞·千佛寺', "佛座繞千蓮, 蓮繞千佛, 尊天諸佛二十四軀及十八羅漢, 皆我國所進云."
[*46] 『燕巖集』, 권14, 88, '熱河日記·口外異聞·慶壽寺大藏經碑略', "高麗古稱詩書禮義之國, 皇元之有天下也, 世祖皇帝結之恩, 待之禮, 亦最優異, 父子繼王, 並列貳館, 今王 忠宣王, 又以聰明忠孝, 爲皇帝皇太后所親幸, 大德乙巳, 乃施經一藏, 入大慶壽寺."

있는데, 이 탑의 제일층에는 앞서 사신행렬에 따라왔던 우리나라 인물로 김창업(金昌業)의 제명(題名)이 있고, 그 밑에 박지원의 친우인 홍대용(洪大容)의 제명이 있음을 확인하기도 하였다.(「法藏寺」)

2) 황교黃敎에 대한 관심

(1) 반선班禪과 만남

박지원이 『열하일기』에서 가장 깊은 관심을 갖고 세밀하게 기록하고 여러 사람과 문답하였던 종파는 황교(黃敎), 곧 라마교이다. 그 까닭은 황교가 조선의 유교지식인에게 거의 알려지지 않은 새로운 종파였기 때문이기도 하지만, 무엇보다 열하에서 조선사신이 황제의 명령으로 서번(西番: 옛 吐藩. 오늘의 西藏 일대)의 성승(聖僧) 곧 반선라마(班禪喇嘛: Panchen lama)를 예방하게 되었기 때문이다. 그는 열하에 오기 전에 성경(盛京)에서도 성자사(聖慈寺)와 만수사(萬壽寺)에 라마승려가 있는 것을 보았고,(「盛京伽藍記」) 북경에서도 대륭선호국사(大隆善護國寺: 護國寺·千佛寺·崇國寺)는 명나라 무종(武宗)때 황제의 명에 따라 서번의 법왕(法王)인 영점반단(領占班丹)과 저초장복(著肖藏卜) 등 라마교의 성승(聖僧)이 이곳에 와서 머물었던 사실을 지적하였으며,[47] 옹정제의 원

---

[47] 박지원은 明 武宗(1506-1521재위)때 북경에 와 있던 領占班丹과 著肖藏卜의 '班丹'과 '藏卜'이란 당시 熱河에 와 있는 班禪과 같다고 하였다.(『燕巖集』, 권15, 32, '熱河日記·盎葉記·大隆善護國寺') 武宗은 궁중 안에 티베트불교 사원을 세운 후, 승복을 걸치고 左道密敎의 실천을 하였으며, 武宗 자신이 大慶法王 린첸 펭덴이라 칭하고, 카르마黑帽派의 츄타크 강쪼의 化身이라 주장했다고 한다. (야마구치 즈이호·야자키 쇼켄, 『티베트불교사』, 이호근·안영길 역, 민족사, 1990,

당(願堂)인 옹화궁(雍和宮)에는 라마승려 3천 명이 머무르고 있음을 확인하기도 하였다.(「雍和宮」)

그는 조선사신이 당시 열하에 머물고 있던 반선라마를 예방하는 과정과 그에 따라 발생하는 문제들에 대해 매우 정밀하게 기술하고 있다. 처음에 반선라마를 예방하라는 황제의 명령을 받았을 때, 사신은 "(중국이 아닌) 다른나라 사람과는 감히 서로 교류할 수 없는 것이 우리나라의 법도다"라고 하여, 이른바 '신하로서는 사사로운 외교가 없다는 의리'(人臣無外交之義)를 명분으로 내걸어 회피하려하였다. 이때 그는 황제의 명령을 거부하다가 운남(雲南)이나 귀주(貴州)나, 교주(交州: 安南의 河內)나 광주(廣州: 廣東)로 유배를 가게 된다면 좋은 구경을 할 수 있는 절호의 기회를 얻을 수 있을 것이라 생각하고 기뻐하였다 한다.[*48] 사신이 이교(異敎)의 교종(敎宗)을 찾아가는 것은 명분에 어긋난다고 황제의 명령에도 맞서 저항하여서, 자칫하면 중국에서 멀리 유배를 당할 위험이 있지만, 그는 이런 유배를 당할 수 있다면 중국의 먼 변방까지 구경할 수 있는 기회를 누리게 될 수 있다고 기뻐하였으니, 그가 얼마나 중국의 구석구석까지 살펴보고 싶어하는 관심이 컸던지를 잘 보여준다.

그러나 예부(禮部)의 독촉이 성화같아서 결국 찾아가게 되었다. 또한 조선사신은 이날 아침 예부에서 반선라마를 알현할 때 머리를 조아리도

75쪽)고 하였으니, 그 당시 실제로 班禪이 오지 않았다 하더라도 명나라 황실에서 라마불교가 융성하였음을 엿볼 수 있다.

[*48] 『燕巖集』, 권12, 78, '熱河日記 · 太學留舘錄', "曰, 此好機會也, …使臣滇黔雲貴不可已也, 吾義不可獨還蜀, …交廣距燕京萬餘里, 吾遊事, 豈不爛漫矣乎也哉, 余暗喜不自勝."

록 지시하자, "머리를 조아리는 예절은 천자의 뜰에서 행하는 것이니, 이제 어찌 천자를 공경하는 예법을 번승(番僧)에게 베풀 수 있겠는가"라고 항의하였으며, 예부에서는 "황제도 역시 스승의 예법으로 대우하는데, 사신이 황제의 조칙을 받드는 것이니 마땅히 같은 예법을 써야 한다"고 강요하였고, 사신이 가기를 내켜하지 않아 굳게 서서 다투자, 예부 상서(尙書)는 노해서 모자를 벗어 땅에 팽개치고 몸을 방바닥에 내던지고서는 드러누워 쳐다보면서, "빨리 가, 빨리 가"하고 소리를 지르며 사신을 손으로 가리켰다고 한다.[*49] 조선사신으로서는 이교의 교종을 찾아간다는 것도 받아들이기 어려운데, 그 앞에 가서 머리를 조아리는 의례를 행하라는 것은 지조를 잃고 굴욕을 당하는 일로 받아들여 중국의 예부상서와 맞서서 저항했던 광경을 엿볼 수 있다.

박지원은 사신의 일행을 따라가서 반선라마를 찰십륜포(札什倫布)로 찾아가 만났다. '찰십륜포'는 서번 말로 '대승(大僧)이 거처하는 곳'을 뜻한다고 한다.[*50] 사원 안에는 수천 명의 라마승이 있었으며, 반선라마를 묘사하여 "전각 속 북쪽 벽 아래 … 남쪽을 향해 가부좌를 하고 앉았는데, 쓰고 있는 황색 관(冠)은 갈기가 달리고 가죽신 모양의 높이가 두 자 남짓한 것이며, 금으로 짠 선의(禪衣)는 소매가 없이 왼쪽 어깨에

[*49] 『燕巖集』, 권13, 37-38, '熱河日記·札什倫布', "使臣朝旣爭之禮部日, 拜叩之禮, 行之天子之庭, 今奈何以敬天子之禮, 施之番僧乎, 爭言不已, 禮部日, 皇上遇之以師禮, 使臣奉皇詔, 禮宜如之, 使臣不肯去, 堅立爭甚力, 尙書德保怒脫帽擲地, 投身仰臥炕上, 高聲日, 亟去亟去, 手麾使臣出.

[*50] 『燕巖集』, 권13, 36, '熱河日記·札什倫布', "見班禪額爾德尼於札什倫布, 札什倫布者, 西番語猶言大僧居也." 札什倫布는 熱河의 外八廟의 하나로 라마사원인 '須彌福壽廟'를 가리키지만, 西藏에서 판첸라마가 머무르는 사원의 이름인 'Tashilimpo'를 音譯한 것이다.

걸쳐서 온몸을 감쌌다. 팔은 장대하기가 다리만 하고 금빛이고, 얼굴은 짙은 누런 색이요, 둘레가 예닐곱 뼘이나 되며, 수염이 난 흔적은 없고, 쓸개를 매단 것 같은 코에 눈썹은 두어 치나 되며, 눈의 흰자위가 겹이라 음침하고 어두웠다"[*51]고 하였다. 반선라마의 왼쪽 두 개의 낮은 걸상에는 몽고왕 둘이 앉아 있었으며, 반선라마를 배알하는 사람은 '합달'(哈達)이라는 비단 천을 예물로 바쳤다. 조선사신은 반선라마 앞에 나가서 군기대신(軍機大臣)에게 '합달'을 받아서 반선라마에게 전해주고는 끝내 머리를 조아리는 예법을 행하지 않고 돌아와 몽고왕의 아랫자리에 앉았다. 조선사신이 이교의 교종에게 머리를 숙일 수 없다는 유교적 신념을 지켰던 사실을 보여준다.

반선라마가 사신들의 예방에 답례품으로 준 물건 가운데 나무로 새기고 금을 입힌 작은 금불상(金佛像) 셋이 있었는데, 이 불상의 처리가 문제가 되었다. 정사(正使)는 우선 숙소인 태학(太學)에 불상을 가지고 들어갈 수 없다는 문제점부터 제기하였다. 이 불상은 '동불'(銅佛)이라 일컬었는데, 높이가 한 자 남짓한 호신불(護身佛)로 여행의 무사함을 기원하는 뜻을 담은 것이다. 박지원은 사신들이 수천 냥의 가치가 있는 이 '동불'의 처리를 못하여 근심하는 사정에 대해, "우리나라에서는 한 번 부처와 연관되면 평생토록 허물이 되는데, 하물며 이것을 준 자가 번승(番僧)임에랴. 사신은 북경으로 돌아오고나서, 그 폐백들을 모

---

*51 『燕巖集』, 권13, 37, '熱河日記・札什倫布', "殿中北壁下, …班禪跏趺南向坐, 冠黃色有鬣, 狀似靴, 高二尺餘, 披織金禪衣, 無袖袪掛左肩, 圍裹全軀, 袪右腋下露, 垂右臂, 長大如腿股而金色, 面色深黃, 圓幾六七圍, 無髭鬚痕, 懸膽鼻, 眼眉數寸, 睛白瞳子重暈, 陰沉窅冥."

두 역관(譯官)에게 주었으나 여러 역관들도 똥오줌처럼 보고 더럽게 여겼다. 90냥에 팔아 일행의 마부들에게 나누어 주려고 했으나 마부들도 이 돈으로는 술 한 잔도 사먹을 수 없다고 했다. 결백하다면 결백하다 하겠지만 다른 나라 풍속에서 본다면 촌스럽고 어리석게 보임을 면치 못할 것이다"[*52]라고 하여, 사신에서 역관이나 마부에 이르기까지 이교의 교종에게서 받은 '동불'을 더럽게 여기는 모습이 유교정통 의식에 젖어있다는 점에서 보면 순수한 면이 있지만 유연하게 대응하여 수용하지 못하는 폐쇄적 태도가 중국인들에게는 얼마나 촌스럽게 비춰질지를 성찰하는 객관적 의식을 보여주고 있다.

그는 사신들이 창졸간에 이 '동불'을 받아놓고는 일행의 상하 모두가 꿀단지에 손 빠뜨린 듯 어쩔 줄을 몰라하는 모습을 흥미롭게 지켜보았다. 그는 정사(正使)가 이 '동불'을 처리하기 위해 작은 궤짝을 만들게 시켰다는 말을 듣고, "(이 '동불'을) 도중의 사찰에다 버린다면 중국이 노여워할까 두렵고, 이것을 가지고 국내에 들어오면 당연히 사람들의 마음을 놀라게 할 것이니, 저쪽과 이쪽의 경계에서 강물에 띄워 보내 바다로 내보내기에는 압록강만한 곳이 없다"고 하여,, 중국과 국내에 문제를 일으키지 않으려면 경계선의 압록강에서 물에 띄워 보내는 것이 적절함을 제시하였다. 이때 그는 부사(副使)와 담소하면서, "이제 이 불상이 불행히도 몸체가 나무라서 마음 편하게 사양하여 물리쳤지만,

---

*52 『燕巖集』, 권13, 42-43, '熱河日記 · 行在雜錄', "吾東一事涉佛, 必爲終身之累, 況此所授者, 乃番僧乎, 使臣旣還北京, 以其幣物盡給譯官, 諸譯亦視同糞穢, 若將浼焉, 售銀九十兩, 散之一行馬頭輩, 而不以此銀, 沽飮一盃酒, 潔則潔矣, 以他俗視之, 則未免鄕闇."

만약 몸체가 순금이었다면 이단을 물리치자는 의논도 응당 헤아리고 생각할 점이 있을 것이다”라고 하며, 함께 포복절도하였다고 한다.[*53] '불상' 하나를 보는 중국의 입장과 조선의 입장이 얼마나 상반된지를 보여주고, 따라서 어느 쪽에도 속하지 않는 경계선인 압록강의 강물에다 버려야 할 수밖에 없는 실정을 확인하면서도, 그 불상이 순금으로 된 불상으로 가치가 높다면 이단배척론의 논리에 따라 버리기는 쉽지 않을 것임을 지적하여, 명분의 한계점을 짚어보고 있다.

(2) 반선과 황교에 관한 인식

박지원은 반선라마와 라마교에 관한 정보를 여러 중국지식인들과 문답하면서 주의깊고 다양하게 수집하고 있다. 그는 성승(聖僧)이라 일컬어지는 반선라마는 서번의 승왕(僧王) 곧 대보법왕(大寶法王)인 반선액이덕니(班禪額爾德尼: 판첸에르테니 로쌍팔단예쉐)로, 호는 반선불(班禪佛) 또는 장리불(藏理佛)이며, 중국인들이 모두 존중하고 믿어 '활불'(活佛)이라 일컫는다고 한다. 반선라마는 자신이 42대를 전생(轉生)한 몸이요, 전세의 몸은 중국에서 여러 번 태어났고, 현재 나이가 43세라 한다.[*54]

---

*53 『燕巖集』, 권14, 62, '熱河日記・避暑錄', “蓋棄置沿道寺刹, 則恐爲中國所怒, 以此入國, 當駭物情, 彼此交界, 順流而放海, 莫如鴨綠江, …余又日, 今此佛像, 不幸木軀, 故辭而闢之, 廓如也, 若果金身, 闢異之論, 合有商量, 相與絕倒.”

*54 『燕巖集』, 권12, 79, '熱河日記・太學留舘錄', “所謂聖僧者, 西番僧王, 號班禪佛, 又號藏理佛, 中國人擧皆尊信, 皆稱活佛, 自言四十二世轉身, 前身多生中國, 年方四十三.”

또한 그는 한림서길사(翰林庶吉士) 왕성(王晟)이 반선라마의 이전 역사를 설명해준 내용을 소개하면서, 반선라마는 서번의 오사장(烏斯藏: 西藏의 서쪽 中藏지역)의 '대보법왕'(大寶法王)으로 이름은 반선액이덕니(班禪額爾德尼)요, '반선액이덕니'라는 이름은 서번 말로 '빛나고 밝으며 신통한 지혜를 지닌 법승'(光明神智法僧)이라는 뜻이며, 자신의 전신(前身)은 파사팔(巴思八: 八思芭·巴斯巴·Phagspa, 1235-1280)이라 하였다 한다.[55] 파사팔은 원나라 세조(世祖)의 초청을 받아 몽고의 문자를 만들었고, '대보법왕'이란 호를 받았던 인물이며, 이때부터 '법왕'의 칭호가 시작되었다 한다. 명나라 태조(太祖) 때 오사장(烏斯藏)의 왕 난파가장복(蘭巴珈藏卜)이라는 승려는 '제사'(帝師)라고 자칭했고, 이때부터 서번의 여러 나라에 '제사'나 '대보법왕'이 자기 나라를 가진 자의 칭호가 되었고, 황제는 '제사'라는 호칭을 '국사'(國師)로 고치고, 옥으로 된 도장을 하사하였는데, 그 뒤로 서번의 여러 나라에 '법왕'이니 '제사'라 일컬어졌던 것이라 한다. 그후 명나라 성조(成祖)때 서번의 승려 탑립마(嗒立麻)를 '만행구족십방최승등여래대보법왕'(萬行俱足十方最勝等如來大寶法王)에 봉하였으며, 당시 서장 각지에 대승(大乘)·대자(大慈) 등 '법왕'의 호칭을 받은 자도 있고, 또 천교(闡教)·천화(闡化) 등 다섯 '교왕'(教王)이 있어서 중국에 빈번하게 조공을 바쳤으며, 중국도 넉넉한 대접으로 그들을 어리석게 만들었고, 널리 왕호를 봉하여 제각

---

*55 『燕巖集』, 권13, 32, '熱河日記·班禪始末', "班禪額尒德尼, 西番烏斯藏大寶法王, …班禪額尒德尼, 番語猶云光明神智法僧, 自言其前身巴思八." 당시 熱河에 와 있던 '班禪額尒德尼'(판첸에르테니)는 제3세(제6세로 헤아리기도 함) '로상 펜덴 예셰'이다.(야마구치 즈이호·야자키 쇼켄, 『티베트불교사』, 186쪽 참조.)

기 조정에 조공하게 함으로써 그 세력을 몰래 분할시켰던 것이라 한다. 또한 명나라 신종(神宗) 때 쇄란견조(鎖蘭堅錯)라는 신승(神僧)이 중국에 통하여 '활불'이라 일컬어졌다 한다.[*56] 이처럼 원대에서 비롯하여 명대를 거쳐 청대에 이르기까지 서장의 라마교가 중국에 전래되는 과정에 여러 '법왕'을 책봉했던 것은 황실에서 라마교를 신봉한 측면이 있지만, 변방민족을 분할하여 통제하려는 정책의 일환이었음을 지적하며, 이 '법왕'에 대해 '활불'이라 일컬었던 것은 명나라 중기부터 시작된 것이라 확인하고 있다.

또한 박지원이 열하에서 만났던 몽고인 경순미(敬旬彌)의 설명에 따르면, 라마는 대체로 명의 중엽 때부터 시작된 것으로, 종객파(宗喀巴)라는 승려가 먼 곳으로부터 서장으로 들어온 자로서 여러 법왕들이 그를 스승으로 삼아 제자의 대열에 즐겨 들어갔으며, 종객파를 전승한 두 제자로 첫째가 달라이라마(達賴喇嘛)요, 둘째는 반선액이덕니(班禪額爾德尼)라 하고, 달라이라마는 이제 7대를 환생하였으며, 반선라마는 4대를 환생하였다 한다. 청 태종때부터 반선라마는 중국에 조공을 하였고, 강희제 때 중국에 입조(入朝)하게 하려 하였으나 건륭제의 만수절(萬壽節)에 입근(入覲)하였다는 것이다. 대체로 그 교(敎)는 승려라 이름 붙였

[*56] 『燕巖集』, 권13, 32-33, '熱河日記·班禪始末', "益巴思八者, …元世祖…遣使迎之, …賜號大寶法王, …洪武初, 廣諭西番諸國, 於是烏斯藏, 先遣使朝貢, 其王蘭巴珈藏卜者僧也, 猶自稱帝師, 是時諸番帝師及大寶法王, 已爲有國之號, …悉改帝師爲國師, 而賜玉印, …成祖時, …遂封嗒立麻萬行俱足十方最勝等如來大寶法王, …當時諸藏之得大乘大慈等法王號, 又有闡敎闡化等五敎王, …中國亦嘗苦其煩費, 然實愚之以優禮, 廣錫封號, 使各自通貢入朝, 以陰分其勢, …萬曆時, 又有神僧鎖蘭堅錯, 亦通中國, 稱活佛."

지만 관상(觀想)·운기(運氣)·지주(持呪)하는 법이 도교(道敎)와 같은 종류라 하였다.[*57]

박지원은 원나라 황제가 호승(胡僧)의 방술(方術)·좌도(左道)·이단(異端)의 유파에 몸을 낮추는 것을 부끄럽게 여기지 않고 '제사'(帝師)라 높이며, '황천지하일인지상선문대성지덕진지'(皇天之下一人之上宣文大聖至德眞智)라는 호를 주었던 것은 천자보다 높이는 것이요, 공자의 덕에 견주는 것은 법도나 이치에 맞지 않는 잘못된 것임을 비판하면서, "원나라 세조(世祖)는 사막에서 일어났으니 괴이할 것이 없지만, 명나라 초에 먼저 이승(異僧)을 예방하고 여러 자제들의 스승으로 삼으며, 널리 서번의 중을 초청하여 존중하였던 것은 스스로 중국을 낮추고 지존(至尊)을 깎아내리는 것이요 선성(先聖)을 욕되게 하고 참다운 스승을 억누르는 것인 줄을 몰랐으니, 나라를 세우는 시초에 자제들을 가르침이 어찌 이렇게 누추한 것인가. 무릇 그 술법이란 오래 살 수 있는 방법은 곧 환생한다는 설로서 임금의 마음에 분수 바깥을 바라는 것일 뿐이다"[*58]라고 지적하였다. 이처럼 그는 명나라 때에서 황실이 라마교의

---

*57 『燕巖集』, 권13, 35, '熱河日記·班禪始末'. "今之喇嘛, 大約始於明之中葉, 有異僧曰, 宗喀巴, 來亦遠方, 入西藏, …諸法王皆以爲師, 而自甘退就弟子之列, 宗喀巴傳有二弟子, 長曰達賴喇嘛, 次曰班禪額爾德尼, 達賴喇嘛, 目今投胎七世, 班禪喇嘛, 投胎四世, 本朝天聰時, 班禪越過大漠, 遣使來貢, …康熙時, 仁祖欲其入朝, 而未嘗來, 去年萬壽節, 乃請入覲, …大約其敎僧名而道家實也, 其觀想運氣持咒, 與道家相類." 쫑카파(宗喀巴: Tsonkhapa, 1355-1417)는 겔룩파(dgelugspa)派의 開祖로 黃帽(Shagser)派라 하며, 여기서 '黃敎'라는 명칭이 나온 것이요, 그 반대파인 니구마바派는 紅帽(Shadmar)派라 한다.(『불교대사전』, 명문당, '宗喀巴'項)
*58 『燕巖集』, 권13, 36, '熱河日記·班禪始末', "獨胡僧方術·左道·異端之流, 不恥以身下之者, 何也, …然元之號帝師曰, 皇天之下一人之上宣文大聖至德眞智, 一人者, 天子也, 爲萬邦共主, 天下豈有復尊於天子者哉, 宣文大聖至

승려를 받들었던 것은 환생설(還生說)에 미혹되어 장생불사(長生不死)를 구하는 것임을 지적하여, 명나라 황실이 유교의 정도를 지키지 못한 사실을 엄격하게 비판하는 입장을 밝히고 있다.

나아가 그는 청나라 황제가 열하에 머무는 사실은 명목은 피서지만 그 실상은 천자가 몸소 변방을 방비하는 것으로 몽고의 강성함을 알 수 있으며, 황제가 서번의 승왕을 스승으로 삼아 황금으로 전각을 지어 머물게 하고 있는 것은 명목으로 스승이라 대접하지만 그 실상은 전각 속에 가두어 두고 하루라도 세상이 무사할 것을 기원하고 있는 것이요, 그만큼 서번이 몽고보다도 더 강한 것을 알 수 있다고 하여, 청나라 황제로서는 방어정책으로 승왕을 모시는 사실을 지적하였다.[59] 여기서 그는 명나라 황제가 서번 승왕을 높이는 것을 비판하는 것과 달리, 청나라 황제가 서번의 승왕을 높이는 것은 변방세력의 견제와 방어를 위한 부득이한 점이 있음을 적극적으로 이해하는 것으로 두 가지 상반된 시각을 제시하고 있다.

박지원은 열하에서 만났던 여러 중국지식인들과 반선라마와 라마교 곧 황교(黃教)에 관해 문답한 내용을 상세하게 기록하고 있는데, 먼저

德眞智, 孔子也, 自生民以來, 豈有復賢於夫子者哉, 世祖起自沙漠, 無足怪者, 皇明之初, 首訪異僧, 分師諸子, 廣招西番尊禮之, 自不覺其卑中國而貶至尊, 醜先聖而抑眞師, 其立國之始, 所以訓教子弟者, 又何其陋也, 大抵其術有能長生久視之方, 則乃是投胎奪舍之說, 而僥倖世主之心耳."

[59] 『燕巖集』, 권13, 17-18, '熱河日記・黃教問答', "皇帝年年駐蹕熱河, 熱河乃長城外荒僻之地也, 天子何苦而居此塞裔荒僻之地乎, 名爲避暑, 而其實天子身自備邊, 然則蒙古之强可知也, 皇帝迎西番僧王爲師, 建黃金殿以居其王, 天子何苦而爲此非常僭侈之禮乎, 名爲待師, 而其實囚之金殿之中, 以祈一日之無事, 然則西番之尤强於蒙古, 可知也, 此二者, 皇帝之心已苦矣."

산동도사(山東都司)인 학성(郝成)은 '활불'(活佛)의 신통한 법술(法術)을 소개하여, 사람의 장부를 들여다보는 보배 거울을 하나 걸어 놓았는데 사람의 마음이 간사한지 탐욕스러운지 재앙의 마음인지 충효의 마음인지 부처를 공경하는 마음인지에 따라 다섯 가지 색으로 나타난다고 말했지만, 박지원은 다섯 색깔로 비추는 거울이란 진시황의 조담경(照膽鏡)을 본떠서 이야기를 신통하게 만든 것과 같은, 지어낸 이야기일 뿐이라 반박하였다.[*60] 학성은 '활불'의 신통력에 대해 여러 가지 전하는 이야기를 소개하면서 맨발로 물을 밟아도 물결이 발목을 넘지 않았다거나, 수레에서 내려 길가의 큰 범의 머리를 쓰다듬어주고 그 범을 따라가 큰 뱀 두 마리가 범의 새끼를 삼키려 하는 것을 보고 활불이 주문을 외우니 뱀이 죽고 뱀의 머리에서 야광주(夜光珠)가 하나씩 나왔다는 등의 신통한 능력에 관한 이야기가 무수히 많음을 보여주었다.

거인(擧人) 추사시(鄒舍是)는 정반대로 반선라마에 대한 적개심이 강하여 사람을 잡아먹는 자라 하여 '담인'(噉人)이라 일컬었으며, 양련진가(楊璉眞加)가 다시 태어난 것이라 하였다. 양련(楊璉)은 서번의 중으로 원나라 때 중국에 들어와 송나라의 능침(陵寢)을 파헤쳐 보물을 산더미처럼 모았던 인물이라, 반선라마를 양련과 같은 인물로 비방하였던 것이다.[*61] 당시 대부분의 중국지식인들은 반선라마를 '활불'로 받드는

---

*60 『燕巖集』, 권13, 18, '熱河日記・黃敎問答', "志亭曰, …有神通法術, 洞見人臟腑, 掛一寶鏡, 人懷姦淫, 必靑色照, 人懷貪賊, 必黑色照, 人懷危禍, 必白色照, 維忠孝一心敬佛人至, 必紅霞帶黃, 如慶雲曇華, 絪縕鏡面, 此五色鏡可畏, 余曰, 此倣始皇照膽鏡, 以神其說."

*61 『燕巖集』, 권13, 22, '熱河日記・黃敎問答', "鄒生熟視余良久曰, 先生此來不畏噉人乎, …楊璉眞珈, 復生於世, …(志亭曰)楊是番僧, 元時入中國, 都發宋

경우라면, 추사시처럼 드물게 '담인'으로 증오심을 드러내는 인물도 있었음을 보여준다. 학성은 반선라마의 신통력과 기이한 이야기들을 많이 소개하고 있지만, 만주인으로 귀주안찰사(貴州按察使)인 기풍액(奇豊額)은 활불의 법술에 신통한 것이 전혀 없다고 대답하는 상반된 견해를 보여주기도 한다.

4. 천주교耶蘇敎에 대한 견해와 삼교三敎에 관한 토론

1) 천주교耶蘇敎에 대한 견해

박지원은 북경에서 당시 새로운 문물인 서학(西學) 곧 천주교와 서양 문물에 대해 주의깊게 관찰하고 있다. 그는 압록강을 건너면서 수역(首譯) 홍명복(洪命福)에게 '도'(道)를 설명하면서, "무릇 천하에 사람의 윤리(民彝)와 사물의 법칙(物則)이란 물의 경계인 언덕과 같으니, '도'란 다른 데서 찾을 것이 아니라 곧 그 경계에 있는 것이다. …서양 사람은 일찍이 기하(幾何)의 한 획(劃)을 변증하면서 하나의 선이라 일러주면 그 미세함을 다하기에 부족하다고 여겨, '빛이 있고 없는 경계'라고 말하였으니, 곧 이에 불교에서 '합쳐지지도 않고 떨어지지도 않는다'고 말하였다. 그러므로 그 경계를 잘 대처하는 것은 '도'를 아는 자만이 할 수 있다"[*62]라고 하였다. 이처럼 그는 중국에 들어가기 전부터 이미

朝陵寢, 毒於兵禍, 積聚寶玉如邱山."

서양의 기하학에 관해 어느 정도의 지식을 가졌던 사실을 엿볼 수 있다.
또한 그는 북경으로 가는 도중에도 서양인들이 온 지구를 여행하여
관찰함이 넓음을 지적하고 있다.

> "'공자가 태산에 올라가서 천하가 작은 줄 알았다'고 말하면, 마음으로
> 는 그렇지 않을 것이라 여기면서도 입으로는 그렇다고 대답할 것이지만,
> '부처가 시방세계(十方世界)를 보았다'고 말하면 환망(幻妄)하다고 배척
> 할 것이요, '서양 사람이 큰 배를 타고 지구(地球)의 바깥을 둘러 다녔다'고
> 말하면 괴이하고 허망하다고 꾸짖을 것이다. …서양인들은 공자와 석가의
> 관찰이 오히려 그 땅을 떠나지 못하였지만, 그들은 지구를 조사하고 천체
> 를 관측하며 별을 더듬어 항해하였다 하여, 스스로 그 관찰이 공자나 부처
> 보다 낫다고 하였다. 그러나 다른 나라에서 말을 배우고 머리가 희도록
> 글을 익혀서 없어지지 않을 것을 도모함은 무슨 까닭인가? …그래서 힘써
> 저술하여 사람들이 반드시 믿게 하고자 하였던 것이다. 우리 유교가 이단
> 을 물리치는 이론을 보고는 남은 것을 주워모아 불교 배척을 힘써 본받았
> 으며, 불교의 천당·지옥의 설을 기뻐하여 찌꺼기를 받아들였다."[*63]

일반지식인들이 허황한 말이라 꾸짖으며 전혀 인정하지 않는 사실로
서 서양인이 주장하는 지구설(地球說)을 받아들임과 동시에 서양인이

[*62] 『燕巖集』, 권11, 4, '熱河日記·渡江錄', "凡天下民彝物則, 如水之際岸, 道不
他求, 卽在其際, …泰西人辨幾何一畫, 以一線論之, 不足以盡其微, 則日有光
無光之際, 乃佛氏臨之日, 不卽不離, 故善處其際, 惟知道者能之."

[*63] 『燕巖集』, 권12, 1, '熱河日記·馹汛隨筆', "言聖人登泰山而小天下, 則心不
然而口應之, 言佛視十方世界, 則斥爲幻妄, 言泰西人乘巨舶, 遠出地球之外,
叱爲怪誕, …"彼又謂聖人與佛氏之觀, 猶未離地, 則按球步天, 捫星而行, 自
以其觀勝於二氏, 然異方學語, 白頭習文, 以圖不朽者, 何也, …故强爲著書,
欲人之必信, 見吾儒闢異之論, 則綴拾緒餘, 强效斥佛, 悅佛氏堂獄之說, 則哺
啜糟粕."

지구를 둘러 항해하였다는 서양에 관한 지식을 가지고 있음을 보여준다. 그러나 조선사회에서도 당시 사신행렬에 따라 중국을 왕래하였던 인사들은 중국의 가장 뛰어난 경치로서 네 곳의 천주당(四天主堂)을 들기도 하였으며, 서양의 문물과 천주교에 관해 당시 조선사회의 진보적 지식인들 사이에 깊은 관심을 불러일으켰던 것도 사실이다. 특히 그는 서양의 종교가 불교를 비판하는 것은 유교가 불교를 이단으로 비판하는 것을 본받은 것이면서, 동시에 불교의 천당·지옥설을 수용하고 있음을 지적하였는데, 그것은 당시 조선지식인들 사이에 가장 널리 소개되었던 마테오 리치의『천주실의』(天主實義)에서 불교를 비판하는 한편 불교의 주장과 유사한 천당·지옥설을 제시하였던 내용을 상당히 자세히 알고 있었음을 확인할 수 있게 한다.

또한 그는 열하에서 왕민호(王民皥)와 담화하는 도중에도 "우리나라는 극동에 있고 구라파는 곧 태서(泰西)이니, 극동과 서양의 사람이 서로 한 번 만나기를 원했다. 이제 갑자기 열하에 들어오느라 천주당(天主堂)을 구경하지 못했는데, 여기서 칙명을 받들고 동쪽으로 돌아가게 된다면 다시 황도(皇都: 북경)에 들어갈 수 없을 것이다. …먼 곳에서 온 서양 사람은 서로 찾아볼 길이 없으니, 이것이 나로서 한스러운 것이다. 이제 서양 사람도 어가(御駕)를 따라와서 이곳에 있다고 들었는데, 원컨대 가르침을 받아 혹시 그들과 서로 알거든 소개해 주기를 바란다"*64고

---

*64 『燕巖集』, 권14, 8-9, '熱河日記·鵠汀筆談', "敝邦可在極東, 歐羅乃是泰西, 以極東泰西之人, 願一相逢, 今遽入熱河, 未及觀天主堂, 自此奉勅東還, 則不可復入皇都, …於泰西遠人, 無路相尋, 是爲鄙人所恨, 今聞西人從駕亦在是中云, 願蒙指敎, 或有相識, 幸爲紹介."

서양인을 만나고 싶은 마음을 간곡하게 밝히고 만날 방법을 가르쳐주기를 부탁하기도 하였다. 실제는 왕민호도 서양인을 만날 방법을 제시해주지 못하고, 박지원 자신은 열하에서 서양인을 만나지 못하였지만 이미 중국에 들어올 때부터 천주당을 찾아가고 서양인을 만나려는 의지가 절실하였음을 확인할 수 있다.

이때 왕민호는 중국에서 천문관측의 기구가 오래 전부터 있어왔던 사실을 열거하고 나서, 서양의 기술(西術)이 중국에 들어오자 옛 중국의 관측기구는 모두 쓸모가 없게 되었다고 하여, 서양의 천문학이 중국보다 뛰어난 것임을 인정하였다. 그러나 그는 서양의 학술로서의 천주교에 대해서는 매우 비판적 입장에서 설명하고 있다.

"다만 그(서양의) 학술은 천박하고 고루하여 가소롭다. '야소'(耶蘇)란 중국 말에 현인을 '군자'라 하고 서번(西番)의 풍속에 승려를 '라마'라 하는 것과 같다. 야소가 한 마음으로 하늘을 공경하고, 팔방에 '교'를 세웠는데, 나이 서른에 극형을 당하여 그 나라 사람들이 슬퍼하고 사모하여 '야소의 교회'(耶蘇之會)를 설립하였다. 그 신(神)을 공경하여 '천주'(天主)라 하였다. 그 교회에 가입한 자는 반드시 눈물을 흘리며 비통해하고 천주를 잊지 않는다. 어릴 때부터 네 조목 믿음의 서약을 세우는데, 여색을 탐하는 마음을 끊을 것, 벼슬의 욕심을 끊을 것, 팔방에 '교'를 펼칠 것, 다시 고국으로 돌아오거나 명예를 연모하기를 원치 않을 것이다. 비록 불교를 배척하지만 윤회(輪回)를 독실하게 믿는다. 명나라 신종(神宗) 때 서양의 사방제(沙方濟: Francis Xavier)가 월동(粤東: 廣東)에 이르렀다가 죽었고, 이마두(利瑪竇) 등 여러 사람들이 뒤이어 들어왔다. 그들의 '교'라는 것은 (천주를) 부지런히 섬기는 것(昭事)을 종지로 삼고, 자신의 수양(修身)을 요령으로 삼고, 충효와 자애를 공부로 삼으며, 허물을 고쳐 선으로

나아가는 데 힘쓰기를 입문으로 삼고, 죽고 삶의 큰 일에 예비하여 근심이
없게 함을 극치로 삼는다. 서방의 여러 나라가 '교'를 받든지 천여 년이
지났는데, 태평하고 잘 다스려졌다 한다. 그 말이 많이 과장되고 허망하여
중국 사람으로 믿는 이가 없다."*65

왕민호의 천주교에 대한 이해는 정확한 것은 아니지만, 당시 중국지
식인이 천주교를 이해하는 한 단면을 잘 보여주는 것이라 할 수 있다.
기본입장은 불교를 배척하지만 불교의 교리를 받아들이고 있으며, 그
말이 과장되고 허망하다는 비판적 입장을 드러내고 있는 것이다. 박지
원은 "(천주교에서) '윤회'를 독실히 믿어 천당·지옥설을 삼으면서도,
불교를 비방하고 배척하여 원수처럼 공격하는 것은 무슨 까닭인가? …
불교의 학설은 형기(形器)를 환망한 것으로 삼으니, …이제 백성에 사물
과 법칙이 없는 것이요. 이제 야소교(耶蘇敎: 천주교)는 이치를 기수(氣數)
로 삼으니, …이제 안주함은 소리와 냄새가 있는 것으로 삼는다. 이
두 '교'(불교와 야소교)의 어느 쪽이 우월한가?"*66라고 질문하였다. 곧
천주교가 불교를 배척하는 사실에 따라, 두 종교를 비교하면서, 불교가

---

*65 『燕巖集』, 권14, 9, '熱河日記·鵠汀筆談', "但其學術淺陋可笑, 耶蘇者, 如中
國之語賢爲君子, 番俗之稱僧爲喇嘛, 耶蘇一心敬天, 立敎八方, 年三十遭極
刑, 而國人哀慕, 設爲耶蘇之會, 敬其神爲天主, 入其會者, 必涕泣悲痛, 不忘
天主, 自幼立四條信誓, 斷色念, 絶宦慾, 有敷敎八方, 願無更還故土戀名, 雖
闢佛, 篤信輪回, 明萬曆中, 西土沙方濟者, 至粤東而死, 繼有利瑪竇諸人, 其
所爲敎, 以昭事爲宗, 修身爲要, 忠孝慈愛爲工, 務遷善改過爲入門, 生死大
事, 有備無患, 爲究竟, 西方諸國奉敎已來千餘年, 大安長治, 其言多夸誕, 中
國人無信之者."
*66 『燕巖集』, 권14, 10, '熱河日記·鵠汀筆談', "篤信輪回, 爲天堂地獄之說, 而
詆排佛氏, 攻擊如仇讐, 何耶, 詩云, 天生烝民, 有物有則, 佛氏之學, 以形器爲
幻妄, 則是烝民無物無則也, 今耶蘇之敎, 以理爲氣數, 詩云, 上天之載, 無聲
無臭, 今乃安排布置, 爲有聲臭, 這二敎孰優也."

형기(形器)의 세계를 공허하다고 부정하는 것은 『시경』(大雅・蒸民)에서 말하는 "하늘이 백성을 낳으심에 사물이 있고 법칙이 있다"(天生蒸民, 有物有則)는 유교의 가르침에 어긋나는 것이요, 천주교에서 이치를 기수(氣數)로 제시하는 것은 『시경』(大雅・文王)에서 말하는 "하늘의 일은 소리도 없고 냄새도 없다"(上天之載, 無聲無臭)는 유교의 가르침에 어긋나는 것임을 지적하고 있다. 이처럼 그는 불교가 현상세계를 공허한 것으로 거부하고 천주교는 초월적 존재를 형상이 있는 인간의 모습으로 그려내는 문제점이 있는 것으로 인식하였던 것임을 알 수 있다. 이에 대해 왕민호의 대답은 천주교보다 불교가 우세하다는 입장을 밝히는 것이다.

"서학이 어찌 불교를 비방할 수 있겠는가. 불교는 매우 고명하고 미묘하나, 단지 많은 비유의 설명이 끝내 귀결됨이 없으며, 겨우 깨달을 때에는 끝내 하나의 '환'(幻)이란 글자이다. 저 야소교는 어렴풋이 불교의 찌꺼기를 얻은 것인데, 중국에 들어온 뒤에 중국의 서적을 배우면서 비로소 중국 사람들이 불교를 배척하는 것을 보고서, 도리어 중국이 불교를 배척하는 것을 본받았고, 중국 서적 가운데 '상제'(上帝)나 '주재'(主宰) 등의 말을 찾아내고 스스로 우리 유교에 따라 붙였으나, 그 본령은 원래 명물(名物)과 도수(度數)를 벗어나지 않으니, 이미 우리 유교에서 제이의(第二義: 二流)에 떨어지고 말았다. 저들도 '이치'(理)에 본 바가 없는 것은 아니지만 '이치'가 '기수'(氣)를 넘지 못함이 오래되었다."[67]

---

[67] 같은 곳, "西學安得詆釋氏, 釋氏儘爲高妙, 但許多譬說, 終無歸宿, 纔得悟時, 竟是一幻字, 彼耶蘇敎, 本依俙得釋氏糟粕, 旣入中國, 學中國文書, 始見中國斥佛, 乃反效中國斥佛, 於中國文書中, 討出上帝主宰等語, 以自附吾儒, 然其本領元不出名物度數, 已落在吾儒第二義, 彼亦不無所見於理者, 理不勝氣者, 久矣."

왕민호의 천주교 인식은 천주교를 불교의 아류라 보고 있는 것이요, 천주교가 유교를 추종하고 있지만 사물의 이치나 따지고 계량하는 '명물·도수'의 학문 내지 '기수'(氣數)의 학문으로, 진정한 '이학'(理學)이 될 수 없는 것이라 규정한 것이다. 그것은 당시 중국지식인이 서양과학과 천주교신앙을 혼합시켜 보면서, 천주교신앙은 불교의 찌꺼기를 받아들이고 유교의 용어를 이용한 수준이요, 천주교신앙으로서 '이치'의 학문이 서양과학으로서 '기수'의 학문을 넘지 못하는 수준으로 평가하고 있음을 보여준다.

박지원은 열하에서 북경으로 돌아오자 곧바로 선무문(宣武門) 안의 천주당을 찾았는데, 이곳이 서천주당(西天主堂)이었다고 한다. 그는 이 천주당은 높이는 일곱 길이나 되고 수백 칸이며, 쇠를 부어 만들거나 흙을 구워낸 것 같다고 감탄하였다. 그러나 여기서 그는 천주교의 교리에 대해, "천주라는 말은 천황씨(天皇氏)나 반고씨(盤古氏)라는 호칭과 같다. …스스로 근원을 궁구하고 근본에 소급하는 학문이라 하지만, 그러나 뜻을 세움이 지나치게 높고 학설은 치우치게 교묘하여, 도리어 하늘을 속이고 사람을 속이는 죄목에 되돌아가며, 스스로 의리에 어그러지고 인륜을 해치는 구덩이에 빠져드는 것을 알지 못하고 있다"[68]고 하여, '천주'라는 호칭을 '상제'와 일치시키는 천주교 선교사들의 견해와는 달리 천황씨나 반고씨와 같은 태초의 신화적 인물로 인식하고

---

[68] 『燕巖集』, 권15, 10, '熱河日記·黃圖紀略·風琴', "天主者, 猶言天皇氏盤古氏之稱也, 但其人善治曆, …自謂窮原溯本之學, 然立志過高, 爲說偏巧, 不知返歸於矯天誣人之科, 而自陷于悖義傷倫之臼也."

있다. 그것은 천주교의 '천주'개념이 형체가 없는 궁극존재가 아니라 인격적 존재로 제시하는 천주교의 '천주'개념을 중국의 역사기록 속에서 찾아내는 것이다. 그는 천주교의 기본 학술은 왕민호가 제시한 것처럼 긍정적으로 소개하면서도, 천주교 교리의 근원적 문제점이 하늘을 속이고 사람을 속이는(矯天誣人) 것이요, 의리에 어긋나고 인륜을 해치는(悖義傷倫) 그릇된 것이라는 비판적 견해를 명확하게 밝히고 있다.

그가 천주당과 서학의 문물에 관심을 가졌던 것은 그의 친우인 홍대용의 영향을 깊이 받았던 것으로 보인다. 그는 천주당에 관한 기술을 하면서 홍대용이 언급했던 김창업(老稼齋 金昌業)와 이기지(一菴 李器之)의 선행 기록을 높이 평가한 사실을 들었다. 홍대용은 김창업의 경우 천주당의 건물이나 그림에만 상세하였고, 이기지의 경우 천주당의 그림과 천문 관측기계에 자세하였음을 인정하였으며, 홍대용 자신은 천주당에 있는 악기인 '풍금'(風琴)에 특별한 관심을 가지고 관찰하였으며, 김창업이 천주당에서 서양의 '풍금'을 보고 기술한 기록을 박지원과 함께 읽고 나서 그 기술이 얼마나 허술한 것인지를 설명해주었다. 박지원 자신도 홍대용의 이야기를 듣고 북경의 천주당에서 '풍금'의 제도를 확인하려고 관심을 기울였으나, 건륭제 때(1769)에 천주당이 헐려서 '풍금'이 남아 있지 않다 한다.[69] 박지원은 서양의 악기로 '철현금'(鐵絃琴)이 우리나라에서 '서양금'(西洋琴)이라 부르고, 중국인들은 '번금(番

---

[69] 『燕巖集』, 권15, 9-10, '熱河日記・黃圖紀略・風琴', "余友洪德保嘗論西洋人之巧曰, 我東先輩若金稼齋, 李一菴, 皆見識卓越, 後人之所不可及, …稼齋詳于堂屋畫圖, 而一菴尤詳于畫圖儀器, 然不及風琴, …堂燬于乾隆己丑, 所謂風琴無存者."

琴)' 또는 '천금'(天琴)이라 부르는 이 악기를 홍대용의 집에서 연습되는 것을 목격했던 경험을 소개하며, 서양에서 전래된 '자명종'(自鳴鍾)의 제도를 관찰하고 구하려고 다녔던 일도 있었다.(「銅蘭涉筆」)

또한 그는 천주당의 벽이나 천장에 그려져 있는 서양 그림의 정교하고 섬세하며 생동하는 모습에 감탄하기도 하고,(「黃圖紀略‧洋畵」) 천주당에 있는 그림으로 구름과 바다 사이로 날아다니는 붉은 옷을 입은 여인상이 『동서양고』(東西洋考: 明 張爕 著)에서 오대(五代)시절 복건땅의 도순검(都巡檢) 임원(林願)의 여섯째 딸이 신선이 되었다는 기록과 같은 것으로 보기도 하였다.(「口外異聞‧順濟廟」)

박지원은 마테오 리치에 대해 부정확한 기술이 있지만 많은 언급을 하여 깊은 관심을 보여주고 있으며, 특히 그는 북경에서 부성문(阜成門) 바깥 서쪽으로 몇 리 떨어진 곳에 있는 마테오 리치를 비롯한 서양선교사들 70여명의 무덤을 찾아갔던 우리나라의 최초 인물로 짐작된다. 여기서 그는 마테오 리치의 비문을 소개하기도 하였다.(「盎葉記‧利瑪竇塚」) 일부러 마테오 리치의 무덤까지 찾아갈 만큼 그의 서양 선교사에 대한 관심이 얼마나 깊었는지를 엿볼 수 있다.

박지원의 서양문물에 대한 이해는 홍대용의 영향을 받아 서양의 천문학에 비교적 깊은 이해를 지녔던 것으로 보인다. 그는 열하에서 중국 지식인들과 천문학을 중심으로 과학기술에 관해 활발한 토론을 벌였다. 숙소인 열하의 태학에서 밤에 기풍액과 달을 바라보면서, 대지가 둥글다는 지구설(地球說)을 전제로 조선학자 김석문(金錫文)의 삼환부공설(三丸浮空說)에 따라 태양과 달과 지구가 세 개의 공처럼 허공에 떠 있다 하고, 이를 통해 월식도 설명하였으며, 그는 실제와 차이가 있지만 홍대용을 지구가 돈다는 지전설(地轉說: 地球自轉說)의 창시자로 소개하였다.(「太學留舘錄」) 왕민호·학성 등은 그의 해박한 천문학지식에 감탄하여 그를 기하학에 정통하다고 칭송할 정도였다고 한다.(「鵠汀筆談」) 그 밖에 서양 의약에도 관심을 보여, 열하에서 만난 윤가전(尹嘉銓)에게 의서(醫書)를 추천받으면서 서남 해양 중에 있는 하란원(荷蘭院: 和蘭의 敎會)에서 나왔다는 일본 각판본인 『소아경험방』(小兒經驗方)과 서양의 『수로방』(收露方)을 소개받고, 북경에 와서 구하려고 하였으나 구하지는 못했다고 서술하고 있다.(「金蓼小抄」) 이처럼 그는 서양종교로서 천주교에 대한 견해를 밝힐 뿐만 아니라, 음악·미술·천문학·의학 등 서양문물에 대해 폭넓고 적극적인 관심을 보여주는 사실을 확인할 수 있다.

2) 삼교三敎에 관한 토론과 포용의 논리

박지원은 그가 만난 중국의 여러 지식인들과 '황교'에 대한 문답을 하면서, 유·불·도 삼교를 비롯한 다양한 종교들에 관해 문답과 토론을 벌였다. 먼저 추사시가 조선의 사대부들은 삼교 가운데 어느 교를 숭상하는지 묻자, 박지원은 조선에서 종교적 현실은 불교의 경우 거의 소멸상태요 도교의 경우 원래 없었던 것이라 하고, '이단의 교'는 소멸되고 오직 유교만이 있음을 강조하였다.

"조선이 나라를 세운 지 4백 년에 사족(士族)은 비록 어리석은 자라도 공자의 글을 읽고 익히기만 할 뿐이다. 국내의 명산(名山)에는 비록 전 왕조때 세운 이름난 사찰들이 있지만, 이미 모두 황폐화했고, 절에 사는 중들이란 모두 천한 무뢰배로 종이나 뜨고 신이나 삼아서 생업을 삼고 있으니, 명목은 비록 중이지만 눈으로 불경을 볼 줄도 몰라서 배척하기를 기다릴 것도 없이 그 교는 스스로 끊어졌다. 나라 안에 원래 도교가 없으므로 도관(道觀) 역시 없다. 그러므로 이른바 이단의 교란 금지하고 끊으려 하지 않아도 스스로 나라 안에 설 수가 없다."[70]

추사시는 이단에 대한 배척의식이 강한 인물로 조선을 천하 가운데 낙국(樂國)이라 칭송하면서, 중국에서 이단의 폐해로 도사가 어린아이를 잡아먹는 일이 있을 만큼 그 해독이 심각함을 극단적으로 제시하고, 도교나 불교의 타락상을 역설하고 있다.

"이단의 폐해는 성인들이 이미 우려하여 사람이 서로 잡아먹는다고 하였으나, 당시 이 말을 들은 자들은 반드시 지나친 말이라 여기게 하였을 것이다. 요즈음 산중에 이따금 사람을 잡아먹는 도사(道士)가 있어서 어린아이 기르기가 더욱 어렵다. 순양(純陽)의 동자(童子)가 제일 좋다하여 이를 쪄서 먹는다. 심지어 밤에는 궤짝 속에 감추어 두어도 오히려 잃어버릴까 걱정한다. 지방의 관청에서는 적발하여 체포하고 도관을 불살라 허물면, 도리어 승적(僧籍)의 명목을 훔쳐서 절간에 몸을 숨긴다. 심지어 방중술(房中術: 도교의 節欲·養生·保氣의 술법)의 비법이나 악성종기의 기이한 처방은 모두 가난한 도사가 만든 것이다. 그래서 사람들이 많이 즐겨

---

*70 『燕巖集』, 권13, 20, '熱河日記·黃敎問答', "至敝邦立國四百年, 士族雖愚者, 但知誦習孔子, 方內名山, 雖有前代所刱精藍名刹, 而皆已荒頹, 所居緇流, 皆下賤無賴, 維業紙屨, 名雖爲僧, 目不識經, 不待辭闢而其敎自絕, 國中元無道敎, 故亦無道觀, 所謂異端之敎, 不期禁絕, 而自不得立於國中."

따르고 몰래 그 술법을 배우고 있으니, 해괴함을 이름붙이기도 어렵다. 중국의 선(禪)이나 석(釋)은 그 본래의 취지에 이미 어그러졌다.”[71]

또한 추사시는 조선에서도 유교 가운데 ‘도학’(道學)과 ‘이학’(理學)의 호칭이 있는지 묻자, 박지원은 “공자 문하의 가르침은 다만 네 과목(四科: 德行・言語・政事・文學)이 하나로 꿰뚫은 도이고, 다만 이 ‘이치’이니, 이것을 배우고 이것을 묻는 것이 ‘학문’이다. 어찌 유교에 별도로 다른 과목이 있어서 이 두 가지(理學・道學) 호칭이 있겠는가”[72]라고 하여, ‘이학’과 ‘도학’의 명칭은 공자 문하의 가르침이 아니라 제시하였다. 실제로 조선사회는 ‘이학’ 내지 ‘도학’이 유교의 정통으로 확고하게 자리잡았지만, 박지원은 유교의 진실한 모습이 ‘이학’ 내지 ‘도학’에 있지 않다고 보는 자신의 견해를 밝힌 것으로 보인다. 이에 대해 추사시는 공감하면서, 공자의 문하에서는 ‘인’(仁)과 ‘효’(孝)를 스승에게 질문하였는데 후세의 ‘이학’ 내지 ‘도학’은 고루하고 무능력하며 허위에 빠져 공자의 정신에 어긋나고 있음을 격렬하게 비판하였다.

“제자가 처음 와서 책을 열자 곧 이・기(理氣)를 강론하고, 선생은 옷깃을 여미고 자리에 올라 앉자 바로 성・명(性命)을 말한다. 요즈음 학자들

---

*71 같은 곳, “異端之害, 聖人已憂, 其人將相食, 使當時聽之者, 必以爲過矣, 今山中往往有吃人道士, 養小兒尤艱, 純陽童子最好蒸啗, 至有夜藏櫃中, 猶患失之, 所在省府, 另行逐捕, 焚毁道觀, 則乃反竄名僧籍, 庇身佛寮, 而至於房中秘術, 惡瘡奇方, 皆貧道士所製, 故人多樂從之游, 潛學其術, 幻怪難名, 中國禪釋, 已乖本旨.”

*72 『燕巖集』, 권13, 20-21, ‘熱河日記・黃敎問答’, “聖門設敎, 只是四科一貫之道, 只是此理, 學此問此, 是爲學問, 豈得儒門另設他科, 有此兩號.”

은 학문이 하늘과 사람을 꿰뚫고 있지만 한 고을을 다스릴 수 없고, 이치는 솔개가 날고 물고기가 뛰는 것을 살피면서 한 가지 일도 주관하지 못하면서, 이런 학문을 '이학선생'(理學先生)이라 한다. 시골 사숙(私塾)에서 타고난 기질이 고루하고 행동이 괴이한 자도 경전을 약간 배우고 훈고(訓詁)에 조금 통하면 홀로 앉아 강론하지 않는 자가 없는데, 썩어빠진 것을 맛보며 양식으로 삼고, 누더기를 편안히 여겨 의복으로 삼으며, 자막(子莫)이 중간을 붙잡고 있는 것(『孟子』盡心上)을 도리어 법도를 지킨다 하고, 호광(胡廣: 後漢人)이 처세하는 것을 스스로 중용이라 하면서, 이런 학문을 '도학군자'(道學君子)라 한다."[73]

추사시는 관리가 아니라 거인의 신분으로 비교적 자유로운 처지에 있는 중국지식인으로서, '도학'과 '이학'에 대해 얼마나 강한 비판적 입장을 가졌는지 잘 보여준다. 사실상 실학자로서 박지원의 입장과 매우 접근하고 있는 것이라 할 수 있다. 이른바 '도학자' 내지 '군자'의 위선적 허위성을 질타하였던 박지원의 소설 「호질」(虎叱)이나 「예덕선생전」(穢德先生傳)와 같은 맥락으로 마치 추사시의 입을 통해 박지원 자신의 견해를 펼친 것으로 보이기도 한다. 추사시의 당시 유학자에 대한 비판은 이어진다.

"요즈음 유학자들은 죽을 때까지 제 고장을 떠나지 않으면서 봉지(封地)를 불러들이고, '6경'을 더욱 쌓아가서 보루를 견고하게 하며, 때로 여러

---

[73] 『燕巖集』, 권13, 21, '熱河日記·黃敎問答', "弟子初來開卷, 便講理氣, 先生整襟陞座, 輒道性命, 今之學者, 學貫天人, 而不能治一郡, 理察鳶魚, 而莫能辦一事, 此個學問謂之理學先生, 鄕塾之間, 禀質固滯, 動止迂怪, 略習經傳, 粗通訓詁, 未嘗不專席開講, 味陳腐爲菽粟, 穩補綴爲裘褐, 子莫執中, 反爲守經, 胡廣處世, 自謂中庸, 此個學問謂之道學君子."

견해의 말을 바꾸어서 그 기치를 새로 올리며, 절반은 주자요 절반은 육상산(陸象山)으로 모두 도망가 숨을 주인으로 삼고, 머리를 감추거나 머리를 내밀거나 두루 정박할 곳을 삼는다. 책의 좀벌레를 길러서 여우나 쥐(소인배)가 되는 데는 고증(考證)이 (여우가 숨는)성벽이나 (쥐가 숨는) 사직단이 되고, 천리마를 억눌러 노둔한 말이 되는데는 훈고(訓詁)가 목에 씌우는 칼이나 묶어놓는 말뚝이 되며, 혹 군사를 끌고 깊이 쳐들어갔다가 도리어 공격을 당하여, 그 형세가 말에서 내려 포박당하지 않을 수 없으면 두 무릎을 꿇는 것이 요즈음 유학자들이다. …나는 평생에 유학을 배우기를 원하지 않는다. 눈을 부릅뜨고 입을 열어 이단의 학문을 제창할 수 있는 자가 있다면, 나는 천 리를 멀다하지 않고 양식을 짊어지고 찾아가서 스승으로 삼고자 한다."[74]

박지원은 추사시의 용모가 의젓하지만 그 말은 방탕하여 자신을 모욕하고 희롱하는 것으로 느껴져, 추사시가 '이단을 배우고 싶다'고 말한 것이 진정으로 하는 말인지 조롱하는 말인지를 완곡하게 따졌고, 추사시도 자신이 마침 마음에 격분이 되어 자기도 모르게 말을 횡설수설하였다고 사죄하는 것으로 추사시와의 대화를 마무리 지었다. 그러나 이 대화 속에서 조선사회의 정통으로 자리잡고 있는 '도학' 내지 '이학'에 대해 실학자 박지원 자신이 하고 싶은 말도 다 표출되었다고 할 수 있다.

박지원은 어느 날 어느 주루(酒樓)에 올라갔다가 우연히 몽고인으로

---

*74 같은 곳, "今之儒者, 亡不出境, 兜攬采地, 益築六經, 以堅其壁壘, 時換群言, 以新其旌旗, 半朱半陸, 俱爲逋主, 頭沒頭出, 遍是水泊, 養蠹魚爲狐鼠, 則攷證爲其城社, 抑駃驥爲駑駘, 則訓詁爲其鉗橛, 或有懸軍深入, 反遭攻劫, 其勢不得不下馬受縛, 雙膝以跪, 今之儒者, …攽平生, 不願學儒也, 有能張目開口, 倡爲異端之學者, 攽將不遠千里贏粮往師."

강관(講官)의 직책을 맡고 있는 파로회회도(破老回回圖)를 만나 담화하였는데, 박지원이 "세상에는 세 가지 교(三敎)가 있는데, 귀국에서는 무슨 '교'를 가장 숭상하는가"하고 묻자, 파로회회도는, "어찌 중국같이 큰 나라로서 세 가지 교만 있겠는가. 그 도를 행하는 자는 모두 '교'라고 일컬을 수 있다"고 대답하였으며, 박지원이 조선에는 유교만 있다고 대답하자, 파로회회도는 "사람 사는 것으로 무엇이 '유'(儒)가 아니겠는가. '유'라 일컬으면 이미 구류(九流: 儒家・道家・陰陽家・法家・名家・墨家・縱橫家・雜家・農家)의 대열에 물러나게 되니, '우리 도'(吾道)의 광대하여 끝이 없는 것으로 도리어 스스로 세 가지 '교'의 하나로 협소하게 만들어놓고 '유'라는 한 글자로 마감하게 하니, 이것은 이단을 조장하는 까닭이다"[*75]라고 하여, '유교'라는 호칭은 다른 여러 '교'들 가운데 하나로 좁혀서 유교와 이단의 대립구조를 일으키는 것이라 보고, '오도'(吾道)라 일컬어 모든 '교'를 포섭하는 '교'로서 인식해야 한다는 견해를 제시하였다.

이에 따라 파로회회도는 곁에 있는 회회인(回回人)의 신앙인 청진교(淸眞敎)에 대해서도 "이것(淸眞敎) 역시 이단 가운데의 한 '교'이지만, 천지 사이에는 단지 '우리 도'가 있을 뿐이니, '우리 도'의 한 단서(一端)를 얻은 것은 스스로 한 '교'가 된다. 우리가 '도'를 배우는 것은 곧바로 '우리 도'라고 말할 뿐이요, '유교'라고 이름붙이는 것은 옳지 않다"[*76]

---

*75 『燕巖集』, 권13, 25, '熱河日記・黃敎問答', "孚齋曰, 豈以中國之大, 而獨有三敎, 行其道者, 皆得稱敎, … 人生何莫非儒也, 稱儒則已退居九流之列, 以吾道之廣大無外, 反自狹小於三敎之中, 以一儒字磨勘, 滋所以長異端也."
*76 같은 곳, "是(淸眞敎)亦異端中一敎也, 天地間, 只有吾道而已, 得吾道之一端

고 하였다. 이에 대해 박지원은 '우리 도' 곧 '오도'라는 명칭에도 포괄적 의미를 담는데 한계가 있음을 지적한다.

> "'자기'(己)를 일컬어 '우리'(吾)라고 말하는 것은 '저들'(彼)에 상대시키는 말이다. '우리'로 '저들'에 상대시키는 것은 '사물'(物)과 '나'(我)로 대조되는 것이요, '우리'는 이미 스스로 작게 할 뿐만 아니라, 이미 '사물'과 '나' 사이에 그 사사로움이 심하다. '도'는 천지 사이에 지극히 공변된 이치이니, 어찌 '우리'라는 하나의 '자기' 속의 물건으로 삼아서 남이 엿볼 수 없게 할 수 있겠는가? 나는 '오도'라는 두 글자도 툭 터져 크게 공변된 칭호가 아니라고 본다. '유'(儒)에 대하여서는 이미 가르침을 받았지만, '교'(敎)에 이르러서는 어찌 '도를 닦는 것을 교라고 한다'(『중용』)고 하지 않았는가. '문교'(文敎)라 하고, '성교'(聲敎)라 하고, '명교'(名敎)라 하는 것은 모두 성인의 교화이다. 이쪽을 '교'라 하고 저쪽도 '교'라고 하여 이단과 혼돈되는 것을 부끄러워한다면, '교'라는 글자가 폐지될 것이다. 지금 '오도'라 말하는데, 저들도 역시 그 '교'를 '오도'라 부르면, 분하게도 '우리 도'까지 깎여나가지 않겠는가?"[*77]

박지원의 논리는 '유교'라는 말이 이단의 다른 '교'들과 상대된다고 말한다면, '오도'라는 말도 모든 '교'를 포용하는 용어로서 적합하지 못한 자기중심의 편파성을 가진 것이 아니냐는 반론이다. 그렇다면 '유

者, 自爲一敎, 吾人之學道者, 直曰吾道而已矣, 不可名儒敎." 淸眞敎(回敎)에 관련하여 박지원은 북경의 淸眞敎 교당인 回子館을 찾아갔던 단편적 기록이 있다. (『燕巖集』, 권15, 18, '熱河日記·黃圖紀略·回子館')

*77 같은 곳, "稱己曰吾對彼之辭也, 以吾對彼, 物我相形, 非獨吾已自小, 已不勝其私於物我之間矣, 道是天地間至公之理, 亦惡得把作吾一己中物, 不容他來窺, 愚則以爲吾道二字, 亦非廓然大公之號也, 儒則已聞命矣, 至於敎, 豈不曰修道之謂敎乎, 曰文敎, 曰聲敎, 曰名敎, 皆聖人之敎化也, 此曰敎, 彼亦曰敎, 則恥混異端, 將廢敎字, 今曰吾道, 彼亦將號其敎曰吾道, 則悖悖然並將吾道而削之耶."

교'냐 '오도'냐는 호칭의 문제가 아니라, 그 성격을 이단에 대립하는 것이 아닌 전체를 포용하는 것으로 인식해야 한다는 점에서는 그와 파로회회도의 견해가 일치하고 있음을 보여준다. 따라서 파로회회도는 자신이 말하고자 하는 의도를 재확인하여, "세상 선비들은 이단이 곧 우리 도 가운데의 한 가지 일임을 알지 못하고 어지럽게 배격하니, 저들도 비로소 높이 머리를 쳐들고 우리 도와 대치하고 있다. 양주·묵적이나 노자·장자의 말은 모두 우리 도에 있는 것이요, 불교의 인과설(因果說)에 이르러서도 우리 도가 심히 배척하는 것이지만, 그 실지는 우리 도에서 먼저 말한 것이다"[78]라고 하였다.

여기서 박지원은 파로회회도에게 구체적으로 불교에서 말하는 '인과'(因果)와 '윤회'(輪回)의 개념이 다른 것인지를 질문하자, 파로회회도는 '인과'를 불교와 유교가 공유하는 개념으로 파악하였으며, 다만 불교에서 '인과'를 '윤회'로 전환시킨 것이 잘못된 것이라 보는 입장을 밝히고 있다.

'"인과'란 다만 이 일에 따라서 이 공적이 있게 되는 것이다. 밭을 가는 데 비유하면 씨를 뿌리는 것이 원인이 되어 곡식이 생장하는 것이 결과가 되며, 김매는 것이 원인이 되고 수확하는 것이 결과가 되는 것이다. …'도를 순응하면 길하고 거역함을 따라가면 흉하다'(『서경』, 大禹謨)고 말하는 것과 같으니, 이것은 우리 도의 인과이다. …길·흉을 말하는 것으로 부족하다 하여 '그림자와 메아리 같다'고 말한다. 순응하거나 따라가는 사이에

---

*78 같은 곳, "世儒不知異端, 卽吾道中一事, 紛紛然排擊之, 彼始昂然擧頭, 與吾道對峙矣, 楊墨老莊之言, 皆吾道所有, 至於佛氏因果之說, 吾道之所深斥, 而其實吾道先言之矣."

그 호응함의 징험은 이처럼 빠른 것이니, '선을 쌓은 집에는 반드시 남겨지는 경사가 있고, 악을 쌓는 집안에는 반드시 남겨지는 재앙이 있다'(『주역』, 坤卦)고 말한 것과 같다. 이것은 우리 도의 인과이다. 재앙과 경사를 말하는 것으로 부족하다 하여, '반드시 남겨짐이 있다'고 말한다. 이렇게 반드시 있음을 보는 자는 누구인가?

불교를 하는 자는 처음에 인과를 말한 것은 지극히 고명하였으나, 우리 도에서 보응함에 자취가 있는 것을 관찰하고서, 이에 윤회의 교설로 삼아 채웠지만 실지로 우리 도에서 병통으로 삼는 것이다. '착한 일을 하면 백 가지 상서로움을 내려주고, 악한 일을 하면 백 가지 재앙을 내려준다'(『서경』, 伊訓)고 말하는 것과 같으니, 이것이 우리 도의 인과설이다. 다만 그 내려 주는 자가 누구인가? …

대체로 불교에는 윤회설이 없었지만, 중국인들이 불경을 번역할 때 말이 다르고 글도 달라 형용하기 어려워 보응·윤회의 설로 번역하고, 아울러 인과로 연루시켰던 것이다. 후세에 선가(禪家)의 설에서도 또한 인과를 말하는 것을 부끄러워하여 불교의 찌꺼기로 여겼으니, 이것은 살피지 않을 수 없다."[79]

파로회회도는 유교에서 불교의 '인과설'을 심하게 배척하지만 사실상 유교에 '인과'의 개념이 먼저 있었던 것이라 보는 입장이다. 파로회회도는 유교의 '인과' 개념을 길·흉(吉·凶)이라는 일반론으로 말하는

---

[79] 『燕巖集』, 권13, 25-26, '熱河日記·黃教問答', "因果只是緣此事有此功, 譬如耕田, 種者爲因, 生者爲果, 耘者爲因, 穫者爲果, …如日惠迪吉, 從逆凶, 乃吾道之因果也, 其迪逆因也, 吉凶果也, 言吉凶之不足, 日猶影響, 惠從之間, 其孚應之驗, 若斯其捷也, 如日積善之家, 必有餘慶, 積不善之家, 必有餘殃, 此吾道之因果也, 言殃慶之不足, 日必有餘, 見此必有者, 誰也, 爲佛者初言因果, 則極高明矣, 觀於吾道報應有跡, 乃爲輪回之說以實之, 實吾道病之也, 如日作之善, 降之百祥, 作不善, 降之百殃, 此吾道之因果也, 第其降之者誰也, …大約佛家並無輪回說, 中原人飜經時, 言殊文異, 難以形容, 則繹爲報應輪回之說, 並與因果而累之, 後世禪說者, 且恥言因果, 以爲佛氏之糟粕, 此不可不察也."

단계와 경사와 재앙(慶·殃)이라는 직접적 호응으로 말하는 단계와 반드시 자손에게까지 전해진다(必有餘)는 지속적 확산으로 말하는 단계로 인과설을 심화시켜가고 있음을 지적하였다. 불교는 바로 이 유교의 인과설을 받아들이면서 한 걸음 나아가 윤회설로 변형하면서 잘못되었다는 것이다. 그래서 후세의 선가에서는 '인과'조차도 불교의 핵심적 가르침이 아니라고 보고 있다는 것이다. 또 하나의 문제는 그 원인에 상응하는 결과의 실지를 누가 보았는지 누가 내려주는 것인지에 대한 대답을 하기가 어렵다는 입장을 밝힌 것으로 보인다. 이러한 파로회회도의 견해를 의문이나 반박이 없이 소개하고 있다는 것은 박지원 자신이 받아들이고 있음을 의미하는 것이라 하겠다. 이러한 '인과'와 '윤회'에 대한 해석은 불교의 입장과 상당히 다른 것이라 하더라도, 당시 유교지신인의 불교 교설에 대한 이해의 일면을 선명하게 드러내 주고 있는 것이다.

나아가 파로회회도는 천주교에 대해서도 "서양 사람들은 우리 도에서 '한 마음으로 하늘에 대답한다'(一心對越)는 말을 보고는 '내려온다'(臨)하고, '살핀다'(監)하고, '본다'(視)하고, '듣는다'(聽)고 한다. 분명히 주재(主宰)가 있어서 재앙과 상서를 내린다(降)는 '강'(降)이라는 글자를 얻어서 스스로 속인다"[80]고 하여, 천주교에서 천주의 존재를 인격신으로 제시하여, 인간에 강림하거나 감시한다는 표현들은 모두 유교의 말을 끌어들여 왜곡시킨 것으로 보고 있다. 이러한 인식은 유교 지식인이 유교를 중심으로 천주교를 보고 있는 입장을 보여주는 것으로 박지원도

---

[80] 『燕巖集』, 권13, 26, '熱河日記·黃敎問答', "彼見吾道之一心對越, 日臨日監日視日聽, 明有主宰, 則得一降殃祥之降字以自岡也."

같은 입장임을 알 수 있게 한다.

또한 박지원은 불교에서 말하는 '윤회'와 불교의 일파인 라마교에서 말하는 남의 몸에 태어난다는 '투태'(投胎)가 같은 것인지 물었는데, 파로회회도는 서로 다른 것임을 강조하였다.

> "이른바 윤회는 곧 여기에 맹수가 있는데 홀연히 불성(佛性)을 품게 되면 다른 날 좋은 보응이 있어서 반드시 선한 사람이 되는 것이요, 오늘의 중생(衆生)에 짐승의 행실이 있으면 다른 생(生)에 나쁜 보응을 받아 마땅히 짐승이 된다는 것이다. 이것은 비유하는 말에 불과한 것으로, 조잡하고 어리석고 천박한 설일 뿐이다. …법왕이 '집을 뺏는다'(奪舍)는 것은 몸을 바꾸는 것으로 때문고 헤어진 옷을 다른 옷으로 바꾸어 입는 것과 같다. …'그 주문을 가지고 기운을 부리는 술법은 도교와 비슷하지만 그 실지는 선가(禪家)에서 일컫는 '마선'(魔禪: 귀신을 부리어 禪을 닦는 것)이다."[81]

곧 파로회회도는 '윤회'란 인과응보에 따라 짐승이 사람으로 태어나거나 사람이 짐승으로 태어나는 것이라면, '투태'란 자기의 몸을 바꾸는 것으로, 도교의 술법과 비슷하거나 선가에서 '마선'(魔禪)에 해당한다고 보는 더욱 엄격한 거부 입장을 나타낸다.

박지원은 '윤회'와 '투태'의 차이를 이해하는데 깊은 관심을 보여 윤가전에게도 질문을 하였다. 윤가전은 파로회회도와 다른 견해로서 '윤회'나 '투태'의 차이를 인정하지 않고 부분적으로 수용하는 입장을

---

*81 같은 곳, "所謂輪回者, 卽此有猛獸忽懷佛性, 異日嘉應, 必爲善人, 今日衆生, 乃有禽行, 他生惡報, 當爲業畜, 不過譬說蠢嚙淺近耳, …至若法王奪舍, 乃轉身換骨, 如今衣裘垢弊, 更換他服, …其持呪運氣之術, 似涉道家, 而其實禪家所稱魔禪爾."

밝히고 있다. 곧 윤가전은 쇠퇴할 수밖에 없는 육신과 불변하는 정신을 구별하여, "밝은 믿음과 인식은 금강(金剛)의 보체(寶體)로서 진실로 어리거나 늙음이 없으니, 땔나무가 다 타고 나면 다른 나무로 불이 옮겨 붙는다. …법왕이 다른 몸에 태어난다는 것도 다만 스스로 이와 같은 것이다. 윤회설이란 불가의 율서(律書)이다. …이러한 이치가 전혀 없다고 하는 사람도 미혹된 것이요, 이런 이치가 다 있다고 하는 사람도 미혹된 것이다. 다만 이런 이치는 이따금 있기도 하는데, 이따금 있는 일로 만 가지 이치에 관통하려고 하여 천하를 바꾸려 하는 것은 더욱 미혹된 것이다"[*82]라고 하였다. 다른 몸에 태어난다는 '투태'를 불이 다른 나무에 옮겨 붙는 것에 비유하고, '윤회'는 같은 의미를 윤리적으로 해석한 것이라 본 것이다. 윤가전은 불교의 '윤회'나 라마교의 '투태'를 이따금 있을 수 있는 이치가 있다고 인정하면서도, 일반화시킬 수 없는 것으로 한정함으로써, 유교지식인으로서는 상당히 포용적 입장을 보여주는 경우라 할 수 있다.

박지원은 종교문제에 대한 토론의 결론적 입장을 밝혀, "진(秦)·한(漢) 이래로 천하를 다스리는 자는 모두 이단이었다. 진나라는 형명(刑名: 法家)으로도 오히려 천하를 겸병할 수 있었고, 한나라는 황노(黃老)로 풍요하고 인구가 많게 하였다. 성인은 비록 이단이 인·의(仁義)를 막아 버릴까 근심하였지만, 오늘 법왕이 남의 몸에 태어난다는 술법으로 천

---

*82 『燕巖集』, 권13, 26-27, '熱河日記·黃敎問答', "維此光明信識, 金剛寶體, 固無童耄, 薪盡火傳, …法王投胎, 只自如此, 輪回之說, 乃佛家律書也, …謂之全無此理者惑也, 謂之俱有此理者惑也, 第是理也, 往往而有, 以往往之事, 思所以貫萬理易天下, 則尤惑也."

하를 다스리게 하더라도, 도로 우리 도에 의존하여 인의와 예악의 사이
에서 시행하여 인륜과 사물의 법칙 안에 서서 행할 수 있지만, 전체로
보면 요·순의 도에 들어갈 수는 없다"[83]고 하여, 역사적으로 유교의
정도가 아닌 이단이 천하를 다스리는 데 일정한 성과를 이루었다는
사실을 돌아본다. 이로써 라마교로 천하를 다스리더라도 유교의 범위를
크게 벗어나지 않을 수 있음을 인정하면서, 다만 이단으로는 유교의
이상적 정치를 실현할 수 없는 한계가 있다는 점을 지적하는 포용적
입장을 밝히고 있다. 이에 대해 윤가전도 "이단이 우리의 도에 비하면
비록 사특한지 정대한지, 순수한지 잡박한지의 차별은 있지만 그 마음
씀이 이로움을 일으키고 어진 도리를 행하며 잔악함을 물리치고 살육을
제거한다면 다름이 없을 것이다"[84]라고 하여, 유교와 이단 사이에 대립
적 인식이 아니라 정도의 차이를 강조하고, 그 마음씀이 선함에 있다면
본질적으로 같다는 포용적 입장을 확인하고 있다.

5. 『열하일기』에 나타난 중국종교 이해의 성격

박지원의 『열하일기』는 청나라 전성기였던 건륭제 시기인 1780년

---

[83] 『燕巖集』, 권13, 27, ‘熱河日記·黃敎問答’, “秦漢以來, 爲天下者, 皆異端也, 秦之刑名, 猶能兼并, 漢之黃老, 足以富庶, 聖人雖憂異端充塞仁義, 然使今法王投胎之術, 爲之天下國家, 則還將依附吾道, 周旋于仁義禮樂之間, 行立乎民彝物則之內, 要之不可與入於堯舜之道也.”

[84] 같은 곳, “異端之於吾道, 雖有邪正粹駁之別, 其設心以爲興利行仁, 除殘去殺, 未始不同也.”

당시 중국의 문물을 폭넓게 관찰하고 기록한 북학파 실학자의 대표적 여행기의 하나로, 그 가운데 중국의 종교적 상황에 관한 세밀한 기술이 주목된다. 그의 종교문제에 관한 기술의 특징은 무엇보다 도학이념의 정통의식이 견고하게 정립되어 이교(異敎)에 대한 배척과 무관심이 지배적이었던 조선사회의 지적 분위기를 탈피하고, 다양한 종교에 대해 적극적으로 관찰하고 토론하였던 사실에 있다고 하겠다.

그의 중국종교 현황에 관한 기술은 유교·도교·불교·라마교(티베트불교·黃敎)·천주교에 관해 많은 사묘(寺廟)와 교당(敎堂)을 방문하여 자세히 기록하였고, 민간신앙과 청진교(淸眞敎: 回敎)에까지 미치고 있다. 유교와 관련해서는 열하와 북경의 태학(太學)을 비롯한 학교제도와 국가의례의 제단 및 묘우(廟宇)들을 관찰하였고, 도교의 도관(道觀)들과 민간신앙으로서 관제묘(關帝廟)의 활발한 대중신앙의 현장을 확인하였다. 불교의 많은 사찰을 방문하였는데 웅장하고 화려한 사찰의 외형만이 아니라 당시 퇴락하는 불교신앙의 현장도 주의 깊게 기록하고, 시장바닥이 되고 있는 세속화된 일면도 확인하고 있다.

그가 가장 깊은 관심을 기울였던 종파는 당시 청나라 황실이 극진하게 우대하고 있던 라마교와 새로운 서양문물의 중심이 되고 있는 천주교라 하겠다. 특히 라마교는 열하에서 사신을 따라 성승(聖僧) 반선라마를 직접 만나는 기회를 얻게 되면서 이에 얽힌 조선사신의 대응문제와 라마의 환생설(還生說) 등에 관해 예리한 통찰과 더불어 많은 중국 지식인들과 폭넓은 문답과 토론을 벌이고 있음을 보여준다. 천문학의 문제 등 서양과학에 관련하여서는 중국 지식인들과 토론에서 주도하는 역할을 하고 있으며, 천주당을 찾아가서도 서양선교사는 만나지 못하였지만 마테오 리치 등 서양 선교사들의 무덤까지 찾아갔었고, 천주교 교리에 관해서도 활발한 토론을 벌였던 것이다.

그의 중국종교 현장에 대한 관찰은 단순히 지나가는 길에 관광하였던 견문의 수준을 훨씬 넘어서 거의 섭렵하다시피 적극적으로 찾아 나섰던 것이고, 사찰이나 묘우에 찾아가서도 그 건물의 제도를 일일이 기술하며 뜰에 세워져 있는 비석과 건물에 걸려 있는 현판을 일일이 살피고 비문까지 베껴서 그 유래와 황실이나 명사들의 연고를 확인하며, 사료까지 찾아서 고증하는 조사와 연구의 수준이었다고 할 수 있다. 이러한 그의 치밀한 기술은 18세기 후반의 당시 중국종교의 현황을 가장 생생하게 개관할 수 있게 해준다.

박지원은 중국종교의 현장을 직접 찾아가 관찰함과 더불어 그가 만날 수 있었던 여러 중국 지식인들과 필담을 통해 문답과 토론을 치밀하게 전개하였다는 사실이 중요한 의미를 지닌다. 이들 가운데는 한인(漢人)으로 대리시경(大理寺卿)을 지낸 윤가전(尹嘉銓), 산동도사(山東都司)인 학성(郝成), 한림서길사(翰林庶吉士)인 왕성(王晟) 등 관리와, 왕민호(王民皞)·추사시(鄒舍是) 등 거인(擧人)도 있으며, 만주인으로 귀주안찰사(貴州按察使) 기풍액(奇豐額)과, 몽고인으로 강관(講官)인 파로회회도(破老回回圖)와 경순미(敬旬彌)도 있다. 그만큼 다양한 인물들과 만나 친교를 맺고 밤늦도록 필담을 하며, 양 한 마리를 통째로 쪄놓고도 다 식도록 잊을 만큼 필담에 열중하기도 하였다. 이렇게 그가 만난 인물이 다양한 만큼 입장과 견해가 서로 다른 경우도 그대로 드러내주어, 당시 중국

지식인이 유교가 아닌 다른 종교를 보는 시각의 다양성을 생생하게 전해주었던 것이다.

　무엇보다 박지원의 중국종교에 관한 기술은 그 자신 도학적 이념이 강한 조선에서 온 유학자로서 중국지식인들과 토론하면서 다른 종교에 대한 비판의식과 포용성의 수준을 밝혀주고 있는 것이다. 그 자신 북학파 실학자로서 이들과의 토론을 통해 비판의식을 밝히면서도 근원적으로 포용적 입장을 드러내고 있다는 사실이다. 그는 중국이 하나의 종교로 획일화될 수 없는 종교적 다양성의 사회라는 것을 확인하고, 포용의 논리가 불교나 라마교에 대해 이해에서 어떻게 제시되고 있는지 선명하게 드러내고 있다. 바로 이 점에서 『열하일기』는 그 속에 내포하고 있는 중요한 주제의 하나로서 종교적 포용성의 논리를 정립하고 있는 것이다. 그는 실학파의 유교 지식인으로서 이단의 한계를 지적하면서도, 배척의 논리가 아니라 포용의 논리로서 유교적 체제의 현실 속에 수용할 수 있다는 입장을 밝히고 있다. 이처럼 그가 지닌 종교적 포용의 논리는 바로 그의 북학사상이 지닌 핵심정신으로서 도학적 정통주의에서 탈피하는 사유기반을 제공하고 있는 것이라 하겠다.

4장 :

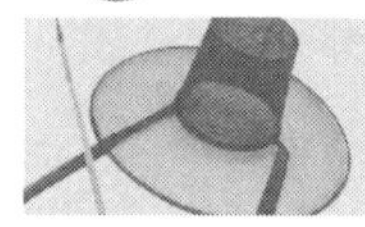

정약용의 비판정신과
포용론

1. 비판과 포용의 과제

조선시대 사상사의 흐름을 크게 도학과 실학으로 대비시켜 본다면, 그 두 갈래의 사상적 특징은 도학이 정통성을 수호하기 위해 배타적 거부태도를 강화하고 있다면 실학은 현실의 활용을 위해 개방적 수용태도를 밝히고 있는 것으로 파악해볼 수 있다. 그것은 마치 한 건물에서 대문이란 담장과 다르게 닫아서 지키는 기능과 열어서 드나드는 기능을 동시에 지니고 있는 사실에 비유해볼 만하다. 밤에는 대문을 닫아서 도둑을 막아야 하고 낮에서 대문을 열어서 손님을 맞이해야 하는 것처럼 닫아야할 때와 열어야할 때가 있으니, 어느 한 쪽을 고집할 수 있는 것이 아니다. 그만큼 도학과 실학은 각각의 시대적 역할이 있고 또 그에 따른 한계를 갖는 것도 사실이다.

정약용(茶山 丁若鏞, 1762-1836)은 조선후기 실학을 집대성하면서 실학의 개방적 포용정신을 가장 폭넓게 드러내주고 있는 인물이다. 그는 18세기말에서 19세기 초의 조선사회가 접할 수 있는 지식에 대해 전방위로 시야를 열어놓고 있었다. 옛 경전과 문헌에서 한대(漢代) 이후 송·명(宋明)을 거쳐 청대(淸代)까지에 이르는 유교사상의 다양한 학문적 전통과 유파를 평가하고 수용하는 '고－금'(古今)의 소통을 추구하면서, 당시 중국에 전파되어 조선에까지 흘러들어온 서양의 종교와 과학지식으로서의 서학(西學)을 폭넓게 수용하여 '동－서'(東西)가 교류하는 국면에 뛰어들어 깊이 관여하고 있음을 보여준다. 이와 더불어 그는 경전에 근거하여 유교의 '정도'(正道)를 밝히면서 양주(楊朱)·묵적(墨翟)과 노장(老莊)·불교를 비롯하여 유교 안의 육상산·왕양명에 이르기까지 이른바 '이단'(異端)에 대해서도 비판적 인식과 수용적 이해로 '정－이'(正異)의 소통을 위한 길을 열어주고 있다. 나아가 그의 열린 관심은 안으로 소홀히 하였던 우리 자신의 역사와 언어·지리·생활·풍속 등에 깊은 관심에서 면밀한 이해를 보여주며 밖으로 우리가 외면하고 있던 일본에 대해서도 새로운 눈길로 주의 깊게 관찰하여 '내－외'(內外)가 단절되지 않은 소통과 이해의 길을 넓혀갔다. 말하자면 고금·동서·내외가 제각기 높은 벽을 쌓고 단절되어 서로 망각하고 있는 장면에서 벽들 사이에 문을 찾아내어 열어젖혀 서로 소통하고 이해하게 하는 개방된 시야의 새로운 세계관을 드러내주는 것이라 하겠다.

정약용이 추구하는 세계는 단순히 열려있기만 하는 것은 아니다. 대문이 열어야할 때가 있지만 열어놓기만 할 수는 없는 것과 같이, 그는 개방과 소통을 추구하면서도 이에 따른 혼란과 무질서에 빠지지 않고 하나의 질서와 원칙을 확립하는 데 일관된 관심을 유지하고 있었다. 무엇보다 먼저 그는 '경전'을 도리의 원천으로 중시하였다. 여기서 그는 판단의 기준으로 '도리'(道)와 '이치'(理)를 확인함으로써 객관적 공정성과 합리적 정당성을 강조하였다. 곧 "학문이란 천하의 공변된 물건이다. 참으로 그 말이 '도리'에 위배된다면 비록 대인·군자에게서 나왔다 하더라도 감히 높이고 믿을 수 없는데, 하물며 그보다 못한 경우이겠는가. 참으로 그 말이 '이치'에 맞는다면 하찮은 사람에게서 나온 말이라 하더라도 의당 표창해야할 것인데, 하물며 그보다 더 훌륭한 경우이겠는가"[1]라고 하여, 학문이란 인물과 신분에 따라 차별화되는 것이 아니라 '도리'와 '이치'를 기준으로 판단되는 것이요, 천하에 보편적으로 공유되는 것임을 역설하고 있는 것도, 열린 세계를 지향하면서 질서의 기준을 수립하고 있음을 보여주는 것이라 하겠다.

따라서 개방된 세계관을 제시하면서 새로운 가치질서를 정립하고자

---

[1] 『與猶堂全書』 第1集(이하『與全』[1]'으로 줄임), 권14, 31, '心經疾書跋', "學問者, 天下之公物也, 苟其言之倍道, 雖出於大人君子者, 尙不敢尊信, 況下於是者哉, 苟其言之中理, 雖出於鄙夫庸人者, 尙當表章之, 況進於是者哉."

하는 정약용의 관심에서는 도학전통에서 거부되었던 다양한 사유에 대해 폭넓게 이해하는 포용의 입장을 확립하면서, 동시에 모든 방향에 대해 자신의 일관된 기준에 따라 진실성을 점검하는 비판적 검토를 병행하고 있는 사실을 확인할 수 있다. 그의 사유체계에서 비판과 포용의 상반된 작용은 사실상 그 자신의 일관된 세계관을 수립하기 위한 양날의 칼이라 하겠다. 그만큼 그의 사유체계에서 비판과 포용이 어떻게 상응하여 일관하는 방법으로 작용하고 있는지 주의를 기울일 필요가 있을 것이다.

정약용의 사유체계에서 비판과 포용의 형식이 적용되는 기본영역을 개괄해보면, 우선 사유일반의 형식으로 정통과 이단을 분별하는 관점에 대한 인식이 주목된다. 이와 더불어 그의 사상적 전개과정에 따른 주제로서 먼저 '동서'교류에 따른 종교적 세계의 인식문제와, 다음으로 조선사회의 학문적 유산인 성리설의 쟁점에 대한 인식문제 및 경전해석의 과정에서 한학(漢學)과 송학(宋學)의 쟁점에 대한 인식문제가 기본과제로 주목된다. 이러한 과제를 통해 정약용의 실학정신이 얼마나 다양한 사상의 유파와 견해에 대해 엄격한 비판의 논리를 제시하고, 동시에 다양성을 폭넓게 수용하는 포용의 논리를 제시하고 있는지 확인할 수 있을 것이다.

2. 이단의 비판과 포용적 이해

1) 비판의식과 이단異端의 인식

정약용은 조선후기의 체제교학인 도학이념의 정통의식에 따라 이단 비판이 엄격한 시대를 살았던 인물로서, 자신의 사상체계를 정립하면서 진리의 기준을 확인하고 이에 따른 비판의 대상으로서 '이단'의 성격에 대한 명확한 인식을 제시하고 있다. 먼저 그는 공자가 순(舜)의 큰 지혜로 "두 단서(兩端)를 잡고 '중도'(中)를 백성에게 쓴다"(執其兩端, 用其中於民.<중용>)고 언급한 구절에서 두 단서인 '양단'을 지나침과 못 미침(過・不及)이라는 옛 주석의 해석을 받아들이고, '중'(中)을 지극한 선이 있는 곳이라 하여 진리의 기준으로 밝히고 있다. 여기서 그는 "'중'과 '양단'은 모두 이미 순임금의 자기 마음속에 먼저 있어서 권형과 척도로 삼은 것이요, 이에 이 세 가지(中・過・不及)를 붙잡고 사람의 말을 살펴서 '양단'에 저촉되는 것은 버리고 '중'에 합치하는 것은 쓴다. …악한 것은 '과'와 '불급'의 논의이고, 선한 것은 '중'의 논의이다"[*2]라고 하여, 지극한 선인 '중'에 맞는지 아닌지는 자신의 마음속에 있는 판단기준임을 지적하고, '중'과 '양단'을 선과 악으로 나누고, 따를 것인지 버릴 것인지 결정해야할 대립적 가치로 제시하였다. 그만큼 선하고 정당한

---

*2 『與全』[2], 권3, 11, '中庸自箴', "舊注以過與不及爲兩端, 本是正解, …中與兩端, 皆已先在舜自己心內, 以之爲權衡尺度, 於是執此三者, 以察人言, 其犯於兩端者去之, 其合於中者用之, …中者至善之所在也, …惡者過不及之論也, 善者得中之論也."

기준인 '중'에 벗어나는 것을 '양단'으로 규정하여 거부하는 입장을 명확하게 밝히고 있는 것이다.

'중'에 대한 '양단'의 개념은 바로 '정도'(正道·正學)에 대한 '이단'(異端)의 개념으로 연결될 수 있다. 공자가 "'이단'을 오로지 행하는 것은 해로울 뿐이다"(攻乎異端, 斯害也已.<論語·爲政>)라고 언급한 구절에서 '이단'의 개념에 대해, 그는 "'이단'이란 선왕의 단서를 계승하지 않는 것을 말한다. 여러 유파의 온갖 기예(技藝)로서 성명(性命)의 학문과 경전의 가르침에 있지 않은 것은 모두 '이단'이다. 비록 백성의 일상생활에 도움됨이 있더라도 만약 이 일만을 오로지 행하면 이것은 역시 군자의 학문에 해로움이 있다"[3]라고 하여, '정도'의 기준을 '성명의 학문'과 '경전의 가르침'으로 지적하고, 이에 벗어나는 온갖 기예는 농업이나 군사와 같이 백성의 생활이나 국가의 운용에 이로운 것이라 하더라도 모두 '이단'에 속하는 것으로 규정한다.

여기서 그는 노자·장자·양주·묵적이나 불교는 공자의 시대에 공자의 가르침에 대립하는 것으로 제기되지 않았던 사실을 들어서, 공자가 말한 '이단'은 삼교(三敎: 儒·佛·道)가 정립한 이후의 후세에서 말하는 '이단'과 다른 것임을 지적하고, "양주(楊朱)·묵적(墨翟)이 부모를 부모로 여기지 않고 임금을 임금으로 여기지 않는 것이나, 노장(老莊)·불교가 하늘을 업신여기고 성인을 모독하는 것은 죄악이 지극히 크고

---

*3 『與全』[2], 권7, 31, '論語古今註', "異端, 謂不纘先王之緒者也, 百家衆技, 凡不在性命之學, 經傳之敎者, 皆異端, 雖或有補於民生日用者, 若專治此事, 斯亦有害於君子之學也."

귀신과 사람이 분노하는 바이니 어찌 오로지 행하기를 기다린 다음에 해로움이 있다고 하겠는가"[*4]라고 하여, 후세에서 '이단'으로 규정되고 있는 양주·묵적과 노장·불교에 대해 극심한 배척의 입장을 밝히고 있다. 그러나 동시에 공자가 언급한 '이단'이 이러한 후세에서 말하는 '이단'과 다른 것임을 강조하고 있는 것은 공자의 말씀을 권위로 삼아 '이단'을 배척의 대상으로 규정하는 태도에 한계를 짓는 것이라 볼 수도 있을 것이다.

『중용』에서 "'도'는 함께 행하여 어긋나지 않는다"(道並行, 而不相悖) 는 구절에 대해, 모기령(毛奇齡)은 "'도'가 함께 행한다는 것은 천하가 하나의 '도'가 아니다"(道並行者, 天下非一道)라고 하여, 여러 '도'가 서로 충돌하지 않고 병행할 수 있음을 말하는 것으로 해석하였다. 정약용은 모기령의 해석을 거부하면서, "다만 이 하나의 '도'는 모든 성인이 함께 말미암으니, 마치 다만 이 하나의 길을 모든 백성이 함께 말미암는 것과 같다. 이것이 서로 어긋나지 않음을 말한다. 만약 노장과 불교의 '도'로 하여금 우리 '도'와 더불어 함께 행하게 한다면, 어찌 서로 어긋나지 않는 이치가 있겠는가"[*5]라고 하였다. 곧 여러 '도'가 함께 행하는 것이 아니라 모든 사람이 이 하나의 '도'를 함께 행한다는 것이요, 따라서 노장이나 불교의 '도'는 유교의 '도'와 어긋나지 않고 함께 행할 수 없는 것임을 밝히고 있다. 이처럼 그는 진리의 기준으로서 '도'는

---

*4 같은 곳, "楊墨之無父無君, 老佛之慢天侮聖, 罪大惡極, 神人所憤, 豈待專治 而後有害."
*5 『與全』[2], 권4, 59, '中庸講義補', "只此一道, 千聖共由, 如只此一路, 四民共 由, 斯之謂不相悖也, 若使老佛之道, 與吾道而並行, 則豈有不相悖之理."

하나일 뿐임을 역설하고, 서로 다른 '도'는 서로 충돌하지 않을 수 없음을 강조하였다. 그만큼 도학전통이 지닌 정통의식의 배타적 태도와 같은 입장을 취하고 있음을 보여준다.

정약용은 '정도'의 유일성을 강조함으로써 사실상 '정도'에 어긋나는 사상과 학술에 대한 비판입장을 분명하게 밝히고 있다. 여기서 그의 비판의식이 적용되는 사례를 먼저 「오학론」(五學論)에서 살펴보면, 그의 '정도'와 '이단'에 대한 인식의 성격을 엿볼 수 있을 것이다. 그는 '문장지학'(文章之學)이 유교의 큰 해독이 됨을 지적하면서, 천지의 바른 이치에 통하고 만물의 온갖 사정을 두루 하는 옛 사람의 진정한 문장의 모범으로서 『역』·『시』·『서』·『예』(禮)·『주례』·『춘추좌전』·『논어』·『맹자』의 경전을 들었으며, 여기에다 『노자』를 '각박하면서 그윽히 깊다'(刻覈深窈)고 평가하면서 포함시키고 있다. 그 아래로 사마천(司馬遷)·양웅(揚雄)·유향(劉向)·사마상여(司馬相如)는 순수함이 적다고 평가하고, 그 아래로 한유(韓愈)·유종원(柳宗元)·구양수(歐陽脩)·소식(蘇軾)의 글에 대해서는 "안으로 자신을 닦고 부모를 섬길 수 없고 밖으로 임금을 보좌하고 백성을 다스릴 수 없으며, 평생토록 읊조리며 사모하여도 실의에 빠지고 불만에 차서, 끝내 천하와 국가를 위할 수가 없다. 이것은 우리 '도'의 해충이 됨이 양주(楊朱)·묵적(墨翟)·노장·불교보다 심할 것이니, 왜 그런가? 양주·묵적·노장·불교는 비록 붙들고 있는 것에 어긋남이 있지만, 요컨대 모두 자기를 극복하고 욕심을 끊어서 선을 하고 악을 버리려는 것이지만, 저 한유·유종원·구양수·소식은 그 자부하는 바가 문장일 뿐이다"[6]라고 하여,

전통적으로 문장의 종장으로 일컬어 지닌 한유·유종원·구양수·소식에 대해 '이단'으로 지목되는 양주·묵적·노장·불교보다 유교에 더 큰 해독이 있음을 주장하였다. 이처럼 그는 전통적인 '이단'에 대한 인식을 근본적으로 성찰하면서 '이단'으로 일컬어지는 양주·묵적·노장·불교의 근원에서 잘못된 것임을 인정하면서도 그 과제에서는 유교의 '도'와 일치됨을 지적하였으며, '문장'이 성명(性命)의 근본이나 나라의 실무를 망각하면 '이단'이라 일컬어지는 경우보다 유교의 '정도'에 더욱 해독이 되는 것임을 역설하고 있다.

또한 그는 천상(天象)을 살피고 비기(秘記)와 참서(讖書)를 보거나, 복서(卜筮)와 관상(觀相)으로 예언을 하는 '술수의 학'(術數之學)에 대해 "학문이 아니라 속이는 것이다. …저들은 마귀를 섬기고 괴이함을 좋아하며, 은근히 스스로 앞일을 아는 성인에 의거하면서 부끄러움을 알지 못하니, 어찌 손잡고 요·순의 문으로 함께 돌아갈 수 있겠는가"[7]라고 하여, 앞일을 점치는 온갖 '술수'란 마귀를 섬기는 것으로 요·순의 '도'와 더불어 행할 수 없는 속임수임을 엄정하게 배척하였다. 이러한 사실은 성리학을 표방하는 유교지식인들 사이에도 어느 정도 파고들어 있는 당시의 '술수'를 분별함으로써 유교의 '도'를 지킬 수 있다는 사술(邪術)에 대한 배척입장을 천명하고 있는 것이다.

---

[6] 『與全』[1], 卷11, 21-22, '五學論三', "韓柳歐蘇, …內之不可以修身而事親, 外之不可以致君而牧民, 終身誦慕而落魄牢騷, 卒之不可以爲天下國家, 此其爲吾道之蟊蟘也, 將有甚乎揚楊墨老佛何也, 楊墨老佛, 雖其所秉有差, 要之皆欲以克己斷慾, 爲善去惡, 彼韓柳歐蘇, 其所自命者, 文章已矣."

[7] 『與全』[1], 권11, 23-24, '五學論五', "術數之學, 非學也惑也, …彼事魔好怪, 隱然自據乎前知之聖, 而莫之知恥也, 又惡能携手同歸於堯舜之門哉."

나아가 정약용은 노장과 불교 등 당시의 유교전통에서 '이단'으로 규정되고 있는 사상에 대해 비판입장을 밝히고 있다. 공자가 "배우고 때에 익힌다"(學而時習之.<論語·學而>)는 구절에 대해 양주·묵적·불교·노장을 배우고 익히지 않아야하는지 묻는 책문(策問)에 대답하면서, "배우고 익히는데 '도'의 근원을 나누지 않은 것은 공자 이전에는 천하가 한 집안이요 사문(斯文)이 한 계통이었으며, 노자의 학문도 역시 우리 '도' 가운데서 자애와 검소와 물러남을 위주로 한 것일 뿐이요, 오늘의 이른바 도가(道家)에서 연단(鍊丹)과 초청(醮靑)의 요사스럽고 허망한 술법과는 같지 않다. 그러서 일찍이 별도의 문호를 세우지 않았다. 그래서 단지 배우고 익힌다고만 일컬은 것이나 역시 이단으로 어지럽혀질 수는 없다"[8]고 하였다. 여기서 그는 '이단'을 '정도'의 학습을 어지럽힐 수 없음을 전제로 하면서도, 노자에 대해서는 유교의 '도'에서 갈라져 나온 것이라는 긍정적 인식을 보여주며 후세에 성립한 도교를 사술로 규정하여 노자와 도교를 명확히 구별하는 견해를 제시하고 있다. 이처럼 그는 유교전통에서 '이단'으로 배척받는 경우라 하더라도 무조건 비판하는 것이 아니라 유교의 '도'와 일치점에 대해서는 긍정적으로 평가하는 입장을 지니면서, '이단'에 대한 비판적 입장을 지키고 있는 것이라 하겠다.

정약용은 "두 사람이 '인'(仁)이 되니, 사람과 사람이 서로 접촉하여

---

[8] 『與全』[2], 권16, 40, '論語古今注', "學習之不分道原者, 臣以爲夫子之前, 天下一家, 斯文一統, 老子之學, 亦於吾道之中, 以慈儉退隱爲主而已, 非如今之所謂道家鍊丹醮靑, 妖邪罔誕之術, 故實未賞別立門戶, 然則只稱學習, 亦可以不亂於異端矣."

바야흐로 '인'이라는 명칭이 있을 수 있으며, 사물에게는 '인'이 합당하지 않다. 불교가 살생을 금지하는 것은 사물에게 '인'하는 것이요, 묵적이 겸애(兼愛)하는 것은 남에게 어버이처럼 친하는 것이다"[9]라고 하여, 유교와 불교와 묵자의 입장이 다른 차이점을 분명하게 짚어준다. 여기서 그는 맹자가 "어버이를 '친'(親)하여, 백성을 '인'(仁)하고, 백성에게 '인'하여 사물을 '애'(愛)한다"(親親而仁民,仁民而愛物.<孟子 · 盡心上>)라고 하여, 사물(物) · 남(人) · 어버이(親)라는 대상에 따라 '애'(愛) · '인'(仁) · '친'(親)의 계층적 등급을 제시한 것을 전제로 받아들여, 불교가 사물에 '인'하는 것은 사람과 사물의 분별이 없는 것임을 드러내고, 묵적이 남에게 어버이같이 친하는 것은 남과 어버이의 분별이 없는 것임을 드러내고 있다. 그만큼 불교와 묵자의 경우에 대해 유교가 지닌 대상에 따른 분별의식을 결여한 유교와의 차이점을 확인함으로써, 거부의 입장을 밝히고 있는 것이다.

또한 왕양명의 '치양지설'(致良知說)에 대해서도, 노력하는 '치'(致)와 하늘에서 타고나는 '양'(良)의 두 개념은 양립할 수 없는 것으로 함께 붙여놓은 것이 모순임을 지적하면서, "왕양명이 '치양지'의 세 글자를 '도'에 들어가는 문이요 근본주장으로 삼았다. …이것은 양명이 현자가 되는 까닭이면서, 양명의 학문이 이단이 되는 까닭이다. 무릇 한 구절의 말을 세워 근본주장으로 삼는 것은 그 학문이 모두 이단이다. '위기'(爲己)는 군자의 학문이요 성인이 일찍이 말씀하였지만, 양주(楊朱)는 '위

---

[9] 『與全』[2], 권6, 47, '孟子要義', "二人爲仁, 人與人相接, 方可有仁之名, 於物不當仁也, 佛氏之禁殺, 是仁於物也, 墨氏之兼愛, 是親於人也."

기' 두 글자를 세워 근본주장으로 삼으니, 그 폐단은 터럭 하나 뽑는 것을 하지 않아서 이단이 되었고, '존덕성'(尊德性)은 군자의 학문이요 성인이 일찍이 말씀하였지만, 육상산(陸象山)이 '존덕성' 세 글자를 세워 근본주장을 삼으니, 정신을 희롱하는 것을 돈오(頓悟)라 하여 이단이 되었다"[10]고 언급하였다. 그는 무엇보다 '이단'이 되는 조건으로 '한 구절의 말을 세워 근본주장으로 삼는 것'이라 제시하여, '이단'은 진리의 기준인 '중'(中: 中庸·中道)에서 벗어나 한쪽으로 치우친 어떤 특정 구절을 근본주장(宗旨)으로 삼는 태도라 규정한다. 따라서 그는 이러한 '이단'개념에 근거하여, 양주의 근본주장인 '위기'(爲己: 爲我)나 육상산의 '존덕성'은 성인의 말씀에 있지만 '위인'(爲人)이나 '도문학'(道問學)의 반대쪽은 망각하고 한 쪽으로만 치우치면서 균형있는 '도'를 상실하게 되는 것이요, 이것이 바로 '이단'이 되는 길임을 강조한다. 같은 맥락에서 왕양명은 '치양지'를 근본주장으로 삼음으로써, 특정한 개념에 치우침으로써 '이단'이 되고 마는 것임을 밝히고 있다. 그것은 양주·묵적만이 아니라 육상산·왕양명도 특정개념에 집착하면서 전체의 균형과 '중'의 조화를 상실하여, 성인의 '도'에서 벗어나는 '이단'으로 규정하고 비판하는 입장을 밝히고 있는 것이다.

---

*10 『與全』[1], 권12, 18, '致良知辨', "王陽明以致良知三字, 爲法門宗旨, …此陽明之所以爲賢者, 而陽明之學之所以爲異端也, 凡立一句語爲宗旨者, 其學皆異端也, 爲己君子之學也, 聖人嘗言之矣, 楊氏立爲己二字爲宗旨, 則其敝爲拔一毛不爲而成異端矣, 尊德性君子之學也, 聖人嘗言之矣, 陸氏立尊德性三宇字爲宗旨, 則其敝爲弄精神頓悟而成異端矣."

2) 이단異端의 판단기준과 포용논리

정약용은 경전의 가르침에 근거하는 유교의 '정도'에 어긋나는 '이단' 내지 '사설'(邪說)에 대해 비판의 입장을 분명하게 밝히고 있지만, 동시에 맹목적인 전통의 묵수가 아니라, 객관적인 성찰과 적극적인 이해의 포용적 입장을 보여주고 있다는 점에서 그의 사상적 특성이 드러난다. 이러한 양면의 태도는 서로 충돌하는 것이 아니라, 유교의 '정도'에 대한 본래의 진정한 의미를 재인식함으로써 확고한 기준을 정립한 위에서 비판해야 할 '이단'의 문제점과 포용해야 할 '이단' 속의 가치를 취사선택하는 일관된 입장을 지키고 있는 것이라 할 수 있다.

따라서 비판할 '이단'이 이미 규정되어 있는 전통을 받아들이는 것이 아니라, 어떠한 정당한 사상이나 전통에 대해서도 언제나 문제점이 발생할 수 있음을 인식하는 끊임없는 성찰과 진실성의 재확인을 추구하는 것이라 하겠다. 그는 「폐책」(弊策)에서 "사물이 오래되어 무너지고 부서지는 것을 '폐단'(弊)이라 하니, '폐단'은 천지와 자연의 형세이며, 사물이 오래되어도 폐단이 없는 것은 없다"고 밝히면서, "동한(東漢)은 절의(節義)를 숭상하였으나 그 폐단은 붕당(朋黨)이 되었고, 진(晉)은 청허(淸虛)를 숭상하였으나 그 폐단은 방자하고 뒤집히게 되었다. …과거(科擧)의 제도는 공거한 천거에 힘쓰는 것이었으나 그 폐단은 사욕을 따르는 것이 되었고, 사창(社倉)의 법도는 백성을 이롭게 하는 데 오로지 하는 것이었으나 그 폐단은 잔혹하게 거두어가는 것이 되었다"[11]고 지적하

---

*11 『與全』[1], 권9, 4, '弊策', "物久而敗壞者, 謂之弊, 弊者天地自然之勢, 物未

여, 어떤 정당한 사상이나 좋은 제도에도 그 시행과정에 반드시 폐단이 생긴다는 현실적 필연성을 '자연적 형세'(自然之勢)요 '사물의 이치'(物 之理)임을 주목하였다. 그것은 유교의 '정도'라도 그 현실의 실현과정에 서는 폐단이 생길 수 있음을 인정하는 열린 사유방법을 제시하고 있는 것이다.

같은 맥락에서 유교의 가치를 실현하는 주체로서 선비인 '유'(儒)를 『주례』에서 "'도'로써 백성을 얻는 것을 '유'라 한다"고 하여, 그 명칭 의 중대함을 제시하였지만, 현실에서는 '유'가 일으키는 온갖 폐단에 따라 '못난 선비'(豎儒)·'썩은 선비'(腐儒)·'비루한 선비'(鄙儒)·'융 통성 없는 선비'(拘儒) 등으로 일컬어져 비웃음을 사기도 하고, '도적 같은 선비'(盜儒)·'비천한 선비'(賤儒)·'속된 선비'(俚儒)·'공허한 선 비'(空儒) 등으로 일컬어져 배척을 당하기도 하는 사실을 지적하였다.[12] 이처럼 유교의 중심개념에 대해서도 파생되는 문제점을 진지하게 성찰 할 수 있는 열린 사유가 바로 '이단'에 대해서도 맹목적 비판이 아니라 성찰을 통한 개방적 포용자세를 가능하게 해주는 것이라 하겠다.

정약용은 옛 사람들은 한대(漢代)의 경학자인 대성(戴聖)이나 마융(馬 融) 등에 무례한 언동이 많았지만 그 경전을 전해주고 주석한 학설은 폐지될 수 없는 공이 있음을 인정하였던 사실을 주목하고, 후세 학자들

有久而不弊者也, … 東漢尙節義, 其弊也爲朋黨, 晉室尙淸虛, 其弊也爲放倒, … 科擧之制, 務在公擧, 而其弊也爲循私, 社倉之法, 專於利民, 而其弊也爲虐 斂."

[12] 『與全』[1], 권9, 19-20, '問儒', "周禮天官, 以道得民, 謂之儒, 儒之名, 不其大 歟, … 豎儒腐儒鄙儒拘儒, 譏嘲多端, 盜儒賤儒俚儒空儒, 排斥不一."

의 풍조는 이와 달라진 점을 지적하면서, "진실로 그 근본이 바르지 않으면 비록 그 일컫고 서술함이 모두 요·순·주공·공자의 말이라 하더라도 오히려 버려지고, 진실로 그 명망이 이미 정해지면 비록 그 끌어들임이 신불해(申不害)·한비자(韓非子)·노자·불교로 뒤섞었다 하더라도 감히 의론하지 못한다. 홀로 퇴계만은 그렇지 않아 오직 말을 살피고 그 사람됨으로 판단하지 않으며 오직 '도'를 헤아리고 사사롭게 하지 않았다. 이에 정황돈(程篁墩)의 『심경』(心經)에 대한 학설을 표출시켜 드러내며 높이고 신뢰하여, 학자들에게 만세의 법도가 됨을 보여주었으니 그 마음가짐이 지극히 공정하지 않겠는가"[13]라고 하였다. 곧 당시 학자들의 풍조가 어떤 학설이든 근본이 '정도'에 어긋나 한번 '이단'으로 규정되면 그 말이 아무리 성인의 가르침과 일치하더라도 받아들일 줄 모르고, '정통'으로 한번 인정되면 '이단'의 잡설로 뒤섞어 말해도 비판할 줄을 모른다는 판단기준이 고착된 문제점을 비판한 것이다. 여기서 그는 특히 퇴계가, 정황돈이 육상산의 학설을 따르는 인물이지만 『심경부주』(心經附註)에서 제시한 견해가 옳다고 인정하여 높였던 점을 학자를 위한 만세의 법도(萬世法程)라 강조하였다. 이처럼 '정통'과 '이단'에 고착된 관점이 아니라, 그 말이 '도'에 맞는지 아닌지를 판단기준으로 정립하는 열린 자세를 중시함으로써, '이단'으로 규정된 유파의 견해에도 열린 마음으로 바라보는 포용의 길을 열어주고 있는

---

[13] 『與全』[1], 권14, 31, '心經疾書跋', "苟其本領不正, 雖其所稱述, 皆堯舜周孔之言, 猶在可棄, 苟其名論旣定, 雖其所援引, 雜之以申韓老佛, 所不敢議也, 獨文純夫子李公不然, 唯言之察而不以其人, 惟道之揆而不以吾私, 乃取程篁墩心經之說而表章之尊信之, 示學者爲萬世法程, 其處心顧不大公至正矣乎."

것이다.

그는 자신이 천주교를 신봉하였던 문제로 인해 '이단'으로 지목받아 유배생활을 하는 형편에 놓여있었던 만큼, 특히 사람들이 쉽게 '이단'이라 규정하여 배척하는 일에 대해 신중하게 해야 할 것으로 경계하고 있다. 조익현(曹翊鉉)에게 보낸 편지에서, "'이단'이란 천하에 악명이니, 말하기는 비록 쉽지만 당하기는 어찌 괴롭지 않겠는가"[14]라고 하면서, 주자가 육상산을 선학(禪學)으로 배척할 때에도 함께 강론하고 더불어 시를 주고받으며 함께 지내며 여러 차례 편지를 주고 받아본 뒤에서 판단하였던 사실을 들어서 신중하게 판단하였던 사실을 지적하고 있다. 그만큼 이미 '이단'으로 규정된 학설에 연관되었더라도 그 논설과 의도와 바탕을 충분히 살피지 않고 경솔하게 '이단'의 죄목을 씌우는 것이 학문하는 사람의 올바른 자세가 아님을 강조한 것이다.

나아가 그는 불교나 육상산이나 양주·묵적 등 도학전통에서 '이단'으로 규정된 사상에 대해서도 유교의 정통적 사상과 연관 속에 자리잡을 수 있는 터를 닦아주는 입장을 보여주었다. 곧 둘째형 정약전(丁若銓)에게 보낸 편지에서, "불교에는 '교법'(敎法)과 '선법'(禪法)이 있는데, 그래서 경사(經師)는 만년에 모두 좌선(坐禪)을 한다. 내가 원하는 것은 이것(禪法)이나 이 일은 경전공부보다 배는 어려워 생각과 능력이 미칠 수 있는지 모르겠다. 주자는 '경사'요, 육상산은 '선사'인데, '경사'는 우(禹)·직(稷)·묵적에 가깝고, '선사'는 안회(顏回)·양주에 가깝

---

[14] 『與全』[1], 권19, 10, '與曹進士翊鉉', "異端者, 天下之惡名也, 言之雖容易, 受之寧不苦乎."

다"[15]고 하여, 유교에서 경학과 수양론의 과제를 불교의 '교법'과 '선법'에 비유하였다. 이처럼 그는 주자와 육상산이 학문방법의 두 가지 기본형식에서 각각 한 쪽에 서 있는 것으로 보고, 한 시대에 세상을 위해 나가서 열심히 노력하였던 우·직·묵적과 은둔하여 자신을 닦는 데 힘썼던 안회·양주도 바로 불교에서 '교법'에 힘쓰던 '경사'와 '선법'에 힘쓰던 '선사'에 가까운 것이라 하여, 유교의 학문방법과 이른바 이단의 학문방법이 지닌 공통성을 제시하고 있다.

그는 『서경』 '대우모'(大禹謨)편에서 순(舜)임금의 말로 수록된 "인심은 위태하고 도심은 은미하니, 정밀하게 하고 한결같이 하여 그 '중'(中)을 잡을 수 있어야 한다"(人心惟危, 道心惟微, 惟精惟一, 允執厥中)는 구절은 매색(梅賾)이 『순자』 '해폐'(解蔽)편에서 『도경』(道經)의 말로 인용하고 있는 "인심은 위태하고 도심은 은미하니, 위태하고 은미한 기미는 오직 밝은 군자가 된 다음에 알 수 있다"(人心之危, 道心之微, 危微之幾, 唯明君子而後能知之)는 구절을 이용하여 위작(僞作)한 것이라 파악하였다. 여기서 그는 『도경』을 도가(道家)의 말이지만 받아들여야 할 것을 강조하면서, "도가의 말한 바가 많이 복희·신농·황제가 남긴 글에 관계되니, 인심·도심 역시 반드시 오제(五帝) 이래로 서로 전해온 '도'의 요결(道訣)이요, 뒷 사람이 말할 수 있는 바가 아니다. 이제 이 두 구절은 만세의 심학(心學)에 근본이 되니 어찌 순자에서 나왔다고 조금

---

*15 *15 『與全』[1], 권20, 28, '答仲氏', "僧家有教法禪法, 故經師晚年, 皆作坐禪, 我所願者此, 而此事之難, 倍於經工, 未知心力能及也, 朱子經師也, 陸象山禪師也, 經師近於禹稷墨翟, 禪師近於顏回楊朱."

이라도 높이고 신뢰하는 정성을 소홀히 하겠는가”[*16]라고 하여, 『도경』이 도가의 말이지만 삼황·오제의 유교의 시원과 연결되는 것이라 하여 받아들이며, ‘인심·도심’의 언급이 도학의 정통으로 인정되지 않는 순자의 글에서 나왔다고 소홀히 할 수 없음을 역설하였다.

바로 이점에서 그는 『도경』에서 말하는 ‘도’ 역시 유교의 ‘도’임을 지적하고, 『노자』 속의 문구가 분명하더라도 선유(先儒)들이 취하기도 하는데, 삼황(三皇)의 옛 전적(九丘·八索·三墳·五典)이 남긴 실마리인 ‘인심위·도심미’(人心危, 道心微)의 여섯 글자는 결코 버릴 수 없음을 강조하면서, “설령 여섯 글자가 본래 불경에서 나왔다고 하더라도 마땅히 천구(天球)와 홍벽(弘璧)처럼 떠받들어 자기를 극복하고 예법을 회복하는 근본을 삼아야 마땅하다. 하물며 유교에서 나오고 『도경』에 근본하는 것이겠는가”[*17]라고 하여, 말이 노자에서 나왔는지 불교에서 나왔는지가 기준이 아니라, 그 말이 진실하고 ‘도’에 합당한지가 기준임을 명확히 밝혔다. 그만큼 유교전통에서 ‘이단’으로 무조건 배척되어오던 노자나 불교에 대해서도 열린 눈으로 다시 바라볼 수 있는 시야를 열어주는 포용의 자세를 확인할 수 있다.

이런 맥락에서 주자는 불교의 ‘관심설’(觀心說)을 “마음으로 마음을 부린다는 것은 마치 입으로 입을 물고 눈으로 눈을 본다는 것과 같아서

[*16] 『與全』[2], 권2, 29, ‘心經密驗’, “況道家所言, 多係羲農黃帝之遺文, 人心道心, 亦必是五帝以來相傳之道訣, 非後人之所能道也, 今此二句, 爲萬世心學之宗, 豈可以出於荀氏, 而少忽其尊信之誠哉.”

[*17] 『與全』[1], 권20, 32, ‘答金德叟’, “設令六字本出於佛經, 亦當戴之捧之, 如天球弘璧, 以爲克己復禮之本, 況出於儒家, 本於道經者乎.”

잘못된 것이다"[18]라고 그 말의 성립자체를 무의미한 것으로 거부하였지만, 이와 달리 정약용은 불교의 '관심설'의 근본에 오류가 있다고 보면서도 '관심'의 작용은 필요하고 의미 있는 것으로 인정하는 입장을 보여준다. 곧 "'관심'의 이론은 진실로 잘못된 것이다. 그러나 마음의 본체는 형상이 없으니, 입과 눈의 형상이 있는 것과는 다르다. 스스로 자신의 마음을 보는(觀) 데에는 역시 그 도리가 있다. 그래서 연평(延平 李侗)은 사람들에게 아직 발동하기 전의 기상을 오로지 보도록 가르쳤으며, 마음의 오묘한 작용은 선유(先儒)들이 거듭 말하였다. 만약 돌이켜서 볼 수 없다면 어찌 이와 같은 오묘한 작용을 알겠는가? 다면 벽을 마주하여 마음을 보는 것은 괴이한 일이다"[19]라고 하였다. 이처럼 그는 주자가 불교의 '관심설'을 전면으로 부정하는 것과는 달리, 마음의 자기 성찰로서 '관심'의 정당성을 적극적으로 인정하면서 단지 '면벽관심'(面壁觀心)하는 선(禪)의 방법이 잘못된 것임을 비판하고 있다. 그것은 불교의 교설에서도 적극적 이해의 열린 마음을 확보하면서 '정도'에 의한 비판의식을 견지하고 있음을 보여주는 것이다.

맹자가 '부모를 부모로 여기지 않고 임금을 임금이라 여기지 않는다'(無父無君)고 비판하여 '이단'의 전형적 경우로 지목되었던 양주와 묵적에 대해, 정약용은 "터럭 하나를 뽑는다거나 머리끝부터 발꿈치까지

---

[18] 『朱熹集』, 권67, 22, '觀心說', "釋氏之學, 以心求心, 以心使心, 如口齕口, 如目視目." 정약용이 인용한 주자의 언급은 "佛者觀心之說, 謬以心使心, 如以口齕口, 以目視目.＜心經密驗＞"이다.

[19] 『與全』[2], 권2, 40, '心經密驗', "觀心之說固謬, 然心體無形, 與口目之有形者不同, 自觀自心, 亦有其道, 故延平敎人, 專觀未發前氣象, 心之妙用, 先儒亟言之, 若不能反觀, 安知妙用如是, 但面壁觀心是怪事."

닳게 한다는 것은 가정하여 형용한 말인데, 학문이 얕은 자들이 이 글을 잘못 읽고서 양주를 인색한 사람으로 여기고 묵적을 무절제한 사람으로 여기니 크게 잘못된 것이다. 군자의 학문은 두 가지를 벗어나지 않으니, 하나는 자기를 닦는 것(修己)이요 둘은 남을 다스리는 것(治人)이다. …이 두 사람은 각각 그 하나를 붙잡고 변통할 줄 모른 것이 그 잘못이다. …양주의 '도'는 우(禹)와 직(稷)의 시대에 안회(顔回)의 지킴이요, 묵적의 '도'는 안회의 세상에 우와 직의 행함이니 그 죄는 이와 같을 뿐이다. …요·순의 세상에는 우·직이 그 '중'(中)이요, 노(魯)나라·위(衛)나라의 세상에는 안회가 그 '중'이다"[20]라고 하였다. 곧 양주의 '위아'(爲我)는 나를 선하게 하려는 '수기'(修己)에 해당하고 '의'(義)에 상응하며, 묵적의 '겸애'(兼愛)는 남을 사랑하는 '치인'(治人)에 해당하고 '인'(仁)에 상응하는 것으로 이 두 가지는 서로 활용해야 하고 한 쪽을 폐지할 수 없는 것으로서, 양주와 묵적의 주장은 모두 유교에서 군자의 학문으로 필수적인 두 요소임을 강조하여 적극적으로 받아들이고 있다. 다만 시대와 상황에 맞게 '수기'하거나 '치인'하는 것이 '시중'(時中)의 올바른 '도'가 될 수 있는데, 양주와 묵적은 그 때에 어긋나서 양주는 '치인'해야 할 때 '수기'를 고집하고 묵적은 '수기'해야 할 때에 '치인'을 고집하여 '시중'의 '도'에 어긋나는 오류에

---

*20 『與全』[2], 권6, 43-44, '孟子要義', "拔毛磨頂, 皆是假設形容之辭, 淺學誤讀此文, 以楊朱爲吝人, 以墨翟爲狂客, 大謬也, 君子之學, 不出二者, 一曰修己, 二曰治人, …二者各執其一, 不知變通, 是其謬也, …楊朱之道, 禹稷之時, 而顔回之守也, 墨子之道, 顔回之世, 而禹稷之行也, 其罪如斯而已, …堯舜之世, 禹稷其中也, 魯衛之世, 顔回其中也."

빠졌다고 보았다.

이처럼 양주와 묵적의 '도'가 유교의 '인'이나 '의'에 해당하는 정당한 가치임을 인정하여 받아들이면서 '인'(仁: 治人)·'의'(義: 修己)를 상황에 맞추어 조화롭게 활용하지 못하고 한 쪽만 고집함으로써, '이단'에 빠지게 되었다는 것이다. 그것은 양주·묵적의 '도'를 유교의 '도' 속에 포용하면서도 '시중'에 어긋나는 오류를 비판하고 있는 것이며, 이러한 비판은 유교의 '도'라 하더라도 언제든지 현실의 상황에 맞지 않으면 오류에 빠져 '이단'의 처지에 떨어질 수 있음을 의미한다. 그만큼 그는 기존의 '이단'이거나 유교의 '정통'을 대립적으로 설정하여 '이단'을 배척하는 입장이 아니라, 유교의 정통을 포함한 어떤 사상이라도 현실 상황에 맞게 실현하느냐 하지 못하느냐에 따라 '정도'와 '이단'으로 판단할 수 있다는 새로운 차원의 포용적 입장을 정립하고 있는 것이다.

3. 서학의 수용과 경전의 재해석

1) 서학수용과 천주개념의 재인식

정약용의 사상에서 서학의 문제는 매우 미묘하고 복합적인 문제를 내포하고 있다. 먼저 정약용이 20대 청년시절에 서양과학서를 탐독하고 천주교 교리서에 깊이 젖어들어 한 때 천주교에 입교하여 신앙집회에 참여하기도 하였으나, 그 스스로 천주교신앙에서 벗어났음을 공개적으로 선언하였으며, 그의 행적도 천주교신앙집회와 연결의 자취가 거의 없다는 사실을 주목할 필요가 있다. 곧 정약용에서 서학 곧 서양과학과 천주교교리의 문제는 젊은 시절의 일시적 관심에 그치는 것인지, 아니면 평생토록 그의 학문영역 전반에 영향을 받고 있는지 상반된 견해가 제기되고 있는 형편이다.[*21]

실제로 정약용의 저술에서는 서학의 문헌이나 언급을 직접 인용하는 경우가 전혀 없는 만큼, 어디까지 서학의 영향을 받은 것인지 아니면 고전에 근거한 독자적 해석인지를 판단하기 쉽지 않은 것은 사실이다. 더구나 그가 천주교 교리서의 이론을 수용하였다고 하더라도 유교경전의 해석에 적용되는 이론을 선택적으로 끌어들였기 때문에 서학의 교리서가 제시하는 체계적 이론을 정약용에서 그대로 찾아낸다는 것은 처음부터 불가능하다. 그렇다면 서학의 교리서로 보면 불완전한 부분적 수용일 수 있고, 유교의 경학전통에서 보면 특이한 논리이기는 하지만 유교경전의 해석에 적합성을 지닌 것으로 보일 수 있다. 당시 정약용이 접하였던 천주교 교리서는 예수회의 적용주의 선교정책에 따라 유교문화에 적응하여 서술된 교리서였다. 마테오 리치(利瑪竇)의 『천주실의』(天主實義)에서 가장 잘 드러나고 있는 것처럼 천주교 교리를 성리설과 뚜렷이 차별화시키면서 유교경전과 일치시키는 이른바 보유론(補儒論)의 교리서였던 만큼, 유교경전을 주자학의 해석에서 벗어나 새롭게 볼

---

*21 정약용의 著述에 근거를 둔 연구자들은 정약용이 천주교에서 일찍부터 이탈한 사실을 강조하는 경향이 강하고, 天主敎敎會史쪽 자료에 근거를 두는 연구자들은 정약용이 생애의 마지막까지 천주교와 깊이 연관되었다고 보는 입장을 취하여 양극적 대립양상을 보이고 있다.

수 있는 분명한 길을 제공하였던 사실을 주목할 필요가 있다.

전반적으로 개괄해보면 정약용의 경전해석에는 천주교 교리서로부터 받은 영향이 그의 경전해석에 새로운 빛 중 일부를 제공했던 것으로 보인다. 그렇지만 그의 경전해석은 어디까지나 유교경전의 해석이지 천주교 교리의 해명을 위한 작업은 결코 아니다. 따라서 그는 천주교 교리서에서 새로운 세계관의 충격을 받음으로써 유교경전에서 풍부하고 새로운 의미를 발견해낸 것이요, 서학의 논리를 이용하여 유교경전 해석의 새로운 세계관을 구축할 수 있었던 것이라 하겠다. 그것은 서학의 빛을 활용하여 그동안 유교경전의 이해에서 어두웠던 부분을 밝힌 것으로, 유교경전의 해석 속에 서학의 세계관을 포용하는 것이라 할 수 있다.

정약용이 천주교의 교리서를 수용하면서 유교경전을 재해석한 중심 주제는 첫째, '상제-천'(上帝·天)개념의 재해석이요, 둘째, 인간의 '성'(性)과 '덕'(德)개념의 재해석이요, 셋째, 인간과 사물의 관계에서 일체론으로 보는 견해를 거부하고 차별성을 강조하여 재해석하는 것이라 할 수 있다. 그가 교리서의 영향을 받은 흔적을 가장 뚜렷하게 볼 수 있는 것은 『중용』에 대한 두 가지 주석서로서 『중용강의보』(中庸講義補)와 『중용자잠』(中庸自箴)에서 확인할 수 있다.[*22]

[*22] 정약용이 23세때 여름 太學生으로서 正祖가 제시한 70조목의 '中庸策問'에 대해 李蘗과 토론하였던 대답을 작성하였던 것이 『中庸講義』이며, 이에 앞서 그해 봄 정약용은 李蘗의 영향으로 천주교신앙에 빠져들기 시작하였던 상황이었다. 30년후 53세때 유배지 康津에서 『中庸自箴』을 저술하여 이어서 『中庸講義』를 보완하여 『中庸講義補』를 저술하였는데, 이때에도 李蘗을 간곡히 흠모하는 뜻을 보이고 있는 것이 사실이다.

『중용』 첫머리에서 "하늘이 명한 것을 '성'이라 한다"(天命之謂性)는 구절에 대해 주자는 "하늘이 음양·오행으로 만물을 변화 생성하는데, '기'로서 형상을 이루고 '이'도 부여한다"[*23]고 하여, 하늘이 음양·오행의 구성체계로 만물을 생성한다는 생성원리를 제시하고, 인간과 만물은 '이'와 '기', 곧 본질과 형상으로 구성된다는 존재구조를 제시하였다. 음양·오행은 중국인의 우주생성론을 이루고 있는 오랜 전통의 사유형식인데, 정약용은 이에 대해 음양과 오행이 우주생성의 원리가 될 수 없음을 분명히 밝힘으로써, 주자학이 정립한 자연철학의 우주론을 그 뿌리에서부터 부정하고 있다. 곧 "음·양의 명칭은 햇빛이 비추고 가리는 데서 일어나는 것으로 해가 가려지면 '음'이요, 해가 비치면 '양'으로 본래 체질이 없는 것이요, 다만 밝고 어둠이 있으니 원래 만물의 부모가 될 수 없다"[*24]고 하여 '음·양'이 만물의 생성근원이 될 수 없음을 밝히고, 또한 "오행은 만물 가운데 다섯 가지 물건에 지나지 않으니, 같은 사물인데, 다섯 가지로 만 가지를 낳는다는 것은 역시 곤란하지 않겠는가?"[*25]라고 하여, '오행'을 만물의 생성원리로 제시하는 입장을 부정하였다.

그렇다면 정약용은 만물의 생성원리로서 한 대(漢代) 이후 확립되고 송대(宋代)에서도 확고히 계승되었던 음양오행설을 부정하고서 어떤 생

[*23] 朱熹, 『中庸章句』, 제1장, "天以陰陽五行化生萬物, 氣以成形, 理亦賦焉."

[*24] 『與全』[2], 권4, 1-2, '中庸講義補', "陰陽之名, 起於日光之照掩, 日所隱日陰, 日所映日陽, 本無體質, 只有明闇, 原不可以爲萬物之父母."

[*25] 『與全』[2], 권4, 3, '中庸講義補', "五行不過萬物中五物, 則同是物也, 而以五生萬, 不亦難乎."

성원리를 제시하고 있는 것인가? 우선 그는 "만물이 '상천'(上天)의 조화하는 가운데 있는 것은 마치 물고기가 물 속에 있어서 헤엄치고 숨쉬는 데 물을 떠날 수 없는 것과 같다. 그러므로 '만물을 몸으로 삼아 남김이 없다'고 하였는데, '만물을 몸으로 삼는다'는 것은 만물이 몸이 되어 채워져 있다는 것이다"[26]라고 언급하여, 만물이 '상천'의 조화를 벗어날 수 없음을 강조하여, 물고기가 물 속에 있듯이 만물이 '상천'의 조화 속에 있는 것으로 해석하고 있다. 그것은 모든 개체가 '상천'의 조화세계 속에 내포되어 있음을 밝힘으로써 만물을 조화하는 주체가 '상천'임을 확인해주고 있지만, 그 개체가 어떻게 생성되어 나온 것인지는 선명하게 말해주고 있지 않다. 이런 의미에서 그는 '조화'란 생성변화를 의미하는 것이요 제작을 의미한 것이라 보기 어렵다. 곧 '조화'란 기독교적 의미에서 '창조'를 가리키는 것이라기보다 '섭리'를 가리키는 것으로 이해할 수 있을 것이다. 이처럼 그는 하늘이 음양·오행의 형질로서 만물을 생성하는 원리로 인식하여 하늘을 이치[天卽理]로 규정하는 성리학적 '천'개념을 거부하고, '천'이 아니라, 만물의 생성을 한 몸으로 포괄[體物]하는 주체로서 '상천'의 위치를 확립하고 있다. 이처럼 정약용은 유교경전의 '천'개념을 이해하는데 서학의 창조설을 끌어들이는데 관심을 두는 것이 아니라, 유교경전의 해석에 무리가 없는 '천'의 주재자(主宰者)로서의 지위를 확립함으로써 '천'의 인격신적 성격을 확인하는 출발점으로 삼고 있는 것이다.

---

[26] 『與全』[2], 권3, 16, '中庸自箴', "萬物在上天造化之中, 如魚在水中, 游泳呼吸, 不能離水, 故曰體物而不可遺, 體物者, 物體之充也."

정약용은 "오늘날 사람이 성인을 이루고자 해도 할 수 없는 데는 세 가지 단초가 있다. 첫째는 하늘을 이치로 인식하는 것이요, 둘째는 '인'(仁)을 만물을 낳는 이치로 인식하는 것이요, 셋째는 '용'(庸)을 평상 (平常)으로 인식하는 것이다. 만약 '신독'(愼獨)하여 하늘을 섬기고 '서' (恕)에 힘쓰는 것으로 '인'(仁)을 구하고, 항구하여 쉬지 않을 수 있으면, 이것이 성인이다"[27]라고 하여, 성리학의 '천'(天)·'인'(仁)·'용'(庸) 개념의 인식이 잘못되어 성인이 되고자 해도 될 수 없는 것임을 강조하였다. 무엇보다 '하늘'을 '이치'로 인식하는 성리학의 형이상학적 관점을 거부하고 '신독'(愼獨)으로 하늘을 섬겨야 한다는 신앙적 입장을 확립하는 것이 바로 서학의 인격신관을 수용하여 유교경전을 새로운 빛으로 재해석하는 시야를 열어주는 대목이라 할 수 있다.

정약용은 경전 속에서 언급되고 있는 '상제' 내지 '천'의 존재에 대한 재해석을 경전의 진실한 의미를 올바르게 인식하는 대전제로 강조한다. 그는 먼저 '천'의 명칭과 기본개념의 인식에서 성리학의 입장과 차이를 분명하게 짚어주고 있다. 주자는 『맹자』(盡心上)에서 말한 '천'개념을 해석하면서 장횡거(張橫渠)가 "'태허'(太虛)로 말미암아 '천'(天)이라는 이름이 있고, '기화'(氣化)로 말미암아 '도'(道)라는 이름이 있다"라고 한 말을 인용하였고, 이를 설명하여, "'기화'는 저 음·양의 조화(造化)이니 수·화·금·목·토가 모두 이것이다. '태허'는 곧 「태극도」(太

---

*27 『與全』[2], 권2, 40, '心經密驗', "今人欲成聖而不能者, 厥有三端, 一認天爲理, 二認仁爲生物之理, 三認庸爲平常, 若愼獨以事天, 强恕以求仁, 又能恒久而不息, 斯聖人矣."

極圖)의 맨 위에 있는 하나의 동그라미다"라고 하였다.[*28] 정약용은 이 구절을 인용하고서, '천'을 '태허' 내지 '태극'이라는 궁극적 근원의 개념으로 해석하는 장횡거·주자의 해석과 전혀 다른 입장에서 자신의 견해를 밝혔다. 곧 "'천'의 주재는 '상제'가 된다. 그것을 '천'이라 이르는 것은 '국군'(國君: 임금)을 '국'(國)으로 일컫는 것과 같으니, 감히 바로 가리키며 말하지 않는다는 뜻이다. 저 파랗고 형체가 있는 '천'은 우리 인간에게 지붕처럼 덮고 있는 것에 불과하며, 그 등급도 흙·땅·물·불과 똑같은 등급이 되는 데 불과하다, 어찌 우리 인간의 '성'(性)이나 '도'(道)의 근본이겠는가?「태극도」의 위에 있는 하나의 동그라미는 '6경'에 보이지 않는 것인데, 이것이 영명함이 있는 것인가? 아니면 아무 지각도 없는 것인가? 텅 비어서 생각할 수도, 논의할 수도 없는 것인가? 무릇 천하에 영명함이 없는 것이 주재가 될 수는 없다"[*29]라고 밝혔다. 여기서 그는 '천'이란 하나의 사물에 불과한 것으로 주재자인 '상제'를 가리키는 명칭에 불과한 것이라 확인하였다. 마치 '임금'이라 직접 부르는 대신에 '대궐'이라 부르는 말과 같다는 것이다. 이렇게 주재자인 '상제'와, '상제'를 일컫는 호칭에 불과한 '천'을 구별함으로써, 궁극적

[*28] 『孟子集註大全』(盡心上), "張子曰, 由太虛有天之名, 由氣化有道之名." 同小註, "朱子曰, 氣化者, 那陰陽造化, 水火金木土皆是, 太虛, 便是太極圖上面一圓圈."

[*29] 『與全』[2], 권6, 38, '孟子要義', "天之主宰爲上帝, 其謂之天者, 猶國君之稱國, 不敢斥言之意也, 彼蒼蒼有形之天, 在吾人不過爲屋宇帡幪, 其品級不過與土地水火, 平爲一等, 豈吾人性道之本乎, 大極圖上一圓圈, 不見六經, 是有靈之物乎, 抑無知之物乎, 將空空蕩蕩, 不可思議乎, 凡天下無靈之物, 不能爲主宰."『天主實義』(第2篇)에서는 유교인이 '天地의 主宰'를 '天地'로 일컫는 것은 '南昌太守'를 '南昌府'라 일컫는 것과 같은 語法일 뿐이라 언급하고 있는 것도 같은 맥락이다.

존재인 '상제'가 주재자로서 인격신적 성격을 지닌 것임을 분명하게
밝혔다. 이와 더불어 그는 '태허'나 '태극'에 대해서도 영명한 지각능력
이 있는지 없는지를 따져 물음으로써, 영명함이 없다면 주재자가 될
수 없음을 역설하여, '영명함'(靈)이라는 지각능력이 주재자의 본질적
조건임을 확인함으로써 '상제'의 인격성을 강조하고 있다.

마테오 리치는 『천주실의』에서 '이'(理)와 '상제'의 차이를 영명함
(靈)과 지각(覺)의 유무를 기준으로 해명하여, "'이'(理)는 영명한 지각이
있는가? 의리를 밝게 아는 것인가? 만약 영명한 지각과 의리를 밝게
안다면 귀신의 부류에 속한다. 어찌 '태극'이라 하고 '이'라 하겠는가?
만약 그렇지 않다면 상제와 귀신과 인간의 영명한 지각은 누구로부터
얻은 것인가? 저 '이'라는 것이 자기에게 없는 것을 사물에 베풀어 있게
할 수는 없다. '이'가 영명함도 없고 지각도 없다면 영명함을 만들어내
고 지각을 만들어낼 수는 없다"[*30]고 하여, '이'(理)가 영명함과 지각능력
이 없다면 상제·귀신·인간과 같은 영명함과 지각능력이 있는 존재를
생성하는 근원이 될 수 없음을 지적하였다. 이처럼 '상제'를 영명함과
지각능력이 있는 존재로 확인하고 있는 사실이 바로 정약용이 '상제'를
'영명함'이 있는 주재로서 인격신적 존재로 인식하는 것과 일치할 수
있는 대목이다.

정약용은 경전에서 언급된 '상제'의 여러 가지 명칭으로 황천(皇

[*30] 『天主實義』, '第2篇 解釋世人錯認天主', "理者靈覺否, 明義者否, 如靈覺明
義, 則屬鬼神之類, 曷謂之太極, 謂之理也, 如否則上帝鬼神夫人之靈覺, 由誰
得之乎, 彼理者以己之所無, 不得施之于物, 以爲之有也, 理無靈無覺, 則不能
生靈生覺."

天)·호천(昊天)·민천(旻天)·상천(上天)·창천(蒼天) 등을 들고서, 한유(漢儒)들이 직능이나 사시(四時)에 따라 구별하는 잡다한 해석을 비판하면서, 『주례』(大宗伯)에서 "호천상제에 인(禋)제사를 드린다"(以禋祀祀昊天上帝)는 말에 근거하여, "'호천'(昊天)은 상제의 정호(正號)이다"*31라고 하였다. 그것은 '호천'이 '상제'의 정호(正號)요, '황천'·'민천'·'상천'·'창천' 등은 '상제'의 별호(別號)로서 모두 하나의 '상제'를 부르는 여러 호칭임을 제시하여 '상제'는 유일한 존재로서 주재자임을 확인하는 것이요, '상제'를 유일신(唯一神)으로 인식하고 있음을 보여주는 것이다.

'상제'의 존재양상에 대해 "감추어 있고(隱) 희미하다(微)는 것은 '상천'의 행함이다. …내려와 감시하는 자를 믿지 않으면 반드시 그 홀로 있음을 삼감이 없을 것이다"*32라고 하여, '상제'는 보아도 보이지 않고 들어도 들리지 않으면서 감추어 있지만 가장 잘 드러나고, 희미하지만 가장 뚜렷한 존재요, 동시에 내려와서 인간의 모든 일을 감시하는(降監) 존재이므로 인간은 홀로 있는 자리에서도 삼가지 않을 수 없음을 강조하고 있다. 따라서 군자는 내려와 감시하는 '상제'의 존재를 알기 때문에 감정이 아직 발동하지 않을 때에도 "공경하여 삼가며 '상제'를 힘써 섬겨서 언제나 '신명'이 가장 깊이 감추어진 곳까지 위에서 비추어보고 살피는 것을 경계하고 두려워한다"*33고 하며, 이와 반대로 대중들은

---

*31 『與全』[2], 권22, 7, '尙書古訓', "周禮大宗伯禋祀上帝曰昊天上帝, 昊天乃上帝之正號也."
*32 『與全』[2], 권3, 5-6, '中庸自箴', "隱微者, 上天之載也, …不信降監者, 必無以愼其獨矣."

보이지 않고 들리지 않는다고 하여 경계하고 두려워할 줄을 모르는 것이라 지적하였다. 이처럼 정약용은 '상제'를 인간의 감각으로는 모습이 보이지 않고 소리가 들리지 않아도 내려와서 인간을 감시하는 인격신적 존재임을 확인하고 있다.

정약용은 '상제'가 모습도 보이지 않고 말씀하는 소리도 들리지 않는 존재이지만, 인간은 '상제'의 목소리를 들을 수 있는 방법이 있음을 제시한다. 곧 "하늘이 반복하여 타일러서 명령할 수 없는 것은 할 수 없는 것이 아니다. 하늘의 목소리는 '도심'(道心)에 맡겨져 있으니, '도심'이 경계하여 알려주는 것은 '황천'이 명령하고 경계하는 것이다. … 도록(圖錄)에서 천명을 구하는 것은 이단의 허망한 술법이고, 본심에서 천명을 구하는 것은 성인이 힘써 섬기는 학문이다"[34]라고 하여, 하늘의 목소리를 인간의 '도심' 내지 '본심'에서 들을 수 있음을 역설하였다. 또한 그는 '들리지 않는다'고 말하는 것은 '상제'가 말을 못하여 소리가 없다는 것이 아니라, '상제'가 말하는 소리가 귀로 듣는 것이 아니라 '도심'의 마음으로 듣는 것임을 강조하고 있다.

> "'보이지 않는다'(不睹)는 것은 무엇인가? 하늘의 형체이다. '들리지 않는다'(不聞)는 것은 무엇인가? 하늘의 소리이다. …'도심'과 '천명'은 두 갈래로 나누어볼 수 없다. 하늘이 나에게 경계하여 알려주는 것은 우레

*33 『與全』[2], 권3, 6, '中庸自箴', "小心翼翼, 昭事上帝, 常若神明照臨屋漏, 戒愼恐懼."
*34 『與全』[2], 권3, 3, '中庸自箴', "天不能諄諄然命之, 非不能也, 天之喉舌, 寄在道心, 道心之所儆告, 皇天之所命戒也, …求天命於圖錄者, 異端荒誕之術也, 求天命於本心者, 聖人昭事之學也."

로 하지 않고 바람으로 하지 않으며, 남몰래 자기 마음에다 간곡하게 알려주고 경계한다. …천명은 단지 태어나는 처음에 부여하여 '성'(性)으로 주어지는 것이 아니다. 원래 형상이 없는 실체(體)요 오묘한 작용의 신명(神)이니, 같은 부류가 서로 들어가 더불어 서로 감응하는 것이다. …하늘의 영명함은 사람의 마음에 직접 통달하여 숨겨져 있다고 살피지 못하는 것이 없으며, 희미하다고 밝히지 못하는 것이 없다. 이 방 안을 위에서 비추어 살피며, 나날이 감시하여 계신다."[35]

여기서 그는 천명이 천둥치거나 거센 바람이 부는 자연현상으로 드러나는 것이 아니라, '상제'와 '도심'이 형상이 없는 실체요 오묘한 작용의 신명이라는 같은 부류이기 때문에 서로 감응하여 '도심'이 '상제'의 목소리 곧 '천명'을 들을 수 있다는 것이다. 바로 이 점에서 그는 유교의 '상제'가 이치(理)로서 드러나는 것이 아니라 의지를 지닌 인격신으로 드러나고, 인간에게 귀에다 말하는 것이 아니라 '도심'에 말로 타일러주는 계시의 능력이 있음을 분명하게 밝혀주고 있다. 이러한 '상제'개념의 인식은 천주교 교리서를 그대로 받아들인 것이라고 할 수는 없지만, 교리서의 영향을 받고 유교경전을 새롭게 해석한 것이라 확인할 수 있을 것이다.

---

[35] 『與全』[2], 권3, 4, '中庸自箴', "所不睹者何也, 天之體也, 所不聞者何也, 天之聲也, …道心與天命, 不可分作兩段看, 天之儆告我者, 不以雷不以風, 密密從自己心上丁寧告戒, …天命不但於賦生之初, 畀以此性, 原來無形之體妙用之神, 以類相入, 與之相感也, 天之靈明直通人心, 無隱不察, 無微不燭, 照臨此室, 日監在玆." *"照臨此室, 日監在玆"은 『시경』(小雅·小明)의 "明明上天, 照臨下土"와, 『시경』(周頌·敬之)의 "日監在玆"를 인용한 것이다.

2) 서학수용과 ‘귀신’개념의 재인식

정약용이 유교경전을 새롭게 해석함에 있어서 천주교 교리서의 영향을 가장 뚜렷하게 확인할 수 있는 대목으로 ‘상제’개념과 더불어 ‘귀신’개념의 인식을 주목할 필요가 있다. 먼저 정약용은 『주례』(大宗伯)에서 제사가 드려지는 ‘귀신’의 종류가 ‘천신’(天神: 昊天上帝·日月星辰·司中·司命·風師·雨師 등), ‘지기’(地示: 社稷·五紀·五嶽·山林·川澤 등), ‘인귀’(人鬼: 先王·先公·先妣의 廟 등)의 세 가지로 제시되고 있는 사실을 들면서, ‘지기’에 대해 “하늘이 ‘천신’으로 각각 수·화·금·목·토·곡·산림·천택을 맡게 하고, 임금도 신하로 하여금 이 일을 나누어 관장하게 하니, 후세에 와서 신하로 공로가 있는 자를 ‘천신’에 배향하여 사직에 제사하고 오사(五祀)에 제사하고 산천에 제사하니, 명칭은 비록 ‘지기’이지만 그 실지는 모두 ‘천신’과 ‘인귀’이다”[36]라고 하였다. 곧 『주례』에서 말한 ‘천신’·‘지기’·‘인귀’라는 귀신의 세 가지 분류는 귀신이 존재하는 자리에 따른 명칭으로 파악하여, ‘지기’를 땅에 연관된 사물을 관장하는 ‘천신’과 땅의 일을 담당해 공로를 세운 옛 신하의 ‘인귀’로 나눔으로써, 실제 귀신의 존재는 ‘천신’·‘인귀’의 두 가지만 인정하고 있다.

마테오 리치도 “‘음양’의 2기(二氣)는 사물의 실체이니 없는 곳이 없으며, 천지 사이에는 ‘음양’이 아닌 사물이 없고 귀신이 아닌 사물도

---

[36] 『與全』[2], 권4, 20, ‘中庸講義補’, “天以天神, 各司水火金木土穀山川林澤, 人主亦使人臣分掌是事, 及其後世, 乃以人臣之有功者, 配於天神, 以祭社稷, 以祭五祀, 以祭山川, 則名雖地示, 其實皆天神人鬼也.”

없다"는 중국선비의 견해를 제시하고, 이를 반박하여 "'기'(氣)를 귀신·영혼으로 삼는 것은 사물 종류의 명칭을 어지럽히는 것이다. …귀신에 제사 드리는 사람은 있지만, '기'에 제사 드리는 사람이 있다고 듣지는 못하였다"[*37]라고 하여, 귀신과 '기'는 서로 다른 종류의 존재임을 밝히고, 또한 귀신이 사물에 들어 있는 것은 마치 배에 사람이 오랫동안 타고 있는 것과 같은 경우로서 사물과 귀신을 일체로 혼동시킬 수는 없는 것임을 분명히 하였다. 이처럼 영명한 지각이 있는 '천신'이나 '인귀'와 달리 지각능력이 없는 사물은 귀신이 깃드는 자리가 될 수는 있어도 귀신이 될 수는 없는 것임을 제시한 점에서 정약용의 견해와 깊이 연결되어 있는 것이라 하겠다.

주자는 『중용』의 "'교'(郊)와 '사'(社)의 의례는 상제를 섬기는 것이다"(郊社之禮, 所以事上帝也)라는 구절을 주석하면서, "'후토'(后土)를 말하지 않은 것은 생략된 글이다"(不言后土者, 省文也.<『중용장구』, 19장>)라고 하였는데, 정약용은 "일·월·성·신과 풍·우·사명의 신이나 사직·오사·오악·산림·천택의 신은 모두 하늘의 명신(明神)이다. 특히 그 관장하는 바가 하늘을 맡았는지 땅을 맡았는지의 구별이 있어서 혹 '천신'이라 하고 혹 '지기'라 한다. …위와 아래의 신(神)과 기(示)는 모두 상제의 명령을 받아서 만물을 보존하고 도우며, 임금 된 자는 제사를 드려 보답하니 하늘을 섬기는 것이 아님이 없다. …'후토'를 말하지 않은 것은 생략된 글이 아니다"[*38]라고 하여, '천신'과 '지기'

---

*37 『天主實義』, '第4篇, 辯釋鬼神及人魂異論, 而解天下萬物不可謂之一體', "以氣爲鬼神靈魂者, 紊物類之寔名者也, …有祭鬼神者矣, 未聞有祭氣者."

가 모두 '상제'의 명령을 받는 '명신', 곧 '귀신'임을 지적하여, '교'제사나 '사직'제사 등이 모두 궁극적으로 '상제'를 섬기는 것임을 강조하여, 주자의 '상제'를 제사하는 '교'와 '후토'를 제사하는 '사'를 양립시켜보는 견해를 거부하고 있다.

성리학의 기본적 '귀신'개념으로서, 정자(程子)는 "귀신은 천지의 작용이요 조화의 자취다"라 하고, 장횡거는 "귀신이란 2기(二氣: 陰陽)의 타고난 능력이다"[39]라고 정의하였다. 정약용은 이러한 성리학의 '귀신' 개념을 비판하면서 "'천지'란 귀신의 작용이요, '조화'란 귀신이 남긴 자취인데, 이제 곧바로 자취와 작용을 '신'이라 부르는 것이 옳겠는가? …옛 사람은 진실한 마음으로 하늘을 섬기고 진실한 마음으로 신을 섬겼다. …지금 사람들은 하늘을 이치라 하고 귀신을 작용이요 조화의 자취요 2기(음양)의 타고난 능력으로 삼아서, 마음이 아는 것이 아득하고 어두우며 하나같이 지각이 없는 것 같이 보니, 어두운 방에서는 마음을 속이고 방자하여 거리낌이 없어서, 평생토록 '도'를 배우지만 더불어 요·순(堯舜)의 경지로 들어갈 수 없는 것은 모두 '귀신'의 해설에 밝지 못한 바가 있기 때문이다"[40]라고 하였다. 곧 성리학자들이 천지의 작용

---

*38 『與全』[2], 권4, 32-33, '中庸講義補', "日月星辰, 風雨司命之神, 社稷五祀五嶽山林之神, 都是天之明神, 特其所掌, 有司天司地之別, 故或云天神, 或云地示也, …上下神示, 皆受帝命, 保佑萬物, 而王者祭而報之, 無非所以事天, …不言后土, 非省文也." 『中庸』引孔子, 曰: "郊社之禮, 以事上帝也". 『天主實義』(第2篇)에서도 "朱註曰, 不言后土者, 省文也, 竊意仲尼明一之, 以不可爲二, 何獨省文乎."라고 하여, 같은 견해를 보여주고 있다.

*39 『中庸章句』 제16장, "程子曰鬼神, 天地之功用而造化之跡, 張子曰鬼神者, 二氣之良能."

*40 『與全』[2], 권4, 20-21, '中庸講義補', "天地者, 鬼神之功用, 造化者, 鬼神之留跡, 今直以跡與功用, 謂之乎神可乎, …古人實心事天, 實心事神, …今人以天

이나 조화의 자취나 2기의 타고난 능력이라는 현상을 '귀신'이라 보는 견해와 정반대로 천지나 조화가 귀신의 작용이요 남긴 자취라는 주체로서의 '귀신'개념을 제시하고 있다. 여기서 그는 성리학의 입장은 '귀신' 개념을 자연현상 속에서 이해할 뿐, 내려와 감시하는 인격신적 존재로 인식하지 못하기 때문에 진실한 마음으로 하늘과 귀신을 섬길 수 없어서 '도'를 배워도 성인의 경지에 들어갈 수 없는 결정적 한계가 있음을 강조하고 있다. 그만큼 '귀신'은 만물을 생성하고 조화하며 인간의 행위를 감시하는 지각능력과 의지를 지닌 인격신적 존재로 확인하고 있는 것이다.

정약용은 '귀신'이란 '상제'를 보좌하는 '천신'과 인간의 사후존재인 '인귀'의 두 가지를 가리키는데, '천신' 속에는 '상제'도 포함시켜 말할 수 있으며, 따라서 '상제'도 '귀신'으로 일컬을 수 있다고 본다. 그는 특히 『중용』 제16장(鬼神章)에서 말하는 '귀신'은 바로 '상제'를 가리키는 것으로 확인하여, "상제의 실체는 형상도 없고 기질도 없으며 귀신과 더불어 덕이 같으므로 '귀신'이라 말한다. 그 감응하여 이르고 위에서 비추어 살피는 것으로 말하기 때문에 '귀신'이라고 한다"[*41]고 밝혔다. 또한 그는 "귀신은 이(理)나 기(氣)로 말할 수 없는 것이다. 천지의 귀신은 환하게 펼쳐져 있고 빽빽하게 벌여있는데, 그 지극히 높고 지극히

爲理, 以鬼神爲功用爲造化之跡爲二氣之良能, 心之知之, 杳杳冥冥, 一似無知覺者然, 暗室欺心, 肆無忌憚, 終身學道, 而不可與入堯舜之域, 皆於鬼神之說, 有所不明故也."
*41 『與全』[2], 권3, 15, '中庸自箴', "上帝之體, 無形無質, 與鬼神同德, 故日鬼神也, 以其感格臨照而言之, 故謂之鬼神."

큰 것은 '상제'일 뿐이다"[*42]라고 하여, 이기론으로 '귀신'개념을 설명하는 성리학의 견해를 부정하고, 귀신이 이 세상에 명백하게 드러나 있고 가득 차 있음을 강조하고, 모든 귀신 가운데 가장 존귀하고 위대한 존재가 바로 '상제'라는 것이다. 곧 인간을 둘러싼 세계는 귀신이 주체가 되어 조화와 작용의 모든 현상을 관장하고 있으며, 모든 귀신의 위에서 명령하고 주재하는 존재로서 '상제'를 유일신으로 확인하고 있는 것이라 하겠다.

마테오 리치도 '귀신'의 존재를 설명하면서, "사물에 시작도 있고 끝도 있는 것은 금수와 초목이요, 시작은 있지만 끝이 없는 것은 천지의 귀신과 인간의 영혼이며, 천주는 시작도 없고 끝도 없다"[*43]고 하여, 사물과 귀신·영혼과 천주의 세 종류로 분류함으로써, 귀신과 천주(상제)를 구분하면서도 사물과 달리 끝이 없다는 불멸성에서 귀신·영혼과 천주의 공통점을 제시하고 있다. 또한 리치는 "귀신이란 사물로 분류되지 않지만 형상이 없는 별도의 사물 종류요, 그 본래 직분은 오직 천주의 명령으로 조화의 일을 맡았으며, 세상을 장악하는 전권(專權)은 없다"[*44]고 하여, 귀신은 상제의 명령에 따라 일정한 직분을 갖는 것이요, 전체를 주재하는 지위는 상제만이 갖는 것이라 제시하였다. 따라서 정약용이 유교경전의 '귀신'개념이 '상제'를 포함하여 말하는 경우가 있다고 보는

[*42] 『與全』[2], 권4, 23, '中庸講義補', "鬼神不可以理氣言也, 臣謂天地鬼神, 昭布森列, 而其至尊至大者, 上帝是已."

[*43] 『天主實義』(第1篇), "物之有始有終者, 鳥獸草木是也. 有始無終者, 天地鬼神及人之靈魂是也, 天主則無始無終."

[*44] 『天主實義』(第4篇), "夫鬼神, 非物之分, 乃無形別物之類, 其本職, 惟以天主之命司造化之事, 無柄世之專權."

견해는 리치와 분명한 차이가 있다. 그러나 귀신이 상제의 신하로 명령을 받는다는 위계질서의 확인에서는 그 영향을 받고 있음을 쉽게 확인할 수 있다.

이처럼 정약용은 '귀신'과 '상제'의 개념을 성리학의 이기설에 의한 이해에서 벗어나 신앙적 대상으로 인식함으로써, "'중용'의 덕은 신독(愼獨)이 아니면 이룰 수 없고, 신독의 공부는 귀신이 아니면 두려워할 바가 없으니, 귀신의 덕은 곧 우리 '도'가 근본하는 바이다"[45]라고 하여, 귀신과 상제의 존재 앞에서 두려워하는 마음을 가짐으로써, 유교의 '도'를 실현할 수 있음을 강조하고, 나아가 "군자의 학문은 어버이를 섬기는 것으로 시작하여 하늘을 섬기는 것으로 마친다"[46]라고 하여, 도덕과 신앙이 유교의 학문적 근본이요 중심축임을 밝히고 있다.

4. 성리설의 재인식과 한·송漢宋의 종합

1) 성리설의 비판적 인식과 '이발·기발설'理發氣發說의 종합

(1) 성리설의 비판적 인식

정약용은 성리학의 기본명제인 '성즉리'(性卽理) 내지 '천즉리'(天卽

---

[45] 『與全』[2], 권4, 23, '中庸講義補', "中庸之德, 非愼獨不能成, 愼獨之功, 非鬼神無所畏, 則鬼神之德, 卽吾道之所本也."
[46] 『與全』[2], 권4, 22, '中庸講義補', "鬼神固非理也, 亦豈是氣乎, …君子之學, 始於事親, 終於事天."

理)를 비판하면서, 사실상 성리학의 전통과 결별하는 입장을 분명하게 선언하고 있다. 곧 "만약 이치를 '성'(性)이라 하고, 이치를 궁구하는 것을 '성'을 아는 것이라 하고, 이치가 나오는 바를 아는 것을 하늘을 아는 것이라 하여, 드디어 이치가 나오는 바를 아는 것이 마음을 다하는 것이라 한다면, 우리 인간의 일생사업은 오직 이치를 궁구하는 한 가지 일이 있을 뿐이니, 이치를 궁구하여 무엇에 쓰겠는가? …옛 성인의 학문은 결단코 이와 같지 않다"[*47]고 하여, 이치를 궁구하는 일(窮理)에만 종사하면 일상현실과 실용적 사무를 온전하게 이룰 수 없는 문제가 있음을 지적하고, 성인의 가르침에 어긋나는 것이라 비판하였다. 또한 그는 "후세의 학문은 천지만물의 형상이 없는 것이나 형상이 있는 것이나 영명한 것이나 우둔한 것이나 모두 함께 하나의 이치에 귀속시킨다. …이것은 조주(趙州)의 '만법귀일설'(萬法歸一說)과 털끝만큼도 차이가 없다. 대개 송나라의 여러 선생들은 젊어서 선학(禪學)에 빠졌었는데, (유학으로) 돌아온 뒤에도 오히려 성리설을 따르지 않음이 없었다"[*48]라고 하여, 송대의 성리학자들이 불교에 물들고서 이를 제대로 탈피하지 못하여 성리설을 계승하고 있는 것이라 지적하였다.

이와 더불어 그는 인간의 '성'을 본연지성(本然之性)과 기질지성(氣質之性)의 두 가지로 제시하는 성리학의 견해를 부정하면서, 맹자가 말하

[*47] 『與全』[2], 권6, 36, '孟子要義', "若以理爲性, 以窮理爲知性, 以知理之所從出爲知天, 遂以知理之所從出爲盡心, 則吾人一生事業, 推有窮理一事而已, 窮理將何用矣, …先聖之學, 斷不如此."
[*48] 『與全』[2], 권6, 38, '孟子要義', "後世之學, 都把天地萬物無形者有形者靈明者頑蠢者, 並歸之於一理, …此與趙州萬法歸一之說, 毫髮不差, 盖有宋諸先生, 初年多溺於禪學, 及其回來之後, 猶於性理之說, 不無因循."

는 '성'개념은 마음이 선을 좋아하는 '기호'(嗜好)라 제시하고, '본연'(本然)이라는 말은 유교경전이나 제자백가에는 전혀 나오지 않고 불교의 『능엄경』(楞嚴經)에서 "여래장성은 청정하고 본연하다"(如來藏性, 淸淨本然)라고 한 말에서 나온 것임을 지적하면서, "유가에서는 우리 인간이 하늘에서 명령을 받은 것이라 하는데, 불교에서는 '본연지성'이 명령받은 바가 없고 처음 생겨나는 바도 없으며 천지의 사이에 스스로 존재한다고 한다. …하늘을 거스르고 천명을 모멸하며 이치에 어긋나고 선을 손상시키는 것이 '본연설'(本然說)보다 심한 것이 없다"[49]고 엄중하게 비판하였다. 곧 시작이 없이 스스로 존재한다는 불교의 '본연'개념은 하늘이 명령하여 부여한 것이 '성'이라는 개념과 병립할 수 없는 상반된 것으로 보며, '본연'은 '천명'을 부정하는 것으로 유교의 가르침과 정면으로 상반되는 것임을 강조하고 있다. 또한 그는 맹자와 송유(宋儒)의 '성'개념의 차이점을 밝혀, "맹자는 '성'을 논함에 선하지 않음을 빠져든 것에 돌리지만, 송유는 '성'을 논함에 선하지 않음을 기질에 돌린다. 빠져든 것은 자기로 말미암으니 구출하는 방법이 있지만, 기질은 하늘에 말미암는 것으로서 벗어날 길이 없다면, 사람이 누가 자포자기하여 스스로 하류의 비천함에로 돌아가는 것을 달게 여기지 않겠는가?"[50]라고 하였다. 곧 맹자의 견해에서는 악을 저지르는 것이 자신이 빠져든

---

[49] 『與全』[2], 권2, 28, '心經密驗', "儒家謂吾人稟命於天, 佛氏謂本然之性, 無所稟命, 無所始生, 自在天地之間, …逆天慢命, 悖理傷善, 未有甚於本然之說."

[50] 『與全』[2], 권6, 25, '孟子要義', "孟子論性, 以不善歸之於陷溺, 宋儒論性, 以不善歸之於氣質, 陷溺由己, 其救有術, 氣質由天, 其脫無路, 人孰不自暴自棄, 甘自歸於下流之賤乎."

것으로 보기 때문에 자기 의지에 따라 악에서 빠져나올 수 있지만, 타고난 기질에 따라 악을 저지르는 것이라면 자포자기에 빠지게 되는 것으로, 성리학의 '기질지성'개념에서는 인간의 도덕적 실천의지를 확보할 수 없게 되는 것이라 비판한 것이다.

정약용은 주자가 『대학』과 『중용』의 해석에서는 '이치가 같고 기질이 다르다'(理同而氣異)라 하고, 『맹자』(告子上)의 해석에서는 '기질이 같고 이치가 다르다'(氣同而理異)고 상반된 주장을 하였던 사실을 주목하고, 주자의 서로 다른 해석이 각각 의거하는 바가 있음을 인정하면서, '이치가 같고 기질이 다르다'는 논리에 따라 인간과 사물의 '성'이 같다는 '인물성동론'(人物性同論)을 제시한 사실에 대해 불교에서 말하는 '물과 달의 비유'(水月之喩)와 큰 뜻이 유사함을 지적하였다.^{*51} 그는 "'성'에는 세 가지가 있으니, 초목의 '성'은 생장이 있지만 지각이 없고, 금수(禽獸)의 '성'은 이미 생장이 있고 또 지각이 있으며, 우리 인간의 '성'은 이미 생장이 있고 지각이 있으며 또 영명하고 선함이 있으니, 상·중·하의 3등급은 엄연히 같지 않다"^{*52}고 하여, 인성과 물성이 확연히 다르다는 입장을 역설하였다.

---

*51 『與全』[2], 권4, 46, '中庸講義補', "朱子前後之說, 皆有所據, 但所謂理同者, 不惟日其受命同也, 並其所稟靈妙之理, 人物皆同, 特以其氣異之, …則與佛家, 大意未遠."

*52 『與全』[2], 권4, 47, '中庸講義補', "性有三品, 草木之性, 有生而無覺, 禽獸之性, 旣生而又覺, 吾人之性, 旣生旣覺, 又靈又善, 上中下三級, 截然不同," 정약용이 제시한 性三品說은 마테오 리치가 『天主實義』(제3편)에서 제시한 魂三品說(生魂·覺魂·靈魂)과 『荀子』(王制)에서 제시된 物四品說(水火-有氣·無生; 草木-有生·無知; 禽獸-有知·無義; 人-有氣·有生·有知·有義)와 상통하는 것이다.

또한 그는 '인물성동론'이 불교의 견해와 연관되는 것임을 지적하여, "불교에서 사람과 사물은 같은 '성'이므로 사람이 죽어서 소가 되고, 개가 죽어서 사람이 되어 윤회하여 순환하며 무궁하게 낳고 낳아간다. …대개 송대의 현인들은 '성'을 논하는데 많이 이 병통을 범하였으니, 비록 그 본래 뜻은 선을 좋아하고 '도'를 구하고자하는 고심에서 나왔겠지만 공자의 옛 논의와 혹 서로 모순되어, 감히 다 따를 수가 없다"[53]고 하였다. 송대 성리학자의 '인물성동론'은 비록 그 의도가 좋아도 공자의 말씀과는 충돌하는 것으로 받아들일 수 없음을 명확히 밝히고 있다. 이처럼 그는 '성즉리설'에 따른 '성'개념의 기본체계를 본격적으로 비판함으로써, 사실상 성리학의 형이상학적 기반을 전면적으로 허물어뜨리는 입장을 밝히고 있다.

(2) '이발·기발설'理發氣發說의 종합

정약용은 성리설의 근본명제를 비판함으로써, 성리설을 벗어나 경전을 재해석하여 자신의 철학을 체계화하였지만, 맹목적 비판이 아니라 자신의 철학적 기반 위에서 성리설이 내포하는 의미와 지향하는 목적에 대해 깊은 이해를 보여주고 있다. 한걸음 나아가 그는 당시 2백년이상 논쟁이 계속되어왔던 조선시대 성리학의 가장 큰 쟁점으로서, '사단·칠정'(四端七情)의 해석에 따른 퇴계의 '이발설'(理發說: 理氣互發說)과 율곡의 '기발설'(氣發說: 氣發理乘一途說)의 대립된 견해를 종합하는 탁

---

*53 『與全』[2], 권4, 2, '中庸講義補', "佛氏謂人物同性, 故人死爲牛, 犬死爲人, 輪回環轉, 生生不窮, …蓋宋賢論性, 多犯此病, 雖其本意亦出於樂善求道之苦心, 而其與洙泗之舊論, 或相牴牾者, 不敢盡從."

월한 관점을 제시하였다.

'이발·기발'(理發氣發)의 문제로 제기한 '사칠설'(四七說: 四端七情說)에 대한 그의 인식은 전개과정으로 보면 세 단계로 나누어볼 수 있다. 먼저 23세 때(1784) 정조임금이 태학생에게 제시한 『중용』 70조의 책문에 대답을 작성할 때 밝힌 입장이고, 다음에 34세 때(1795) 충청도 금정역(金井驛)의 찰방(察訪)으로 좌천되어 나가 있는 동안 이익(星湖 李瀷)의 종손인 이삼환(木齋 李森煥)을 모시고 온양 석암사(石巖寺)에서 동학들이 모여 '서암강학회'(西巖講學會)를 열었을 때 제시한 입장이며, 세 번째로 40세 때(1801) 경상도 장기(長鬐)로 유배되어가서 「이발기발변」(理發氣發辨) 2편으로 저술하여 제시한 견해이다. 그러나 인식내용으로 보면 두 단계로 나누어지는데, 23세 때의 견해와 34세 때의 견해는 중대한 변화를 드러내고 있지만, 40세 때의 견해는 34세 때의 견해를 다듬고 보완한 것으로 사실상 같은 입장을 보여주고 있다.

첫 단계로 정조의 『중용』 질문조목에 답안을 작성하면서 정약용은 이벽(李檗)과 토론을 하였는데, 이 조목에서 정약용은 율곡의 견해를 지지하고, 이벽은 퇴계의 견해를 지지하였다. 이 두 견해를 대조시켜 보면 다음과 같다.

> <정약용>: "'기'는 스스로 있는 것이요, '이'는 의지하여 붙어있는 것이니, 의지하여 붙어있는 것은 반드시 스스로 있는 것에 의지한다. 그러므로 '기'가 발동함이 있자마자 곧 '이'가 있는 것이다. 그렇다면 '기가 발동하고 이가 탄다'고 말하는 것은 옳지만 '이가 발동하고 기가 따른다'고 말하는 것은 옳지 않다. 왜냐하면 '이'는 스스로 수립할 수 있는

것이 아니므로 먼저 발동하는 도리가 없다. 아직 발동하기 전에 '이'는 있지만 막 발동할 때는 '기'가 반드시 앞선다"[*54]

    <이벽>: "만약 '이'라는 글자와 '기'라는 글자의 원래 의미에 나아가 공정하게 논하면 이 설명이 진실로 가깝지만, 만약 성리학자가 말하는 사례에 나아가 분석하여 논하면 '이'는 다만 '도심'이며, '기'는 다만 '인심'이다. 마음이 성령(性靈)에서 발동하는 것이 '이'의 발동이 되고, 마음이 신체(形軀)에서 발동하는 것은 '기'의 발동이 된다. 이에 말미암아 말하면 퇴계의 설명은 매우 정밀하니 율곡의 설명이 따를 수가 없다."[*55]

여기서 정약용은 자신의 입장이 '복잡한 이론의 쟁점에 빠지지 않고 한 단계 넘어서서 공정하게 관찰하는 것'(不汨沒於紛紜之說, 超坐而公觀 之)이라 밝히면서 출발하고 있다. 그것은 퇴계와 율곡의 '이'·'기'개념 에 대한 인식이 서로 충돌하면서 복잡한 논쟁을 일으키고 있으므로, 한 발 물러서서 제3의 객관적 정의를 제시함으로써 논변의 공정성을 확보하겠다는 것이다. 그가 '넘어서서 공정하게 관찰하기' 위한 '이'· '기'개념의 정의에 의하면, '기'는 '스스로 있는 것'(自有之物)이요, '이' 는 '의지하여 붙어있는 것'(依附之品)이다. 이러한 '이'·'기'개념의 정 의는 이미 주자가 '이'에 대해 '의부하는 바가 없다'(無所依附)고 언급한 것과는 달리, 마테오 리치가 사물의 가장 기본적 분류로서 '자립자'(自立

[*54] 『與全』[2], 권4, 65, '中庸講義補', "盖氣是自有之物, 理是依附之品, 而依附 者必依於自有者, 故纔有氣發, 便有是理, 然則謂之氣發而理乘之可, 謂之理 發而氣隨之不可, 何者, 理非自植者, 故無先發之道也, 未發之前, 雖先有理, 方其發也, 氣必先之."

[*55] 같은 곳, "若就理字氣字之原義而公論之, 則此說固近之, 若就性理家所言之 例而剖論之, 則理只是道心, 氣只是人心, 心之自性靈而發者爲理發, 心之自 形軀而發者爲氣發, 由是言之, 退溪之說甚精微, 粟谷之說不可從."

者)와 '의뢰자'(依賴者)로 구분하면서, '이'를 '의뢰자'로 보고 있는 입장과 통하는 것이라 하겠다.[*56]

이에 비해 이벽은 정약용의 '이'·'기'개념정의가 글자의 원래 의미라 인정하지만, 성리학자들이 실제 사용하는 의미는 이와 달리 '도심'과 '인심'에 해당하는 것이라 하여, 문자적 의미와 실제적 의미의 차이를 주목하였다. 이에 따라 정약용은 율곡의 입장을 지지하고 퇴계의 입장을 거부하였으며, 이벽은 퇴계의 견해가 율곡보다 탁월한 것으로 보았다. 서학에 대한 이해에서는 이벽이 정약용을 가르치는 입장이라 할 수 있는데, 정약용이 서학을 끌어들여 성리학의 사칠(四七)의 이기론적 쟁점을 평가하고 있지만, 오히려 이벽은 성리설의 고유한 문맥적 의미를 읽어서 평가하는 입장의 차이를 보여준다. 정약용이 이벽의 견해를 별도로 수록해놓고 있는 것은 단지 의견의 차이를 보여주는 것이 아니라 자신이 성리설을 인식하는 문제의식으로서 그 뒤로도 중요한 영향을 끼쳤기 때문이라 보인다.

둘째 단계는 먼저 34세 때의 '서암강학회'에서 정약용은 율곡을 지지하던 처음의 입장을 버리고 퇴계와 율곡의 이론을 종합하는 입장으로 바꾸고 있다는 사실이다. 이때 그는 퇴계와 율곡이 '이'와 '기'라는 같은 글자를 사용하고 있지만 각각 개념의 내포가 다른 것임을 지적한다.

[*56] 『天主實義』 제2편, "物之宗品有二, 有自立者, 有依賴者, …盖理亦依賴之類, 自不能立, 曷立他物哉." 정약용은 '氣'를 '自有之物'이라 하였는데, 주자는 "理無事, 則無所依附."(『朱子語類』6:15)라 하고, "大凡道理皆是我自有之物, 非從外得."(『朱子語類』17:40)라 하여, '理'가 依附함이 없고 '自有之物'임을 언급하고 있는 사실과 상반된 입장을 보여준다.

먼저 퇴계의 '이기호발설'(理氣互發說)에 대해, "퇴계가 논한 '이·기'는 오로지 우리 인간의 성·정(性情)에 나아가 설명한 것으로, '이'는 '도심'이요 '천리'(天理)와 '성령'(性靈)에 해당하고, '기'(氣)는 '인심'으로 바로 인욕(人慾)과 혈기(血氣)에 해당한다"[57]고 하여, 퇴계는 마음이 '천리'나 '성령'(性靈)쪽에서 나오는 것을 '본연지성'이 감응하여 발동(感發)한 것이라 보고, '인욕'이나 '혈기'쪽에서 나오는 것을 '기질지성'이 접촉되어 발동한(觸發) 것이라고 보았기 때문에, '사단'을 '이발'(理發)이라 하고 '칠정'을 '기발'(氣發)이라 하였다는 것이다. 다음으로 율곡의 '기발이승일도설'(氣發理乘一途說)에 대해, "율곡이 논한 '이·기'는 천지 만물을 총괄해서 설명한 것으로, '이'는 무형(無形)한 것이니 사물이 말미암는 바이고, '기'는 유형(有形)한 것이니 사물의 체질(體質)이다"[58]라고 하여, 율곡은 어떤 사물이나 형질이 없이는 비록 '이'가 있어도 발동할 수 없다는 입장에서 '사단·칠정'이나 천하 만물이 모두 '기발'이라 보았다는 것이다.

이에 따라 그는 "퇴계와 율곡이 비록 '사단·칠정'을 같이 논하고, '이·기'를 같이 말하였지만, 그 '이'·'기' 두 글자의 주석이 판이하게 다른 것이다. …'이·기'라는 글자의 뜻이 이미 다르니, 저쪽도 한 가지 학설이고 이쪽도 한 가지 학술이다. 아마 시비(是非)와 득실(得失)을 따

---

[57] 『與全』[1], 권21, 25, '西巖講學記', "嘗取兩家文字, 反復參驗, 則其云理字氣字, 字形雖同, 字義判異, 蓋退溪所論理氣, 專就吾人性情上立說, 理者道心也, 天理分上也, 性靈邊的也, 氣者人心也, 人慾分上也, 血氣邊的也."
[58] 같은 곳, "栗谷所論理氣, 總括天地萬物而立說, 理者無形的也, 物之所由然也, 氣者有形的也, 物之體質也."

져 한 가지로 돌아가게 할 수가 없을 것이다"[59]라고 하여, 같은 용어에 대한 해석이라도 서로 다른 관점에 서 있는 만큼 어느 쪽을 옳다고 판단할 것이 아님을 강조하였다. 그것은 그 자신의 관심이 '이·기'개념의 일반적 정의를 새롭게 제시하여 퇴계와 율곡의 입장을 평가하려는 첫 단계의 입장을 더 이상 지키는 것이 아니라, 오히려 이벽의 처음 관점을 받아들이면서 퇴계와 율곡의 입장이 각각 어떤 개념적 인식에 기반하고 무엇을 지향하는지 그 차이를 밝힘으로써, '사칠론'의 오랜 쟁점을 해결할 수 있는 종합적 시야를 열어주고 있는 것이다.

이어서 그는 40세 때 저술한 「이발기발변」 2편에서도 34세 때의 입장을 유지하여, 퇴계의 견해는 '오로지 인심(人心)에 나아가서 숨김없이 밝게 드러낸 것'(專就人心上八字打開)이요, 율곡의 견해는 '태극 이래의 이·기(理氣)를 전체로 붙잡고 공정하게 논한 것'(栗谷總執太極以來理氣而公論之)이라 대비시키고서, 두 견해를 평가하여 "퇴계의 말은 치밀하고 상세하며, 율곡의 말은 넓고 간결하다. 그러나 그 주장한 뜻과 가리켜 말한 것이 각각 다르니, 두 분 가운데 어찌 일찍이 어느 한 쪽에 그릇됨이 있겠는가?"[60]라고 하여, 퇴계와 율곡의 '이·기'개념이 지닌 차이를 '심성'에 집중하여 말한 '전지'(專指)와 우주론적 보편성에서 말한 '총지'(總指)로 집약하면서, 동일한 입장에서 시비를 따지는

---

*59 같은 곳, "退溪栗谷, 雖同論四七, 共談理氣, 卽其理氣二字注脚判異, …理氣字義旣異, 則彼自一部說, 此自一部說, 恐無是非得失之可以歸一者."

*60 『與全』[1], 卷12, 17, '理發氣發辨(1)', "退溪專就人心上八字打開, …栗谷總執太極以來理氣而公論之, …退溪之言較密較細, 栗谷之言較闊較簡, 然其所主意而指謂之者各異, 卽二子何嘗有一非耶."

논쟁에서 벗어날 수 있는 종합적 입장을 확인하고 있다.

나아가 그는 '사칠'·'이기'의 문제가 지향하는 것이 인격의 수양에 있음을 강조하여, "군자는 고요할 때 존양(存養)하고 활동할 때 성찰하니, 무릇 한 생각이 발동하면 곧 두려워하여 맹렬하게 성찰하면서, '이 생각이 천리의 공정함에서 발동한 것인가? 인욕의 사사로움에서 발동한 것인가? 도심인가? 인심인가?'라 하고, 세밀하고 절실하게 추구하여, 과연 천리의 공정함이면 배양하고 확충하며, 혹 인욕의 사사로움에서 나온 것이면 막고 꺾어서 극복한다. 군자가 입술이 마르고 혀가 닳도록 독실하게 이발·기발을 변론하는 것은 바로 이를 위함이다"[*61]라고 하였다. 곧 마음이 발동하는 근원을 성찰하는 수양의 공부를 위해 '사칠론'의 이론이 의미가 있음을 역설하는 것은 바로 퇴계의 '사칠론'이 심성에 오로지 하여 말한 뜻과 일치한다. 그렇다면 정약용은 첫 단계에서 율곡의 견해를 지지하였으나, 둘째 단계에서 퇴계와 율곡의 견해를 종합하는 것으로 방향을 전환하였고, 둘째 단계에 와서 결국 자신의 입장이 '이발·기발'의 문제가 수양론적 의미를 지니는 데 중요성이 있음을 확인함으로써 사실상 퇴계의 입장으로 기울어지고 있음을 보여준다. 이에 따라 그는 "진실로 그 말미암아 발동하는 바를 알기만 할 뿐이라면 변론하는 것은 무엇을 위한 것인가? 퇴계는 일생동안 마음을 다스리고 성품을 배양하는 공부에 힘썼기 때문에, 이발·기발을 나누어 말하고서

---

*61 『與全』[1], 권12, 18, '理發氣發辨(2)', "君子之靜存而動察也, 凡有一念之發, 卽已惕然猛省曰, 是念發於天理之公乎, 發於人欲之私乎, 是道心乎, 是人心乎, 密切究推, 是果天理之公, 則培之養之, 擴而充之, 而或出於人欲之私, 則遏之折之, 克而復之, 君子之焦脣敝舌而慥慥乎, 理發氣發之辯者, 正爲是也."

오직 밝히지 못할까 염려하였던 것이다. 학자는 이 뜻을 살펴 깊이 체득한다면 이는 퇴계의 충실한 학도이다"[62]라고 하여, '이발·기발'의 논의가 지향하는 수양에 힘썼던 모범으로 퇴계의 중요성을 강조하고 있는 것이라 하겠다.

2) 한·송漢宋의 비판적 인식과 종합

정약용이 활동하던 18세기 말에서 19세기 초의 조선사회는 송대 도학의 전통이 확고하게 자리잡고 있었지만 청조문물이 활발하게 수입되면서 청대 고증학의 업적도 상당한 수준으로 전래되었다. 이른바 한학(漢學) 곧 한대 훈고학과 청대 고증학의 학풍과 송학(宋學) 곧 성리학의 학풍이 충돌하는 가운데 한학과 송학에 대한 비판적 인식과 종합을 통해 자신의 경학체계를 정립하고 있는 데서 그의 사상적 비판의식과 포용력을 선명하게 확인할 수 있다.

그는 한유(漢儒)의 경학을 비판하면서, "한나라 유학자들이 경전을 해석하면서 위서(緯書) 때문에 많이 어지러워지고 빠져든지 오래이다. 그리하여 남교(南郊)·북교(北郊)에서 하늘과 땅을 병행시켜 제사하니, 우(虞)·하(夏)·은(殷)·주(周)시대에 상제를 힘써 섬기는 법도가 모두 막히고 깜깜해져서 다시 물어볼 수 없게 되었다. 주자가 『효경』을 의심한 것은 그 식견이 천고에 탁월하며, '북교에는 병행하여 제사하는 것이

---

*62 같은 곳, "苟知其所由發而已, 則辨之何爲哉, 退溪一生用力於治心養性之功, 故分言其理發氣發, 而唯恐其不明, 學者察此意而深體之, 則斯退溪之忠徒也."

합당하지 않다'고 말한 것은 그 의론이 만인을 뛰어넘는 것이다"[63]라고 하여, 한대의 경전주석에는 참위설(讖緯說)이 섞여 들어와 옛 경전의 정신을 은폐해 버리고만 요소들을 지적하며 주자가 이 장애를 깨뜨려주는 비판적 인식을 보여준 사실에 대해 매우 높이 평가하고 있다.

또한 청대 유학자들이 주자를 비롯한 송대 유학자를 비판하는 태도에 대해서도 문자의 훈고에만 빠져 심성이나 천도를 알지 못하는 한대 유학자들의 폐단을 벗어나지 못하는 문제점을 지적하였다. "주자가 우리 도를 중흥시킨 시조가 되는 것은 다른 까닭이 아니라『중용(장구)』의 서문을 지어 이 이치를 발명할 수 있었기 때문이다. 근세 학자들이 송·원시대 여러 유학자들이 '기'를 품평하고 '이'를 논술하며 안으로 선학을 하면서 밖으로 유학을 꾸미는 폐단을 바로잡고자 하여, 그 경전을 담론하고 해석하는 방법은 한결같이 한(漢)·위(魏)시대의 학설을 준수하면서, 무릇 의리가 송대 유학자들에서 나온 것이라면 불문곡직하고 한결같이 반대하는 것을 임무로 삼으려 한다"[64]고 하였다. 여기서 정약용은 주자를 극진히 높이고 한대 훈고학과 청대 고증학의 한계를 비판적으로 인식하고 있음을 보여준다. 그러나 그는 언제나 비판하는 중에도 취할 점을, 인정하는 중에도 문제점을 파악하는 데 주의를 기울

---

[63]『與全』[2], 권31, 12, '梅氏書平', "漢儒解經, 多以緯書亂之, 浸漬日久, 遂至南郊北郊竝祀天地, 則虞夏殷周昭事上帝之法, 皆晦塞昏黑而不可復問矣, 朱子疑孝經, 其識見卓越千古, 謂北郊不當竝祭, 其議論超過萬人."

[64]『與全』[2], 권12, 2, '論語古今注', "朱子之爲吾道中興之祖者, 亦非他故, 其作中庸之序, 能發明此理故也, 近世學者, 欲矯宋元諸儒評氣說理·內禪外儒之弊, 其所以談經解經者, 欲一遵漢晉之說, 凡義理之出於宋儒者, 無問曲直, 欲一反之爲務."

이고 있으며, 바로 이러한 양면을 보는 시야가 한학과 송학을 종합하는 자신의 학문적 입장을 정립시켜주고 있는 것이다.

정약용은 「오학론」(五學論)에서 '훈고학'(訓詁學: 詁訓之學)의 가치를 "경전의 글자 뜻을 밝혀 '도'(道)와 '교'(敎)의 취지를 알게 하는 것"이라 인정하면서, 학문하는 올바른 방법을 제시하여, "한(漢)나라 학자들의 주석을 살펴서 '훈고'를 구하고, 주자의 집전(集傳)을 가지고 의리(義理)를 찾아야 한다. 그리하여 옳고 그름과 잘잘못을 반드시 경전(經傳)을 가지고서 의리를 구하되, 시비와 득실은 반드시 경전에서 결단한다면, 사서(四書)와 육경(六經)은 그 본래의 뜻과 근본 취지가 서로 근거하고 서로 발명함이 있을 것이다"[65]라고 밝혔다. 곧 한학의 '훈고'와 송학의 '의리'를 양쪽 모두 받아들이면서, 판단의 기준은 '경전'에 두어야 한다는 것이다. 그것은 '경전'자체를 기준으로 하고서 '훈고'와 '의리'를 방법의 두 축으로 활용하여 경전을 해석하여야 한다는 것으로, '한학'과 '송학'의 종합을 기본입장으로 제시하고 있는 것이다.

여기서 그는 당시의 청대 고증학, 곧 '한학'이 지닌 문제점을 지적하여, "오늘날 이른바 훈고학은 명목으로는 '한학'과 '송학'을 절충한다고 말하지만, 실지는 '한학'을 종주로 삼을 뿐이다. …글자의 뜻이 통하게 하고 구절을 끊어줄 따름이요, '성명'의 이치나 '효제'(孝弟)의 가르침과 '예악'·'형정'(刑政)의 문채는 진실로 어둡기만 하다. '송학'이 반드시

---

*65 『與全』[1], 권11, 20, '五學論(2)', "詁訓之學, 所以發明經傳之字義, 以達乎道
  敎之旨者也, …今之學者, 考漢注以求其詁訓, 執朱傳以求其義理, 而其是非
  得失, 又必決之於經傳, 則六經四書其原義本旨, 有可以相因相發者."

다 옳은 것은 아니지만 기필코 심신(心·身)에서 체득하여 행하려고 하는
것은 옳다. …끝내 손잡고 요·순·주공·공자의 문하로 돌아갈 수
없는 것은 이른바 훈고학이다"[66]라고 하였다. 당시 청대 중엽의 고증학
은 '한송절충'(漢宋折衷)을 표방하지만, 실질적으로는 '한학'에 매몰되
어 문장과 구절을 훈고하기만 할 뿐, 옳은지 그른지, 사특한지 정대한지
의 의리를 변론하여 실행하려고 하지 않는 점이 '한학'의 치명적인 문제
점으로 진단하고, '훈고학'과는 공자의 가르침에 함께 돌아갈 수 없다는
강경한 비판을 하고 있는 것이다.

　이와 더불어 '송학', 곧 성리학에 대해서도 "'도'를 알고 자신을 알아
서 스스로 힘쓰는 것이 타고난 천성을 실천하는 의리이다"라 하고, 옛
사람의 올바른 성리학을 하는 방법을 제시하여, "성품이 하늘에 근본함
을 알고, 이치가 하늘에서 나오는 것을 알며, 인륜(人倫)이 통달한 '도'가
됨을 알며, 효·제·충·신(孝弟忠信)으로 하늘을 섬기는 근본을 삼고,
예·악·형·정(禮樂刑政)으로 사람을 다스리는 도구로 삼으며, 성의
(誠意)·정심(正心)으로 하늘과 사람이 만나는 중심축을 삼았다"[67]고
언급하였다. 곧 '성리학'은 송대에 융성하게 일어난 것이지만 본래의
'천도'와 '심성'을 밝히는 학문은 옛 성현의 학문에서 이미 제기되고

---

[66] 『與全』[1], 권11, 20-21, '五學論(2)', "今之所謂詁訓之學, 名之曰折衷漢宋,
　　而其實宗漢而已, …通其字絕其句而已, 于性命之理, 孝弟之敎, 禮樂刑政之
　　文, 固昧昧也, 宋未必盡是, 而其必欲體行於心與身則是矣, …卒之不可以携
　　手同歸於堯舜周孔之門, 斯所謂詁訓之學也."
[67] 『與全』[1], 卷11, 19, '五學論(1)', "性理之學, 所以知道, 認己以自勉, 其所以
　　踐形之義也, …古之爲學者, 知性之本乎天, 知理之出乎天, 知人倫之爲達道,
　　以孝弟忠信, 爲事天之本, 以禮樂刑政, 爲治人之具, 以誠意正心, 爲天人之樞
　　紐."

실현된 것임을 보여준다.

이에 비해 그는 당시의 성리학을 하는 사람들의 학풍에 대해, "'이·기', '성·정', '체·용', '본연·기질', '이발·기발', '이발(已發)·미발(未發)', '단지(單指)·겸지(兼指)', '이동기이(理同氣異)·기동이이(氣同理異)', '심선무악(心善無惡)·심유선악(心有善惡)'을 말하는데, 세 줄기로 다섯 갈래로 갈라지고, 천 가지 만 잎사귀로 갈라져서 털끝까지 분석하면서 서로 성내고 서로 소리 지르며, 묵묵히 연구하다가도 노기를 띠우고 핏대를 세운다. …지금 통속의 학문에 빠져 있으면서 주자를 끌어다 자신을 방어하는 자들은 모두 주자를 속이는 것이다. 주자가 어찌 일찍이 그러하였겠는가? …끝내 손잡고 요·순·주공·공자의 문하로 같이 돌아갈 수 없는 것은 오늘의 성리학이다"[68]라고 하여, 당시 성리학자들이 끝없는 개념분석에 빠져 서로 비난하는 논쟁을 일삼는 풍조를 비판하며, 은둔을 일삼고 사회의 책임을 다하지 못하는 당시 성리학자들은 주자를 표방하고 있지만 사실상 주자를 속이는 자라고 규정하였다.

그는 훈고학이나 성리학의 양쪽에 본래의 진실한 면모를 확인함으로써, 그 진실성을 상실한 왜곡된 후세의 학풍을 비판하는 기준으로 확인한다. 곧 한대와 청대의 훈고학이 심성의 의리를 외면하고 글자나 구절

---

[68] 『與全』[1], 卷11, 19-20, '五學論(1)', "今之爲性理之學者, 曰理曰氣, 曰性曰情, 曰體曰用, 曰本然氣質, 理發氣發, 已發未發, 單指兼指, 理同氣異, 氣同理異, 心善無惡, 心善有惡, 三幹五椏, 千條萬葉, 毫分縷析, 交嗔互嚷, 冥心黙研, 盛氣赤頸, …沈淪乎今俗之學, 而援朱子以自衛者, 皆誣朱子也, 朱子何嘗然哉…終不可以携手同歸於堯舜周孔之門者, 今之性理之學也."

의 해석에 빠진 폐단과 송대의 성리학이 의리가 추구하는 본래 목적을 망각하고 개념논쟁에 빠져 현실문제를 돌보지 않는 폐단을 철저히 비판하면서, '성인의 도에로 돌아갈 수 없는', 곧 진정한 유교적 가치에 상반되는 것임을 비판하고 있다. 여기서 그는 주자를 성리학의 한 모범으로 확인하여 당시의 성리학을 주자와 차별화시켜 비판함으로써, 성리학의 비판이 주자에 대한 비판이 아님을 밝히고 있는 것도 그가 보여주는 성리학비판의 한 논법이라 하겠다.

같은 맥락에서 그는 '훈고'를 추구하는 한학과 '의리'를 추구하는 송학의 양쪽의 본래 의도를 각각 인정하면서 한쪽으로 치우치는 데서 오는 폐단을 각각 비판하는 종합적 입장에 서 있는 정약용은 특히 '훈고'에 빠져 '의리'를 망각하는 청대 유학자들의 '한학'이 끼치는 폐단을 특히 경계하고 있다. 그는 "청대 유학자는 '고거'(考據: 考證)에 뛰어난데, '고거'의 방법은 훈고에 정밀하지만 의리에 소략하다. 또 '이기'·'성정'의 설에 손상이 누적되자, 무릇 '이기'·'성정'의 설은 한번 비질하여 깨끗이 쓸어내었다. …'송학'이 반드시 모두 그릇된 것은 아닌데, '성명'의 이치를 간직하고 있으면서 논의하지 않으며, '한학'이 반드시 모두 옳은 것은 아닌데, 사리에 맞지 않고 괴벽한 해석을 믿어서 의심하지 않으며, 그 단점을 옹호하고 허물을 감추는 논의는 속된 유학자들이 송학을 옹위하는 것보다 심하다"[*69]라고 하여, '훈고'에 빠져서 '의리'를

---

*69 『與全』[2], 卷32, 22, '梅氏書平', "淸儒之學, 長於考據, 考據之法, 精於詁訓, 而略於義理, 又積傷於理氣性情之說, 凡理氣性情之說, 欲一篲以淸掃之, … 宋未必盡非, 而性命之理, 存而勿論, 漢未必盡是, 而迂僻之解, 信之不疑, 其護短匿疵之論, 倍嚴於俗儒之衛宋."

외면하는 것은 본질적 가치를 망각하는 것으로 본다. 따라서 도구적 방법인 '훈고'보다 근원적 중요성은 '의리'에 있다고 인식하는 것이 그 자신의 기본입장임을 드러내고 있다.

'한학'과 '송학'의 갈라짐도 결국 경전을 읽고 해석하는 방법의 차이라 할 수 있다. 따라서, 정약용은 "하늘을 날줄로 땅을 씨줄로 하는 것을 '경'이라 하고, 성인이 짓고 현인이 서술한 것을 '경'이라 하고, 고금에 두루 미치고 우주에 가득한 것을 '경'이라 한다. '경'이란 항구하게 지속하는 지극한 '도'요, 없어지지 않는 큰 가르침이다"[70]라고 하여, 경전의 항구성과 보편성을 강조하여, '한학'과 '송학'의 전체를 포괄하는 기반과 정당성의 근거가 바로 경전임을 강조한다.

그는 이러한 경전의 해석방법이 세 가지가 있음을 제시하고 있다. 곧 앞 시대의 사실을 전해 듣는 '전문'(傳聞)과, 스승의 가르침으로 이어오는 '사승'(師承)과, 마음으로 이해하는 '의해'(意解)의 세 가지를 말한다. 여기서 그는 "'의해'란 비록 천 년이고 백 년이고 뒤에 태어나도, 천 년이고 백 년이고 앞으로 뛰어넘어 증거할 수 있다. …그러나 '전문'과 '사승'은 옛 것에 가까운 것으로 근본을 삼지 않을 수 없다"[71]고 하였다. 곧 '전문'과 '사승'이 한학의 기본방법이요, '의해'가 송학의 기본방법으로서, '전문'과 '사승'은 옛 것이 기준이 되기 때문에 한(漢)

---

[70] 『與全』[1], 권8, 24, '十三經策', "大抵經天緯地之謂經, 聖作賢述之謂經, 亘古今彌宇宙之謂經, 經也者, 恒久之至道, 不刊之鴻敎也."

[71] 『與全』[1], 권8, 16, '十三經策', "釋經之法有三, 一曰傳聞, 二曰師承, 三曰意解, 意解者, 雖生於千百歲之下, 而有能超據乎千百歲之上, …若夫傳聞與師承者, 不得不以近古爲宗."

의 경전에 가장 가깝고 위·진(魏晉)으로 내려오고 수·당(隋唐)으로 시대가 내려올수록 사실의 고증이 어려워지는 것이라 지적한다. 이에 비해 '의해'는 주자가 『대학』의 '경(經)1장'은 공자의 말씀이고, '전(傳)10장'은 증자(曾子)의 뜻이라 밝힌 경우처럼 아무런 문헌적 근거 없이 자신의 통찰을 근거로 단정한 것이라 한다. 여기서 그는 '의해'를 근거가 없는 독단이라 하여 부정하는 것이 아니라, 한학의 '전문'·'사승'만으로는 밝힐 수 없는 경전의 세계로서 송학이 밝혀주는 '의해'의 영역이 경전해석의 필수적 요소로서 요구되고 있음을 인정하였다. 이러한 경전해석의 방법은 바로 정약용의 한학과 송학을 균형 있게 종합하려는 입장을 잘 드러내주고 있는 것이라 하겠다.

또한 그는 글(경서)을 읽는 방법에 대해서도, "독서는 오직 '의리'를 구할 뿐이다. 의리를 얻는 바가 없으면 비록 하루에 천 권을 읽는다 해도 오히려 담벼락을 마주보고 있는 것과 같다. 비록 그렇지만 그 '자의'(字義)의 훈고(訓詁)에 밝지 않으면 의리는 이 때문에 어두워진다"[72]고 하여, '의리'를 밝히는 것을 목적으로 삼지만 '자의'를 도구로 삼지 않으면 '의리'를 밝힐 수 없는 것임을 강조한다. 그렇다면 한학에서 추구하는 '자의'를 수단으로 해야만 송학에서 추구하는 '의리'를 밝힐 수 있다면, '한학'의 배를 타지 않고서는 '송학'이 가리키는 바다 건너에 도달할 길이 없는 것과 같이 한학과 송학을 수단과 목적의 관계로 파악하고 있는 것이라 할 수 있다. 따라서 양자는 근본과 지말의

---

[72] 『與全』[1], 권13, 4, '詩經講義序', "讀書者唯義理是求, 若義理無所得, 雖日破千卷, 猶之爲面墻也, 雖然其字義之詁訓有不明則義理因而晦."

상하관계는 있을 수 있어서 서로 단절시킬 수 없는 상호 의존관계에 있다고 하겠다.

정약용은 공자가 대비시켜 언급한(『논어』, 爲政) '학'(學)과 '사'(思)의 개념을 한학과 송학의 경전해석방법과 상응시켜 설명하고 있다. 곧 "'학'은 전적(典籍·載籍)에서 징험함을 말하고, '사'는 자기 마음(自心)에서 추구함을 말한다. …본말을 궁구하지 않고 옛 전적을 가볍게 믿으면 혹 속임을 당하는 데 떨어지고, 옛 사람(古先)을 살피지 않고 자기 마음을 가볍게 믿으면 안다는 것이 위태로워질 수 있다. 이 두 가지는 한쪽을 폐지할 수 없다"[73]고 하여, '학'과 '사'가 상호보완의 역할을 하고 양쪽이 모두 필수불가결한 요소인 것처럼, 이에 상응하는 고서(古書: 載籍)와 본말(本末), 내지 고선(古先)과 자심(自心)은 상호 조응하는 것으로 결코 어느 한쪽을 외면할 수 없음을 강조한다. 이에 따라 그는 "한유(漢儒)의 경전주석은 옛 것을 상고하는 것(考古)으로 법도를 삼지만 밝게 분변함(明辨)이 부족하다. 그래서 참위(讖緯)와 사설(邪說)도 함께 수용됨을 면하지 못하였으니, 이것은 배우지만 생각하지 않은(學而不思) 폐단이다. 후유(後儒)의 경전 해설은 이치의 궁구(窮理)를 주장으로 삼았지만 근거를 고찰함(考據)이 소홀하였다. 그래서 제도와 명물(名物)이 때로 어긋남이 있으니, 이것은 생각하지만 배우지 않은 허물이다"[74]라

---

[73] 『與全』[1], 권7, 30, '論語古今注', "學謂徵之於載籍, 思謂研之於自心, …不究本末, 而輕信古書, 則或墮於誣罔, 不稽古先, 而輕信自心, 則所知者危殆, 二者不可偏廢也."

[74] 같은 곳, "漢儒注經, 以考古爲法, 而明辨不足, 故讖緯邪說, 未免俱收, 此學而不思之弊也, 後儒說經, 以窮理爲主, 而考據或疎, 故制度名物, 有時違舛, 此思而不學之咎也."

고 하였다. '한학'과 '송학' 사이에 고고(考古)와 명변(明辨), 내지 고거(考據)와 궁리(窮理)의 두 중심이 한 쪽으로 기울어지면 각각 폐단이 일어남을 지적함으로써, '한학'과 '송학'이 '두 끝을 붙잡아 중용을 실현하는'(執其兩端, 用其中於民) 중용의 원리처럼 조화를 추구하는 것이요, 그것은 단순히 양자의 결합이 아니라, 양자의 종합을 통해 '중'(中) 내지 '도'를 실현하는 지양이라 할 수 있을 것이다.

5. 포용과 종합의 논리가 지닌 의의

정약용의 사상은 경전해석에 근본을 두고 이를 사회현실 문제에 구현하는 체계를 이루고 있으며, 그 스스로 자신의 저술체제에 대해 "육경·사서(六經四書)로 수기(修己)하고, 일표·이서(一表二書)로 천하 국가를 위하니, 본말을 갖춘 것이다"(『與全』[1], 권16, 18, '自撰墓誌銘集中本')라고 하였다. 그만큼 그의 사상은 경전을 사유의 근본이요 판단의 기준으로 삼고 있음을 보여주고 있는 것이다. 곧 그는 '이단'의 비판과 포용, 서학의 수용, 성리설의 비판과 종합, 한학·송학의 비판과 종합, 이 모든 가운데 언제나 '도'의 기준으로 경전을 확인하고 경전의 해석에 근거하여 평가하였다. 따라서 충돌하는 다양한 사상이나 정통에서 벗어난 이학(異學)에 대해서도 경전정신에 근거하여 비판하고 포용하는 입장을 확립하고 있다. 이처럼 그는 자신의 독자적 경전해석의 체계를 통해 '도'와 이치를 제시함으로써, 그가 서로 충돌하는 사상을 종합하는 것도 단순히 서로 다른 학설을 포용하여 통합시키는 것이 아니라, 자신의 일관된 경학사상으로 끌어올려 지양하는 것이라 할 것이다.

그는 맹자 이후 유교전통에서 이단의 전형으로 삼았던 양주·묵적에 대해서도 '시중'(時中)이라는 성인의 '도'에 어긋남을 비판하면서도 그 주장이 '수기'(修己)와 '치인'(治人)이라는 유교적 기본가치를 지니고 있음을 인정하고 있는 것은 성인의 '도'를 기준으로 확보함으로써 전통의 고정관념에서 벗어나 비판과 포용을 자유롭게 할 수 있는 입지를 확립하고 있는 것이라 할 수 있다. 또한 서학의 신앙적 '상제'관을 수용하고 있는 것도 천주교 교리를 유교경전 해석 속에 끌어들이는 데 관심의 초점이 있는 것이 아니라, 유교경전의 해석에 교리서의 사유체계를 활용함으로써 유교경전의 본래 의미를 새로운 빛으로 밝혀내는 데 관심을 두었던 것이다. 이를 통해 유교경전 속의 '상제'·'귀신'개념이 지닌 인격신으로서 성격을 드러내고, 인간존재의 심성과 도덕성의 실현방법에 대한 이해에서도 종교적 성격을 선명하게 끌어내고 있음을 보여준다. 따라서 그는 유교경전의 새로운 독자적 해석과 이러한 경전해석을 통해 '도'의 기준을 독자적으로 확보함으로써, 조선시대를 지배하던 강고한 성리학의 심성론이 경전의 진정한 의미에 어긋나는 것으로 근본적 비판을 할 수 있었던 것이며, 퇴계와 율곡 이후 '사칠설'(四七說)의 이기론적 해석에 첨예하게 대립된 쟁점에 대해서도 제3의 시각에서 그 범위와 의미를 한정지우면서 종합하고 지양시킬 수 있었던 것이다. 나아가 한학의 '훈고'와 송학의 '의리'도 경전해석의 체계 속에서 서로 떠날 수 없는 두 축으로 위치지우고 종합함으로써, 경전과 성인의 '도'라는 정점

속에 내포시키고 종합하였다.

진리로서 '도'의 기준이 정립되면 비판과 포용이 전통의 어떤 고정관념이나 현실의 어떤 사회관습으로부터도 자유로울 수 있게 된다. 그는 서양과학의 지식을 받아들이면서 '지원설'(地圓說: 地球說)을 확인하였지만, 「지리책」(地理策)에서는 증자(曾子)가 '땅이 둥글다'(地圓)고 주장한 것도 땅이 사각형이라면 둥근 하늘로 덮을 수 없다는 이해의 수준임을 지적하고, 『주비경』(周髀經)의 '하늘은 둥글고 땅은 네모지다'(天圓地方)는 언급의 지방설(地方說)에 대해서도 땅을 측량하는 방법으로 방형(方形)에 비유한 것이라 지적하여 포용적 해석 태도를 보여주고 있다. (『與全』[1], 권8, '地理策') 나아가 그는 「통색의」(通塞議)에서도 당시 조선사회가 출생신분이나 지역의 차이 등으로 인재를 쓰지 않고 버리는 현실을 비판하면서, 동·서·남·북의 지역적 차이에도 구애받지 말고, 멀고 가까운 친분이나 귀하고 천한 신분적 차이도 가리지 말 것을 역설하였다.(『與全』[1], 권9, '通塞議') 여기서 그는 인재를 써야한다는 '도'를 전제로 정립하여 현실의 폐단을 비판하고 사회 전체를 포용하는 논리를 보여주고 있는 것이라 하겠다.

정약용이 경전해석을 통해 드러내는 성인의 '도'는 '수신'(修身)을 통해 인륜을 밝히고 하늘을 섬기는 '사천'(事天)에 집약해볼 수 있을 것이다. 그렇다면 그가 전통의 관습과 관념을 벗어나 다양한 사상조류에 정면으로 비판하고 광범하게 포용하여 종합할 수 있는 사상적 기반은 바로 경전 속에서 '상제'개념과 '심성'개념의 재해석을 통해 경전정신의 근본적 재정립을 확립하는 데 있다고 할 수 있다. 동시에 그는

'상제'와 마주하는 신앙적 인간이해를 확립함으로써 전통과 현실을 전
면적으로 재인식하여 비판과 포용을 할 수 있는 개혁적 사유를 펼칠
수 있었던 것이다.

5장 :

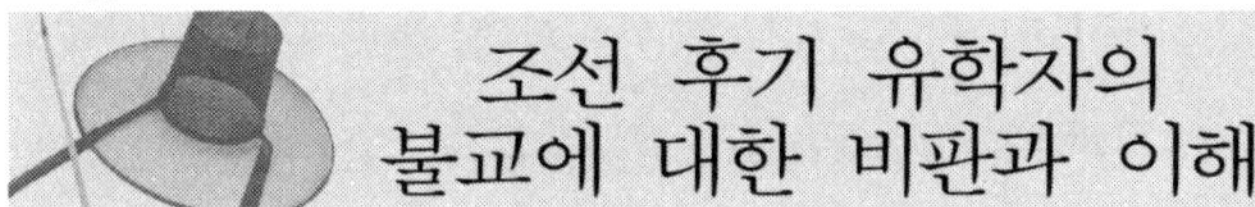

비판과 포용 한국실학의 정신

1. 조선 후기 유학자들의 불교에 대한 대응 양상

조선왕조는 유교이념을 통치원리로 정립하였던 만큼, 조선왕조 초기부터 불교 교단에 대해 강력한 억압정책을 폈던 것이 사실이다. 또한 조선왕조의 유교이념을 뒷받침하였던 도학—주자학의 유학자들은 기본적으로 불교비판의 입장을 취하였다. 정도전의 불교비판론이 그 대표적 경우라 할 수 있다. 그러나 조선 후기로 넘어오면서 도학이념의 정통성은 견고하게 유지되었지만, 소수의 유교지식인들 사이에서 도학의 한계와 폐단에 대한 성찰이 일어나고 새로운 사유의 탐색이 일어나기 시작하였다. 윤휴(尹鑴)나 허목(許穆)의 경우처럼 주자학을 벗어나 선진(先秦)의 고학(古學)에 대한 관심을 제시하기도 하고, 정제두(鄭齊斗)를 비롯하여 양명학을 적극적으로 수용하기도 하고, 이익(李瀷)에서 정약용(丁若鏞)에 이르는 인물들은 새로 전래된 서학(西學)에 깊은 관심을 기울이기도 하였으며, 홍대용(洪大容)에서 박제가(朴齊家)에 이르는 인물들은 청조(淸朝)문물을 수용하여 북학(北學)을 표방하기도 하였다. 18,19세기는 바로 이러한 사상의 다변화에 따라 도학―주자학의 위기의식이 일어나기 시작하였던 시기라 할 수 있다.

바로 이 시기에 유교지식인들이 조선 초기부터 배척되어왔던 불교에 대한 태도에도 중요한 변화가 일어나기 시작하였다. 따라서 불교에 대한 태도에서도 유학자들 사이에 상당한 차이를 드러내고 있다. 그 중요한 인물로 18세기 초의 한원진(韓元震)과 18세기말―19세기 초의 정약용과 19세기 중반의 김정희(金正喜)의 세 경우를 들 수 있는데, 여기에서 불교에 대한 입장과 태도에 중요한 차이와 특징을 드러내고 있는 사실이 확인된다.

먼저 한원진은 도학정통을 확고히 지키기 위해 주자학에서 벗어나는 이학(異學)을 비판하는 과정에서 「선학통변」(禪學通辨)을 저술하여 불교에 대해 성리학의 입장에서 엄격한 재비판을 하고 있으며, 양명학을 비판하면서 불교와 연결시켜 비판하고 있는 사실은 이 시대 도학자의 도학정통을 수호하기 위한 고민을 잘 반영해주는 경우라 하겠다. 다음으로 정약용은 불교승려들과 친밀하게 교류를 하며 사지(寺志)를 편찬하는 등 불교에 호의적 태도를 보이면서도 불교 교리에 대해 비판적 입장을 견지하고 있지만, 그는 성리학을 비판하면서 그 비판의 논거로서 불교 비판을 제기하고 있다는 점에서 한원진과 중요한 차이를 보여준다. 그 다음으로 김정희는 불교승려들과 매우 폭넓고 깊은 교유관계를 맺고 있을 뿐만 아니라, 불교에 대해 우호적 입장에서 깊은 이해를 보여주며, 당시 불교 안에서 일어나고 있던 선학논쟁에도 일부분 뛰어들어 논변을 벌이고 있었던 사실이 주목된다.

이 세 인물의 경우를 중심으로 18,19세기 조선 후기 유학자들의 불교에 대한 입장을 개관해본다면, 비판의 배타적 입장에서 인물 사이의 교류로 열려져 가고, 나아가 사상적 이해의 수준에까지 전개되어 점차적으로 개방의 과정을 밟아가는 사실을 확인할 수 있다. 이 세 사람의 경우가 조선후기 유학자의 불교에 대한 태도의 일반적 경향이나 성격으로 볼 수는 없지만, 어느 일면에서 유교와 불교의 관계에 중요한 변화가 일어나고 있었던 것은 사실이다. 그것은 주자학이 노장사상과 불교를 이단으로 배척하던 단계에서 양명학을 비롯하여 유교 내부의 비주자학적 학풍과 싸워야 하는 현실에 놓이게 되고, 한 걸음 더 나아가 서양종교와 학술의 침투가 새로운 위협으로 등장하는 상황에서, 주자학 방어의 논리와 주자학 극복의 논리가 부딪치고 있는 현실을 반영하고 있는 것이라 하겠다.

조선 후기의 유교지식인들은 사상적 다변화와 동요가 일어나고 있는 현실에서 크게 두 가지 방향을 제기하고 있다. 하나는 도학의 정통성을 지키려는 도학자로서, 주자학에 상반되는 사상 가운데 가장 오래되고 가장 뿌리깊은 기반을 지니고 있는 사상전통인 불교에 대해 비판의 논리를 한층 더 강화해가려는 방향이고, 다른 하나는 유교사상의 새로운 가능성을 탐색해가는 실학파의 지식인들로서, 불교를 비롯한 다양한 이학(異學)에 대해 포용의 논리로 이해하고 수용하려는 방향이다. 이 두 상반된 방향 사이에 정도의 차이는 있지만 한원진·정약용·김정희 세 인물의 불교에 대한 대응태도는 이 시대 사상사의 흐름을 가장 잘 드러내주는 경우라 할 수 있을 것이다.

2. 한원진韓元震의 성리학적 불교비판론

1) 성리학적 비판의 논리

한원진(南塘 韓元震, 1682-1751)은 18세기 전반기 성리학에서 인물성동이론(人物性同異論: 湖洛論)의 논변이 전개되었을 때, 인물성동론(人物性同論: 湖論)을 주도했던 대표적 이론가로서, 노론(老論)계열의 성리학자다. 그는 주자의 도학적 정통성에 대한 확고한 신념으로 「왕양명집변」(王陽明集辨)을 저술하여 퇴계의 양명학 비판을 한 단계 심화시켜 재비판을 하였으며, 명대의 주자학자인 나흠순(整菴 羅欽順)에 대해서도 「나흠순곤지기변」(羅欽順困知記辨, 1713)을 저술하여 주자의 학설에 어긋나는 차이점을 정밀하게 비판하였다. 여기서 나아가 그는 「선학통변」

(禪學通辨, 1717)을 저술하여, 불교에 대한 엄격한 비판론을 제시하였다. 그의 불교비판은 조선초 정도전(三峯 鄭道傳)이 「불씨잡변」(佛氏雜辨)을 통해 유교의 불교비판론을 체계화한 이후 유학자들은 대부분 불교에 대해 비판적 입장의 언급에 그쳤을 뿐 체계적 저술로 비판하지는 않았던 사실을 고려한다면, 그의 「선학통변」은 비교적 간략한 저술이지만 성리학의 입장에서 체계적 비판을 하고 있다는 점에서 주목된다. 한원진이 이렇게 불교와 양명학 및 주자학파의 새로운 이론에 이르기까지 엄격한 비판론을 제시하고 있었던 것은, 18세기 초에는 이미 조선사회를 주도하는 도학이념의 사상체계가 윤휴(尹鑴)·박세당(朴世堂)·정제두(鄭齊斗) 등의 등장으로 소수의 유교지식인들 사이에서 동요가 일어나기 시작하는 사실을 인식하고, 이에 맞서 주자학의 정통성을 확고하게 재정립하기 위한 의도를 드러내고 있음을 엿볼 수 있게 한다.

한원진의 「선학통변」은 15단락으로 서술 되어 있지만 내용은 크게 두 부분으로 나누어진다. 곧 처음 9단락은 불교의 교설에서 중심주제를 선택하여 성리학적 논리로 비판하는 것이요, 뒤의 5단락은 육왕학(陸王學: 陸象山과 王陽明의 학설)과 불교를 연관시켜 비판하는 것이요, 마지막 1단락은 불교의 '심'개념에 대한 전반적 비판이라 할 수 있다. 앞부분 9단락은 대체로 다섯 가지 주제로 비판론을 전개하고 있는 것으로 구분해 볼 수 있다.

① 한원진은 먼저 불교에 대한 전반적 비판으로 불교가 애초에 일으키는 마음이 '삶을 아끼고 죽음을 두려워함'(惜生怕死)에 있다고 규정하

는 것으로 시작한다.

    "불교의 애초에 일으키는 마음은 다만 삶을 아끼고 죽음을 두려워하는 데 있었으니, 감개하여 죽고 삶을 초월하려는 뜻을 가지게 되었다. 그 방법을 생각해보아도 할 수 있는 것이 없자, 이에 그 정신과 지각을 보존하고 배양하여 영구히 간직하고 소멸되지 않게 하고자 하였다. 그 정신과 지각이 손상되고 소모되어 소멸되는 데 이르기 쉬운 것은 사물이 동요시키고 눈과 귀가 받아들이는 데 있음을 염려하여, 또한 일체 버리고 끊고자 하였다. 내 몸의 형체와 인륜의 일용을 저들은 어찌 오관(五官: 浮根)과 번뇌(客塵)가 되지 않는 줄 전혀 알지 못하고서, 이미 내다버리고자 하니 오관과 번뇌로 삼지 않을 수 없었다. 내 몸의 형체나 인륜의 일용은 모두 천지에서 나오니, 또한 천지를 옳게 여기고서 인간과 사물을 그르게 여길 수가 없다. 그래서 또한 천지를 허망한 것으로 삼지 않을 수 없었다. 이것은 그 시작이 한 생각의 사사롭고 사특함에서 말미암아 그 끝에는 천지를 업신여기고 인간과 사물을 끊어버림으로써, 스스로 그 자신을 해쳐 미혹되었으니 슬프지 않은가."[1]

그는 불교의 교설이 죽음을 피하고 삶을 누리려는 인간의 기본적 욕망에 근원하여 삶과 죽음을 초탈하는 영원한 생명을 확보하기 위해, 생명을 손상시키는 사물의 동요와 그 통로가 되는 신체의 감각기관을 부정하게 되고, 나아가 인간의 신체와 도덕규범을 부정하게 되고 또한

---

[1] 『南塘集』, 권27, 19, '禪學通辨', "釋氏之原初發心, 只在於惜生怕死, 慨然有超越生死之志, 思其術而無他可爲, 則乃欲保養其精神知覺, 以圖其久存不滅, 慮其精神知覺之弊傷消耗, 易抵於澌滅者, 乃在於事物撓之, 耳目受之, 則又欲一切屛棄而絶去之矣, 吾身之形體, 人倫之日用, 彼豈全不知其非爲浮根客塵, 而旣欲屛棄, 則不得不以爲浮根客塵也, 吾身之形體, 人倫之日用, 皆出於天地, 則又不可以是天地而非人物, 故又不得不以天地爲幻妄也, 此其始由於一念之私邪, 而其終至於蔑天地殄人物, 以自賊其身, 惑矣, 其亦哀哉."

그 기반인 천지까지도 부정하게 되었다고 보았다. 여기서 그가 불교의 교설이 발생하게 되는 근원을 '삶을 아끼고 죽음을 두려워하는'(惜生怕死·貪生惜死) 것으로 규정하는 사실은 불교의 교설이 삶과 죽음의 근원을 밝히는 '도'(道)가 아니라 대중이 가진 기본적 욕망에 부합하기 위해 교묘한 이론을 만들어낸 것으로 진실성이 없는 거짓된 것임을 강조하려는 의도를 드러내고 있다.

② 한원진은 불교의 핵심개념인 '각'(覺)을 유교의 '태극'(太極)·'이'(理)에 대비시킴으로써, '각'을 '기'(氣)에 속하는 것으로 규정하여 이기설(理氣說)의 체계에 따라 비판하고 있다. 그는 불교에서 부처를 가리켜 '각황'(覺皇·覺王)이라 일컫는 것이 유교에서 말하는 '태극'에 해당되는 것이라 지적하면서, "'태극'은 '이'요, '이'는 순수하게 선하므로, '이'를 따르는 자는 선을 택하고 악을 버리지만, '각'은 '기'이니, '기'에는 선과 악이 있으므로, '기'를 따르는 자는 악행을 하여 선을 소멸시킨다"[*2]라고 하였다. 불교의 궁극적 개념인 '각'과 유교의 궁극적 개념인 '태극'을 '기'와 '이'로 대비시키면서, '각'은 마음의 지각작용과 관련된 것으로 기질(氣)에 속하므로, 선과 악이 뒤섞여 있는 기질을 따르다보면 악을 행하다가 선을 저버리게 된다는 비판이다. 여기서 불교의 '각'을 '기'의 영역으로 규정하고 있는 것은 물론 불교의 논리를 이해하는 입장이 아니라, 성리학의 논리에 따라 불교에 대한 비판론을 정립하

---

*2 같은 곳, "釋氏之稱覺皇, 猶吾儒之稱太極也, 太極理也, 理純善, 故循是理者, 擇善以去其惡, 覺者氣也, 氣善惡, 故循是氣者, 爲惡以滅其善."

기 위한 것이라 할 수 있다.

같은 맥락에서 그는 유교의 '이'(理)와 불교의 '각'(覺)을 대비시키면서, "유교에서는 '이'를 본성(性)으로 삼으니, '이'는 형상도 없고 생멸도 없으므로, 천지와 사람이나 사물이 부여받은 본성은 비록 형체를 따라서 있기도 하고 없어지기도 하지만, 만약 한번 '음'(陰)이 되고, 한번 '양'(陽)이 되는 전체로서의 본성은 일찍이 있다가 없어지기도 하는 일이 없다. 불교에서는 '각'을 본성으로 삼으니, '각'은 '기'이다. '기'는 형상과 자취에 관련되어 곧 생멸이 있으므로 '기'가 모여서 형체를 이루면 '각'이 있게 되고, 형체가 무너지면 '기'가 흩어지고 '각'은 없어진다. 저들이 '각'의 본성은 삼계(三界: 欲界·色界·無色界)를 초월하고 만겁(萬劫)을 건너서 영원히 존재하여 소멸되지 않는다고 말하는데 반드시 성립할 수 없는 허망한 견해이다"[3]라고 하였다. 곧 성리학의 이기론에서 '이'는 생멸을 넘어서 있는 보편적 원리이지만, '기'는 형질이 있는 것으로 생멸이 없을 수 없다는 논리에 따라, 불교에서 말하는 '각'은 '기'에 속하는 것이라 단정하여, 생멸이 없이 영원히 존재한다는 불교의 주장은 논리적으로 모순이라 성립할 수 없다는 것이다.

③ 불교의 수행방법에 대한 비판으로서, 불교의 '돈오·점수'(頓悟漸修)와 계·정·혜(戒·定·慧)의 삼무루학(三無漏學)에 대해 유교에서 말하는 궁리(窮理)공부나 격치(格致)공부가 결여된 것이라 하여, 이에

---

*3 『南塘集』, 권27, 19-20, '禪學通辨', "吾儒以理爲性, 理無形象, 卽無生滅, 故天地人物所受之性, 雖隨其形而存亡, 若一陰一陽統體之性, 則未嘗有存亡也, 釋氏以覺爲性, 覺者氣也, 氣涉形跡, 便有生滅, 故氣聚成形而覺存, 形潰氣散而覺亡矣, 彼謂覺性超三界度萬劫而常住不滅者, 必不可成之妄見也."

따른 문제점을 지적하여 비판한다. 먼저 그는 "돈오(頓悟)란 문자를 세우지 않고 심성(心性)을 곧바로 가리키는 것으로, 먼저 '도'를 깨우친 다음에 수행한다는 것이요, '점수'(漸脩)란 마음을 포섭하고 생각을 거두어 들이며, 계율을 지키고 선정(禪定)에 들어가는 것으로, 먼저 닦고 익힘으로써 스스로 깨우치기를 기다리는 것이다. 두 가지는 모두 이치를 궁구하고 의리를 정밀하게 하는 일이 없으므로, 그 이른바 깨우침이란 영각(靈覺: 衆生이 본래 갖춘 靈明한 覺悟의 본성)이 어둡고 막히지 않아 선·악의 분별이 없는 것에 지나지 않는다. 이를 따라 행하면 마땅히 욕심에 따라 제멋대로 하여 인륜을 끊어서 없애버릴 따름이다"[4]라고 하였다. 곧 불교의 '돈오'는 이치를 궁구하는 '궁리'의 공부가 없고, '점수'는 의리를 정밀하게 밝히는 '정의'(精義)의 공부가 없는 것이라 규정하여, 그 결과는 자신을 규제하지 못하고 인륜을 소멸시키는 반윤리적 상태에 떨어지고 말 것이라 밝혔다. 그는 깨우침을 얻는 데는 유교에서처럼 '궁리'의 공부의 과정이 없다면 잘못된 깨우침에 이르게 될 것이고, 수행을 하는 데는 유교에서처럼 의리를 밝히는 '정의'의 과정이 없다면 인륜을 파괴시키는 데 이르지 않을 수 없다고 보았다. 그것은 유교적 학문방법의 기본과제인 이치를 밝히고 의리를 확인하는 '궁리·정의'를 기준으로 제시하여, 불교의 수행방법을 비판하고 있는 것이다.

---

[4] 『南塘集』, 권27, 20, '禪學通辨', "頓悟者, 不立文字, 直指心性, 先悟道而後修行, 漸脩者, 攝心收念, 持戒入定, 先脩習以待自悟, 二者皆無窮理精義之事, 故其所謂悟者, 不過靈覺之不昏塞而無分於善惡者也, 循此而行者, 宜其猖狂自恣, 滅絕倫常而已矣."

그는 불교의 수행방법인 계(戒)·정(定)·혜(慧)에 대해, "'계'로 인하여 '정'이 생기고, '정'으로 인하여 '혜'가 생긴다. 대개 몸과 마음을 거두어 들임으로써 고요한 선정에 들어가고, 고요한 선정의 극치에서는 밝은 지혜가 저절로 생겨난다고 말한다. 이런 이치가 없는 것도 아니요, 또한 마음자리의 공부에 도움이 없는 것도 아니다. 다만 그 공부의 강령이 뒤집혔기 때문에 마침내는 견해가 어두운 곳에 처하고 실행이 치우친 곳에 처한다"*5고 하여, 불교의 마음을 수련하는 공부가 의미있는 것임을 인정하면서도 방법이 뒤집혀서 끝내 잘못될 수밖에 없다는 것이다. 여기서 그는 바른 공부방법으로 유교의 경우를 들면서 『대학』에서 말하는 '치지'(致知)의 다음에 '정심'(正心)하는 순서(格物 → 致知 → 誠意 → 正心)와 '지지'(知止)의 다음에 '정·정'(定·靜)하는 순서(知止 → 有定 → 能靜 → 能安 → 能慮 → 能得)요, '지경'(持敬)의 공부로 시작부터 끝까지 관철하는 것을 제시하였다. 그것은 마치 장안(長安)으로 가려면 먼저 장안이 어디 있는지를 안 다음에 수레를 몰아 달려가야 한다는 것이다. 따라서 그는 "저들(불교)은 장안이 어디에 있는지를 먼저 알아보려 않고서 지름길로 달려가려 하는 자이니, 발을 내디디는 처음부터 이미 길에서 어긋나서, 북으로 호(胡)땅으로 달려가지 않으면 남으로 월(越)땅으로 달려갈 것이다. 평생토록 분주하게 돌아가는 길과 구부러진 좁은 길을 가면서도 그 가는 곳이 장안이 아닌 줄을 스스로 깨닫지

---

*5 같은 곳, "因戒生定, 因定生慧, 盖謂收攝身心, 以入靜定, 而靜定之極, 明慧自
生也, 此理非不有矣, 亦非無助於心地之工, 而但其工夫大體倒置, 故畢竟見
處暗而行處僻也."

못하고 있으니, 슬프다"[*6]라고 하여, 아무리 노력을 해본다 하더라도 처음부터 방향이 잘못되어 결코 올바른 목적지에 도달할 수 없다고 비판하고 있다. 여기서 그는 불교가 마음을 닦는 공부의 방법이 잘못되었다는 지적은 바른 방법을 따르지 않으면 바른 목적지에 도달할 수 없는 것임을 지적하여, 목적지의 올바른 인식은 그 목적지로 향하는 바른 길 내지 바른 방법과 분리될 수 없음을 강조하였다.

나아가 그는 불교의 마음을 다스리는(治心) 수행에서 선·악을 판단하는 윤리적 인식이 결핍되었다는 비판을 제기하고 있다. "불교의 마음 다스림은 선·악·무기(無記)의 세 가지 성질(三性)을 제거하기에 힘쓴다. 선·악이란 사물을 만나서 감응하여 움직이면 선이 있고 악이 있다는 것이요, '무기'란 일이 없이 어둡고 무지하여 깨우침이 없는 것이다. 악과 어둠은 기품이 그렇게 시킨 것이니 진실로 제거할 수 있지만, 선이란 천리의 본연함인데 그것을 또한 제거할 수 있다는 것인가?"[*7]라고 하여, 불교가 '선'·'악'·'무기'의 세 가지 성질을 모두 제거하려고 하지만, 천리인 '선'을 제거한다는 것은 잘못된 것임을 강조하였다. 물론 불교에서도 참된 '선'을 부정하는 것이 아니라, 상대적 분별 속에 놓여 있는 '선'을 부정하는 것이겠지만, 한원진은 유교적 윤리의식에서 '선'이란 제거될 수 없는 정당한 것이라는 입장을 확인하고 있는 것이다.

---

*6 같은 곳, "彼不先識長安之所在, 而徑欲造之者, 擧足之初, 已蹉却路頭, 不北走胡, 則南走越矣, 終身僕僕於迂路曲逕之中, 而不自悟其所往之非長安, 哀哉."
*7 『南塘集』, 권27, 20-21, '禪學通辨', "釋氏之治心, 務要去善惡無記三性, 善惡者, 遇物感動, 有善有惡者也, 無記者, 無事昏昧, 冥然無覺者也, 惡與昏者, 氣稟之使然, 固可去之, 善者天理之本然, 其又可去耶."

또한 불교에서 "'도'는 가려서 선택함이 없고, '이'는 정식(情識)과 언위(言謂)를 끊는다"(道無揀擇, 理絶情謂)라 하고, "총명하여 어둡지 않은 것이 참된 깨우침(眞覺)이요, 마음을 간직하고서 깨우치는 것은 허망한 깨우침(妄覺)이다"(靈然不昧者眞覺也, 有心覺之者妄覺也)라고 말한 것을 인용하면서, "조금이라도 헤아림에 관계되어 나온 것은 참된 것인지 거짓된 것인지 논하지 않고 모두 거짓된 것이라 하고, 의지나 사려를 거치지 않고 발현한 것은 참된 것인지 거짓된 것인지 논하지 않고 모두 참되다고 한다. 진실로 선을 선택하여 붙잡는다면 마음에 무슨 방해가 있으며, 선을 선택하여 붙잡을 수 없다면 또한 깨우칠 수 있다는 것이 무슨 소중함이 있는가?"[8]라고 하였다. 그는 『중용』에서 말하는 '선을 선택하여 굳게 붙잡아 지키는 것'(擇善而固執之)가 마음을 다스리는 데 방해됨이 없음을 강조함으로써, 불교에서 '도'를 선택함이 없다고 말하는 것은 결국 '선'까지도 거부해 버려 윤리적 의식이 없게 됨을 비판하는 것이다. 또한 불교에서 사려분별이 없는가 있는가에 따라 깨우침이 참된 것인지 거짓된 것인지 분별하는 견해에 대해, 사려분별이 없는 것이 올바른 기준이 될 수 없고, 사려분별이 선한 것으로 기준을 삼아야 함을 밝히고 있다.

이와 더불어 그는 불교에서 '도'를 찾아가는 과정에서는 현실세계와 선·악을 전면으로 버리지만 깨우쳐서 '도'를 얻게 되면 버렸던 현실세

---

*8 『南塘集』, 권27, 21, '禪學通辨', "以其稍涉計度而出者, 無論眞妄而皆謂之妄, 不經意思而發者, 無論眞妄而皆謂之眞, 苟能擇善而執之, 則何害於有心, 不能擇善而執之, 則亦何貴乎其能覺也."

계와 선·악을 모두 받아들이는 입장에 대해 반윤리적인 것으로 비판하
였다.

> "불교에서는 인간의 몸을 '진'(塵: 六境, 色·聲·香·味·觸·法)과
> 근(根: 六根, 眼·耳·鼻·舌·身·意)에 얽어매인 것으로 여기고, 세상
> 일을 허공 속에 보이는 꽃처럼 (눈병에) 막히고 가려진 것으로 여겨서,
> 반드시 해탈한 다음에 성불(成佛)할 수 있다고 말한다. '진'(塵)을 버리고
> '각'(覺)에 합치하게 되면, '육용'(六用: 六根)이 원만하게 소통하며, '만
> 법'(萬法)이 평등하여 둘이 아니게 된다. 그 시작을 '구도'(求道)라 하는데
> 선·악을 논할 것도 없이 모두 버리며, 그 마침을 '득도'(得道)라 하는데
> 선·악을 논할 것도 없이 모두 행한다. 선·악을 모두 버리면 마음이
> 간직한 바는 공허하고 적적함일 뿐이요, 선·악을 모두 한다면 마음이
> 활용하는 바는 뒤집혀진 것일 뿐이다. 시작에서는 인륜을 끊어 없애고서
> 끝에서는 욕심에 따라 제멋대로 하니, 불교의 근본과 지말은 여기에 그칠
> 뿐이다."[*9]

그는 불교가 인간이 대상을 인식하는 통로인 감각기관(根)과 감관으
로 지각된 대상(塵)을 모두 버리는 것은 현실세계를 부정하는 과오요,
또 깨우침을 얻은 다음에 감각기관과 대상세계를 모두 다시 받아들이는
것은 현실세계를 분별하지 않는 과오라 본다. 따라서 그는 불교가 '구도'
의 과정에서 선·악을 모두 버리는 것은 허무에 빠지는 것이요 인륜을
폐기하는 것이라 비판하고, '득도'한 다음에 선·악을 모두 수용하는

---

*9 같은 곳, "釋氏以人身爲塵根縛結, 世事爲空華隔翳, 謂必解脫而後可以成佛,
及其背塵合覺, 則六用圓通, 萬法如如也, 其始之謂求道, 無論善惡而皆去之,
其終之謂得道, 無論善惡而皆爲之, 善惡皆去, 則心之所存者空寂而已, 善惡
皆爲, 則心之所用者顚倒而已, 始則殄滅倫常, 而終則猖狂妄行, 釋氏之本末,
止於此已矣."

것은 윤리적 가치관이 뒤집힌 것이요 욕망에 따르는 무절제한 행동에 나갈 것이라 비판하고 있는 것이다. 그의 이러한 불교비판은 유교의 학문방법과 수양방법에 서서 불교를 바라보는 일방적 견해인 것은 사실이지만, 다만 이처럼 성리학적 시각에서 바라보는 불교에 대한 거부적 시각은 매우 선명하게 제시해주고 있는 것이다.

④ 한원진은 불교에서 체용의 구조로 설명하는 세계관에 대해, 성리학적 체용론의 관점에서 비판을 하고 있다. 곧 그는 진리의 세계를 불교에서 체용론으로 설명하는 것을 소개하면서, "불교의 교설에서 '지(地)가 아니요, 수(水)가 아니요. 화(火)가 아니요, 풍(風)이 아니다'라고 하는 것은 곧 '성'(性)의 본체이니 사물에 갇혀있지 않은 것이며, '지이고, 수이고, 화이고, 풍이다'라고 하는 것은 '성'의 묘용(妙用)이니 사물을 떠나지 않는 것이다. '즉(卽)을 여의고 비(非)를 여읜다'라고 함은 본체가 곧 작용인 것이며, '즉(卽)이요 즉(卽)이 아니다'라고 함은 작용이 곧 본체라는 것이다. 본체는 시방(十方: 四方·四維·上下의 전체 세계)을 머금으니, 본체가 갖추지 않은 바가 없고, 작용은 법계(法界: 法性·實相)에 편만하여 작용이 두루 미치지 않음이 없다"[*10]고 하였다. 곧 『능엄경』(楞嚴經)에서 지·수·화·풍의 현상세계를 부정하는 것은 본체를 말하고, 지·수·화·풍의 현상세계를 긍정하는 것은 작용을 말하는 것이라 해석하고, 또한 "즉(卽)을 여의고 비(非)를 여의며, 즉(卽)이요 즉(卽)

---

*10 같은 곳, "釋氏之說如非地非水非火非風, 卽性之本體, 不囿於物者也, 卽地卽水卽火卽風, 卽性之妙用, 不離於物者也, 離卽離非, 體卽用也, 是卽非卽, 用卽體也, 體含十方, 體之無所不具也, 用遍法界, 用之無所不周也."

이 아니다"(離卽離非, 是卽非卽)라는 구절을 들어서 본체와 작용이 서로 머금고 있음을 보여주는 것이라 지적한다. 비유하자면 하나의 달이 일체의 물에 드러나고, 일체의 물에 비친 달은 하늘에 뜬 하나의 달에 통섭된다는 일체(一切)와 만수(萬殊)의 관계라는 것이다. 그만큼 불교의 교설에서 체·용구조로 설명하는 것은 성리학에서도 발견할 수 있는 논리임을 보여준다.

여기서 그는 "'아름답도다 푸른 대숲이여'라고 한 것은 '진여'(眞如)가 아님이 없고, '어여쁘다 국화꽃이여'라고 한 것은 '반야'(般若)가 아님이 없다는 등의 설명은 유교에서 말하는 '성'(性)과 매우 유사하다. 다만 (불교에서) 말하는 '성'이나 '체'나 '용'은 영각(靈覺)의 오묘함이요 '천리'의 진실함이 아니다. 이것은 이른바 '이치에 가까울수록 진리를 크게 어지럽힌다'는 것이요, 이른바 '말마다 옳고 구절마다 같지만, 같지 않다'는 것이다. 총명하고 지혜로운 선비들이 많이 저들(불교)에 의탁하는 것은 모두 이러한 교설에 미혹된 것이므로 특별히 변론한다"[11]고 하여, 우선 불교와 유교의 성리학적 개념이 매우 유사한 점이 있음을 인정하고서, 유사함이 진실성을 보장하는 것이 아니라 더욱 근원적 오류의 원인이 되고 있는 것으로 인식하였다. 곧 그는 송대 도학자들이

---

*11 『南塘集』, 권27, 22, '禪學通辨', "猗猗綠竹, 莫非眞如, 粲粲黃花, 無非般若等說, 與吾儒之言性絶相似, 但其所謂性也·體也·用也, 乃靈覺之妙而非天理之眞也, 此所謂彌近理而大亂眞者也, 所謂言言是句句同然而不同者也, 高明之士多附於彼者, 皆爲此等說所惑, 故特辨之."
　韓元震이 "猗猗綠竹, 莫非眞如, 粲粲黃花, 無非般若"로 인용하는 말은 『朱子語類』(권63, '中庸')에서는 禪家의 말로 "靑靑綠竹, 莫匪眞如, 粲粲黃花, 無非般若"로 인용되고 있다.

노장과 불교를 비판하면서, "이치에 가까울수록 진리를 크게 어지럽힌다"(彌近理而大亂眞)고 하거나, "말마다 옳고 구절마다 같지만, 같지 않다"(言言是, 句句同, 然而不同)이라고 한 말을 끌어들여, 유교의 성리학과 불교 사이에 술어나 개념에서 일치하는 것처럼 보이지만 실지의 내용에서는 전혀 다른 것임을 지적하여, 불교와 유교의 차별화를 강조하고 불교가 그릇된 것임을 강조하였다.[*12] 또한 그는 유학자 가운데 불교에 빠져드는 사람이 많이 있음을 인정하고, 이들이 불교에 빠져드는 이유가 바로 불교와 유교의 유사성에 미혹되어 근본적 차이를 모르는 데서 오는 것이라 지적하였다. 그만큼 당시 성리학을 공부한 유학자들 사이에도 불교에 빠져드는 사람이 상당수 있다는 사실을 인식하여, 자신이 새삼스럽게 불교비판을 해야 할 필요성이 제기된 이유를 밝히고 있는 것이다.

2) 육왕학陸王學과 불교의 연결비판

한원진은 불교비판론을 전개하면서 육상산·왕양명의 심학을 불교와 연결시켜 양자를 동시에 비판하는 문제에 세심한 주의를 기울였다. 그만큼 당시 그가 도학―주자학의 정통을 확립하기 위해 방어해야할 가장 강력한 이단으로 불교와 육왕학을 인식하고 있었다는 사실을 말해준다. 그는 육왕학에 대해, "육상산·왕양명의 무리는 스스로 공자와

[*12] 주자는 「中庸章句序」에서 노장과 불교를 비판하면서, "佛老之徒出, 則彌近理而大亂眞矣"라 하고, 程明道는 불교를 비판하면서, "釋氏句句同, 事事合, 然以其本之不正, 是以卒無一事之同"이라 하였다.

맹자를 본받는다고 읊지 않음이 없으며 스스로 불교를 물리치고 배척한다고 하지 않음이 없다. 그러나 그 실지는 유교를 끌어다 불교에 붙여서 불교의 교설에 정채를 더해줄 뿐이다. 이 때문에 듣는자는 미혹되기 쉽고 물리치는 자는 공적을 이루기 어려우니, 유교에 해를 끼침이 여기서 심해졌다"[13]고 하여, 육왕학은 공자·맹자의 유교정신을 계승하고 불교를 배척한다고 표방하지만 실지는 불교와 결합되어 불교를 도와줌으로써, 유교전통에 해독을 끼치는 것이라 규정하고 있다.

그는 육왕학에서 말하는 '본심'(本心)이나 '양지'(良知)란 유교의 용어이지만 그 내용을 보면 불교의 교설을 가리키는 것임을 지적하고, 불교에서 말하는 '진심'(眞心)이나 '묘각'(妙覺)이 유교의 '본심'이나 '양지'와 어떻게 다른 것인지를 밝히면서, '그 가리키는 바에서 털끝같이 미세한 차이가 있으면 그 귀결은 천리만큼이나 멀리 어긋나는 오류가 있게 됨'(其所指有毫釐之差, 而其歸有千里之謬)을 강조하여, 개념의 인식에서 미세한 차이도 허용될 수 없음을 역설하고 있는 것이다.

> "유교에서 이른바 '본심'은 인·의(仁義)의 마음이요, '양지'는 인·의의 실마리이며, 불교에서 이른바 '진심'은 허령한 마음이요, '묘각'은 허령한 견식이다. 유교에서 '심'(心)을 논하면 '이'(理)에서 근본을 미루어가므로 '심'을 들면서 '이'를 아울러 들며, '성'을 논하면 '심'에 혼동시키지 않는데, 불교에서 '심'을 논하면 오로지 '기'(氣)에 있으므로 '심'을 들면서 '이'를 버려두며, '성'을 논하면 '심'과 분별을 없게 한다. '이'에서 근본을

---

*13 『南塘集』, 권27, 22, '禪學通辨', "陸王之徒, 未嘗不自以爲誦法孔孟, 未嘗不自以爲攘斥佛氏, 其實援儒以附佛, 而就加精彩於佛者之說耳, 是以聽者易以惑而闢者難爲功, 吾道之害, 於斯甚矣."

미루어가므로 이른바 '본심'이나 '양지'는 '천리'(天理)를 간직하지 않음이
없으며, 그 발현은 융성한 덕과 아름다운 행실이 된다. 오로지 '기'에 있으
므로 이른바 '진심'이나 '묘각'은 선과 악이 뒤섞인 것이 아님이 없으며,
그 발현은 욕심대로 따르고 거짓된 행실이 될 뿐이다. 육상산·왕양명이
'본심'과 '양지'를 말하는 것은 특별히 유교의 말을 빌려서 불교가 가리킴
을 알게 해주는 것이다. 그르므로 '성'을 논하면서 번번이 '심'에 뒤섞어놓
고 결국의 귀결은 '명심'(明心)과 '견성'(見性)의 취지에서 벗어남이 없
다."[*14]

곧 육왕학에서 말하는 '본심'과 '양지'는 '인의'를 간직한 것이요,
'천리'를 간직한 마음으로서 유교의 용어이지만, 실지의 내용은 불교에
서 '기'를 가리키고 선·악이 뒤섞여 있는 '진심'과 '묘각'에 합치되는
것이라 지적하고, 동시에 유교에서 '심'은 '성'과 함께 제시되지만 뒤섞
어 혼동될 수 없는 것인데, 육왕학에서는 뒤섞어 놓아 결국은 불교에서
말하는 '명심'과 '견성'에 합치되고 마는 것이라 비판한다. 그것은 '심'
·'성' 개념의 인식에서 유교의 용어를 쓰면서도 불교와 같은 내용을
가리킴으로써 육왕학은 불교와 연결되고 주자학과 상반되는 것임을 확
인하고 있는 것이다. 따라서 맹자가 제시한 '양지'가 '사려하지 않고서
안다'(不慮而知)는 뜻이 있어서 불교에서 말하는 '진심'이나 '묘각'에

---

*14 같은 곳, "吾儒所謂本心, 仁義之心也, 良知仁義之端也, 佛氏所謂眞心, 虛靈
之心也, 妙覺虛靈之識也, 吾儒之論心, 推本於理, 故擧心兼擧理, 而論性則不
混於心, 佛氏之論心, 專在於氣, 故擧心遺其理, 而論性則無分於心, 推本於
理, 故所謂本心所謂良知, 莫非天理之所存, 而其發爲盛德懿行, 專在於氣,
故所謂眞心所謂妙覺, 無非善惡之所混, 而其發爲猖狂妄行耳, 陸王之謂本
心良知者, 特借儒者之言, 以喩佛氏之指爾, 故其論性, 每混於心, 而畢竟歸
宿, 莫脫於明心見性之旨矣."

근사하게 보이지만 그 가리키는 실상은 전혀 다름을 지적하면서, 맹자에서 '양지'란 부모를 사랑하고 어른을 공경하는 사람의 마음이 인륜인 본성에 근거하기 때문에 배우지 않고도 스스로 할 수 있고(良能) 사려하지 않고도 알 수 있는(良知) 것이라 하지만, 이와 달리 불교에서 말하는 '진심'이나 '묘각'은 왕양명의 '양지'개념처럼 사려를 겪지 않고 발동한 앎이면 진실한지 거짓된지 논하지 않고 모두 '양지'라 말하는 것이라 보았다. 바로 이 점에서 육상산·왕양명은 불교의 교설을 유교의 용어로 문채나게 꾸며주고 도와주는 역할을 하였던 것이라 비판하였던 것이다.

그는 맹자의 '양지'개념과 달라지는 왕양명의 '양지'개념을 확인하여, "왕양명은 영각(靈覺)의 본체가 밝아서 어둡지 않아 스스로 깨닫고 알 수 있는 것을 '양지'로 삼는데, '영각'이란 '기'(氣)이기 때문이다, '형이상'과 '형이하'의 지극히 정밀한 변론으로 말한다면, '양지'는 '형이하'요, '천리'는 '형이상'이다. '양지'는 곧 '천리'가 발현된 것이라 말하면 옳지만, '양지'가 곧 '천리'라고 하면 옳지 않다. '양지'가 과연 '천리'라면 맹자가 어찌 다시 '지성'(知性)·'지천'(知天)을 말했겠는가?"[15]고 하였다. 곧 왕양명은 '양지'와 '천리'를 일치시키고 있지만, 주자학의 입장에서는 '양지'에 '천리'가 내재되어 있지만, '양지' 그 자체는 여전히 기질에 속하는 것이라는 이기론적 입장을 엄격히 확인하

---

*15 『南塘集』, 권27, 23, '禪學通辨', "陽明以靈覺之體昭昭不昧, 而自能覺知者爲良知, 而靈覺則氣故也, 且以形而上下至精之辨言之, 則良知形而下者也, 天理形而上者也, 謂良知卽天理之所發見則可, 而謂良知卽是天理則不可, 良知果是天理, 則孟子安得復言知性知天乎."

고 있는 것이다. 그는 왕양명처럼 '지'를 '이'(理)라고 하면 맹자가 '양
지'와 더불어 언급한 '지성'·'지천'에서 '지'··'성'·'천'이 모두 '이'
가 되는 언어적 모순이 일어나는 점을 지적하기도 한다. 또한 그는
육왕학에서 말하는 '천리'란 '심'의 미묘함과 '기'의 정밀함에 불과하며,
'기'의 실지에다 '이'의 명목을 덮어 씌워놓은 것(以氣之實冒理之名)이
며, 입에 올린 화두 하나에 지나지 않는 것으로 비판하기도 하였다.

그는 '심'개념에 대한 불교와 육왕학의 연관성을 지적하여, "불교에
서 '심'을 논함은 '이'를 장애로 여기며 모든 '이'가 '심'에 갖추어 있음
을 모르니, '심'과 '이'가 하나가 됨도 원래 모른다. 육상산·왕양명이
'심'을 논함은 반드시 '이'를 일컬으니 역시 '심'과 '이'가 하나가 됨을
조금 알았다. 그러나 그 이른바 '이'는 이미 단지 '심'의 영명하고 신묘
함을 아는 것이요, '심'이 부여받은 '기'에 맑고 흐리고 순수하고 잡박함
이 있음을 알지 못하였다. 그래서 '천리'는 진실로 그 맑고 순수한 것으
로 인하여 발현된 것이요, '물욕'은 반드시 그 흐리고 잡박한 것으로
인하여 싹트고 움직이는 것이다. 그러므로 그 말이나 거동과 일이나
행함의 사이에 선과 악이 뒤섞임을 면하지 못하여 불교의 무리가 욕심
에 따라 허망하게 행하는 것과 거의 다름이 없다"[16]고 하였다. 그는
불교가 '이'를 장애로 볼 뿐, 올바로 알지 못하는 것이라 규정하고,

---

[16] 『南塘集』, 권27, 24, '禪學通辨', "佛氏之論心, 以理爲障, 而不識萬理之具於
心, 則元不識心與理之爲一也, 陸王之論心, 必稱理, 則亦稍知其心與理之爲
一也, 然其所謂理者, 旣只認得心之靈妙者, 而又不知心之氣稟有淸濁粹駁
之雜, 故天理固得因其淸粹者而發見, 物欲亦必因其濁駁者而萌動矣, 故其
言動事爲之間, 不免善惡之混雜, 殆無異於佛徒之猖狂妄行矣."

왕양명은 '이'를 항상 말하지만, '기'에다 '이'의 명칭을 뒤집어 씌워놓고 있으니, 사실상 '이'를 올바로 이해하지 못하고 있는 점에서 육왕학과 불교가 다를 바 없다는 비판을 하고 있는 것이다. 이것은 성리학의 '심'개념 인식에서 '심'을 '기'라고 보거나(율곡의 경우), '이'와 '기'의 결합이라 보는(퇴계의 경우) 것이 기본입장인데, 육상산·왕양명은 '심'과 '이'를 동일시하여, '심즉리설'(心卽理說)을 주장함으로써, 주자학의 '심즉기설'(心卽氣說)과 정면으로 충돌되는 사실에 따라 양명학을 불교에 연결시켜 비판하고 있는 것이다. 그는 육왕학과 불교를 동일시할 수 있는 논거를 『주자어류』(朱子語類)의 여러 구절을 인용하여 뒷받침함으로써, 자신의 육왕학과 불교 비판의 입장이 주자에 근거하는 것임을 확실하게 보여주고 있다.

그는 「심학통변」의 마지막 단락에서 불교의 '심'개념에 대해 결론적 비판을 하고 있다. 그는 "성인은 하늘에 근본하고 불교는 마음에 근본한다"(聖人本天, 釋氏本心)는 정자의 말을 근거로 유교와 불교의 근본개념을 '천'과 '심'으로 대비시켜 구별하면서, '심'개념을 성리학적 입장에서 검토하고 있다. 곧 "'심'의 영명함은 곧 기질에 속하며 기질은 치우침이 없을 수 없다. 그러므로 '일체는 마음에 말미암아 지어진다'(一切由心造)라는 것은 스스로 여러 차례 넘어짐을 면할 수 없다. 그러므로 진실로 불교의 배움이 어긋남과 가리움이 근원함에 본 것이 있다면 '심'이 기질에 속한다는 것을 알 수 있다. '심'이 기질에 속한다면 발동하기 이전에 기질은 순수하게 선할 수 없으며 큰 근본으로 삼아서 믿을 수 없음을 알 것이다. 만약 그 영명의 본체를 가리켜 선하다고 하면 옳지만, 부여받은 '기'의 본색을 논한다면 결코 순수한 선이라 할 수 없다"[*17]고 하였다.
곧 마음이 이치를 간직하고 있지만 그 바탕이 기질에 속하는 것이라는
성리학적 인식에 확고하게 서서, 마음은 순수한 선이 될 수 없고, 따라서
근본으로 삼을 수 없는 것임을 밝히고, 이에 따라 마음을 근본으로
하는 불교나 육왕학은 근본이 잘못 설정된 것으로 비판하는 입장을
보여주고 있다.

3. 정약용丁若鏞의 성리학비판 논거로서 불교비판

1) 불교승려들과의 교유활동

한원진은 불교에 대해 비판을 하였을 뿐이요 불교승려와 교유한 자취
는 찾을 수 없지만, 정약용(茶山 丁若鏞, 1762-1836)은 비록 불교의 교설
에 비판적 입장을 선명하게 밝히고 있으면서도 불교승려와 매우 깊은
인간적 친교를 가졌던 점이 특징적 일면으로 드러난다. 그는 40대 이후
강진에서 유배생활을 하는 동안 혜장(蓮坡·兒庵 惠藏, 1772-1811)과 교
유하였고, 초의(草衣 意恂)를 비롯한 여러 승려들이 그를 스승으로 받들

---

*17 『南塘集』, 권27, 25, '禪學通辨', "心之靈明, 卽屬氣質, 而氣質不能無偏, 故一
　　切由心造者, 自不免於七顚八倒矣, 是故苟有見乎釋氏所學之差所蔽之原,
　　則可知心屬氣質矣, 心屬氣質, 則可知未發之前, 氣質不能純善, 而不可恃此
　　爲大本也, 若姑指其靈明之體而謂之善則亦可矣, 而至論其氣禀本色, 則決
　　不可謂純善矣."

며 문하에서 수학하기도 하였다. 그러나 그는 어려서부터 명망 높은 승려들과 만날 수 있었던 인연이 있었다.

혜원(靑坡 慧苑)은 일찍부터 정약용의 부친(丁載遠)과 교류가 있었으며, 그가 어렸을 때 그의 고향 집을 왕래하였던 일이 있고, 혜원을 통해 유일(蓮潭 有一, 1720-1799)의 명성을 들어왔다고 한다.[18] 정약용은 17세 때 유일이 화순(和順)현감으로 있는 부친을 찾아오자 부친의 명으로 유일을 위해 「지리산승가」(智異山僧歌)를 지었는데, 이 시에서 그는 유일의 법형(法兄)인 설파(雪坡 尙彦, 1707-1791)의 안부를 묻고 있으니, 이 시대 교(敎)와 선(禪)의 학풍을 이끌어가는 대표적 학승들에 대한 관심과 교류가 있었음을 보여준다.

정약용이 불교승려와 활발하게 교유한 것은 유배지 강진에서 44세 때(1805) 백련사(白蓮寺: 萬德寺)에서 혜장을 만나면서 시작되었다. 혜장은 바로 유일의 제자였으니 정약용의 부친과 유일의 교유에 이어 그와 혜장의 교유는 대를 이어가는 것이 되었다. 혜장은 정약용보다 열 살이나 아래였지만 이미 30세 때 해남(海南) 대흥사(大興寺: 大芚寺)의 강석(講席)을 맡았던 탁월한 학승이었다. 정약용은 강진의 백련사와 보은산방(報恩山房: 高聲寺), 다산초당(茶山草堂) 등에서 혜장과 서로 찾아다니며 자주 만나 유학자와 승려 사이에 깊은 우정을 쌓았는데, 혜장의 학덕과 명망을 극진하게 칭찬하였으며,[19] 혜장에게 시를 통해 진리를

---

[18] 『與猶堂全書』, 제1집(이하 『與全』[1]로 줄임), 권1, 7, '贈有一上人', "夙與苑公識, 獲聞南斗名."(일찌기 혜원스님과 알고 지내어/ 유일스님 높은 이름 들어왔었네.)
[19] 『與全』[1], 권5, 6, '贈惠藏上人', "藏也信壽童, 眇小噪南國, 盛名若雷霆, 豪傑願顔色, 三十師千人, 豈非戾天翼."(혜장은 참으로 어려서부터 노숙한 덕 있어서/

드러내는 방법을 익히는 데 힘쓰도록 충고하기도 하였다.[20] 바로 유교나 불교나 그 수행을 통해 얻은 깨달음은 시를 통해 가장 잘 드러낼 수 있음을 제시해주고 있는 것이다.

당시 혜장은 『논어』와 『주역』을 비롯하여 성리설에까지 해박하였으며, 정약용과 토론하면서 『주역』을 비롯한 유교 경전의 이해를 더욱 심화시켜갔다. 또한 정약용은 혜장과 토론하면서 불교의 교설에 대해 이해를 넓혀갔으니, 이들의 교류는 유교와 불교 사이에 학문적 교류의 새로운 영역을 열었던 것으로 보인다. 한 시대의 대표적 유학자인 정약용과 명망 높은 학승인 혜장 사이에 유교와 불교를 넘나들며 종횡으로 펼쳤던 토론의 광경을 정약용은 시로 읊어 그려내었다.

> "다행히도 촌사람 곁에 없으니
> 시냇물 달려가듯 종횡으로 담론했었지
> 나는 『시』·『서』·『역』을 논하고
> 그대 『화엄』·『능엄』·『원각』을 풀이하니
> 공중에서는 안개비 내리고
> 내뱉는 말마다 깊고도 현묘한 이치였네
> 사방은 고요하여 미동도 없었지만
> 하늘의 이치에 감동하여 눈물 흘렸지

어린 시절 남쪽지방을 떠들석하게 했다네/ 그 명성이 우레처럼 크게 떨쳐/ 사방의 호걸들이 얼굴 보기를 원했었지/ 삼십 나이에 천 사람의 스승 되었으니/ 그 어찌 하늘을 나는 새가 아니런가.)

[20] 『與全』[1], 권5, 8, '憶昔行, 寄惠藏', "汝更少年結老蒼, 但不嗜詩崇淸謐, 詩與眞如豈二門, 直由迷悟生得失."(그대는 소년으로 늙은 이와 사귀면서/ 시는 좋아 아니하며 맑고 고요함만 숭상하네/ 시와 진리가 어찌 두 갈래 길이리오/ 여기서 미혹함과 깨달음이 나오고 얻음과 잃음이 생긴다네.)

알았노라 그대 이마 넓은 중이여
곧바로 선(禪)에 도통하리라."*21

정약용은 불교의 교리에 비판적 입장을 밝히고 있지만, 불교 학승들과의 교유를 통해 불교의 입장을 이해하며 대화할 수 있는 열린 자세를 지니고 있었다. 그 자리의 토론에서 혜장은 정약용이 해석하는 '천리'(天理)에 깊이 감동하여 눈물을 흘리기도 하였지만, 바로 이 점에서 혜장이 유교의 이치에 설복되는 것이 아니라 선(禪)의 깊은 이치에 도통할 것임을 확인하고 있는 것은, 두 사람의 토론은 바로 유교와 불교의 진리가 그 근원에서 소통되는 길을 찾아가고 있었던 것으로 보인다. 한편 정약용은 절에 머물고 혜장과 사귀면서 불교의 세계로 기울어져가는 심경을 토로하여, "대밭 속의 불경소리가 늙어갈수록 당기는데/ 미혹의 바다 건너는 덴 나루와 다리도 장애라/ 송락모자 쓰고 솔잎 죽을 마시면서/ 남은 인생 불도(佛道)를 배우며 수행하려네"*22라고 읊기도 하였다. 그렇다고 그가 불교로 전환하겠다는 것이 아니라, 유배죄인의 처지로 기약 없이 지내고 있는 자신의 마음 한 구석에 불교에 대한 호감과 동경이 일어나고 있음을 표현한 것이라 생각된다.

정약용은 혜장과 백련사(萬德寺)에서 자주 왕래하면서 『만덕사지』(萬德寺誌)를 편찬하였으며, 혜장이 두륜산(頭輪山) 속에 일발암(一鉢菴)이

---

*21 『與全』[1], 권5, 10, '惠藏至高聲寺, 遣其徒相報, 余遂往逆之, 値小雨留寺作', "幸無村墅客, 縱談若奔川, 以我詩書易, 博爾華楞圓, 霏屑落層空, 咳唾皆幽玄, 四座寂不動, 出漏感其天, 因知廣額屠, 立地可通禪."

*22 『與全』[1], 권5, 7, '山居雜興', "竹間經唄晚來多, 迷海津梁亦障魔, 松絡帽兒松葉粥, 餘齡要學老頭陀."

라는 초가 한 채를 지었을 때, 그 검소함이 허유(許由)나 안회(顏回)와 뜻하는 바는 달라도 살아가는 방법이 같음을 지적하여, "가령 혜장이 손에 의발(衣鉢)을 들고 수레에 올라 허유가 지나간 궤도를 따르고 안회가 지나간 수레의 자취를 밟게 한다면, 역시 거의 도를 아는 이가 될 것이다"[*23]라고 하여, 그 '도'가 서로 통할 수 있음을 지적하기도 하였다.

정약용이 강진에서 유배생활을 하고 있던 1811년 혜장은 40세의 나이로 죽었는데, 그는 산(山)과일 한 접시를 손수 따고 마을에서 술 한 사발을 사다가 혜장의 제자 자홍(慈弘)을 시켜 혜장의 영전에 올리면서 자신이 지은 제문을 읽게 하였다. 그는 혜장을 위해 비문(「兒菴藏公塔銘」)을 지었으며, 이에 앞서 혜장의 요청에 따라 혜장의 사조(師祖)인 화악(華嶽 文信, 1629-1707)의 비문(「華嶽禪師碑銘」)을 짓기도 하였다. 이처럼 정약용은 혜장과의 인간적으로 깊은 친교를 맺으면서 불교에 대해서도 친밀한 이해의 포용적 태도를 보여주었던 것이다.

혜장의 제자 가운데 색성(袖龍 賾性)과 자홍(騎魚 慈弘) 등도 혜장을 따라 정약용을 스승처럼 모시고 따랐다. 그는 혜장의 제자 가운데 특히 색성이 『화엄경』에도 밝고 두보(杜甫)의 시를 배우는 사실을 칭찬하면서, 가장 뛰어나다고 인정하였다. 또한 혜장의 제자 자홍은 스승이 죽은 뒤에까지 정약용을 잘 따랐다. 그는 자홍에게 "군자는 도(道)를 걱정하지 가난을 걱정하지는 않는다. 대체(大體: 本心)를 기르는 것을 '도'라 하고, 소체(小體)를 기르지 못하는 것을 '빈'(貧)이라 한다"고 하여, 마음

---

*23 『與全』[1], 권13, 29, '一鉢菴記', "使惠藏手是鉢而乘是車, 遵許由之軌而蹈 顏回之轍, 亦庶幾乎知道者也."

을 닦아 '도'를 밝히고 가난을 근심하지 말도록 훈계함으로써 유교의 가르침으로 불교의 수행방법을 제시하면서, "불법이 비록 허망한 것이지만, 참됨과 거짓됨, 있음과 없음의 형상은 바로 유교에서 본연(本然)과 기질(氣質)의 분별에 해당한다"[*24]라고 하여, 불교와 유교의 성리학 사이에 공통점이 있음을 지적하기도 하였다.

또한 당시 대흥사의 뛰어난 학승인 초의(草衣 意恂)는 정약용보다 24년 연하로, 정약용을 스승으로 모시고 다산초당으로 자주 찾아와서 시와 유교경전을 배웠다.[*25] 정약용이 48세때(1809) 대흥사를 찾아갔다가 돌아올 때 초의는 작별시에서 정약용을 '탁옹(籜翁)선생'이라 일컬으며 스승으로 받들고 있음을 보여준다.[*26] 초의는 그를 만나게 된 것을 마치 하늘이 자신을 맹자 어머니 곁에 내려주신 듯 정성스러운 가르침을 받게 된 좋은 기회를 얻은 것이라 여겼다. 초의가 정약용의 지도를 받으며 유교경전을 배우는 모습을 보고 다른 승려들은 초의가 불교를 버리고 유교인으로 되돌아가려는 것이나 아닌지 의심을 하기도 했다고 한다.

정약용은 초의에게 도연명이나 소동파가 승려들과 교유하였던 행적을 소개하면서, 시(詩)를 논하고, 『주역』의 모든 구절이 괘상(卦象)에서

---

*24 『與全』[1], 권17, 45, '爲騎魚僧慈弘贈言', "吾聞君子憂道不憂貧, 養其大體日道, 不能養其小體日貧, …佛法雖誑誕, 其所說眞妄有無之相, 則吾儒本然氣質之辨也."
*25 당시 大興寺의 禪風은 玩虎 倫佑(1758-1826)에서 草衣 意恂, 縞衣 始悟로 이어지는 일파와 兒庵 惠藏(1772-1811)에서 袖龍 賾性, 騎魚 慈弘으로 이어지는 일파의 두 계열이 있었다고 한다.(李乙浩, 『다산학의 이해』, 현암사, 1975, 250쪽) 그렇다면 大興寺의 양쪽 계열이 모두 丁若鏞과 교유하였던 것이다.
*26 김상홍, 『다산문학의 재조명』, 단국대출판부, 2003, 544쪽.

말미암는다는 역학의 견해를 제시하기도 하였다. 또한 그는 초의에게 고려 때 백련사에 주석하였던 천책(天頙: 眞靜國師)이 "딱하도다. 나는 세상 사람들과 더불어 허망한 세상에서 허망한 인생을 살고 있다. 저들이 허망한 몸으로 허망한 말을 타고 허망한 길을 달리며, 허망한 기교를 잘하여 허망한 사람으로 하여금 허망한 일을 보게 하고, 다시 허망한 위에 허망함이 또 허망하게 된다는 것을 어떻게 알겠는가? 이 때문에 밖에 나갔다가 번거로이 떠드는 것을 보면 서글픈 마음만 더할 뿐이다"[27]라고 하였던 말을 인용하여 세속을 경계하기도 하였다. 그는 천책의 말에서 세속에 빠져 도리를 깨우치지 못하고 있음을 경계 하는 뜻을 지적하였던 것이다. 또한 그는 천책의 시를 매우 높이 평가하 여, "감정이 넘치고 내용이 힘차서 승려의 담박한 병폐가 없다. …신라 와 고려 시대에서 세 사람을 뽑는다면 최치원(崔致遠)·천책·이규보 (李奎報)가 으뜸이다. 천책을 생각하면서 안타깝고 서글프지 않을 때가 없으니, 이처럼 현명하고 호걸스러운 인물이 어찌 불교에 빠졌는가?"[28] 라고 하여, 천책의 시를 통해 그 인물됨을 극진히 높이면서 승려가 된 것을 아쉬워하기도 했다.

초의는 우리나라의 '다도'(茶道)를 일으킨 인물로서 '다도'를 설명한 「다신전」(茶神傳)과 「동다송」(東茶頌)을 지어 다도를 이론적으로 정리

---

[27] 『與全』[1], 권17, 45, '爲草衣僧意恂贈言', "惜也, 吾與彼俱幻生於幻世, 彼焉 知將幻身乘幻馬馳幻路, 工幻技令幻人觀幻事, 更於幻上幻復幻也, 由是出 見紛譁, 增切怛耳."

[28] 『與全』[1], 권14, 40, '題天頙國師詩卷', "濃麗蒼勁, 無蔬筍淡泊之病, …揀三 人於羅麗之世, 則崔致遠·天頙·李奎報其額也…憶念天頙, 未嘗不嗟傷悼 惜, 以若賢豪, 胡乃陷溺於佛教也."

하였으며, 차(茶)생활과 선(禪)수행을 일치시키는 '다선일미'(茶禪一味)의 경계를 열었던 인물이다. 당시 다산초당에서 정약용은 다도의 생활에 깊은 관심을 보였으며, 그 자신 우리나라 차에 관해 「동다기」(東茶記: 失傳)를 저술하였다고 한다. 이런 사실에서 보면 정약용은 초의가 '다도'를 체계적으로 정리하는 데 깊이 영향을 주었던 것으로 짐작된다. 당시 대흥사의 학승들인 윤우·혜장·초의 등이 대흥사의 사적을 정리한 『대둔사지』(大芚寺誌)의 편찬에도 정약용이 관여하였고, 이 책의 끝에는 정약용이 편찬한 「대동선교고」(大東禪敎考)가 수록되어 있는데, 우리나라 불교의 역사와 고승들의 전기를 간략히 서술한 것이다.

또한 당시 대흥사의 학승으로 두운(隱峯 斗云)은 정약용의 문하에 출입하였던 인물이며, 정약용은 두운의 요청으로 대흥사의 만일암(挽日菴)을 중수하였을 때 기문(「重修挽日菴記」)을 짓기도 하였고, 두운에게 『만일암지』(挽日菴志)를 서첩에 써주면서 그 머릿글(「題挽日菴志」)을 짓기도 하였다. 이와 더불어 정약용은 대흥사 학승인 제성(維那 濟醒)의 요청으로 「채희암비명」(蔡希菴碑銘)을 고증하면서 널리 역사책과 불교서적 및 비문들을 검토하였던 일도 있다.[*29] 이러한 사실은 그가 승려들과 교유하면서 불교 교설이나 불교역사에 대해서도 상당히 적극적 연구를 하였음을 말해준다. 또한 그는 자신의 문하에서 유학을 공부하던 제자들과 '다신계'(茶信契)를 맺어 결속을 강화하였던 것처럼 그의 문하에 출입하던 승려들과 '전등계'(傳燈契)를 맺어 깊은 친교를 확립하였던

---

*29 이을호, 『다산학의 이해』, 250-251쪽.

사실을 엿볼 수 있다.

초의는 정약용이 유배에서 풀려나 고향으로 돌아간 뒤에도 마재(馬峴: 경기도 남양주시 조안면 숭내리 마재부락)로 스승을 찾아왔으며, 정약용의 아들 정학연(丁學淵)을 비롯하여 홍현주(洪顯周) 등 이 지역 선비들과도 시를 화답하며 폭넓게 교류하였고. 이를 계기로 김정희(秋史 金正喜)와도 깊은 교유관계를 맺게 되었다. 이러한 사실을 통해 19세기 전반기에 비록 제한된 범위이기는 하지만 정약용을 비롯한 유학자들과 선승(禪僧)들 사이에 인간적 친교가 깊이 이루어졌고, 학문적 교류도 활발하게 일어났던 사실을 엿볼 수 있다.

2) 성리학비판의 논거로서 불교비판

정약용은 불교에 대한 비판의 논설을 별도로 지은 것이 없다. 그러나 주자학의 성리설을 극복하고 자신의 독자적 철학기반을 정립하는 과정에서 성리설에 근거한 경전해석을 비판하면서, 성리설의 비판 논거로서 성리설이 불교와 일치되는 점을 지적하여, 불교 비판에 근거한 성리설 비판의 논리를 제시하고 있다. 바로 이 점에서 성리설에 근거하여 불교를 비판하는 한원진의 입장과는 불교의 비판논리에서 정면으로 상반된 면모를 보여주는 것이라 하겠다.

그러나 정약용은 주자학을 무조건 비판하는 입장이 아니다. 그는 청나라 학자들이 송대 유학자들이 불교에 물들었다고 무조건 비판하는 태도를 거부한다.

"자기(道心·天理)로 자기(人心·私欲)를 극복한다는 것은 모든 성왕(聖王)이 하나로만 전해주고 은밀히 부축해준 미묘한 취지요 핵심의 말씀이나, 이를 밝히면 성인도 되고 현인도 될 수 있으며, 이에 어두우면 금수(禽獸)가 되고 만다. 주자가 우리 도를 중흥한 시조가 되는 것은 다른 까닭이 아니라 『중용』의 서문을 지어 이 이치를 밝혔기 때문이다. 근세의 학자들이 송(宋)·원(元)시대 여러 유학자들이 '이'와 '기'를 논의하면서 속으로는 선학(禪學)을 받아들이면서 겉으로는 유학을 내세우는 폐단을 바로잡고자 하여, 경전을 논의하고 해석하면서 한결같이 한(漢)·진(晉)시대의 학설을 따르고자 하며, 의리가 송나라 유학자에게서 나온 것은 옳고 그름을 묻지 않고 한결같이 반대하는 것을 일삼았다. 그 한 두 사람 심술의 병통은 버려둔다 하더라도, 장차 온 천하의 사람들이 겨우 얻은 바를 잃게 하고 겨우 밝힌 것을 어둡게 하여, 도도하게 휩쓸어 금수가 되고 목석(木石)이 되게 하니 작은 일이 아니다."[*30]

이처럼 그는 모기령(毛奇齡) 등 청대 학자 가운데 주자를 불교에 얽어서 전면적으로 거부하는 견해의 문제점을 비판하면서, 주자가 유교를 중흥시킨 시조로 중요한 비중이 있음을 높이 평가하였다. 그것은 주자를 비판하는 그의 기준이 공자의 '도'에 있는 것이요, 공자의 '도'에 어긋난 대목에 한정하여 비판하는 것이지 주자를 맹목적으로 배척하는 것이 아님을 분명하게 밝히고 있는 것이다.

또한 그는 불교에 대해 맹목적으로 비판하는 것이 아니라 이치에

---

*30 『與全』[2], 권12, 2, '論語古今註', "以己克己, 是千聖百王, 單傳密付之妙旨要言. 明乎此則可聖可賢, 昧乎此則乃獸乃禽. 朱子之爲吾道中興之祖者, 亦非他故, 其作中庸之序, 能發明此理故也. 近世學者, 欲矯宋元諸儒評氣說理內禪外儒之弊, 其所以談經解經者, 欲一遵漢晉之說, 凡義理之出於宋儒者, 無問曲直, 欲一反之爲務, 其爲一二人心術之病, 姑舍是, 將使擧天下之人, 失其所僅獲, 昧其所僅明, 滔滔乎爲禽爲獸, 爲木爲石, 非細故也."

어긋난다고 판단되는 대목에 대한 비판이다. "설암(雪菴)선사가 말하기를, '귀가 듣고, 눈이 보고, 입이 말하고, 몸이 행동하는 것은 노복(奴僕)이요, 마음이 그 속에 주장하는 것은 주인이다. 주인이 총명함을 진작시켜서 노복에게 명령하여 모두 복종하여 명령을 받들게 할 것이요, 하지 말라는 것은 주인으로서 노복의 말을 따르게 하지 않는 것이요, 노복으로서 주인을 이끌지 않게 하는 것이다'라고 하였다. 후세 사람들이 이 의리를 알 수 있게 한 것은 주자의 힘인데, 오늘날 사람들이 도리어 선학(禪學)이라 배척하는 것은 거짓된 것이 아니겠는가"[31]라는 하여, 선사(禪師)의 말이라도 주자가 적극적으로 소개한 것이요, 유교의 '도'에도 어긋나지 않은 것이라면 배척하는 것이 옳지 않음을 역설하고 있는 것이다. 곧 옳고 그름의 판단은 그 말이 어떤 사람이나 어떤 종파에서 나왔는지에 따라 결정되는 것이 아니라, '도' 내지 이치에 맞는지 아닌지에 따라 결정되어야 한다는 것이 정약용의 기본입장이다.

(1) '본연지성'本然之性의 비판

정약용의 불교비판에 근거한 성리설비판은 성리설의 '성' 내지 '심' 개념의 인식과 이에 따른 수양론적 방법의 인식에 집중되고 있다.

---

*31 『與全』[2], 권12, 4, 「論語古今註」, "雪菴禪師云耳之聽·目之視·口之言·身之動, 是奴僕也, 心之主持于中, 是主人也. 主人精明振作, 令奴僕皆伏而稟令, 勿者不以主而聽奴, 不以奴而牽主. 案後人之能知此義, 皆朱子之力, 今人却欲斥之爲禪學, 不亦妄乎."
정약용이 인용한 雪菴의 말은 南宋代 臨濟宗 승려 雪菴 從瑾(1117-1200)의 『雪菴從瑾禪師頌古』에서 찾을 수 없고 『朱子語類』나 『朱熹集』에서도 찾지 못하였다.

그는 "불교에서 '마음을 밝히고 본성을 본다'(明心見性)고 일컬으며 온갖 말이 모두 이것(心·性)을 찬미한다. 그러나 그 본래 의도는 맹자의 '성선설'과 서로 만 리나 떨어져 있다. 저들(불교)이 말하는 것은 본체의 허령(虛靈)하고 기묘함이요, 이쪽(맹자)이 말하는 것은 선을 즐거워하고 악을 부끄러워할 수 있음을 말한다"[*32]라고 하여, 맹자의 '성선설'에서 '성'이 선을 좋아하는 기호(嗜好)로서 도덕성의 근원이지만, 불교의 '성'은 허령한 본체를 가리키는 것으로서 도덕성을 내포하지 않은 것이므로 서로 전혀 다른 것을 가리킨다고 강조하고 있다. 바로 이점에서 정약용은 맹자의 '성'개념을 성기호설(性嗜好說)로 인식함으로써, 주자의 '성' 개념 인식은 불교의 영향을 받은 것으로 공자나 맹자의 옛 견해(洙泗舊觀)에 어긋난다는 것이다.

그는 성리학의 '성'개념으로서 '성'은 영명(靈明)한 본체로서 순수하게 선하고 악이 없는 '본연지성'(本然之性)과, 선할 수도 있고 악할 수도 있는 '기질지성'(氣質之性)으로 2분하고 있음을 지적하고, 성리학의 '본연지성'은 『능엄경』의 "'여래장성'은 청정한 본연이다"(如來藏性, 淸淨本然)라는 구절에서 이끌어낸 개념이라 지적한다.[*33] 또한 그는 '본연'이란 말이 유교경전이나 제자백가에는 나오지 않고 오직 『능엄경』에서 반복하여 나오는 것임을 강조하면서, "불경에서 '본연'이란 시작이 없이 스스로 존재한다는 뜻이요, 유교에서는 '인간이 하늘에서 명령을

[*32] 『與全』[2], 권5, 33, '孟子要義', "佛家號爲明心見性, 其千言萬語, 皆所以讚美此物, 然其本意與孟子性善之說, 相去萬里, 彼所言者, 本體之虛靈奇妙也, 此所言者, 謂其能樂善恥惡."
[*33] 『與全』[2], 권1, 11, '大學公議', "楞嚴經日如來藏性淸淨本然, 此本然之性也."

받는다'고 말한다. …천명을 거스르고 업신여기며 이치에 어긋나고 선을 해치는 것이 '본연'의 이론보다 더 심한 것이 없다"[*34]고 하여, 불교에서 끌어들인 성리학의 '본연'의 개념은 하늘에서 부여받은 것이 아니라 시작도 없이 스스로 존재하는 것이므로 『중용』에서 말하는 '천명'으로서의 '성'에 상반되며, 따라서 '본연지성'이란 천명을 거스르고 이치에 어긋나며 선을 해치는 반유교적인 것으로 가장 격렬하게 비판을 하고 있다.

따라서 그는 "하늘이 속마음을 내려준 것은 반드시 신체가 잉태된 이후에 있는 일이니 어찌 '본연'이라 할 수 있겠는가? 불교에서 말하는 청정한 법신(法身)은 스스로 시작하는 때가 없으며 본래 스스로 존재하고, 하늘의 지어냄을 받지 않아서 시작도 없고 끝도 없으므로 '본연'이라 이름붙인 것으로, '본래의 자연함'을 말한다. 그러나 신체는 부모에게서 받았으니 시작이 없다고 말할 수 없으며, 성령(性靈)은 하늘로부터 받았으니 시작이 없다고 말할 수 없다. 시작이 없다고 말할 수 없다면 '본연'이라 말할 수 없으니, 이것이 의심하지 않을 수 없는 점이다"[*35]라고 하여, 신체는 부모로부터 받고, '성령'은 하늘로부터 받아서 시작이 없을 수 없으므로 '본연'이라 할 수 없음을 논증하였다. 곧 '성'이 하늘에서 부여해준 것이라는 『중용』의 입장과 본래부터 자연으로 존재한다

[*34] 『與全』[2], 권2, 29, '心經密驗', "佛書本然者, 無始自在之意也, 儒家謂吾人禀命於天, …逆天慢命, 悖理害善, 未有甚於本然之說."
[*35] 『與全』[2], 권15, 11, '論語古今註', "天之降衷, 必在身形胚胎之後, 何得謂之本然乎? 佛家謂淸淨法身, 自無始時, 本來自在, 不受天造, 無始無終, 故名之曰本然, 謂本來自然也. 然形軀受之父母, 不可曰無始也, 性靈受之天命, 不可曰無始也. 不可曰無始, 則不可曰本然, 此其所不能無疑者也."

는 불교적 입장을 대비시키면서 성리학의 '본연지성'은 불교의 견해를 받아들인 것으로 비판하고 있는 것이다. 또한 그는 '본연'과 '허령한 본체'를 결합시켜 설명하는 성리학의 견해를 거부하고, '허령한 본체'는 '성'이 아니라 '심'을 가리키는 것으로 본다. 따라서 그는 "'허령한 본체는 악을 할 수 있는 이치가 없다'고 말하는 것은 불교의 논설이다"[36]라고 하여, 성리학에서 '허령한 본체'를 '성'으로 보아 순수한 선으로 악이 없다는 견해는 불교의 '본연'개념에 따른 것이라 비판하였던 것이다.

주자가 『대학』에서 '친민'(親民)의 '친'(親)을 '신'(新)으로 고쳐서 해석하면서, "'구염'(舊染)에 더럽혀짐을 제거한다"(去其舊染之汙)고 하였는데, 여기서 그는 주자가 말한 '구염'이란 부여받은 기질과 사람의 욕심이 물든 것으로 아무리 지혜로운 사람이라도 '구염'이 없을 수 없음을 지적하면서, 이전에 물들었다는 '구염'(舊染)의 의미가 불교에서 말하는 '본연'에서 새로 냄새가 배었다는 '신훈'(新薰)과 같은 의미임을 지적하였다. 곧 그는 "'본연지성'이 '신훈'에 물들어 '진여'의 본체를 잃어버린다는 것은 『반야경』과 『기신론』 속에서 중언부언한 설명이다. '신훈'이란 본체가 비었고 밝지만 새로 기질의 냄새 배고 물들음을 입게 되는 것이다. 그렇다면 '신훈'이 곧 '구염'이요, '구염'이 곧 '신훈'이다. '본연'에 의거하여 말하면 '신훈'이라 하고 현재에 의거하여 말하면 '구염'이다"[37]라고 하여, 주자가 백성을 새롭게 하기 위해 '구염'의 제

---

[36] 『與全』[2], 권5, 35, '孟子要義', "凡以虛靈之體無可惡之理者, 佛氏之論也."
[37] 『與全』[2], 권1, 11, '大學公議', "本然之性, 爲新薰所染, 乃失眞如之本體, 卽般若起信論中重言複語之說, 謂之新薰者, 本體虛明, 而新被氣質所薰染也, 然則新薰卽舊染, 舊染卽新薰, 據本然而言之則謂之新薰, 據見在而言之

거를 언급한 것은 불교에서 '본연'의 '진여'를 지키기 위해 제거해야할 '신훈'을 언급한 것과 같은 뜻임을 확인하였다. 그것은 백성을 새롭게 하거나(新民) 백성을 친한다(親民) 뜻과는 아무런 관련이 없는 것으로, 주자가 불교의 '본연'개념을 받아들인 연속선상에서 불교적 논리에 빠져 있음을 지적한 것이다.

나아가 정약용은 성리학에서 인간과 사물의 성품이 같다는 '인물동성'(人物同性·人物性同)의 견해는 불교에서 나온 말이라 보았으며,[38] 성리학의 '인물성동론'을 불교의 윤회설과 연결시키고 있다. 곧 "불교에서는 사람과 사물의 '성'이 같으므로 사람이 죽으면 소가 되고, 개가 죽어서 사람이 되며, 윤회하여 순환하야 끝없이 살아간다고 한다. 소동파(蘇東坡)는 이 이론을 혹독하게 믿어 「적벽부」(赤壁賦)와 「조주한문공묘비」(潮州韓文公廟碑)를 지으면서 몰래 그 학설을 이용하였는데, 세상에서는 알아차리지 못하였다. 송대 유학자들이 '성'을 논하면서 많이 이 병통을 범하였으니, 비록 그 본래 의도는 역시 선을 즐거워하고 '도'를 찾고자 하는 고심에서 나온 것이지만, 수사(洙泗: 孔孟)의 옛 이론과는 서로 충돌하는 것이다"[39]라고 하여, 송대의 문인인 소동파나 송대 성리학자들이 윤회설에 근거를 제공하는 불교의 '인물동성론'에 영향을 받은 것이라 지적하고, 공자·맹자의 견해(洙泗之舊論)와 상반되는 것

則謂之舊染."
*38 『與全』[2], 권3, 22, '中庸自箴', "人物同性者, 佛之言也."
*39 『與全』[2], 권4, 2, '中庸講義', "佛氏謂人物同性, 故人死爲牛, 犬死爲人, 輪回環轉, 生生不窮, 蘇文忠酷信此理, 其作赤壁賦·潮州韓文公廟碑, 陰用其說, 而世莫之察, 蓋宋賢論性, 多犯此病, 雖其本意, 亦出於樂善求道之苦心, 而其與洙泗舊論, 或相牴牾者."

으로 비판하였다.

(2) '사덕재내설'四德在內說 비판

정약용은 성리학에서 인간의 본성 속에 도덕성이 선천적으로 부여되어 있다는 인식은 내면적 성찰을 통해 도덕성을 실현할 수 있다는 선학의 면벽관심(面壁觀心)의 수행방법과 연결되는 것으로 비판한다. 그는 "인·의·예·지(仁·義·禮·智)는 일을 행함으로써 이루어질 수 있음을 안다면 사람은 부지런히 힘쓰지 않음이 없을 것이다. …인·의·예·지가 본심의 온전한 덕이 됨을 안다면 사람이 직분으로 일삼는 것은 다만 벽을 향하여 마음을 관조하고 돌이켜 자신을 성찰함이 마땅할 것이요, 이 마음의 본체가 비어 있고 밝아서 투명하게 하여 마치인·의·예·지의 네 알맹이가 있는 것으로 어렴풋이 보이는듯 하여나의 함양함을 받을 따름이다"[*40]라고 하였다. 곧 인·의·예·지의 '사덕'(四德)은 실행의 결과로 얻어지는 것으로 인식함으로써, 성리학에서처럼 이 '사덕'이 인간의 본심 속에 복숭아씨나 살구씨처럼 원래 들어 있는 것으로 본다면 선학에 '면벽관심'하는 일에 빠지게 되어 '덕'을이루기 위해 실제의 일에서 노력할 필요가 없게 될 것이라 비판하는것이다.

그는 성리학에서 '사덕'이 본심에 내재하는 것으로 인식하면서 내향적 성찰에 치중하게 되고, 이에 따라 '면벽관심'하는 선학의 수행방법으

[*40] 『與全』[2], 권5, 22, '孟子要義', "仁義禮智, 知可以行事而成之, 則人莫不俛焉孶孶, …仁義禮智, 知以爲本心之全德, 則人之職業, 但當向壁觀心, 回光反照, 使此心體虛明洞徹, 若見有仁義禮智四顆, 依俙髣髴, 受我之涵養而已."

로 귀결되고 말았던 사실을 비판하면서, "이것이 구산(龜山 楊時) 이하의 여러 학자들이 정좌(靜坐)하여 미발(未發) 이전의 기상을 살피는 것으로 성학(聖學)의 종지를 삼았던 까닭이요, 정자(程子) 문인들이 끝에 가서 선(禪)에 빠져드는 과오를 면한 사람이 아무도 없었던 것은 아마 여기에 말미암지 않음이 없었을 것이다"[*41]라고 하여, '덕'을 내면에서 인식하면서 현실에서 실천하는 것이 아니라 '정좌'(靜坐)에 치중하게 되고, 많은 성리학자들이 선학에 빠져들었던 것으로 비판하고 있는 것이다.

(3) '치심'治心의 방법에 대한 비판

정약용은 유교와 불교의 마음을 다스리는 방법에서 차이점을 지적하여, "불교의 마음을 다스리는 방법은 마음을 다스리는 것으로 사업을 삼는데, 유교에서 마음을 다스리는 방법은 사업으로 마음을 다스린다"[*42]고 하여, 마음은 현실에서 행위를 통하여 다스려지는 향외적 유교의 방법과 마음 다스리는 것 자체가 일이 되는 향내적 불교의 방법은 완전히 전도된 것임을 지적한다.

마음을 다스리는 방법의 구체적 과제로서 『대학』에서 말한 '성의'(誠意)·'정심'(正心)에 대해, "'성의'·'정심'은 비록 학자의 지극한 공부이지만, 언제나 일에 인하여 정성스럽게 하고, 일에 인하여 바르게 하는

---

*41 『與全』[1], 권18, 41, '上弇園書', "此所以龜山以下諸子, 以靜坐看未發前氣象爲聖學宗旨, 而程門諸人, 晚來無一人得免涉禪之失者, 恐未必不由於此也."

*42 『與全』[2], 권1, 9, '大學公議', "佛氏治心之法, 以治心爲事業, 而吾家治心之法, 以事業爲治心."

것이요, 벽을 향해 마음을 관조하여 그 허령한 본체를 스스로 검속함으로써 고요하고 텅 비어 밝고 티끌 하나 물들이지 않게 하는 일이 없었다. …오늘날 사람은 마음 다스리는 것으로 '성의'를 삼아, 허령하고 어둡지 않은 본체를 곧바로 붙잡아 마음 속에 머물러 두게 함으로써, 진실하고 거짓됨이 없는 이치를 돌이켜 관조한다. 이것은 모름지기 평생토록 정좌하여 묵묵히 마음을 관조하면 바야흐로 아름다운 경계가 있다는 것이니 좌선(坐禪)이 아니고 무엇인가?"[43]라고 하였다. 그것은 구체적 일에서 '성의'하고 '정심'하는 것이 유교의 바른 방법이요, 당시 성리학자들이 마음의 본체를 밝혀 내면을 관조하려고 하는 것은 불교의 '좌선'과 다름이 없음을 비판하고 있는 것이다.

또한 그는 정자가 "성인의 마음은 '명경지수'와 같다"(聖人之心, 如明鏡止水)하고, 주자가 "성인의 마음은 아직 발동하지 않으면 물이나 거울의 본체요, 이미 발동하면 물이나 거울의 작용이다"(聖人之心, 未發則爲水鏡之體, 旣發則爲水鏡之用)이라 언급한 것을 인용하면서, "'명경지수'(明鏡止水)의 논설은 불교에서 나온 것으로 마음의 본체가 허명하고 정적함이 물이나 거울과 같다는 말이다. 그러나 이것은 모름지기 생각하고 고려함이 없고 경계하고 두려워함이 없어서 털끝만큼도 동작함이 없게 한 다음에 이런 광경이 있을 것이다. 만약 한결같이 허명과 정적을 주장으로 삼아 한 생각이라도 싹트기만 하면 선한지 악한지 물을 것도

---

*43 『與全』[2], 권1, 9, '大學公議', "誠意正心, 雖是學者之極工, 每因事而誠之, 因事而正之, 未有向壁觀心, 自檢其虛靈之體, 使湛然空明, 一塵不染, 曰此誠意正心者, …今人以治心爲誠意, 直欲把虛靈不昧之體, 捉住在腔子內, 以反觀其眞實无妄之理, 此須終身靜坐, 黙然內觀, 方有佳境, 非坐禪而何."

없이 이미 발동한 것에 소속시켜 물이나 거울의 본체가 아니라 한다면, 이것은 '좌선'일 따름이다"[44]라고 하였다. 곧 정자와 주자가 성인의 마음을 '명경지수'로 설명한 것은 그 말 자체가 불교의 말이며, 나아가 모든 사려작용과 계신(戒愼)·공구(恐懼)하는 마음의 다스림도 부정하고 마음의 허명한 본체를 찾고 정적을 지키는 것이니 불교의 '좌선'일 뿐이요, 유교의 마음 다스리는 공부가 될 수 없는 것임을 비판하였던 것이다.

(4) '경'敬의 해석에 대한 비판

정약용은 주자학에서 수양론의 중심 주제가 되고 있는 '경'(敬)개념을 통해 주자학의 마음 다스리는 공부에 선학의 영향이 개입되고 있음을 엄밀하게 검토하여 비판하고 있다. 그는 정이천(程伊川)이 "'경'이란 '하나를 주장함'(主一)을 말하고, '경'에서 '하나'라고 하는 것은 '가는 것이 없음'(無適)을 '하나'라 한다"(敬者, 主一之謂, 敬所謂一者, 無適之謂一)고 언급한 구절에 대해, "고봉(高峯 玄妙, 1238-1295)화상의 선어(禪語)에서 '만법(萬法)은 하나에 돌아가니 하나는 어느 곳에 돌아가는가'라고 하였는데, 하나는 마음이다. 마음으로 마음을 주장하여 전혀 발용하지 않는 것이 선(禪)이 되는 까닭이다. '하나를 주장한다'의 '하나'는 반드시 이것과 다르겠지만 아쉽게도 명확한 해석이 없다"[45]고 하여, 주자를

---

*44 『與全』[2], 권4, 7, '中庸講義', "明鏡止水之說, 起於佛家, 謂心體之虛明靜寂, 如水鏡也, 然此須無思無慮, 不戒不懼, 一毫不動而後有此光景, …若一以虛明靜寂爲主, 一念纔萌, 不問善惡, 屬之已發, 謂非水鏡之本體, 則是坐禪而已."
*45 『與全』[2], 권2, 31, '心經密驗', "高峯和尙禪語云萬法歸一, 一歸何處, 一者

비롯한 성리학자들의 '주일'(主一)에 대한 해석이 고봉화상의 선학적 해석과 차별화될 수 없는 한계점을 지적하고 있다. 그만큼 '주일무적'으로 해석한 정이천의 '경'개념에 대한 이해가 현실의 변화를 거부하고 내면을 관조하는 선학의 분위기를 벗어나지 못하고 있음을 비판한 것이라 하겠다.

또한 그는 사량좌(上蔡 謝良佐)가 "'경'은 항상 깨어있는 방법이다"라고 말한 것은 서암(瑞巖 師彦, 唐僧)이 날마다 언제나 스스로 '주인옹은 깨어 있습니까?'라 묻고, 스스로 '깨어있다'고 대답하였다는 사실과 같은 불교적 마음 다스리는 방법임을 지적하였으며, 이에 비해 불교에서 '향하는 바가 없이 깨어 있다'는 것은 '선'(禪)이 되지만, 정이천의 '(상제를) 마주 대하여 깨어있다'는 것은 '경'(敬)이 된다고 대비시켜, 향하는 바가 있는가 없는가에 따라 불교의 '선'과 유교의 '경'이 달라지는 것임을 밝히고 있다.[*46] 나아가 윤순(和靖 尹焞)이 "'경'이란 마음을 수렴하여 한 가지 사물도 받아들이지 않는 것을 말한다"고 언급한 것에 대해, "한 가지 사물도 받아들이지 않는다면 어떻게 '하나를 주장한다'(主一)고 할 수 있겠는가? 하늘을 공경할 때는 하나의 하늘을 받아들이는 것이다. …만약에 전혀 한 가지 사물도 없다면 '좌선'에 가까운 것 같다"[*47]고 하여, 윤순이 '한 가지 사물도 받아들이지 않는다'(不容一物)고

心也, 以心主心, 都不發用, 所以爲禪也, 主一之一, 必與此不同, 惜無明解."
*46 같은 곳, "上蔡云, 敬是常惺惺法.(瑞巖僧, 每日間, 常自問主人翁惺惺否, 自答曰惺惺). 佛氏無所嚮而惺惺, 所以爲禪. 伊川以對越而惺惺, 所以爲敬."
*47 같은 곳, "和靖云敬者, 其心收斂, 不容一物之謂. 案不容一物, 何謂主一, 敬天時容得一天, …若都無一物, 恐近坐禪."

말하는 것은 선학의 입장에 빠진 것임을 비판하고 있다. 이처럼 성리학의 마음 다스리는 방법으로서 '경'에 대한 해석에서 핵심적 해석이라 할 수 있는 정이천의 '주일무적'(主一無適)이나, 사량좌의 '상성성법'(常惺惺法), 및 윤순의 '기심수렴'(其心收斂)의 설명이 모두 구체적 현실의 세계를 거부하고 마음의 순수한 내면을 확보하고자 하는 점에서 선학과 깊이 연결되어 있음을 지적하여 비판하고 있는 것이다.

이와 더불어 그는 주자가 '중용'의 '용'(庸)을 일상성으로서 '평상'(平常)의 뜻이라 해석한 데 반대하여, 불변적 지속성으로 '항상'(恒常)의 뜻임을 주장하면서, "불교서적인 『지월록』(指月錄)에서 조주(趙州 從諗, 778-897)화상이 남전(南泉 普願, 748-834)을 참배하고 '무엇을 도라고 합니까?'하고 묻자, 남전이 '평상심(平常心)이 도이다'라고 말하였다. 옛 경전에는 이러한 말씀이 없다"[*48]라고 하여, 주자가 '용'을 '평상'의 이치로 해석하는 것은 선학에서 말하는 뜻과 일치하는 것으로 비판하고 있다.

이처럼 정약용은 주자학의 성리설에서 '성'개념을 '본연'으로 해석하는 것이나 수양론에서 '경'의 마음 다스림의 방법을 인식하는 데서 불교의 영향력이 얼마나 깊이 침투되고 있는지를 확인하고 공자와 맹자의 유교 본래적 입장과 차이를 명확히 제시함으로써, 주자학의 핵심적 인식이 불교와 일치하는 사실을 드러냄으로써, 불교와 주자학을 연결시켜 비판하는 논리를 제시하였던 것이다.

---

*48 『與全』[2], 권4, 10, '中庸講義補', "惟佛書指月錄, 稱趙州和尙參于南泉, 問曰如何是道, 泉曰平常心是道, 古經無此說也."

4. 김정희金正喜의 불교인식과 선학논변

1) 불승佛僧과의 교류와 불교인식

김정희(秋史 金正喜, 1786-1856)는 고증학에 밝은 유학자로 불교에도 조예가 깊어, 사실상 유교와 불교를 자유롭게 넘나들었던 인물이다. 그가 도학의 정통론에 따른 이단배척의 입장에 전혀 구애받지 않았던 것은 이 시대 유교지식인들 사이에 불교에 젖어들고 불승들과 교유하는 풍조가 있었던 일면을 보여주기도 한다. 친우 권돈인(彝齋 權敦仁, 1783-1859)이 그에게 승려를 보내 유산(遊山)의 약속을 해오자, 그는 권돈인에게 보낸 답장에서, "이 산에 들어가는 사람에게는 역시 노니는 술법이 있다. 대개 세 가지를 벗어나지 않으니, 신선의 노님과 선사의 노님과 유자의 노님이다. '어진 이는 산을 좋아하고 지혜로운 이는 물을 좋아함' 과 '옥 피리에 금 돌쩌귀'(道觀)와 '화려하고 장엄한 누각'(寺刹)은 모두 그 성질은 가깝지만 각각 경우에 따라 다른 것이요, 산은 일찍이 다름이 없다"[*49]고 하였다. 여기서 그는 산을 찾아 노니는 방법에도 유자가 산수를 바라보는 태도와 도사가 산에서 수련하는 모습과 선사가 산에서 수도하는 모습이 서로 다른 것이지만, 결국 심신을 닦는다는 점에서 그 본질은 서로 가까운 것이라 하였다. 곧 유교·불교·도교가 그 경계

---

*49 『阮堂全集』, 권3, 21, '與權彝齋敦仁(21)', "第入此山, 亦有遊術, 其槩不出三數, 仙遊也, 禪遊也, 儒遊也, 仁山智水, 玉簫金柩, 華嚴樓閣, 皆其性之近, 而各隨境異, 山未嘗有異."

에 따라 다를 뿐이지 산은 하나의 산인 것처럼 그 본질에서 서로 소통할 수 있음을 강조하고 있다. 그것은 바로 중요한 점이 산을 대하는 세 가지 태도의 차이에 있는 것이 아니라 그 산의 진면목을 발견하는 데 있는 것임을 지적함으로써, 세 종교의 교설이 하나의 '도'로 통할 수 있다는 인식을 보여주는 것이다.

당시 김정희는 산사에 갔을 때 『유마경』(維摩經)을 판각한 승려를 만나서 『유마경』 한 부는 자신이 갖고 한 부는 권돈인에게 보냈으며, 『유마경』의 주석에 대해서도, 전겸익(虞山 錢謙益)이 '한 차례 내린 비가 공평하게 적셔준다'(一雨潤公)고 칭찬한 말을 소개하면서도 그 주석이 불이법문(不二法門)에 모두 부합하는지에 대해서는 의문을 제기하였으며, 왕안석(王安石)이 『유마경』과 『능엄경』(楞嚴經)에 대해 '문장에 귀신 같다'(鬼神於文章)고 칭찬한 말을 인용하면서도 『유마경』의 윤문이 『능엄경』 보다 더 잘 되었다고 평가하고 있다.[50] 이처럼 영의정에까지 올랐던 권돈인과 승려를 소개하거나, 승려를 보내어 산사로 유람할 약속을 하거나, 불경을 보내기도 하고, 불경의 주석에 대한 견해를 주고받는 사실에서 보면 유학자 사이에 주고받는 편지와는 전혀 다른 불교적 세계가 생활 속에 젖어 있는 면모를 보여주고 있다.

그는 이윤명(李允明)의 「수계첩」에 붙인 발문(「題修禊帖後」)에서도 명나라 말기의 고승 자백(紫栢 眞可)이 유학자에게 문장을 논하여 충고

---

[50] 『阮堂全集』, 권3, 22, '與權彝齋敦仁(21)', "虞山所稱一雨潤公者, 未知其一一盡合於不二法門, … 王荊公所謂鬼神於文章者, 此經與楞嚴, 而譯場潤文, 有勝於楞嚴."

한 말을 인용하고 있으며, 심희순(桐庵 沈熙淳)와도 금자(金字)로 쓴 『반야심경』(般若心經)의 글씨를 논하기도 하였으며, 병사(兵使) 장인식(張寅植)과 오진사(吳進士: 未詳)나 정학연(酉山 丁學淵, 정약용의 아들)에게 보낸 편지에서도 불교의 교설이나 선사들의 일화를 끌어들여 자유롭게 의견을 제시하는 점은 도학자의 언행과 상반될 뿐만 아니라 유학자들이 교유하는 일반적 언행과도 전혀 다른 불교에 젖어든 분위기를 보여주고 있다. 그만큼 김정희의 경우를 통해 당시 일부 지식인들 사이에 이미 도학의 정통주의적 의식에서 벗어나 불교를 일상의 담론 속에 자유롭게 끌어 들이는 일면을 가장 뚜렷하게 확인할 수 있을 것이다.

또한 그는 제자 이상적(藕船 李尙迪)에게 보낸 편지에서는 천주교를 사교(邪敎)로 지적하면서 '천주'(天主)라는 용어에서 '천'(天)은 중국의 '천'과 다른 것임을 강조하고, 서광계(徐光啓)·이지조(李之藻) 등 사교의 무리들이 사교의 방언(方言)을 번역하여 감히 중국의 '천'자에 해당시킨 것이라 비판하였다. 그는 천주교에 대한 비판은 '천'이라는 한 글자로 백성들을 속이고 해독을 끼치므로 '천'자에서부터 먼저 깨뜨려야 하는 것임을 강조하면서, "불교서적의 『대반야경』(大般若經)에 '천주품(天主品)'이 있고, 성명문(聲明門)의 『인명론』(因明論)은 천주보살(天主菩薩)이 지은 것이라고 했는데, 그 이른바 '천주'란 또 서양 오랑캐의 '천주'와는 다르다. 그러나 '천주'라는 두 글자를 논한다면 불교서적에서 시작된 것이니, 또한 어찌 오로지 서양오랑캐만 책망할 수 있겠는가"[*51]라고 하여, '천주'라는 용어가 유교의 '천'에 상응할 수 없는 것임을 주장하고, 원래 불교에서 나온 말로서 불교에서 '천주'라 일컫는 용어도 역경(譯經)과정에서 적절하지 못하게 번역된 것으로 제시하였다. 그것은 당시 조선에 천주교가 전래하여 교세를 확장하면서 중요한 사회 문제를 일으켰던 현실에서, '천주'라는 용어가 근원적으로 잘못된 것이며, 그 용어가 불교에서 비롯된 것임을 고증하고, 번역과정에서 문제점이 있는 것으로 인식하는 관점을 보여주고 있는 것이다.

 김정희는 많은 불교승려들과 교유하였다. 운구(雲句 漢旲)·남호(南湖 永奇), 성담(聖潭 儀典) 등은 그의 집을 찾아 왕래하였으며, 해붕(海鵬 展翎)·혼허(混虛 智照)·태허(太虛)·연운(硯雲)·심설(沁雪)·풍선(豐禪)·관화(貫華)·요선(堯仙)·우담(優曇)·만허(晩虛)·호봉(虎峯)·미암(彌庵)·혜암(慧庵)·향훈(香薰)·재월(霽月)·무주(无住)·율봉(栗峯 靑杲)·성담(聖潭)·운구(雲句)·서엄(西崦)·인악(仁嶽) 초의(草衣 意恂)·백파(白坡 亘璇) 등 여러 승려들과 운해거사(雲外居士) 등에게 시와 글을 지어주었고, 초의의 스승 연담(蓮潭 有一)의 탑비명(塔碑銘)을 짓기도 하였는데, 이들 시와 글들은 선학(禪學)의 분위기에 깊이 젖어있어서, 그의 선학이해가 얼마나 원숙하게 무르녹아 있는지 엿볼 수 있게 한다. 또한 그는 만허(晩虛)의 차 만드는 솜씨를 극찬하면서 "찻종 한 벌을 주어 그로 하여금 육조탑(雙溪寺 六祖塔) 앞에 차를 공양하게 하고,

---

*51 『阮堂全集』 권4, 34, '與李藕船尙迪', "佛書之大般若經, 有天主品, 聲明門之因明論, 爲天主菩薩所著, 其所云天主者, 又與西夷之天主有異焉, 然若論天主二字, 未嘗不自佛書始, 又何專責於西夷也."
　'天主品'은 『大正新修大藏經』, 권552, 『大般若波羅密多經』의 '第四分天主品'(제23)이 있다. '聲明門'이나 '因明論'이라는 책명은 찾을 수 없지만, 우선 天主菩薩이 지었다는 冊名을 '因明論'으로 보았다. 因明論을 대성한 인물은 世親의 제자로 5-6세기에 南印度에서 활동한 陳那(大域龍)라고 한다.

아울러 석난산(錫蘭山)에 있는 여래의 금신(金身) 진상(眞相)이 육조의
금신과 서로 같은 것임을 말해 주었으니, 『열반경』(涅槃經)의 얽히고
설킨 설화 같은 것에서 얽매임을 벗어날 수 있을 것이다"[*52]라고 하여,
오히려 승려에게 불경의 참뜻을 깨우쳐주고 있으며, 그 자신 '승련노인'
(勝蓮老人)이라 불교적 취향의 호를 쓰기도 하였다.

또한 호봉(虎峯)에게는 『화엄경』 80권을 써낸 것이 참선을 구실로
말없이 있는 것보다 공덕이 크다고 칭송하였으며(「書示虎峯」), 한민(雲
句 漢旻)에게는 "그림의 이치가 선(禪)과 통하는 것은 왕마힐(王摩詰)
같고, 그림이 삼매(三昧)에 들어간 것은 노릉가(盧棱伽)·거연(巨然)·
관휴(貫休)의 무리들이 있다. …또한 경계(境)와 신기(神)가 융화되어,
시(詩)의 이치와 그림의 이치와 선(禪)의 이치가 제각기 화엄(華嚴)의
누각을 원만하게 포섭하고, 한 손가락을 퉁기어 해인(海印)의 그림자가
드러나는 것은 그림의 이치가 서로 드러내는 것이 아님이 없다"[*53]고
하여, 시와 그림과 선(詩·畵·禪)이 서로 통하는 세계를 제시하고 하였다.

우담(優曇)에게는 '선'(禪)과 '교'(敎)가 갈라져 적대시하고 합쳐질 가
망이 없는 현실을 개탄하고, '선'의 흐름을 달마(達摩) 이전 승조(僧肇)에
까지 거슬러 올라가서 하택(荷澤 神會)에 이르러는 천대를 받았으며,
혜능(慧能)을 이은 오종(五宗: 潙仰宗·臨濟宗·曹洞宗·雲門宗·法眼

[*52] 『阮堂全集』 권10, 40, '戲贈晚虛(竝序)', "以茶鐘 一具, 使之茗供於六祖塔前,
竝說錫蘭山如來金身, 與六祖金身相同, 如涅槃經之七藤八葛, 可以解黏脫
縛."
[*53] 『阮堂全集』, 권7, 27, '示雲句', "畵理通禪, 如王摩詰, 畵入三昧, 有若盧棱
伽·巨然·貫休之徒, …又境與神融, 詩理·畵理·禪理, 頭頭圓攝華嚴樓
閣, 一指彈出海印影現, 無非畵理之互現耳."

宗)이 드날렸지만 직지(直指)조차 제이의(第二義)가 되고만 '선'의 타락 현실을 지적하면서, "오직 선문(禪門)의 내려온 폐단에 구제할 약(藥)이 없을 뿐만 아니라, 도교의 연홍(鍊汞)·용호(龍虎)나 유교의 육상산(陸象 山)·왕양명(王陽明)이 모두 그러하다"[*54]라고 하여, 선학의 폐단을 깊이 경계하고, 선학의 폐단을 도교의 연단술(煉丹術)이나 유교의 육왕학(陸 王學)의 폐단과 같은 현상으로 지적하고 있다.

그는 어느 스님에게 제시한 글에서 "묘희(妙喜: 大慧 宗杲)가 편집한 『정법안장』(正法眼藏)과 환기(幻寄 正獻)가 새긴 『지월록』(指月錄)의 두 책은 약간의 법칙이 되는 공안(公案)을 채택하여 후학들에게 보여준 것인데, 다만 어구(語句)가 예리하고 새로우며 기봉(機鋒)이 민첩함만 숭상하고 관문을 뚫어보는 안목을 갖추지 못했기 때문에 고칙(古則)을 들어 제시한 것이 스스로 먼저 이로움을 잃고 진실한 종지에 합치되지 못하였다"[*55]하여, 선학의 공안을 수록한 대표적 저술에 대해 비판을 할만큼 자신의 선학적 안목에 자신감을 보여주고 있다. 여기서 그는 후세에 선문(禪門)의 종장(宗匠)으로 추앙되고 있는 부대사(傅大士: 傅 翁), 대주 혜해(大珠 慧海), 단하 천연(丹霞 天然), 영운 지근(靈雲 志勤), 덕산 선감(德山 宣鑑), 흥화 존장(興化 存獎), 장경 혜릉(長慶 慧稜), 풍혈 연소(風穴 延沼), 분양 지소(汾陽 智昭), 단사자(端師子: 淨端), 대혜 종고

[*54] 『阮堂全集』, 권7, 28, '示優曇', "不獨禪門流弊無以救藥而已, 道家鍊汞·龍 虎, 儒門金谿·姚江, 無不皆然."
[*55] 『阮堂全集』·권7, 14, '戲述贈某衲', "妙喜所輯正法眼藏, 幻寄所刻指月錄二 書, 採取若干則公案, 以示後學, 祇尙語句尖新, 機鋒敏捷, 未具透關眼, 所以 拈提, 自先失利, 未契眞宗者."

(大慧 宗杲), 혜홍 각범(慧弘 覺範), 고봉 원묘(高峯 原妙) 등 남북조에서 당·송시대의 이름난 선사들을 일일이 들어 그 안목의 한계를 지적하였으며, 나아가 "이 일을 총괄해 보면, 햇빛이 환한 것 같고 불이 모여들어 크게 드러나는 것이니, 제시하면 다 제시하고 인가하면 다 인가하는 것이다. 이에 부처의 바른 취지를 통달하지 못하고서 모두가 빼앗는데 만족하고 정수를 희롱하는 것이다"[*56]라고 하였다. 그만큼 역사의 고명한 선사들조차 부처의 근본취지에 통달하지 못하여 부정의 논리에 빠지고 진리의 정수를 직접 드러내지 못하는 한계가 있음을 지적하고 있는 것이다.

김정희는 부왕사(扶旺寺), 수락산사(水落山寺), 화엄사(華嚴寺), 관음사(觀音寺), 신계사(神溪寺) 등 여러 사찰에서 노닐고 머물면서 시를 짓기도 하였다. 나아가 그는 집안의 원찰(願刹)인 화암사(華巖寺)와 가야산 해인사(海印寺)의 상량문을 지었는데, 이 상량문에서도 불교의 역사와 교설을 자유자재로 끌어내어 서술하고 있는 것은 그의 불교지식이 얼마나 해박한지 잘 보여준다.(「烏石山華巖寺上樑文」·「伽倻山海印寺重建上樑文」) 또한 그는 불교의 교설을 이해하는데도 고증학적 방법을 끌어들이고 있으며, 어느 승려에게 써준 글에서는 부처의 '삼처전심'(三處傳心)에 관한 기록을 고증적으로 검토하기도 하고,(「書某衲牋」) 많은 불교서적과 중국의 지리 및 역사서 등을 인용하여 인도(天竺國)와 석가의 행적을 고증하기도 하였다.(「天竺攷」)

[*56] 『阮堂全集』·권7, 16, '戲述贈某衲', "總之此事, 如杲日光, 如大火聚, 提則全提, 印則全印, 丕乃不達佛之正旨, 盡屬奪弄精."

나아가 그는 『금강경』(金剛經)과 『불설사십이장경』(佛說四十二章經) 의 두 가지 불경에 발문을 붙이기도 하였다. 도천(道川)이 '송'(頌)을 붙인 『금강경』의 발문에서, 먼저 그가 묘향산에 들어갈 때 성사(星師: 未詳)라는 승려가 『금강경』의 주석본으로 고려 때의 판본인 정국옹(鄭菊 翁: 名未詳)의 합주본(合注本)을 가져가게 하였는데, 그는 이 주석본을 보고서 정국옹의 주석이 편협하고 오류가 많음을 지적하고, 그 가운데 곤산(崑山) 사람 도천(冶父 道川)을 일컫는 '천로'(川老)를 촉(川蜀)사람으 로 잘못 보았던 점을 지적하여, 정국옹이 직접 쓴 것(手筆)이 아님을 고증하였다. 또한 함허(涵虛 得通)가 『금강경』에 붙인 '설의'(說義)에 대해서도 "대략 정국옹을 따라 흉내를 내었으나 전혀 파악한 곳이 없어 이미 국옹의 의리와 취지를 잃었으니, 하물며 야보(冶父 道川)의 취지에 서랴. 지금 선림(禪林)에서는 (함허의 '설의'를) 금과옥조로 받들고 있지만, 증개(曾開)가 '끌끌. 눈먼 나귀로다'라고 말한 것에 가깝다"[*57]라고 개탄 하였다. 여기서 그는 『금강경』의 해석에서 선림이 극진하게 높이고 있 는 험허의 주석을 여지없이 비판할 만큼 『금강경』의 교설에 대한 이해 에 일가를 이루었다는 자신감이나 기존의 대표적 주석까지 여지없이 비판할 수 있는 감식력에 대한 자신감을 보여주고 있는 것이라 하겠다.

또한 그는 「불설사십이장경」의 발문에서, "이 경전은 모두 실과(實 果)를 따라 말을 세운 것이니, 『능엄경』·『화엄경』의 여러 경전도 모두 이 경전을 따라 부연한 것 같다. 비유하면 유교에서 '태극'의 뜻은 처음

[*57] 『阮堂全集』·권6, 5, '題川頌金剛經後', "涵虛說義, 略從菊翁橛攦那, 全沒巴鼻, 已失菊義, 況於冶旨也, 今禪林奉以爲金科, 曾開所云, 咄哉瞎驢, 不幸近之."

북극에서 일어난 것에 불과하지만, 후세의 유학자들이 잇따라 넓혀가서
드디어 천근(天根: 地雷 '復'卦) · 월굴(月窟: 天風 '姤'卦)에까지 이르니,
황홀하고 아득하여 법도로 삼을 수 없게 되었으니, 유교와 불교의 시초
는 같은 것이다. 나는 이 경전을 읽고서 비로소 불교도 사람이 선을
행하도록 권하고 악을 징계하도록 권하는 것에 지나지 않음을 알게
되었다. '천당 · 지옥' 같은 것은 가설하여 보이고 비유한 것이지 진실이
아니다"*58라고 하였다. 이처럼 그는 「불설사십이장경」에서 사람에서
권선징악 하도록 하는 실지의 인과를 따라 가르친 것이 불교의 원래
정신이요, 불교의 모든 경전이 이를 부연한 것일 뿐이라 인식하고, 따라
서 불교와 유교가 애초에 제시한 단순한 가르침이 진실한 것이요, 후세
에 번쇄하게 천착한 것은 잘못된 것임을 지적하며, 불교에서 말하는
'천당 · 지옥설'도 실지가 아니라 비유일 뿐이라 지적하고 있다. 바로
이점에서 그는 유교와 불교가 서로 통할 수 있는 기반을 확인하고 있으
며, 이런 의미에서 불교를 공부하는 사람에게 「불설사십이장경」을 무엇
보다 먼저 읽어야 할 것으로 강조하였던 것이다.

2) 초의草衣와 친교를 통해 밝힌 선학인식

초의(草衣 意恂, 1786-1866)는 정약용에게서 시와 유교경전을 배웠고,

---

*58 『阮堂全集』권6, 20, '題佛說四十二章經後', "此經則皆從實果立說, 楞嚴 ·
華嚴諸經, 似皆從此敷衍, 譬如吾儒太極之旨, 初不過起於北極, 而後儒從以
廣之, 遂至於天根 · 月窟, 怳忽杳冥, 不可模狀, 儒釋之濫觴同然也, 余讀此
經, 始知釋道亦不過勸人爲善, 勸人懲惡, 如天堂 · 地獄, 設看而引喻之也,
非眞也."

김정희와 동갑으로 가장 깊은 친교를 맺었던 학승이다. 그는 선학의 이론에서도 이 시대의 대표적 불교학자로 백파(白坡 亘璇, 1767-1852)가 『선문수경』(禪門手鏡, 1826)을 저술하여 조사선(祖師禪)·여래선(如來禪)·의리선(義理禪)의 3종선(三種禪)을 제시하자, 이를 비판하는 『선문사변만어』(禪門四辨謾語)를 저술하여 이 시대에 선학논쟁을 이끌어내었던 일이 있다. 김정희가 초의를 만난 것은 30세 때(1815) 서울근교 학림암(鶴林庵)으로 찾아가서 해붕(海鵬)을 모시고 있는 초의를 만난 것이다. 이때부터 그는 초의와 40년 남짓 평생의 지우(知友)가 되었으며, 1843년 당시 김정희가 제주도에서 유배생활을 할 때 바다를 건너 찾아가서 6개월을 함께 지내기도 하였다. 김정희의 문집에는 초의에게 보낸 시 6편과 편지 38편이 수록되어 있는데, 김정희가 편지를 주고 받은 인물들 가운데 가장 많은 편지를 초의와 주고받았다.

김정희가 초의에게 준 시에서 "초의란 늙은 중 먹에서 참선하니/ 등불 그림자 마음마다 먹 그림자 원만하네/ 등불 심지 잘라내지 않고 한번 굴리니/ 천연스런 연꽃이 불 속에서 솟아나네"(草衣老衲墨參禪, 燈影心心墨影圓, 不剪燈花留一轉, 天然擎出火中蓮.<「芋社燃燈」>)라고 하여, 초의가 연등(燃燈)을 그림으로 그려내는 모습이 참선의 경지임을 보여준다. 그는 시와 그림과 차(茶)가 바로 선(禪)의 경지와 같은 세계임을 초의와 함께 찾아갔던 것이라 하겠다. 또한 "그대 마음 고요할 땐/ 저자거리도 산중이나/ 그대 마음 번잡할 때/ 산중도 저자거리라네/ 다만 마음 하나에서/ 저자거리와 산중이 저절로 갈라지누나"(儞心靜時, 雖鬧亦山, 儞心鬧時, 雖山亦鬧, 只於心上, 鬧山自分.<「靜鬧贈衣師」>)라고 하여, 세속과 산중이 따로 있는 것이 아니라 단지 마음 하나에서 갈라지는 것일 뿐이라 하여, 진·속(眞俗)의 분별을 벗어나서 마음의 근원을 밝히는 길을 확인하고 있는 것이다. 이처럼 그는 현실의 속세와 청정한 도량의 분별, 세간과 출세간의 분별, 유자와 승려의 분별을 넘어서서 근원이 어디에 있는지 인식하는 것이 바로 진정한 '도'의 길임을 보여주고 있다.

이와 더불어 김정희는 초의를 대신하여 지었던 시에서도 부처의 탄신일을 2월8일이라는 견해와 4월 8일이라는 견해가 갈라져 논쟁하는 것은 무의미한 것임을 밝히면서, "수백 수천 등불도 한 석가모니에 포섭되니/ 사월도 상관없고 이월도 상관없네/ 그런데 우리 부처 본래 생사 없으시니/ 문을 나서 한번 웃으니 빈 강이 툭 트이누나"(百千燈攝一牟尼, 四月不害作二月, 然而我佛元無生, 出門一笑空江闊.<「答二月八日作佛辰, 代艸衲」>)라고 하였다. 곧 온갖 분별적 사유도 하나의 실재에 근원하는 것이며, 그 하나의 실재로서 부처는 생과 사를 벗어난 존재이니, 부처의 생일을 어느 날로 정한다한들 상관이 없다고 보았다. 여기서도 그는 분별을 넘어 근원을 확인하는 시야를 열어주는 사유방법을 정립해주고 있는 것이다.

김정희는 초의와 40여 년 친교를 통해 주고 받았던 많은 편지에서 그가 항상 초의를 그리워하는 간절한 마음을 표현하면서 초의가 보내온 차를 즐기고 또 글씨를 써서 보내주며, 불교의 교설과 선(禪)의 이치에 대해서도 진지한 대화를 하고 있음을 잘 보여준다. "스님들이 원함은 무한 겁(劫)의 윤회를 영원히 벗어나서 굴러가지 않는 자리에 처하는 것이리라. 그러나 '평탄함에서 살아가며 천명을 기다린다'거나, '살아서는 일에 순응하고 죽음은 편안하게 여긴다'는 입장에서 보면, 스님들의 하고자 하는 바가 오히려 수고로우면서 여러 일을 되풀이하는 것이 아닌가?"[*59]라고 하여, 『중용』(中庸)에서 '평탄함에서 살아가며 천명을 기다린다'(居易以俟命)하고, 장횡거의 『서명』(西名)에서 '살아서는 일에 순응하고 죽음은 편안하게 여긴다'는 구절을 끌어들여, 유교에서 천명을 순응하여 받아들인다는 사생관(死生觀)에 비교해보면 선사들이 윤회를 벗어나기 위해 참선이나 고행으로 수도하는 일이 너무 수고롭고 번거로운 것이 아닌가 하는 문제를 던져주었다. 그것은 유교의 수양방법으로 불교의 수도방법을 비판하는 견해를 제시하자는 것이 아니라, 불교의 수도가 본래의 뜻과 달리 형식적인 데 빠져있는 측면이 있지 않은지 성찰하도록 요구하는 것이라 할 수 있다.

또한 그는 초의에게 풍진의 세속과 청정한 법계를 분별하는 입장을 경계하여, "초의스님의 글 뜻은 이 시끄러운 속진을 벗어나 저 청정한 세계를 차지하여 자못 스스로 터득함이 있어서 자유자재를 얻어 기쁜 낯빛과 확고한 눈썹을 보여주니 진실로 축하할 만하다. 다만 이 강상(江上: 속세)의 온갖 것이 청정한 세계와 통하는 것인데, 사람들이 참으로 싫어하게 할 것이다. 그러나 초의의 뱃속에도 일종의 사물을 갖추고 있어서 비록 아승겁(阿僧劫)이 지나도 초의가 있는 때에는 이 일종의 사물을 녹여 내지는 못할 것이다. 그렇다면 강상이나 뱃속이 같은 것인

[*59] 『阮堂全集』 권5, 9, '與草衣'(2), "師輩之欲, 永脫輪劫, 處不轉之地, 然以居易俟命, 存順沒寧者觀之, 師輩之所欲爲者, 寧不勞勞而反復多事耶."

가 다른 것인가?"[*60]라고 하여, 현실세계를 부정하고서 청정한 세계를 얻으려는 선학의 태도에 대해 '선'(禪)의 본래 정신에서 성찰하도록 요구하고 있는 것이다.

김정희는 초의에게 경전과 선서(禪書)를 함께 토론하고 싶다는 뜻을 자주 밝혔다. 곧 숨쉬는 것을 헤아리며 좌선하는 방법을 제시한 『안반수의경』(安般守意經: 大安般守意經)을 구해 읽고 나서, "선가(禪家)에서 번번이 맹인의 '방'(棒)과 '할'(喝)로 어둠의 소굴을 만들어 가고 이 더할 수 없는 묘제(妙諦)를 알지 못하니 사람으로 하여금 서글프게 한다. 스님과 같이 천기(天機)가 맑고 오묘한 사람과 더불어 한번 확실하게 증명하지 못하는 것이 안타깝다"[*61]고 하여, 선가에서 '방'과 '할'로 깨우침을 얻게 하려는 방법이 잘못되었음을 강조하면서, 『안반수의경』을 극진하게 높이면서 초의와 토론하여 '선'의 바른 길을 밝혀보고 싶다는 뜻을 보여주었다.

또한 그는 당나라 도세(道世)가 경·론을 분류편찬한 『법원주림』(法苑珠林, 120권)과 북송의 연수(延壽)가 지은 『종경록』(宗鏡錄, 100권)을 읽고나서 초의와 함께 토론할 수 없음을 아쉬워하면서, 남송의 대혜(大慧 宗杲)에 대해 자신의 비판적 견해와 청나라 때의 평가가 일치함을

---

*60 『阮堂全集』 권5, 9, '與草衣'(3), "草師書意, 袪此塵囂, 占彼淨界, 頗有得, 得自在底, 色喜眉夫, 固可賀也, 但此江上種種淨通, 令人固可厭, 然草師腹中, 亦具一種物, 雖阿僧劫, 草師在時, 銷不得此一種物, 未知江上腹中, 同歟異歟."
*61 『阮堂全集』, 권5, 11, '與草衣'(7), "近得安般守意經, 是禪藏之所希有, 禪家每以盲棒瞎喝, 做去黑山鬼窟, 不知此無上妙諦, 令人悲憫, 恨不如與師天機淸妙者, 一爲對證."

소개하면서, "옹정(雍正) 연간에 종풍(宗風)이 크게 드러나서 역대 조사(祖師)들의 어록을 고증하여 바로잡았는데, 대혜(大慧)의 글은 진종(眞宗)에 합치하지 않고 깨달음의 안목이 없다고 여겨 수록하는 데 넣지 않았다. …위로부터 조서(詔書)가 내려 천하를 일깨워주는 데 이르니, 선림(禪林)이 봉행하여 유통하고 두 말이 없었는데, 동방의 한 모퉁이에서는 모두 이런 일을 알지 못하고 움직이기만 하면 거짓되게 고칙(古則)을 제기하고 미치광이 참선을 하니, 사람으로 하여금 가련하게 하고 걱정스럽게 한다. 나는 평소에 대혜를 마음에 마땅치 않게 여겼는데 지금 이 실증(實證)을 얻었으니, 이 눈도 역시 그르치지 않는 데가 있다"[62]고 하였다. 남송의 대혜(大慧 宗杲)에 대한 자신의 비판적 견해가 청나라에서 선사들의 '어록'(語錄)을 고증하여 편찬하면서 합당하지 않은 것으로 평가하여 수록하지 않은 사실을 증거로 삼아, 자신의 선학에 대한 안목이 잘못되지 않았음에 자부심을 밝히면서, 우리나라의 선림에서는 여전히 대혜를 받들어 고칙을 내걸거나 참선의 방법으로 삼는 것이 잘못된 것임을 비판하고 있다. 이러한 그의 우리나라 선학에 대한 비판은 이미 선학의 안에서 선학의 올바른 길을 찾으려는 내부적 비판이요, 유학자로서 바깥에서 비판하는 것이 아님을 보여준다.

이와 더불어 그는 초의에게 백파의 안부를 묻기도 하고, 자신이 백파와 '선'의 종지에 관한 토론한 것을 초의와 함께 토론하여 논증하고

---

[62] 『阮堂全集』, 권5, 19-20, '與草衣'(33), "雍正年間, 大暢宗風, 考正歷代祖師語錄, 如大慧書, 以未契眞宗, 無透關眼, 槩不置錄, …以至自上詔諭天下, 禪林奉行流通二辭, 東方一隅, 皆不知有此, 動輒妄拈狂參, 令人可憐可愍, 僕之平日於大慧不槩於心者, 今可以得此實證, 此眼亦有不誤處耳."

싶다는 뜻을 밝히고 있으며, 또한 백파의 핵심적 '선'이론인 '살·활'
(殺·活: 殺人刀·活人劍)과 '기·용'(機·用: 大機·大用)에 대한 비판
적 견해를 제시하면서, "전사(轉師)가 백파 노스님으로부터 와서 백파의
'살·활'과 '기·용'을 극진하게 설명하였는데, 모르지만 삼세(三世)의
여러 부처와 역대의 조사(祖師)들의 깊고 고요하며 원만하고 미묘함이
모두 '살·활' 속에 들어가서 교착하여 갈등하며 굴러다니는 것인가?"
[*63]라고 하였다. 그것은 백파가 모든 문제를 '살·활'과 '기·용'의 개
념 속에 집어넣으려는 것은 성립될 수 없는 논리임을 정면으로 비판하
고 있는 것이다.

또한 그는 초의가 '이종선'(二種禪)과 '살·활'의 문제에 의견을 제시
해오자, 이에 대해 자신의 의견을 밝히면서, "'이종선'과 '살·활' 등의
글은 진실로 이렇게 말하는 것이 마땅하며, 천 가지 백 가지로 갈등하는
것은 무엇에 쓰겠는가? 근일의 안개 소굴과 띠풀 장애를 깨끗이 쓸어낸
것은 좋고도 좋은 일이다. 다만 '살'·'활'이 하나는 '체'(體)요 하나는
'용'(用)이라 함은 헤아리고 생각함이 약간 부족하였다. '살'·'활'은
모두 '용'일 뿐이다"[*64]라고 하였다. 초의와 백파가 논쟁하면서 초의가
'이종선'이론을 내세워 백파의 '삼종선'이론을 비판한 것이나 백파가
주장하는 '살·활'의 개념에 대한 해석에서 김정희는 초의의 의견에

---

*63 『阮堂全集』, 권5, 17, '與草衣'(26), "顚闍黎卽從白坡老衲來, 盛說白之殺活機
　　用, 未知三世諸佛·歷代祖師, 湛然圓妙, 盡入於殺活中膠葛滾轉耶."
*64 『阮堂全集』, 권5, 18, '與草衣'(28), "二禪殺活等文, 固當如是說去, 何庸千葛
　　百藤, 廓掃近日霧窟茆障, 善哉善哉, 但殺活之一體一用, 稍欠商量, 殺活俱是
　　用耳."

전적으로 동의함을 보여준다. 그러나 그는 초의가 '살'과 '활'을 '체'와 '용'으로 나눈 견해에 대해서는 양쪽이 모두 '용'임을 제시하여 초의에 대해서도 견해의 문제점을 지적하고 있다.

3) 김정희와 백파白坡와의 선학논변

김정희는 제주도에 유배생활을 하던 시절인 58세때(1843) 77세의 백파와 선학 논변을 전개하였다. 논쟁의 발단은 백파가 김정희에게 서한을 보내고 이에 대해 김정희는 「선문15조망증」(禪門十五條妄證)을 보내어 백파의 '선'이론을 조목별로 비판하면서 일어났던 것이며, 이에 백파와 김정희 사이에 왕복 서한으로 논변이 전개되었다.[65] 이 논변에 관련된 글로 김정희의 문집에는 백파에게 보낸 편지 3편과 「서시백파」(書示白坡)과 백파의 비문(「作白坡碑面字[書以華嚴宗主白坡大律師大機大用之碑]書贈其門徒」) 및 비문의 후설(「又」)이 수록되어 있다. 「선문15조망증」은 백파가 제시한 견해에 대해 15조목의 비판인데, 그 내용은 크게 보면 ①유교와 불교의 비교문제(1·2조), ②불교경전 문제(5·9·10·15조), ③'선'과 '화두'의 문제(7·8·11-14조), ④'선'에서 '살·활'과 '기·용'의 문제(3·4조)에 관한 네 가지 주제로 나누어볼 수 있다.

---

*65 「禪門十五條妄證」은 『阮堂全集』에 수록되어 있지 않으나, 이종익의 논문, 「證答白坡書를 통해 본 金秋史의 불교관」(『불교학보』12, 1975)에는 그 원문을 조목별로 소개하고 검토하였다. 이종익에 의하면, 김정희의 백파에 대한 비판론은 백파가 三種禪의 이론을 제시하여 초의를 비롯하여 많은 논변을 초래하였던 백파의 『禪門手鏡』과는 직접 관계가 없다고 한다. 李鍾益, 「證答白坡書를 통해 본 金秋史의 불교관」, 위의 책, 12쪽.

이 논변에서 김정희는 백파의 '선'해석에 대해 과격한 언사로 혹독하게 비판하는 것이었지만, 그것은 백파에 대한 적대적 비판의식의 표현이 아니라, '선'인식의 올바른 깨우침을 위해 방망이를 휘두르는 '방'(棒)이나, 고함을 지르는 '할'(喝)처럼 진지한 표현이요 행동이라 볼 수 있다. 그가 무례하다 할 만큼 거친 언사로 비판하는 데 대해, 백파는 사대부의 거만한 태도라 반박하자, "스님의 문하의 작은 도리(闍黎: 僧徒의 스승)도 언제나 가벼이 여기지 않는데 하물며 스님에게 그러하겠는가. 스님은 끝내 이 뜻을 알지 못하고서 도리어 사대부의 거만함으로 여기니, 어찌 평상한 마음으로 자세히 강구하지 않는가. 사대부의 거만도 오히려 옳지 않은데 하물며 산승이 거만해서 되겠는가"[*66]라고 하여, 진실한 뜻을 살펴야 할 것이지 언사에 사로잡혀 무례하다고 꾸짖는 것은 오히려 승려가 거만함에 빠지는 태도라 질책하고 있다.

(1) 유교와 불교의 비교문제

김정희는 「선문15조망증」에서 백파가 『주역』(繫辭上)에서 말한 '적연부동'(寂然不動)과 '감이수통'(感而遂通)을 불교의 '진공'(眞空)과 '묘유'(妙有)에 대응시킨 것에 대해, "이미 '적연부동, 감이수통'이 무슨 말인지 모르고 거짓된 증명을 이렇게 하니, 이미 '진공·묘유'가 무슨 말인지 모르는 것이 분명하다"[*67]고 하여, 백파가 서로 유사한 개념구조

---

*66 『阮堂全集』, 권5, 6, '與白坡'(1), "師之門下小闍黎常不輕, 況於師乎, 師終不了此義, 反以爲士夫慢, 何不平心細究也, 士夫慢尙不可, 況山僧慢乎."
*67 「禪門十五條妄證」(제1조)[이하「禪門十五條妄證」의 인용은 李鍾益, 「證答白坡書를 통해 본 金秋史의 불교관」에서 재인용한 것임], "旣不知寂然不動感而遂

를 대응시켜 유교와 불교를 소통시키려는 입장을 거부하고, 그 차이점을 중시하여 함부로 대응시킬 수 없음을 강조하였다. 그것은 유교와 불교의 대립적 입장을 표방하려는 것이 아니라, 각각의 사유체계가 지닌 독자성을 중시하는 것이라 할 수 있다. 같은 맥락에서 백파가 정자·주자·퇴계·율곡의 말을 끌어들여 불교의 교설에 비유하는 것도 무엄하고 거리낌이 없는 것이라 단호하게 비판하였다.

또한 그는 백파에게 써준 글에서 불법(佛法)은 평등하여 남과 나, 고귀함과 비천함, 옳고 그름의 분별이 없음을 전제로 밝혀, "일체 중생은 모두 환망한 자아(幻我)에 집착하기 때문에 효도나 자애도 모두 환망함을 이룬다. …보살은 자아가 없기 때문에 위로 모든 부처와 자애의 힘이 같고, 아래로 중생과 더불어 슬퍼하여 우러름(悲仰)이 같다. …이 것을 참 효도와 참 자애라 하나, 곧 이 효도와 자애가 참 나(眞我)이다"[68] 라고 하였다. 곧 유교의 기본덕목인 효도와 자애는 불교에서 거부되는 것이 아니라 환망한 자아에 집착된 환망한 효도와 자애가 아니라 환망한 자아를 벗어나 '무아'(無我)를 실현함으로써 진실한 효도와 자애를 이룰 수 있다고 보았다. 그것은 유교와 불교가 다른 가치와 다른 세계를 추구하는 것이 아니라, 동일한 가치를 실현하는 다른 방법이요 논리임을 보여주는 것이다.

따라서 그는 옛 고승(古德)이 "불법은 세간의 형상을 무너뜨리지 않

通之爲何等語, 妄證如此, 旣不知眞空妙有之爲何等語, 亦明矣."
[68]『阮堂全集』, 권7, 25, '書示白坡', "一切衆生, 皆因執幻我, 故孝慈亦皆成幻, …菩薩因無我, 故上與諸佛同一慈力, 下與衆生同一悲仰, …是則名爲眞孝眞慈, 卽此孝慈便是眞我."

는다"(佛法不壞世間相)라고 한 말을 인용하여, 불교가 출세간(出世間)에 매몰되어 세간을 버리는 것이 아님을 강조하면서, 유교와 불교의 관계에 대한 자신의 기본입장을 밝히고 있다.

> "우물 바닥의 개구리가 우물에 앉아 하늘을 보는 범부들이 불교를 비방하여 '임금도 없고 애비도 없으니 양주(楊朱)·묵적(墨翟)과 같다'고 하는 것은 모두 본래 면목을 못 본 장님의 이론이다. 우리 유교의 성인이 세간의 법을 절실하게 말하면서 천명(命)과 인(仁)을 드물게 말한 것은, 출세간의 법을 버린 것이 아니라 범부들이 '공견'(空見)에 집착할까 염려하였기 때문이다. 불교에서 출세간의 법을 절실하게 말하면서 옳고 그름(是非)를 드물게 말한 것은 세간의 법을 버린 것이 아니라 범부들이 '유견'(有見)에 집착할까 염려하였기 때문이다. 성인과 부처의 은미한 뜻은 범부의 지식으로 유추할 수 있거나 입과 붓으로 보여줄 수 있는 것이 아니며, 오직 증(證)해야만 알게 되니, 헤아리기 어려운 것이다. 선가(禪家)에서 내놓고 유교와 불교의 같고 다름(同異)으로 허망한 갈등을 일으키고 있다."[*69]

그는 유학자들이 불교를 이단으로 비판하는 태도가 근본적으로 잘못된 것임을 비판하였으며, 동시에 선가에서 유교와 불교를 융화시켜 제시하려다가 또 다른 갈등을 일으키고 있는 사실도 경계하고 있다. 그는 유교와 불교가 세간법과 출세간법을 각각 강조하는 입장이 다르지만, 세간법이나 출세간법의 어느 하나에 고정된 견해가 아니라, 대중이 빠

[*69] 같은 곳, "如井底之蛙, 坐井窺天之凡愚, 謗釋爲無君無父如楊墨翟者, 皆未見顔色之瞽論, 吾儒聖人, 切言世間之法, 罕言命與仁者, 非棄出世間法也, 恐凡愚着空見故也, 佛氏切言出世間法, 罕言是與非者, 非棄世間法也, 恐凡愚着有見故也, 聖佛微旨, 非凡夫知識之所能推, 口筆之所能示, 惟證乃知, 難可測者, 禪家之公然以儒佛同異, 妄生葛藤."

지기 쉬운 집착을 치료하는 방법에서 서로 다른 입장에 놓여 있는 것임을 지적하였다. 그만큼 하나의 '도'를 향한 두 방향의 '교'로서 각각의 역할을 존중하는 입장을 밝히고 있는 것이라 하겠다.

(2) 불교경전 문제

백파는 양(梁)나라 소명태자(昭明太子)가 『금강경』(金剛經)을 '32분(分)'으로 나누어 놓은 것을 깎아낼 수 없는 것이라 높였는데, 김정희는 "이것은 양각(良覺)과 우안(遇安)의 두 대덕(大德)이 일일이 살펴서 깨뜨렸고 중국의 선문에서 믿고 받아들여 받들어 행한지 오래 되어 다른 말이 없는데, 스님은 구석진 나라의 작은 소견으로 어떻게 대인의 경계를 알겠는가?"[70]고 반대의견을 제시하며, 이 '32분'은 바로 깎아버려도 되고, 천친(天親: 婆藪槃豆)의 '27의(疑)'와 무차(无差)의 '18주(住)'조차 보존하지 않아도 되는 것이라 주장하였다.(「與白坡(1)」) 여기서 그는 중국의 불경에 대한 견해를 끌어들여, 백파의 식견이 없음을 드러내려는 입장을 보여주고 있다.

또한 백파는 달마가 이조(二祖: 慧可)에게 『능가경』(楞伽經)과 『금강경』을 함께 전해주었는데, 두 경의 종지가 같으므로 후대에는 『금강경』만 전해주게 되었다는 견해를 근거가 없다고 비판하였다.(「禪門十五條妄證(제9조)」) 이에 비해 김정희는 달마는 『능가경』을 이조에게 전해 주고, 서로 전하여 오조(五祖: 弘忍)에 이르렀으며, 『능가경』의 문자가 어

---

*70 「禪門十五條妄證」(제5조), "此自良覺·遇安二大德, 一一勘破, 中國禪門信受奉行已久, 無有二說, 以師偏方小知小見, 何以知大人境界也."

려워 평이한 『반야경』(般若經)으로 바꾸게 된 것이라 보았다.(「與白坡 (1)」) 그러나 김정희의 이 비판에는 문제점이 있다는 견해가 보인다.[71]

백파의 경전은 한 글자도 고칠 수 없다는 견해에 대해, 김정희는 경전의 번역에 따른 오류가 있을 수밖에 없음을 지적하여 반박하면서, "번역에서 경전 문장의 오류는 반드시 있는 일이고, 반드시 있는 이치이다. …곧바로 번역문에 한 곳도 오류가 없다고 여겨, 감히 한 글자도 고쳐서 안 된다고 한다면 어찌 스님의 거짓된 논증이 아니겠는가"[72]라고 하였다. 바로 이러한 경전을 보는 입장에서 그가 매우 실증적인 입장을 내세우고 있음을 엿볼 수 있게 한다. 이와 더불어 『반야경』은 '공종'(空宗)으로 보는 것이 선림의 통설인데, 백파가 '성종'(性宗)으로 여기고, '의리선'(義理禪)과 '격외선'(格外禪)으로 여기는 것도 불가할 것이 없다는 견해를 제시한 데 대해, 무분별에 빠진 것이라 비판하였다. (「禪門十五條妄證(제15조」)

그는 백파에게 『안반수의경』(安般守意經)을 읽도록 권하기도 하고, 『사분율』(四分律: 曇無德部의 律藏)과 『오분율』(五分律: 彌沙塞部 和醯五分律)과 '갈마비니'(羯磨毗尼: 羯磨는 '業'이요, 毗尼는 '律'을 뜻함) 등의 법으로 증험해 나가가기를 권고하기도 하였다.(「與白坡(1)」) 그만큼 '선'에 빠지기보다 경전의 기반을 확고하게 할 것을 강조하였던 것으로

---

*71 李鍾益은 '楞伽·金剛竝付說'은 圭峯 宗密도 언급하였고, '金剛付與說'은 荷澤 神會가 처음 지어낸 말이라 하여, 김정희의 비판에 문제가 있음을 보여준다. 李鍾益, 「證答白坡書를 통해 본 金秋史의 불교관」, 위의 책, 21쪽.

*72 「禪門十五條妄證」(제10조), "經文譯翻之訛謬, 是必有之事, 必有之理也, … 直以爲譯文無一謬訛, 不憾改易一字, 則豈非師之妄證耶."

보인다. 또한 그는 '논'(論)에도 경전의 종지를 밝혀 '논'을 지은 '종론' (宗論)과 글의 뜻을 해석하여 '논'을 지은 '석론'(釋論)이 있음을 지적하고, 『기신론』(起信論: 大乘起信論)은 본래 『능엄경』의 종지를 밝힌 '종론'이라 지적하여. 백파가 '석론'이 경전의 해석이 되는 것만 알고, 종론(宗論)이 경전의 종지가 되는 줄은 몰라서 『기신론』을 의거함이 없이 지은 '론'이라 보는 견해를 비판하였다.[*73] 이처럼 그는 『기신론』과 『능엄경』의 긴밀한 관계에 대해서도 자신의 통찰을 제시할 만큼 불교경전에 대해서도 일가의 안목을 지니고 있음을 보여주고 있다.

(3) '선'과 '화두'의 문제

부처의 '염화'(拈花)에 대해 백파는 가섭(迦葉)만이 '선'으로 깨달았고, 아난(阿難)을 비롯한 대중들은 '교'(教)로 이해하였다고 하여, '선'과 '교'의 두 가지 접근이 모두 가능하다고 제시하였는데, 이에 대해 김정희는 '염화'란 격외(格外)로 제시한 것이니 말소리로 설법한 것과 같을 수 없다고 하여, 비판적 입장을 밝혔다.(「禪門十五條妄證(제7조」) 또한 그는 백파가 한편에서는 '선'이란 부처의 마음이고, '교'란 부처의 말씀이니, 부처의 마음과 입에 차이가 있을 수 없다고 하여 '선교합일'(禪教合一)을 주장하고, 다른 한편으로 조사(祖師)의 말씀과 부처의 말씀이 다름을 강조하여, 조사의 말씀이 부처의 말씀과 같다면, '교외별전'(教外別傳)이니 '격외선'(格外禪)이란 말이 성립되지 않는다고 하여 '선교분

---

*73 『阮堂全集』, 권5, 7, '與白坡'(2), "論有宗釋, 有宗經而造論者, 有釋經而造論者, 起信是宗楞嚴而造論者也, …師但知釋論之爲釋經, 而不知宗論之爲宗經, 如是爲言耶."

이'(禪敎分二)를 내세웠던 사실을 지적하고, 이에 대해 김정희는 앞뒤가 맞지 않은 모순에 빠진 것이라 비판하였다.(「禪門十五條妄證(제8조」)

육조의 제자 현책(玄策)이 현각(永嘉 玄覺)에게 부처 이후에 스승없이 스스로 깨우친 것은 '천연외도'(天然外道)라 하였다(『六祖壇經』[宗寶本], '機緣')는 말을 백파가 끌어들인 데 대해, 김정희는 현각이 육조의 제자가 아니며, 우리나라의 원효를 비롯하여 대지(大智)국사·원종(圓宗)국사·대경(大鏡)국사·법경(法鏡)대사·광자(廣慈)대사·혜덕(慧德)왕사·화정(和靜)국사·진경(眞鏡)대사·원응(圓應)대사·진철(眞徹)대사·승묘(勝妙)국사 등이 모두 스승이 없었던 점을 들어 백파가 받아들인 '천연외도설'을 부정하였다.(「禪門十五條妄證(제11조」) 여기서 그가 옛 고승들의 행적에도 얼마나 해박한 지식을 가지고 있는지 잘 보여주고 있다.

김정희는 당시 선문(禪門)의 절박한 당면문제로 '화두'의 폐단을 심각하게 인식하고 폐지해야할 것을 주장하고 있다. 그는 불교가 중국에 전래한 이후 '교'와 '선'의 전개과정을 역사적으로 개관하면서 시대에 맞는 '수시방편'(隨時方便)으로 '화두'가 제기된 것이라 하여, 이제는 새로운 '수시방편'이 요구됨을 제안하고 있다.

"'선'과 '교'의 두 문호는 다 같이 하나의 '심'(心)자를 벗어나지 않는데, '교'의 문호는 너그럽고 느리며 '선'의 문호는 급하고 잘라 끊는다. 불법(佛法)이 동쪽으로 중국에 들어온 이후 천 년이 못되어 '교'의 문호에는 이미 갈등이 많아졌으니, 달마가 서쪽에서 와서 부득이 한번 쓸어내어 없애지 않을 수 없어서 문자를 세우지 않고 곧바로 본심을 가리켰으니, 이것 역시

팔만 사천의 방편 가운데 '수시방편'의 하나이다. …송 나라 이후로 사람의
근기(根基)가 점점 전과 같지 못하였고 근래에는 기운이 이미 쇠잔하고 고갈
되어 진원(眞元)이 크게 내려갔다. 달마와의 거리는 또 천여 년이 되었으니
부득이 큰 의왕(醫王)이 때를 따라 사람을 구제하는 다시 하나의 방편이
있어야 또 목숨을 이어 나갈 수 있을 것이다. …오늘날 산가(山家)에서
이러한 도리를 알지 못하고 단지 장님의 '할'과 '방'(盲喝瞎捧)으로써 닥치
는 대로 사람을 죽이니, 어찌 크게 슬프고 딱하지 않겠는가. 반드시 한 사람
의 눈 밝은 이가 나와서 이 '화두'를 일소하여 없애 버려야만 법당(法幢)을
다시 일으켜 세울 수 있고 혜등(慧燈)을 다시 불붙일 수 있을 것이다."*74

'교'의 폐단을 치료하기 위해 '선'이 '수시방편'으로서 제시된 것이지
만, '선'이 일어난 초기에는 남악(南嶽)·마조(馬祖) 등의 선사들은 기상
이 커서 고열의 병을 치유하기 위한 독한 약인 '대승기탕'(大承氣湯)
같은 처방을 이겨낼 수 있었지만, 당시는 이미 '선문'에서도 원기가
고갈된 상황인데도 '대승기탕' 같은 '방'과 '할'이나 '화두'를 사용한다
면 사람을 살리는 것이 아니라 죽이고 마는 결과를 초래할 것이라 경계
하였다. 따라서 그는 '선'의 병통을 치료하기 위해 '화두'의 선풍을 쓸어
내고 새로운 '수시방편'이 제시되어야 하는 시대임을 지적하였다. 이처
럼 그는 '화두'가 더 이상 깨우침의 방법으로 기능할 수 없는 '선'의
병통으로 진단하였던 것이다.

---

*74 『阮堂全集』, 권5, 8-9, '與白坡'(3), "槩禪敎二門, 俱不出於一心字, 敎門寬緩,
禪門急截, 佛法之東入中國, 未及千年, 敎門已多葛藤, 達磨西來, 不得不一掃
以空之, 不立文字, 直指本心, 此亦八萬四千方便中, 隨時方便之一方便, …自
宋以後, 人之根基, 漸不如前, 近則氣已衰竭, 眞元大下, 去達磨已又千有餘
年, 不得不有大醫王, 隨時救人之更有一方便, 然後又可以續令, …今日山家
不知此個道理, 只以盲喝瞎捧, 到頭殺人, 寧非大可悲憫, 必有一明眼人, 一掃
此話頭而空之, 幢可以復起, 慧燈可以再燃."

그는 백파가 중시하는 '간화선'(看話禪)을 무식하고 말이 되지 않는 것을 주워 모은 것이라 하여 정면으로 거부하고,(「禪門十五條妄證(제12조)」) 이치에 따라 말한 '화'(話)와 의리로 이해할 수 없는 '화두'를 구별하면서, "가르침이 있었던 이후로 '화두'로 사람을 가르치는 것처럼 잔혹하고 강퍅한 것이 없었으니, 상앙(商鞅)이 정전(井田)을 모두 폐지하고 밭둑을 파헤친 것이나 이사(李斯)가 『시경』·『서경』을 모두 불태워 없애고 진(秦)나라의 법을 쓴 것과 같다"[75]고 격렬하게 '화두'의 폐해를 지적하였다. 그만큼 그는 경전이 불교의 가르침에서 기준이 되는 것으로, 경전을 버리고서 '화두'만을 내세우는 것이 불교를 파괴하는 폐단이 있음을 심각하게 경계하는 입장을 보여주고 있다. 또한 그는 백파가 '화두'에 전부 1700칙(則)이 있다고 하는데 대해, 『전등록』(傳燈錄)에서 들추어 낸 것임을 지적하고, 『전등록』 이외에도 『광등록』(廣燈錄)·『속등록』(續燈錄)·『연등록』(聯燈錄)·『보등록』(普燈錄)이 있고, 또 이를 간추린 『오등회원』(五燈會元)이 있음을 들어서, 백파의 안목이 좁음을 질책하기도 하였다.(「禪門十五條妄證(제14조)」)

백파는 "부처의 말씀은 '화두'의 활구(活句)가 아닌 것이 없고 『법화경』과 『화엄경』은 바로 '교'의 자취로 사구(死句)이다"라고 한데 대하여, 그는 "이 두 경전(『법화경』·『화엄경』)이 부처의 말씀이 아니란 말인가" 라고 반박하였으며, 또한 백파가 "『소초(疏抄: 華嚴大疏抄)』나 사기(私記: 蓮潭 有一과 仁岳 義沽의 2종이 있음)는 역시 묘유(妙有)이지만, 『법

---

*75 「禪門十五條妄證」(제13조), "自有敎以來, 未有如話頭敎人之慘毒狼愎者, 如 商鞅之盡廢井田, 而開阡陌, 李斯之燒毁詩書, 而用秦法."

화경』과 『화엄경』은 모두 선문(禪門)의 상승(上乘)이 될 수 없다"고 말한 데 대해, 그는 "경전은 상승이 아니요, 『소초』가 도리어 묘유라는 말은 아직 듣지 못했다"라고 비판하였다.[76] 그만큼 김정희는 어떠한 선서(禪書)도 경전보다 우월할 수 없다는 입장에서, 선서를 경전보다 우월시하는 선학적 입장을 거부하고 있는 것이다.

그는 선가에서 조주(趙州)의 이야기를 '화두'로 삼지만 조주가 일찍이 사람에게 '화두'를 가르친 일이 없다 하고, 달마에서 육조까지 의발을 전해주면서도 '화두'를 언급한 일이 없었다 하며, 남악(南岳 懷讓)・마조(馬祖 道一)・백장(百丈 懷海)・황벽(黃蘗 希運)의 선사들도 '화두'를 들어 사람을 가르쳤다는 말을 듣지 못했다고 강조하고, '화두'는 송(宋)나라 이후로 차츰 행해진 것이라 지적하였다. 따라서 그는 백파가 "부처의 말씀은 '화두' 아닌 것이 없으니, 의리로 설파하면 '교의'(敎義)가 되고, 몰의리(沒義理)로 타파하면 '화두'가 된다"고 말한 데 대해, "어찌하여 (부처가) 송나라 이후에 부처를 섬기는 자들이 변형시키고 끌어다가 취할 것을 미리 대비하여 혹은 의리로 설파하고 혹은 몰의리로 타파한다는 것인가? 부처의 말씀은 장경(藏經)을 벗어나지 않는데, 장경 속의 팔만 경전이 의리가 아닌 것이 없어 사람마다 이해할 수 있고, 어느 경전이 몰의리의 경전인지 모르겠다. 지금 '화두'를 부처의 말이요 부처의 뜻으로 삼는다면, 세 곳에서 전심(傳心: 靈山에서 拈華微笑, 多子塔에서

---

[76] 『阮堂全集』, 권5, 3-4, '與白坡'(1), "如云'佛說無非話頭活句, 法華・華嚴是敎迹死句', 二經揭非佛說耶, '疏抄・私記, 亦是妙有, 而法華・華嚴皆不得爲禪門上乘', …經非上乘, 疏抄還是妙有, 未之聞也."

分半座, 雙林樹下에서 由棺中出足)할 때에 어찌 한 구절도 '화두'가 없었던가?"[77]라고 반박하였다. 여기서 그는 부처의 말씀이 모두 '화두'라 하고, '몰의리'(沒義理)로 타파한 것이 '화두'라는 백파의 견해에 대해 부처가 송나라 때 시작된 '화두'를 미리 준비하였다는 것이 성립되지 않는 말이라 하여, '화두'를 부처의 말씀에서 끌어내려는 입장을 정면으로 비판함으로써, '화두'는 송나라 때 시작된 하나의 풍조에 지나지 않는 것으로 격하시키고 있다.

따라서 그는 "'화두'의 가르침이란 말세(末世) 이래로 말법(末法)의 가장 강퍅하고 제멋대로 쓰는 것이다. '화두'로 사람을 가르친 이후로는 다시 남악(南岳)·마조(馬祖) 같은 이가 나왔다는 말을 듣지 못했다"[78]라고 할 만큼, '화두'에 대한 강경한 비판과 거부입장을 밝히고 있는 것이다. 또한 석가모니가 별을 보고 도를 깨우쳤다고 오늘날 별을 보는 사람들이 도를 깨우치지 못하는 것처럼, 어떤 사람이 '화두'로 도를 깨우쳤다고 누구나 '화두'로 도를 깨우칠 수 없는 지적하면서, 근성(根性)에 따라서 가르침도 각각 등분이 다른 것이요, '화두'로 한결같이 덮어씌우려 드는 것이 잘못된 것임을 역설하였다.(「與白坡(2)」) 그러나 김정희는 "'화두' 아닌 것이 없다"라는 한 백파의 말 한 마디에 대해서

---

[77] 『阮堂全集』, 권5, 5, '與白坡'(1), "今乃云'佛語無非話頭, 以義理說破則爲敎義, 以沒義理打破則爲話頭', 趙宋以後事佛, 何以預爲挪移逆取, 或以義理說破, 或以沒義理打破也, 佛說不出於藏經矣, 藏經中八萬, 無非有義理, 人人可解, 未知何經爲沒義理之經乎, 今以話頭爲佛語佛意, 則三處傳心之時, 何無一句話頭耶."

[78] 같은 곳, "話頭敎, 則像季以來末法之最是剛狠自用者也, 話頭敎人以後, 更未聞如南岳·馬祖者出."

는 '선'과 '교'를 융합하는 뜻이라고 칭찬하기도 하였다.[79] 그것은 그의 불교관이 기본적으로 '선'에 몰입하여 '교'를 버리는 것이 아니라, '교'와 '선'을 함께 공부하고 수행할 것을 요구하는 입장임을 보여준다.

(4) '선'에서 '살·활'과 '기·용'의 문제

김정희는 백파의 비문을 지었는데, 비면(碑面)에다 '화엄종주 백파대율사 대기대용지비'(華嚴宗主白坡大律師大機大用之碑)라 썼으며, 비문에서도 '기·용'과 '살·활'의 문제가 백파의 평생 공부에 중심 주제임을 강조하고 있다.

> "'대기·대용'(大機·大用)은 백파가 팔십 년을 매만지고 힘을 쏟은 곳이다. 어떤 이는 '기·용'(機·用)과 '살·활'(殺·活)을 지리하고 천착한 것이라 하지만, 전혀 그렇지 않다. 무릇 범부(凡夫)를 상대하여 다스리는 자는 어디고 '살·활'과 '기·용'이 아닌 곳이 없다. 비록 대장경이 팔만이나 되지만 한 가지 법도 '살·활'과 '기·용'을 벗어나는 것이 없다. 특히 사람들이 그 의리를 알지 못하고 거짓되게 '살·활'과 '기·용'이 백파가 얽매이고 집착한 것이라 하지만, 모두 하루살이가 큰 나무를 흔드는 격이다. 이 어찌 백파를 안다 할 수 있겠는가. …지금 백파의 비면(碑面) 글자를 지으면서 만약 '대기·대용'의 한 구절을 대서특필하지 않는다면 백파의 비가 될 수 없을 것이다."[80]

---

*79 『阮堂全集』, 권5, 8, '與白坡'(3), "如'無非話頭'一語, …此爲禪敎合融之旨也."

*80 『阮堂全集』, 권7, 25-26, '作白坡碑面字(書以華嚴宗主白坡大律師大機大用之碑)書贈其門徒', "大機·大用, 是白坡八十年藉手着力處, 或有以機用·殺活, 支離穿鑿, 是大不然, 凡對治凡夫者, 無處非殺活·機用, 雖大藏八萬, 無一法出於殺活·機用之外者, 特人不知此義, 妄以殺活·機用爲白坡拘執着相者, 是皆蜉蝣撼樹也, 是烏足以知白坡也, …今作白坡碑面字, 若不大書

여기서 그는 '기·용'과 '살·활'의 문제가 대중에게 부처의 법을 행하는 기본 방법이요, 모든 경전의 기본 과제임을 역설하였다. 따라서 그와 백파 사이에 벌였던 왕복 논변에서도 이 문제에 대해 다른 사람은 모르고 오직 백파와 자신만이 아는 깊은 통찰이 있었음을 밝히고 있다. 그러나 논변과정에서 그는 백파의 '기·용'과 '살·활'의 견해에 대해 신랄하게 공격하였던 것도 사실이다.

'살·활'은 문수(文殊)보살이 약초가 사람을 죽이는 독약이 될 수도 있고 사람을 살리는 묘방이 될 수도 있다는 말에서 온 것이다. 그런데 백파가 '살인도'(殺人刀)와 '활인검'(活人劍)으로 해석한 데 대해, 김정희는 "나는 주먹으로 한 방에 백파 노스님을 때려죽여 바다같은 안목의 젊은 스님을 살려낼 수 있다. 하필 잘게 부수어 '도'(刀)로 사람을 죽이고 '검'(劍)으로 사람을 살린다고 한다. 한 손을 들어 올리는데 '살'과 '활'이 갖추어 있다는 것과 스님이 말하는 '살'과 '활'이 같은 것인가 다른 것인가?"[*81]라고 반박하였다. 여기서 그는 '살·활'이 하나의 법이 사람을 살릴 수도 있고 죽일 수도 있는 두 가지 역할을 할 수 있는 것인데, 백파가 두 가지 방법으로 나누어 놓고 있는 것은 작은 착오이지만 엄청난 오류를 초래할 수 있다는 비판이다.

또한 백파가 "'살'과 '활'은 한 마음에 본래 갖추고 있는 면목이다"(殺活爲一心上本具之面目)라고 언급한데 대해, 그는 '한 마음에 본래 갖

特書於大機大用一句, 不足爲白坡碑也."
[*81] 「禪門十五條妄證」(제3조), "吾則拳一打殺白坡老, 可活海眼小闍梨, 何必粉粉作殺人以刀, 活人以劍, 一擧手, 殺活俱存, 如是與師之殺活, 同耶, 異耶."

추고 있는 면목'이라면 '자살·자활'(自殺·自活)을 말하는 것이 되어 사람을 상대하여 말하는 '살인·활인'의 뜻과 달라지는 것임을 강조하면서, 조사(祖師)의 뜻으로 게송(偈頌)을 지어서 "'살'이란 본래 '살'이 아니고, '활'이란 본래 '활'이 아니라, 본래 한 물건도 없는데, 어디에다 '살'·'활'을 붙이겠는가?"라고 하여, '살·활'이 본래 마음에 갖추어져 있다는 백파의 견해를 비판하였다.[*82] 여기서 그는 자신의 마음을 말하는 것과 남을 상대하여 말하는 것이 다름을 지적하면서, 본래의 마음에는 아무런 면목이 없어 '살·활'이 있을 수 없음을 강조하고 있는 것이다.

'대기'(大機)와 '대용'(大用)은 선가의 종장이 언어로 미치지 못하는 기미(機微)의 깨우침[大機]을 학인(學人)에게 베푸는 것[大用]을 말하는데, 그는 백파가 이 용어를 사용하는 의도를 돌아보게 하면서, "그 입을 열면 '대기·대용'이요, 마음이 발동하면 '살인·활인'이라 하는데, 본지풍광(本地風光: 本來面目. 자기 心性의 본분)에서 '대기·대용'을 어디에다 쓸 것이며, 맑고 화평한 세계에 '살인·활인'으로 무엇을 하려하는가?"[*83]라고 하였다. 곧 용어를 남발하면서, 그 활용이 어떻게 이루어져야 하는가의 문제에 대한 정확한 인식이 결여되었음을 비판하였던 것으로 보인다.

---

*82 「禪門十五條妄證」(제4조), "試以祖意偈作問之, '殺者本非殺, 活者本非活, 本來無一物, 何處着殺活', 凡殺活者, 是對人語者, 故云'殺人·活人', 故非從自己言者也."
*83 『阮堂全集』, 권5, 4, '與白坡'(1), "其開口則大機·大用, 發心則殺人·活人, 本地風光, 大機·大用, 用之那處, 清平世界, 殺人·活人, 亦將何爲."

이에 따라 그는 백파가 '살인·활인'과 '대기·대용'을 말하는 것이
백파 자신의 본래 면목에 무슨 상관이 있는지, 그리고 어디에 베풀고자
하는지를 밝히라고 요구하면서, "보내온 글을 살피면 '삼처전심'은 '도'
와 '검'(刀劍)의 일이 아님이 없으니, 석가의 49년 동안 설법이 최종
귀결이 '도'와 '검'에 불과할 뿐일 것이다. 구족상(具足相)으로도 오히려
여래를 볼 수가 없을 터인데 이제 도검상(刀劍相)으로 여래라 말하니,
여래가 수긍할지 모르겠다. '살인도'(殺人刀)와 '활인검'(活人劍)은 각각
얻은 바가 있다면 스님이 전해 얻은 것은 '살인'인가 '활인'인가. '살·
활'을 아울러 쓰는 것은 이미 전해진 바가 없는데, 또 어떻게 '살'과
'활'이 아울러 쓰임을 알았는가. …이것은 모두 말세 이래로 선지(禪旨)
를 이해하지 못하고 단지 옛 사람의 성어(成語)에 나아가 입에 나오는
대로 말하다가 자기도 모르게 미혹에 굴러 떨어진 것이다"[84]라고 하였
다. 무엇보다 '살인·활인'이나 '대기·대용'의 술어도 심성의 근원에
서 어떤 의미가 있는지 어떻게 적용되어야 하는지 정확하게 쓰지 않으
면 관용적 어귀에 매몰되어 미혹에 떨어지는 것을 경계하고 있는 것이
다. 또한 그는 백파가 '살·활'을 '도·검'에 비유하면서 부처의 말씀
전체에 뒤집어 씌우는 것이 부처의 본래 면모에 어긋나는 것임을 강조
하여 비판하기도 하였다. 여기서 그는 백파가 '살'과 '활'의 두 역할을

---

*84 『阮堂全集』, 권5, 6-7, '與白坡'(2), "以來示觀之, 三處傳心無非刀劍上事, 黃
　　面老子四十九年說法,　畢竟歸趣不過刀劍而已,　以具足相尙不可以見如來,
　　今以刀劍相謂之如來, 未知如來其首肯耶, 殺人刀·活人劍各有所得, 則師所
　　傳得者, 是殺人者耶, 是活人者耶, 殺活竝用, 旣無所傳, 又何以知其爲殺活竝
　　用耶, …此皆像季來不解禪旨, 只就古人成語, 順口說去, 自不覺其轉轉迷悟."

분별하면서 동시에 '살활병용'(殺活竝用)을 제시하는 데 대해 비판적 견해를 제시하고 있다.

이와 더불어 그는 백파의 비문을 짓고 나서 덧붙인 후설에서도, 백파가 백장(百丈 懷海)은 '대기'만 얻었고, 황벽(黃檗 希運)은 '대용'만 얻었다고 규정한 데 대해, 과연 백파는 '대기'·'대용'을 구족하게 갖추고 있는지 따져 묻고 있다. 그는, "'용'(用)이 없는 '기'(機)가 없고, '기'가 없는 '용'이 없는 것 같은데, 스님의 '기'와 '용'이 구족한 것은 백장을 뛰어넘고 황벽을 넘어선 것인가? 스님은 반드시 받아들이지도 않고 사양하지도 않을 것이다. 이 말을 하는 자는 곧 선문(禪門)에서 이른바 '조사의 병통'(祖病)이니, 스님의 '기'·'용'이 구족함은 조사의 병통을 구제하는 약이 될 수 있는가? 조사의 병통을 말하는 자는 아울러 '부처의 병통'(佛病)을 말할 수 있을 것이다. 조사의 병통은 전해지고 변하면서 백 가지로 나타나지만, 부처는 본래 한 가지 병통도 없다. 이 관문을 꿰뚫은 다음에라야 조사도 말하고 부처도 말할 수 있다"[*85]고 하였다. 곧 그는 백파가 '기'와 '용'의 한쪽에 빠지지 않고 양쪽을 구족하게 갖추고 있다는 것이 선가에서 분파가 나뉘면서 일어나는 병통인 '조사의 병통'을 치료하여 부처의 가르침을 바르게 실현할 수 있는지를 추궁하고 있는 것이다. 그렇지 못하다면 백파가 백장이나 황벽을 '기'와 '용'의 한 쪽만 얻은 것이라 규정하는 것은 공허한 말이 되고 스스로

[*85] 『阮堂全集』, 권7, 26, '又', "似無無用之機, 亦無無機之用, 師之所以機用具足, 是超百越蘗歟, 師必不受而不讓, 爲此說者, 卽禪門所云祖病, 師之機用具足, 可以救藥祖病歟, 此如說祖病者, 有竝說佛病, 祖病傳變百出, 而佛本無一病, 透得此關, 然後可以說祖說佛."

'조사의 병통'에서 헤어 나오지 못할 것임을 확인하고 있다.

5. 조선 후기 유학자의 불교인식이 지닌 의미

18,9세기 조선 후기 사회는 도학이념이 주도적 지위를 지키고 있지만 일부에서는 양명학의 이해가 확산되고 서학이 수용되는 등 사상적 다변화가 일어나고 있는 변화의 국면을 맞이한 시대이다. 이러한 시기에 유학자의 불교인식은 매우 폭넓은 다양성을 보여주고 있는 점이 이 시대 사상계의 특징적 일면을 이루는 사실을 주목할 필요가 있다. 당시 유학자들의 불교에 대한 인식태도는 한원진·정약용·김정희의 경우에서 매우 독특한 세 가지 유형을 찾아볼 수 있다.

먼저 한원진의 경우는 도학전통의 이단비판론적 입장에서 불교에 대한 철저한 비판의 입장을 제시하였는데, 조선 초기의 대표적 불교비판론인 정도전의 경우와 비교한다면 확고한 성리설의 기반 위에서 불교의 사생관과 근본과제인 '각'(覺)의 성격, 및 수행방법과 '체·용'의 논리구조에 대해 성리설의 진실성을 기반으로 엄격한 비판을 하는 것이다. 그는 여기서 나아가 주자학－도학에서 벗어난 유교의 학문유파로서 육왕학－심학을 불교와 연관시켜 비판하고 있는 사실이 중요한 특성이라 하겠다. 사실상 한원진의 불교비판은 육왕학－양명학의 비판을 위한 기초작업으로서의 성격을 지니는 것이라 하겠다. 바로 이 점에서는 당시 조선사회에서 정제두(霞谷 鄭齊斗)를 이어 양명학파를 형성한 강화학파(江華學派)의 이영익(信齋 李令翊, 1738-1780)이 「논불」(論佛)에서 불교를 비판한 경우와 대조를 이루는 점이 보인다. 이영익은 "불교를 믿는 사람은 반드시 그 '심학'을 기뻐하고 그 청정하여 얽매임이 적음을 즐거워하면서 그 감정은 죄와 복에 유혹된다. '심학'은 유학자가 더욱 정밀하고, 얽매임이 적음은 신선이 더욱 초탈하니 하필 불교를 따라야 하겠는가"[86]라고 언급하는데서 보이듯이, 불교가 '도'에 역행하거나 모순된 것으로 비판하는 입장이 아니라 열등하거나 불완전한 것으로 비판하는 비교적 온건한 태도라 할 수 있다.

정약용은 성리학 비판의 이론적 근거로서 불교비판의 입장을 정립하고 있다. 바로 이 점에서 한원진이 성리학의 이론으로 불교를 비판하면서 불교와 육왕학을 동일시하는 입장과 대조적으로 성리학과 불교를 동일시하여 성리학 비판의 정당성을 확보하고 있는 것이다.

그는 성리학의 '본연지성'(本然之性)개념이나 '사덕재내설'(四德在內說)의 심성론적 핵심개념을 비판하거나 '치심'(治心)의 방법과 수양론의 핵심개념인 '경'(敬)의 인식을 비판하면서 불교의 사유방법이 얼마나 성리학에 깊이 침투되어 있는지를 드러내며, 이를 통해 주자학을 벗어난 자신의 실학적 사유체계를 정립하는 기반을 확립하고 있다. 정약용의 사유체계 속에 서학의 논리가 상당히 수용되어 있다는 점을 인정한다면, 『천주실의』 등 천주교와 유교경전을 조화시키면서 불교를 비판하고 성리학의 세계관을 거부하였던 점과 같은 맥락임을 엿볼 수 있게

---

[86] 『信齋集』, 册2, '論佛', "人之信佛者, 必曰悅其心學, 樂其淸淨寡累, 而其情怵於罪福也, 以心學則儒爲加密, 以寡累則仙益超脫, 何必從之佛哉."

한다. 그러나 정약용은 불교의 교리를 비판하면서도 당시 혜장(惠藏) 등 불교 학승들과는 매우 깊은 친교를 맺었고, 초의(草衣) 등 그 문하에서 수학하는 승려도 있었으며, 「대동선교고」(大東禪敎考)를 저술하고, 사지(寺志)의 편찬에 관여하는 등 불교에 대한 이해도 심화시키고 있었다. 이 점에서 정약용은 교리에 대한 이론적 비판입장과 승려들과의 인간적 친교라는 양면적 태도를 보여준다.

김정희는 학맥으로는 북학파 실학자이고 학풍으로는 고증학에 기반하는 실학자이지만, 그는 유학자(儒士)와 불교학자(居士)의 두 가지 면모를 동시에 지닌 인물이다. 유교와 불교라는 두 가지 다른 '도'를 동일시하는 것이 아니라, 하나의 '도'를 향한 두 가지 다른 길로 병행시킬 수 있는 태도를 보여주는 것으로, 『중용』(30장)에서 말하는 "'도'가 병행하면서 서로 어그러지지 않는다"(道竝行而不相悖)는 입장을 실현해 보여준 것이라 하겠다. 김정희는 많은 승려들과 친교를 맺었을 뿐만 아니라, 초의와는 도반(道伴)으로서 평생을 함께 하였으며, 백파(白坡)와는 본격적인 '선학'논변을 벌이면서 '교'와 '선'을 일관하는 자신의 불교적 입장 위에서 당대의 대선사를 비판할 만큼 '선학'에서도 일가견을 확립하고 있음을 보여준다. 바로 이 점에서 김정희는 정약용이 불교와 인간적 친교의 단계에 머물었던 것을 넘어서 유교와 불교라는 '도'의 경계를 자유롭게 넘나드는 사상적 세계를 확보하였던 것이라 하겠다.

한원진에서 정약용으로 넘어오고, 다시 김정희로 넘어가면서, 유교와 불교는 '대결'에서 '친교'로 더 나아가 '병행'으로 경계의 벽을 허물어 갔던 것이다. 이러한 사상적 교류의 변천과정은 종교 간의 대화양상에서도 성숙의 과정을 보여주는 중요한 의미를 지닌 것이며, 사상의 교류에서 전통의 독단적 사유형식에서 근대적 개방적 사유형식으로 전개하는 역사적 진보과정의 중요한 일면을 보여주는 것이다.

＜原典＞

『退溪全書』, 『栗谷全書』, 『重峯集』, 『隱峰全書』, 『南塘集』, 『信齋集』, 『星湖全集』, 『湛軒書』, 『燕巖集』, 『與猶堂全書』, 『貞蕤閣集』, 『阮堂全集』, 『朱熹集』, 『中庸章句』, 『天主實義』

＜연구서＞

김상홍, 『다산문학의 재조명』, 단국대출판부, 2003.
문중양, 「조선후기 실학자들의 과학담론, 그 연속과 단절의 역사
　　　　－기론적 우주론 논의를 중심으로」, 『정신문화연구』93, 2003년 겨울호.
민두기, 『일본의 역사』, 지식산업사, 1976.
박성래, 「홍대용의 과학사상」, 『한국학보』23, 1981.
박종채, 『나의 아버지 박지원』, 박희병 옮김, 돌베개, 2005.
손승철, 『조선시대 한일관계사연구』, 지성의샘, 1994.
이석린, 『壬辰義兵將 趙憲硏究』, 신구문화사, 1993.
李乙浩, 『다산학의 이해』, 현암사, 1975.
이종익, 「證答白坡書를 통해 본 金秋史의 불교관」, 『불교학보』12, 1975.
임종태, 「무한우주의 우화－홍대용의 고학과 문명론」, 『역사비평』, 2005년 여름호.
허남진, 『조선후기 氣 철학 연구』, 서울대 박사논문, 1994.

비판과 포용 한국실학의 정신
찾·아·보·기

저자 **금장태**

1943년 부산생
서울대 종교학과 졸업
성균관대 대학원 동양철학과 수료(철학박사)
현 서울대 종교학과 교수
주요 저술 『퇴계의 삶과 철학』, 『다산실학탐구』, 『한국유학의 心說』
　　　　 『조선후기의 儒敎와 西學』, 『한국유학의 老子이해』
　　　　 『불교의 유교경전해석』, 『조선유학의 주역사상』

비판과 포용 한국실학의 정신

초판인쇄　2008년 7월 8일　　**초판발행**　2008년 7월 16일

저자 금장태
발행처 제이앤씨
등록번호 제7-270

주소 서울시 도봉구 창동 624-1 현대홈시티 102-1206
전화 (02) 992 / 3253
팩스 (02) 991 / 1285
URL http://www.jncbook.co.kr
E-mail jncbook@hanmail.net

ISBN 978-89-5668-615-8 92200　　　　**정가** 23,000원

* 이 책의 내용을 사전 허가없이 전재하거나 복제할 경우 법적인 제재를 받게 됨을 알려드립니다.
** 잘못된 책은 구입하신 서점이나 본사에서 교환해 드립니다.